삼농과 삼치

중국 농촌의 토대와 상부구조

三農與三治

원톄쥔, 양솨이 [溫鐵軍, 楊帥] 지음

조형진 옮김

진인진

목차

읽기 전에

본 저서를 읽는 사람은 의식적으로 자신의 문제의식을 명확하게 해야 할 필요가 있다.

세계화는 개발도상국 경제를 발전주의를 통해 '성장만 있고 발전이 없는' 상태로 만들었으며, '발전의 함정'이라는 경로의존을 형성하였다. 체제와 상관없이 모두 자본의 수익만을 추구하게 되었고, 빈부 격차의 현저한 확대가 필연적 추세가 되었다. 정말로 성공과 실패가 모두 자본에 달려 있었다고 할 수 있다. 그러나 중국에서는 경제가 장기간 고성장하면서 많은 문제가 발생하고 마침내 L자 형태의 경제침체기로 접어들게 되자, 모든 것이 정부에 달려 있었다. 당시 중국의 정책에 대한 득과 실을 논의하면서 가장 토론할 가치가 있었던 것은 처음에는 경시되었으나 나중에 '가장 중요한 것[重中之重]'으로 불리게 된 '삼농[三農]' 문제였다.[1]

---

1   본 저서의 주요 저자인 원톄쥔은 십 년간의 농촌개혁 실험구[試驗區] 경험에 기초하여 1990년대 중반 '삼농' 문제에 관한 정책을 건의하고 관련 논문들을 발표했었다. 그러나 당시에 도시편향적인 정책 주류는 이러한 관점을 시장화와 세계화라는 거대한 방향에 위배되는 것으로 인식하였다. 농업 부문[農口]을 이미 떠났었던 원톄쥔은 왕다오한[汪道涵]의 추천을 통해 2001년 12월 25~26일 장쩌민[江澤民] 주석이 주최한 삼농 문제 좌담회에 특별 초청되어 '삼농'과 '삼치[三治]'의 곤란한 상황을 직접 설명하면서 호응을 얻었다. 이후 '삼농' 문제는 전당[全黨]과 전국의 가장 중요한 문제가 되었다.

이런 배경에서 본 저서는 실사구시적으로[2] '삼농' 문제를 논의한다.

전 세계적 자본화가 당대 자본주의의 주류가 되면서 오직 자본을 통해 세계의 자원을 더 많이 점유해야만, 자본화의 수익을 얻을 수 있게 되었다. 그러므로 태생적으로 자본의 요구에서 파생된 글로벌 거버넌스는, 자연자원의 태생적인 다양성으로부터 형성되고 천차만별한 지방 거버넌스와 대립할 뿐만 아니라, 투자유치를 통해 친자본적인 제도를 유지하는 정부들에게도 해결할 수 없는 난제가 되었다! 주류를 지지하는 자들은 국제정치경제의 질서가 도전을 용납하지 않는지 아니면 재구성되어야만 하는지를 논쟁하고 있지만, 동시에 중국은 상이한 지방 농촌사회의 복잡한 모순이 적대적 충돌로 변화하면서 직접적인 국가안보의 위협이 되고 있다.

이에 따라 본 저서는 '삼치[三治]' 문제를 주제로 하여 향촌 거버넌스를 논의한다.

위의 두 개의 문제의식에 대한 서술로부터 본 저서가 농업 문제에 대한 일반 학술서적과 다르다는 점을 알 수 있을 것이다. 이는 주로 거시적 배경과 역사적 시각을 중시한다는 점에 있다. 저자들은 과학적 방법론에 입각하여 '이론적 논리에서 출발하여 역사적 경험 과정과의 일치'를 시도한다. 선진국과 개발도상국을 막론하고 전 세계가 자발적이든 수동적이든 경제의 세계화로 융합되고 국내외 학자들이 모두 적극적으로 '중국 특색의 시장경제'의 성공 방법에 대해 토론하고 있는 이때, 우리는 더욱 정신을 차리고 중국 경험을 모종의 이데올로기[意識形態]로 만들려는 노력에 대응해야만 한다.

본 저서는 내재적으로 논리적 연관을 갖는 논문들을 모은 것이다. 수록된 논문들은 연구보고서의 일반적인 구조에 따라 대략적으로 문제 제기, 거시적

---

2 실사구시는 중국 런민대학[人民大學]의 교훈[校訓]이다. 본 저서의 저자인 원톄쥔은 2004년 중국 런민대학에 임용되어 농업·농촌발전학원[農業與農村發展學院] 원장을 총 9년간 두 차례 역임하고 2013년 퇴직했다. 본 저서는 2014년에 기획되었으며, 게재된 논문들은 주로 이 시기에 발표된 것들이다.

배경, 미시적 분석, 국제 비교 등의 네 부분으로 구성된다. 각 부분의 논문들을 객관적이고 논리적인 관계에 따라 면밀히 배열했고, 첫 부분은 총론이나 요약에 해당하는 논문들로 배치했다. 뒤이어서 각 부분의 주요한 관점을 구성하는 이론적 서술과 조사연구 보고서가 나온다.

서론과 1부, 2부는 중국 경험에서 국가전략의 가장 중요한 것으로 끊임없이 강조된 '삼농(농민, 농촌, 농업)' 문제와 아직 충분히 중시되지 못한 '삼치(촌치, 향치, 현치[村治, 鄕治, 縣治])' 문제를 통해 주류 담론에서 벗어나 발전이론을 재구성해 볼 것이다. 2008년 월스트리트의 금융 붕괴로 촉발된 2009년 글로벌 경제 위기와 이에 대한 비용 전가로 인해 중국에서 수입형 인플레이션과 디플레이션이 발생하고 경제가 침체됨으로써, 불행하게도 우리의 관점이 들어맞는다는 것이 부단히 증명되었다. 따라서 본 저서의 관점은 과거의 계승이자 자주적인 혁신이다. 본 저서의 주요 저자가 퇴직 전에 맡게 된 이 마지막 국가급 중대 프로젝트의 독창성은 국가안보와 밀접한 상관이 있는 위기의 연착륙과 향촌 거버넌스의 개선을 결합해서 국가별 비교연구를 진행한 데 있다.

이외에 본 저서가 미시적 분야에 국한되어 삼농 문제를 연구하는 학자들과 가장 크게 구별되는 지점은 혁신을 통합하기 위해 남다른 노력을 했다는 것이다. 우리는 탈이데올로기화된 객관적 태도를 통해 중국 농촌의 발전 과정에서 삼농과 삼치 문제가 국가 공업화의 역사 및 거시경제의 주기적 위기와 갖는 근원적 관계를 실사구시적으로 해석하려고 시도했다. 이것이 저자가 1980년대 이래 수없이 실패했으면서도 구차하게 통설을 따르지 않고 여전히 일이관지[一以貫之]하게 유지하고 있는 특징이다. 미시적 분야를 강조하는 일반 학자들은 학과와 학파를 초월하는 이러한 '학제 간' 연구를 종종 이해하지 못하지만, 여기서 도출된 논리적 해석력을 갖춘 이론체계가 국내외의 허다한 실천가들 사이에서 확산되고 있다.

저자 원톄쥔은 1980년대 농촌 정책 연구에 종사한 이래 줄곧 재정·세수, 금융 제도의 변천을 연구 범위에 포함하고, 이것들을 거시경제적 변동과 결합하여 구체적인 문제들을 연구해 왔다. 이를 통해 삼치 문제(이는 단지 고지식한 향촌 거버넌스 연구와 차별화하기 위해 내놓은 것으로 엄밀한 개념은 아니다)를 주제로 하여 향촌 거버넌스 연구에서 새로운 국면을 개척할 수 있었다. 저자는 개혁 이후 재정·세수 체제의 몇 차례 중대한 변천에 대한 연구를 통해 농촌에서 설립된 현대화된 상부구조가 초래한 높은 비용과 이러한 비용의 취약집단[弱勢群體]으로의 전가를 고찰했었다. 또한 삼농 및 삼치 문제를 완화하기 위해 농민이 주체가되어 진행한 실험들에 대한 연구와 실증분석으로 이를 보충하여, 토지 재산권 제도의 지역별 다양성과 이것이 다양한 향촌 공동체의 거버넌스에 대해 갖는 효과를 논증하였다. 이는 서구의 담론을 따라 토지 재산권의 사유화를 통해 농촌 토지와 향촌 거버넌스의 문제들을 해결하려는 주류 이데올로기와 비교하면, 비록 별종으로 보일지 몰라도 최소한 용인되어야 할 별도의 관점이다.

　제3부의 미시적 분석과 사례연구에서 저자는 상이한 방식으로 다음과 같은 동일한 내용을 표현하였다. 정부든 기업이든 향토사회에 진입하는 모든 외부 주체는 분산된 소농과의 거래에서 지나치게 높은 거래비용이라는 모순에 맞닥뜨리게 된다. 이로 인해 신농촌 건설로 구현된 정부의 선의와 농업 지원 자금이 다양한 부문[部門]과 체제를 통해 운영되는 과정은[1] 필연적으로 엘리트와 결합되고, 쉽사리 보이지만 무심코 지나쳐버리는 '엘리트 포획[精英俘虜]'을 야기하게 된다.

　이외에 본 저서의 농가 이성[農戶理性]과 촌락 이성[村社理性]에 대한 미시적 메커니즘 분석이 가지는 독창적 의의는 다음과 같다. 중국의 농업경제학계는 그동안 유럽의 역사적 경험에서 유래한 합리적 소농[理性小農]과 러시아의 역사적 실천에서 유래한 생존을 추구하는 소농[生存小農]을 구분하고, 이로부터 파생된 개인 이성과 집단 이성에 대한 상이한 분석을 통해 중국 농업경제의 현실을 해석해 왔다.[2] 그러나 해외로부터 유입된 두 이론 학파의 가설로는 장기적인 도농 이원구조라는 경제 환경에 처한 중국 농민의 행위를 해석하기 어렵다. 따라서 본 저서는 중국이 향촌의 대변동에 적응하는 문제에 대해 두 학파를 융합하여 다음과 같은 논의를 제시한다. 즉 중국 농촌의 이른바 토지재산권의 '결여[殘缺]'는 총 세 차례의 토지혁명전쟁에서 파생된 정치적 분배로부터 유래하여 농촌의 기본제도가 되었고, 국가의 법률로 공고화되었으며, 크게 잘못된 것이라고 할 수 없다.[3] 이에 따라 중국의 향토사회에 근거한 촌락 이성을 통해 성립되었으며, 내적 관련성이 강한 아래의 두 가지 내부화 메커니즘이 생겨났다.

첫째, 위험 해소 메커니즘이다. 위와 같은 기본적인 재산권 관계의 결정적인 작용으로 촌락 공동체(village community)[村社共同體]는 촌락의 구성원인 농가를 퇴출할 수 없었다. 그러나 다른 한편으로 촌락은 '소농 퇴출의 높은 비용'과 토지 재산권의 무위험[無風險]이 상호작용하면서 형성된 내부화 메커니즘을 이용함으로써 외부 위험을 해소할 수 있었다.

둘째, 수익 통합의 메커니즘이다. 내부화로 외부 위험에 대응했기 때문에 촌락이 획득한 위험 수익을 내부 구성원의 복지 원칙에 부합하도록 처리하는 합리적 조절이 파생되었다.

밀접하게 연관된 이 두 종류의 내부화 메커니즘이 종합적으로 작용한 것이 1980년대에 시작된 농촌 공업화의 제도 비용이 도시보다 월등히 낮았던 원인이었다. 1979년 농촌개혁이 시작된 이후, 촌락 이성을 유지했던 농촌 지역은 15년만에 공업화에 필수적인 자본의 원시적 축적뿐만 아니라, 산업의 확장을 완성했다. 1990년대 중반에는 현[縣] 이하의 공업 비중이 전체 공업 부가가치의 절반을 차지하게 되었다. 이러한 이론상의 혁신은 저자의 연구팀이 2011년 출판한 『쑤난 독해[解讀蘇南]』(본 저서는 2015년 대학 과학연구 우수성과(인문과학) 2등상과 기타 여러 상을 수상하였음)에서 이미 논술하였다.

이와 함께 본 저서는 농가 이성을 깊이 분석할 것이다. 농민 가정의 내부화된 노동력 포트폴리오 투자[組合投資]에서 알 수 있듯이 농가 이성은 본래 소농경제의 단순 재생산 유지에 유리하다.[4] 그러나 급진적인 시장화가 촉발한 노동력 기회비용의 출현과 도농의 소득 격차 확대로 인해 농가는 '피동적 여가[被動閑暇]'를 합리적으로 선택하게 되었다.[5] 이는 또한 식량안보에 영향을 미치고 정부의 식량생산 보조금의 효과를 무력화시키는 내적 요인 중 하나이다. 더구나 정부의 선의가 구현된 각종 농촌 공공 지출과 사회복지 정책의 철저한 시행은 과거 반자급자족적인 소농이 위험 회피를 위해 장기적으로 유지했던 식량의 농가 분산 비축을, 시장 매매에 의존하고 위험 선호적이며 고도로 화폐화된 식량소비로 바꾸어 버렸다. 이로 인해 농민과 지방정부 모두 식량안보에 대해 어떠한 책임도 떠맡지 않게 되었다. 이것이 바로 중앙정부가 식량안보 정책을 혼자 감당할 수 없음에도 불구하고 지방과 농민에게 맡기기도 어려운 내적 요인이다.

식량 문제를 촌락 이성과 농가 이성이 중국의 삼농 영역에 대한 지식 축적이 부족하다는 탓으로 돌릴 수 있을지는 몰라도, 시장주의 현대화에 내생된 대가를 전가할 곳도 없는 상황에서, 식량안보에 대한 절대적 책임을 지고 있어 패망이나 전란이 아니면 소위 '퇴장할 권리'가 없는 중앙정부는 1990년대 이래 우리가 언급한 '성공과 실패가 모두 정부의 탓'이라는 판단을 힘들게 검증해 왔다. 시장경제 하에서 일반적인 조절과 투입 정책으로는 국가의 식량안보의 어려움을 해결할 수 없었던 것이다. 아울러 21세기에 들어서서 더욱 곤란하게도 식량의 양과 질이 이중으로 불안전해졌고, 거기에 생태환경이 농업을 더욱 악화시켰다. 이처럼 삼중의 불안전이 교차하는 악화 추세에 직면하면서 아무리 뛰어난 정치가라고 하더라도 참으로 방책을 찾기 어렵게 되었다.

두룬성[杜潤生] 선생은 생전에 농민의 조직화 수준을 높여야 한다고 계속 주장하고 종합적인 농민 조직의 설립을 희망했었다. 시진핑 주석도 저장성[浙江省]에서 근무하던 때, 저장성 루이안[瑞安]에서 설립된 시급 종합 농민협회[農協]를 높게 평가했었다. 그러나 정책의 방향은 반대였다. 농촌 정책에서 '탈조직화'는 아마도 개인 이성에는 부합할 수 있겠지만, 전통적인 소농 촌락제도가 환경에 대한 긍정적 외부효과를 창출할 수 있다는 장점을 파괴했다. 수십 년간 급진적 시장화의 외부효과가 누적된 제도 비용이 이미 고치기 어려운 심각한 곤경이 되었다. 따라서 이제는 동아시아 국가·지역(일본, 한국)처럼 국가의 우대정책과 농업 지원 투자에 집중함으로써 종합적인 향촌 합작사[合作社] 건설을 추진하고 농민의 조직화 수준을 전면적으로 제고해야만, 촌락 이성의 통합 작용을 통해 곤경에서 벗어날 가망이 있다.

본 저서 제3부의 미시적 연구 중 저자의 학생들이 조사하여 초안을 쓴 사례와 분석 보고서가 촌락 이성 연구에 호응하는 예시들이다.

그중 상이한 연대의 세 개의 촌이 촌락 이성의 존속을 통해 농가 토지의 '성원권[成員權]'으로부터 발전한 공동체 주식 합작제[社區股份合作制]를 대표적으로 보여준다. 이러한 재산권 처리와 인센티브 제도는 기층 농민이 가지고 있는 촌락 이성이 재산권 제도의 혁신으로 체현된 것이다. 뒤이어 20세기에 이미 주류학자들 사이에 논쟁을 일으켰었던 산둥성 핑두[平度] 실험구에 대한 조사연구와 자료분석을 재검토하여, 이를 근거로 촌락과 농가의 주인-대리인 관계에 대한 분석을 진행했다.[6] 이는 저자가 학생들의 조사연구를 계획하면서 일부러 의도한 것으로 옛 이야기를 다시 꺼낸 셈이라고 할 수 있다. 1980년대부터 1990년대까지 핑두 실험은 향토중국의 촌락 이성이 시장화의 부정적 외부효과에 효과적으로 대응하여 농업의 안정적 성장을 유지할 수 있다는 점을 보여줬다. 핑두의 농촌이 십년 동안 제도 실험을 한 성과를 차분하게 객관적으로 살펴본다면, 다음과 같은 사실을 발견할 수 있다. 촌락과 농가가 토지재산권을 공유하는 것을 기초로 삼고, 재배와 목축[養殖][7] 두 가지 업종의 가격 주기와 생산 주기의 차이를 이용해 농가가 두 업종을 적당한 규모로 확대하도록 했다. 이를 통해 촌락의 내부화 메커니즘이 통합 작용을 발휘할 수 있었다. 설령 외부의 시장이 급격하게 변동하더라도 '외부 위험의 내부화'를 통해 마을 공동체의 농업, 특히 식량생산의 안정을 유지할 수 있었다. 여기까지 이르면 저자는 당시 이데올로기적으로 핑두 실험을 부정했던 학자들과 정치가들이 오늘날까지도 삼농 문제에 멍청하고 미숙하다는 점에 대하여 그저 공자가 말했던 대로 '바꿀 도리가 없다[不可柕]'는 유감을 표할 수밖에 없다.[8]

제4부의 국제 비교는 저자의 최근 해외 조사연구에 대한 보고서를 모은 것

이다. 남아시아, 남미, 북아프리카 등 주로 '저개발[南方]' 국가들의 대안적 금융과 토지 문제를 각각 소개하고, 일본의 신농촌 건설 운동에 대해서 일반적인 분석과 다른 시각을 제시한다.[9]

아울러 우리는 농업 본체론[農業本體論]에 본질적으로 내재하는 주제인 농업의 다기능성을 논의하면서 끊임없이 자원과 환경에 비용을 전가하는 현대화, 산업화된 농업과는 다른 생태 농업을 강조한다. 또한 삼농 딜레마와 산업화된 농업이 환경에 대한 부정적 외부효과를 초래했는데, 생태 농업을 통해 이 문제를 해결하기 위한 새로운 정책 연구의 방향을 모색한다. 더 나아가 농민소득을 향상시키는 생태 농업의 작용과 식품안전 문제를 해결하는 방법을 논증한다.

만약 이데올로기로 포장된 이론의 영향에서 벗어나지 못한 독자가 제4부의 국제 조사연구의 사례를 보고 분노에 떤다면, 직접 가서 조사연구를 해보길 권한다. 직접 보고 체험해야지만, 진정한 '견해'라는 것을 정말로 가질 수 있을 것이다.

요컨대 본 저서의 모든 노력은 '특수에서 일반으로 상승'하는 데 있다. 그렇지 않다면 어찌 감히 이론 혁신이라고 말할 수 있겠는가? 정말로 글로벌한 시야로 본다면, 당대 중국의 발전 경험은 상이한 유형의 자본이 형성되어 확장하는 일반적인 경험과정으로 간단히 정리될 수 있다. 1949년 이래 60여 년의 발전과정을 회고하자면, 20세기의 50년은 단지 산업자본이 형성되어 확장된 것이며, 더 나아가 자본 과잉이라는 일반적인 경험과정을 향해 나아간 것이다. 또한 21세기의 10여 년은 산업 과잉으로 금융자본이 따로 분리되고 이윤 획득 능력이 갈수록 뚜렷이 상승하면서 글로벌 금융화 경쟁에 참여하게 되는 일반적 경험과정이었다.

우리는 중국의 발전 경험을 '특수에서 일반으로 상승'시키는 이론 혁신을 했을 뿐만 아니라, 제도 변천에 대해서도 이론을 혁신했다. 저자는 중국이 세계무역기구(WTO)에 가입하기 직전인 2000년에 상이한 자원 부존 하에서 공업화를 위한 원시적 축적의 방식과 과정, 내생적으로 발생한 다양한 제도의 유형, 그리고 이후의 제도 변천에 대한 '제도의 경로의존' 형성 등을 이미 언급했었다(원테쿤, 2000). 최근 저자는 1996년에 제시한 '발전의 과정은 자원이 끊임없이 자본화되는 과정이다'라는 경험판단을 기초로, 여기서 한 발 더 나아가 소위 제도 변천은 원래의 제도 내에서 주도적 지위를 차지한 이익집단이 끊임없이 제도의 수익을 획득하면서 제도의 비용은 전가하는 사회의 변화 과정이라고 강조한 바 있다(원테쿤, 2004a). 다만 사람들이 이전에 제도 변천의 수익을 연구하려고만 했지, 제도 비용이 어떻게 전가되는지에 대해 관심을 기울이지 않았을 뿐이다.

이상에서 서술한 간단한 개괄은 저자가 수년 전에 정치경제학을 이론의 틀로 삼고 제도경제학의 비판성을 분석의 도구로 삼아 제시한 이론적 가설로서, 중국이 지속적으로 세계화 과정에 편입됨에 따라 세계적 차원에서 더 많은 객관적 논증의 기회를 얻게 되었다.

한 명의 학자로서 이론적 가설이 여러 국가의 경험을 통해 검증받는다는 것은 얻기 힘든 기회이다. 그러나 이는 결코 행복한 일이 아니었다. 발전주의에서 비롯된 경제 법칙에 내재하는 무자비함과 제도 비용의 전가가 야기한 각종 충돌과 모순에 대하여 취약집단이 어떻게 할 도리가 없다는 사실은 얼마나 불행한 것인가!

최대한 실사구시적으로 경제와 사회 발전의 본질적인 법칙을 밝히려 했던 우리의 진심과 쉼 없는 노력을 독자들이 이해해 주길 바랄 뿐이다. 우리는 근래 발표한 글 중에서 이론이 실천으로 구현된 것들을 모아 출판했다. 단지 '방책'을 탐구하기 위한 것은 아니다. 인류 사회는 자연계의 일부분으로서 다양화된 존재여야만 하며, 오색찬란함을 단일한 색조로 바꿀 필요는 없다. 다양한 실체의 객관적인 경험에 대해 탈이데올로기화된 비교연구를 진행하는 것이 마땅히 해야 할 일이자 유일한 방법이다. 이것이 생태문명으로 가는 진보이다.

저자들이 농촌의 허다한 문제를 본 저서에서 '삼농'과 '삼치'로 애써 정리했음에도 불구하고 언급된 배경과 상황들이 매우 복잡하여 일반인들이 자초지종을 이해하기에는 확실히 어렵다는 점이 실로 걱정이다. 본 저서가 예전과 같이 저자의 초심을 체현했다는 점에서 위안을 삼는다. 글로 써서 남겼으니 되었다.

'중국 경험', 비교우위 그리고 향촌건설 실험[3]

역사는 점진하는 것이다. 인간의 인식, 즉 주관이 객관으로 구현되는 과정 또한 일반적으로 점진하는 것이다.

어떤 시대든지 크고 작은 '우상화'는 모두 그 시대의 객관적인 역사에 대한 인식 능력에 한계가 존재함에도 불구하고, 주류의 경험을 '표백'해야 했던 기득권 세력이 일으킨 것이다. 또한 표백의 필요에 따라 만들어져 이데올로기화에 집착하는 어떠한 담론 체계도 모두 파벌적 이론이라고 할 수 있으며, 따라서 이는 상이한 이익집단들이 사리사욕을 추구하고 파벌투쟁을 하는 수단이 된다. 아울러 이 때문에 모든 체제에서 주도적인 위치를 점유한 이익집단이 추진하는 제도 변혁은 공언한 기대수익을 획득하는 데 급급하여 일반적으로 급진적이 된다. 이러한 이유들로 인해 변혁이 야기하는 비용과 그 비용이 대외적으로 전가되는 방식에 대한 객관적 인식조차 종종 '우상화'와 파벌적인 담론에 얽매이게 된다. 따라서 이에 대한 인식과정 또한 급진적이게 된다.

---

3 이 글의 원본은 2007년 10월 상하이 푸단대학에서 열린 개혁 30주년 토론회를 위해 준비한 논문으로 원톄쥔(2008a)을 참조. 이 글은 수정본으로서 둥샤오단[董筱丹]이 관련 글들을 종합하여 다시 정리하고, 원톄쥔이 교정하여 탈고했다.

1. ‘중국 경험’에 대한 대안적 해석

먼저 본 저서는 소위 ‘중국의 백년[百年中國]’에 대한 해석이 주류 이데올로기와 다르다.

청나라 말기 이후, 제국주의 열강이 침략하고 오랫동안 주변의 지정학적 정치 환경이 극히 긴박했던 상황에서 중국인이 커다란 대가를 치르며 네 차례에 걸쳐 공업화를 전개한 것은 중대한 역사적 의의가 있다. 첫째는 청나라 말기, 양무운동으로 대표되는 초기 공업화였다. 둘째는 중화민국 시기로 중일전쟁 이전에 잠시 시행했던 민족주의 공업화, 그리고 전쟁의 기회를 틈타 통제를 강화했던 단기간의 국가주의 공업화였다. 셋째는 신중국[新中國] 시기로 국가 공업화를 위한 원시적 축적이다. 넷째는 개혁 이후, 산업자본이 형성된 다음에 국내와 국외를 결합한 고속 확장이다.

이러한 과정에 대해 저자는 이미 2001년에 논문을 발표하여 ‘백년의 중국, 네 개의 우여곡절’로 정리한 바 있다(원톄쥔, 2001a). 왕조가 어떻게 교체됐든 정당이 어떻게 변했든 중국은 전체 인구가 1억이 넘는 제3세계 ‘원주민 국가’ 중 단기간에 전면적 공업화를 달성한 유일한 국가이다.[4]

다음으로 국가 공업화 실현에서 가장 중요한 메커니즘은 1950년대 ‘사회주의 과도기’라는 명목으로 농촌의 소생산과 도시의 사적 자본을 전면적으로 개조한 것이었다. 그러나 이는 1957~1960년 외자가 중단되자 지속되기 어려웠다. 1960~70년대에는 농촌의 인민공사화를 통해 중국에서 가장 풍부한 노동력 자원을 집중적으로 사용하여 극히 부족했던 자본 요소를 성공적으로 대체했다. 이로써 정부가 국가 공업화를 위해 필요로 했던 대형 기본건설[基本建設]과

---

4   아시아에서 인구가 1억이 넘는 개발도상국은 중국, 인도, 인도네시아, 그리고 방글라데시이다. 이 중 중국만이 구조적으로 완결된 공업 체계를 이루어냈다. 아프리카는 아직까지 공업화를 완성한 국가가 하나도 없다. 라틴 아메리카에서 공업화를 달성하고 인구 1억이 넘는 국가는 브라질이 유일하나, 브라질의 원주민 비중은 5%도 안 된다.

전면적인 전쟁 준비 시기의 삼선[三線] 공업에 대규모로 자본을 투입할 수 있었다.[10]

마지막으로 이러한 중국 특색의 공업화와 이것의 내향적인 자본의 원시적 축적 과정이 형성한 기본제도는 식민주의 대외 확장에 주로 의존하여 공업화를 완성했던 서구 국가들의 자기본위적 자유주의 제도와는 필연적으로 완전히 다르다. 서구는 혁명에 의존한 국민동원을 통해 노동력을 국가의 기본건설에 집중 투입할 수 없었다(노예제 시대와 식민지 시대라는 서구의 두 번에 걸친 대규모 강제 노동은 모두 본국의 국민동원이 아니었다). 따라서 노동력이 분산된 상황에서 먼저 개체화된 가내수공업 단계를 거쳐 특정 지역에 집중된 공장제 수공업 단계로 점진적으로 진입할 수밖에 없었다. 그리고 다시 점진적인 축적을 통해 기계공업 위주의 산업자본 단계로 진입할 수 있었다. 서구의 이처럼 더딘 공업화의 원시적 축적 '3단계'는 중국이 1950년대 초, 한국전쟁의 압박으로 군사전략적 목표를 위해 대공업 건설로 바로 진입했었던 급격한 과정과 비교된다. 모두 인류문명사의 진전에 속하기는 했지만, 양자가 형성한 토대에 현저한 이질성이 존재했기 때문에 상부구조에서도 상이한 작용을 했다.

서구 경제학의 이론적 논리가 수립한 전제조건은 생산요소의 상대적 희소성이다. 이에 따라 시장이 '보이지 않는 손'으로 작용하여 요소의 분배를 최적화할 수 있다. 그러나 대다수 개발도상국은 생산력의 모든 요소가 상대적으로 부족하다는 전제조건이 만족되지 않음에도 불구하고 시장주의 이데올로기에 따라 서구의 체제를 수용했다. 이것이 대다수 후발 국가들이 발전의 함정에 빠져 스스로 벗어날 수 없는 근원이다.

1957년 소련이 국내 정세의 변화에 따라 '준종주국[準宗主國]'처럼 행동하면서 갑자기 투자를 중단했을 때,[5] 중국이 직면한 가장 큰 어려움은 자본 요소의 절대적 부족이었다. 본래 외자투입을 위주로 군사적 수요에 편중되었던 자

---

5 '준종주국'이라는 명칭은 1970년대 마오쩌둥이 소련을 '사회제국주의'라고 지칭한 유명한 주장에서 따온 것이다.

본집약적 공업화 과정에서 주도적 역할을 하는 자본 요소가 절대적으로 부족하게 되면, 대규모 노동력으로 자본 요소를 대체하는 집중화된 체제를 수립함으로써 '자본 저도화[資本低度化]' 발전을 유지할 수밖에 없다. 그러나 서구 자본주의의 성숙기에 대외적으로 전파되었던 자유주의 이념에 따라 국가의 토대와 상부구조를 수립한 개발도상국들은 일반적으로 공업화가 중단되곤 했다.

더 심각하게는 '종주국'의 투자 기간 동안, 수혜국은 맹목적으로 '종주국'의 요구에 따라 공업의 토대에 부합하도록 높은 비용으로 거대한 상부구조를 수립하곤 한다. 상부구조와 함께 내면을 교화하는 기능을 가진 이 상부구조의 이데올로기가 대대적으로 수혜국의 주류 담론이 되고 나면, 이는 당연하게도 '고도의 정치적 올바름[高度政治正確]'을 갖게 된다.

정치경제학의 기본원리에 가장 부합하면서도 실제로는 정반대인 점은 이러한 모방된 상부구조와 여기에 딸린 이데올로기화된 담론이 일단 형성되면, 수혜국은 '종주국'의 투자 중단을 견딜 수도 없고, 신속하게 변화되어버린 객관적 수요 때문에 적극적으로 자신의 토대를 변혁할 수도 없게 된다. 오히려 종종 내재된 이해관계와 분배의 구조가 고착화되면서 의식적이든 무의식적이든 토대 변혁의 반대 방향으로 나아가게 된다. 이것이 '종주국'의 자본이 철수하면, 대다수 개발도상국에서 사회정치적 동란과 심지어 인도주의적 재난이 발생하는 이유에 대한 정치경제학적 해석이다.

개발도상국의 외부로부터 유입된 상부구조는 일반적으로 현지의 토대가 갖는 근본적 모순에 적응하지 못한다. 이 점이 과잉된 노동력 자원을 비교우위로 가진 개발도상국 대부분이 현재까지 공업화를 달성하지 못하는 원인 중 하나일 수 있다.

노동력 자원이 풍부하다는 비교우위는 다른 개발도상국들 또한 모두 가지고 있는 만큼 이것이 중국이 반세기 이상 고속으로 경제성장을 한 이유가 될 수는 없다. 즉 중국이 가진 비교우위는 이뿐만이 아니었다.

이전의 전략적 투자국이었던 소련이 1957~1960년 투자를 철수한 이후에 중국은 '자주독립, 자력갱생, 간고분투[艱苦奮鬥], 근검건국[勤儉建國]'을 방침으로, 국가 민족주의를 본질로, 통속화된 계급투쟁과 이론상의 계속혁명을 이데올로기 동원의 수단으로 삼아 전체 민중이 참여하는 지방화(localization)된 공업화를 효과적으로 개시했고, 결국 서구 국가들보다 훨씬 짧은 시간에 공업화를 달성했다.

서구의 원시적 축적 단계와 비교되는 이 역사 시기는 서구 중심주의 이데올로기의 전형적 표현을 빌리자면, 개성을 말살하고 전체주의적인 '인해전술'이었다.

1957년 소련이 투자를 중단한 이후, 중국은 제2차 5개년 계획을 중단할 수밖에 없었고 소련의 전문가들이 지도하던 '계획경제'도 갑작스레 중단되었다. 이로 인해 중국은 중앙정부가 스탈린 모델을 모방하여 추진하던 대규모 공업화를 더 이상 진행할 수 없었다. 그리하여 1958년 초, 정저우회의[鄭州會議]에서 중소형 기업을 중심으로 삼아 지방화된 공업화를 추진하기로 결정했다. '다섯 가지 소형공업[五小工業]'의 대규모 확대가 새로운 지방 중심 공업화 전략의 한 부분이었다.

이에 따라 소위 '대약진[大躍進]'이 발생했다. 당시 지방정부는 '대규모로 신속하게[大幹快上]' 하는 데 급급했기 때문에 거의 공업화 경험이 없었던 현급·시급[縣市級] 지방정부 위주로 공업의 '대약진'이 출현했던 것이다.

2. 중국 개혁에 대한 대안적 해석

저자의 연구는 하나의 핵심 관점으로 귀결될 수 있다. 바로 제도 비용 전가론이다.

우리 중국인이 비교우위에 관한 이론 연구에서 공통적으로 느끼는 유감은 소위 제도의 개조 또는 제도의 변천 과정에서 이익집단이 획득하는 수익은 매우 주목하면서도, 이러한 발전주의의 성장 과정에서 형성된 제도의 비용과 수익 간의 심각한 비대칭에 대한 면밀한 분석이 거의 없다는 점이다. 이로 인해 관료들도 개발도상국의 수많은 민중이 사실상 국가 공업화의 제도 비용을 부담한 실체라는 점을 국가정책 연구의 기본 근거로 삼는 경우가 거의 없다.

예를 들어 상술한 1958년의 '대약진'식 지방 공업화 건설은 경제적으로도, 정치적으로도 그 대가가 중앙정부가 소련의 투자를 받았던 국가 공업화보다 더 컸었다. 그러나 이 엄청난 대가는 기본적으로 정부로부터 비롯되거나 정부에 내재된 것이 아니었고, 독점적 성격을 갖는 산업자본이 떠맡게 되었다. 따라서 이에 대한 당대 학자들의 거센 비판이 있었으나, 사실상 의미 없는 비판에 불과했다.

만약 정치경제학 이론을 참고한다면, 상이한 원시적 축적 방식이 상이한 제도를 창출하고 다시 상이한 제도의 비용과 수익 구조를 형성함으로써, 이후에 개혁의 이름으로 진행되는 제도 변천 과정에서 경로의존을 결정한다는 점을 알 수 있을 것이다(원톄쥔, 2009: 5).

그러므로 1980년대 이후 중국의 개혁은 상부구조가 어떻게 변했든 이데올로기가 얼마나 위세를 떨쳤든 간에 본질적으로 정부 조합주의화(government corporatism)된 각급 정부가 수차례 재정위기의 압박 속에서 제도 비용을 전가하고 비경제적인 영역에서 점차 퇴장한 결과였다.[6]

정부가 가장 먼저 농업에서 퇴장했기 때문에 1980년대 초 집체통일경영과 농가도급경영이 결합된[統分結合] 농가생산연계도급제[家庭聯産承包制]를 명칭으로 삼고, 향토중국의 전통적인 소농경제+촌락자치를 실체로 하는, 농촌의 전통 토대가 전면적으로 회복되는 역사적 현상이 발생했다.[11] 그러나 심각한 적자 위기가 재정에서 '짐 보따리 내팽개치기[甩包袱]'식 개혁을 초래함으로써 '정치-경제가 일체화[政社合一]'된 저비용의 농촌 상부구조를 재정자급[自收自支]의 권력을 갖는 고비용의 지방 향·진[鄕鎭] 정부로 부주의하게 바꿔버렸다! 전례 없이 소농 촌락경제를 강압했던 상부구조는 토대의 기본 모순에 적응하지 못해

____

6 'Corporatism'은 '법인주의[法團主義]'로도 번역된다(Oi, 1992).

농촌에서 간부와 군중 간 충돌이 나날이 복잡해지는 현상이 나타났다. 게다가 정부가 기본 공공재 공급에서 퇴장하면서 농촌과 공업화된 도시 간의 이원적 대립이라는 기본적인 체제 모순과 도농 격차가 더욱 심각해졌다(원톄쥔, 1999).

게다가 1980년대 초 정부가 농업의 집체경제에서 퇴장하면서 조성된 제도 비용—정부와 9억 명의 고도로 분산된 농민 간의 높은 거래비용—을 '짐 보따리 내팽개치기'식 개혁의 와중에, 농자재·농업기술·유통·금융 등 정부 산하의 농업 관련 경제부문이 떠맡을 수밖에 없었다. 이로 인해 이 부문들에서 대규모 적자가 발생했다. 이어서 1990년대 초 정부가 이러한 농업 관련 부문으로부터 한 단계 더 물러서는 '2차 퇴장'이 나타나면서 양곡수매소[糧站], 공급·판매 합작사[供銷社], 신용합작사[信用社] 등 농업 관련 부문이 사유화, 시장화되는 제도 변화가 발생했다. 이에 따라 여전히 사업부문[事業部門]의 신분을 가진 간부들이 시장화를 틈타 권력을 이용한 사익 추구에 앞다투어 나서게 되었다.[12] 이것이 현급 이하 기층의 간부 대부분이 급진적 시장화에 동조하고, 도리어 물과 불처럼 군중과 대립하게 된 근본 원인이었다.

이러한 관점에서 도시 경제의 '2차 산업 퇴출과 3차 산업 진흥[退二進三]'과 '큰 것은 쥐고 작은 것은 놓아 주는 조대방소[抓大放小]' 개혁을 살펴보면,[13] 지금까지 독점적으로 통제되어 왔던 금융·보험 부문과 자원 점유를 통한 직접적인 자본화 추진으로 이익을 얻을 수 있는 대형 국유경제 부문은 여전히 초과이윤이 발생하기 때문에 정부가 퇴장하지 않고 버티는 영역이라는 점을 알 수 있다.

또한 중국의 개혁과 발전 연구에서 이데올로기화의 질곡을 피하기는 어렵다고 하더라도, 서구의 좌·우익 개념을 도용하여 파벌을 나누는 것은 매우 황당하고 너무 천박한 것이다. 이와 관련된 지식인들이 여전히 근본도 없이 결정적인 역할을 하고 있기 때문이다. 이들은 국가자본, 민간자본, 외국자본 중 어디의 입장에 속하든 간에 중국에서 오늘날까지 유지되는 고전적 이론상으로는 사실상 본질적인 차이가 없다(원톄쥔, 2006).

그러나 인류의 자본주의 문명 단계로의 진입에 대한 마르크스의 역사관과 함께 자본주의 경제의 주요한 모순이 여전히 자본과 자본에 내재된 충돌이라는 그의 변증법을 인정한다면, 21세기 국제 금융자본 주도의 글로벌 경쟁이라는 거대한 압박과 도전 속에서 발전을 쫓아가는 국가로서, 중국은 산업자본 단계에서 금융자본으로 상승하여 주도적 지위를 차지해야 할 뿐만 아니라, 전통부문의 혼합경제 단계를 아직 유지해야 한다. 또한 글로벌 자본화 경쟁에 참여하면서도 실패하지 않을 수 있는 능력을 스스로 책임 있게 보존해야 한다.

3. 격렬한 논쟁의 사이비성

저자의 성찰을 통해 제시된 대안적 시각을 참고하거나 이에 따라 연구를 진행하고자 한다면, 중국 내부의 격렬한 논쟁들이 갖는 사이비성을 주의해야 할 것이다. 서구 중심주의로부터 도출된 담론 체계를 답습하면서 중세에 신학적 통치를 옹호하던 '일원론[一元論]'의 본질을 갖게 된 가치관과 이에 근거하여 나온 중국에 대한 좌·우 두 파벌의 시시비비는 화를 면하기 어렵다.

일찍이 1988년 5월 저자는 『위기론[危機論]』을 발표하여 신중국 40년 동안의 주기적 경제위기를 초보적으로 분석한바 있는데, 중국의 사회과학 이론 문헌에서 보기 드문 글이었다. 이어서 1988년 말 18.6%에 다다른 물가상승률에 대해 정부가 조정을 하자, 1989년 전형적인 스태그플레이션 위기와 '정치풍파[政治風波]'가 발생했다.[14] 이후 2년에 걸쳐 불황이 지속되었다.[7] 『위기론』을 발표한 5년 후 저자는 1991년에 초안을 썼던 『국가자본의 재분배와 민간자본의 재축적[國家資本再分配與民間資本再積累]』을 1993년에 다시 발표하고, 이어서 중국

7 　당시 부득이하게 이러한 비용을 떠맡아야 했던 국민의 입장에서 보면, 위기의 폭발 이후에 전가된 인플레이션의 대가를 강제로 떠맡게 된 것은 큰 불행이었다. 하지만, 저자처럼 대담하게 직언을 하는 사람들에게는 '큰 행운'이었다. 전형적인 스태그플레이션 위기의 폭발이 당시 학계의 저자에 대한 비판을 제때에 막아버렸다!

경제개혁 이후의 주기적 경제위기에 관한 분석을 잇따라 발표했다. 또한 1996
년에는 『국제 금융자본 시스템의 총체적 위기와 중국 개혁[國際金融資本體系的總
體性危機與中國改革]』을 발표하여 글로벌 경제위기가 중국 산업자본에 미치는 영
향을 고찰했다. 이러한 거시적 상황에 대한 분석은 이 시기에 연달아 발생한 경
제위기, 특히 1997년 국제 금융자본이 동아시아를 타격하여 발생한 금융위기
를 통해 입증되었다! 이 글과 분석들은 상대적으로 얕은 수준이었지만 글로 써
서 남겼었다는 가치는 여전하다(원톄쥔, 2004a).

1980~1990년대 출판된 이 오래된 글들은 공업화 이후 상부구조가 어떻
게 변화했든 중국의 제도 변천이 수익과 비용의 비대칭이라는 특징을 계속 유
지했다는 점을 반복적으로 표현한 것에 지나지 않는다. 사실 이 같은 경제제도
변화의 기본 법칙은 이데올로기 영역에서도 비교가능할 듯하다. 1957년 반우파
운동 전에 당 중앙은 사회 전체를 동원하여 '관료주의·주관주의·종파주의 반
대' 운동을 전개하였다. 간부 계층의 이러한 세 종류의 잘못된 경향에 대하여 전
개한 군중비판은 반우파 운동에 의해 완전히 역전되었고, 바로 이어서 재정이
좋지 못한 상태에서 정부투자에 과도하게 의존함으로써 1958년 경제위기가 발
생했다. 그 후 부득이하게 다시 계급투쟁을 이데올로기 도구로 삼아 다시 민중
을 동원하게 되었다.

이 법칙에 의해 얻어진 역사적 교훈은 현재까지 여전히 비교가능하며 실
제로 특별히 중시할 만한 가치가 있다는 점을 알아야 한다.

만약 우리 사회가 송·명[宋明] 이학[理學] 이래 통치 구조의 필요에 따라 전
면적으로 추진되었던 과거시험 제도와 여기에 내재되었던 책상물림 연구로 회
귀한다면, 또는 서구인이 본래 자신들의 국가 역사가 너무 짧아서 군주제 유지
에 유리하면서 창조성을 억압했었던 중국 정부[官方]의 학술제도를 급하게 복
제하면서 탄생하게 된 서양식 책상물림을 마치 수출품을 내수로 돌려쓰듯이 국
제적으로 모방해야만 할 학술표준을 좇는 것으로 여긴다면, 나아가 심지어 이
에 따라 학계의 이익 분배가 결정된다면, 1919년 신문화운동[新文化運動] 시기의

선배들을 웃음거리로 만드는 것일 뿐만 아니라, 인위적으로 파벌싸움의 도구를 대량생산함으로써 소자산계급의 속성을 가진 우리 소지식인 집단들의 상호 비방하고 생트집을 잡아 대는 저열한 근성[劣根性]을 확대시킬 것이다.[15]

4. 비교우위에 대한 대안적 해석

중국의 근현대 시기 경제와 사회의 발전 법칙을 기본적으로 분석한 이후, 이것의 일반성을 증명하기 위해 우리는 제3세계 국가를 분석할 것이다. '내부의 제3세계'인 향토중국을 깊이 연구할수록 '외부의 제3세계' 문제에 더 관심을 가질 수밖에 없기 때문이다.

따라서 저자는 각종 기회를 최대한 활용하여 중국과 기타 개발도상국 간의 비교연구를 진행했다. 멕시코·인도·네팔의 유격지구와 방글라데시·브라질의 빈민굴을 수차례 방문했으며, 쿠바·북한·베네수엘라 등 논쟁적인 국가들과 금융위기 이후의 아르헨티나 등에 대해서도 조사연구를 했다. 중국에서 20여 년 이상 정책연구를 했던 학자의 안목을 가지고 40여 개 국가에 대해 지속적으로 현지조사를 한 이후, 저자는 점차 백년 동안 중국이 서구로부터 수입한 두 종류의 대립된 주류 사상, 즉 러시아인이 만든 사회주의와 미국인이 만든 자본주의에 대해 대안적 사고를 형성하게 되었다.

또한 조사연구 과정의 감성적 인식을 유지한 채로 강의를 하면서 농업 현대화가 의존하는 규모의 경제를 의심하게 되었다. 세계에 존재하는 대농장 국가들 중에서 식민화의 산물이 아닌 곳이 있는가? 즉 점령된 식민지를 살인·약탈하고 말을 달려 토지를 구획하여 대농장 경제와 대규모 플랜테이션 경제를 형성하지 않은 곳이 하나라도 있는가? 당대 학자들의 가설에서 도출된 토지소유권의 조건에 따라서, 시장화된 교역만을 통해 대규모 농업 경제를 형성한 곳이 있었던가?

저자는 여러 차례 뉴욕의 메트로폴리탄 박물관, 파리의 루브르 박물관, 런던의 대영박물관, 멕시코시티의 인류학박물관, 로마의 이탈리아 국립박물관 등에 가봤으며, 카이로·리마·아테네·베를린 등지의 저명한 박물관에 보존된 문명의 자취를 감상하느라 돌아갈 생각을 잊곤 했다. 미개한 시기부터 문명 시대에 이르기까지 인류가 거쳐 온 상이한 경로와 이러한 다양한 경로가 진화한 궤적을 비교하기 위해서였다.[8]

십여 년의 관찰과 사고를 통해 저자는 마침내 상이한 자원환경의 제약에 놓였던 고대의 인류가 문명에 진입하는 경로는 본래 뚜렷한 이질성을 갖는다는 점을 깨달았다. 상이한 생산방식은 또한 필연적으로 상이한 사회정치적 형태를 초래한다. 향후 동아시아 학자들이 마르크스 역사유물론 '5단계론'의 결론을 수천 년 지속된 고대의 마야·잉카·중국의 문명에 대한 해석에까지 다시 교조주의적으로 답습하지 않는다면, 우리는 마르크스가 이미 자기반성을 통해 강조한 '아시아 양식'은 최소한 이해하게 될 것이다.

우리는 주류 인문사회과학의 지도사상이 여전히 서구 중심주의에서 내재적으로 작용하는 일원론 철학이라는 점을 알아야만 한다. 이는 태생적으로, 또한 내재적으로 초기 유럽 지중해 연안의 해적문명의 특징과 중세 시대 정교일치의 일신론적 신학의 통치사상을 포함하고 있을 뿐만 아니라, 현재까지도 여전히 글로벌 패권주의에 일조하고 있다.[9]

---

8 저자는 박물관을 관람하는 습관을 가지고 있다. 각국에서 강의·방문·조사연구를 할 때면 항상 박물관을 가는데, 유명한 박물관에서 자주 하루를 보내며 소장된 유물을 관찰함으로써 자본주의 이전의 인류 문명의 차이를 이해할 수 있었다.

9 상세한 내용은 원톄쥔이 인도 케랄라[Kerala]의 경험과 관련된 토론에서 발언한 내용을 정리한 원톄쥔, 「세계화, 주변화, 파시즘[全球化, 邊緣化, 法西斯主義]」을 참조. 2001년 초 중국, 필리핀, 인도에서 경제학, 사회학, 비교문화를 연구하는 학자와 작가 등 10여 명으로 구성된 답사단이 인도의 케랄라를 방문했다. 수개 월 후에 케랄라에 동행한 중국학자들이 각자의 생각을 교류하면서 세계화와 세계 파시즘에까지 논의가 이르렀다. 당시 참여한 사람은 중국사회과학원 사회학연구소 부소장 황핑[黃平] 연구원, 베이징대학 비교문학·비교문화연구소 다이진화[戴錦華] 교수,

근대 식민주의 세계화 과정에서 상대적으로 비주류였고 거의 주변화되거나 스스로 주변화되었던 동방 문명은 다른 주변화된 원주민 문명과 달리, 유럽을 대상으로 하여 말하자면 '극동'에 위치해 있었기 때문에 식민화 정벌을 완성하기에는 비용이 높았던 데다 원주민 인구도 지나치게 많았다. 결과적으로 동아시아 원주민으로서 중국인은 식민화 시대에 서구 열강에 의해 대규모로 학살되거나 식민 지배자들의 혼혈 후예들로 대체되지도 않았다. 또한 근현대 국가건설(state building)로 강화되었으며 집단을 기초로 삼는 중앙집권 체제의 건설 과정에서, 수천 년 전통의 관개농업으로 형성된 집단 거주의 촌락 문명을 지켜냈다. 동시에 동방의 특색을 가진 중앙집권 체제 내부에 다음과 같이 사회자원을 효과적으로 통합하는 두 가지 메커니즘을 형성할 수 있었다.

첫째, 지연과 혈연으로 유지되며 역사 유산의 핵심인 집단문화를 통해 외부효과의 문제를 '내부화'하여 처리할 수 있었다. 둘째, 수천 년 동안 농가 경제에 내재적으로 존재했던 '대가를 고려하지 않고 자본을 대체하여 노동을 투입'하는 메커니즘을 통해 갑자기 발생한 자본의 극단적인 부족을 해결했다.

주로 이 두 가지 메커니즘의 작용으로 중국은 '서구인의 식민화 점령이 완전히 실현되어서 설령 독립을 쟁취했어도 여전히 서구인이 세운 상부구조를 계승하게 된 일반적인 제3세계 국가들'과 비교하면, 더 쉽고 빠르게 공업화를 위한 원시적 축적의 조건을 완성했다. 거시적인 정치경제 체제부터 미시적인 경제주체의 내재적 메커니즘까지, 소위 이러한 중국 특색이 중국이 공업화를 완성하고 장기적인 경제성장을 유지할 수 있었던 비교우위의 진정한 실체이다!

통상적으로 이상주의적 특징을 갖는 한 명의 학자로서 개인적 시각으로만 보자면, 자본주의가 출현한 이후, 소위 글로벌 경쟁으로 인해 광범위하게 중

홍콩 링난대학[嶺南大學] 문화연구학과 류젠즈[劉健芝] 박사 등이다. 이를 기록하여 정리한 이후에 각자의 교정을 거쳐 2001년 여름 『개혁내참[改革內參]』, 『천애[天涯]』, 『독서[讀書]』 등의 간행물에 발표했다. 원톄쥔(2004b: 49-54)도 참조

시되고 있는 비교우위 분석에 대해서 저자는 적극적으로 토론하기를 원치 않는다.[10] 설령 국가의 화폐주권과 금융독점을 유지하면서 중국인이 자기자본화를 완성하고, 세계의 금융자본이 이미 심각한 과잉인 상황에서도 중국이 21세기의 버블화된 주류 금융자본의 경쟁에 참여할 수 있게 될지라도, 전체가 망가져서 혼자 살아남을 수 없게 되는 결말을 피하긴 어렵기 때문이다. 다행히 2008년 월스트리트의 금융 쓰나미로 글로벌 경제위기가 발생한 이후, 이에 대한 철저한 무지가 조금씩 줄어들고 있다.

5. 향토중국의 실험 연구

20세기 이후 정부 조합주의에 따라 국가 공업화가 진행되던 중국 농촌의 문제는 인구에 비해 자원이 극도로 부족하다는 기본 국가상황[國情]의 제약 속에서, 어떻게 하면 공업화를 위한 원시적 축적을 위해 농촌으로부터 대량의 잉여를 추출해야 한다는 요구를 만족시키면서도, 동시에 농촌의 급속한 쇠퇴를 막아 전체적인 안정을 보장할 것인가였다.

　이에 따라 중국의 농촌 발전 문제에 대한 분석에는 중화[華夏]의 전통적인 관개 문명이 수천 년 동안 지속되며 생성한 집단문화를 기초로 삼는 농민 인구 대국에서, 내재적인 제약을 가진 제도적 유산을 어떻게 계승하고 발전시킬 것인가라는 역사 문제가 존재한다. 또한 20세기 이래 민족독립을 달성한 이후, 공업화가 국가의 주요한 목표였던 특수한 역사적 배경에서 필연적으로 생성된 것들, 즉 자본의 원시적 축적 단계가 남겨놓은 문제와 산업자본의 확장이라는 현

10　'정글의 법칙'에서 벗어나 인간이 되려는 타고난 양심에 따라, 저자는 각고의 노력으로 도출한 모든 논리와 해석에 대해 아프게 자기반성하면서 본 저서가 구축한 이론체계가 어느 날 산산이 부서지기를 열렬히 소망한다.

실 문제도 존재한다.

따라서 중국 농촌 발전의 기본 문제는 단지 미시적 산업경제에 국한된 농업 문제일 수만은 없다. 이는 도농 이원구조 사회라는 주요한 체제 모순의 제약을 고려하면서 농민의 권익, 농촌의 지속가능성, 농업 안보 등을 포함하는 3차원의 삼농 문제로 귀결되어야 하는 것이다.

도농 이원구조의 체제 모순이 존재하는 거의 모든 개발도상국들은 모두 삼농 문제가 존재한다.

저자는 농촌 조사연구에 종사한 20여 년의 경험에 근거하여 소농경제 위주인 동아시아 어디에서도 서구 담론에서 말하는 단순한 농업 문제는 본래 없었으며, 사실 문제는 농민의 권익, 농촌의 지속가능성, 농업 안보라는 삼농 문제였다고 생각한다. 1990년대 말 중국은 한때 미국을 위주로 서구의 농업정책 사상을 답습했고, 그 결과 오늘날 보듯이 삼농 문제가 나날이 심각해지고 있다. 또한 10여 년이라는 짧은 기간에 농업은 중국에서 제일 많이 입체적인 교차 오염[立體交叉汙染]을 일으키는 부문이 되었고, 더불어 심각한 외부효과를 발생시키고 있다. 근래 저자는 더 나아가 동아시아 국가들이 수백 헥타르를 소유한 미국의 '농장주(farmer)'를 겸업화된 소농경제의 파편화된 '농민(peasant)'으로 잘못 번역한다면, 이 기본적인 개념 오류가 이론과 정책에서 심각한 오해를 초래할 것이라는 점을 지적한바 있다(원톄쥔, 1996a; 2004c; 2005).

이러한 대안적인 조사연구와 깊은 성찰을 바탕으로 저자와 일군의 국내외 사상계 사람들이 협동하여 많은 청년 자원활동가들을 지도하고 육성했다. 중국 각지에서 사회에 대한 점진적 개량 사상을 구현하고 광범위한 내용을 가진 신향촌 건설 실험을 전개했으며, 수많은 참가자가 함께 했다. 2001년부터 대학생 자원활동가들을 모집하여 농촌으로 가서 농업을 지원하고 조사연구를 수행했다. 2002년에는 농민합작사 발전을 위해 유기농과 생태건축이 포함된 양성 교육을 실시했으며, 중·노년협회와 부녀협회 등을 통해 농민의 조직화를 높이는 기층 실험도 시작했다. 또한 2005년에는 공정무역 원칙을 구현한 도시의 유기농 소비자조합, 시민참여식 도시농업(CSA) 등 지속가능한 발전을 촉진하는 신향촌 건설 운동을 개시했다. 이러한 활동에 근거하여 여러 차례 중앙정부와 관련 기관이 채택하고 참고했던 정책 건의를 제시한 바 있다.

다행스럽게도 이처럼 미약하게 시작된 신향촌건설 실험이 순식간에 전파되어 국내외의 광범위한 관심과 각계각층 민중의 지지를 받게 되었다. 또한 이는 2005년 10월 16기 5중 전회(중국공산당 제16기 중앙위원회 제5차 전체회의)에서 신농촌 건설을 국가전략으로 명확히 삼고, 2007년 17차 당대회(중국공산당 제17차 전국대표대회)에서 생태문명 이념을 강조하고, 2008년 자원절약·환경우호의 양형 농업[兩型農業]을 확립했던 지도사상과도 상통하는 것이다.[11]

이 활동들은 향토의 사회공작[社會工作]에 근거한 것으로, 중국의 사상계와 언론매체들은 1920년대 중국 신유가를 대표했고 항일전쟁 승리 이후 1940년대에는 '제3방[第三方]'[16]을 대표했던 인물인 량수밍[梁漱溟], 세계 평민교육의 아버지 옌양추[晏陽初], 샤오좡[曉庄] 사범학교를 창립하여 향토 지식인을 중심으로 '생활교육'을 실천한 타오싱즈[陶行知], 그리고 실업[實業]을 통한 구국을 자신의 임무로 삼은 애국 기업가 뤄쭤푸[盧作孚] 등이 일으켰던 향촌개조(rural reconstruction) 운동의 뒤를 잇는 신시기[新時期]의 제2차 신향촌 건설 운동(NPR, new rural reconstruction)이라고 지칭했다.[12][17] 저자는 시작할 때부터 21세기의 이번 향촌건설은 향촌부흥(rural regeneration)이라고 불러야만 한다고 생각했지

---

11   우리를 곤혹스럽게 했던 것은 신농촌 건설의 실천과 전파에서 가장 큰 장애가 스스로를 '흩어진 모래'나 '한 부대의 감자'로 보던 농민이 아니라, 제때 관념을 전환하지 못하고 여전히 발전주의를 따르며 자본과 GDP를 근본으로 삼는 지방정부로부터 비롯되었다는 점이다. 이는 바로중국이 오래도록 조정하기 어려웠던 '중앙-지방 관계'의 문제를 드러내며, 점점 더 다원화되는이익 관계의 모순을 보여준다.

12   우리는 권력도, 돈도 없이 수많은 청년학생, 사회의 식자층, 농민, 시민에 의지하여 대안적 실천운동을 추진했기 때문에 많은 국내외 언론매체들이 광범위한 보도를 했다. 심지어 CCTV의아나운서는 주류 '시장파[市場派]'와 구분하여 '향촌건설파[鄕建派]'라는 별칭을 붙여주었다.

만 말이다.

　　그저 우리가 선현들의 온건한 개량을 계승하여 '글로벌 자본화'가 초래하는 대변동의 와중에, 대다수 중국인의 생존이 달려있는 향토중국의 안정을 유지하는 데 작든 크든 도움이 되기를 바랄 뿐이다.

문제: '삼농'과 '삼치'란 무엇인가

세계적으로 봐도 인구에 비해 자원이 부족했던 대다수 개발도상국은 현대화를 목표로 후발 공업화와 도시화를 가속화하는 시기에 보편적으로 다음과 같은 문제에 직면했다. 첫째, 삼농(농민, 농촌, 농업)이라는 토대 영역의 문제이다. 둘째, 삼치(현치, 향치, 촌치 혹은 향촌 거버넌스 구조)[1]라는 상부구조 영역의 문제이다.

이 두 가지 문제는 (어떤 이데올로기에 얽혀있든 간에) 중국의 특수성에서 기원하며, 국가 공업화를 위한 원시적 축적과 바로 뒤이은 산업 확장과 밀접히 연관된다. 중국은 자원과 자본이 모두 심각하게 부족하다는 제약과 지정학적 전략의 악화라는 압박 속에서 국가가 단기간에 빠르게 산업자본을 형성해야만 했다. 이 때문에 필연적으로 출현한 여러 차례의 경제위기를 삼농으로 전가했고, 농민이 과중한 제도 비용을 떠맡아야 했다!

이로 인해 중국의 공업화 과정에서 삼농은 줄곧 공업화, 도시화를 위해 잉여를 제공하고 전가된 제도 비용을 떠맡는 '제3세계'였다.

21세기 들어서 2002~2003년 삼농 문제가 국가전략의 가장 중요한 것으로 강조되었을 당시, 중국 학계는 서구 이데올로기에 얽매여 있어 이에 대한 창조적인 해석과 논의를 찾아보기 어려웠다. 이뿐만 아니라 정책 부문도 종적·횡적[條塊]으로 분할된 온갖 집단의 이해관계에 속박됨으로써 이러한 추세에 적극적으로 적응하여 제대로 된 조정을 해내지 못했다.[2] 그리하여 중앙정부가

2005년 11차 5개년 계획을 계기로 진일보한 신농촌 건설 전략을 추진하게 되었다.

통시적으로 보면 중국 농촌의 삼치 문제는 근대화 이후 백년의 난제였다. 정부와 뜻을 품은 지사들이 향토중국에서 현대적 제도를 수립하려던 모든 노력들은 지나치게 높은 거래비용으로 인해 분산된 소농과 '유지가능한 계약[可維護契約]'을 형성하기 어렵다는 곤란을 겪었다. 사실 향촌의 발전과 거버넌스라는 난제는 대다수 개발도상국에 보편적으로 존재한다. 이에 따라 상·하층 문화, 즉 현대 제도와 향토 문화 간에 어떻게 해야 상호 포용을 최대화하면서 충돌을 최소화할지를 반드시 고려해야 한다. 중국은 수천 년 동안 소농 촌락제 관개농업이 조성한 집단문명 속에서 생성된 중앙집권 체제가 향촌 자치를 장기간 저비용으로 유지했고, 이로 인해 안정된 구조적 기초를 형성할 수 있었다. 개혁 초기 급진 지식인들이 중국이 현대화로 나아가는 데 장애가 된다며 부정적으로 인식한 이 제도적 경험들을 오늘날 다시 봐야 할 필요가 있을지도 모른다.

제1부의 여섯 편의 글 중 첫 번째는 먼저 전통 정치경제학을 통해 삼농과 삼치 문제의 분석을 위한 하나의 이론적 틀을 구축한다. 두 번째와 세 번째는 각각 거시적 제도의 변천과 미시적 시장 기능의 메커니즘을 통해 삼농 문제의 근본 원인을 서술한다. 네 번째와 다섯 번째는 각각 외부 환경과 내부 구조의 변화를 결합하여 현재의 향촌 거버넌스와 농촌 발전 간의 내재적 관계를 살펴본다. 여섯 번째는 신제도경제학의 거래비용 분석을 도구로 삼아 향촌 내부에서 삼농과 삼치의 딜레마를 효과적으로 해결할 수 있는 메커니즘을 이론으로 도출해 본다.

제1장 향토중국의 토대 '삼농'과 상부구조 '삼치'[13]

토대로서의 '삼농' 문제와 상부구조로서의 '삼치'(촌치, 향치, 현치) 문제는 밀접히 연관되어 있는데, 양자의 상호작용은 거시경제의 변동에 따라 악화될 때도 있었고 완화될 때도 있었다. 또한 상이한 경제성장 메커니즘이 모순의 변화에 중요한 영향을 미치기도 했다. 중국 개혁 30여 년 동안 거시경제의 주기적 변동으로 농촌은 세 차례의 거버넌스 위기를 차례로 겪었다. 1990년대 이후 다수의 적대적 충돌이 나타난 주요한 이유는 탈조직화로 인해 개별 소농의 잉여 제공으로 충분히 지탱하기 어려울 만큼 거대하면서도, 농촌의 토대와 괴리된 상부구조가 출현했기 때문이다. 이에 따라 현대화, 법제화 건설을 가속화할수록 농촌의 상부구조는 정부가 전액을 부담해야 하는 제도 비용을 필요로 하게 되었다.

저자는 중국을 포함하여 개발도상국의 경험과 교훈에 근거하고, 거래비용과 제도 변천에 관한 제도학파의 이론을 변증법적으로 지양하여 본 저서가 검증을 시도할 두 가지 이론적 가설을 만들었다.

첫째, 시장경제의 조건 하에서 정부를 포함한 모든 외부 주체는 분산된 소농경제와의 거래비용이 지나치게 높기 때문에 필연적으로 발생하는 외부효과와 이 외부효과가 초래하는 제도 비용의 문제에 맞닥뜨리게 될 것이다.

둘째, 주도적 지위를 점유한 이익집단이 수익 증가를 위해 추진하는 모든 제도 변천은 상이한 주체 간에 제도 수익과 제도 비용의 비대칭성을 내재적으

---

13 본 글의 연구와 서술은 중국 국가사회과학기금의 중대 프로젝트 '사회관리 개선과 사회안정 유지의 메커니즘 연구: 농촌의 적대적 충돌과 해결 메커니즘 연구'(프로젝트 번호: 07&ZD048), 국가 사회과학기금의 중점 프로젝트 '신농촌 건설의 목표, 중점 그리고 정책 건의'(06AJY003), 중국 런민대학 985공정 2기 건설 프로젝트 '중국 농촌 발전 연구를 위한 철학·사회과학 혁신 기지' 프로젝트의 지원을 받았다. 중국 런민대학의 지속가능발전 고등연구원 둥샤오단이 초안을 쓰고, 원톄쥔이 수정하여 탈고했다. 원문은 둥샤오단·원톄쥔(2008). 이 글은 녹취한 내용을 통해 일부 수정되었다.

로 야기할 것이다. 제도 수익은 주도적 집단이 수취하지만, 제도 비용은 취약집단에 전가된다. 이것이 세계적으로 약자가 항상 약해지는 기본적인 제도적 원인이다.

1. '삼농'과 '삼치'의 상관관계: 향토중국의 문제의식 수립

1) 향토중국에서 '삼농'과 '삼치' 문제의 역사적 배경과 국가상황의 모순

인구에 비해 자원이 극도로 부족한 기본 국가상황 하에서 중국인은 전 세계의 7%에 해당하는 경지와 6%에 해당하는 수자원으로 20%에 해당하는 인구의 생존을 유지해야만 했으며, 식민주의처럼 해외로 모순을 전가할 수도 없었다. 이 때문에 공업화를 위한 원시적 축적을 내부화하여 완성하고 산업자본의 확장으로 나아갔다(원톄쥔, 1996a).

이 기간 동안 농업 집단화를 조직적 담지체[載體]로 삼아 중앙집권 체제가 삼농으로 제도 비용을 전가하여 국가 공업화를 위한 원시적 축적을 완성했다. 이렇게 형성된 산업자본은 이어지는 확장 단계에서도 경로의존을 지속해야 했다. 따라서 농촌에서 일괄도급[大包幹]이라는 이름으로 탈조직화 개혁을 완성한 이후, 조직 담지체가 사라지면서 제도 비용의 삼농 전가로 인해 발생했던 충격이 더욱 극심해졌다.[3] 결국 거시적 변동으로 인한 경제관계의 긴장이 매번 완충 장치도 없이 직접적으로 농촌의 사회관계를 악화시켰다.

농촌개혁 이후 21세기가 임박해오자 제도가 변화시킨 자원의 '경성 제약'—갈수록 심각해지는 국가상황의 모순—이 더욱 뚜렷해졌다! 2억여 농가와 8억여 농민인구의 분산 경영이 토지를 파편화하는 것은 예전과 다를 바 없었다. 1인당 및 노동인구 1인당 경지 면적, 농업 생산액 비율, 농민소득의 상대적 증가속도 등이 크게 하락했다. 기술진보가 생산력을 실질적으로 촉진해도 이러한 자원의 '경성 제약'을 충분히 완화시킬 수 없다면, 갈수록 토대와 상부구조의 모순은 본래 철학에서나 드러나는 선명한 적대로 표현될 수밖에 없다. 이 모순이 시종일관 긴장과 충돌 상태로 드러나지는 않을지라도 필연적으로 외부 환경의 변수와 밀접히 연관을 맺게 된다.

2) '삼치' 문제의 역사와 국제 비교: 고전적 이론의 기본 문제

역사를 통시적으로 살펴보면, 소농 촌락제 내부에 건설된 향촌 자치는 청나라 말기와 중화민국 초기부터 시작하여 백년의 공업화와 도시화 과정에서 점차 쇠락했다. 또한 현재까지 어떤 이념도 국가권력의 건설 과정에서[14] 삼농과 삼치 문제에 대하여 좋은 계책을 내놓지 못했다. 이는 중국의 정신문명과 정치문명의 진전에 장기적으로 영향을 미치고 있다.

세계로 시야를 돌리면 무릇 '후발 내생형' 공업화를 추구하는 개발도상국들은 서구처럼 직접적으로 해외로 모순을 전가할 수 없기 때문에 삼농으로부터 잉여를 추출해야만, 자본의 원시적 축적으로 진입할 수 있었다. 식견이 있는 사람은 다음과 같은 점을 알 수 있을 것이다. 상부구조에서 서구를 모방한 정도가 심할수록 후발 국가들은 정부 거버넌스와 전통적 소농 간의 높은 거래비용으로 발생하는 부정적 외부효과인 제도의 함정에 빠져, 고통을 받으면서도 스스로 탈출하지 못하게 된다. 모방한 이념이 국가상황과 대비하여 보편적 가치를 가지고 있는지 여부와 상관없이 그렇다.[15]

통시적, 공시적 비교를 통해 알 수 있듯이 중국 농촌의 삼치 문제는 근대 이후 백년 동안의 난제였지만, 다른 대다수 개발도상국의 사회관계에서 볼 수

---

14 본 글은 단어의 의미가 불분명한 상황에서 정확하게 대응하는 중국어를 찾기 어려웠지만, 일단 영어에서 기원한 국가건설(State Building)이라는 개념을 차용했다. 관련된 논의는 장징(2001).

15 저자는 사람이 자유로운 본성을 가지고 태어났다는 사실을 굳게 믿는다. 그래서 식민의 확장을 통해서만 파생될 수 있는 신자유주의에 불과한 서구문명을 더욱 받아들일 수 없다. 특히 식민주의 시기의 이데올로기적 배경을 이해하고 나서는 더욱 그렇다!

있는 심각한 갈등과는 본질적으로 일정한 차이가 있었다. 향토중국의 제도 건설을 위한 어떠한 노력도 반드시 상·하층 문화를 고려해야만 했다. 즉 공식 제도와 향토 문화 간에 어떻게 포용을 최대화하고 충돌을 최소화할지를 고려해야만 했다. 수천 년의 소농 촌락제의 관개농업 문명 속에서 생성된 중앙집권 체제[16]가 낮은 비용으로 향촌 자치를 유지하여 안정적인 구조적 기초를 형성할 수 있었다. 이것은 개혁 초기에는 부정적으로 인식되었던 제도적 경험이었는데, 오늘날 다시 살펴볼 가치가 있을 것이다.

다음과 같은 우리의 문제 제기가 외부로부터 건너온 마르크스주의의 기본 이념을 향토중국의 맥락으로 이해하는 데 있어서 최대의 난제일 것이다. 즉 고도로 분산되고 잉여가 너무 적은 소농의 토대를 단기간에 근본에서부터 효과적으로 변화시키기는 어렵다. 이러한 제약조건 하에서 농촌의 상부구조를 낮은 비용으로 다시 세울 것인가, 아니면 운영비용과 거래비용이 이미 지나치게 높은 현대적 상부구조를 계속 유지할 것인가?

어떠한 이념을 따르든지 간에 현재 충돌이 빈번한 농촌 거버넌스의 상황을 이론 논쟁으로만 국한시킬 수는 없으며, 현실의 '세기적 난제'를 직시해야 한다. 즉 정부를 포함한 모든 외부 주체가 분산된 농민과의 거래비용이 지나치게 높다는 제도 비용의 문제에 맞닥뜨리게 되며, 이로 인해 생성되는 시장경제의 복잡한 부정적 외부효과가 오늘날에도 날이 갈수록 악화되고 있다는 것이다!

우리에게 어떤 이론적 혁신이 있다면, 단지 그것은 일정한 해석력을 가진 논리적 상관관계를 구축한 것이라고 할 수 있다. 개혁 이후 중국 거시경제의 주기적 변동과 향촌 거버넌스의 위기 간의 상관관계 분석을 통해 외부환경이 향촌 거버넌스에 미친 영향을 드러냈고, 더 나아가 중국 농촌의 '거버넌스 위기'를 해결하기 위한 초보적 인식에 다다랐다. 즉 향촌에서 굿 거버넌스를 복구하기

16　본문에서 중앙화(centralization)와 탈중앙화(decentralization)라는 대립 개념을 차용할 때 느끼는 곤혹스러움은 번역된 단어를 다른 영역에서 사용할 때와 유사하다. 관련 개념과 논의는 세계은행(2000).

위한 양호한 외부조건을 만드는 것의 핵심은 상부구조와 토대 간 상호적응의 문제를 변증법적으로 처리하는 것이다.

2. 개혁기 30여 년의 거시경제 변동과 '삼농'과 '삼치'라는 대립물의 통일[4]

1) 거시적 환경, 경제체제 그리고 농촌 거버넌스

1980년대 개혁이 시작되기 전 30년은 아편전쟁 이후, 백년의 전란과 굴욕을 겪고 마침내 정치적 독립을 획득한 중국이 국가 공업화를 위한 자본의 원시적 축적을 진행하던 시기였다. 농산품 일괄 수매·분배[統購統銷], 일괄 수입·지출[統收統支]의 단일 재정 등 국가자본의 원시적 축적을 위한 제도들의 조직 담지체로서 농촌 집단화는 정부의 중앙집중적 공업화 건설을 뒷받침하는 다른 중요 제도들과 상호의존했다.[5] 거시적 경제변동이 발생할 때마다 상술한 체제의 안정적 운영이 위협받았지만, 매번 해결이 가능했다. 이는 이데올로기화에 기댄 정치동원과 도농의 이원화된 대립적 체제로 가능했던 비상 수단을 활용하여 정부가 대규모 실업 등 도시의 경제위기 폭발로 인한 문제들을 '삼농'으로 전가했기 때문이다. 1960년대 이후 세 번에 걸친 지식청년의 하향[下鄕] 운동이 대표적 사례이다.[6]

　1970년대 말, 정치구조와 국내외 정세의 중대한 변화에 따라 권력의 실질적인 세대 교체기가 도래하자, 집권자들이 경제변동에 대응하여 이데올로기와 동원 수단을 과거처럼 사용하기가 어려워졌다. 도리어 수많은 지식청년들이 도시로 되돌아가 '취업대기[待業]'하는 것을 허용해야 했으며, 농산품 수매가격 인상 등의 농민 회유책으로 새로운 정권을 안정시켜야 했다. 그러나 정부는 상응하는 제도 비용을 책임질 정책적 준비가 되어 있지 않았고, 또 다시 가장 비경제적인 영역에서 퇴장할 수밖에 없었다. 상대적으로 비경제적이었기 때문에 농업이 재정에서 우선적으로 '짐 보따리 내팽개치기'의 대상이 되었다. 농촌개혁의 객관적 결과는 정부가 농업 생산에서 후퇴하면서 발생한 농촌의 탈조직화였다. 정치·경제가 일체화[政社合一]되어 운영된 인민공사의 전면적인 해체가 대표적이다. 이어서 재정부는 재정자급[自收自支]을 위주로 농촌 기층정부의 재정 체계를 땜질하듯이 구성하는 공문을 내놓았다. 이로 인해 현재까지도 지속되는 모순의 충돌이 야기되었다.

이처럼 객관적 조건에 순응하면서 발생한 제도 변천의 수익은 높은 평가를 받아 왔다. 그러나 인민공사 체제에서 농촌의 토대와 상부구조가 상호제약했던 대립물의 통일 메커니즘이 파괴되면서 발생한 제도 비용은 현재까지 제대로 분석되지 않았다. 탈조직화된 이후, 농촌의 토대와 상부구조가 각자의 논리에 따라 개별적으로 운용된 결과는 철학적 의미로 보자면, 모순의 적대가 격화된 것이었다.

2) 1970년대 말의 거시경제 변동과 농촌 거버넌스 위기

(1) 1970년대 말의 도시경제 위기와 농촌개혁

중국이 1970년대 두 차례에 걸쳐 유럽·미국·일본으로부터 투자를 유치한 결과, 1970년대 중후반 대규모의 재정적자가 발생했다. 1974년 적자액이 100억 위안을 돌파했고, 1979년에는 135.41억 위안에 달했다. 1980년 거시적 긴축에도 불구하고 적자는 여전히 68.90억 위안이나 됐으며, 2년 동안의 적자 누적액이 200억 위안을 초과했다. 이는 1980년 재정수입 1,159.93억 위안의 17.61%에 해당했다.[17]

---

17 실증적 연구에 따르면, 1953~1980년 중국의 국내총생산액과 경제건설 지출의 증가속도 간의 상관계수는 0.80이었으며, 경제건설 지출과 재정지출 증가율의 상관계수는 0.95, 기본건설 지출과 재정지출 증가율 간의 상관계수는 0.90이었다. 이는 계획경제 체제에서 재정수지, 국민경제의 성장, 국가 공업화 간의 '삼위일체' 관계를 보여준다. 연도별 『중국통계연감[中國統計年鑑]』 참조. 이하의 자료도 특별한 설명이 없으면 동일한 출처에서 참조하였다.

개혁 이전, 일괄 수입·지출의 단일 재정 체제 하에서 심각한 적자가 경제위기를 야기했다. '취업대기 청년[待業靑年]'이라는 이름의 실업자 수가 4천만에 다다라서 도시의 사회정치적 안정을 직접적으로 위협하게 되었다. 이에 대응하여 정부는 재정에서 '짐 보따리 내팽개치기'를 하는 것과 동시에 '휴양생식[休養生息]'이라는 이름의 양보 정책을 시행했다.[18][7]

1980년 중앙의 경제업무를 책임진 한 지도자가 다음과 같이 제안했었다.

> "공업과 농업에서 모두 일부 짐 보따리를 내팽개쳐야 한다. 간쑤, 네이멍구, 구이저우, 윈난 등의 성(구)은 중앙이 많은 식량을 공급하는 지역으로 국가의 큰 부담이다. 땅은 넓고 사람은 적으며 경제는 낙후됐고 생활은 빈궁한 지역에서 차라리 호별도급[包産到戶] 같은 방법을 실행하는 걸 고려할 수 없는가? 그들이 스스로 다양한 방법을 생각해내도록 해서 국가의 부담을 줄이자."[19]

제도학파의 이론을 통해 알 수 있듯이 제도적 조치로서의 호별도급은 재정위기로부터 급히 벗어나려던 정부가 농업이 도시 공업에 비해 갈수록 비경제적이 되는 듯하던 상황에서[20] 촌락의 집체와 농민에게 토지와 다른 농업 생산

---

18 1979년 4월 5일 리셴녠[李先念]은 중앙공작회의[中央工作會議]에서 취업 상황을 언급하면서 "대규모 인구가 취업을 원하며, 이것은 이미 분명한 사회문제가 되어버렸다. 만약 제대로 처리하지 못한다면, 일촉즉발의 상황이 되어 안정과 단결을 심각하게 위협할 것이다"고 말했다.

19 두룬성 선생의 자서전에 따르면, 1980년 4월 중앙의 장기 계획 회의 소집을 위한 사전 의견수렴 회의에서 두룬성이 당시 부총리 겸 국가계획위원회 주임 야오이린[姚依林]에게 "빈곤지역에서 호별도급을 실시하여 농민이 생산을 도급받고 배를 불리도록 하면 모두에게 이롭다"고 건의했다. 야오이린은 덩샤오핑에게 보고하면서 "공업과 농업에서 짐 보따리를 내팽개쳐야 한다"고 제안했다(두룬성, 2005: 114-115).

20 농업 생산의 상대적인 비경제성은 외부환경이 작용한 결과였다. 중국은 1972년부터 유럽, 미국, 일본과의 외교관계를 차례로 복구하여 이들 국가(지역)로부터 경공업, 석유화학공업, 그리고 약간의 농업 지원 공업을 위주로 새로운 프로젝트를 도입하였다. 정부독점 하에서 비료와 농기계 등 농업 지원 공업의 생산량이 증가하여 농업에 일괄 분배되었으며 이에 따라 농업 생

수단을 양보하는 대신, 농촌 집체에 대한 관리와 농민에 대한 복지 보장을 내팽개친 제도적 거래였다. 이는 당시 농촌 정책의 당사자가 중앙 문건의 어휘에 대한 통계를 낸 것에서도 알 수 있다. 1982년 이후 정부가 연이어 발표한 다섯 건의 '1호 문건'에서 중앙은 30여 차례에 거쳐 '승인'과 '가능'을 반복하며 전에 없던 양보 정책을 내놓았다.[8]

그러나 과거 체제와 이데올로기의 제약으로 전국의 모든 지역이 단기간에 일률적으로 재정의 '짐 보따리'를 내팽개칠 수 없었다. 기계화 작업이 가능한 면적이 상대적으로 넓었던 성과 지구[地區](헤이룽장과 산둥의 옌타이[煙台] 지구 등)에서 지방 지도자들은 심지어 일괄도급 정책의 실행을 거부했었다. 이로 인해 1984년 중앙이 직접 나서서 정치적 수단을 통해 전국적으로 철저하게 일괄도급을 추진했다.[21]

⑵ 일괄도급 이후, 농촌의 1차 거버넌스 위기

모든 것은 양면성을 가지게 마련이다. 일괄도급은 한편으로는 농촌의 재정 관

산의 경비가 대폭 증가했다. 그러나 동시에 일괄 수매되었던 농산품 가격은 그대로 유지되어서, 식량의 단위면적당 생산량이 증가했음에도 인민공사는 도리어 높은 부채와 낮은 효율의 상태로 운영되었다. 1970년대 말에 이르러 농촌의 인민공사는 장기간의 잉여 추출로 인해 심각한 적자 손실을 입었고, 국가의 재정위기시 반드시 내팽개쳐야 할 '짐 보따리'가 되어버렸다.

21 당시는 이러한 종류의 개혁이 실사구시를 사상노선으로 삼는 사람들에 의해 재정의 '짐보따리 내팽개치기'라는 방식으로 막 재구성된 상태였다. 1980년대 초, 개혁정책 연구에 참여했던 사람들은 모두 알다시피 당시 가장 효과적이었던 3대 개혁은 다음과 같다. 첫째, '재정 지원의 대출로의 전환[撥改貸]'이다. 은행이 재정을 대체하여 기업에 대한 투자 기능을 맡도록 했다. (이는 필연적으로 '이윤상납에서 세금으로의 전환[利改稅]'이라는 후속 개혁을 가져왔다.) 둘째, 농촌개혁이다. 농촌개혁은 지방으로부터 시작됐다. 중앙과 지방의 분권으로 지방정부가 스스로 정책결정을 하게 되었다. 셋째, '각자의 부엌에서 밥을 짓는' 재정 분권화[分灶吃飯]이다. 이 같은 중앙과 지방 재정의 등급별 도급을 실행하게 된 주요한 이유는 중앙이 지방정부의 지출을 더 이상 감당할 수 없었기 때문이었다. 그러나 당시 문건들은 도시경제의 개혁에서는 여전히 과거와 같이 국영기업에 대한 '관리강화'라는 표현을 계속 사용했다.

계를 전면적으로 조정하여 정부가 수익을 얻을 수 없는 농업 영역에서 퇴장하도록 했고, 동시에 토지와 노동력이라는 요소를 농민과 촌락에 되돌려주었다. 이에 따라 농촌의 이익 주체가 과거의 70만여 개의 생산대대[生産大隊]와 480만여 개의 생산대[生産隊]에서 2억여 개의 농가로 변화되었다. 이는 농촌 경제성장에 중요한 역할을 했다. 그러나 다른 한편으로는 분산된 소농경제에 포함된 경제·사회 활동의 복잡성과 다양성이 과거와 비교할 수 없이 증가했다. 이에 더하여 정책 추진에 필요한 역량이 커지고 정책 전환도 빨라졌지만, 국가정책이 많은 구체적 문제들에 대해 명확한 지시를 못 내려서 농촌에서 모순이 생성될 수 있는 조건들이 대폭 늘어났다. 동시에 이전에 인민공사·생산대대·생산대의 간부가 이러한 모순에 대응하여 능력을 발휘할 수 있었던 조직제도의 기초가 사라져버렸고, 자신의 이익이 침해되거나 권력을 상실하여도 소극적으로 저항하게 됨으로써 농촌의 사회모순과 재산 손실이 크게 증가하고 심지어 충돌도 발생하게 되었다.

가장 먼저 농촌의 자원을 둘러싼 분규를 다룬 것은 1986년의 「최고인민법원 공작보고[最高人民法院工作報告]」였다. 여기서 1980년대 중반에 농촌의 민사 분쟁이 크게 증가했다는 점이 보고되었다. 1985년 전국의 각급 인민법원이 처리한 1심 민사 안건이 84만6천여 건에 달했는데, 이는 1984년과 비교하여 소폭 상승한 것이었다. 생산관계가 조정되고 재산관계가 변화하면서 토지, 산림, 수리시설[水利] 등 생산수단을 둘러싼 분쟁이 1984년과 비교하여 12.7% 증가했다. 1986년 전국의 각급 인민법원이 처리한 민사 안건은 98만9천여 건으로 1985년 대비 16.9% 증가했다. 재산권 분쟁, 특히 채무·배상·주택 분쟁과 토지·산림·수리시설 분쟁 관련 사건이 대폭 상승하여 민사 안건의 50% 이상을 차지했다. 1988~1992년 전국 법원의 토지·산림·수리시설 분쟁에 대한 판결 건수는 166,234건이었으며, 이 중 상당수가 농촌에서 발생했다.[22]

---

22 연도별 『최고인민법원 공작보고』를 참조했으며, 중국 런민대학 도서관의 인민 데이터베이스

여기서 알 수 있듯이 농가도급제[家庭承包制]는 농촌에서 재산관계와 거버넌스 구조의 변화라는 이중의 부정적 반작용을 발생시켰다. 이로 인해 1979~1980년의 경제위기가 농촌개혁 이후의 1차 거버넌스 위기로 변모했다.

(3) 농촌의 1차 행정관리 체제 개혁과 '권한 이양, 이윤 허용[放權讓利]'의 제도적 조치

인민공사의 정치·경제가 일체화된 거버넌스 구조의 해체, 기층 간부의 일괄도급에 대한 소극적 저항, '행정 무기력[行政不作為]' 등의 상황에 대한 대응 필요성에서 1984~1986년 전국적으로 '인민공사 철폐와 향정부 재건, 생산대대 철폐와 촌 재건'이라는 1차 농촌 행정관리 체제 개혁이 완료되었다. 이에 따라 현대적인 정부제도가 점차 수립되었으며, 일괄도급 이후에 발생한 농촌 거버넌스의 공백이 메꿔지게 되었다.[23]

본래 적자 재정의 압박으로 실시된 농촌의 정치개혁은 결과적으로 중국 역사상 인구가 가장 많은 농촌 기층정부를 탄생시켰다. 그러나 국가는 이에 상응하여 필요한 재정 자원을 제공하지 않았다. 1986년 재정부가 하달한 「향(진) 재정관리 시험 실시 방법[鄕(鎭)財政管理試行辦法]」은 명목상 향진의 재정 예·결산을 정식으로 국가의 통일된 관리에 포함시켰으나, 도리어 향진 정부에게 스스로 알아서 운영할 것을 요구했다. 이는 정부가 일괄도급 개혁으로 토지와 노동력 요소를 양도하면서도 다른 한편으로는 조세 수취권 이양을 통해 농촌의 기층정부에게 기층정부 운영을 위한 재정부담을 떠넘기는 제도적 거래였다고 볼 수 있다.

이러한 개혁에서 상하 간 게임을 통해 생성된 '권한 이양, 이윤 허용'의 제도적 조치가 중국에 미친 긍정적 효과는 별도로 논의해야만 할 것이다. 이것이

[人民數據庫]를 인용했다.

23　구체적인 정책 도출 과정은 자오수카이(2007).

농촌 거버넌스에 미친 실질적 영향은 향급 정부와 사업단위가 도시의 방식에 따라 '국가의 녹[皇糧]'을 먹게 되었으며, 본래 자치 제도에 속하여 정부 재정의 혜택을 누릴 수 없었던 촌급 간부들조차 상급 정부가 결정한 '보조금 수당'을 통해 '준재정[准財政] 인구 부양'의 혜택을 누릴 수 있게 되었다는 점이었다.

그러나 당시에는 새로 편성된 향진 정부와 촌급 조직이 자가 팽창을 아직 시작하지 않았고 바야흐로 농촌 경제발전이 황금기를 맞고 있어서 그럭저럭 운영비용을 부담할 수 있었다. 하지만 이후의 사실이 보여주듯이 이러한 제도적 조치는 농민부담 가중의 기원이 되었다.

3) 1988~1992년의 거시경제적 변동과 농촌 거버넌스 위기

(1) 거시경제적 환경과 '삼농'에 대한 영향

시장화 개혁은 필연적으로 시장화된 가격결정을 요구한다. 1988년 중국이 이에 따라 가격개혁[價格闖關]을 추진하면서 심각한 인플레이션이 발생했다. 이어서 1989년, 1990년 국내총생산액의 증가속도가 이전 2년 동안의 10% 이상에서 5% 이하로 하락하여 개혁 이후 처음으로 스태그플레이션 형태의 주기적 경제위기가 발생했다.

경제위기에 직면하여 정책결정자들은 1980년에 이미 효과를 봤던 '폐쇄, 중지, 합병, 전환[關停並轉]'과 유사한 '정리, 정돈, 보강, 제고[治理, 整頓, 充實, 提高]'를 제기했다. 그 결과는 경제체제를 막론하고 경제위기가 폭발하면 초래되던 상황과 유사했다. 농촌의 향진기업[鄕鎭企業]과 도시의 중소기업이 먼저 자금 부족과 경영곤란에 빠졌다.[9] 1988~1990년 향진기업의 발전 속도가 갑자기 하강했다. 더욱이 물가상승 요소를 제거한다면, 1989년은 실질적인 마이너스 성장으로 1988년 대비 증가속도가 18% 포인트 감소했다.

시장화가 된 상황에서 경제불황이 필연적으로 수요 하강을 가져와 농산품 판매가 어려워졌고 농민소득이 대폭 감소했다. 1980년대 말 농산품 시장은 전체적으로 보면 공급이 수요보다 많았는데, 주요 농산품의 생산효율이 일괄도급 이후 처음으로 떨어져 농민의 현금 소득의 증가속도가 3년 연속 하락하였다.

(2) 농촌 거버넌스 위기의 발생과 해결

농촌의 토대가 더욱 취약해졌음에도 경제위기 폭발 이전의 고속성장기에 이미 팽창을 시작했던 농촌 기층정부의 현금 수요는 그대로였다. 비용이 높은 농촌의 거버넌스 체계는 다시 한 번 잉여가 과소한 소농의 토대와 대립되는 특성을 드러냈다. 이는 신속하게 첨예한 대립으로 변화했다. 즉 향급 재정이 규모가 커진 인원을 위해 기본적인 지출을 하려면, '징수 강화'(이는 소농경제에 대한 잉여 추출의 상대적 정도가 상승했다는 것을 지칭하며, 또한 징수 수단의 강화와 심지어 비정상화를 의미한다)밖에 없었다. 농촌의 간부-군중 관계는 점차 악화되었다. 1990년대 초, 촌민이 폭력적으로 세비[稅費] 징수에 저항하는 사건들이 출현했다.[10] 이는 일괄도급 이후 2차 향촌 거버넌스 위기가 폭발했음을 보여준다.[24]

이러한 제도 변천의 수익을 점유한 주류는 농촌의 거버넌스 위기에 대하여 일괄도급 이후에 농촌의 기층조직이 해체되었기 때문이라고 이데올로기적으로 해석하면서, 이에 상응하여 일련의 기층조직(당, 공청단, 치안조직 등) 건설을 강화하는 조치를 제기하였다. 그러나 충분한 액수의 경비 지원이 없다면, 이 같은 상명하달식 정책은 하나도 예외가 없이 농민으로부터 비용 징수를 증가시키는 빌미가 될 뿐이었다.

---

24 1990년대 초, 농업부의 중간 간부인 판샤오젠[範小建]이 자전거를 타고 20여 개의 현을 조사하여 과중한 농민부담에 관한 보고서를 작성했다. 그러나 이 대담하고 솔직한 보고서의 운명은 평탄치 못했다(유감스럽게도 이 보고서는 내부용이어서 공개적으로 인용할 수 없다). 일부 부문의 정책결정자들은 여전히 낡은 이데올로기를 농촌 발전과 관련된 현실 문제에 그대로 적용하여 농촌 기층조직의 건설, 농촌 교육에 대한 호소와 촉진, 의료 현대화 등을 강화해야 한다고 강조했다. 그러나 이러한 강화는 최종적으로 농민부담을 가중시키는 원인이 되었다. 어떤 상부의 문건도 충분한 대응 자금이 없다면, 국가권력을 남용하면서도 감독과 절제라고는 없는 기층정부와 촌급 조직들의 촌민에 대한 가렴주구를 촉진할 수 있다.

1992년 덩샤오핑의 남방담화[南方談話] 이후, 중국경제는 다시 회복되어 곧 호황에 접어들었다. 이와 함께 도시로 나가 일을 하는 농민의 수가 증가하여 도시의 농산품 수요가 반등하고 농산품 가격이 크게 올랐다.[25] 이에 따라 농가의 외지노동[打工] 소득과 농업경영 소득이 모두 증가하고(원톄쥔, 2003), 향촌의 간부-군중 간의 모순이 점차 약화되어 농촌의 2차 거버넌스 위기가 해소되었다.

4) 1990년대 말의 거시경제적 변동과 현재까지 지속되는 농촌의 3차 거버넌스 위기

소비자물가지수(CPI)가 24.1%에 이르렀던 인플레이션이 출현한 1994년부터 디플레이션이 나타났던 1998년까지의 경제불황은 거시적 조절을 통한 '연착륙'이 1997년에 성공한 결과였다.

국제 금융자본 주도의 경제 세계화에 중국이 더욱 더 융합되고, 국내에 전반적인 생산능력 과잉이 출현하고, '재이데올로기화'된 시장화 지향이[26] 왕성하던 상황에서 개혁·개방 이후 세 번째로 발생한 농촌의 거버넌스 위기는 1990년대 이래 다양한 모순이 축적된 결과였다. 다만 이번에는 비교적 길었던 경제불황이 이미 취약해진 사회안정을 파괴해버렸을 뿐이다.

---

25 식량공급을 보장하기 위해 1994~1996년 정부는 '성 정부 수장인 성장의 양곡 공급 책임제[省長米袋子]', '시장의 부식물 공급 책임제[市長菜籃子]' 등 재정에서 농업 지원 자금을 증가시키는 프로젝트를 실행했다. 또한 연속 두 번에 걸쳐 양곡 수매 가격을 크게 인상하여 누적 상승폭이 105%에 달했다.

26 과거 계획경제를 강조했던 때에도, 현재 시장경제를 강조할 때에도 중국의 학계와 주류 부문은 모두 경제체제를 이데올로기화하여 담론의 정치적 올바름[話語正確]을 유지하려고 한다는 문제를 가지고 있다. 이를 2차 관념화(secondary idealization) 또는 과잉정치화(over-policization)로 번역할 수 있을 것이다.

(1) **1990년대 거시경제 주기의 농촌 토대에 대한 영향**

① 농산품의 잠재적 과잉 위기의 폭발. 1994~1996년 경제과열기에 정부는 양곡 가격을 대폭 인상하여 기본 농작물의 생산을 신속히 증가시켰다. 이에 따라 중국은 원래 2000년까지 1조 근[斤]의 양곡 생산을 달성한다는 목표를 4년 앞당겨 1996년에 실현했다. 그러나 인구 총수와 소비구조로 인해 양곡 소비 수요까지 4년 앞당겨 달성할 수는 없었다. 1997년 거시경제가 하강하여 도시 수요가 상대적으로 감소하고 양곡 공급에 잠재되어 있던 단기 과잉의 모순이 드러나자, 양곡 가격과 농업 효율이 이중으로 하락했다.

② 향진 중소기업의 경영 상황이 다시 악화되어 향진기업의 부채가 늘어났을 뿐만 아니라 자금줄이 끊겼다. 기층정부는 자발적으로 '짐 보따리 내팽개치기' 정책을 모방하여 채무 이전을 조건으로 잇따라 향진기업에 대한 사유화 개조를 추진했다. 실증적 연구들은 1991~2006년 중국의 거시경제 성장률과 향진기업 취업인구 성장률 간에 강력한 상관관계가 존재함을 보여준다. 피어슨 상관계수는 0.642였다.[27] 사유화 개조 이후, 공동체의 속성에서 이탈한 향진기업은 더 이상 공동체의 취업 최대화를 목표로 삼지 않았다. '자본 집약, 노동 배척[資本增密排斥勞動]' 메커니즘에 따라 취업인구 흡수가 줄었고, 농촌 공동체를 위한 복지 지출도 더 이상 부담하지 않았다. 이로 인해 거시경제의 호황기 동안 농민이 향유하는 수익이 한동안 뚜렷이 감소했다.[28]

---

27 2003년 이후 데이터의 기준이 다르다는 점을 고려하여 1990~2002년 사이의 GDP 성장률과 향진기업 취업인구 성장률에 대한 상관분석을 진행해 보면, 양자의 피어슨 계수는 0.648로 결론을 동일하게 뒷받침한다.

28 일찍이 1986년에 당시 국무원 농촌발전연구센터 발전연구소의 저명한 청년학자였던 두잉[杜鷹](국가발전개혁위원회 부주임 역임), 저우치런[周其仁](베이징대학 교수) 등이 대형 향진기업 200개에 대한 조사보고서를 발표하면서 향진기업의 설립 동기가 이윤 극대화가 아닌 공동체의 취업 극대화라는 점을 지적했다. '자본 집약, 노동 배척' 메커니즘의 문제는 이 연구소의

③ 1990년대 도시 위기의 해결을 목표로 일련의 개혁이 추진되었다. 여기에는 1998년 국유은행의 위험 축소를 주요한 목표로 삼아 전개되었던 농촌 금융개혁과 내수를 진작하기 위해 진행된 교육·의료 영역의 산업화 개혁 등이 포함된다. 이들은 모두 농촌의 부족한 자원을 도시로 뽑아내는 '양수기'가 되어버렸다.

(2) 재정자급의 향촌 거버넌스 모델에서 위기의 재출현

농촌 상부구조의 비탄력적 지출 수요는 경제 침체에 따라 저절로 축소되기는커녕 오히려 지속적으로 팽창했다. 이는 향진의 기층 인구가 증가했기 때문이다. 그러나 다른 한편으로는 1994년 재정 체제를 분세제[分稅制]로 개혁한 이후,[11] 상급 정부의 각 부문이 기본적으로 채택했던 '재정권한의 상급 수렴, 업무권한의 하급 이전[財權上收, 事權下移]' 방식 중에서, 단순한 시장화로 내팽개치기 어려웠던 농촌의 인프라, 의무교육 등의 공공재 공급 책임이 차례로 아래 등급을 향해 전가되었기 때문이었다. 최종적으로 농가가 농촌 공공재의 주요한 공급 주체가 되어버렸다. 예를 들어 교육 경비모금[集資]이 한동안 농민부담에서 상당히 높은 비중을 차지했다. 1990년대 말부터 2004년 중앙정부가 농업세 폐지를 선언하기 전까지 각지에서 '농민부담의 가중을 불허'한다는 문건이 수시로 나왔음에도 농민부담이 끊임없이 늘어나는 현실이 보고되었다.[29]

소장이었던 천시원[陳錫文](중앙 농촌공작 영도소조[領導小組] 상무 부조장 겸 판공실 주임)이 제기한 것이다.

29 사회학의 문헌자료 연구방법에 따르면, 일정한 시간 동안 특정 주제와 관련된 정책 출현의 빈도는 사회에서 해당 문제가 갖는 중요도와 정비례한다. 1946년 창간 이후 『인민일보[人民日報]』의 정책·법규 자료색인에 따르면, 과중한 농민부담 문제는 1990년 정부 공작보고에서 처음으로 언급되었다. 이후 해마다 거론되었으나, 언급의 경중과 빈도는 달랐다. 1993년 정부 공작보고는 '상당수 지역에서 식량생산이 증가해도 농민의 소득이 증가하지 않고, 비정상적 경비모금[亂集資]과 비정상적 비용할당[亂攤派]이 농민부담을 가중시키는 상황이 뚜렷하다'고 지적했다. 「농민소득 증가와 농민부담 경감 상황에 관한 보고: 1999년 10월 30일 제9기 전국인민대표대회 상무위원회 20차 회의[關於增加農民收入、減輕農民負擔情況的報告: 1999年10月30

무시될 수 없는 또 다른 변화는 농촌 금융개혁에 상응하여 1999년 식량 유통체제를 개혁한 것이다. 여기에는 국유 식량 부문이 양곡의 원천을 독점할 수 있도록 하는 정책 중 하나로 '농가별 결산[戶交戶結]' 조치가 있었다. 즉 농가 잉여의 추출방식이 과거처럼 양곡수매소[糧站]가 향·촌을 대신하여 일괄적으로 양곡과 현금을 공제하던 방식에서 농가 스스로 양곡 납부를 결산한 이후에 향·촌 간부가 다시 집집마다 방문하여 현금을 수취하는 방식으로 바뀐 것이다. 이러한 조치는 기층정부와 분산된 농가 간의 거래비용을 부각시켜 모순이 더욱 분명해졌다.[30]

日在第九屆全國人民代表大會常務委員會第十二次會議上」(천야오방[陳耀邦])의 다음과 같은 내용은 1990년대 말 농민부담의 심각성을 보여준다. "1996년 「중공 중앙과 국무원의 농민부담의 경감 업무의 확실한 시행에 관한 결정[中共中央、國務院關於切實做好減輕農民負擔工作的決定]」의 하달에 뒤이어 작년에 몇몇 정책 규정이 공포되었다. 작년 7월 중공 중앙 판공청과 국무원 판공청이 하달한 「당면한 농민부담 경감 업무의 확실한 시행에 관한 통지[關於切實做好當前減輕農民負擔工作的通知]」는 1998년 농민이 부담하는 촌 부과금[提留]과 향급 부과금[統籌] 금액이 1997년의 예산액을 초과하지 않아야 한다고 명확히 지시했다. 공산당 15기 3중전회는 농민부담 경감을 농촌 공작의 기본방침 중 하나로 확정하고 농민이 떠맡는 합리적 부담이 반드시 3년 동안 불변해야 한다고 명확히 규정했다. 올해 3월 국무원 판공청이 농업부 등의 부문에 전달한 「1998년 농민부담 관련 법률 집행에 대한 조사 상황에 관한 보고[關於1998年農民負擔執法檢查情況的報告]」, 7월 국무원 판공청이 농업부 등의 부문에 다시 전달한 「당면한 농민부담 경감 공작의 시행에 관한 의견[關於做好當前減輕農民負擔工作的意見]」 등도 있었다. 10월 중순 국무원의 농민부담 경감 연석회의가 개최한 '농민부담 경감 공작 전국 화상회의'에서 원자바오[溫家寶] 부총리는 농민부담 경감의 진전을 분명하게 요구했다."

30 1998년 시작된 시장화를 향한 식량 유통체제 개혁은 양곡수매소가 '세 가지 촌 부과금과 다섯 가지 향급 부과금[三提五統]'을 대리징수하는 것을 명확하게 금지했다. 이는 과거 정부가 '양곡수매소 입구에 다섯 개의 탁자를 놓고 앞의 네 탁자에서는 각각 향의 다섯 가지 사회보장 부과금[五保統籌]과 계획출산 비용[計劃生育費], 민병훈련 지출, 교육 부과금을 징수하고 마지막 다섯 번째 탁자에 가서야 농민이 매도한 양곡에서 얼마가 남는지를 결산'하는 향·촌의 행정·조직 비용 징수방식을 바꿨다. 이에 따라 집체에 속한 공업·부업이나 충분한 예비토지[機動地]가 없는 향·촌은 기층의 공공 조직을 활용하여 농민으로부터 돈을 징수할 수밖에 없었다. 농가들이 매우 분산되어 있고 자급자족 상태였기 때문에 실제로는 향·촌 간부들이 집집마다 돈을 징수하기가 매우 어려웠다. 오늘은 농민이 장보러 가서 집에 없다고 하고 다음날은 돈

그리하여 경제관계의 악화가 다시 사회관계의 악화를 초래했다. 과거와 비교해 더하면 더했지 덜하지 않았다. 정상적인 징수 수단으로 수요를 만족시킬 수 없으면, 기층정부는 보편적으로 징수원 동원[協稅], 대출, 경비모금 등의 수단을 사용했으며, 심지어 폭력배와 같은 비정상적 수단이 활용되는 경우도 있었다. 토지 도급 수입과 징수 보상금에 대한 갈취, 이주민 명단의 조작, 경작지의 산림으로의 전환 등에 따른 보상액에 대한 횡령처럼 변용된 징수 방식이 대량으로 발생했다. 해외의 주류 연구들은 이 현상을 분석하면서 정치권력의 내권화[內捲化](두아라, 1996)와 향촌 기층 공작인원의 부분적인 '토호화[劣紳化]' 추세 때문에 지방정부에서 '토호+엘리트' 동맹이 형성되었고,[12]31 더 나아가 향촌 거버넌스에서 '엘리트 포획'과 '후견-피후견 관계'가 발생했다고 분석했다 (세계은행, 2005).32

이 자식들 수중에 있다는 식이어서 강제 수단이 아니면 종종 돈을 받을 수 없었다. 이러한 점에서 보자면, 농촌의 간부-군중 모순은 부분적으로 소농경제 하에서 정부가 과도하게 농가의 자원을 동원하면서도 크게 높아진 분산된 소농 농가와의 거래비용 문제를 해결할 방법이 없었기 때문이었다.

31 예를 들어 1999년 3월 22일 중앙 조직부가 하달한 「중공 중앙 조직부의 농촌 기층 간부 대오 건설에 관한 의견[中共中央組織部關於加強農村基層幹部隊伍建設的意見]」과 2000년 2월 9일 『인민일보』가 발행한 「중공 중앙 판공청, 국무원 판공청의 푸젠·후난·산둥·장쑤·하이난성에서 소수 농촌 기층 간부의 군중에 대한 폭력적 대응의 전형적 사건에 관한 상황 통보[中共中央辦公廳、國務院辦公廳關於福建、湖南、山東、江蘇、海南省少數農村基層幹部粗暴對待群衆典型案件的情況通報]」는 농촌 기층 간부의 '토호화'를 긍정적, 부정적 측면으로 구분하여 보고하였다.

32 세계은행의 『2005년 세계 발전 보고』는 정부의 지대추구 행위를 논의하면서 '포획(capture)'과 '후견-피후견(clientism) 관계' 개념을 사용했다. '포획'은 정책 제정에서 불공평한 정보와 이것이 정책결정에 미치는 영향으로 인해 정책이 특정한 집단에 경도되고 이로 인해 다른 집단의 이익이 침해되는 것을 지칭한다(세계은행, 2005: 40). '후견-피후견 관계'는 다른 말로 '보호주의 정치'로 불리며, 중국 향촌사회의 권력집중적 체제의 전환기에 출현한 '보호자-피보호자' 간 이익교환 관계망을 통해 공공의 권력이 사인화[私人化]되어 운용되는 것이다. 이러한 사적 이익 관계의 네트워크 확장은 촌민자치 제도의 정상적 운영과 촌민 자기관리의 긍정적 발전을 저해하고, 합법적으로 제도화된 권위의 주변화를 초래한다. 또한 '보호자'가 국가권력의 행사자라는 명분으로 '피보호자'에게 배타적 서비스를 제공하고 이 과정에서 경제적, 정치적 보상을 획득한다. 이로 인해 공공 자원이 결국 소수의 사적 이익에 복무하게 된다(셰웨, 2005).

　　아래에서 지적하듯이 이 시기 농민의 상방[上訪]과 농촌의 집단소요 사건 [群體性事件]이 대량으로 발생했던 상황은 모순의 주요한 측면에서 확실히 객관적인 사물 변화가 주도적으로 작용한다는 점을 보여준다.[13] 어떤 경우에는 일부 지방정부가 국가가 독점하는 기구나 심지어 범죄세력 등의 수단으로 집단소요 사건을 제재함으로써 충돌이 고조되고 사상자가 발생하기도 했다. 이에 따라 농촌의 거버넌스 위기가 더욱 심각해졌다. 중앙정부가 2004~2006년 공식적으로 농업세를 폐지하고 ―정부는 세수가 계속 증가함에 따라 본래 부담했어야 했으나 장기간 부담하지 않았던 농촌 공공재 공급의 책임을 비로소 떠맡게 되었다―, 농민 우대 정책을 지속적으로 강화하고 나서야 모순이 상대적으로 완화되었다.

　　이처럼 상부구조가 비로소 적극적으로 토대의 도전에 적응하는 것과 동시에 향촌사회의 충돌, 특히 적대적 충돌에서 구조적 변화가 나타났다. 과중한 부담이 야기하는 충돌은 대폭 감소했으나 세계화, 자본화의 힘이 농촌으로 확장되면서 토지 수용과 기타 재산과 관련된 충돌은 크게 증가했다. 2005년 전체 사회의 집단소요 사건은 86,000여 건까지 늘었는데, 전면적인 시장화 이전인 1993년의 8,709건과 비교하면 거의 10배 증가한 셈이었다. 그중에서 토지 수용, 재산, 환경 등이 촉발한 충돌이 전체의 절반 이상을 차지했다.

　　중국의 개혁 이후, 종적·횡적으로 분할된 정부체제를 통해 각종 농업 관련 이익집단이 형성되고 강화되었다. 과학발전관[科學發展觀]의 경제방침이 나오고, 더 나아가 조화사회[和諧社會] 건설의 정치노선이 강조되고, 심지어 '신시기 인민 내부의 모순을 정확하게 처리[正確處理新時期人民內部矛盾]'하는 방법이 명확히 제시되었음에도 불구하고 각지에서 실제로는 여전히 투자유치를 위해 농민의 자원을 갈취하고, '자본 위주'의 발전주의 지향이 지속되며, 이미 형성된 토호 결탁으로 발생한 '엘리트 포획'의 이익 구조가 계속되고 있다(캉샤오광, 2002; 양평, 2005).[33] 이러한 상황에서 3차 향촌 거버넌스 위기가 복잡화되는 추

33　　캉샤오광[康曉光]은 1990년대 이래 중국사회에 '엘리트 동맹' 즉, 정치 엘리트, 경제 엘리트, 지

세에 대한 심도 있는 관찰이 필요하다. 농촌의 적대적 충돌을 예방, 관리, 전환하는 것의 복잡성과 어려움은 두말할 나위가 없다. 그러나 이것이 바로 이러한 연구가 중대한 현실적 의의를 갖는 이유이기도 하다.

3. 소결

일반적으로 단순한 시장경제에서는 분산된 소농경제의 취약성이 가구 소득의 거시경제에 대한 심각한 의존으로 나타난다. 거시경제의 호황기에 소득이 증가하고 경제 불황 시기에는 반대인 것이다. 또한 대체로 증가하는 경우는 적고 감소하는 경우가 많다(〈그림 1, 2〉 참조).

국가권력이 향촌까지 내려가려는 통치의 염원은 조금의 완충 메커니즘도 없이 소농의 토대와 아직 '파킨슨의 법칙'에 면역되지 못한 현대의 상부구조에 의존했다.[34] 그 결과 단지 '황종희[黃宗羲]의 법칙'만이 재현될 수도 있다.[35] 비용

식 엘리트의 동맹이 형성되어 사회이익의 분배가 엘리트 집단에 편향되고 있으며, 동시에 국가의 정치권력이 총체적으로 안정될 수 있는 기초가 형성되었다고 주장한다. 농촌의 적대적 충돌은 피착취 상태에 처한 대중들의 국부적 반항일 뿐이다. '엘리트 동맹'은 내생적이면서 동시에 매우 안정적이어서 일단 형성되면 파괴하기 어렵다(캉샤오광, 2002). 양평(2005)은 현재 '엘리트 간 충돌'과 '엘리트와 대중의 충돌'이라는 이중의 충돌 시대에 진입했다고 본다. 두 사람은 엘리트 간의 경쟁 구도에 대해서 상이한 판단을 하고 있지만, 농촌의 집단소요 사건에 대해서는 엘리트(또는 '엘리트 동맹')와 착취당하는 대중 간의 모순 충돌이라고 동일하게 인식한다.

34 1958년 영국의 역사학자이자 정치학자인 노스코트 파킨슨[C. Northcote Parkinson]이 『파킨슨의 법칙[Parkinson's Law]』을 출간했다. 이 책은 관료기구에서 인원 팽창의 원인과 결과를 매우 훌륭하게 서술했다. 관료기구는 팽창을 지속하려는 일반법칙을 가지고 있다고 인식하고, 이를 '피라미드 상승' 현상으로 불렀다.

35 황종희[黃宗羲](1610~1695년)는 중국 고대에 조세제도를 가장 깊고 체계적으로 연구한 학자 중 하나였다. 그는 『명이대방록[明夷待訪錄]』의 「토지제도[田制]」 제3편에서 중국의 역대 조세 개혁을 논하였는데, 매번 개혁 때마다 세금이 더 가중되었다고 서술했다. 현대의 학자인 친후

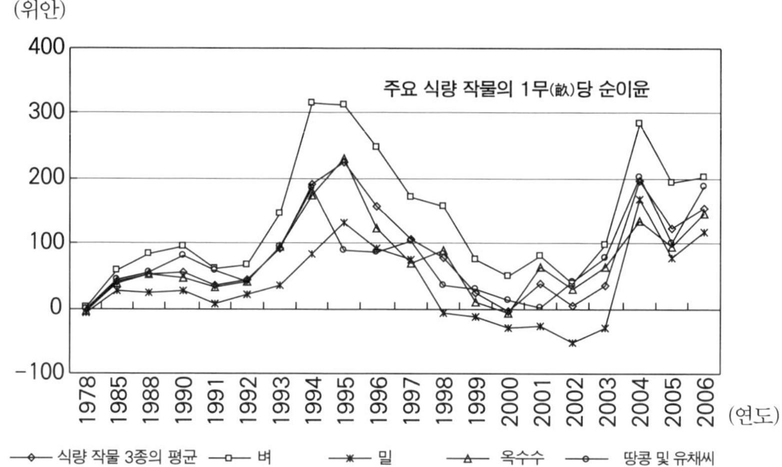

그림 1   1978~2006년 농업경영의 수익과 거시경제 변동의 상관성

출처: 국가발전개혁위원회 가격사[價格司] 편집(2007: 3-5, 10-12, 45-47, 52-54, 66-68).

(※ 참조: 무[畝]는 중국에서 통용되는 토지 면적의 단위로서 약 666.7m^{2}에 상당)

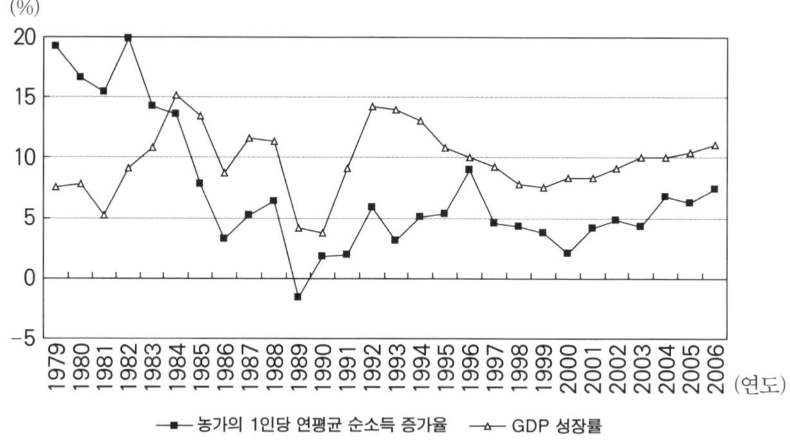

그림 2   1979~2006년 농가 소득과 거시경제 변동의 상관성

이 높은 거버넌스 구조의 전체 지출을 정부가 모두 지불하고 여기에 숨은 제도 비용까지 떠맡아야만, 이를 피할 수 있을 것이다.

후농업세비 시대[後農業稅費時代]라고 할지라도 조직화를 담지체로 활용하여 농민에 대한 보편적 권리를 강화하지 않는다면, 농촌 토대의 개선에 대해 낙관적인 전망을 하기는 어렵다.[14] 농촌의 토대와 상부구조 간의 적대적 모순을 정확하게 인식하지 못한다면, 이에 근거한 합리적인 정책방향도 형성될 수 없다. 2003년 이래 중앙정부의 농민 우대 재정지출이 대폭 증가했지만, 정부와 분산된 소농 간의 거래비용이 높아 '정부의 굿 거버넌스[政府善治]'가 효과를 발휘하기 어려웠으며, 도농의 소득 격차도 여전히 확대되고 있다.

제도 변천의 과정에서 보자면, 농촌 상부구조의 변혁은 현실의 토대로부터 내재적으로 생성된 것이 아니라 도시 깊숙한 곳에 위치한 상급 정부가 현대화의 목표를 위해 인위적으로 '부가'한 것이었고, 부문의 이익과 '종적·횡적 분할' 체계를 뒷받침하는 현대적 관료통치 구조로 귀결되었다. 이는 마르크스주의의 '토대가 상부구조를 결정한다'는 기본원리를 위배한 제도적 조치로서 농촌에서 주기적인 거버넌스 위기를 출현시켰을 뿐만 아니라, 향토사회의 총체적 비용을 갈수록 상승시켜 기층에서 굿 거버넌스의 형성을 어렵게 만들었다. 이러한 거대한 제도 비용이 국가 공업화와 도시화의 과정에서 점차 역효과를 초래하게 되었다.

이[秦暉]가 이를 '황종희의 법칙'으로 정리하였다(친후이, 2002).

2004년 후진타오 주석은 '두 개의 단계, 두 개의 반포[反哺]'라는 판단을 명확하게 내놓았다. 중국이 이미 공업화의 중기 단계로 진입했기 때문에 정책의 방향을 '공업이 농업을 지원하고, 도시가 농촌에게 반포'하는 것으로 바꾸어야 한다는 것이다.[15] 이에 따라 중국의 공업화 과정을 돌아보면, 초기 단계의 자본의 원시적 축적과 중기 단계의 산업자본의 확장에서 모두 삼농은 공업화·도시화를 위해 잉여를 제공하는 '제3세계'였다.

공업화 초기 단계의 소위 '계획경제' 시기에 중국은 향을 단위로 인민공사를 설립하면서 형성된, 규모화된 농업 부문으로부터 잉여를 추출했다. 동시에 농업 집단화를 이용하여 대규모로 노동력을 사용함으로써 극도로 부족한 자본을 대체할 수 있었고, 이를 공업화를 위한 원시적 축적과 국가의 기본 프로젝트 건설에 사용하였다. 그리하여 도농 이원구조와 삼농 문제가 제도화되었다.

공업화의 중기 단계, 즉 원시적 축적이 완성되어 산업이 형성된 이후에는 자본 확장이 본질이라고 할 수 있는 소위 '시장경제' 시기가 필연적으로 등장했다. 이 시기 농촌의 세 개의 생산요소가 도농 간 수익 격차로 인해 계속 대규모로 순유출되면서 삼농의 쇠락이 가중되었다. 이 단계에서도 도시는 여전히 자본화된 수익으로 경제의 고속성장을 추진했고, 도농 간의 격차는 갈수록 커질 수밖에 없었다. 개혁 이후, 도농 이원체제의 모순은 농민이 명목상 '평등한' 시장주체의 지위를 획득함으로써 완화되기는커녕 오히려 더욱 격화되었다. 이에 따라 국가는 전략을 조정하면서 필연적으로 삼농 문제를 가장 중요한 것이라고 강조하게 되었다.

---

36   본 글의 서술은 국가사회과학기금 중점 프로젝트 '사회주의 신농촌 건설의 목표, 중점 그리고 정책연구'(06AJY003)의 재정 지원을 받았다. 이에 감사를 표한다.

개혁·개방 30여 년 동안 중국의 공업화·도시화 건설은 거대한 성취를 해냈다. 이에 대한 제도의 수익은 누구나 알고 있지만 제도의 비용은 그만큼 주목받지 못했다. 2003년 이래 누차 삼농 문제가 가장 중요한 것이라고 강조되었고, 더 나아가 '과학발전관'과 '조화사회' 사상의 등장은 과거 단편적인 경제발전에 대한 강조를 바로잡으려는 것이었다. 이른바 '삼농' 문제는 주로 공업화의 제도 비용을 떠맡는 과정에서 형성되어 갈수록 심해지고 있다. 국가가 농업에서 추출한 잉여를 공업화에 필요한 자본의 원시적 축적에 사용한 것은 이후의 제도 변천에서 경로의존을 초래했다. 2005년 10월 중국공산당 16기 5중전회는 신농촌 건설을 국가전략으로 공식 제출했다. 이는 '삼농'의 어려움을 완화하고 국가의 거시적 발전전략의 조정에 기여한다는 점에서 중대한 역사적 의미가 있다.

1. '삼농' 문제는 공업화 초기, 농업 잉여 추출의 필요에서 시작되었다

빈곤한 농업국가였던 중국은 1950년대부터 인민공사로 대표되는 제도적 조치를 통해 공산품과 농산품 간의 협상가격차[剪刀差]를 추진하고, 농촌에 집중된 대량의 잉여 노동력을 대규모로 기본건설에 투입함으로써 20여 년 만에 국가 공업화를 위한 원시적 축적을 달성했다. 국민경제에서 공업 비중이 1952년 20% 미만에서 1978년 44%까지 상승했다. 그러나 도농 이원체제의 제약 때문에 농업·농촌·농민이 공업화의 거의 모든 비용을 부담하면서도 수익은 향유하지 못했다. 점차 확대되는 중국의 도농격차와 농업 집단화로 인한 전면적인 손실은 뭇사람들에게 비난의 대상이 되었다.

농업부문에서 추출한 잉여를 공업화를 위한 원시적 축적에 사용함으로써 도농 이원구조와 '삼농' 문제가 발생하는 것은 자국의 역량에 의존하여 공업화를 추진하는 대규모 개발도상국들에서 흔한 현상이다.

옌루이전[嚴瑞珍] 외(1990)는 강제적인 일괄 수매·분배 제도에 은닉된, 공산

품과 농산품 간의 협상가격차를 통해 농업잉여 추출액을 계산했다. 1953~1985
년 공·농업 간 비율 협상가격차[比值剪刀差]는 총 7,000여 억 위안이었다.[37] 이
는 같은 기간 전국의 예산내 고정자산 투자액 7,678억 위안, 연평균으로는 약
240억 위안과 대체로 비슷하다.

이외에 각급 지방정부들은 고도로 집단화된 제도를 통해 최저 비용으로
농촌 노동력을 징발했다. 여기에 숨겨진 법칙은 '노동력이 상당한 규모로 국가
의 기본건설에 투입될 때에만, 공업화 초기 단계에 거의 영에 가까울 정도로 결
핍된 자본을 대체할 수 있다'는 것이다.

공업화 초기 단계의 원시적 자본축적뿐만 아니라, '종주국'과 같은 역할을
했던 소련이 1957년 이후, 자신의 지정학적인 전략 목표를 실현하지 못하게 되
자 중국 공업화에 대한 투자를 저가의 농산품으로 상환해 달라고 요구했다. 이
두 개의 요소가 협상가격차를 강화하고 농업과 농촌의 잉여에 대한 고도의 추
출을 야기했다.

2. 전환기 도농 이원구조의 경로의존

제도 변천의 경로의존 이론을 보자면, 전통 경제학은 수확 체감의 가설을 기초
로 수립되어 경제행위를 일종의 음의 피드백 메커니즘이라고 여기기 때문에 아
무리 큰 변동일지라도 모두 음의 피드백으로 야기된 역방향의 변화를 통해 상
쇄될 수 있다고 본다. 그러나 제도 변천 과정에는 수확 체증 혹은 경로의존도 존
재하기 때문에 양의 피드백 메커니즘과 자기강화 메커니즘도 존재할 수 있다.
즉 특정한 임의의 사건이 특정한 하나의 경로를 선택하면, 이 경로가 고정되어

---

37 비율 협상가격차는 공산품과 농산품의 가격 변동을 고려할 뿐만 아니라, 공·농업 부문의 노동
생산성 변화로 인한 상품 가치량의 변화를 협상가격차에 반영한다. 사실상 비율 협상가격차만
이 실질적인 협상가격차를 제대로 나타낸다. 협상가격차의 계산은 옌루이전 외(1990).

더 선진적이거나 적합한 경로가 선택되지 않을 수 있다. 노스 [Douglas C. North]는 경로의존 생성의 심층 원인이 실제로는 이익 요소라고 봤다. 또한 일단 상태가 고정되면 이탈하기가 매우 어렵게 되어 왕왕 외생적 변수나 정치권력의 변화와 같은 외부효과를 통해서만 기존의 방향을 전환할 수 있다.

상술한 이론은 중국의 계획경제로부터 시장경제로의 전환을 연구하는 데 있어서 해석력을 갖는다.

국가 공업화를 위한 자본축적 단계는 중국에 수 조 위안의 국가자본을 남겼을 뿐만 아니라, 도농 분리와 모순 대립의 이원적 사회경제 체제도 남겼다. 전자가 제도 수익이라면, 후자는 공업화 과정에 필연적으로 수반되는 제도 비용이었다.

그러나 제도의 수익과 비용을 밝히는 것이 본 저서의 이론적 혁신은 아니다. 제도학파 이론을 분석도구로 삼아 더 나아가 본다면, 계속되는 제도 변천이 기존의 이익 구조에 대해 경로의존을 형성하는 과정에서 이러한 제도의 구조를 통해 수익을 얻고 비용을 부담하는 주체가 비대칭적이라는 것이 더 심각한 필연적 문제라는 점을 알 수 있다. 기득권 집단이 각종 개혁 과정의 분배에 참여하여 제도 수익을 점유하는 데만 급급함으로써 '권리가 빈곤'한 취약집단은 계속 제도 비용을 부담할 수밖에 없다. 계획경제에서 시장경제로 전환되는 제도 변천의 과정이 기존 이익 분배 구조의 경로의존이라는 제약을 여전히 벗어나지 못하는 것이다.

이로 인해 개혁개방 30여 년 동안 도농 이원체제의 모순은 농민이 명목상 '평등한' 시장주체의 지위를 획득함으로써 약화되기는커녕, 오히려 더욱 현저화·공고화·장기화되었다.

〈그림 1〉은 국가 공업화를 위한 자본의 원시적 축적 시기 도농 이원구조의 형성과 개혁 이후 이에 대한 경로의존을 보여준다. 〈그림 1〉에서 두 개의 굵은 화살표는 국가가 공업화를 실현하기 위해 '삼농'으로부터 원시 축적을 추출한 주요 근원을 표시한 것이다.

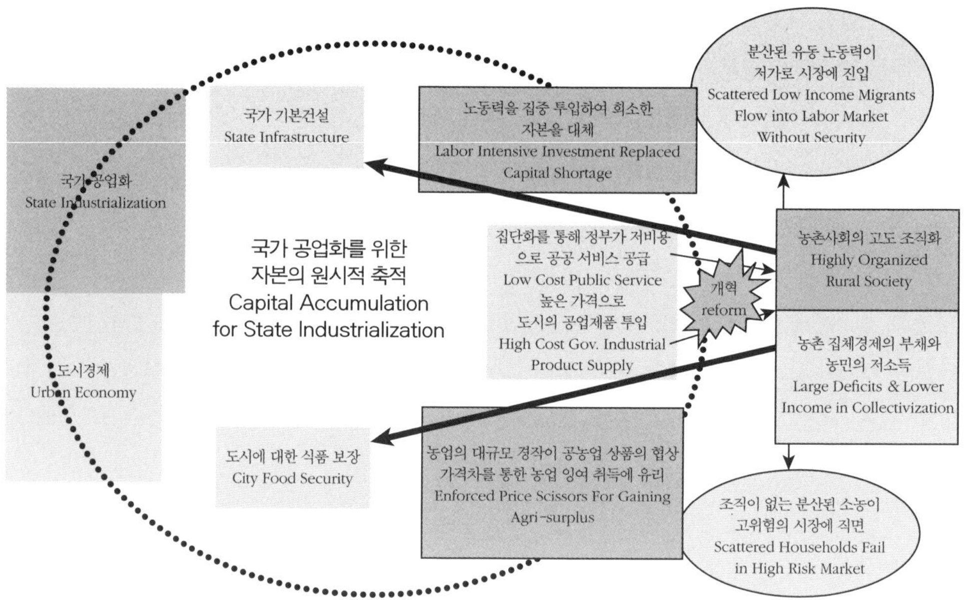

그림 1 공업화를 위한 자본의 원시적 축적과 개혁의 단계에서 중국의 도농 이원구조

출처: 원톄쥔(2007a).

3. 시장 메커니즘 하에서 '삼농'의 잉여가치가 여전히 대량으로 순유출되고 있다

공업화 초기, 국가는 도농 이원체제 하에서 농촌 집단화를 통해 삼농으로부터 원시적 축적을 추출하려고 한다. 산업 자본이 형성된 이후에는 산업 확장 단계로 진입하는 것이 불가역적 법칙이기 때문에, 이로 인해 시장경제 하에서 공업화·도시화의 고속 확장은 이 법칙에 부합하게 농촌의 제반 생산요소가 더 높은 수익률을 쫓아 대규모로 유출되는 현상을 격화시킬 것이다. 결국 삼농 딜레마가 악화되는 추세가 나타난다.

농업과 비농업 영역 간 수익 분배의 불균형은 스티글리츠가 선진국과 개발도상국 간 수익 분배의 불균형에 대해 제시한 것과 유사하게 다음과 같이 서술될 수 있다. 즉 경제가 전반적으로 쇠퇴하면, 가장 많은 타격을 받는 쪽은 수는 많지만 분산되어 있는, 농산품 시장의 소농들이다. 거시경제가 확실히 성장하더라도 여기서 생성된 이익이 불비례하게 다른 집단에게 분배된다. 이는 곧 전형적인 불균형 발전이론이 말하는 분극화 메커니즘[極化機制]이 아닌가?

1) 농산품 시장의 과도한 변동으로 농민이 정상적인 농업경영 수익을 얻을 수 없었다

농업경제학의 권위자 두룬성은 일찍이 1988년에 8억 명이 2억 명에게 밥을 먹여주는 상황이 바뀌지 않는다면 중국 농업의 미래는 없다고 지적했다!

현대 서구 경제학의 개념으로 해석하자면, 당시 도시의 농산품 수요는 국가가 보장하고 고도로 집중되었으며 수요 탄력성이 작았다. 반면에 분산된 소농경제라는 조건 하에서 농민의 농산품 공급은 자급자족적이었을 뿐만 아니라, 상품에 해당하는 부분도 고도로 분산되어 공급 탄력성이 상대적으로 컸다(이는 서구와 완전히 다르다). 도농 이원체제로 인해 정보가 비대칭적이었기 때문에 공급과 수요가 안정적일 수 없었다. 따라서 농산품 시장의 공급·수요와 가격 변동이 무질서했다. 소농은 위험을 줄이기 위해 겸업 경영을 선호하게 되었고, 수억 명의 소농이 종사하는 농업의 경영 규모는 더욱 축소되었다. 1980년대 소농경제가 회복된 이후, 거시경제에 따라 농산품 공급에서 세 차례의 주기적 불황과 상대적 과잉이 나타났다는 사실이 이를 예증한다.

일반적으로 단순한 시장경제에서는 소농경제의 가구소득과 거시경제 사이에 비교적 강력한 양의 상관관계가 존재한다. 거시경제가 호황일 때에 농민 소득이 증가하고 경제가 불황일 때에는 반대가 된다. 중간 과정에서 발생하는 영향 때문에 경제 불황이 농민의 소득 증가에 미치는 억제 작용이 경제 호황이 농민의 소득 증가에 미치는 촉진 작용보다 크다(〈그림 2〉 참조).

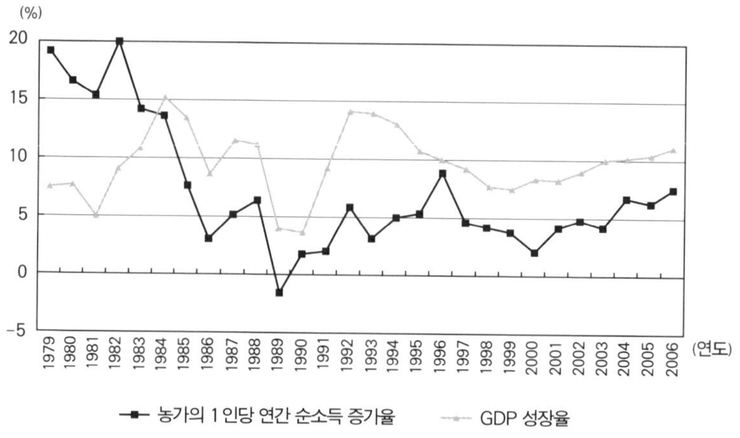

그림 2   1979~2006년 농가소득과 거시경제 변동의 상관성

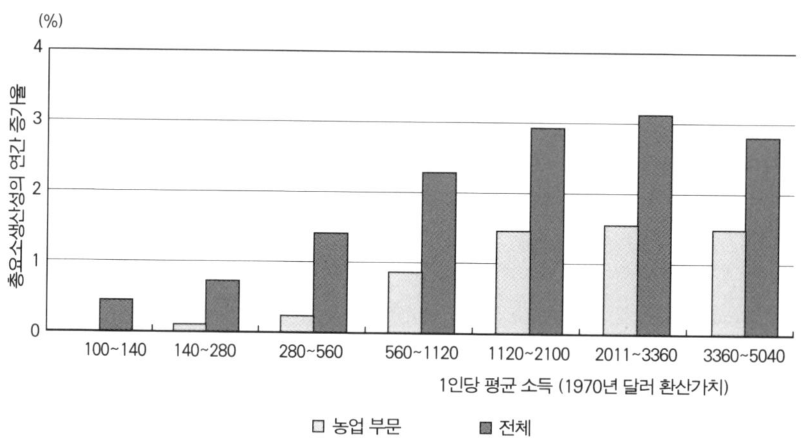

그림 3   상이한 발전단계에서 농업 부문의 총요소생산성 변동

출처: 체너리 외(1995: 333-334).

2) 농업의 낮은 비교수익으로 인한 농촌 자본 요소의 유출

세계은행의 수석 경제학자를 역임한 미국 경제학자 체너리[Hollis B. Chenery]
교수의 국가별 비교 실증분석을 보면, 각각의 소득 수준에서 농업의 총요소생
산성의 성장 수준은 국민경제 전체의 성장 수준보다 현저하게 낮다(〈그림 3〉 참

조). 공업화의 진전과 동시에 수익이 낮은 영역에서 수익이 높은 영역으로 요소 이동이 발생한다. 사실 이는 수익을 추구하는 자본 요소가 시장의 법칙에 따라 자유롭게 이동하면서 나타나는 필연적 결과일 뿐이다.

3) 지방정부의 '조합주의[公司主義]'로 인한 농지의 대량 수용

농업세 부담이 아직 지속적으로 증가하지 않고 정부 재정에서 농민의 기본보장을 위한 재정이전 지출이 부족하기 이전에는, 농촌 인구의 증가에 따라 농지가 점차 '복지화'되어 농지의 농민에 대한 생존보장 기능이 나날이 강화되고 상품 생산의 기능은 갈수록 약화되었다. 일부 지방에서는 농촌 토지가 매우 부족해 기본적인 상품의 속성을 갖추지 못했었다. 그러나 이와 대조적으로 이후에는 자원이 자본화되는 발전 과정을 통해 대량의 경지에서 '농지의 비농지로의 전환[農轉非]'이 수행되었다.[16] 인구에 비하여 농지가 더욱 부족해졌고, 농민이 증가된 토지 수익을 공평하게 향유하기도 어려워졌다. 이 때문에 토지 분규가 '후 농업세' 시대 농촌 집단소요 사건의 주요한 도화선이 되었다.[38]

지방정부의 직접적인 탈취 또는 간접적인 앞잡이 노릇은 발전주의를 지향했던 상황에서 정부 조합주의의 특징과 함께, 발전 과정에서 계획경제 시기의 '공업의 농업 이익에 대한 점유[工占農利]'가 경로의존되었다는 점을 보여준다.

일찍이 2002년 천시원[陳錫文]이 지적한 바 있듯이 개혁·개방 이후 토지에 대한 저가 수용으로 농민들은 최소한 2조 위안의 손실을 입었다(천시원, 2002). 많은 학자들이 공업화, 도시화에 대한 농민의 최대 기여가 과거에는 공산품과 농산품의 협상가격차였다면, 현재의 최대 기여는 토지라고 인식하고 있다.

---

38 프로젝트 조사팀은 조사연구를 진행하면서 수많은 토지 분규 사건을 발견했다. 토지를 빼앗긴 농민들로부터 불법으로 토지를 점유한 일부 기업이 충분한 토지 재양도[轉讓] 금액의 지불을 거절하고(예를 들어 임대를 통해 농지를 건설용지로 전환[以租代征]), 국가가 농민에게 지급한 식량 경작 직접보조금[糧食直補]까지 횡령한다는 발언을 수차례 들었다!

4) 노동력 가치에 대한 '다층적 착취'

저명학 사회학자 리창[李强]은 중국 농민공[農民工]에 대한 착취 문제를 서술하면서, 식품·물·주거 등 기본생활의 수요를 얻지 못하는 농민공들의 실제 상황은 사회학에서 말하는 절대적 착취에 해당한다고 지적했다. 이는 유동 농민공이 당하는 비인간적 대우, 열악한 노동조건, 최고 강도의 노동, 거의 모든 정력을 소진하는 노동시간, 노동이 생산한 성과에 크게 못 미치는 임금 수준 등에서 드러난다. 더불어 농민공에 대한 '다층적 착취' 또는 '착취의 사슬'도 존재한다. 많은 외자기업에서 농민공들이 임금과 노동시간 등에서 절대적 착취를 당하고 있을 뿐만 아니라, 신체가 건강하고 생명력이 왕성한 시기에 자신의 노동력을 과도하게 써버리는데다 오랜 초과 근무, 유해한 육체노동 종사, 필수 의료보장 부족 때문에 사실상 미래의 노동력 가치조차 소진하게 된다. 현재의 노동력 가치뿐만 아니라 미래의 노동력 가치를 착취하는 이러한 현상을 일컬어 '다층적 착취' 또는 '착취의 사슬'이라고 칭한 것이다. 중국에서 유동 농민공들은 수년간 이러한 '다층적 착취'를 당하는 주요 집단이었다(판쩌취안, 2008).

4. 두 개의 발전단계 전환과 국가전략의 중대한 조정

요컨대 계획경제에서도, 시장경제에서도 삼농은 공업화와 시장화를 위해 잉여를 제공하는 '제3세계'였다. 대다수 농촌이 도농 이원구조에 고착화되었기 때문에 농촌은 3요소가 대규모로 순유출되면서 쇠퇴하고 위축되었다. 다른 한편으로는 자본화의 수익을 획득한 도시경제가 고속 성장하면서 도농 간 격차가 갈수록 커졌다.[39]

---

39 이에 대한 반증도 있다. 전국에서 집체경제가 강했던 농촌 공동체[社區] 8,000여 개는 시장환
    경이 상대적으로 좋았던 시기에 공동체의 토지·노동력·자본을 저비용으로 자기자본화하고

또한 어떤 이데올로기, 어떤 체제에서도 개발도상국이 후발 공업화와 도시화를 가속화하는 시기에는 대부분 도농 이원구조가 나타났으며, 농업 생산력의 제반 요소가 대규모로 유출되었다. 국제적 경험이 증명하듯이 이것이 농촌 쇠퇴의 필연적이고 주요한 원인이었다. 삼농 상황의 심각성은 공업화와 도시화를 추구하는 개발도상국의 보편적인 문제였다.

이로 인해 필자는 일찍이 일반적 의미의 농업 문제를 삼농 문제로 대체해야 한다고 제안했었다. 이러한 목적 중 하나는 중국이 농업 문제를 하나의 미시적 산업 문제로만 간주하지 않아야 한다는 점을 인식하는 것이다. 공업화, 도시화가 가속화되는 상황에서 삼농의 어려움을 완화하려면 농업에만 집중해서는 안된다.

2004년 중국공산당 16기 4중전회에서 후진타오[胡錦濤] 총서기가 공업화를 위한 국가 발전의 시초 단계에서는 '농업이 공업을 지원'하지만, 상당한 성과를 달성한 이후에는 '공업이 농업에 반포[反哺]하고 도시가 농촌을 지원'해야 한다는 두 개의 보편적 방향을 언급했다. 더 나아가 그는 2004년 말 중앙경제공작회의에서 다음과 같이 말했다. "우리나라는 현재 전체적으로 이미 공업으로 농업을 촉진[以工促農]하고 도시가 농촌을 이끄는 발전단계에 이르렀다. 우리는 이러한 추세에 따라 더욱 의식적으로 국민소득의 분배 구조를 조정하고 더욱 적극적으로 삼농 발전을 지원해야 한다."

사실 이 위대한 역사적 전환은 국가전략의 조정에 따라 발생한 것이다. 2000년 중국 지도자들은 국제연합의 '밀레니엄 개발목표[Millennium Development Goals]'에 서명했다. 2002년 16차 당대회에서 전략 조정을 시작하면서 2020년까지 전면적 소강사회[小康社會]를 실현한다는 목표가 제시되었다.[17] 또한 16차 당대회의 정치보고를 통해 전면적 소강사회 건설의 중점과 난점이 모두 농촌에 있다고 명확하게 지적되었다. 2007년 17차 당대회 정치보고는 '삼농

산업 경영을 발전시킴으로써 외부에 대해 경쟁우위를 획득했다.

문제가 가장 중요한 것'이라는 점을 공산당의 지도사상으로 재차 강조했다.

'삼농 문제가 가장 중요한 것'이라는 점이 부단히 강조되는 와중에 2005년 9월 중앙 정치국은 11차 5개년 계획의 지도의견에 대한 토론에서 11차 5개년 계획은 과학발전관의 지도의견과 사회주의 신농촌 건설의 정책사상을 반드시 전면적으로 관철해야 한다고 제시했다. 이어서 중공 중앙의 16기 5중전회에서 정식으로 사회주의 신농촌 건설이 8항의 전략임무 중 첫 번째가 되었다. 2006년 초 중앙 1호 문건은 사회주의 신농촌 건설의 구체적 정책 요구를 제출하고, 이를 재정이전 지출 등의 조치로 보충했다.

21세기의 신농촌 건설이 농업에만 치중했던 1990년대의 정책 사고와 가장 크게 다른 점은 중국 농민의 권익 문제, 농촌의 지속가능성, 농업 안보 등과 같은 삼농 문제를 해결하기 위한 농촌 발전전략이라는 것이다. 또한 삼농 발전을 통해 국가안정을 유지하고 국민경제의 내수진작형 성장방식으로의 전환을 촉진하기 위하여 제출된, 중대하고 종합적인 국가전략이라는 것이다. 국가 재정의 투입을 증가시켜 점차 도농 통합[城鄕統籌]을 실현해야만, 신농촌 건설이 국가 거시경제의 구조 조정과 발전전략 조정을 위하여 충분한 시장규모와 안정적 사회환경을 제공할 수 있을 것이다.

제3장 시장실패와 삼농 문제[40]

향토중국의 주요 문제는 소위 이념의 문제도, 체제의 문제도 아니다. 계획이든 시장이든 유럽대륙에서 유래한 제도가 (고도로 분산되고 잉여가 매우 적은 중국의 전통 소농경제와 같은) 개발도상국의 전통적인 경제 토대와 마주쳤을 때, 지나치게 높은 거래비용이 초래하는 제도 비용의 문제가 발생한다. 중앙집권이든 민주주의이든 이러한 정치제도가 개발도상국 농촌에서 (고도로 분산된 중국의 소농 촌락제 사회와 같은) 전통적인 사회 토대와 마주쳤을 때, 거래비용이 지나치게 높아 효율적인 거버넌스를 형성하기 어렵기 때문에 제도 비용의 문제가 출현하게 되는 것이다. 이로 인해 중국의 삼농 문제는 오랜 기간 '시장실패+정부실패'라는 이중의 딜레마에 직면했다.

중국의 실제 국가상황 때문에 농촌의 토지, 노동력, 자본이 단순한 생산요소로서 시장의 '보이지 않는 손'에 따라 자발적으로 완전하게 조절될 수 없었다. 시장실패로 발생한 외부효과는 취약한 소농에게 더욱 가중되었다. 이러한 문제는 중국이 시장경제 체제로 전환하면서 필연적으로 발생하는 제도적 대가가 삼농에 전가되면서 나타났다.

아인슈타인이 말한 것처럼 문제를 초래한 아이디어를 사용하여 문제를 해결할 수는 없다. 중국의 삼농과 삼치 문제의 해결은 과거로의 통속적인 회귀일 수 없으며, 서구 제도의 단순한 모방일 수도 없다. 오히려 기층 민중을 주체로 삼고, 상하를 결합하며, 때와 장소에 맞는 제도 혁신에 달려있을 뿐이다.

역사를 통시적으로 보면, 30년의 개혁이 객관적 수요에 부합하는 실천 과

---

[40] 이 글의 초고는 원톄쥔(2001b)이며, 두 번째 원고는 2008년 7월 『글로벌 기업가[環球企業家]』 잡지에 발표되었다. 이 글은 세 번째 수정된 원고이다.

정이었다는 점을 알 수 있다. 중국인은 20년 동안 노력하여 국가 공업화에 필수적인 자본의 원시적 축적을 완성했고, 이후 1972년에 산업자본 형성의 초기에 해당하는 구조 조정을 시작했다. 이에 따라 마오쩌둥과 저우언라이[周恩來]의 영도 하에 유럽·미국·일본과의 외교관계를 회복하고 서구 자본을 대량으로 유입하였다. 이것이 사실상 서구 자본이 주도하는 국제시장과의 결합이라는 점을 감안하여 2세대 지도부의 경제부문 책임자들은 1970년대 말 시장경제를 인정하는 쪽으로 기울었으며, 1980년대에는 주도적으로 시장화 개혁을 시작했다. 이어서 1988년 물가지수 18.6%로 상징되는 인플레이션과 1989년 GDP의 대폭 하락으로 드러난 생산 정체(이는 전형적인 스태그플레이션으로서 시장경제 체제에서 필연적으로 발생하는 주기적 경제위기였다)에 대응하면서, 토대의 변혁이 마침내 상부구조에 반영되었다. 이에 따라 1992년 14기 전국인민대표대회에서 사회주의 시장경제의 신체제 건설이 제기되었다.

시장경제가 중앙정부에 의해 국가체제 개혁의 국정방침으로 확립되면서 담론 영역에서 '정치적 올바름(Political Correct)'을 갖게 되었다. 동시에 사람들은 이러한 형이상학적인 담론의 표현 밑에 존재하는 형이하학적이고 복잡한 이익집단의 모순 충돌을 겪으면서 중국의 주요 문제가 소위 이념의 문제도, 체제의 문제도 아니라는 점을 점차 깨닫게 되었다. 중국 문제가 서구에 속하면서도, 서구의 담론과 대립통일된 이데올로기 체계와 어떠한 관계인지는 지금까지도 여전히 불명확하다.

만약 서구의 이데올로기 체계와 상관성이 존재한다면, 그것은 식민시대 이후 독립을 획득한 개발도상국이 거의 보편적으로 마주치게 되는, 어떻게 공업화에 진입할 것인가라는 문제일 뿐이다. 즉 식민화 수탈에서 기원한 2차 세계대전으로 말미암아 주요 제국주의 국가가 지정학적 전략을 재구성하고 세력범위를 분할한 이후, 중국이라는 농민을 주체로 하며 자원이 매우 부족한 개발도상국이 어떻게 공업화를 실현할 것인지의 문제, 그리고 이 나라가 세계 자본주의 체계의 글로벌 경쟁에 진입한 이후에 필연적으로 마주치게 될 문제일 뿐이다.

아래는 저자가 수년간 세계의 개발도상국들에서 시행한 현지조사에 근거해 얻은 감성적인 인식이다.

계획이든 시장이든 서구에서 유래한 제도가 (고도로 분산되고 잉여가 매우 적은 중국의 전통 소농경제와 같은) 개발도상국의 전통적인 경제 토대와 마주쳤을 때, 지나치게 높은 거래비용이 초래하는 제도 비용의 문제가 발생한다. 따라서 중국의 자주성을 갖춘 제도 혁신이 필요하다.

여기서 파생되는 또 다른 관련 가설은 중앙집권이든 민주주의이든 이러한 정치제도가 (고도로 분산된 중국의 소농 촌락제 사회와 같은) 개발도상국의 전통적인 사회 토대와 마주치면, 제도 비용의 문제가 나타난다는 것이다. 따라서 공동체 자치를 중심으로 하는 풀뿌리 관리체제의 재건이 필요하다.

토대와 상부구조의 이 두 가지 모순은 풍부한 함의를 가지며 삼농과 관련하여 가장 기본적인 것이지만, 제대로 논의되지도 않았고 해결 방법도 제때 찾을 수 없었다. 아마도 이 때문에 세계화에 통합되기 어려운 중국의 삼농 문제가 오랫동안 시장실패라는 어려움에 직면했었을 것이다. 중앙정부가 농업세를 폐지하고 농촌에 대한 재정이전을 증가시키는 새로운 삼농 정책을 시작하고, 「농촌 토지 도급법[農村土地承包法]」과 「농민 전업합작사법[農民專業合作社法]」을 내놓은 이후에야 이러한 기본적인 모순이 상대적으로 점차 완화되었다.

1. 시장실패를 야기한 농업의 미시적 문제

경제학이 시작된 이래 학자들은 종종 토지, 노동력, 자본이라는 세 요소의 배치로부터 논의를 시작했다. 이 글 또한 여기에서 벗어날 수 없다.

1) 토지 문제

대다수 개발도상국에서 농촌, 농업의 제1 요소는 토지이다. 그러나 중국의 농촌은 토지가 지속적으로 감소하면서도, 다른 한편으로는 인구 증가에 따라 두 개의 현실적 문제들이 생성되었다.

첫째, 자원 제약이다. 토지 면적의 감소로 토지는 매우 희소한 자원이 되었다. 요소의 희소성이 가격을 결정하므로 희소할수록 가격이 상승한다. 문제는 이러한 자원 요소의 희소성이 일반적 수준이 아니라 보통 사람들의 생계만을 겨우 유지시켜 줄 정도라면, 개인 소유제를 추진하는 사유화의 제도 비용이 크게 상승할 수 있다는 점이다. 여기에 더해 중국 농촌에서는 토지의 비이동성이 전통 공동체의 혈연·지연 관계와 결합하면서 촌락 공동체를 토지 재산권의 경계로 삼는 현상이 나타났다.

둘째, 제도 변천의 비용이다. 농촌 정책을 연구해 본 사람들은 모두 토지가 장기간에 걸쳐 이중의 기능을 갖게 되었다는 점을 알고 있다. 이는 일반적인 선진국에서는 보기 어려운 정부 퇴장에 따라 형성되었다. 농촌 민중들의 자발적인 일괄도급으로 정부가 농업 잉여를 추출했던 집단화 제도가 해체되었을 때, 정부의 합리적 선택은 퇴장이었다. 1982년 이래 대략 25년 동안 정부가 농민의 교육·의료·사회보장과 농촌 기층의 공공 지출을 책임지지 않았으며, 경작지가 이를 떠맡게 되었다.[41] 또한 1인당 평균 면적이 계속 축소되면서 경작지가 갈수록 농민의 생존보장이라는 공공재 기능 중심으로 전환되었다. 이것이 중국 농지에서 공동체 소유제가 확립된 원인 중 하나였다.

상술한 두 개의 제약조건을 배경으로 중국 특색의 촌락 소유와 농가도급 제도가 형성되었다. 이 제도들은 개혁 과정에서 지속적으로 수정되고 개선되어 1998년 15기 3중전회에서 발표된 '세기를 뛰어넘는 문건'을 통해 중국 농촌의 기본 경제제도로 확립되었다.[18] 최종적으로 중앙은 2003년 「농촌 토지 도급법」을 반포했다. 이로부터 중국의 농촌 토지는 완전한 개인주의적 사유화를 실

---

41   25년이라는 기간은 2004~2006년 농업세를 폐지하고 상급 정부가 향·촌급의 공공 지출을 책임지게 된 시기까지이다. 이러한 주장은 재론의 여지가 있다. 그러나 외부 조건이 변했더라도 25년 동안 존재했던 제도의 형태는 여전히 분석할 만한 의의가 있다.

현할 수 없게 되었을 뿐만 아니라, 단순한 생산수단으로 간주하여 시장이라는 '보이지 않는 손'에 온전히 맡겨 조절할 수도 없게 되었다.

2) 노동력 문제

농업 인구와 농촌 노동력의 심각한 과잉은 본래 송·명 시기부터 존재했던 오래된 문제로 신중국 성립 이후에 발생한 현상은 아니다. 청말 이후 중국은 백여 년의 근현대사에서 군수·중공업에 치중하고 도시에 편향된 공업화를 추진했다. 여기서 필연적으로 형성된 최대의 제도 비용이 도농 이원구조이며, 이는 오늘날 발전 과정에서 반드시 직면할 수밖에 없고 가장 장애를 일으키는 기본적인 체제 모순이 되었다.

이러한 제약 하에 중국 농촌은 5억의 노동연령 인구를 가지게 되었다. 통계에 포함되지 않는 '반노동력[半勞動力]' 인구까지 더하면, 6억 이상으로 추정된다. 게다가 농업의 수요는 1억여 명에 불과하여 최소 3, 4억의 노동력이 이전되어야만 한다! 그러나 축적된 농촌의 인구와 노동력이 전부 이전될 수는 없다. 이 때문에 자본화된 체제에서 도농의 자본 총량 차이로 인한 사회 소득의 격차가 지속적으로 확대된다.

또한 최근 몇 년간 일부 농촌 노동력의 이전으로 농업 투입에서 노동력의 기회비용이 뚜렷이 상승했고, 이에 더해 사막화와 도시화가 토지를 부단히 감소시켜 농업 노동력 투입의 한계효용이 영 이하로까지 체감되었다. 1990년대 농업의 노동력 투입에 따른 수익률이 이미 연속적으로 마이너스가 되어 노동력 소유자인 농민은 강제로 노동시간을 줄일 수밖에 없었다(일반적으로 매년 1인당 농업 노동력의 실제 투입일은 100일 미만이다). 그러나 이것이 노동력을 투입하지 않는 200일 동안 밥을 먹지 않고 소비도 하지 않는다는 의미는 아니다. 결과적으로 하나의 살아있는 노동[活勞動力]이 365일 동안 기본적인 생활을 하기 위한 소비, 즉 노동력의 단순 재생산 과정은 (만약 외지노동이 없을 경우) 100일도 안 되는 노동과 이에 상응하는 토지 산출을 통해 보장되어야 한다.[19] 이 같은 이유들로 인해 농업(특히 식량과 같은 기본 농산품 생산)의 노동생산성은 사실상 계속 하강했으며, 갈수록 사회의 노동생산성의 평균 수준보다 낮게 되었다. 자원이 심각하게 부족한 일부 지역에서는 농업 노동력의 소득이 너무 낮아 심지어 노동력의 단순 재생산조차 유지할 수 없었다.

3) 자본 요소

상술한 두 개의 기본 요소의 작용으로 가장 중요한 요소인 자본이 대량으로 농업 영역에서 유출되었다. 시장경제에서 자본 소유자는 이윤 최대화라는 목표를 추구할 뿐이기 때문이다.

이와 상응하여 두 개의 현상이 발생했다. 먼저 농가가 경영하는 농업 생산이 마이너스 수익이 되면서 농업 자금이 매년 최소 수천 억 위안씩 순유출되었다. 다른 한편 시장경제의 조건에서 상업은행으로서는 고도로 분산되어 있으며 고위험의 생산에 종사하는 소농에게 심사·감독도 어렵고 수익도 없는 소액 신용서비스를 제공할 수 없었다.

이처럼 공식[官方] 금융이 농업과 농촌 경제로부터 퇴장하자 농촌에서 대규모로 고리대가 출현했다. 저자는 1988년부터 농민의 합작 금융을 연구하면서 정부 금융이 소농경제로부터 필연적으로 퇴장할 것이라는 점을 점차 이해하게 되었다. 여기서 더 나아가 저자는 1998년 발표한 중화민국 시기 고리대 금융으로 인한 소농경제의 붕괴에 대한 분석과 2000년 발표한 15개 성[省]의 농촌 민간 신용에 대한 조사를 통해, 고리대의 농촌 점령이 보편적이라는 점과 이에 대한 역사 비교가 갖는 의의를 보여줬었다(원톄쥔·펑카이원, 1996).

이상의 분석에서 설명했듯이 중국 농촌에서 가장 기본적인 3요소는 현재 시장이라는 '보이지 않는 손'에 의해 자발적으로 조절될 수 있는 조건을 갖추지 못했다.

2. 시장실패로 인한 거시적인 부정적 외부효과의 문제

인류가 서구 주도의 공업화에 진입한 이후, 사회주의 사상을 구현한 마르크스주의 정치경제학에도, 개인주의 이념을 구현한 서구 경제학(여기서 분기된 농업경제학을 포함)에도 농업의 오염과 농촌의 환경 거버넌스에 관한 종합적인 이론이나 이를 해결할 효율적 방법이 아직 존재하지 않는다. 이로 인해 이 문제는 이데올로기와 기존의 이론, 경험을 초월하는 도전이 되었다.

국무원 발전연구센터[發展研究中心]의 분석에 따르면, 농업은 이미 전국 오염 총량에서 1/3~1/2를 차지하는 산업이 되었다. 최근 몇 년간 농업의 입체적 오염과 농촌 환경보호의 어려움, 그리고 농업 노동력의 농업 투입에 대한 기회비용의 대폭 증가 등으로 인해 노동을 대체한 자본재가 지나치게 사용되었고, 더 나아가 식품 불안전이 악화되었다. 이는 경제이론으로 보면, 이중의 부정적 외부효과의 문제에 속하는 것으로 시장경제로 인해 발생하는 필연적 대가라고 할 수 있다. 따라서 시장이 해결할 수 없는 난제에 속한다.

한편 경제학 이론에 따르면, 전통적 농업은 수익을 높이기는 어렵더라도 자연 과정과 고도로 합일되어 있기 때문에 생태와 환경 보호를 통해 사회의 이익을 최대화하는 긍정적 외부효과를 생성할 수 있다. 그러나 공업화에 의해 개조되어 자본 투입이 지속적으로 증가한 대규모 현대화 농업은 시장 수익이 뚜렷이 상승하지만, 경영자가 개인 이익의 최대화를 추구하면서 대규모로 자연을 파괴한다. 결국 농업의 부정적 외부효과가 최대한도로 발생하는 것이다.

전통 농업의 생산 과정과 자연 과정이 합일된다면, 오염은 발생하지 않을 수 있으나 농민의 수익이 떨어질 수 있다. 반면 현대화된 농업은 개인의 수익을 상승시킬 수 있더라도 필연적으로 오염을 발생시켜 사회가 이 대가를 부담하게 된다. 의식을 가진 인간이라면, 이를 어찌 자신의 도전으로서 받아들이지 않을 수 있겠는가?

한편, 현재 환경문제가 갈수록 심각해지는 상황에서 경제학 이론으로부터 파생된 환경경제학이 제시하는 배출권 경매 등의 방법은 점원 오염[點源汙染]을 야기하는 공업 기업에 대해서는 아마도 효과가 있을 것이다.[20] 그러나 이는 수익이 낮으면서도 입체적인 교차 오염을 대량으로 만들어 내는 농업에는 적용될 수 없으며, 개발도상국의 분산된 소농경제에는 더욱 적용이 불가능하다.

상술한 사실은 알기 쉬운 상식적 내용이다. 이를 통해 시장경제에 대한 일반적 논의로는 중국의 삼농 문제를 해결하기 어렵다는 걸 알 수 있었다. 우리가 애초에 농촌개혁의 시장경제적 지향을 제시했던 때는 1988년으로, 당시 표면상의 방법은 '계획경제를 위주로 하여 시장조절로 보충'하는 것이었다. 그러나 상황이 끊임없이 변화하기 때문에 시대와 더불어 나아가야만 한다. 현재 이 같은 국가상황의 모순과 체제의 모순이라는 제약 하에서 어떻게 해야만 농업의 시장화를 실현할 수 있을 것인가?

추가적인 문제는 만약 국민경제의 기초산업인 농업이 시대를 따라가지 못한다면, 사람들이 동경하는 시장경제 체제와 이 위에서 수립된 고비용의 관리 체제를 농촌에서 어떻게 실현할 것인가라는 점이다. 농민 집단이 주변화되고 농촌 경제가 쇠퇴하고 농업이 환경파괴로 인해 지속되기 어려운 상황에서 사람들에게 일반화되어버린 시장 담론은 이미 매우 곤혹스러운 것이 되어버렸다. 우리가 강조했던 사이비적인 정책 논의 역시 삼농 문제를 매우 곤혹스럽게 만들지 않았던가?

중국의 개혁 이전의 역사를 이해하려는 사람은 다음과 같은 점도 알아야만 한다. 사실 과거의 소위 사회주의 계획경제 체제에서 농업은 계획경제의 특징에 부합하는 생산이 아니었으며, 이로 인해 소위 '농민 개조'의 문제가 존재했었다.

또한 주의해야할 점은 사람들의 농촌개혁에 대한 인식이 너무 이데올로기화되었다는 것이다. 많은 학자들이 선전에 반감을 가지면서도 도리어 선전의 내용을 사실로 여기고 이를 분석의 근거로 인용하기까지 한다. 따라서 별로 생각해보지도 않고 시장경제를 일종의 정치적 올바름을 갖는 담론으로 여겨 논의의 전제로 삼는다면, 현실의 삼농 문제에 대한 해석력을 잃고 말 것이다.

1980년대 농촌 정책에 종사했던 사람이 이미 하나의 실사구시적인 판단을 제시한바 있다. '일괄도급이 해결한 문제보다 그로 인해 생겨난 문제가 훨씬 더 많다. 따라서 개혁을 심화해야만 한다.'

오랫동안 각종 원인으로 우리는 당대의 정책과정에 대한 해석을 내놓기 어려웠고 논쟁에 참가하기를 원하지도 않았다. 학계가 농촌 문제에 맘대로 '딱지를 붙여' 많은 사람들이 일괄도급을 토지 사유화, 시장경제와 동일하게 취급한다. 그러나 사실 이미 버려진 계획경제도, 보편성을 가진 것으로 인식되는 시장경제도 각종 외부의 주체들과 분산된 소농 간의 높은 거래비용이라는 문제를 근본적으로 해결할 수 없었다.

3. 구체적 문제에 대한 몇 가지 인식의 오류

당장 가장 먼저 토론해야 할 인식의 오류는 토지 사유화이다.

1980년대 토지제도를 연구할 때, 저자는 현재의 사람들만큼 총명하질 못했다. 당시 저자는 토지제도에 대한 저서, 『재산권, 유통, 규모[産權、流轉、規模]』를 출간했었다. 그때에는 저자를 포함한 많은 사람들이 다음과 같은 논리에 동의했다. '토지가 사유화만 된다면 유통될 수 있고, 이에 따라 대규모로 토지를 집중시킬 수 있다. 그리고 대규모 경영이 실현되기만 하면, 농업이 국제경쟁에 참여할 수 있다.'

다행히 저자는 다른 사람에 비해 농촌에 갈 기회가 많았다. 이러한 논리를 가지고 농촌의 기층에 가서 실험을 했었다. 10년 동안 기층에서 성실하게 실험한 끝에 마침내 저자는 이러한 이치가 보기에는 논리가 완벽해도 사실상 사이비라는 걸 명백히 알게 되었다. 아쉽게도 오늘날의 사람들, 특히 서재에 틀어박힌 사람들은 중국과 서양을 막론하고 모두 계속해서 '철 지난 노래'를 부르고 있다.

중국은 물과 토지자원이 매우 부족하다. 약 600여 개 현의 1인당 평균 경작면적이 0.8무[畝] 이하이며, 성급 행정구역 중 1/3에서 1인당 평균 경작면적이 1무도 안 된다. 이들 지역에서 농촌 토지는 이미 농민의 사회보장 수단이 되었는데, 세상에 어떤 국가가 사회보장을 사유화한단 말인가? 1인당 평균 경작면적이 1무보다 많은 지방은 대부분 북방이다. 북방은 물이 매우 부족하고 가뭄이 극성이어서 수천만 무에 달하는 토지가 가무는 일이 자주 발생한다. 이로 인해 이 지역들은 토지자원이 상대적으로 여유가 있지만, 수자원 부족으로 생산성이 낮다. 따라서 경지의 사회보장 기능이 여전히 첫 번째가 되며, 소위 경지 사유화를 통해 규모의 경제를 형성할 수 있는 조건이 사라지게 된다. 그러므로 중국 농업이 토지 규모의 확대를 통해 국제경쟁에 참여한다는 것은 사실상 불가능하다. 이처럼 현대경제학의 이론을 답습하여 중국의 농업 문제를 사고하면, 현재 우리의 자원환경으로 인해 한계에 부딪히게 되는 것이다.

사실 현재 중국의 공동체 소유 토지제도에서도 많은 지역에서 '집체로의 토지 집중과 임대[反租倒包]', '임대 토지의 재도급[承租返包]' 등의 임대 형식을 통해 토지의 대규모 경영이 나타났으며, 토지 주식합작제를 통해 시장화된 토지 유통도 생겨났다.[21] 그러나 유감스럽게도 학자들은 농촌 기층의 이 같은 간부와 군중의 위대한 창조성에 대해 관심이 별로 없으며, 심지어 이도 저도 아니라고 비판하기까지 한다. 왜 이들은 농민이 서양의 책에 나온 이론을 따라야만 만족하는지 도무지 모르겠다.

최근 더욱 주목해야 할 시의성 있는 문제는 농업 수익의 과소와 농민부담의 과중이라는 압력으로 농촌 토지에서 대량의 경작 포기가 출현하고 수억의 농민이 도시로 유입되었고, 이로 인해 농민들의 토지가 맞고 있는 역사적 기회를 기업이 각종 방식으로 점유하게 되어버렸다는 점이다. 일부 학자들은 이를 단순하게 판단하여 토지의 대규모 겸병과 집중이라는 시장화를 전면적으로 긍정해버리고, 이로써 농지 사유화의 실현가능성이 증명되었다고 본다. 상공업 자본이 농업의 산업화에 이처럼 개입하는 것을 장려하는 정책적 지향 때문에 일부 지역에서는 이것이 돌이킬 수 없는 추세가 된 듯하다. 그러나 역사의 교훈을 살펴보면, 끊임없이 되풀이되었던 토지에서 비롯된 농민혁명을 현재까지 우리가 다시 겪지 않게 된 주요한 이유는 중앙이 기본제도를 30년 동안 변경하지 않겠다는 정치적 약속을 반복하여 강조하고 실천했기 때문이다. 이 때문에 수억의 농민은 여전히 중앙정부를 신뢰한다. 그렇지 않다면 어떻게 해도 낙관적인 전망을 내놓지 못했을 것이다.

두 번째 인식의 오류는 미국의 현대화된 농장과 중국을 단순 비교하는 것이다.

많은 학술 현장에서 미국에 가본 관료와 학자들이 미국 농업의 경험을 통해 기층에 처박혀 조사연구를 하는 사람들을 교육하려고 한다. 그러나 미국이 얼마나 선진적이고 중국이 얼마나 낙후되었는지를 증명하려는 이러한 비교가 정말로 의미가 있는 것인가?

상이한 국가의 경제발전 과정을 이해하고 싶다면, 우선 비교를 해볼 수는 있다. 1500년에서 2006년까지 500여 년 동안 중국의 인구는 약 10배 증가했으며, 영국계 인구는 겨우 400만에서 (미주와 대양주의 이민을 포함하여) 2.15억 명까지 증가했다. 이는 서구가 식민화를 통해 제도 비용을 외부로 이전하여 내부의 문제를 해결했다는 점을 보여준다. 미국에 이민한 영국계는 3,000만 명이었고, 여기에 1세대 유럽 백인을 합산하면 미국으로 이민한 유럽인의 합계는 약 4,800만 명이었다.

당시 서구의 6개 대농장 국가(미주의 5개, 호주의 1개)는 거의 모두 식민화 과정에서 대규모로 현지의 토착민을 살육하고 변경을 개척한 산물이었다. 구유럽의 소농장 국가와 일본·한국과 같은 소농경제 국가들은 수백 년간 시장화를 했지만, 현재까지 미국식의 교과서적인 대규모 농업경영을 실현하지 못했다.

중국은 공업화 과정에서 서구와 같은 대규모 해외 식민지가 없었다. 기본적으로 내부 축적에 의존하여 공업화를 추진했다. 특히 공업화가 가속된 최근 50년은 과거의 유럽 국가들처럼 하는 게 더욱 불가능해졌다. 일단 인구가 팽창하면 미주와 호주는 이민하여 개척할 수 있는 드넓은 식민지가 있었다. 그러나 중국은 농촌 인구과 노동력이 계속 성장하면, 1인당 평균 토지 면적과 노동력 1인당 평균 토지 면적이 필연적으로 줄었다. 현재 미국에서 농업 노동력의 1인당 토지 면적은 중국의 2백여 배이다. 농업 수익의 주요 원천은 지대이며, 미국에서는 농장의 토지 면적이 넓어 절대적인 지대의 양이 크다는 점을 알아야만 한다. 대농장의 대규모 농업은 당연히 절대적인 수익이 높지만, 이러한 조건을 중국의 소농경제와 결코 비교할 수는 없다. 농민의 생존보장 기능이 핵심인 우리의 토지는 대다수 전통 농업 지역에서는 이미 절대지대[絕對地租]조차 생산하지 못해 노동력과 자본의 투자 수익률이 마이너스이다.[22]

상술한 내용을 정리하자면, 시장실패 문제를 다룬 것은 사람들이 이전의 관습화된 관점을 성찰하기를 바랐기 때문이다. 본래 사회가 삼농에 관심을 갖는 것은 좋은 일이겠으나, 사람들이 국가상황에 대한 이해가 부족하고 수년간 농가 조사를 한 것도 아니다 보니 종종 이데올로기화된 양 극단의 논쟁에 익숙해져 상식적인 착오를 범할 수 있다. 향토중국의 국가상황에 따른 모순으로 우리가 서구의 제도를 완전히 모방하는 것은 불가능하다. 대량의 현지조사 자료와 정책 경험을 축적하지 않은 채 각종 이론과 개념을 삼농 문제의 해석에 활용한다면, 도움은커녕 방해만 될 수 있다. 사실 우리가 현재 맞닥뜨린 복잡함은 어느 정도는 오래도록 모방과 답습을 해온 방법과 관련이 있다. 외국에서 들어온 모든 학문은 오늘날의 복잡한 삼농 문제 앞에서 확실히 새롭게 사고되어야만 한다. 서재 안의 학자들은 더욱 삼농에 대해 말을 삼가야 한다.

또한 근래 사람들이 '이론 중시, 상부의 방침 중시'라는 분위기에 익숙해졌고, '개혁은 하나의 광주리로 무엇이든 담을 수 있다'고 생각하는 현상도 흔해졌다. 정책 연구자들은 농촌개혁을 어떻게 심화할 것인가의 문제를 회피하려는 것처럼 보인다. 더욱이 농업 관련 독점부문의 개혁을 어떻게 심화할 것인가에 대해서는 말하기를 꺼려하고, 기층의 실천과 결합하여 '조직 혁신, 제도 혁신'을 논하는 토론도 보기 드물어졌다. 바로 이런 이유 때문에 저자는 우리 농촌에서 형성된 현재의 기본제도가 장기간의 실천과 검증을 통과했으며, 총체적으로 중국의 국가상황에 부합하는 제도라는 점을 이해해 주기를 간청하는 것이다. 농업 외부의 거시적 환경에서 중대한 정책조정을 해야 할 필요가 있지 않다면, 농촌의 기본 경제제도를 계속 유지해야지 함부로 변경해서는 안 된다.

제4장 신농촌 건설의 적대적 충돌에 대한 완화 메커니즘: 향촌 거버넌스 개선에 대한 합리적 논의[42]

역사와 논리가 일치되어야 한다는 원칙에서 보자면, 농촌 거버넌스를 악화시킨 두 개의 내재적 모순이 존재한다. 첫째, 공업화와 도시화의 가속화에 대량의 자원이 집중되어 농촌으로부터 생산요소가 장기간 대규모로 순유출되면서 삼농 문제가 갈수록 심각해졌고, 이것이 농촌의 발전과 제도 선택을 크게 제약했다. 둘째, 도시의 관료제를 따라 농촌에 고비용의 상부구조를 수립하였으나, 농촌은 도시처럼 이러한 상부구조의 운영을 지탱할 만한 규모와 경제적 잉여를 갖추지 못했다.

이 두 개의 모순은 모두 본질적으로 적대적이다.

대담하게 말하자면, 조사연구 과정에서 더 큰 도전은 이 두 개의 모순에 대응하는 정치적 수단(상방, 선거, 소송 등)이 아니었다. 이것들은 주류사회에서 추앙받고 있지만, 효과적으로 향촌의 충돌을 완화할 수 없다. 그처럼 쉽게 보이는 객관적 사실에 대해서만 조사한다면, 향토사회가 왜 정치 현대화의 과도한 비용을 견디기가 어려운지, 비용이 왜 필연적으로 취약집단에 전가되어 거대한 사회적 대가가 발생하는지를 손쉽게 이해할 수 있을지도 모른다. 그러나 연

42 본 글은 국가 사회과학기금의 중대 프로젝트 '사회관리 개선과 사회안정 유지의 메커니즘 연구: 농촌의 적대적 충돌과 해결 메커니즘 연구'(프로젝트 번호 07&ZD048)의 지원을 받았으며, 이에 대해 감사한다. 제 1, 2저자인 둥샤오단과 양솨이[楊帥]는 프로젝트 구성원으로서 프로젝트의 방향에 대한 토론과 현지조사에 참여하였으며 초고를 썼다. 제 3저자인 원톄쥔은 프로젝트의 수석전문가이자 진행자로서 관점 토론과 원고 수정을 책임졌다. 프로젝트의 진행 책임자인 정펑톈[鄭風田]은 본문 작성에 중대한 도움을 주었다. 구선[穀莘], 류샹보[劉相波], 추젠성[邱建生], 위안웨싱[袁月興], 위안칭화[袁淸華], 바이야리[白亞麗], 스옌[石嫣], 청춘왕[程存旺], 저우펑후이[周鵬輝], 마원하오[馬文浩], 쉬쉰[許洵], 쩡톈윈[曾天雲], 류추안레이[劉傳磊], 저우샹양[周向陽] 등이 자료수집과 현지조사에 참여했다. 모두에게 감사한다.

구팀이 시행한 사례조사에서 이 같은 정치수단을 통해 해결된 향촌 충돌은 매우 적었다. 반대로 본래 향토사회에서 '인민 내부의 모순'에 속하는 일부 모순은 악화되거나, 외부 세력에 의해 전면적으로 정치화되어 오히려 적대적 형식으로 표출되었다. 심지어 현대적인 정치수단을 빌려 문제를 해결한 농민조차 상술한 두 개 모순의 제도 비용을 짊어지게 되어 되돌릴 수 없는 절망에 빠졌다.

대부분의 농촌에서 향토사회 본연의 제도적 우위—전통 촌락에 내재하는 거버넌스 메커니즘—가 억제되었다. 또한 현대적 정치수단의 제정은 애초의 취지는 좋았을지 몰라도, 시행 과정에서 제도적 차별과 정부 실패를 보편적으로 드러내었다. 그러나 국내외 학계는 농촌이 갖고 있는 굿 거버넌스의 내재적 메커니즘을 합리적으로 논의하지 못하고 있으며, 낮은 비용의 거버넌스 구조에 대한 논의도 기본적으로 공백 상태이다.

농촌의 안정 유지라는 임무가 갈수록 중요해지고 시간도 촉박하다는 점에서 우리는 불안정을 조성한 이전의 급진적 정책을 분석하고 조정해야만 한다고 본다. 또한 신농촌 건설을 통해 종합적인 농민합작사에 중점적으로 투입을 진행한다면, 농민합작사를 담지체로 삼아 촌락 이성의 내부화 메커니즘을 활용함으로써 농촌의 토대를 개선하고, 변화시키기 어려운 향촌의 상부구조도 실제로 안정시킬 수 있다고 주장한다.

1. 농촌 거버넌스 상황이 심각한 원인은 두 개의 내재적인 적대적 모순 때문이다.

모순론에 따르면, 사물의 발전 과정을 주도하는 것은 주요 모순의 주요한 측면이다. 따라서 농촌 거버넌스의 내재적 모순을 밝혀야만, 현재 농촌 거버넌스 영역에서 출현하는 복잡한 문제를 근본적으로 이해할 수 있다.

첫째, 신중국 성립 이후의 현대화 노선에서 공업과 농업, 도시와 향촌은 정책결정자의 입장에서 보면 분명히 가중치가 달랐다. 국가 공업화, 도시화는 삼농으로부터 17.3조 위안의 재원을 추출했다.[43] 2006년 농업세 폐지 이후 3년 동안, 농민 우대 정책에 투입되어 축적된 금액으로 약 1.2조 위안이 보상되었다. 이론상으로 보자면, 사회주의 체제에서 농민과 국가라는 정치권력의 두 주체는 장기적 이익이 일치해야 한다. 그러나 현실에서는 산업자본의 형성과 확장 기간에 이익의 모순이 존재한다. 이로 인해 농촌의 상부구조는 자신만의 요구를 별도로 갖게 된다. 양자 간에 얼마나 큰 충돌이 발생하는가는 농촌 거버넌스 비용이 어떻게 전가되느냐에 달려있다.

국가에 소속된 향촌의 정규 제도들은 일반적인 서비스 기능 이외에 농촌의 기층조직으로서 국가의 정치권력을 대표하였고, 공업화와 도시화를 위해 농촌의 자원을 저비용으로 활용할 수 있기를 바랐다. 1984년 재정도급[財政包乾]과 1994년 분세제 이후, 각급 정부의 세수를 갈수록 상공업 기업에 의존하는 재정·세수 제도가 확립되면서 필연적으로 이 목표가 (사회안정이 심각한 위협을 받을 때를 제외하고) 다른 목표보다 우선하게 되었다. 이것이 농촌 거버넌스에 내재하는 제1의 모순이다.

둘째, 정부를 포함하여 향토사회에 진입하는 모든 외부의 주체는 고도로 분산된 소농과의 거래비용이 지나치게 높아, 거래비용으로 초래되는 거버넌스 딜레마에 빠지게 된다. 이는 보편성을 갖는 법칙이다. 토지를 호별 경영하고 농촌 지역에서 사회의 기본단위가 탈조직화되는 과정을 거치면서 원자화된 소농이 복귀하였고, 이후 이는 농촌 거버넌스 문제에 내재하는 주요 모순이 되었다.

농촌의 경제 발전과 사회 거버넌스라는 두 영역 간에는 교차 상관관계가 존재한다.[44] 농촌 경제의 잉여가 극히 적다는 제약 때문에 농업 영역에서 생산

43 　시간에 따른 가치와 가능했을지 모를 투자 수익과 같은 자금의 기회비용은 고려하지 않았다.

44 　마르크스주의의 기본 원리에 따르면, 장기적으로 토대가 상부구조를 결정한다. 그러나 단기적으로는 상부구조가 토대에 대해 반작용을 일으킬 수 있다. 이에 따라 여기서는 토대와 상부구조의 상관관계만을 논의하며, 양자의 인과관계에 대한 논의를 전개하지 않는다.

방식을 어떻게 조정하더라도 확실한 제도 수익을 얻기는 어려웠다. 집단화도, 개체화도 삼농 문제가 갈수록 심각해지는 추세를 변경하기 어려웠던 것이다. 전체적으로 보면, 전반부 30년 동안은 농촌 집단화를 담지체로 삼아 국가자본이 농촌 잉여에 대한 추출을 실현했다고 볼 수 있다. 후반부 30년은 탈조직화된 농민이 원시적 축적을 달성한 산업자본과 도시 부문에 대해 잉여를 공급하게 되었다. 도농 간의 상이한 교환 메커니즘은 당연히 상이한 거래비용과 상이한 거버넌스 비용을 초래하기 마련이다.

상술한 두 개의 모순은 공업화를 추구하는 대다수 개발도상국에서 보편성을 갖는다.

거시경제 주기에 대한 실증적 연구에 따르면, 경제위기가 폭발하는 시기에 삼농이 제도 비용의 주요한 담지체였기 때문에 여러 차례의 거시경제 변동과 농촌 거버넌스의 위기 사이에는 밀접한 상관관계가 있었다. 또한 개혁 이후 자주 발생하는 농촌의 간부-군중 간 모순, 공산당위원회와 촌민위원회 간 두 위원회의 모순[兩委矛盾], 토지 분규, 선거로 인한 충돌 등 일련의 복잡한 사건들은 적대적 형식을 띄고 외부로 폭발하는 경향이 있다(둥샤오단·원톄쥔, 2008).[45][23]

2. 안정 유지와 농촌 거버넌스의 모순 완화에서 신농촌 건설의 중대한 의의

후진타오 총서기의 '두 개의 단계, 두 개의 반포[反哺]' 사상의 지도 하에서 사회주의 신농촌 건설은 재정 자원의 농촌에 대한 이전을 내포하고 있기 때문에 삼농 잉여의 일방적인 외부 유출이라는 과거의 상황을 변화시켰다. 이에 따라 농

---

45   이러한 상관관계는 국제적인 거시경제 상황이 여전히 불확실한 현재 상태에서 어떻게 농촌의 사회안정을 유지할 것인가에 대해 중요한 참고가 된다.

촌 거버넌스의 첫 번째 모순이 뚜렷이 약화되었다.

도시 취업의 압력, 자원과 생태 환경의 압력, 그리고 중국이 글로벌 경쟁에 참여하기 위해 필요한 최소한의 자산 규모와 1인당 자원 보유량 간의 모순 등 몇 가지 측면을 종합적으로 분석해 보자면, 중국의 내생적인 도농 이원구조가 장기간 존재할 것이라는 점을 알 수 있다. 도농 통합과 신농촌 건설은 이 사실을 기본 전제로 인정하면서 그 자체로 도농 관계의 조화를 추진하는 것이자 사회의 총체적 안정을 보호하는 '방화벽'이 되었다. 17차 당대회 이후, 생태문명과 다기능적 현대 농업을 제시하고, 신농촌 건설의 심화에 따라 일반적인 도시화[城市化]를 국가상황에 부합하는 성진화[城鎮化]로 변경한 것은 모두 현대화의 제도 비용을 낮추려는 중앙정부의 합리적인 전략적 선택이었다.[24]

그러나 농촌 거버넌스 영역에서 이전에 형성되어 축적된 제도 비용이 아직 사라지지 않았다. 따라서 다음과 같은 사실을 실사구시적으로 지적해야만 한다. 삼농은 공업화 건설의 주요한 제도 비용을 부담했으며, 이에 대한 심각한 경로의존이 형성되어 농촌 기층은 여전히 재원이 부족하고 과거에 충돌을 발생시켰던 메커니즘이 아직도 존재한다. 따라서 농촌에서 굿 거버넌스를 실현하기 위해 필요한 이익 구조의 조정은 '증량[增量]'으로 추진되기 어렵다.[25] 지방정부는 대량의 인력·재력·물자를 써서 신방을 차단[截訪]하거나, 신방을 하기 전에 사전에 고충을 처리[接訪]하고, 신방 접수를 취소[銷號]하는 방식으로 안정을 유지한다. 예를 들어 보수적으로 추정하자면, 농업세 폐지 이전에 전국 농촌의 현급 이하 기층 당·정 조직이 세비 수취를 통해 얻은 가처분재정능력[可支配財力]은 매년 1,200억~1,600억 위안이었다. 그러나 중앙의 재정이전 규모는 400억 위안에 불과하여 이로 인해 발생한 결손이 매년 최소 700억 위안이었다.[26] 여기서 신농촌 건설에 대한 투입을 지속적으로 증가시켜야만, 농촌의 안정 유지를 위한 외부조건이 만족될 수 있다는 점을 알 수 있다.

3. 굿 거버넌스 재구성에 필요한 촌락 조직

1) 촌락 이성: 삼농과 삼치 개선에서 내부화 메커니즘의 중요한 작용

농촌의 적대적 충돌은 삼농과 삼치라는 토대와 상부구조로부터 유래하는 기본 모순이 체계적으로 작용하면서 발생한다. 삼농의 조직과 제도를 혁신해야만, 향토중국에 본래부터 내재한 촌락 이성의 메커니즘이 작용하여 최종적으로 굿 거버넌스를 지탱할 수 있는 토대가 형성될 수 있다.

소위 촌락 이성이란 개인 이성, 농가 이성과 대비되는 촌락의 내부화된 메커니즘을 지칭하는 것이다. 촌락 이성이 어떻게 긍정적인 작용을 하는지 파악해 보자.

먼저 촌락 이성의 내부화 메커니즘을 결합하여 공동체에서 종합 합작사[綜合性合作社] 경제를 발전시키는 것이 현재 가장 절박한 조직 혁신이다. 이를 통해 소농이 외부적 규모의 경제[外部規模經濟]를 형성하도록 도울 수 있다.[27] 여기서 생성된 조직지대[組織租]가 소농의 수익 한계선을 외부로 확장시킬 수 있다.[28] 다른 한편 도농 이원구조 하에서 촌락 이성은 외부와의 협력에 드는 거래비용을 낮출 수 있으며, 국가 권력의 통치 비용을 절감하는 데에도 효과가 있다.

그러나 농촌의 탈조직화 과정에서 촌급의 공유자산이 갈수록 감소했다. 생산요소와 잉여가 순유출되고 삼농이 나날이 쇠퇴하는 상황에서 촌락의 안정적 수익은 말하기조차 어렵다. 따라서 신농촌 건설에서 정부가 주도하여 자원을 주입하고 효과적인 제도를 공급하는 것이 더욱 중요해 보인다.

2005년 사회주의 신농촌 건설 전략 등 일련의 중대한 정책을 실시함으로써 농촌의 자원 배치에서 희소성이 가장 높고 조직화 작용이 가장 큰 자본 요소가 정부라는 '보이는 손'에 의해 농촌으로 회귀하였다. 이는 의심할 바 없이 촌락 이성에 기초하여 굿 거버넌스를 재구성하는 데 좋은 계기를 제공하고 있다.

2) 현재 농촌 합작의 주요한 조직자원과 촌락 이성에 대한 영향

첫째, 비교적 많은 잉여를 생산할 수 있는 특화된 농산품 생산을 이익동맹이 독차지함으로써 '엘리트 포획' 메커니즘이 나타났다. 이 이익동맹은 농민 합작의 발전을 뒷받침해야 할 재정 자원을 종적·횡적으로 분할하여 갖는 지방정부 부문과 농촌 상공업 자본, 농촌의 엘리트 농가 등으로 구성된다. 장기적으로 보면 이러한 기존의 이익 구조는 결국 농촌의 사회안정에 역효과를 가져온다. 합작 조직을 겸업 소농 공동체의 기본단위로 삼아야만, 향촌 엘리트 사회의 종합적인 능력을 충분히 활용하고 '엘리트 포획'의 부정적 작용을 약화시킬 수 있을 것이다. 현실에서는 '공동체 성원권의 집합'으로서 촌락의 토지 소유제가 농민의 종합적인 합작사를 위해 제일 중요한 제도적 기초와 제일 큰 잠재적인 합작 자산을 제공하고 있다.

둘째, 도시의 정규 금융부문에서 심각한 자본 부족 때문에 지대추구가 보편적으로 발생할 경우에나 적용하는 규칙을 농촌 금융 등의 농민 합작 영역을 대상으로 억지로 적용하면, 필연적으로 과도한 감독·관리 비용이 발생하고 농민이 합작의 수익을 획득할 기회를 잠식당하게 된다. 이에 대응하여 종합 합작사 내부에서 농민의 상호부조[互助] 금융을 적극적으로 발전시켜야 할 것이다.

셋째, 다음과 같은 농촌의 다양한 사회조직 자원을 발굴하고 이용할 필요가 있다.

(1) 문화자원

농촌의 청장년 노동력이 일을 찾아 장기간 외부에 나가 있으면서 촌에 남은 부녀, 노인, 아동이 최대의 취약집단이 되었다. 이들은 노동력 자본의 보유량[存量]이 낮기 때문에 시장의 산업자본과 정부부문이 이들을 선호하기는 어렵다.[29] 이것이 일반적인 농업 지역에서 외부자원의 유입이 어려운 원인이다. 그러나 이제 이러한 취약집단이 신농촌 건설의 주력, 즉 (농업의 지속가능성과 국가의 식량안보를 유지하는) 농업 생산자이자 농촌에서 사회자원과 문화자원의 최대 담지체가 되어버렸다. 선진 문화를 건설하지 않는다면, 이들 집단은 종교, 종족 등 각종 세력에게 장악되기 쉽다. 따라서 신농촌 건설에는 이러한 집단의 수요에 적합한 제도 공급과 자원 이전이 있어야만 한다.

(2) 권익보호로 형성되는 조직자원

셀 수 없는 상방 과정 또한 농민의 자기 조직화 과정의 하나이다. 상방의 시작과 운영 과정에서 일정한 조직 구조가 수립되고, 일군의 공동체 엘리트가 집결하여 촌민들 사이에서 일정한 영향력과 호소력이 생긴다. 이에 따라 촌락 자원의 사회동원이 확실히 낮은 비용으로 실현되며, 일정한 응집력을 갖는 일종의 사회자본이 형성되는 것이다. 이처럼 촌락 내 각종 세력 간의 게임을 통해 모순이 전환될 수 있는 메커니즘이 나타날 수 있다.

상방 조직의 자원을 충분히 활용한다면, 신농촌 건설로 인한 투입 증가의 기회를 빌려 농촌 기층 거버넌스의 주요 모순을 간부-군중 간의 정치 모순에서 촌민 내부의 이익 모순으로 전환할 수 있다. 또한 권익보호 조직이 향촌 거버넌스에서 '압력 집단'의 역할을 발휘하여 농민의 요구를 표출하는 수단이 될 수 있고, 이에 따라 두 위원회가 주도하는 극단적인 거버넌스 악화를 변화시킬 수 있다.

주요한 문제는 각 지역의 상부구조와 이데올로기 주관부문[主管部門]이 아직 이러한 현실을 직시하지 못하고 있고, 정부[官方] 자원을 완전히 점유하고 있는 각 부문에서 이익집단의 영향과 형식주의적 업무처리가 만연하다는 것이다. 이에 따라 조직자원을 올바르게 전환하기는커녕 향촌의 충돌을 있는 힘껏 눌러 막기만 해서 적대적 상황을 악화시켰다.

(3) 향촌 외부의 조직자원과 사회자원

향과 촌이 아닌 현급 이상 당·정과 군중조직은 갈등의 당사자들과 얽혀 있지 않고, 이전보다 더 많이 체제의 자원을 끌어들일 수 있기 때문에 농촌의 충돌을 완화하는 데 적극적인 역할을 할 수 있다. 이외에 외부의 자원활동가 조직이 촌락의 공익을 위해 설립한 농촌의 경제·문화 조직은 체면 관념이 매우 강한 농촌의 정치투쟁에서 각 파벌에 물러날 기회를 제공한다. 이처럼 평화롭고 개량적인 성질을 갖는 신농촌 건설을 통해 각 파벌의 '적극적인 화해'를 촉진한다. 이 두 종류의 구조적인 외부 세력은 미발달한 지역에서 농촌 조직자원의 부족을 해결하고 농민 합작을 추진하는 데 있어서 더욱 중요한 역할을 한다.

4. 정책 건의

첫째, 저비용의 향촌 거버넌스가 국가의 장기적 안정의 기초라는 점을 고려하여 종합적인 농촌 합작조직이 보편적 혜택[普惠]의 원칙에 따라 재정 투입을 책임지는 주요한 담지체가 되도록 해야 한다. 외부자원의 주입으로 형성된 새로운 조직지대를 통해 기존의 사회자원과 농촌의 내부화된 메커니즘을 충분히 활용함으로써 촌락 합작의 조직 비용과 거버넌스 비용을 낮출 수 있다. 다른 한편으로 외부 주체와 2억여 겸업 소농 가구 간의 집단적 합의를 가져올 조건이 충족된다면, 제도 비용이 상대적으로 낮은 유지가능한 계약을 수립함으로써 정상적인 시장경제와 정부 거버넌스에 필요한 신용사회의 기초를 점차 형성할 수 있다.

둘째, 정부 부서와 조직을 구조조정하는 이른바 대부제[大部制] 개혁을 농업 부문에서도 실행하는 것이 농촌의 안정 유지에 도움이 될 것이다. 농업 관련 부문이 분할되어 있고 이들이 자신들의 이익을 우선하기 때문에 현재 농민 합작이 정부의 지원과 발전의 기회를 획득하는 데 있어서 제약이 되고 있다. 또한 선도 기업[龍頭企業]으로부터 받는 제약도 여전하다. 정부 부문과 자본이 하향[下鄕]하면서 전업합작사의 발전은 허울뿐인 번영이 되었다. 대다수는 부문과 함께 이익을 나눠먹는 소수의 기업이 '간판만 바꿔' 정책의 혜택을 가로채거나 '대농이 소농을 먹어치우는 것'일 뿐, 농촌의 안정을 유지하려는 정부의 목표와는 상반되었다. 현재의 농업 관련 부문을 재구성하여 이들 부문 간의 마찰과 행정비용을 없애고, 동시에 각급 농민협회[農協]를 조직함으로써 농촌 합작조직이 농업 관련 행정부문과 상대할 때의 비용을 줄일 수 있다.

셋째, 안정 유지와 향촌 거버넌스 개선이라는 관점에서 현지화된 농촌 인프라에 대한 건설과 유지를 강화해야 한다. 2003년 새로운 정책을 실행한 이후, 국가적 차원에서 농민 우대를 위한 재정이전과 신농촌 건설 투자 등의 정책이 점차 증가하여 농촌 거버넌스의 외부환경은 크게 개선되었다. 이처럼 중앙이 직접 행한 '선행'은 농촌 거버넌스에서 지방정부의 역할을 일정 정도 침식했다. 농촌의 장기적 발전은 생산 인프라의 건설과 개선이 필수적인데, 이는 많은 경우에 강한 현지화의 색채를 띠기 때문에 기층정부만이 잘 할 수 있는 영역이어서 중앙정부가 미치지 못하는 부분이 많다. 실제로 촌치[村治] 개선의 많은 부분은 마을의 인프라 개조로부터 시작되는데, 이는 촌민의 공동체 의식 함양, 촌락의 사회자본 제고, 공동체의 응집력 증가 등을 위한 효과적인 방법이자 계기가 된다. 따라서 신농촌 건설이라는 역사적 기회를 맞아 중앙정부는 안정 유지로부터 시작하여 일정한 재정능력을 통해 기층정부와 종합적인 농민합작사 간의 결합을 지원해야 한다. 또한 농촌 인프라와 관련해서는 현지화된 설비 및 프로젝트의 개선으로부터 시작하여 농촌 발전의 촉진을 매개로 삼아, 세비시대[稅費時代]부터 촉발되었던 기층정부와 일반 농가 간의 대립 상태를 개선해야 한다. 동시에 농촌의 양호한 사회자본을 양성하고 농촌 사회의 거래비용을 절감함으로써, 건실한 시장 신용과 자본화를 통해 농촌자원을 개발할 수 있는 기초를 배양해야 한다.

 **후농업세 시대의 향촌 거버넌스와 농촌 발전:
'풀 윗동'이 꺾인 이후의 '풀뿌리' 문제**[46]

중국이 공업화의 중기 단계에 진입한 이후, 농업세 폐지로 농촌은 후농업세 시대에 들어섰다. 이에 따라 농촌의 발전 조건에서도 중요한 변화가 발생했다. 농촌의 노동 적령 인구가 대량으로 외부로 나가 외지노동을 하고 신세대 농민공이 도시화되면서 중·노년층과 여성이 농촌의 최대 취약집단이 되었다. 또한 이들은 인적 자본 보유량에 따른 기대수익이 일반적으로 외부자본의 기대수익보다 낮기 때문에 농촌자원의 유출에 대응할 수 없었다. 자체적인 발전을 위한 능력도, 외부자본과 연계하기 위해 필요한 기초도 모두 결여된 것이다. 아울러 이러한 '풀뿌리' 계층은 매우 많지만 분산되어 있기 때문에, 어떠한 외부주체도 향촌에 진입하게 되면 막대한 거래비용에 직면하게 된다. 따라서 농촌에서 시장화를 강력하게 추진하더라도 유지가능한 효과적인 계약을 수립하기 어렵고, 시장에 의존하든 정부에 의존하든 발전을 위한 노력이 '이중의 실패'라는 어려움에 맞닥뜨릴 수 있다.

1. 낮은 자원 보유량: 후세비[後稅費] 시대에 '풀뿌리' 계층이 발전하기 어려운 이유

시장경제 체제는 다음과 같은 보편적이고 필연적인 문제를 갖는다. 세계의 개

---

46 본 글은 국제연합 개발계획[UNDP]과 국무원 빈곤구제 개발 영도소조 판공실[扶貧辦]이 지원하는 '중국의 미래 10년(2011~2020) 국가 빈곤구제에 대한 지원과 공평한 성장 전략의 추구에 대한 연구' 프로젝트, 국가사회과학기금의 중점과제인 '사회관리 개선과 사회안정 유지의 메커니즘 연구: 농촌의 적대적 충돌과 해결 메커니즘 연구'(과제번호 07&ZD048), 교육부의 '국제금융위기 대응 연구' 긴급과제(과제비준번호 2009JYJR023) 등의 연구내용을 종합하였다. 이상의 프로젝트 구성원들이 모두 이 글에 대한 토론에 참여하였으며, 이에 대해 감사한다.

발도상국이나 저개발 지역의 정부들은 일반적으로 경제성장을 목표로 하지만, 자본 요소가 극도로 부족하고 고비용의 현대적 상부구조가 정부 부채를 증가시키기 때문에 거의 모두 필연적, 내재적으로 '친자본(pro-capital)'의 정책방향을 갖게 된다. 중국이 공업화 중기 단계에 진입하여 자본 요소가 더 이상 희소하지 않게 되고 국가채무의 압력도 하강하는 객관적 외부조건이 갖추어지고 나서야, 비로소 중앙정부는 '보이는 손'을 사용해 농촌으로 자원을 회귀시키는 조정을 할 만큼의 선의를 갖게 되었다. 그러나 원시적 축적을 완성하지 못하고 아직도 초기 발전단계에 머물러 있는 대다수 지방정부는 진정한 '친빈곤(pro-poor)' 정책을 관철할 만한 조건을 여전히 갖추기 어렵다.

현대화를 추구하는 후발 외생형 국가로서 중국은 건국 이후, 공업화에 필요한 원시적 축적을 국내 삼농 영역의 자원과 잉여에서 가져올 수밖에 없었다. 또한 농업이 국가 현대화를 위한 원시적 축적을 제공한다는 전략은 집단화 시기에 농민을 보편적으로 빈곤하게 만드는 제도적 요인이 되었다. 개혁·개방 초기에는 농가도급 제도, 집단화 시기 건설된 수리 시설의 효과, 농업기술의 진보(화학공업의 발전), 농산품 가격의 상승 등의 요소가 함께 작용하여 농업 발전이 황금기에 진입하였다. 그러나 1990년대 이후, 시장화 개혁이 진전하고 도시화가 가속되면서 시장 메커니즘과 급속한 도시화가 또다시 수익이 낮은 삼농 영역으로부터 비농업 영역으로 자원을 유출시키기 시작했다. 이에 따라 농촌 자원의 공동화 추세가 뚜렷해졌고 농촌 발전이 심각한 제약을 받게 되었다.

후세비 시대로 진입한 이후, 인적 자원과 자연자원의 보유량이 높은 청장년 노동력―'풀 윗동[草尖]' 집단―이 농촌에서 도시로 대량으로 유출되고 신세대 농민공이 도시화되었다.[30] 이에 따라 많은 지역의 농업 노동력이 이미 여성화, 노령화되었다. 제1차 전국 농업 총조사의 자료에 따르면, 전국의 농업 종사 노동력은 4.34억 명이었다. 이 중 여성은 2.25억 명으로 51.84%에 달해 남성 노동력보다 3.68% 포인트 높았다. 예징중·허충밍(2008)은 농촌 청장년 노동력이 외부로 나가 일하게 되면서 노령 인구가 농업 생산의 주요한 유지자가 되었으며, 현재 잔류 노인들의 80.6%가 여전히 농업에 종사하고 있다는 점을 지적했다. 중서부 지역에서는 50세 이상의 경작자[經營者] 비중이 1996년 17~18%에서 현재 32~33%로 상승했으며, 노동력 유출이 큰 성급 지역에서는 이 비중이 심지어 46%에 달했다(장수광, 2010).[31] 일부 지역의 현지조사에서는 50세 이상의 노년층이 농촌 잔류 인구의 60% 이상을 차지했다. 이를 통해 경작 주체의 부녀화와 노령화를 확인할 수 있다. 이와 함께 많은 아동들이 농가 노동력의 중요 구성 부분이 되어 농업 생산에 직접 참여하고 있다.

농촌에 잔류한 노인과 부녀, 그리고 노동력 가치를 이미 '다층적으로 착취' 당하여 잔존가치가 낮아진 상태로 향촌으로 돌아오게 된 1세대 농민공은[47] 모두 인적 자원 보유량이 외부의 표준화된 산업자본이 요구하는 수익을 만족시키기 어렵고, GDP 성장 목표만을 추구하는 지방정부의 발전 수요에도 부합하지 않는다. 이 두 가지 외부의 제약 조건으로 인해 농촌의 '풀뿌리' 집단은 현 상황에서 발전의 조건을 갖추기가 어려운 것이다. 이로 인해 필연적으로 자본화를 통한 발전 기회를 획득하기 어렵다는 곤경에 처하게 된다.

2. 높은 거래비용: 시장실패와 정부실패라는 이중의 곤경

더 나아가 농촌에 잔류한 '풀뿌리' 계층은 소농경제가 현대적 시장에서 태생적으로 갖는 문제에 여전히 직면해 있다. 즉 분산된 겸업 소농이 시장경제의 주체가 되기는 정말 어렵다는 것이다. 근본적 원인은 정부와 분산된 소농이 계약관계를 수립하기 위한 거래비용이 매우 높은데다가 이를 효과적으로 유지하기도 어렵기 때문이다. 농업 산업화 전략을 관철하면서 대략 80%의 계약에서 계약 위반 현상이 나타났다는 점이 이를 직접적으로 보여준다.

---

47   노동력의 '다층적 착취[多階制奪]'에 대해서는 원톄쥔 편(2010: 15); 판찌취안(2008).

사실 정부를 포함한 어떠한 외부주체도 향토사회에 진입하려면 높은 거래비용이라는 제약에 직면하게 된다. 이 제약이 중앙정부가 선의를 가지고 펼친 각종 농업 지원, 농민 우대 정책들의 시행 효과에 커다란 영향을 미친다. 거래비용을 절약해야 할 필요 때문에 정부자원이든 산업자본이든 향촌에 진입하게 되면, 거래비용을 내부화할 수 있는 주체를 향촌사회의 대표로 삼아 이들과 연계해야만 한다. 통상 이러한 임무는 향촌사회의 정치엘리트나 경제엘리트가 담당하게 된다.

본래 향촌사회는 예로부터 엘리트 정치였다. 그러나 세비시대의 장기적인 탈조직화라는 제도적 조치와 거시경제 변동이 가져온 농촌 경제 관계의 악화로 인해 '악덕한 토호가 선량한 토호를 구축'하면서(둥샤오단·원톄쥔, 2008), 향촌에서 굿 거버넌스의 생태가 파괴되었고 공동체 엘리트의 행위와 선택이 갈수록 공동체 전체의 이익에서 벗어나게 되었다. 이에 따라 향촌 내부에서 대농가나 엘리트가 수익 대부분을 점유하는 '엘리트 포획'이 보편적으로 출현했다(퉁즈후이·원톄쥔, 2009).

이로 인해 중국 농촌에서 담론으로는 이미 정치적 올바름을 갖춘 시장경제 제도를 추진하든, 정부의 통치가능성 보장을 추진하든 간에 농민을 조직해야만, 대등한 협상을 통한 합리적 계약의 기본조건을 갖출 수 있고, 이 합리적 계약관계에 근거하여 수립된 사회신용을 유지할 수 있게 되었다.

3. 종합적인 합작: 사회자본의 재구성과 거래 주체의 규모화

농촌 잉여인구가 발전의 장애를 겪게 되는 것은 주로 자원보유량이 낮고 자본화되기 어렵기 때문이다. 또한 분산 경영으로는 유지가능한 계약을 구성하기 어렵기 때문이다. 그렇다면 이 집단에 대해 시행가능한 조치는 조직화 수준을 높여 사회자본을 재구성함으로써 물질자본을 보충하고, 규모화된 거래 주체를 형성하여 효과적 계약에 필요한 조건을 확립하는 것이다.

그러나 오래도록 분산된 상태였던 소농의 조직화 정도를 높이기 위해 이들의 합작을 추진하려면, 두 개의 기본적인 문제를 해결해야 한다. 즉 합작 초기에 발생하는 거대한 조직비용을 어떻게 지불할 것인가와 합작의 유지를 위한 안정적 수익을 어떻게 생산할 것인가의 문제이다.

최근 각지에서 일어난 신농촌 건설 경험에 대한 총괄적 보고,[48] 그리고 국제적 경험에 대한 비교와 중국 런민대학 향촌건설센터[中國人民大學鄕村建設中心]의 '풀뿌리' 집단을 대상으로 한 향촌건설 실험 등을 통해 우리는 아래와 같은 초보적 인식을 갖게 되었다.

문화 영역의 합작 추진은 비교적 비용이 낮고 빠른 효과를 볼 수 있다. 문화는 광의의 제도이다. 문화 혁신은 광의의 제도 혁신이다. 농촌에 잔류한 노인, 부녀 그리고 기타 취약집단은 인적 자본, 물질자본, 사회자본의 보유량이 낮아 대개 스스로 합작을 형성하기 어렵다. 또한 향촌의 문화가치 체계와 인적 네트워크가 농가의 원자화 과정에 따라 거의 소실되어 공동체 내부에서 합작 문화를 생성할 사회적 분위기가 사라졌다. 이로 인해 빈곤한 집단의 조직화 정도를 높이려면, 먼저 공동체 내부의 문화가치 체계를 재정립하여 합작의 조직비용을 낮춰야만 한다. 문화는 본래 공동체의 동질성이라는 비물질을 담지하는 것으로, 향촌문화의 재구성은 그 자체로 공동체의 합작 의식과 합작 능력을 증가시키는 과정이기 때문이다. 아울러 적은 투입으로 빠른 효과를 볼 수 있으면서도 물질적 이익으로 측정되지 않는 문화생활이야말로 농촌에서 가장 쉽게 합작을 생성할 수 있는 영역이기 때문이다.

문화합작의 제도 비용이 낮은 이유는 문화생활은 향촌사회에 원래 은닉된 것이어서 적당한 역량만 있다면 다시 생기를 불어넣을 수 있어 고비용을 투입해 재건할 필요가 없기 때문이다. 하나의 습속으로서 향촌문화는 수천 년의 역사적 관행과 근대 이후의 새로운 내용을 모두 갖고 있다. 특히 민간의 전통적 절

---

48 신농촌 건설의 사례에 대한 상세한 총괄 보고서는 원톄쥔 편(2010)을 참조

기와 주요한 전례는 향촌 주민들의 중요한 생활 이념과 문화 내용을 담고 있다.

문화합작이 효과를 빨리 볼 수 있는 이유는 농촌의 우수한 노동력이 도시에 대량으로 흡수된 이후, 농촌에 잔류한 노인·부녀·아동 등 취약집단에서 오락·왕래·공동생활 등 정신문화 영역에 대한 기본적 요구가 존재함에도 이것이 오랫동안 무시되어서, 일단 누군가 문화활동을 조직하기만 하면, 이들 사이에서 빠르게 공감을 불러일으킬 수 있기 때문이다. 문화 영역의 합작은 이들의 정신문화 생활과 주변화된 상태를 개선하는 데 도움이 된다. 동시에 이들은 향촌 전통문화의 주요한 담지체로서 농촌 문화를 전파하고 발양하는 능력이 밖으로 유출된 청장년 노동력보다 높다.

사례를 통해 보자면, 중국 런민대학 향촌건설센터의 자원활동가들이 전국의 수많은 실험구에서 실험을 진행했다. 예를 들어 허난성 란카오현[蘭考縣] 후촌[胡村]은 대부분의 청년 노동력이 외부로 나가 외지노동을 한다. 중국농업대학의 임시파견직[掛職] 간부, 중국 런민대학의 자원활동가와 다른 사회단체의 공동 지원으로 촌의 노인, 부녀들이 문화예술모임과 노인협회를 만드는 것에서 시작하였다. 이들은 최종적으로 자신들의 상황에 걸맞게 당근을 생태적으로 경작하는 경제합작사를 발전시켜 우수한 경제적, 사회적 효과를 얻었다. 주목할 점은 문화조직에서 시작하여 참여성을 제고함으로써 공동체의 문화적 가치와 굿 거버넌스에 적합한 생태적 변화를 가져왔다는 것이다.

또한 정부가 앞장서서 종합적인 합작의 틀을 구성하고 취약한 농가의 자기발전 능력을 제고해야 한다. 문화합작과 공동체의 자원 동원 메커니즘이 비교적 성숙해지면, 취약한 농가의 자기발전 능력을 제고하기 위해 농촌 공동체에서 종합적인 합작의 틀을 도입하는 것을 고려할 수 있다.

알다시피 공업화와 시장화라는 거대한 배경 하에서 농업은 상대적으로 수익이 낮기 때문에 농업경영에만 의존해서는 농업 생산자가 안정적 수익을 얻기가 어렵다. 사람들이 인정하려고 하지 않지만, 조직화된 소농조차도 단일한 영역의 합작만으로는 거대한 시장 변동과 자연조건의 변동이라는 위험에 대응하기 어렵다. 통상적으로 소농이 생산과 경영을 간신히 유지할 수 있는 이유는 차야노프[Alexander V. Chayanov]의 가설에 따르면, 농민이 생존유지에 해당하는 부문에 대해서 생산비용을 계산하지 않기 때문이다. 그러나 합작 이후의 생산은 상황이 많이 다르다. 외지노동에서 얻는 임금과 비교되어 농업 노동력 투입의 기회비용이 지속적으로 명확해지고 또한 높아지면서, 합작사가 경작 생산의 수익만으로는 합작의 지속을 보장하기 어렵게 된다. 이로 인해 생산영역에만 의존한 단순 합작만으로는 농가를 발전의 곤경에서 벗어나게 하기 어렵다. 세계적으로 봐도 단순히 생산만 하는 농업합작사는 대부분 실패했다.

동아시아의 다른 소농 국가·지역들의 경험과 중국의 향촌건설 실험에서 볼 수 있듯이 금융합작, 구매·판매합작, 전업합작을 삼위일체로 하는 종합적인 합작조직을 발전시키고, 입법을 통해 농업 관련 영역의 배타적 권리와 정책특혜를 이 합작조직에 부여해야만, 자원 제약을 받는 소농 농가로 하여금 지속적인 발전의 기회를 얻도록 할 수 있다.

4. 소결 및 건의

노인, 부녀 등 취약집단이 농촌 잉여인구의 중심이 되는 새로운 특징이 출현함에 따라, 향촌 거버넌스와 농촌 발전의 목표도 이러한 '풀뿌리' 계층의 다원화된 수요를 만족시키기 위해 재설정되어야 한다. 2007년 중앙 1호 문건에서 제기된 농업의 다기능성에 따라 17차 당대회는 생태문명 이념을 제시하였고, 17기 3중 전회는 '자원절약·환경우호형 농업'이라는 발전 목표를 내놓았다. 따라서 시대에 맞추어 향촌 거버넌스와 농촌 발전의 목표도 생태문명이 내포한, 농촌의 다양화와 농업의 다기능성을 어떻게 실현할 것인가를 고려해야 한다.

신농촌 건설 전략의 실시에 따라 정부의 공공 재정과 자원이 농촌에 편향되는 것은 문제가 아니다. 당장 절박한 것은 농민 합작조직이라는 목표와 모델을 검토하고 명확하게 하는 것이다. 이 기초 위에서 광대한 '풀뿌리' 집단을 중심으로 삼아 재조직화를 추진함으로써 신농촌 건설 전략에 내포된 보편적 혜택의 원칙을 실현해야 한다.

합작사는 경영 효율이 최고는 아닐지라도 농민이 신뢰할 수 있는 조직이다(쉬샹린, 2001). 그러나 시장경제와 현재의 행정 생태에서는 공평을 추구하고 취약집단의 권익을 보장할 수 있는 합작사가 자연적으로 형성되기 어렵다. 따라서 사회 전체와 사회의 장기적 이익을 대표할 수 있는 국가의 전략이 특별히 이를 뒷받침해야만 한다.

이에 근거하여 상응하는 정책 건의는 다음과 같다.

농촌 지역에 대한 다원적 투입을 지속적으로 확대하고, 농촌 취약집단의 조직화 강화에 도움이 되는 사회문화 지출을 증가시켜야 한다. 이를 통해 정책 특혜로 지원되며 취약집단의 광범위한 참여를 촉진하는 사회·문화 조직을 점차 종합적이고 다기능적인 공동체 합작사로 이행시켜야 한다. 나아가 다원화된 사회조직의 발전을 기초로 삼아 향촌의 굿 거버넌스 구조를 촉진하고 농촌의 지속가능한 발전을 실현해야 한다.

구체적 조치를 보자면, 농촌 지역 '풀뿌리' 계층의 자원 보유량이 낮다는 새로운 문제에 대응할 수 있도록 공동체 조직을 혁신하고 농가의 조직화 수준을 높이는 것을 직접적인 목표로 삼아 추진해야 한다. 주로 부녀와 노인으로 구성된 취약집단은 인적 자원 보유량이 일반적으로 낮고 이러한 인적 자원의 자본화 수익도 낮기 때문에 합작 초기의 막대한 조직비용을 지출하기 어렵다. 따라서 문화와 사회생활 등 부녀와 노인이 낮은 비용으로 진입할 수 있는 영역에서부터 거래비용을 낮출 수 있는 사회조직을 형성하여, 굿 거버넌스를 수립할 수 있는 사회적 기초를 세워야 한다. 이어서 조건이 무르익으면 생산, 구매·판매, 자금 등에서 취약집단의 상호부조와 합작을 전개함으로써 이러한 종합적인 합작을 토대로 위험 분산과 수익 안정을 실현하고, 지속가능한 발전의 기초를 획득해야 한다.

제6장 촌락 이성: 삼농과 삼치 문제의 해결을 위한 새로운 시각[49]

향토중국의 촌락 이성의 시각에서 삼농과 삼치의 문제를 분석하고 이를 해결하려는 사고는 중요한 이론적 혁신이다.

1980년대 일괄도급 이후, 두 번에 걸쳐 20년간 지속된 향촌건설 실험구에 대한 탐색을 통해 우리는 마침내 다음과 같은 실사구시적인 방안을 제시할 수 있게 되었다. 촌과 농가가 공동체의 혈연·지연 관계를 경계로 삼아 토지 재산권을 함께 향유하게 되었기 때문에 농촌 공동체는 내부 구성원이 합작을 수립하는 데 필요한 거래비용을 내부화하여 처리할 수 있었으며, 조직지대도 형성할 수 있었다. 이에 따라 농촌 공동체가 요소 배치와 사회 거버넌스 영역에서 위험을 약화시키고 사회안정을 유지하는 작용을 할 수 있게 되었다. 촌락 이성의 이러한 내재적 메커니즘을 효과적으로 유지할 수 있다면, 농가의 복지수준을 개선하고 사회 안정을 실현하는 데에도 도움이 될 것이다. 또한 이는 신농촌 건설 추진에도 유리하다.

1. 농촌의 생산과 경제활동 영역에서 촌락 이성과 조직지대

촌락 이성은 향토중국이 서구의 전형적인 이론과 구별되는 핵심 메커니즘이다. 농업 생산, 농촌 생활과 밀접히 연관된 촌락 이성은 주로 독립된 개별 농가의 외

---

49 본 글의 연구와 서술은 중국 런민대학의 985공정 '중국 농촌 발전의 실험혁신 기지' 2기와 3기 프로젝트, 국가사회과학기금의 중점 프로젝트 '신농촌 건설의 목표, 중점 그리고 정책 건의'(프로젝트 번호: 06AJY003), 중국 국가사회과학기금의 중대 프로젝트 '사회관리 개선과 사회안정 유지의 메커니즘 연구: 농촌의 적대적 충돌과 해결 메커니즘 연구'(07&ZD048)의 재정 지원을 받았다. 원문은 둥샤오단·원톄쥔(2010).

부에서, (치안·방어, 수리관개와 같이) 여럿의 힘을 모아야 해결될 수 있는 영역에서 구현된다.

대륙성 계절풍 기후대에 속하는 중국에서 수리[水利]는 주로 지표수 관개[地表灌漑]로 이루어지는 농업의 생명줄이다. 더욱이 수리와 관개는 상·하류 간의 연결과 함께 공동체 내 거의 모든 구성원의 협력과 협조가 필요하다. 이로 인해 중국 농촌에는 역사상 다양한 합작이 존재했고, 촌락이 이러한 합작의 기본 단위였다.

자연조건이 열악한 지역에서는 생산과 생활의 상호부조가 촌락 이성의 주요 내용을 구성했다. 관련 연구에 따르면, 청나라와 중화민국 시기 농촌 공동체에서 공동으로 경작하는 공전[公田]의 비중은 평균 20~30%였으며, 자원이 부족한 지역일수록 공전의 비중이 높아 최대 80%에 달했다. 이러한 환난상휼[患難相恤]의 합작이 공동체의 안정과 사회안정에 중요한 역할을 했었다.

현재의 농촌 공업화 과정에서, 특히 공업화 초기에 촌락 내부의 자원을 조합하여 전체 촌의 수익 최대화를 실현한 사례는 매우 흔하다. 개체경제[個體經濟]로 유명한 저장성 원저우[溫州]에서조차도 이 같은 합작의 실천을 찾을 수 있다. 생산력 한계 모형을 통해 촌락 이성이 작용하는 메커니즘을 살펴볼 수 있는데, 그것이 바로 조직지대이다.

갑과 을이라는 두 주체를 가정하자. 초기 상태에서 갑의 규모가 을보다 훨씬 크다. 이때 갑이 을에게 영향을 미칠 수 있고 을은 갑에게 영향을 미치지 못한다. 갑의 산출은 을에게 부정적 외부효과를 발생시킨다. 즉 갑의 산출은 을의 생산 활동에 손실을 입힐 수 있으나, 을은 이를 회피할 방법이 없다. 을은 모종의 방법을 통해 이러한 권력 구조를 변화시킬 수 있는데, 이러한 능력은 을의 갑에 대한 상대적 규모와 정비례한다. 모형에 대한 연구는 아래와 같은 점을 보여준다.

첫째, 갑과 을이 개별적으로 결정할 때, 갑의 산출은 갑의 한계비용과 한계수익이 결정하며 을의 산출을 고려할 필요가 없다. 을은 경제적 효율을 유지하기 위해 갑의 산출 변화에 따라 계속 자신의 산출을 조정해야 한다.

둘째, 갑과 을이 하나의 통일된 경제주체를 형성하여 갑과 을이 더 이상 개별적으로 결정을 하지 않게 되면, 갑이 을에게 초래한 비용이 인정되고 이로 인해 경제적 효율을 갖춘 산출 수준이 선택되어서 갑과 을의 산출 총합이 최대화된다. 이러한 상황에서는 갑의 산출도 을의 손실 정도에 영향을 받게 된다.

셋째, 을이 병과 정이라는 두 주체의 결합이라고 가정하자. 초기 상태에서는 병과 정의 집단행동이 없어 을은 자신과 갑 간의 권력 구조를 변화시킬 능력이 없다. 병과 정이 집단행동을 통해 갑과 을의 권력 구조를 변화시킬 수 있고 병과 정의 협력으로 총산출 수준이 초기 상태보다 높아질 수 있다면, 병과 정은 집단 이성의 특징을 드러낸다. 이로 인해 경제규모가 작은 주체는 협력을 통해 총산출을 증가시킬 수 있다. 협력은 흔히 특정한 조직구조 내에서 진행되기 때문에 이것이 협력으로 획득한 산출 증가, 즉 협력자가 획득한 조직지대가 된다.

2. 사회 거버넌스 영역의 촌락 이성

거버넌스 영역에서 촌락 이성은 주로 거래비용을 절약하여 낮은 비용으로 지방에서 공공재를 공급하고 질서정연한 거버넌스를 실현하는 것으로 드러난다. 신제도경제학은 시장과 기업을 모두 자원 배치의 수단으로 인식한다. 윌리엄슨[Oliver E. Williamson]은 코즈[Ronald R. Coase]의 거래비용 이론을 기초로 삼아 시장과 대비하여 기업이 다음과 같은 방식으로 거래비용을 절약할 수 있음을 보여줬다. 시장제도와 달리 반복 게임이 기업 내부의 기회주의적 동기를 약화시킨다. 또한 내부 조직의 관련 활동을 통해 효과적으로 감독과 감사를 할 수 있으며, 내부 조직은 분쟁이나 분규 처리에서 우위를 갖는다. 아울러 내부 조직은 여러 측면에서 정보 비대칭의 영향을 감소시킬 수 있다.

향촌 거버넌스에는 혈연·지연 관계로 인해 반복 게임, 충분한 정보, 유효한 감독 등의 메커니즘이 존재한다. 이 때문에 촌락 조직이 내부화를 통해 비교적 낮은 비용으로 향촌의 기본 공공재 공급을 실현하고 안정적 거버넌스 구조를 형성할 수 있다. 이는 다음과 같은 문헌을 통해 설명할 수 있다.

페이샤오통[費孝通]은 중국 향토사회에는 혈연·지연 관계에 기초한 '교화적 권력'을 가진 '장로통치[長老統治]'가 존재하며, 사회 거버넌스가 정치가 아닌 교화에 의해 주로 실현된다고 봤다. 이것이 향토중국 특유의 사회질서 유지 모델이다. 일반적인 서구 사회이론의 범주에서는 이에 대한 논의가 결여되어 있다. 량수밍은 '허다한 사정에 대해 향촌은 자신의 방법을 가지고 있다. 허다한 문제를 향촌은 스스로 해결할 수 있다. 예를 들어 향약, 보갑[保甲], 사창[社倉], 사학[社學] 같은 것들은 간혹 집권자가 주창한 경우도 있지만 본래 지방의 사람들이 스스로 한 것이다'라고 주장했다.[32] 지방 거버넌스의 구체적인 시행은 향토 엘리트, 즉 족장과 향신[鄕紳] 또는 지방의 명사 등에 의존했다. 친후이는 이를 '국가의 권력이 현 아래에 도달하지 못하고, 현 아래는 종족이 다스렸으며, 종족은 모두 자치를 했다. 자치는 윤리에 따라 이루어졌으며, 윤리를 통해 향신이 만들어졌다'고 정리했다. 일례로 주강삼각주[珠江三角洲] 지역은 (역사적으로) 종족문화가 매우 발달하고 집성촌이 보편화되어 지방의 수령은 통상 문중에서 나왔으며 정부도 이를 인정했다. 이들은 제사, 교육, 수리관개, 상인단체를 주도했고 다양한 일들을 관리했다. 권력 행사의 범위도 넓어 입법(종족의 규정), 사법(극단적인 범죄자는 종족이 사형을 할 수도 있었다), 집행권이 있었다. 제사, 조직의 설립, 민간 교육(사당과 사숙[私塾]), 분규의 조정·해결, 구제, 관부 응대 등의 사무도 당연히 포함되었다. 해외학자들의 이에 대한 연구도 많은데, 황런위[黃仁宇, Ray Huang]는 명나라 역사 연구에서 이 시기 '원로[耆老] 제도'를 통해 어떻게 지방 거버넌스를 실현했는지를 서술했었다.

윤리와 향신 이외에 촌락의 공동 이익(촌락 공동체) 또한 향촌의 저비용 거버넌스를 가능케 하는 중요한 메커니즘이었다. 이는 농촌의 토대 측면에서 재산관계와 밀접히 관련된다. 전통적인 촌락 또는 종족에 존재하는 공전[公田]은 촌락 공동체의 한 형식이었다. 소작인에게 임대한 경우 이외에는 공전의 수익 일부분이 직접 또는 간접적으로 지방의 공공 목적을 위해 사용되었다. 공전은 지방의 공공 책임을 실현할 수 있는 재정 원천을 안정화하였으며, 이를 통해 집단의 생존과 안전에 보탬이 됨으로써 지방의 응집력과 질서를 공고히 하였다.

상술한 대부분의 연구는 전통적 농업 시기에 국한된다. 근대 이후, 중국의 공업화 추진에 따라 한편으로는 원시적 축적과 산업 확장 과정에서 농촌의 자원과 잉여를 도시로 이전해야 할 필요성으로 인해, 다른 한편으로는 국가 거버넌스 체계를 현대적으로 전환해야 할 필요성으로 인해 향촌의 거버넌스 체계에 중대한 변화가 발생하면서 전통적인 촌락 거버넌스 메커니즘이 단절되었다. 이에 따라 사회학계가 농촌 거버넌스에서의 질서 붕괴와 위기의 출현에 대해 관심을 기울이게 되었지만, 새로운 농촌 거버넌스의 경험은 아직 연구자의 시야에 들어오지 못하고 있다.

3. 상이한 영역에서 촌락 이성의 상호관계

농업과 농촌의 발전에 관한 연구들은 전통 촌락에 대한 것이든 현대 촌락에 대한 것이든 대부분 단일한 분과 영역에 국한되어서 농촌의 복잡한 문제를 억지로 분할하고 있으며, 농촌 경제와 사회 거버넌스를 결합한 연구는 상대적으로 적다. 현재의 연구들은 주로 경험적 귀납으로, 이론적 종합은 결여되어 있다.

농촌의 실제 생활을 보면, 예로부터 농업 생산의 협조와 관리가 농촌 거버넌스의 주요 내용이었다. 달리 말해 농촌 거버넌스의 내용과 방식은 대개 어떻게 농업 생산에서 협력을 촉진하고 자연적 위험의 영향을 약화시킬 것인가를 중심으로 전개된다. 이는 허다한 전통과 당대의 향약에서도 찾아 볼 수 있다. 이 문제는 경제학의 창발[湧現] 이론을 통해 해석될 수 있다. 창발 또는 창발성은 경제 시스템의 진화 과정에서 매우 중요한 개념이다. 경제 시스템에서 창발은 개체와 경제 조직의 상호작용이 생성하는 것으로 정확히 예측할 수 없는 비가산적 결과이다. 이는 시스템 내에서 다양성을 창조하고, 시스템 내의 구조적 복잡화를 촉진한다. 조직의 협력과 관련하여 알치안[Armen A. Alchian]의 팀 생산[team production] 이론은 창발성의 존재를 지적하면서 다음과 같이 주장했다. 기업이 '생산성을 제고하는 독특한 원천은 팀 생산성이다. 팀의 산출은 개개의 특정한 협력적 투입이 각각 산출한 것의 합이 아니다. 하나의 집단이 산출했지만 분해할 수도 없고, 귀속되지도 않는 가치이다. … 이는 분해할 수 없는 최종적인 생산품의 가치를 생성한다.' 몇몇 사회교환 이론도 창발의 규칙을 제시한다. 피터 블라우[Peter Blau]는 사회교환이 결코 경제교환이나 사람들 사이의 단순한 상호작용이 아니라고 봤다. 마르셀 모스[Marcel Mauss]는 장기적인 교환 활동은 사회자본의 축적 과정으로서 사회의 규범 구조를 도입하고 강화할 수 있으며, 따라서 집단의 사회생활을 조절하고 때로는 사람과 사람 사이의 관계에서 일정한 이타성까지 가져올 수 있다고 주장했다.

중국의 향토사회에서 촌 내부의 합작을 통한 인프라 건설은 종종 거버넌스를 개선시키고, 촌락의 진일보한 발전을 위한 기초가 된다. 문화에 기초한 합작은 농촌의 충돌 완화에 뚜렷한 기능을 한다. 반복게임과 다변적 협력 등 거래비용을 낮추는 메커니즘이 촌락의 거버넌스와 농촌의 생산합작에서 중요한 역할을 하며, 양자는 상호 촉진된다. 농촌의 종합발전이라는 총체적 목표에서 합작을 기초로 한 경제발전과 사회 거버넌스 간에는 상호보완적 효과가 존재하는 것이다.

4. 조직지대와 촌락 이성의 관계, 그리고 영향을 미치는 요소들

일반적으로 농촌의 자원분배에서 촌락 내의 안정적 합작을 형성할 수 있다면, 촌락 이성이 표출되었다고 할 수 있다. 그렇지 않다면 농가 이성이 나타났다고 할 수 있다. 이는 일종의 다중적인 균형이다. 이 다중적인 균형에서 각종 균형상태는 모두 안정된 것이며, 상호 간의 중간은 없다. 이러한 일반적 인식은 경험적 관찰과 상이하기 때문에 다음과 같은 질문이 도출된다. 왜 전통 촌락에서 보편적으로 존재하던 합작 메커니즘이 현재의 농촌에서 갈수록 보기가 어려워졌는가? 다시 예를 들자면, 농촌 공업화 초기, 즉 독립된 개별 농가의 경제능력으로 설비자산에 필요한 최소한의 규모조차 만족시킬 수 없었던 시기에는 농가가 집체 합작을 통해 공업생산에 나서는 것이 전국적으로 보편적이었다. 그런데 왜 1980년대 후반부터 1990년대까지 합작이 갈수록 희소해졌는가? 이는 촌락 이성과 농가 이성의 상태가 상호 전환될 수 있다는 점을 보여준다. 그렇다면 농가 이성의 촌락 이성으로의 전환은 어떻게 촉진되는가? 농촌 경제생활을 기본적으로 고찰해 보면, 농가의 조직합작은 조직비용을 지불해야 하며, 합작생산의 조직지대가 조직비용을 상쇄할 수준이 안 되면 합작이 유지되기 어렵다. 농가의 합작 선택은 비용-수익 비교에 따른다. 즉 합작의 수익이 조직지대를 실현하고 일정한 분배를 획득해야 한다. 여기서 비용은 합작을 위해 포기된 개별 행동이 취득할 수 있었던 최대의 효용이다.

조직지대가 충분히 크다면, 농민은 가구 단위를 넘어서서 합작에 대한 선호를 가질 수 있다. 중앙 농촌공작부의 지도자였던 덩쯔후이[鄧子恢]는 "농민은 사량[私糧]을 먹으며 반드시 셈을 한다.[33] 손해 보는 일은 하지 않는다. … 토호를 타도하는 것은 세세한 셈을 하지 않을 수 있지만, 합작사를 만드는 것은 다르다. 첫째로 모든 개인에게 이득이 있어야 하며, 둘째로 구성원 간에 상호이익이 있어야 한다"고 말한 바 있다. 전통 촌락과 현대 촌락의 합작은 모두 내부 연합을 통해 외부의 거대한 주체의 권력 구조를 변화시키려는 욕구에서 생성된다.

전통 농업사회에서 잠재적인 조직지대는 수리시설, 집단방어 등의 인프라와 더불어 집단행동을 통해 자연과 사회의 위험을 줄이려는 것에서 비롯되었다. 현대사회의 잠재적인 조직지대도 동일하게 규모의 비대칭에서 연원하지만, 이는 주로 상공업 자본과 소농 간의 비대칭이다. 이로 인해 잠재적 조직지대를 실현하는 방식과 경로가 달라진다. 전통사회의 주요 모순은 인간과 자연 간의 협조를 어떻게 실현할 것인가였으며, 합작을 하는 주체는 자연의 법칙에 순응하여 조직지대를 획득하였다. 현대사회에서 규모의 비대칭은 사회적인 것이어서 조직지대의 실현 여부는 사회생산과 사회제도의 대규모 구조로부터 더 많이 제한을 받게 된다.

농업기술의 진보와 농촌의 상공업 발전으로 현대 촌락은 전통 사회의 생산합작이 더 이상 필요하지 않게 되었고, 이에 따라 조직지대의 원천이 감소하게 되었다. 농약, 비닐, 기계, 비료 등 현대적 생산요소가 대량으로 도입되어 전통 농업 생산의 합작 메커니즘이 희석되었다. 대형 기계를 통해 노동이 대체되면서 추수 시기에 촌에 존재하던 품앗이가 농촌의 생산과 생활에서 나날이 퇴출되었다. 농촌에서 집짓기와 경조사는 원래 친척과 이웃의 도움으로 했던 것이지만, 현재는 모두 전문 시공자나 음식점을 통해 치러진다. 도농 이원구조에 따른 농촌 노동자의 도시 이동은 단일한 행위 주체로서 농가의 기대소득은 높였지만, 촌락에서 노동력 합작의 생산가능곡선[生産可能性邊界]을 축소했다.[34] 이 두 가지 요인은 촌락 합작의 조직지대를 감소시키고 촌락 내부의 합작 메커니즘을 약화시켰다.

위의 요소들이 일반적인 생산과 생활 영역에서 농가 합작의 조직지대를 감소시켰다. 현재 농가 합작의 어려움은 상대적으로 높은 조직지대를 갖춘 영역들은 대부분 진입장벽이 높은 산업이나 부분에 속하고, 촌 내부에서 이들과 합작을 하더라도 난관을 극복하기 어렵다는 점이다. 전체 촌 더 나아가 향·진의 힘을 모아도 여전히 자산에 있어서 최소한의 규모조차 만족시킬 수 없다면, 합작을 통한 조직지대를 얻기는 어렵다.

촌락 합작의 조직지대가 감소하면 촌락의 조직성[組織性]이 약화되어 개체화된 농민은 소득과 권리를 보호할 능력이 갈수록 약화되고, 촌락의 거버넌스도 무질서해질 수 있다. 또한 거버넌스가 무질서해진 촌락일수록 효과적으로 외부자원 투입을 받기가 어렵게 되고, 저발전의 함정에 깊이 빠져 스스로 벗어나기 어렵게 된다. 이러한 악순환으로 삼농과 삼치 문제가 갈수록 악화되고 전체적인 사회안정, 식량안보, 생태의 지속가능성에도 심각한 부작용이 초래된다. 반대로 조직지대의 기대수익이 크고 그 원천이 많을수록 촌락 내부에서 합작 달성의 가능성이 커진다. 이러한 촌락 내부의 합작과 자원 조합은 촌락 내부의 종합적인 거래비용을 효과적으로 감소시킬 수 있고, 나아가 촌락의 거버넌스 비용을 줄여 전 사회적으로 다방면에서 긍정적 외부효과에 기여할 수 있다. 요컨대 다차원의 합작이 다차원의 사회자본을 배양하고, 다차원의 사회자본이 바로 안정적인 사회운영에 내포된 전면적인 발전과 다각적인 거버넌스의 기초가 되는 것이다.

5. 결론과 정책 건의

근래 신농촌 건설을 포함한 새로운 민생 정책에는 정부의 선의가 충만하다. 그러나 정부와 분산된 소농 간의 거래비용이 지나치게 높아 정부의 굿 거버넌스가 실현되기 어렵고, 공공 자원의 농촌으로의 전달은 보편적으로 엘리트 포획에 맞닥뜨린다. 아울러 과거 농촌에 축적된 모순이 이를 틈타 폭발할 수도 있다.

촌락 이성의 긍정적 효과를 중시하고, 촌락을 기본단위로 삼아 다방면의 합작 구조를 만들어야 한다. 이는 농촌에서 광의의 생태환경과 거시적인 사회자본의 수준을 회복하고, 농촌의 토대를 개선하며, 농촌의 굿 거버넌스의 체계를 재건하는 등 다방면에서 중요한 기능을 발휘할 수 있을 것이다.

그러나 농촌의 탈조직화 과정에서 촌급 공유자산이 지속적으로 감소했다. 생산요소와 잉여가 순유출되고 삼농이 나날이 쇠락하는 상황에서 촌락의 안정적 수익은 말하기조차 어려워졌다. 이로 인해 신농촌 건설 과정에서 정부가 주도하여, 촌락의 다각적인 합작을 목적으로 자원을 투입하고 효과적인 제도를 공급하는 것이 특히 중요해 보인다. 이렇게 해야만 외부 주체와 농촌의 2억여 겸업 소농 농가 간의 집단적인 협상의 조건을 만족시킴으로써 제도 비용이 상대적으로 낮고 유지가능한 계약을 형성할 수 있다. 또한 이를 통해 정상적인 시장경제와 정부 거버넌스가 필요로 하는 신용사회의 기초를 차차 구축할 수 있게 된다.

저자가 주도한 향촌건설 실험에 따르면, 현재 가장 쉽게 조직지대를 생성할 수 있는 영역은 농촌 잔류 집단을 위주로 하는 문화건설과 농경지 수리시설 등의 인프라 건설이다. 이외에 세비시대에 농민의 상방 권리를 보호하기 위해 형성된 조직들도 있다. 이미 조직비용을 지불하고 낮은 비용으로 촌락 자원의 사회동원을 실현한 바 있는 이 조직들이 촌락과 정부의 재정 자원을 연결하는 조직적 담지체가 될 수도 있다. 이러한 과정은 농민 권익보호 조직들의 정치적 요구를 경제적 요구로 전환함으로써 기층 거버넌스의 개선에도 유익할 것이다.

제2부

배경: 거시경제와 제도 변천

본 저서가 강조하려는 것은 제도결정론과 상반되는 하나의 관점이다. 즉 중국의 제도 변천은 자원 부존의 제약 하에서 국가 공업화를 추진함으로써 생산요소의 구조가 변화된 결과라는 것이다. 자원이 극도로 부족하고 자본이 절대적으로 결핍된 제약조건에서 중국은 주로 내향적 축적을 통해 넘기 힘든 자본의 원시적 축적 단계를 지나 빠르게 공업화를 완성했다. 이 과정에서 정부가 실질적 소유자이자 제도화된 공급자가 되었고, 국가가 직접적으로 자원의 자본화를 추진하는 특수한 제도적 경로가 점차 갖추어졌다. 이후 수차례의 거시경제 변화로 발생한 제도 변천이 이에 대한 경로의존을 형성했다.

더 심각한 필연적인 문제가 있다. 이처럼 정부와 자본이 밀접하게 결합된 제도 구조에서 수익을 얻는 주체와 비용을 떠맡는 주체가 비대칭적이라는 점이다. 정부가 추진하는 각종 개혁에서 기득권 집단은 제도 수익의 분배와 점유에 서둘러 참여했지만, '권리가 빈곤'한 취약집단은 이러한 개혁이 부단히 흩뿌린 제도 비용을 계속 떠맡을 수밖에 없었다. 계획경제에서 시장경제로의 전환이라는 제도 변천의 과정도 과거 이익 분배의 구도에서 비롯된 경로의존의 제약을 여전히 벗어나지 못했다.

이것이 중국의 삼농과 삼치 문제를 이해하는 기본 배경이 되어야 한다.

제2부는 이러한 중국 특색의 제도 변천의 역사적 배경(7, 8장)을 결합하여

거시경제의 변동이 농촌의 공공재 공급(9장), 농촌 금융(10장), 농촌 빈곤구제(11장), 도시화 과정의 토지 수용(12장), 노동력의 도농 간 유동(13장), 임업 발전(14장) 등 다양한 영역의 제도 변천에 미친 영향을 객관적으로 서술하였다.

이데올로기화된 담론 구조를 벗어나 일괄도급 이후 중국 농촌의 토대를 분석해 보면, 전통적 '소농경제+촌락제'와 다를 바 없다. 이렇게 형성되어, 이후의 자본화 물결로 인한 수탈 속에서도 중국 농촌에서 지난 30년 동안 안정과 기적을 창조했었던 재산 및 분배 관계의 본질은 역사적으로 안정 상태를 유지하는 데 도움이 되었던 '균분제+정액지대'를 내적으로 회복한 것이었다. 더군다나 지방정부를 중심으로 '인클로저[圈地] 운동'이 일어나면서 2004~2006년 농촌의 집단소요 사건이 대폭 증가하자, 중앙정부는 봉건 시기 역대 왕조들이 관민 관계를 효과적으로 개선하기 위해 시행했었던 면세를 추진했다.

국유기업 개혁의 복잡한 과정과 대조하면, 동기가 무엇이었던 간에 농촌 개혁의 경험은 주관적으로 오해되고 객관적으로 오용되었다. 1980년 중반 '도급[包]'이라는 글자가 도시에 진입하였을 때, 공장장 관리도급제의 시행으로 대다수 노동자 집단이 재산권과 사회보장을 상실했고, 1990년대 중반 재정위기는 주식화를 명분으로 삼아 수천 만의 면직[下崗] 인원을 사회에 내팽개쳐버렸다.[1] 현실과 이해관계를 반영하여 보자면, 제도 수익을 점유하고 제도 비용을 내팽개칠 목적으로 제도의 변화를 추진할 수 있다는 산업자본 집단이 가진 특수하고 천부적인 조건이 지금까지 여전히 지속적으로 사회적 대가가 초래되고 있는 원인일 것이다. 이 기간 동안, 본래 농촌의 집체 기업에 대한 개조에서 기원했으며 많든 적든 조금이나마 공평한 분배를 실현했던 주식합작제가 기층에서 지대창출과 지대추구를 하면서도 담론적으로 정당성을 획득하게 된 '전면 개조'로 대체되어버렸다.

당대 주류인 '공업화+도시화', '화폐화+자본화' 등 발전주의의 요구는 내재

---

50 원문의 출처는 원톄쥔(2008b).

적으로 '4개 서구화'—사유화, 시장화, 자유화, 세계화—의 경로의존을 가지며, 인구와 자원의 압력이라는 제약에서 비롯된 중국의 삼농 문제를 악화시키고 있다. 또한 소농 촌락제를 토대로 하는 전통적인 중국 농촌에서 맹목적 도시화는 농촌의 분산된 빈곤인구를 공간적으로 평행이동시켜 도시에 집중시킴으로써 빈민굴을 형성할 뿐이며, 종국에는 사회모순의 집중적인 폭발을 야기한다.

거의 대부분 중국의 개혁이 1978년에 시작되었다고 알고 있지만, 개혁의 개시를 알리고 '사상해방운동[思想解放運動]'이 시작된 상징적 사건은 후야오방[胡耀邦] 당시 총서기가 치밀하게 조직한 것으로, 당·정부·군대·군중 중앙기관의 간행물 편집장 5명의 공동 행동이었다. 대폭 첨삭되고 제목도 수정되어 발표되었지만, 난징대학 한 교수의 이론 논문인 「실천이 진리 검증의 유일한 표준이다[實踐是檢驗眞理的唯一標准]」가 그것이다.[51]

제목이 수정된 이 이론적 관점이 지금까지 학계의 논쟁이 될 수 있는지와는 별개로[52] 현재 중국의 경험을 이해하려는 사람들은 '실천을 통한 진리 검증'이라는 11기 3중전회가 일치하여 통과시킨 개혁의 이념에 따라, 당시 작은 변화에서 시작되어 30년 동안 계속된 농촌개혁이 개혁 자체에 대한 검증이라는 점을 직시할 필요가 있다. 왜 중국의 전통 농업 지역에서 농민소득의 성장이 형편없었는가? 왜 농업과 농촌의 경제가 대부분 장기 정체라는 어려움에 빠졌는

---

51   최근 이러한 사정이 공개되어 밝혀졌다. 당시의 정치적 필요에 따라 후야오방의 주도로 『해방군보[解放軍報]』, 『인민일보』, 『홍기잡지[紅旗雜誌]』, 『광명일보[光明日報]』와 신화사[新華社]의 편집장 5명이 참여하여 진리 표준[眞理標准]에 대한 대토론을 개시했다. 저자는 지도자의 의도에 따라 이 글의 첨삭과 편집 임무를 맡은 집필자인 쑨창장[孫長江]을 1983년에 만난 적이 있다. 원문과 함께 수정된 원고를 얻은 후에 저자는 이 자료를 복사하여 학부 졸업논문의 첨부 문건으로 중국 런민대학 신문방송학과 자료실에 보존했다. 원문의 저자는 난징대학 철학과의 후푸밍[胡復明] 교수로 본래 제목은 이렇지 않았으며, 원문의 기본 관점도 발표된 것과는 달랐다.

52   원고의 발표가 11기 3중전회, 그리고 회의 이후의 공산당 지도자 교체와 밀접히 관련되어 이에 대한 이론 논쟁은 회석되었다.

가? 중국이 새 천년에 진입할 때, 왜 소위 삼농 문제가 국가전략에서 가장 중요한 것이 되었는가? 이를 알게 된다면, 왜 공산당이 17차 당대회에서 다시 '삼농 문제가 가장 중요하다'고 거듭 천명하고 처음으로 생태문명의 이념을 제출했는지를 실제 정책연구에 종사하는 사람들도 쉽게 이해할 수 있을 것이다. 이러한 이념을 통해 이론 혁신과 체제 혁신을 견지해야만, 농촌개혁을 심화할 수 있고 지속가능한 발전을 실현할 수 있다.

1. 첫 번째 사유: 주식합작제
농촌의 재산권 개혁과 도시개혁의 차이는 무엇인가?

장기간 지속된 도농 이원구조의 모순이 16차 당대회 정치보고에 이미 서술된 만큼 우리는 도시개혁과 농촌개혁의 공통점과 차이점을 분석할 수 있게 되었다.

초기의 농촌개혁은 대다수가 이익을 얻을 수 있는 개혁이었다. 초기 개혁의 경험을 서술할 때, 사람들은 항상 집체통일경영과 농가도급경영을 결합한[統分結合] 이중경영의 농가생산연계도급책임제라는 문건상의 단어를 서두로 삼는데, 이는 지금까지도 기본 개념이지만 여전히 불분명하다. 사실 농가생산연계도급책임제는 1978~1982년 4년 동안 일부 지역에서만 실시되었으며, 당시의 재정위기에 따른 '짐 보따리 내팽개치기'의 결과였다. 이후 1982~1984년 정부와 농민은 문건상의 농가생산연계도급책임제를 일괄도급[大包幹](호별영농[包幹到戶])이라는 명칭 하에 가구별 경영으로 변경했다. 결과적으로 '토지균분제+정액지대'를 핵심으로 하며 수천 년 동안 지속되었던 전통 농업사회의 생산관계를 통해 향토사회의 장기적 안정 상태라는 특징으로 복귀하려는 것이었다.

저자가 중국 농촌 토대의 복잡한 현상을 삼농 문제로 귀납하는 이유는 일괄도급으로 조성된 농촌의 토대가 전통적인 '소농경제+촌락제'와 다르지 않다고 오래 전부터 인식하고 있었기 때문이다.

일괄도급이라는 이름으로 토지를 균등하게 분배한 것은 재산권 제도에서 커다란 의의를 갖는 변화였다. 과거 인민공사는 중국 특색 공업화의 원시적 축적 시기에 가장 기초가 되었던 재산 제도로서 사실상 국가자본이 농촌의 토지를 통제하고 수익을 점유하는 것이었다. 이것이 공동체 내부의 성원권에 따라 2억 농가가 해당 촌의 토지와 자산을 균등하게 점유하는 것으로 단기간에 바뀌었다.[53] 이를 통해 각각의 단위 내부에서 공평한 시작을 하게 되었다.[54] 마치 이전의 토지개혁처럼 당시 중국 인구의 80%를 차지하는 농민이 모두 득을 보도록 재산관계가 재구성된 것이다.

토대 영역의 농촌개혁이 상부구조에 문제를 야기했다. 농가로 하여금 토지를 도급할 수 있도록 하는 것과 동시에 정부가 제도 변화의 수익을 얻어가면서도 농촌의 공공 지출을 교육, 의료, 사회보장과 함께 모두 토지에 떠넘긴 것이다. 그러나 도농 이원구조라는 체제 모순 하에서 급하게 토지와 고향을 떠나 재정을 부양했던 인구는 필연적으로 도시 주민과 같은 대우를 요구하게 되었다. 따라서 정부가 삼농에 양도한 농촌 상부구조의 고비용 지출이 계속 증가했다. 이것이 1990년대 이후, 농민부담이 지속적으로 가중되는 근원이 되었다.

따라서 삼농 문제라는 개념을 완전히 수용한 이후, 저자는 삼농 문제가 단지 농촌 토대의 귀결이라고 인식하게 되었다. 더 나아가 지방 거버넌스와 관련된 삼치 문제는 촌치, 향치, 현치를 포함하여 백년 동안 국가제도의 건설을 곤란케 했던 농촌 상부구조의 귀결이라고 이해하게 되었다.

---

53 성원권의 개념은 일찍이 1990년대, 중국 농촌의 토지제도에 대한 수많은 학술토론에서 공통의 인식에 이르렀었다. 이에 대한 최초의 혁신을 해냈던 중국학자로는 류서우잉[劉守英], 궁치성 [龔啓盛] 등이 있다.

54 1991년 소련 해체가 발생하기 전에 필자가 중국의 개혁 문제에 대하여 미국 컬럼비아대학에서 강연했을 때, 강연 초고에서 이미 공평하게 출발한 재산권 관계에 대한 체계적 논의를 서술했었다. 이후 1993년 발표한 「국가자본의 재분배와 민간자본의 재축적」은 이 원고에 기초하여 소련 해체의 내용을 더해 수정한 것이다. 원톄쥔(1994)을 참조

농촌개혁에 대한 일종의 오해와 오용이 당시의 개혁이 초래한 더 큰 대가였을지도 모른다. 후야오방 총서기가 농촌개혁의 경험을 강조할 때부터 이미 '도급'의 도시 적용이 주장되었다. 그러나 당시 정책에 관여했던 집단은 농촌개혁이 사실상 토지재산을 철저히 새로 분배한 것이라는 점을 감히 명확하게 지적하지 못했다. 이로 인해 도시의 기업개혁에서 소위 도급제 시행은 이 틈을 타서 소수가 기업 자산의 수익을 획득하는 '권력 도급'으로 변하고 말았다.

이 문제와 관련하여 저자는 1998년 개혁 20주년을 기념하여 『공인일보[工人日報]』의 한 지면 전체에 다음과 같은 내용의 글을 발표했었다. 농촌개혁의 성공 요인은 모든 농민에게 토지재산을 균등하게 분배함으로써 농촌에서 조화로운 사회로 가는 공평과 공정을 형성했기 때문이며, 재산 점유 관계의 1차 분배를 통해 구현된 것이다. 따라서 이는 대다수 농민과 국가가 모두 이득을 얻고, 양쪽이 함께 승리한 개혁이었다. 그러나 도시개혁이 지금까지 지지부진한 것은 재산상의 권익을 노동자에게 분배하지 않아 대다수 노동자가 얻는 바가 없기 때문이다. 달리 말하면, 도시개혁은 대다수 노동자가 재산을 잃어버린 개혁이었다.

도시에서 이처럼 대다수가 재산을 잃는 개혁이 시행된 이후, 도시 노동자 집단에 대한 사회보장 기능은 본래 정부의 2차 분배를 통해 구현되었어야 했다. 그러나 GDP 대비 정부의 재정수입 비중이 1990년대 대폭 하락했다. 또한 대량의 공공자원을 필요로 하며 본래 공공 서비스가 책임져야 할 교육과 의료 같은 부문이 재정을 '짐 보따리처럼 내팽개치는' 급진적 개혁의 외중에, 시장화와 산업화라는 명분으로 공공 재정이 지출을 감당할 수 없는 '짐 보따리' 취급을 받으며 사회로 전가되었다.

이처럼 어떤 동기에서 비롯되었든 농촌개혁의 경험이 주관적으로 오해되고 객관적으로 오용되었다는 점이 도시개혁이 제안될 때부터 지금까지 여전히 사회적 대가를 초래하는 진짜 심원한 원인일 수 있다.

사실 도시기업의 개조는 농촌의 1차 분배를 참고하여 공평하고 공정한 방법으로 실현될 수도 있었다.

1980년대 후반부터 1990년대 초까지 향진기업 개혁은 농촌의 일괄도급 경험을 참고했었다. 중국의 첫 번째 주식합작제 기업은 도시에서 출현한 것이 아니라 1984년 일괄도급을 전면적으로 추진하던 교외 지역, 산둥성 쯔보시[淄博市] 저우춘구[周村區] 창싱촌[長行村]에서 시작되었다. 교외에 위치한 이 촌은 당시 수백만 위안의 공업 고정자산을 가지고 있었다. 촌 간부들은 전체 촌민과 함께 토론하여 노동에 참여한 농민의 연령, 기여도, 직무에 따라 주식을 분배하기로 결정했다. 각 촌의 농민이 가구별 사람 수에 따라 균등하게 토지를 분배받은 것과 똑같이 집체기업의 고정자산을 주식으로 환산하여 각각의 사원[社員], 즉 합작사 구성원에게 주는 것이 바로 주식합작제이다. 이후에 저자가 농촌개혁 실험구에서 연구한 10년 동안, 많은 집단화된 공동체와 향진의 집체기업들이 이 방식을 시행했다. 당시에는 매우 성공한 보편적 경험이었다. 창싱촌에서 기업 재산권을 균등하게 소유하는 공정개혁을 시행한 지 12년 후인 1996년, 광둥성 정부가 문건을 발표하면서 성의 전체 농촌이 난하이시[南海市]에서 시작된 토지 중심의 공동체 주식합작제 개혁을 추진하였다. 이 또한 토지와 기업의 자산을 전부 주식으로 환산하여 가구에 분배하는 것이었다. 우리의 2007년 산시성[山西] 조사에 따르면, 수억 위안의 자산을 전부 주식분할하여 가구에 분배하는 방식으로 농촌 기층의 공정개혁이 2003년까지 계속되었다. 이를 통해 내부화된 재산권 및 수익 분배 제도가 형성되었다.

개혁 기간에 이처럼 기층에서 부단히 발생한 자주적 혁신 경험이 보여주듯이 다수의 사람들이 이익을 얻는 개혁을 진지하게 실행한다면, 조화사회 건설의 목적을 논리와 상식에 맞게 달성할 수 있다.

많은 실험과 조사가 증명하듯이 1980년대 농촌 주식합작제 개혁 실험을 추진할 때, 반대자들은 향진기업의 직원과 노동자나 기술자·기업간부·관리자가 아니라, 주로 기층정부의 간부들이었다. 왜 그랬을까? 당연히 지대창출과 지대추구라는 이익 때문이었다. 제도를 바꾸지 않았다면, 주관부문의 직원과 현지 영도간부는 직접 수익을 가져갈 수 있었다. 관련 부문에 속하지만 권한은 없는 사람들조차도 이익을 얻는 메커니즘을 이용하거나, 심지어 이를 만들어 낼 수 있었다. 일단 다수의 사람들이 지분을 갖도록 하고, 특히 개혁 실험지역에서 그랬듯이 약간의 집체 주식만 보류한 채 처음에는 70%, 나중에는 85% 이상의 주식을 노동군중에게 직접 분배했다면, 간부가 측근을 배려하거나 기업 회계를 제멋대로 이용하고 직접적 수취를 통해 이익을 얻을 수 있었겠는가? 당연히 불가능하다. 주주 자격을 가진 다수의 군중이 자발적으로 이러한 부정한 작태를 감시할 것이기 때문이다.

다시 말하자면, 농민이 적극적으로 토지를 농가별로 도급하는 개혁을 했을 때, 설마 인민공사의 간부들이 이를 원했겠는가? 당시 우스갯소리로 '555 간부[三五牌幹部]'가 반대한다는 말이 있었는데, 연령이 50세 남짓에 급여도 50위안 남짓으로 1950년대에 일을 시작한 이들 기층 간부 대부분은 일괄도급을 통한 농민의 균등한 재산권 소유를 반대했었다.[2] 왜 그랬을까? 권력과 이익을 상실할 것이기 때문이었다.

2. 두 번째 사유: 사유화
금융자본으로 인한 토지의 겸병과 집중이 가져올 결과는 무엇인가?

앞의 분석에서 설명했듯이 중국 농촌의 토지는 일괄도급을 하면서 이미 재산관계의 재구성을 완성했다. 또한 공동체 내부의 성원권에 기초하여 평등하면서도 촌의 농가를 단위로 하며, 반사유제적[半私有]이고 이중적인 토지 재산권을 수립했다. 서구의 개체화된 사유권과도 다르고 도시개혁과도 다른 이러한 재산관계 개혁의 특징은 20년 이후에 중앙정부가 조화사회라는 정치노선을 통해 강조하게 된 공평과 공정이라는 원칙을 시작할 때부터 구현했다. 재산관계에서 이 공평한 제도 개혁은 같은 시기에 출현했던 농촌의 생산과 소득 증가라는 실적을 통해 그 효율성이 증명되었다.

　　최근 어떤 사람들은 농지의 사유화를 반복하여 강조한다. 그중 다수는 과거에 발생했던 상황을 모르는 듯하다. 일부 소수는 개인화된 토지 사유권이 금융자본의 농업 진출을 촉진하며, 토지의 겸병과 집중을 통해 이익을 얻으려는 요구를 유발하게 되고, 이것이 중산계급이 부상하는 현재 상황에서 경제적 합리성에 부합한다고 솔직하게 주장한다. 이익집단의 관점에서 출발하여 이러한 이익을 요구한다면 그 자체는 비난할 게 못되겠지만, 정책적 합리성을 가진 정책결정자라면 이를 진지하게 분석해봐야 한다.

　　저자의 국제 비교연구가 보여주듯이 서구가 강조하는 개인주의적 합리성으로부터 출발하여 토지제도에서 전면적 사유화를 통한 토지의 겸병과 집중을 추진한다면, 이는 빈민굴의 문제가 아니라 폭력 충돌의 문제가 된다. 멕시코의 농민봉기, 이집트 농민의 토지권[地權] 투쟁, 인도의 게릴라 지구, 기타 다른 국가의 농촌에서 발생한 적대적인 폭력 충돌에 대한 저자의 고찰은 이들의 근본적인 제도적 원인이 한 가지였음을 보여준다.[3] 즉 자본주의 단계에 진입한 이후, 산업 확장이 토지 사유화 추진이라는 제도적 수요와 결합한 것이다. 2004년 저자가 썼던 인도에 대한 조사보고서의 제목은 「토지가 없으면 반드시 반란이 있다[無地必反]」였다.

　　동아시아 사회에서는 제도나 이데올로기의 차이와 상관없이 가구의 사람 수에 따라 균등하게 토지를 분배하는 농촌 제도가 존재했었다. 인구가 1억이 넘는 개발도상국을 보자면, 중국만이 진짜 토지혁명을 완성했다. 또한 토지혁명이 실질적으로 개발도상국 민주혁명의 핵심 내용이었다. 이로 인해 현재 인구 대국인 개발도상국 중에서 유일하게 중국만이 농민봉기가 발생할 수 있는 제도적 환경이 존재하지 않으며, 정부가 신농촌 건설에 대한 투자를 대폭 증가시켜 단계적으로 농민의 생존 조건을 개선하고 있다. 그러나 다른 개발도상국들 중에서 토지혁명과 농민봉기가 출현한 곳은 어디나 지금까지도 폭력충돌이 그치지 않고 있다. 무고한 수천만 농민의 피를 흘리게 한 사건들을 통해, 우리는 서구의 개인 이성이 구현된 토지 사유화를 하지 않는 것이 중국 농촌 정책의 마지노선이라는 점을 알 수 있다. 그렇지 않다면 역사가 시초로까지 후퇴하지는 않을지라도 수천만 중국인의 생명을 희생하며 완성한 민주혁명은 거의 시작 지점까지 추락할 수도 있다.

중국의 문제는 인구가 팽창하고 자원이 부족한 농업국가가 공업화를 추구할 때의 발전 문제이자, 모든 발전 과정에 필연적인 자원의 자본화로 생성된 거액의 부가가치 수익에 대한 제도적 조치의 문제이다. 정책이 잘못되어 토지가 없는 수억의 농민이 빈민굴에 한데 모이게 된다면 대혼란이 발생하게 될 것이다.

사실 중국에서도 소수의 빈민굴이 이미 출현했다. 베이징 주변에서 이러한 곳을 찾아볼 수 있다.

이에 대해 어떤 학자들은 도시화 과정의 정상적 현상이라고 말할지 모른다. 그러나 수백만 개의 자연촌락에 분산된 빈민이 정부와 사회의 빈곤구제를 통해 곤경을 벗어날 수 있으며, 반대로 수천수만의 빈곤인구가 사방팔방에서 한데 모이게 되면 필연적으로 사회동란이 발생하는 조건이 형성될 수 있다는 점을 어떤 정치체제의 정책결정자도 무시할 수는 없다.

농촌 공동체 내부에서 사람 수에 따라 균등하게 토지를 분배하고, 가구를 기준으로 재산권을 점유하는 것은 중국의 특색이자 오래된 농지 제도이다. 이 기본 경제제도는 본래 심각한 과잉상태였던 농민인구를 효과적으로 안정시켜 광대한 농촌을 '인구의 저수지'이자 '노동력의 저수지'로 만들었다. 이에 따라 산업자본이 대규모로 확장되기 전 1990년대 말까지 중국은 다른 개발도상국들과 달리 무질서한 인구 이동으로 인한 빈민굴을 적절하게 회피할 수 있었다. 또한 중국에 악의를 가진 소수의 서구인들이 눈이 빠지게 기대했겠지만, 대규모 사회범죄와 정치동란의 폭발로 인한 '중국붕괴론'도 벗어날 수 있었다.

사람들은 서구의 현대적 법치를 따르는 것이 진보라고 믿으면서도 정작 법치 사회의 제도 비용이 강력한 경찰력에 기댈 수밖에 없다는 점은 제대로 이해하지 못한다. 또한 소농경제가 고비용의 경찰력을 부담하지 못한다는 점은 말할 필요도 없고, 본질적으로 '비규범 사회(Informal Society)'에 속하는 중국 농촌이 이러한 '규범 사회'의 법률과 경찰 제도를 답습한다면, 이 전환의 대가는 고스란히 농민이 부담할 수밖에 없을 것이다.

일반적으로 중국 농민은 자신이 장기간 살아온 공동체 내부에서는 기본적으로 범죄를 저지르지 않는다. 왜 그러한가? 먼저 토지권이 억제 작용을 하기 때문이다. 인간과 토지(인구와 자원) 사이의 뚜렷한 모순 하에서 중국은 짧은 시간에 공업화를 위한 원시적 축적을 완성했으면서도 농촌에서 그대로 안정을 유지할 수 있었다. 이것이 가능했던 이유는 무엇인가? 그 이유는 사법도 아니고 경찰력도 아닌 바로 토지권의 제약 때문이었다.

예를 들어 현재 토지를 주식화한 합작제 개혁에서 많은 농촌의 기층 거버넌스가 의존하는 향촌 규약과 민간 규약들은 형사범죄를 저지를 경우, 토지권으로부터 나오는 주식 수익 또는 공동체 내부에서 주식 지분으로 분배되는 혜택을 즉시 상실한다고 명시하고 있다. 또한 일정한 공업 수익이 있는 향촌은 광둥성 주강삼각주 지역 농촌이 실행했던 토지 중심의 공동체 주식합작제처럼, 일반적으로 촌락의 토지와 공업 자산에서 전환된 주식 지분을 가구별로 나눠준다. 이 주식합작제는 촌민이 형사범죄를 저지르면 주식 지분이 취소된다는 공동 약정을 가지고 있다. 광둥성에서 형사사건이 다른 지역보다 많지만, 주로 외래 인구의 범죄가 절대적 비중을 차지하고 있는 것은 이 때문이다. 유동 인구의 증가가 형사범죄를 증가시키는 것은 당연하다. 이는 윤리 도덕과 교육의 문제가 아니고, 법제 건설이 부족하기 때문도 아니다.

발전 문제에 대한 제도경제학의 관점에서 보자면, 현재 중국에서 이러한 농지 제도의 기본제도로서의 역할은 주로 국가의 안정이다. 그렇다면 국가가 제도 수익을 얻는 셈이기 때문에 정부가 이에 대한 제도 비용을 지불해야 할 것이다.

이런 이유로 끊임없는 투자 증가를 추진력으로 삼는 신농촌 건설이라는 국가전략이 새로운 삼농 정책으로 등장한 것이다.

3. 세 번째 사유: 도시화가 삼농 문제의 근본적인 해결책인가?

9억 4천만 명의 농민 인구 중에서 1억여 명의 농민 노동력이 도시로 가서 외지 노동을 하고 있지만, 7~8억의 농민은 여전히 300만 개의 분산된 촌락에서 생활하고 있는 것이 중국의 현실이다. 이 나라의 대도시가 어떻게 변하든 간에 향토 중국의 300만 개의 촌락 중 대다수는 여전히 촌락일 것이며, 수천 년의 전통문화를 계승한 소농 촌락제도는 농촌의 일반적인 토대로서 현재까지 변하지 않고 있다.

더군다나 십리마다 풍속이 다르다는 세간의 말처럼 각지 농촌의 지역별 차이가 매우 크다. 우리가 이러한 전통적인 소농 촌락제도의 토대를 도시민조차도 완전히 적응하지 못한, 소위 현대적 법치사회 또는 현대적 상부구조에 간단하게 접목할 수 있을까? 다행히 중앙 차원에서는 이미 명확해졌다. 농촌 사람들을 포함한 전국 인민의 생활 수준이 중진국 수준에 도달하려면 2050년 전후가 되어야 한다는 것이다. 이후 다시 두셋 세대의 노력과 분투를 통해 21세기 말이 되어야만 선진국 수준에 도달할 수 있을 것이다. 그렇다면 지금 선진국의 현행 제도를 모방하면, 현대적 법치를 실현할 수 있을 것인가?

정말 이렇게 하려면, 먼저 공시적 비교를 해보자. 세계에서 인구가 1억이 넘는 개발도상국 중에 서구를 모방하지 않은 곳이 있는가? 하지만 중국처럼 전면적인 공업화를 달성한 국가가 있는가? 빈곤율이 30% 이상, 더 심각하게는 50%를 초과하지 않은 국가가 있는가? 이들은 1인당 소득과 상관없이 대부분은 여전히 도농 이원구조이며, 도시화가 가속화되면서 대규모 빈민굴에 빈민인구가 대량으로 집중되고 있다. 이처럼 서구 제도의 모방을 통한 수익은 소수의 엘리트가 획득하고, 제도 비용은 대다수 서민이 부담할 수밖에 없다!

아시아에서 인구가 1억이 넘는 몇몇 개발도상국들은 상부구조 측면에서는 자유선거와 다당제 의회민주주의, 토대 측면에서는 사유화와 시장화를 진작 실현했다. 엘리트 집단의 일부인 학자들도 '지식자본가[知本家]' 신분으로 제도 수익을 향유하고 있다. 그러나 국가 전체로 보면, 글로벌 경쟁에 참여하고 있는 공업화의 발전 수준은 오히려 중국보다 못하다.

이러한 사실로부터 인구가 가장 많고 자원이 부족한 개발도상국인 중국은 도대체 무엇을 해야 하는가? 우리 농민이 살아가고 있는 향토중국은 대체 무엇을 해야 하는가? 현재 학계의 주류는 사유화, 시장화, 자유화, 세계화를 힘써 추진하고 있다. 사실상 '4개 현대화[官方四化]'를 소위 '4개 서구화[西式四化]'로 이미 대체한 것이다.[4] 또는 중립적으로 보자면, 발전주의로부터 비롯된 공업화, 도시화, 화폐화, 자본화라고 할 수 있다. 이러한 무슨무슨 '화[化]'가 완성된다고 하더라도 중국의 삼농 문제를 해결할 수 있을지는 미지수다.

누구나 알다시피 '4개 서구화'는 다음과 같은 이론적 논리에 따라 수립되었다. 재산권이 사유화되어야만, 대규모의 시장화가 가능하다. 시장화된 자유무역이 생기면, '상품은 천연의 평등주의자'여서 새로 생성된 중산계급이 필연적으로 정치적 자유화를 요구하게 되고, 최종적으로 전지구적 일체화로 나아가게 된다. 그렇지 않다면 그토록 많은 사람들이 이 견해를 맹신했을 리가 없다.

그러나 문제는 이처럼 경제적 합리성에 부합하는 논리가 역사적 경험과 일치할 수는 없다는 점이다.

역사가 우리게 보여주듯이 '4개 서구화'에 내재한 완벽한 이론적 논리를 시행하는 과정에서 필연적으로 발생하는 제도 비용은 관성적으로 경로의존에 따라 농촌에 전가되었다. 이에 따라 도농 격차가 확대되었고, 생산력의 제반 요소가 고수익을 추구하면서 삼농으로부터 대규모로 유출되어 삼농 문제가 나날이 심각해졌다. 최근에 어떤 사람들은 심지어 중국이 미국의 제도를 모방해야만 만사형통할 것이라고 생각한다. 그러나 이들은 '중국은 농장이 없고 미국은 농민이 없다'는 한 가지 상식을 무시하고 있다. 중국에서 토지의 90%는 2억여 농가가 경영하고, 미국에서 토지의 90%는 17만 농장주가 경영한다. 중국의 현실은 평원 면적이 국토의 1/8에 불과하며, 물·흙·빛·열 등 네 가지 자원이 모두 농업에 적합한 평원 면적은 국토의 10%에도 못 미친다는 사실이다. 사막, 산지, 고원은 확실히 기업가가 공장 부지로 선택할 지형은 아니기 때문에 공업은 필연적으로 평원과 연해 지역에 집중된다. 도시 또한 그렇다. 이처럼 농업, 공업, 도시, 인구가 모두 평원과 연해 지역에 주로 집중된다. 이로 인해 중국의 지역 격차가 커졌는데, 이는 본래 '계단식 분포'인 중국의 경제지리적 제약의 결과이지 마냥 인위적인 결과이거나 제도의 병폐만은 아니다.[5]

1980년대 중반 이후 십수 년 동안 저자를 비롯해 많은 이들은 일찍이 도시화가 삼농 문제를 해결할 근본적인 해결책이라는 점을 당연시했다. 호구[戶口]를 개방하여 농민을 도시로 진출시켜야만, 삼농 문제가 쉽게 해결될 것이라 생각했었다. 그러나 이후 저자는 다행히도 많은 개발도상국에 가서 현지조사를 하면서, 인구가 1억이 넘는 대국에서는 한 국가도 도시화에 성공하지 못했다는 점을 직접 목격하게 되었다. 사실 선진국의 대도시조차 빈민굴이 형성되면, 마치 악성종양처럼 근절이 어렵다. 대형 빈민굴의 방식으로 실현된 도시화는 '공간의 수평적 이동이자 빈곤의 집중'일 뿐이다. 즉 농촌의 분산된 빈곤인구가 상대적으로 집중된 빈민굴의 인구로 바뀌는 것일 뿐이다. 그 결과 종종 사회모순이 집중적으로 폭발하게 된다.

3대 자본이 전반적으로 과잉된 중국의 현 상황은 삼농 딜레마를 심화시키면서도, 다른 한편으로는 삼농이 단순한 자본수익만을 쫓는 이론적 논리와 정책연구를 벗어나 혁신적인 탐색을 할 수 있는 객관적 조건을 제공한다. 최근 자본 부족에서 먼저 벗어나게 된 중앙정부는 국가정책을 조정하여 삼농의 위대한 전환을 내재적으로 실현하였다. 이는 국민경제 발전에서 전략적 의의를 갖는다. 그러나 현재 각지 정부들에서 투자유치가 성행한다는 점은 실제 주류의 발전 논리가 여전히 자본 본위이며, 자본과잉으로 인한 제도의 대가가 자원과 생태환경에 보편적으로 전가되고 있음을 보여준다. 이로 인해 삼농 영역에서 생태문명 이념의 실현은 겹겹의 장애에 부딪히고 있다. 따라서 농촌에서 조직 담지체의 건설과 조직 혁신을 절박하게 추진함으로써 '풀뿌리' 중심으로 농촌이 새로운 농촌 발전 정책의 실질적 혜택을 향유하도록 해야 한다.

1. 서문

21세기 이후, 거시경제 환경의 변화에 따라 삼농 문제는 다음과 같이 심화되었다. 농업 자원이 더욱 부족해지면서 환경오염과 식품안전이라는 이중의 부정적 외부효과가 발생했으며, 농촌 경제의 쇠퇴와 함께 거버넌스가 악화되었고, 여전히 다수 인구를 차지하는 농민이 경제자본화와 사회분화라는 주류의 발전추세에 따라 주변화된 계층이 되어버렸다. 서구의 신정치경제학과 신고전경제학 이론에 따르면, 삼농 문제가 발생한 원인은 토대 영역에서 기본 생산요소가 농

---

55 본 글은 중국 런민대학 지속가능발전 고등연구원의 둥샤오단이 초고를 쓰고 쉐추이[薛翠]가 토론에 참여하였으며, 원톄쥔이 수정하여 완성했다.

촌으로부터 장기간 대규모로 유출되고, '반 공업, 반 농업'의 상태가 제도화되고, 농촌의 공공재 공급이 부족하기 때문이다. 서구의 신제도경제학 이론을 통해 국가 현대화의 과정(공업화+도시화)에서 필연적으로 발생하는 제도 비용이 지속적으로 농촌에 전가되었으며, 농촌의 생산, 생활, 환경, 공공위생, 향촌 거버넌스, 문화 등 거의 모든 영역에서 모순이 격화되었다는 점을 확인할 수 있다.

지금까지 서구 사회과학 학계는 향촌의 쇠퇴라는 객관적 추세에 대하여 이론적 의의를 갖는 논리와 결론을 내놓았다. 그러나 현재 중국학계가 더욱 주목해야 할 점은 이러한 이론적 논리를 따랐던 일반적 발전 과정이 경로의존을 변화시킬 수 있는 경험을 만들어 내지는 못했다는 것이다.

이 점을 감안하여 이론과 실천에서 자주적인 혁신을 적극 추진해야만, 삼농의 쇠퇴가 거시경제와 사회안정에 심각한 부작용을 일으키는 추세를 변화시킬 수 있다. 16차 당대회에서 도농 통합, 신농촌 건설 등의 국가전략과 과학발전관, 조화사회가 제기되었다. 더 나아가 17차 당대회는 생태문명을 제시했다. 의심할 바 없이 중대하면서도 중국 특색을 갖춘 이 통치이념들은 정책 방면의 자주적 혁신이다. 이러한 사상의 지도를 통해 이론적으로 삼농 딜레마를 직시하고 실천적으로는 농민을 주체로 신농촌 건설을 정확하게 추진해야만, 생태환경 파괴, 생산과잉, 사회양극화, 사회충돌 등 중국의 중대한 모순을 점진적으로 완화하고 지속가능한 발전을 유지할 수 있다. 이 전략의 조정과 집행에 있어서 어려운 점은 전 사회가 이미 공통적으로 인식하고 있듯이, 정부 내부에 존재하는 이익집단이 부문과 지방의 정책을 좌우하여 사익을 추구하고 손해를 전가한다는 데 있다.

2. 삼농 딜레마의 내생성

도농 이원체제의 모순이 삼농 발전을 제약한다는 점은 이미 학계의 공통된 인식이 되었다. 그렇다면 어떻게 이 제약을 완화할 것인가?

이런저런 말이 많지만 우리의 이론이 실천에 따라 시대의 흐름과 함께 나아가야 한다는 점은 분명하다. 예를 들어 사람들은 일반적으로 도시와 공업의 신속한 발전을 통해 농촌의 잉여 노동력이 외부로 이전되면서, 한편으로는 비농업 분야에서 높은 소득을 얻을 수 있고, 다른 한편으로는 농업 종사자가 대규모 경영을 통해 농업소득을 증가시킬 수 있다는 희망을 품는다. 이론적 논리로 본다면야 이 같은 상상은 훌륭하다. 그러나 이 논리가 성립되기 위한 가설과 전제는 완전시장 조건에서의 일반적인 정태적 균형이다. 이 전제는 오늘날 우리가 처한 현실과 커다란 차이가 있다.

일찍이 1999년 ‘중국경제 50인 논단[中國經齊50人論壇]’에서 린이푸[林毅夫]가 중국경제에 노동력과 산업자본의 이중 과잉이라는 악순환이 출현했으며, 신농촌 건설만이 맞춤하여 모순을 완화할 수 있다고 발언했었다. 10년 이후 중국에는 산업자본, 상업자본, 금융자본 등 3대 자본의 연이은 과잉이 출현했고, 상황은 갈수록 악화되고 있다.

생산품과 요소가 부족하면 정상적인 시장환경이 형성되기 어려운 것과 똑같이 과잉된 시장경쟁 환경도 비정상적이다. 현재 국내의 시장운영은 자본의 속성에 따라 크게 두 종류의 상황과 추세로 나눌 수 있다.

첫 번째 추세는 다음과 같다. 산업자본의 축적과 확장이 별개의 역사적 단계라는 객관적 조건을 무시한 채로 국가의 중앙집중화된 체제를 통해 교조주의적으로 시장경제를 이데올로기화함으로써 ‘열위 경쟁[競劣]’ 메커니즘이 발생했다. 시장경쟁의 주체들은 더 취약한 곳으로 경쟁 압력을 전가하여 수익을 유지하게 되었다. 바꿔 말해 어떤 분야의 전체 시장환경이 ‘열위 경쟁’의 추세를 갖는다면, 이 분야의 개별 기업들은 정상적인 시장경영을 통해서는 생존을 유지하기 어렵게 된다.

예를 들어 농업 관련 영역에서 ‘열위 경쟁’ 메커니즘이 작용하여 많은 중소 산업자본과 일반 상업자본이 삼농에 대가를 지속적으로 전가했다. 먼저 농

업 관련 물자유통 부분에서 상업 환경이 악화되었다. 과도한 경쟁이 상업이
윤을 하락시켜 위조품과 불량품이 성행하게 된 것이다. 또한 농산품 시장에
서 소생산자와 대시장 간 거래비용이 비정상적으로 높고, 농민과 농산물 가공
업 간의 안정적 협력이 유지되기 어려워 식품 불안전의 대가가 전 사회로 전가
되었다. 아울러 독점부문에서는 지속적으로 농산품 가격을 낮춰 농민에게 손해
를 입히는 방식을 정치업적으로 내세우면서 더 많은 재정보조금을 얻어내었다.

다른 예를 보면, 농지를 시장화하여 개발하는 과정에서 자원의 자본화를
통한 수익을 얻기 위해 지방정부는 지대를 받는 것이 아니라, 도리어 보조금을
보태주면서까지 투자를 유치하였다. 또한 토지 수용 보상이라는 비용을 부담할
여력이 없어 갈수록 폭력적 수단에 이끌리게 되었다. 이는 본질적으로 정부에
내부화된 자본이 필연적으로 초래하는 거버넌스의 악화이다. 결국 토지 수용
과정에서 정부와 인민의 모순을 악화시키는 폭력사건이 갈수록 두드러지게 되
었다.

또한 1990년대 중반 이후, 외자와 무역 중심의 경제로 급격히 전환하면
서 대외의존도가 과도해졌다. 정치업적으로 간주되는 수출 흑자에는 자원환경
의 희생이라는 지대와 미지급된 농민공의 사회복지 비용이라는 지대가 은닉되
어 있다. 이는 조화사회 실현에도 직접적인 영향을 미치며, 더구나 당대의 정부
가 내팽개친 자원환경과 사회적 대가를 후임 정부가 떠맡아야만 한다. 이로 인
해 현재, 일하는 사람들의 임금 수준을 높이기 어렵게 되었고 도시에서 외지노
동자의 기본 생활조건을 개선하기도 쉽지 않다. 또한 외지노동자의 취업 기회
가 불안정하며, 노동쟁의도 곳곳에서 발생하고 있다.

시장의 힘에 전적으로 의존하여 운영되는 대부분의 농업 관련 산업과 영
역에서 거의 하나의 예외도 없이 이 같은 시장실패의 결과가 나타나고 있다.

사람들이 이러한 역사적인 변화에 관심을 기울이는 것은 당연하며, 최근
몇몇 시장화 개혁과 발전 프로젝트들은 성과를 내기도 했다. 그러나 이는 주로
산지와 임업의 개혁, 도시 중산계급의 수요에 맞춘 레저와 여행 관련 농업, 유기

농 농산품 생산 등 전통적 삼농의 주변 영역이었다.

중앙정부가 금융자본과 자원성 자산에 대한 직접적인 자본화를 통해 '땀을 흘리지 않고(no swept)' 수익을 얻는 방식으로 경제 방식을 성공적으로 전환함에 따라, 제도가 업그레이드되고 선진국의 고도화된 경제구조만이 가질 수 있는 단계에 도달하게 되었다.

이러한 잠재적인 변화의 와중에 자본 경쟁의 두 번째 추세가 나타났다. 행정권력과 결합하여 독점적 초과수익을 획득할 수 있는 영역들이 종종 선진국과 비견될 수 있을 만큼 고수익 업종으로 변화했다. 교육, 법률, 의료 업종들이 전형적으로 여기에 해당한다. 동시에 자원 배치를 조직하는 자본 요소는 근원적으로 국가의 정치적 권한을 통해서만 화폐 신용을 생성할 수 있기 때문에 정치권력과 결합하여 독점수익을 추구하려는 경향이 뚜렷해졌다. 또한 자본은 내재적으로 유동성을 통해 수익을 얻으려고 한다. 따라서 경제자본화 과정에서 농촌의 자금이 필연적으로 농업과 중소기업(향진기업)으로부터 이탈했다. 이에 따라 농촌의 유동성이 부족해지고, 삼농과 중소기업에서 고리대가 성행하게 되었다. 결과적으로 삼농과 지방경제에서 잉여의 유출이 악화되고, 농촌에서 지속가능한 발전이 더욱 어려워졌다.

객관적으로 보자면, 자본 부족의 시대에 재정적자 위기를 수차례 겪으면서 정부는 부득이하게 이익만 쫓고 손해를 피하는 개혁을 실행하였다. 한편으로 정부는 재정에서 '짐 보따리 내팽개치기'로 정부를 퇴장시키는 제도를 추진했다. 또한 농촌의 기본 공공 서비스 영역에서 규모화되고 안정적인 수익을 생산하기는 어렵기 때문에 자본 진입이 드물어질 수밖에 없었다. 다른 한편으로는 삼농에서 잉여 유출로 인한 농촌 기층의 토대 약화가 향촌의 상부구조를 직접적으로 압박함으로써 농촌의 기본 공공재 공급이 악영향을 받게 되었다. 농촌 상부구조의 이러한 두 가지 제약조건이 다시 역으로 소농경제의 취약성을 더욱 악화시켰다.

요컨대 총체적인 시장환경에서 볼 때, 삼농 발전이 도농 이원구조의 모순에 끌려가고 과도한 경쟁에 압박당하며 권력의 지대추구라는 틈에 끼어 있다. 이러한 상황에서 도시화를 추진하여 삼농 문제를 완화하려는 것은 갈수록 어려워졌고, 자본의 이익을 지향하는 급진적 도시화는 종종 사회모순을 격화시켰다. 또한 제도 비용이 자원과 생태환경으로 전가되면서 자원 부족의 압박이 거세지고 도농의 생태환경이 더욱 악화되었으며, 심각한 농업 오염과 식품안전 문제가 발생했다.

아인슈타인의 명언 중에 문제를 초래한 아이디어를 사용하여 문제를 해결할 수 없다는 말이 있다. 현재 삼농 문제가 일반적인 자본운동의 법칙에 따르는 경제시스템에 부합하여 갈수록 내생적 문제가 되고 있기 때문에 자발적인 시장의 역량이나 자본의 역량을 통해서 조정되기 어렵다는 것이다.

국제적으로 자본이 모두 심각하게 과잉된 상황에서 개별 지역으로서 외자를 통해 경제를 빠르게 성장시켰다고 하더라도 장기적이고 종합적으로 보면, 중국이 글로벌 경제위기에서 벗어나기는 갈수록 어려울 것이다. 더구나 세계화에 기대어 삼농 위기를 근본적으로 해결한다는 것은 말도 안 된다. 2003년 이후 국제자본이 요소 가격을 하락시키는 산업 재구성을 추구하자, 중국에서 인간과 자원의 관계가 더욱 악화된 바 있다!

3. 삼농은 경제와 사회의 '안정장치'이다.

최근 한 연구 프로젝트가 다음과 같은 법칙을 내놓았다. 신중국 성립 이후에 수차례 경제위기 중에서 삼농에 제도 비용을 전가할 수 있었던 위기는 연착륙했으며, 삼농에 전가할 수 없었던 경우에는 경착륙이라는 제도적 대가를 치렀다. 경착륙이 도시를 강하게 내리치면 도시 실업률과 치안 상황이 유래 없이 심각해졌고, 더 나아가서는 거대하고 급진적인 재정·세수 및 금융 체제의 변혁을 촉발하였다.

예를 들어 1950년대 초와 1980년대 초, 두 차례 대위기는 사회 재산관계의 중대한 변화를 초래했다. 산업부문의 자본이 집약된 도시 지역에서 주기적 경제위기가 발생하는 것은 본래 자본운동의 일반적 법칙이다. 선진국들은 과거 이를 경험하면서 개발도상국에 제도 비용을 전가했다. 그러나 개발도상국의 공통된 교훈은 경제위기 와중에 온갖 '발전의 함정'에 빠진다는 것이었다. 원주민 인구가 1억을 초과하는 인구 대국으로서 유일하게 공업화를 완성한 국가인 중국은 역대 경제위기의 시련을 비교적 순탄하게 넘겼다. 중국 내부에서 도농 이원구조를 통해 도시 경제위기의 거대한 제도 비용을 농촌으로 전가할 수 있었기 때문이다. 이런 점에서 자본의 역량이 빈약한 삼농 영역은 중국경제의 자본화 과정에서 총체적 안정을 보장한 안정장치였다.

삼농이 경제위기의 제도 비용을 떠맡을 수 있었던 이유는 자본운동의 논리에 기댄 것이 아니었다. 오히려 전통적 소농 가정과 농촌 공동체가 내부의 인적 자본과 토지자본을 다양하게 조합하여 외부 시장의 위험과 자연의 위험을 내부화할 수 있었던 내재적 메커니즘 때문이었다.

오늘날 중국경제의 자본화 과정은 이미 상업자본, 산업자본, 금융자본의 연이은 과잉으로 나아가고 있다. 이는 경제의 안정적 운영이 깨어질 임계점이 가까워지고 경제 운영에서 체계 수준의 위험이 폭발할 가능성이 갈수록 커지고 있고, 따라서 경제위기 연착륙의 담지체이자 사회의 안정장치인 삼농의 기능을 특별히 중시해야만 한다는 의미이다.

그러나 30년의 개혁, 특히 후반부 15년의 급진적인 개혁 이후, 농촌의 탈조직화라는 임시적인 제도적 조치는 이미 이데올로기화를 통해 정치적 올바름까지 갖추게 되었다. 이로 인해 과거 효과적으로 경제위기의 연착륙을 도왔던 촌락 이성이 의존할 수 있는 조직적 담지체가 사라져버렸고, 내·외부의 위험에 대한 대응 능력도 나날이 약해졌다. 촌락의 소유권을 고려하지 않은 토지재산권 제도 개혁이 장자상속제보다도 더 농가 이성을 파괴했다. 이는 본래 소자산 계급 가구에 속하지만 현금이 필요해 외지로 나가 노동을 했고 그러면서도 농지가 있기 때문에 돌아갈 퇴로가 있었던 외지노동자들을 도시에 정착할 수밖에 없으며 정치화되기 쉬운 노동자 계급으로 변화시켰다. 이로써 21세기 중국은 고전적 이론이 일찍이 서술했던 대로 대립하는 두 계급이 주도하는 사회로 나아가게 되었다. 농촌 또한 자본화된 요소(청장년 노동력과 토지)가 먼저 농촌을 떠나면서, 자본화되기 어려운 노인·부녀자·아동이 농촌에 잔류하는 주요 집단이자 지속적으로 주변화되는 취약집단이 되었다. 이에 따라 농촌은 더욱 쇠락하였다.

당연하게도 이러한 현상은 시장경제의 일반 법칙에 부합할 뿐만 아니라 대다수 개발도상국에서도 증명된 바이다.

만약 우리가 많은 영역에서 서구 개인주의에 기반하며 이데올로기화된 교화 기능을 가진 이론체계를 예전과 다름없이 맹목적으로 모방한다면, 농업 산업화 문제, 농촌 거버넌스 문제, 농업과 농촌에서 생태환경 보호의 문제, 노동자 문제 등 많은 문제들을 해결이 불가능한 진퇴양난으로 몰고 가게 될 것이다. 예를 들어 12차 5개년 계획 기간 동안 '고비용'이 중국경제의 핵심어구가 될 것이라는 많은 사람들의 예상도 이러한 맹목적 모방에서 나왔다고 할 수 있다.

도농 통합을 제기하고 최근에 농업 관련 투자를 계속 증대하는 이유는 농업인구 대국으로서 중국의 (일반적인 선진국에서 보듯이 단순한 농업 생산만이 아닌) 삼농 발전이 국가 차원에서 공공재의 속성을 가지고 있기 때문이다. 또한 오래도록 이러한 국가 차원의 공공재 공급이 현격하게 부족했기 때문이다. 도농 통합의 목표는 이 객관적 요구에 내재적으로 호응하는 것이다. 달리 말하면 자본의 일반 이익에서 상대적으로 벗어나기 쉬운 정부가 삼농 발전을 국가전략으로 삼고서 삼농이 총체적인 경제와 사회의 안정과 발전에 기여하도록 하는 것이지, 삼농을 단순하게 사유재로 간주하여 개별 산업의 이익을 최대화하거나 시장의 이익을 최대화하려는 것이 아니다.

따라서 도농 통합의 함의는 단순히 농촌을 도시화하는 것이 아니다.

4. 삼농 정책의 전환과 농촌의 지속가능한 발전

상이한 경제발전 단계에서 생산요소들은 각각 희소한 정도가 다르므로 요소 결합에서 상이한 구조가 출현하게 되며, 이에 따라 파생된 제도들도 달라진다. 예를 들어 장기간 자본이 극도로 부족한 개발도상국 정부는 친자본적인 제도를 시행할 것이다. 이것이 삼농 문제가 개발도상국에서 보편성을 갖는 근본 원인이다. 또한 3대 자본이 모두 과잉된 현재 중국의 상황은 삼농 딜레마를 심화시키고 있다. 그러나 다른 한편으로는 이론 논리와 정책 연구에 있어서 삼농 문제가 단순한 자본수익의 추구를 탈피해야 한다는 혁신적 탐색을 해볼 수 있는 객관적 조건을 제공한다.

다행스럽게도 최근 몇 년 동안 중앙정부가 자본 부족의 곤경을 먼저 벗어나게 되면서 삼농에 대한 국가정책 조정은 국민경제 발전에서 전략적 의의를 갖는 위대한 전환을 내재적으로 실현했다. 삼농 문제가 2003년 공산당 전체 업무에서 가장 중요한 것이 된 이후, 뒤이어 2004년 후진타오 총서기가 16기 4중 전회에서 유명한 '두 개의 단계, 두 개의 반포[反哺]'를 제시했다. '농업이 공업을 지원'하는 공업화 국가발전의 초기 단계가 상당한 정도에 다다라 '공업이 농업에게 반포하고, 도시가 농촌을 지원'하는 두 개의 보편적 추세에 도달했다는 것이다. 2004년 말, 중앙경제공작회의에서 후진타오는 더 나아가 다음과 같이 발언했다. "중국은 이미 총체적으로 공업으로 농업을 촉진하고 도시가 농촌을 이끄는 발전단계에 이르렀다. 우리는 당연히 이러한 추세에 따라 더 의식적으로 국민의 소득분배를 조정하고, 더 적극적으로 삼농 발전을 지원해야 한다."

동시에 중국공산당은 신시기의 전략을 조정하면서 이를 보충하고 강화하여, 과학발전관의 경제방침과 조화사회 수립의 정치노선을 명확하게 하였다.

농업으로부터 대규모로 잉여를 추출하여 공업화 건설에 이용했었던, 국가 공업화를 위한 원시적 축적 시기와는 정책방향이 달라졌다. 자본과잉과 국가 발전전략의 전환에 따라 '공업이 농업을 지원하고, 도시가 농촌에게 반포'하도록 중앙정부가 제때에 정책방향을 바꾸었다. 나아가 신농촌 건설의 국가전략을 제시하였다. 또한 각각의 관련 부문들이 단기간에 정책방향을 조정하기 어려운 상황에서 중앙정부가 직접 국가재정을 이용하여 2004년에 농업세를 취소하는 개혁을 시작했고, 2005년부터는 신농촌 건설에 대한 투자를 매년 10% 이상 늘리고 이 정책을 10년 동안 지속하기로 했다. 2008년에 이르자 삼농을 지원하는 재정자금이 이미 2조 위안을 넘게 되었다. 고전경제학 이론을 빌려 말하자면, 중앙정부가 '보이는 손'을 이용하여 일부 자본 요소의 방향을 틀어 농촌으로 향하도록 한 것이다.

신농촌 건설을 실현하기 위한 다원적 목표에서 볼 때, 이는 시작일 뿐이다. 중앙의 계획에 따르면, 신농촌 건설의 최종목표는 '생산의 발전, 생활의 여유, 향촌 풍속의 문명화, 촌락의 정돈과 청결, 민주적 관리'를 실현하는 것이다. 2007년 중앙 1호 문건은 농업의 다기능성을 강조했고, 2008년 17기 3중전회에서 중앙은 자원절약·환경우호형의 양형 농업[兩型農業]을 발전시키기로 했다. 이는 생산의 발전, 생활의 여유와 같은 신농촌 건설의 경제적 내용이 생태문명의 요구를 만족시켜야 한다는 점을 전제로 삼으면서도, 사회안정에 추가하여 생태환경 기능 또한 농업과 농촌이 외부효과를 발휘해야 하는 중요한 영역이라는 것을 의미한다.

그러나 현재 각지 정부들에서 투자유치가 성행한다는 점은 실제 주류의 발전 논리가 여전히 자본 본위이며, 자본과잉으로 인한 제도의 대가가 자원과 생태환경에 보편적으로 전가되고 있음을 보여준다. 이로 인해 삼농 영역에서 생태문명 이념의 실현은 겹겹의 장애에 부딪히고 있다. 따라서 농촌에서 조직 담지체의 건설과 조직 혁신을 절박하게 추진함으로써 '풀뿌리' 중심으로 농촌이 새로운 농촌 발전 정책의 실질적 혜택을 향유하도록 해야 한다.

국제적 경험에 대한 비교연구가 보여주듯이 소농의 경제와 사회에서는 농민의 조직화 정도가 상승하고 농민에게 조직지대를 얻을 기회가 주어져 실현가능한 제도의 영역이 외부로 확장되어야만, 제도 혁신의 기회가 생긴다. 이러한 조직 혁신과 제도 혁신을 통해 농민우대와 생태문명을 위한 정부의 각종 자원 투입을 받아들여야만, 최종적으로 농촌에서 경제와 사회의 지속가능한 발전을 실현할 수 있다. 이렇게 하여 농촌이 지속가능한 발전을 실현해야만, 중국 전체의 지속가능한 발전도 있을 수 있다.

 농촌의 재정·세수 체제와 공공 서비스[56]

도농 이원체제의 모순 하에서 농촌 공공 서비스의 문제들은 중국의 후발 외생형 현대화와 정치동원형 발전모델에서 기원한다. 1984년과 1994년, 중국은 두 차례 전국적으로 재정·세수 체제의 개혁을 단행했다. 이는 객관적으로 농촌에서 공공 서비스 균등화를 실현하는 데 불리한 것이었다. 또한 1999년의 농촌 세비개혁은 식량과 금융 개혁을 결합한 것으로 '세비의 통합과 조세로의 전환[併費入稅]'이라는 특징을 가지고 있었다. 그러나 이는 주관적으로도, 객관적으로도 농민이 공공재 공급의 주체가 되어버린 상황을 변화시키지 못했다. 2004년 농업세 폐지 정책이 등장한 이후, '사안별 촌민회의[一事一議]' 제도는 운영 효율에서 만족스럽지 못한 것이었다.[6] 국민경제에서 분배의 구조적 불균형, 부문 이익의 분할, 기층정부의 공공 서비스에 대한 능력과 의지의 약화, 기층조직의 사익추구적 운영, 그리고 공공재 공급 영역에 존재하는 사유화와 시장화의 오류 등이 농촌의 공공재 공급을 제약하는 주요 모순이다.

1. 거시적 배경: 중국식 현대화의 특징

1) 후발 외생형 현대화: '발전은 확고한 도리이다.'

중국의 현대화는 사회 내부에 현대성이 축적되지 못한 상황에서 강제적으로 시

---

56 본 글은 중국(하이난) 개혁발전연구원, 국제연합 개발계획 중국대표처, 중국 국제경제기술교류센터가 공동주관한 제63차 중국개혁 국제논단 '13억인을 위한 기본 공공 서비스' 국제회의(하이난)에 제출한 논문을 수정한 것이다. 원문은 둥샤오단이 집필했고 원톄쥔이 수정하여 완성했다. 연구와 집필은 국가사회과학기금 2006 중점 프로젝트 06AJY003 '신농촌 건설의 목표, 중점 그리고 정책연구'의 재정 지원을 받았다.

작되었으며, '민족국가의 이익'을 근본으로 삼고 국제 경쟁의 각축장에서 실력 향상을 추구했다. 이러한 현대화는 민생 문제와 국가 이익을 한데 묶어버려 국가를 제일로 삼고 민생은 그 다음이라는 가치 지향을 형성했다(리위안싱, 2004). 따라서 '발전이 확고한 도리[發展是個硬道理]'라는 경제 진흥이 중국 특색 현대화의 핵심 어구가 되었고, 도시화와 공업화를 반드시 추진해야만 했다. 이를 위해 중국인은 부득이하게 역사상 유례가 없는 비[非] '외향형'의 고도로 중앙집권화된 자기착취를 진행했다. 개혁·개방이 시작되고서도 수출의 경제적 추동력을 유지하기 위해 노동자에 대한 합리적 대우, 생산과 생활의 적절한 조건, 기본적인 사회보장 등을 억눌러 생산품의 비용 경쟁력을 확보했다. 이것이 엘리트 집단이 보편적으로 인정하는 비교우위였다.

2) 정치동원형 사회

농업문명으로 지탱되던 전통 중국은 인류역사상 가장 유구한 군주제의 기초 위에서 현대화 과정으로 진입했다. 이로 인해 경로의존에 따라 권위주의 정치가 형성되었다.

서구 국가는 대체로 시장화 다음에 관료화가 되었으나, 중국의 역사과정은 반대였다. 청나라 말기 이래로 역대 중국 정부들은 국가 현대화의 책임을 떠맡았으며, 자원을 집중하는 방식이 주로 의존한 것도 권력이었다. 이에 따라 국가의 의지가 사회 곳곳에 침투했으며, 행정이 추동한 현대화를 통해 자원이 아래에서 위로 행정등급을 따라 단계별로 신속하게 도시에 집중되었다. 또한 이러한 경향들은 고착화되었다(쉬융, 2004).

역사적 논리의 확장과 중국 현대화의 특수한 과정으로 인해 자원 배치의 방식은 여전히 공공 권력에 의존했다. 이로 인해 시장경제로 진입하기 이전, 공공 서비스가 여전히 제한적이었고 도시와 농촌 사회 간의 격차도 현저했지만, 도시 내부는 균등화되었다.

3) 신농촌 건설: 하나의 중대한 국가전략

단순 시장체제에서는 공업화의 가속과 농촌 쇠퇴의 가속이 자주 동반된다. 그렇다면 농촌의 미래는 어디에 있는가? 우리는 자원과 국제시장의 제약으로 인해 중국 농민 대다수가 (채택 불가능한 빈민굴의 방식 이외에는) 도시로 이전할 수는 없으므로 향촌건설을 통해 농민이 농촌에서 떳떳하게 살아갈 수 있도록 해야만, 도농의 조화로운 발전을 실현할 수 있다고 본다. 저자가 도시화를 부정하는 것은 아니다. 그러나 중국이 도시화를 가속하여 2030년에 50%의 도시화율을 달성하더라도 총 16억에 다다를 인구 중에서 7억여 명은 여전히 농촌에서 생활할 것이다. 따라서 도농 통합이 필요하며, 강력한 정부가 이를 추진하여 공공 재정으로 농촌을 뒷받침해야 한다.

2005년 10월 개최된 중국공산당 16기 5중전회에서 사회주의 신농촌 건설이 현대화 과정의 중대한 역사적 임무로 제시되었다. '생산의 발전, 생활의 여유, 향촌 풍속의 문명화, 촌락의 정돈과 청결, 민주적 관리'라는 요구에 따라 이를 착실하게 점진적으로 추진해야 한다.

2. 향진 재정·세수 체제의 개혁과 향진 정부

1) 향진 재정·세수 체제의 변천: 재정도급제, 분세제에서 농민 과세의 소멸까지

1984년과 1994년, 중국은 두 번에 걸쳐 재정체제 개혁을 실시했다. 이 두 개혁은 모두 농촌의 공공 서비스 균등화에 이롭지 못했다.

1984년 중앙과 지방 재정의 등급별 도급제가 실시되었다. 동시에 '인민공사 철폐와 향정부 재건, 생산대대 철폐와 촌 재건' 개혁을 통해 형성된 촌급과 향급 행정조직이 재정자급을 실시했다. 이 개혁으로 정부의 퇴장이 실현됨으로써 농촌 공공 서비스의 재정·세수 원천이 기층, 주요하게는 농민 자신의 부담으로 바뀌어버렸다.

1994년 분세제는 큰 의의가 있었지만, 부작용 또한 컸다. 10년 전의 재정 도급제와 비교하여 종적으로 보면, 세무와 재정을 분리시켜 중앙수입과 지방수입을 명확하게 구분함으로써 중앙과 지방의 이익 상충이 부각되었다. 횡적으로 보면, 특히 중서부 지역의 현급과 향급 재정에서 재정권한과 업무권한의 비대칭 문제가 나타났다. 공공 재정의 원칙에서 심각하게 이탈하여 기본적으로 '생계유지형 재정[吃飯財政]'이 주가 되어버린 것이다(천시원 외, 2005). 중앙의 지방에 대한 재정 통제는 강화되었지만 지방의 가처분재정능력이 빠르게 낮아졌으며, 정부들의 사익추구가 '재정능력의 상급 수렴, 지출의 하급 이전'을 초래하여 상급 정부에서 하급 정부로 재정이 층층마다 떼먹히면서 행정등급의 최말단인 현급과 향급 기층정부는 재정곤란에 빠지게 되었다.

2004년 농업세 폐지 정책이 등장하기 이전, 농촌 세비개혁은 애초의 의도가 합리적이었는지 여부는 차치하더라도 농촌에 공공 서비스를 제공한다는 효과를 의도한대로 달성하지 못했다. 예를 들어 촌과 향급의 각종 부과금을 폐지하고 차례로 의무노동인 노동적루공[勞動積累工]과 의무공[義務工]까지 폐지한 이후,[7] 기층의 인원 유지에 필요한 지출은 상급 정부가 교부했고, 촌 내부의 각종 집체생산과 공익생산에 필요한 자금은 촌민대회가 사안별 촌민회의를 통해 지출했다. 실증조사를 통해 사안별 촌민회의 제도의 운영 효율이 만족스럽지 못했다는 점을 알 수 있다. 일례로 장쑤성 북부 지역 5개 도시의 50개 촌락 중에서 회의에 참여한 농가들의 요구·협의·결정을 통해 자금을 모집할 수 있었던 촌은 50%에도 못 미쳤다(천둥펑·장샤오량, 2007).

2) 재정·세수체제 개혁의 향진 정부에 대한 영향

첫째, 대리형에서 이익추구형으로의 목표 전환. 상술한 재정·세수 체제의 전환 과정에서 생존의 어려움과 체제의 결함이 상호작용함으로써, 공공 권력인 향촌 기층조직에서 사익추구라는 목표가 공공의 목표를 일정 정도 대신하게 되었

다. 목표가 바뀌어버린 것이다. 향진정부와 촌급 조직의 활동에서 공공 서비스
는 하나의 작은 부분일 뿐이었다. 재정곤란으로 기층조직들은 많은 정력을 조
세 수취와 사회 통제에 사용했고, 상급 정부에서 요구하는 각종 의무와 평가도
응대해야만 했다. 이러한 업무들은 촌민의 기본서비스 균등화는 말할 것도 없
고 근본적으로 서비스와 관련이 없는 것이었다(자오수카이, 2003).

둘째, 중앙집권 체제 하의 전환 과정에서 후견-피후견 관계의 출현. 중앙
집권 체제에서 중국 향촌사회의 전환 과정은 ('후견-피후견 관계'로도 불리는) 보호
주의 정치를 출현시켰다. '보호자-피보호자'의 이익교환 네트워크를 통해 공공
의 권력이 사인화[私人化]된 것이다. 이 같은 사적 이익 관계의 네트워크 확장은
촌민자치 제도의 정상적 운영과 촌민의 자기관리라는 긍정적 발전을 저해했고,
합법적으로 제도화된 권위를 주변화시켰다. 또한 '보호자'는 국가권력의 행사자
라는 이름으로 '피보호자'에게 배타적 서비스를 제공하고 이 과정에서 경제적,
정치적 보상을 획득했다. 이로 인해 공공 자원이 소수의 사적 이익에 복무하게
되었다(셰웨, 2005). 이는 더 나아가 농민이 균등하게 기본서비스를 향유할 권리
를 침해했다.

3. 농촌의 공공재 공급 현황과 체제 수준의 문제

1) 농촌에서 공공재 공급 체제의 주요 모순

첫째, '도농 분할통치'의 이원적 재정투자 구조. 장기간 농촌의 공공재 공급은
주로 농민이 주체가 되어 부담했다(예쯔룽·류훙위안, 2005).[57] 또한 소농경제의 잉

---

[57] 예를 들어 장린슈(2007)의 조사분석에 따르면, 자금 원천의 구성에서 대략 38%의 프로젝트는
촌이 스스로 자금을 투입했으며, 상급이 전부 교부한 프로젝트는 28%였고, 34%의 프로젝트
는 촌에서 대응자금을 제공해야 했다. 투자 금액의 구성으로 보면, 53%의 자금은 상급 부문과
국제기구로부터 왔고, 47%는 촌이 독자적으로 조달해야 했다. 동시에 대부분의 프로젝트(약

여가 극히 제한적이어서 총체적으로 가용자원이 부족하다는 점이 줄곧 전통적 농촌 지역에서 균등한 서비스를 제공하는 데 기본 제약이 되었다.

사실 농촌의 공공재 투입 부족은 국가 전체의 재정자금 총량이 부족해서이기보다는 부의 분배에 구조적 불균형이 존재하기 때문이다. 도농 이원구조 체제의 관성 때문에 농촌에 대한 공공 투자가 전체 공공 투자에서 차지하는 비중이 갈수록 낮아졌다. 예를 들어 2002년 각급 재정이 향진 위생원[鄕鎭衛生院]에 사용한 전체 재정사업 경비는 60억 위안 가까이 됐는데, 이는 전국 각급 재정의 위생사업 경비지출 중 15.5%에 불과했다. 또한 2002년 전체 중국 사회의 교육지출이 5,480억 위안이었는데, 농촌에서 사용된 것은 겨우 23.1%였다(천시원 외, 2005).

둘째, 자금 사용 효율의 저하. 오랫동안 농촌 공공재는 정부가 '일방 주도'하는 '하향식 정책결정'의 공급제도를 시행하여 농촌 주민의 공공 서비스 수요가 표출될 수 있는 효과적인 메커니즘이 부족했다. 따라서 정부 정책결정의 강제성과 임의성 때문에 공공재 공급의 질이 좋지 않았고, 공급이 수요와 괴리되는 구조적 불균형이 발생했다. 이로 인해 대형 수리관개 설비, 교육, 의료보장처럼 농민에게 시급히 필요한 공공재 공급이 심각하게 부족했다. 다른 한편으로 주기가 짧고 빨리 효과를 볼 수 있는 공공 프로젝트는 지방정부가 관심을 기울여 공급과잉이 발생했다.

이외에 농업 지원 자금을 관리하는 부문이 너무 많았고 농촌 인프라 투자는 분산되어 있었으며 중간 과정이 복잡하고 자금 유출이 심각했다. 이런 것들이 투자 자금의 사용 효율을 떨어뜨렸다. 현재 중앙정부 차원에서만 보더라도 농업 지원 투자를 분배하고 관리하는 부서가 16개를 넘는다. 동일한 성질의 농

56%)는 촌민의 노동 투입이 대응되어야 했다. 촌민이 투입한 노동일수를 금전으로 환산하여 투자 총액에 포함시킨다면, 농촌 촌급의 공공재 투자에 대한 기여도는 50%를 훌쩍 초과할 것이다.

업 지원 자금이 각 부문에 분산되어 등급별로 분배되고 단계마다 공제된다. 이는 관습화되어서 부문이 이익을 취하는 행정 관행으로 변해버렸으며, 심지어 부패의 온상이 되었다.

셋째, 공공재 공급 영역에 존재하는 사유화와 시장화의 오류. 세계은행(2004)은 사유화가 개발도상국에서 공공재 공급의 곤란을 해결할 수 있는 효과적인 방식이라고 평가한다. (수자원과 같은) 공공자원은 특수상품으로 볼 수 있기 때문에 시장이 이러한 자원의 배치를 최적화할 수 있다는 것이다(세계은행, 2004: 1-10). 그러나 중국을 포함한 많은 개발도상국에서 '세계은행 컨센서스'의 실행은 거의 성공하지 못했으며, 이에 대한 반성이 진행되었다(〈참고자료 1〉 참조).

〈참고자료 1〉

농경지 수리 인프라를 사례로 한 '세계은행 컨센서스'에 대한 반성[58]

수자원의 사유화와 시장화는 일정한 조건을 필요로 한다. 정부 부문의 '짐 보따리 내팽개치기'식의 사유화와 시장화는 농촌에서 물 사용자들의 이익을 침해하고 더 많은 갈등을 유발했다.

충칭시가 2006년 겪은 큰 가뭄이 현행 농촌 수리 개혁이 초래한 문제들을 드러냈다. 수리시설의 재산권 개혁 이후, 도급자의 단기적 행위가 심각해져 대다수는 수리시설을 다른 용도로 개조해버렸고, 물 사용과 관련해 농가들과 큰 갈등을 일으켰다. 정부는 이 과정에서 어떠한 효과적인 통제도 하지 못했다. 도랑처럼 비배제성이 비교적 강한 수리시설은 아무도 도급하지 않았고 정부도 관리하지 않아 심각하게 파괴되었다. 이에 따라 농민들이 물을 사용하는 데 더욱 곤란을 겪었다. 수리부문의 자본화 현상도 심각해서 대량의 자금이 공업

---

58 본 내용의 출처는 원톄쥔의 국가 자연과학기금 긴급 프로젝트 성과인 2007년 「사회주의 신농촌에서 농경지 수리 인프라의 건설과 관리 문제 연구: 제도혁신, 조직혁신과 농민 본위[社會主義新農村的農田水利設施建設與管理問題研究: 制度創新·組織創新與農民本位]」(내부 보고).

등의 용도에만 투입됨으로써 농경지 수리시설의 건설과 관리는 허술해지고 장
기간 방치되었다. 이것이 자연재해에 대한 대응이 무력화된 가장 주요한 원인
이었다. 개혁은 수리부문의 이익만을 고려하여 착수되었고, 제도 비용을 시장과
농가에 전가했다. 농민들의 요구는 무시되었으며, 농민의 뜻이 표출될 수 있는
적절한 경로와 방식도 없었다.

2) 농촌 공공재 공급의 현황

시장경제의 도입으로 광대한 농촌에서 잉여가 대량으로 유출되었고, 외부로부
터 지원되는 자원의 효율적 유입도 모자라게 되었다. 농촌 지역에서 기본 공공
재 공급은 양도 부족하고 질도 떨어졌다. 발달된 소수의 지역에서만 정부가 공
공 자원을 사용해 기본 공공재를 제공했으며, 대다수 농촌의 주민들은 현재까
지도 기본 공공재를 균등하게 향유하지 못하고 있다(〈참고자료 2〉 참조).

〈참고자료 2〉

농촌에서 주요 공공재 공급의 심각한 부족

교육의 경우, 신농촌 건설 전략이 제기되기 전인 2005년 농민의 평균 교육 기
간은 7.7년, 고졸 이상의 학력은 13.68%에 불과했으며, 초졸 이하의 학력이
34.10%였다. 완전 문맹자와 부분 문맹자도 여전히 6.87%에 달했다(리샨웨이 외,
2007). 농촌 초중고교의 입학 곤란과 중퇴 문제가 여전히 심각해서 초등학교 졸
업율과 의무교육 달성률이 매우 낮았다(왕더원, 2003; 왕원리, 2005).

　　보건의료를 보면, 농촌의 보건의료 서비스는 총체적으로 과도하게 시장화
되었다. 농촌 기층에서 의료는 중시되었으나 예방은 경시되었고, 농촌 주민의
진료 접근성도 낮았다. 의료 비용의 상승폭도 높아 진료를 못 받고 약을 못 먹는
문제가 두드러졌다. 필수 의료보장 혜택이 부족해 농민들은 병이 나면 가난해
질 수밖에 없었다(후궈칭 외, 2005; 한쥔·뤼단, 2005).

　　사회보장의 경우, 중국 농촌의 진정한 사회보장은 이제 막 시작되어 적용

률이 2%에 불과하다. 반면 도시는 이미 91%에 도달했다(리쭈핑, 2006). 사회보
장의 시행 기준이 너무 낮은데, 일례로 양로보험의 경우, 최저로 선택할 수 있는
보장등급은 월 2위안씩 내고 15년 납입 후에 월 9.9위안을 수령하는 것이다. 농
민들이 노후를 보내기에는 너무 보잘 것 없는 수준이다(천밍밍, 2006).

　　인프라는 2005년까지 전국적으로 절반 정도의 행정촌에 상수도가 없어서
약 2.8억 농민의 음용수가 안전하지 못한 상태였다(리샨웨이 외, 2007). 60% 이상
의 농가가 위생적인 화장실을 갖추지 못했고, 7,000만 농가의 주택은 수리가 필
요했다. 1.5억 농가가 연료 문제를 해결해야 하며, 6%의 행정촌은 도로가 없다.
2%의 촌락은 통신이 연결되어 있지 않으며, 6%의 촌에 전화가 없다.

4. 향촌 공공재 공급 체제의 개혁

1) 향촌 거버넌스 구조의 조정 방향

농촌의 공공재 공급은 광의의 의미에서 향촌 거버넌스의 일부분이다. 따라서
공공재 공급 체제의 조정과 개혁은 전체 향촌 거버넌스 구조의 조정이라는 큰
틀에서 논의되어야 한다. 향촌 거버넌스 구조의 조정에서 중요한 지점은 향촌
사회의 자주적 거버넌스를 발전시키고, 정부 거버넌스와 상하 간 상호작용을
만들어야 하며, 하향식 모델이 갖는 각종 폐단을 억제해야 한다는 것이다. 정부
와 민간의 동반자 관계를 수립하여 공공 업무를 관리해야만, 향촌 문제를 최대
한 내부화, 사회화할 수 있다. 농촌 거버넌스 구조의 개혁은 행정화와 자치화를
결합하여 양자의 대립을 초월해야만 한다.

2) 중앙과 지방정부의 역할과 기능

첫째, 도농 통합을 통해 농촌의 심각한 자원 제약을 완화해야 한다. 시장실패를
해결하려면 정부가 '보이는 손'을 이용해 요소 자원, 특히 농촌에서 심각하게 부
족한 자본을 농촌으로 유입함으로써 농촌 공공재 공급의 자금 제약을 완화해야

한다.

2002년 말 후진타오 총서기는 다음과 같이 명확하게 강조했다. '현 이하 농촌의 공공 투입을 증대하여 기층정부가 농민에게 제공하는 공공 서비스 부족의 문제를 해결해야 한다. 농촌 기본건설에 대한 국가의 지원 역량을 강화하여 소규모 프로젝트에 대한 수요를 해결하도록 해야 한다.' 또한 2005년 9월 이러한 '두 개의 투입'을 증가시켜야 한다는 점을 명확히 하여 농업 지원 재정자금을 매년 400~500억 위안씩 증가시켰다. 농업 지원 재정이 점차 증가함에 따라 대다수 농촌 지역에서 공공재 투자의 자금 문제가 개선될 수 있을 것이다.

둘째, 농업을 발전시키고 또한 농업으로 발전을 촉진하기 위해서는 부문 간 협조, 사적 부문 및 민간 사회단체와의 동반자 관계 형성 등에서 중앙정부와 지방정부의 능력을 높여야 한다(세계은행, 2008: 1-8). 실험을 통해 알 수 있듯이 정부와 민간이 동반자 관계를 수립할 때에도 정부가 주도적 지위를 유지해야 한다.

3) 농민의 주체적 지위와 참여 수준의 향상

농촌 기층의 조직혁신과 제도혁신이 없이 농촌에서 보편적인 공공 서비스를 제공하게 되면, 필연적으로 정부는 분산된 소농과의 높은 거래비용이라는 문제에 직면하고, 정부실패에 빠지게 된다. 많은 성공 사례가 보여주듯이 촌민의 주체적 지위를 실현할 수 있는 촌민 자치조직들의 참여도가 농촌 인프라 건설의 효과를 결정하는 중요한 요소이다(쌍훙위안·우중빈, 2007). 그러나 촌민 자치조직의 효과에도 각종 제약이 존재한다. 법률의 제약과 정부와의 갈등 외에도 촌민 조직 자체의 낮은 관리능력, 엘리트 포획, 취약집단에 대한 배척 등의 문제가 있다. 어떻게 해야 정부와 후원자가 지원을 제공하면서도 의존성을 야기하지 않을 것인가도 여전히 난제이다. 실험의 경험에 따르면, 문화건설에서부터 농민에 대한 조직적 동원을 시작한 이후에 차례대로 공동의 구입과 판매, 자금의 상호부조를 전개해야만, 농민의 조직화 정도를 향상시키고 자기관리 능력을 신장할 수 있다. 이처럼 새로운 조직 담지체가 형성되어야만, 정부 주도의 투입 대상으로 기능할 수 있게 되며, 또한 이 경우에만 투입 대상이 되도록 해야 한다.

4) 기타

첫째, 향·진의 행정 지위와 재정·세수에 대한 업무 책임을 약화시켜야 한다. 대다수 전통적 농촌 지역의 향진에 대해서 가장 기본적인 사회업무 관리만을 요구하고, 경제성장 목표에 대한 업무 책임을 갖지 않도록 해야 하며, 자신의 재정에 대해서도 책임지지 않도록 해야 한다. 특히 스스로 확장하고 자원을 수탈할 수 있는 능력을 갖지 못하도록 해야 한다(자오수카이, 2003). 또한 농업세 폐지를 계기로 농촌에서 향의 철폐와 촌의 병합을 추진해야 한다. 이는 사실 향촌 상부구조의 전면 조정을 의미한다.

둘째, 농촌 공동체의 엘리트들을 동원하여 적극적인 역할을 하도록 해야 한다. 다원적 엘리트가 주도하는 다원적 규칙이 장기적으로 촌민자치 제도의 중요한 구성 부분이 될 것이다(쑨예, 2007). 경제 엘리트의 참여와 주도로 시장 메커니즘과 경쟁 메커니즘을 촌락의 공공 재정 관리에 도입함으로써 향촌 거버넌스의 성과를 향상시킨다(잉샤오리, 2005).

셋째, 외부 세력의 적절한 개입을 유도해야 한다. 농가의 참여 동원, 농민의 자기관리에 대한 인식과 능력 배양, 공동체 내부의 협조 등에서 비정부조직이 긍정적 역할을 할 수 있다. 이들은 서로 다른 역할을 갖는 집단 간에 건설적인 방법을 찾아내어 충돌을 완화하고, 공동체의 대화를 촉진하며, 발전전략에 대한 합의를 도출할 수 있다. 또한 다양한 자금이 참여하는 농촌 프로젝트에서 비정부조직은 이해관계로부터 자유롭기 때문에 매개 역할을 할 수 있다. 또한 전문지식과 봉사정신을 갖춘 자원봉사자들도 프로젝트의 건설과 운용에서 긍정적 기능을 한다.

중국에서 농가도급제라는 이름으로 정부가 비경제적인 농업영역에서 퇴장하는 개혁이 달성된 이후, 농촌의 금융시스템을 포함한 삼농 관련 부문의 개혁은 피할 수 없는 장애에 부딪혔다. 정부 퇴출과 인민공사의 해체로 내팽개쳐진 제도 비용을 부득이하게 자주적으로 책임져야 했다! 더구나 세계의 어떠한 상업화된 금융도 각종 외부주체와 분산된 소농 간의 높은 거래비용이라는 난제를 독자적으로 해결할 수 없었다. 이로 인한 농촌 자금의 순유출 문제는 개발도상국에서 보편적 문제였다.

이러한 점에서 중국 농촌의 공식 금융기관들은 보편적 혜택을 주는 국가의 농업 지원 전략을 정책적으로 시행해야 하며, 소농을 위해 금융 소매 서비스를 제공할 의무가 있다. 그러나 이는 대부분 분산된 소농과의 심각한 정보 비대칭, 과도한 거래비용, 저당물의 부족과 담보 설정의 어려움 등의 문제들과 마주치게 된다. 그러므로 국가가 이러한 제도 비용을 전부 지불하지 않는 이상, 국가 정책이 요구하는 보편적 혜택을 주는 서비스를 제공하기 어렵다.

따라서 여기서 논의하는 내용은 이데올로기를 초월하여 가치중립적인 특성을 가지며, 제3세계에 보편적으로 존재하는 난제를 대상으로 수립된 이론적 가설이다. 즉 어떤 이데올로기와 어떤 정치체제에서도 고도로 분산되고 겸업화된 소농경제를 대상으로 한다면, 시장화된 상업금융이 보편적 서비스를 제공하

59　이 글은 중국 런민대학 농촌금융연구소가 교육부에 보고한 중대 연구프로젝트 신청서의 내용과 랴오닝성 농촌신용사 연례회의에서 원톄쥔, 마주제[馬九傑] 등의 발언 요지를 류하이잉[劉海英] 박사가 수정하여 완성하였다. 프로젝트는 원톄쥔이 수석전문가로, 마주제가 과제팀 책임자로 참여했으며, 정평톈, 왕싼구이[汪三貴], 청수란[程漱蘭], 허핑[何平], 저우리[周立] 등의 교수들도 참여했다. 또한 중국사회과학원의 두샤오산[杜曉山], 지린성 쓰핑[四平]시 은행업감독관리위원회 분국의 장바이린[姜柏林] 등이 과제계획서의 토론과 수정에 참여했다.

기 어렵다는 것이다. 국가가 제도 비용을 지불하지 않는다면, 개별 지역들은 농촌의 종합적인 발전을 위해 조직과 메커니즘을 혁신해야만, 고도로 분산된 소농의 요구에 적합한 금융시스템을 저비용으로 수립할 수 있다. 정책 부문과 관리·감독 부문이 현재의 이론과 제도를 단순하게 모방한다면, 높은 제도 비용이 발생할 수도 있다.

역사와 국제적 경험을 통해 알 수 있듯이, 소농경제가 작동하는 개발도상국이 금융시장 자유화를 전면적으로 시행할 경우, 대부분의 농촌 지역에서 고리대가 출현하게 된다.

자유시장 경제를 가진 많은 개발도상국들이 소액 신용대출을 통해 농촌의 신용대출 문제를 해결하기 위한 실험을 하고 있다. 방글라데시의 그라민 은행(Grameen Bank)을 포함하여 다른 국가와 지역의 경험을 보자면, 대출 소집단을 구성하는 내재적 메커니즘은 결국, 농민의 조직화 향상을 통해 정보 비대칭과 저당물의 부족이 야기하는 부정적 외부효과를 내부화하여 처리할 수 있느냐의 문제로 귀결된다.[8] 그러나 이러한 메커니즘 수립을 위해 지불해야 하는 조직비용은 일반적으로 고이율이다.

이 같은 점을 고려하여 우리는 농촌의 종합발전과 연계하여 조직과 메커니즘을 혁신해야만, 고도로 분산된 소농의 요구에 적합한 금융시스템을 저비용으로 수립할 수 있다고 주장한다. 메커니즘 혁신에 대한 깊이 있는 연구가 없이 현존하는 이론과 제도를 단순하게 모방한다면, 과도한 제도 비용이 발생할 수 있다.

1. 배경과 문제

정책적으로 보자면, 중국은 수십 년 동안 개혁과 발전에도 불구하고 소농을 경제주체로 하는, 농촌의 전통적인 사회경제적 기초가 거의 변하지 않다. 또한 도농 이원구조라는 기본적인 체제 모순도 장기화되고 있다. 따라서 중국은 수차례 삼농 문제가 가장 중요하다고 강조하고, 동시에 삼농을 위한 금융시스템을 수립하려고 했다. 이를 통해 실사구시의 기본원칙을 구현해 왔다.

이론적으로 보자면, 일괄도급으로 소농 촌락제의 토대가 회복된 이후, 현대적 상부구조를 수립할 재정이 부족했음에도 불구하고 현급 이하에서 고비용의 거버넌스 구조가 추진되었다. 이런 점에서 농촌사회의 충돌이 증가하고 향촌 거버넌스가 악화된 근원은 토대가 상부구조를 결정한다는 마르크스주의의 기본원리를 위배했기 때문이라고도 할 수 있다.

그러나 당장 긴박한 문제는 기본적인 이론문제에 대한 지적과 토론이 아니라, 갈수록 심각해지는 현실의 문제를 어떻게 해결할 것이냐이다. 농가 총수의 3/4에 달하는 겸업 소농이 직접 현대적 요소를 획득하려고 하면, 거래비용이 너무 높다. 따라서 낮은 거래비용을 달성할 수 없는 제도적 조치와 정책적 노력은 모두 실패하거나 형식에 치우치기 쉽다. 다른 한편으로 대규모 외지노동이 정책적으로 촉진되면서 농업 노동력의 기회비용이 5년 동안 네 배가 되었으며, 이것이 농업의 한계수익이 하락하는 주요 원인이 되었다. 현대적 요소로 노동력을 대체하여 이 문제를 해결해야만, 농업이 최소한의 식품안전을 유지해 주는 국가의 기초산업으로 남을 수 있다.

1) 중국 농촌에서 금융시스템 시장화 개혁에 대한 간략한 회고

1970년대 말 중국 농촌이 일괄도급을 시작한 이후, 고도로 집단화된 체제에 의존해서만 운영될 수 있었던 대부분의 농업 관련 경영부문들은 회복된 전통적 소농 농가의 분산 경영에 적응하지 못했다. 스스로 찬성했든 말든 간에 이들은 불가피하게 이러한 제도 변천의 비용을 떠맡는 담지체가 되었다. 뒤이어 농촌의 금융시스템을 포함하여 일련의 농업 관련 부문에서 제도 비용을 처리하는 개혁이 등장했다.

1979년 2월 국무원은 56호 문건으로 「중국 농업은행 회복에 관한 통지[關於恢復中國農業銀行的通知]」를 발표하였다. 농업 지원 자금의 관리와 농촌신용사에 관한 내용이었다. 1987년 중국 농업은행은 기업화 관리 실험(쓰촨성 광한[廣漢])을 진행했다. 농촌신용사는 1984년 관리체제 개혁을 시작하여 현에 연합합작사[聯社]를 설립했다. 연합합작사는 명의상의 합작조직을 유지하면서 국가가 부여하는 농업 지원 기능을 계속 떠맡았다. 1994년 곡물과 면화의 수매 대출 등의 업무를 전적으로 책임지는 정책성 은행으로서 중국 농업발전은행[中國農業發展銀行]이 설립되었다. 동시에 중국 농업은행은 상업화 개혁을 시작하여, 2004년 신용자산의 규모로 보면 중국에서 두 번째로 큰 상업은행이 되었다. 1996년 중국 농업은행과 농촌신용사의 예속관계가 사라졌다.

특히 주목할 점은 1997년 동아시아 금융위기 이후의 개혁 조치로서 중국 금융시스템의 시장화를 완성하기 위한 기본적인 제도들이 등장했다는 것이다. 동아시아 금융위기가 폭발하고 1997년 11월 개최된 전국 금융공작회의는 국유은행이 '위험 방지'를 주요 목표로 삼아 상업화 개혁을 전면적으로 추진하도록 결정했다.

1998년부터 중국 농업은행은 대형 상업은행의 시장화 개혁을 따라 적자를 가져오는 농촌 신용서비스 영역에서 재빨리 이탈하고, 기층의 기구와 점포망을 감축했다. 또한 '보호가격으로 무제한 수매하고 더 높은 가격으로 판매하며 자금의 전용을 차단하는 운영'을 정책 내용으로 하는 식량매매 제도의 개혁에 개입하였다.[9] 동시에 1998년 정부가 대규모로 '불법 금융'을 단속하면서 향촌 기층에서 4만여 개에 달하는 농촌 합작기금회[合作基金會]가 거의 전부 철폐되고, 계를 포함한 민간 금융이 억제되었다. 농촌신용사는 1999년 지방 상업은행이나 더 큰 규모의 연합합작사로 전환되었고, 우정저축[郵政儲蓄]은 예금만 있지 대출이 없어 농촌 자금을 퍼올리는 '양수기'가 되었다.[10]

이러한 갖가지 것들은 위험 방지를 주요 목표로 삼았던 은행의 상업화 개혁으로 보자면 비판할 게 없다. 그러나 제도 변천의 비용이 발생하여 상응하는 개혁 조치들은 농촌 자금의 유출 문제를 더욱 악화시켰다.

또한 일괄도급의 제도 비용이 농업 관련 부문에 전가된 것처럼, 이 금융개혁의 제도 비용도 비금융 부문에 전가되었다.

2) 삼농 문제가 제기된 이후, 제2단계의 농촌 금융 신정책

2002년 중국의 새로운 지도자들은 전면적인 소강[全面小康]을 미래 20년 발전의 새로운 전략목표로 명확하게 제시했다. 2003년 전국 농촌공작회의는 '삼농 문제가 전체 공산당의 업무 중에 가장 중요하다'고 선언하면서, 동시에 농촌 금융개혁의 목표를 제시하고 삼농을 위한 금융시스템 수립을 강조하기 시작했다. 이는 발전과 개혁이라는 목표에 대한 국가의 중대한 전략적 조정이었다.

이에 따라 우리는 2003년 삼농 문제가 가장 중요하다는 선언과 2005년 제기된 사회주의 신농촌 건설이 농촌 금융개혁의 전후 단계를 나누는 이정표였다고 평가한다. 제2단계가 시작된 이후 몇 년 동안 농촌의 금융기관 개혁이 가속화되어 금융이 신속하게 발전했다.

2003년 6월 27일 국무원은 「농촌신용사 개혁을 심화하는 실험 실시 방안[深化農村信用社改革試點實施方案]」을 하달했다. 이에 따라 새로운 차원의 농촌신용사 개혁이 시작되어 8개 성(시, 구) 지역에서 관리시스템 개혁을 실험했다. 2004년에는 중국에서 처음으로 전문적인 농업보험회사가 정식으로 설립되었다.

2005년 신농촌 건설이 과학발전관을 관철하기 위한 8항의 전략임무 중 첫 번째가 되었으며, 중국 인민은행은 상업적인 소액신용대출회사를 실험 운영했다.

2006년 중앙 1호 문건이 농촌 금융 관련 '세 종류의 새로운 기구'를 제안했고, 같은 해 말에 은행업감독관리위원회[銀監會]는 농촌의 '금융 신정책'을 시행하는 문건을 내놓았다.

2007년 3월 중국 우정저축은행[中國郵政儲蓄銀行]이 베이징에 설립되면서 농촌 금융의 '양수기'로 기능했던 우정저축이 변화할 수 있게 되었다.

2007년 은행업감독관리위원회가 농촌의 '금융 신정책' 실험을 전국으로 확대하는 것을 승인했다.

3) 문제: 농촌 경제에서 여전히 심각한 신용대출 제약

금융개혁을 시작한지 20여 년이 지났지만, 농촌 지역 특히, 중서부의 소득이 낮은 소농 농가의 대출이 어렵다는 문제와 농업 지원을 책임지는 정부 금융부문이 보편적인 서비스를 제공하기 어렵다는 문제는 여전히 해결되지 않고 있다.

농촌 경제는 여전히 신용대출에서 제약을 받고 있으며, 농가의 자금 수요가 충족되지 못하고, 신용대출도 부족하다. 2004년 산둥성, 산시성[山西], 산시성[陝西]에 대한 샘플조사를 보면, 820장의 설문조사 중에서 신용사의 대출이 있는 인원은 15.61%였다. 농촌 소기업에 대한 조사에서는 77%의 기업이 자금 부족 상태에 있다고 대답했다. 이처럼 도시에 편향된 금융개혁은 의심할 바 없이 농촌의 발전에 영향을 미쳤다.

4) 목표의 역설: 금융 시장화와 농업 지원 기능과의 상충

⑴ 은행 시장화 개혁에서 내재적으로 연관된 세 가지 요소

우선 은행 시장화 개혁을 주도하고 직접적으로 추진했던 것은 정부였는데, 현대 정부의 목표는 '지대[租金] 최대화, 위험 최소화'라고 할 수 있다. 다음으로 은행 시장화 개혁을 완성한 금융부문은 이윤 최대화와 위험 최소화를 목표로 한다. 마지막으로 21세기 글로벌 경쟁을 주도하는 것은 생산의 3요소 중에서 유일하게 전지구적으로 유동이 가능한 금융자본이다. 금융자본의 특징은 유동성을 높여 이윤을 획득하는 것이다. 따라서 금융자본이 유동성이 가장 낮은 삼농 영역에서 가장 먼저 이탈하는 것은 자본의 세계화와 삼농에 대한 '금융자본 배제'라는 현대 금융의 경쟁 법칙일 뿐이다. 신속하게 확장된 중국의 금융자본도 세계화된 경쟁에 진입하면서 게임의 규칙을 준수할 수밖에 없었다.

이들이 법칙인 이상, 인간의 의지로 바꿀 수 없기 때문에 크게 비난할 수는 없다.

(2) 시장실패 + 정부실패 = 이중의 딜레마

삼농 관련 학계의 공통된 인식은 금융 시장화와 농업 지원이라는 이중의 목표에 직면하여, 정부와 금융부문은 모두 위험과 이익이라는 원칙에 따라 선택을 할 수밖에 없다는 것이다. 이 또한 경제법칙에 따르는 것이지만, 법칙의 경중에는 차이가 있다.

중서부 지역의 정부에 속한 농업 관련 부문들은 농업 수익이 지속적으로 감소하는 상황에서도 자신의 부문에만 매몰되어 문제의 본질을 인식하지 못했다. 따라서 목숨을 구하려 지푸라기라도 잡는 것처럼 계속 독점체제를 강화했다. 독점을 통해 정부의 행정권력에 기대어 소농경제를 착취했지만, 이 부문들은 여전히 분산된 농민과의 높은 거래비용이라는 문제를 해결하기 어려웠다. 이로 인해 단기간 동안에는 정부의 이름을 빌려 부문의 이익을 취할 수 있을 것 같았지만, 농민의 현금소득 감소로 인해 생산과 투자 능력이 지속적으로 떨어지면서 의도와 상반된 결과를 가져왔다.

이처럼 정부 부문의 현행 독점체제는 은연중에 정부가 내놓은 각종 농업 지원 정책의 실패를 초래했다. 이것이 사람들이 말하는 '2호 문건이 1호 문건을 지배'하는 이치이다.[11]

현재 농촌에서 초보적으로 개조된 공식 금융부문은 지방의 중소기업과 농촌의 전업 대농가를 위해 서비스를 제공하는 지방 상업은행으로 변질되었으며, 분산된 소농 중심의 농촌 경제발전이라는 필요에는 여전히 보탬이 되지 못하고 있다.

(3) 상술한 문제에 대응한 농촌 종합개혁이 마주치게 되는 고질적인 문제

삼농을 위한 농촌 금융은 조직과 기능에서 모두 완벽하지 못하다. 대다수 농촌에서 농촌신용사를 제외하고는 농민이 상부상조하는 금융이 없으며, 경쟁적인 상업금융도 없다. 또한 보험, 신탁, 담보도 없다. 국가의 재정투입이 지속적으로 증가하더라도 이 같은 상황으로 인해 농업 지원 자금을 전달하여 집행할 수 있는 적합한 경로와 플랫폼이 아직 없는 것이다.

⑷ 국제적인 경험

현재 세계 선진국들의 농업 서비스 시스템은 (제도 비용의 고저에 상관없이) 두 종류로 나눌 수 있다. 일본과 한국의 종합적인 농협 모델과 구미의 산업화 모델이다.

일괄도급이 중국에서 전통 소농 촌락제의 토대를 회복시킨 이후, 중국은 구미의 산업화된 농업 서비스 시스템을 모방하여 중국의 소농경제에 들여왔으며, 이론을 기계적으로 적용해 농업개혁을 추진했다. 공급·판매, 종자, 식량, 기술, 농기계 등 수많은 농업 지원 부문이 분할되어 각각의 시스템 간에 혼란이 발생했다. 또한 종적·횡적 마찰이 끊이지 않으면서 제도 비용이 심각하게 상승했다. 최종적으로 이는 사회로 전가되어 농업이 스스로 해결할 수 없을 만큼 부정적 외부효과가 극대화되었다. 그래서 저자가 일찍이 농업 문제의 해결 방법은 농업 밖에 있다고 한 것이다.

일본과 한국의 종합적인 농협 모델, 즉 저자가 수년간 강조한 소농 촌락 경제의 종합농협 모델은 구미 대농장의 산업화 모델과는 완전히 다른 종합 합작사 모델이다. 중국의 소농 촌락제의 토대에는 이처럼 부정적 외부효과를 조직 내부적으로 처리할 수 있는 종합농협 모델이 적합하다. 현재 종합농협 모델은 일본, 한국, 대만에서만 존재하며, 일본과 한국은 소농경제와 농촌의 안정을 100년 동안 효과적으로 유지했다.

일본과 한국의 종합농협 모델을 본받아 금융의 외부효과를 농협을 통해 내부화하여 처리함으로써 중국 농촌의 금융 문제를 해결할 수 있다. 그러나 최근 몇 년간 중국의 정부개혁은 행정자원이 '종적·횡적으로 분할되고 꼬리가 커서 흔들 수조차 없는' 체제의 고질병을 초래하였고, 이것이 삼농 딜레마를 해결하기 위한 국가의 투자 효과를 제약하고 있다.

2. 농촌 금융의 4대 문제점과 관련 자료에 대한 분석

중국에서 농촌 금융의 대상은 현금 소득 능력이 떨어지는 소농 농가와 매우 작은 소기업이다. 이 수요 주체들(특히 중서부의 전통 농업 지역)은 아래와 같은 4개의 공통점이 있다.

첫째, 적은 액수. 중국 농가는 평균 토지 규모가 작고 토지가 분산되어 있어서, 일반적으로 농가 내의 겸업화 경영을 통해서만 외부 위험에 대응할 수 있다. 상업은행이 농가의 대출 프로그램을 정확히 평가할 수 있더라도 대출 액수가 적어 상대적으로 비용이 높다.

둘째, 주기의 불일치. 농업 생산이라는 자연과정과 소농 농가의 경제과정이 합쳐져 있기 때문에 생산 주기와 상업금융의 신용 주기가 불일치한다.

셋째, 높은 위험. 농업은 자연과 시장이라는 이중의 위험에 직면한다. 농가는 현금화할 수 있는 자산이 적고 저당물이 부족하다. 또한 외부의 금융기관이 전통 촌락에 진입하여 저당물을 처분하기도 어렵다.

넷째, 낮은 수익. 상업 금융기관이 농촌의 신용대출 영역에 진입하는 것은 비경제적이다. 대출 심사, 감독, 현금 회수가 모두 고비용과 저수익이라는 문제를 갖고 있기 때문이다.

결국 공식 금융기관의 소농을 위한 소매 서비스는 높은 거래비용, 정보의 심각한 비대칭성, 저당물의 부족, 보증의 어려움 등의 문제에 부딪혀 (신용대출, 보험, 재테크 등의) 보편적인 서비스를 제공할 수 없다.

국제적인 경험으로 보면, 시장경제 국가의 정부들은 규범화된 관리가 불가능한 비공식 경제와 비공식 취업에 대하여 관용적이거나 심지어 방임하는 정책을 취할 수밖에 없다. 이로 인해 많은 개발도상국의 농촌 금융시장에서 고리

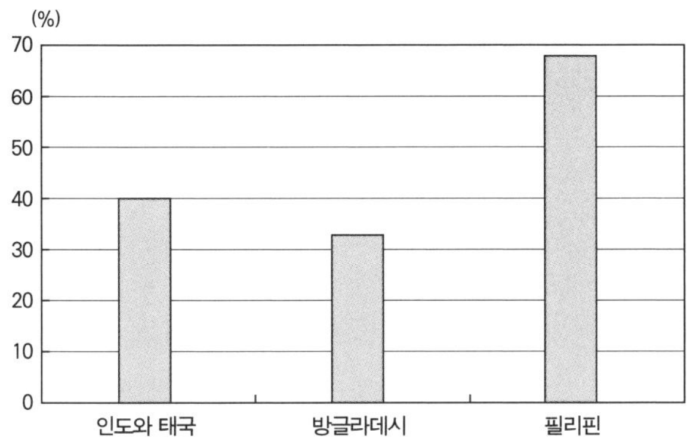

그림 1 인도와 태국, 방글라데시, 필리핀의 비공식 금융 비율

대와 비공식 금융이 널리 퍼져 있으며, 이들 비공식 금융은 높은 이율을 갖는다. 추정에 따르면, 인도와 태국의 농촌 신용대출 중 약 40%가 비공식 신용대출이다. 필리핀은 60%를 넘는다(〈그림 1〉 참조). 남아시아, 동남아시아, 아프리카 국가들에서 비공식 금융의 비중은 평균 59.60%이다. 일부 국가(말라위)에서는 비공식 금융의 규모가 공식 금융보다도 크며, 공식 금융의 두 배에 달하는 국가(기니)도 있다. 비공식 금융에 참여하는 인구 비율은 거의 1/3 정도 되며, 일부 국가는 70%(카메룬), 심지어 85%(나이지리아 카두나[Kaduna] 지역)에 달하기도 한다(쬭천밍, 2006).

세계은행의 빈곤층을 위한 자문그룹[CGAP]에 따르면, 2004년 통계를 통해 비공식 금융의 이율이 매우 높음을 알 수 있다. 인도네시아는 120~720%, 방글라데시는 180~240%였다(〈표 1〉 참조).

표 1 국가별 비공식 금융 이율

인도네시아	방글라데시	필리핀	캄보디아	인도
120~720%	180~240%	120% 이상	120~180%	24~120%

중국 역사를 보자면, 과거에는 사인[私人] 대출이 많았고 고리대도 흔했다. 중앙농업실험소[中央農業試驗所]의 15개 성에 대한 조사에 따르면, 대출자는

주로 지주·부농·상인이었고, 1938년에는 지주 등의 사인 대출이 43%를 차지했으며 이율은 32.4%에 달했다. 공식 대출(은행, 합작금고)은 10%에 불과했다. 1946년에는 지주 등의 사인 대출이 21%였으며, 연이율은 132%였다. 공식 대출은 26%를 차지했다(원톄쥔·펑카이원, 1996).

개혁 시기의 조사자료도 고리대가 흔했음을 보여준다. 1998년 이후 금융부문이 시장화 개혁을 추진했던 시기에 15개 성의 24개 시·현, 45개 촌락에 대한 조사를 보면, 민간 대출의 발생율이 95%였고 고이자의 민간 대출 발생율은 85%였다. 전국 농촌의 고정된 관찰 지점에서 2만여 농가의 대출을 조사한 것에 따르면, 1995년 사인 대출이 67.9%를 차지했고 은행과 신용사의 대출은 24.1%였으며 농촌 합작기금회 대출은 5.5%였다. 2003년에는 사인 대출이 65.97%, 은행과 신용사 대출이 32.7%였다.

3. 사례 분석: 저당물 대체 메커니즘의 상향식 혁신으로 금융 서비스를 소농까지 확대

중국 런민대학의 향촌건설센터는 전국 십여 개 성에서 종합 합작사를 포함하여 내부 자금을 상호부조하는 향촌건설 실험구를 십여 개 설립했다. 실험구 자원 활동가의 핵심 인물 장바이린[姜柏林]이 지도하는 지린성 리수[梨樹]현의 농촌자금호조사[農村資金互助社]는 은행업감독관리위원회가 정식으로 비준하면서, 첫 번째 촌급 농민 자금 상호부조 합작조직이 되었다.

그전에 리수의 농민합작사는 주식 신용대출 모델을 4년 동안 운영했었다(〈사례 1〉 참조). 이는 농촌 공동체의 사회 네트워크와 사회자원을 활용하여 소농의 조직화 정도를 높이고, 금융기관과 분산된 소농 간의 거래비용과 정보비용을 낮춘 모델이었다. 유사한 실험이 전국의 적지 않은 지역에서 진행되고 있다. 루이안[瑞安] 지역의 '삼위일체' 종합농협 모델은 농민 전업합작사, 공급·판매 합

〈사례 1〉

주식 신용대출 모델

제일 먼저 주식 신용대출 모델을 실행한 곳은 지린성 리수현의 타이핑바이신
[太平百信] 농민합작사와 성리궈샹[勝利果香] 합작사였다. 농민합작사를 통한 공
동 구매로 비용을 낮추고, 절약한 비용으로 농촌 신용사의 주식 지분을 늘려 농
촌 신용사의 신용대출 지원을 획득하는 방법이었다. 지린성 정부의 조사연구실
은 이를 '두 개 합작사의 상호부조'를 통한 주식 신용대출 모델로 규정하고, 자
동적인 자본 보강 메커니즘이라고 칭했다. 이 모델은 과거의 '농민-신용사'의 신
용대출 관계를 '농민-합작사-신용사'의 주식 신용대출 관계로 변경하여, 농민의
신용대출 능력을 향상시키고 농민의 자금 수요를 충족시켰다. 또한 현지의 농촌
신용사를 적자에서 흑자로 전환시켰으며, 신용사 개혁에 있어서 참고할 만한 아
이디어를 제공했다.

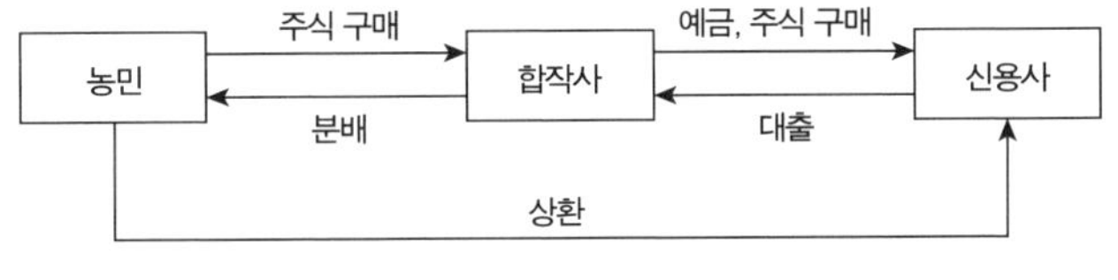

작사, 신용사 등의 자원을 통합함으로써 농협이 농민에게 문턱이 낮은 대출을
제공하는 핵심 기능을 발휘할 수 있도록 했다.

중국 인민은행의 황샤오제[黃曉捷] · 관옌유[管延友]가 리수 실험을 평가한
것에 따르면, 리수현 타이핑바이신 농민합작사 모델은 본래 농민 단독으로 농
촌 신용사에서 대출하던 방식을 '농민-합작사-신용사'의 주식합작 신용대출로
전환시킴으로써 농촌 신용사 경영에서 나타나는 정보 비대칭, 소규모로 인한
비경제성 등의 난제를 해결했다. 또한 농민의 생산 규모와 신용대출 지원 간의
연계를 끊었다. 이런 점에서 이 모델은 중국의 농촌 신용사와 농촌 경제개혁의

돌파구가 될 수도 있다.

그러나 주식 신용대출 모델은 합작사와 신용사라는 두 개의 상이한 이익 주체로 구성되어 있기 때문에 양자 간 의의와 목표에 편차가 있으며, 이에 더해 둘 사이에 정보 비대칭이 존재한다. 이로 인해 공평한 합작이 형성되기 어렵다. 신용사가 농민합작사를 하나의 조직으로 간주하지 않는다면, 대출은 농민 개인 만을 대상으로 하게 되고 합작사를 관리하기가 곤란해질 것이다. 또한 이 모델 은 계절의 영향이 크고 주기가 짧으며 유연성이 낮다는 신용사 대출의 문제점 을 해결하지 못함으로써 합작사가 지속적으로 발전하지 못했다.

〈사례 2〉

루이안에서 '삼위일체' 구조의 설계와 운영 과정

2006년 3월, 전국 최초의 종합농협인 저장성 원저우의 루이안 농촌합작협회가 정식으로 설립되었다. 협회는 농업 관련 자원을 통합하여 농민 전업합작, 공급·판매 합작, 신용합작을 '삼위일체'로 구성한 농촌 신형합작 시스템을 수립했다. 또한 합작은행, 공급·판매 연합합작사 등 8개의 핵심 회원단체와 거의 100개에 이르는 농민 전업합작사, 농기계합작사, 촌 경제합작사 등을 기본 회원단체로 구성하였다.

루이안시의 '삼위일체' 농협 모델은 신용평가, 소액대출 등의 절차를 촌락 의 전업합작조[專業合作組]와 연계하였다. 각종 농촌 자원을 종적·횡적으로 융합 하고 안팎의 자원을 효과적으로 통합함으로써, 농촌에서 대출·융자의 어려움과 정부의 지원 정책이 도달하는 과정에서 발생하는 문제들을 효과적으로 해결하 려는 목적이었다.

농업 생산 과정에서 농민 전업합작사가 발전의 문제를 해결하고, 공급·판 매 합작사는 시장의 문제를 해결하며, 농촌 합작은행이 자금의 문제를 해결하 는 방식이었다. 농협 자체는 구체적인 신용대출 업무에 참여하지 않고 신용평가, 신용 연대보증 등을 통해 농촌과 농가의 신용을 확대했다. 또한 농가가 루이안 저자는 루이안의 실험을 관찰하면서, 소농경제에서는 농가 경영의 규모가 작고 전업화 정도가 낮으며 순수한 전업합작의 역량이 여전히 약하다는 점을 알게 되었다. 그러나 종합농협 시스템이 농업 생산, 가공, 유통, 금융 등 개별 부분들을 포괄하면서 소농의 이익이 전방위적으로 보호받을 수 있게 되었다. 종합농협 모델의 다른 합작 주체들을 보자면, 신용사와 공급·판매 합작사는 신용평가, 소액대출 등을 전업합작조의 조원과 연계하는 역할을 일정 부분 수행했다. 또한 조원 간의 긴밀한 경제적 연계가 하나의 개방적인 감독·통제 시스템을 구축하게 되었다. 이를 통해 위험을 억제하고 거래비용을 낮출 수 있었다.

4. 정책 건의

금융부문에서 시장화 개혁이라는 제도적 조건이 이미 기본적으로 완성되었다. 따라서 농촌의 저당물 대체 메커니즘을 혁신해야만, 농민의 저당물 부족으로 인해 발생하는 공식 금융부문과의 높은 거래비용, 정보 비대칭의 문제를 해결할 수 있다. 이것이 현행 제도 하에서 가장 적은 비용으로 농가의 신용대출(금융 소매 서비스) 문제를 해결할 수 있는 방법이다.

거시부터 미시까지 현실의 다양한 측면을 고려하여 소농의 토대에 적합하고 소농에게 혜택이 갈 수 있도록 금융의 제도와 시스템을 재구성하고, 조직과 제도의 혁신을 진행해야 한다. 체제와 사회의 기존 자원을 충분히 활용하는 것과 동시에, 다양한 형식의 연합과 합작을 더 광범위하게 발전시켜야 한다.

먼저 중국의 전통 농업 지역에서 역사적으로 구축된 인적 관계, 지연 등의 사회자원과 근·현대의 오랜 기층건설 과정에서 축적된 잠재적인 조직자원을 활용하여 사회자원과 조직자원의 자본화를 추진하고, 이를 저당물을 대체할 조직적 기초로서 발전시켜야 한다. 소조 대출[小組借貸], 촌급 기금, 소조 대출 메커니즘을 구비한 자금호조사[資金互助社], 신용담보협회 등이 있을 수 있다.

다음으로 더 나아가 다른 위험 통제 메커니즘(묶음거래, 신용대출보험 등)을 저당물을 대체하는 활용 도구로서 시기적절하게 육성해야 한다.

제11장 신시기 향촌 거버넌스와 빈곤구제 개발[扶貧開發]: 문제점과 대책[60]

농촌에서 양질의 노동력이 대량으로 유출되어 외지노동에 종사하고 신세대 농민공이 도시화를 지향하면서 농촌의 노동력 구조와 사회구조가 변화했다. 이에 따라 농촌 잉여인구의 빈곤 발생 메커니즘과 빈곤구제의 내용에 있어서도 근본적인 변화가 일어났다. 잔류된 중·노년과 여성 집단은 인적 자본의 보유량이 낮아 외부자본의 기대수익을 만족시키기 어렵기 때문에 발전으로부터 배제되었다. 또한 농촌에서 거의 30년 동안 진행된 탈조직화 개혁 이후, 외부주체가 향촌에 진입하여 이러한 원자화된 잔류 개체를 만나게 되면, 모두 막대한 거래비용과 직면하게 된다. 이로 인해 시장에 의존하든 정부의 수단에 의존하든 간에 빈곤을 탈피하려는 노력은 모두 곤경에 빠졌다. 여기서 우리는 향촌 거버넌스와 빈곤구제의 상관성이라는 관점에서 현재 농촌의 빈곤퇴치가 직면한 어려움을 탐색한다. 결론에서는 실천적 경험에 기초하여 잔류 빈곤집단이 당면한 발전의 어려움을 어떻게 완화할 것인가를 살펴본다.

---

60 이 글은 국제연합 개발계획과 중국국제빈곤구제센터[中國國際扶貧中心]의 프로젝트 '중국의 신발전 단계에서 빈곤 감소의 도전과 대책 연구'의 재정 지원을 받았으며, 다른 프로젝트 참여자들의 큰 도움을 받았다. 이들은 보고서 서술 과정에서 소중한 수정 의견을 제시해 주었다. 이 점에 깊이 감사드린다. 참여자들은 다음과 같다. 과제책임자 리샤오윈[李小雲] 교수, 왕싼구이 교수, 국제연합 개발계획의 허우신안[侯新岸] 처장, 왕더샹[王德祥] 박사, 루이빈[盧亦斌] 등이다. 다른 세 개의 보고서 작성자인 왕하이민[王海民] 교수, 린완룽[林萬龍] 교수, 치구보[齊顧波] 교수도 있다. 보고서에 기초하여 수정한 논문으로는 양쇠이·원톄쥔(2014)을 참조 이번에 수록하면서 수정하였다.

1. 문제 제기: 향촌 거버넌스의 관점을 통한 빈곤구제 개발에 대한 고찰

1) 농촌 사회구조의 변화와 빈곤구제 개발의 전환

현재 중국 농촌의 많은 지역에서 농업 노동력의 여성화, 노령화 추세가 나타나고 있다. 국가통계국이 2008년 발표한 제2차 전국 농업 총조사 자료에 따르면, 2006년 말 전국의 농업 종사 인구는 3.49억 명이고, 이 중에서 여성이 53.2%, 남성이 46.8%로 노동력의 남녀 성비는 87.97%였다. 2006년 말 전국 인구의 남녀 성비를 고려하면(『중국통계연감 2009』의 비율은 106.27%), 농촌의 남녀 출생 성비가 노동력 성비보다 약 18.3% 높아 남성 노동력의 유출 추세를 확인할 수 있다. 장위안[張原]은 '중국 주민의 건강과 영양 조사(China Health and Nutrition Survey, CHNS)'의 샘플에서 연평균 증가폭을 계산하여 중국 농촌의 잔류 부녀자 총량이 이미 8,500만 명을 초과했을 수 있다고 추정했다(장위안, 2011).

저우푸린[周福林]은 제5차 인구 총조사 자료와 0.095%라는 표본추출 비율을 통해 2000년 중국의 65세 이상 잔류 노인의 총량이 1,793.9만 명이라고 추산했다(저우푸린, 2006). 두평[杜鵬] 등은 동일한 자료를 통해 중국의 60세 이상 잔류 노인 집단의 총량을 대략 1,800만 명으로 계산했다(두평 외, 2004). 예징중에 따르면, 농촌에서 청장년 노동력이 외부로 나가 일하면서 노년 인구가 농업 생산의 주요한 유지자가 되었으며, 현재 80.6%의 잔류 노인이 농업 생산에 종사하고 있다(예징중·허충밍, 2008: 17-19). 중서부에서 50세 이상의 경작자 비중이 1996년 17~18%에서 현재 32~33%로 상승했으며, 노동력 유출이 큰 성급 지역에서는 이 비중이 심지어 46%에 달했다. 일부 지역의 현지조사에서는 50세 이상의 노년층이 농촌 잔류 인구의 60% 이상을 차지했다. 이를 통해 경작 주체의 부녀화와 노령화를 확인할 수 있다. 이와 함께 많은 아동들이 농가 노동력의 중요 구성 부분이 되어 직접적으로 농업 생산에 참여하고 있다.

이러한 배경에서 현재 중국 농촌의 빈곤은 새로운 국면에 접어들었으며, 빈곤 발생 메커니즘과 빈곤구제의 내용에 있어서도 중요한 변화가 발생했다.

청장년 노동력이 20년 동안 농촌에서 도시로 대량 유출되었고, 농촌에 잔류한 노인과 부녀 집단은 자체 발전 능력이 부족하여 자신의 노동 수익으로 생계를 유지하기 어렵다. 따라서 갈수록 외부의 현금 유입에 의존해야만, 가정의 생계를 유지할 수 있었다. 이는 빈곤한 농촌에서 농민 생계의 현금화 수준을 높였고, 필연적으로 빈곤 기준을 상승시켰다. 이러한 현상은 노동력이 도시로 대량 유출되는 개발도상국에서 매우 보편적인 현상이다. 일례로 멕시코 농촌은 청장년 노동력의 약 1/3이 미국에서 외지노동을 하면서 농촌 생활의 자급률이 떨어지고 농민 생계의 현금화 정도가 대폭 상승했다. 이로 인해 멕시코는 빈곤 기준을 국제적으로 통용되는 일일 평균 2달러에서 4달러로 올려야 했다.

한편 (인도 등과 같은) 일반 개발도상국들은 농업 인구 비중이 매우 높아 빈곤율이 치솟았고, 높은 도시화율을 가진 (브라질 등과 같은) 개발도상국은 '빈곤이 평행 이동하여 집중'되는 비농업화된 빈곤을 겪었다. 이들과 다르게 중국은 농업 노동력의 대량 유출로 농업에서 노동 투입의 기회비용이 상승하고, 농업 영역에 대한 양질의 노동 투입도 부족해졌다. 그러나 잔류 집단은 인적 자본의 보유량이 낮아 외부자본의 수익 요구에 부합하기 어려웠다. 그리하여 발전의 딜레마에 빠져버렸다.

이는 빈곤구제의 난이도를 높여 과거 효과적이었으며 빈곤지역에서도 환영받았던 수많은 빈곤구제 프로젝트를 부차적인 것으로 만들어버렸다.

2) 중국 농촌의 빈곤구제 정책을 변화시킨 거시적 배경

개발도상국의 빈곤퇴치에서 나타나는 보편적 법칙은 다음과 같다. 자본 요소가 극도로 희소한 상황에서 경제성장을 주요 목표로 삼는 정부는 내재적으로 친자본적인 정책방향을 갖게 될 것이다. 따라서 자본 요소가 더 이상 희소하지 않고 정부의 채무 압력이 감소할 때에만, 개발도상국 정부는 진정한 친빈곤 정책을 관철할 수 있다. 이것이 대다수 개발도상국에서 국제연합의 밀레니엄 개발목표를 효과적으로 달성하기 어려운 내적 원인 중 하나이다.

중국은 빈곤인구가 가장 많으면서도 경제성장을 목표로 하는 개발도상국이었다. 1980년대의 개혁 이전, 농촌 빈곤의 주요 원인은 공업화를 위한 원시적 축적이라는 국가전략을 위해 삼농 영역에서 6,000~8,000억 위안의 잉여를 추출했기 때문이었다(옌루이전 외, 1990; 쿵샹즈·허안화, 2009). 그러나 개혁·개방 이래 중국은 빈곤퇴치에서 세계가 공인하는 중요한 성과를 이루었다. 이는 공업화를 위한 원시적 축적을 달성한 이후, 국가가 농업으로부터 추출하는 협상가격차의 수익을 줄였고, 농가생산연계도급책임제를 실행하고 나서 전통 소농경제와 촌락 자치제도를 회복했으며, 이러한 제도 수익을 신속하게 농촌으로 방출함으로써 농촌이 보편적 빈곤에서 벗어날 수 있는 기초를 다졌기 때문이다.

개혁 초기 정부의 빈곤퇴치 전략은 '성장 거점의 창조'와 '산업을 통한 빈곤구제'였다. 실제 시행된 정부의 정책 방향은 자본이 극도로 희소한 빈곤지역에서 산업자본을 형성하는 것이었다. 1990년대 초 중앙정부가 2000년까지 8,000만 인구의 빈곤 문제를 기본적으로 해결한다는 '8·7 돌파계획[八七攻堅計劃]'을 제시했을 때, 중국은 때마침 거시경제적 위기를 맞이했다.[12] 1993년 정부는 심각한 재정적자로 은행으로부터 당좌대월[透支]을 빌리게 되었고, 재정으로 인해 금융시스템의 전체 자본금이 소진되고 예금-대출 비율까지 심각해졌으며, 외환보유액도 외채의 원금 상환 및 이자 지급을 부담하기에 충분하지 못했다(〈그림 1〉, 〈그림 2〉 참조).61[13] 당해 연도의 추산에 따르면, 지출하지 못한 사회보장 지출을 포함하여 중앙정부가 일괄적으로 책임지는 전체 부채가 GDP에서 차지하는 비율이 100%를 초과했다. 이에 대응한 화폐 발행의 증가로 1994년 소비자물가지수(CPI)가 24.1%에 달했고, 인플레이션이 발생했다. 또한 분세제 직전인 1993년, 권한 이양과 이윤 허용의 개혁으로 정부 재정의 GDP에 대

---

61 1992년 하반기부터 1993년까지 거의 1년여 동안 중국은 무역수지 적자를 다시 겪었는데, 1993년 1년 동안만 700억 위안 규모였다. 무역수지 적자의 증가가 중국의 외환보유고와 지불체계를 다시 어렵게 만들었다. 1993년 말 중국의 외환보유액은 211.99억 달러로 당시의 단기 채무 잔액 135.46억 달러를 제외하면, 76.53억 달러에 불과했다. 당해 연도의 순수입을 지불하기에도 부족했다(1993년 무역수지 적자는 122.2억 달러).

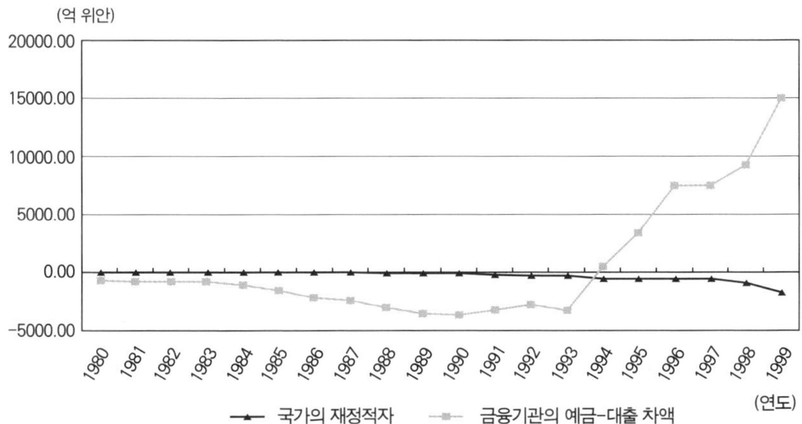

그림 1   1980~1999년 국가의 재정적자와 금융기관의 예금-대출 차액의 변화

출처: 연도별 『중국통계연감』.

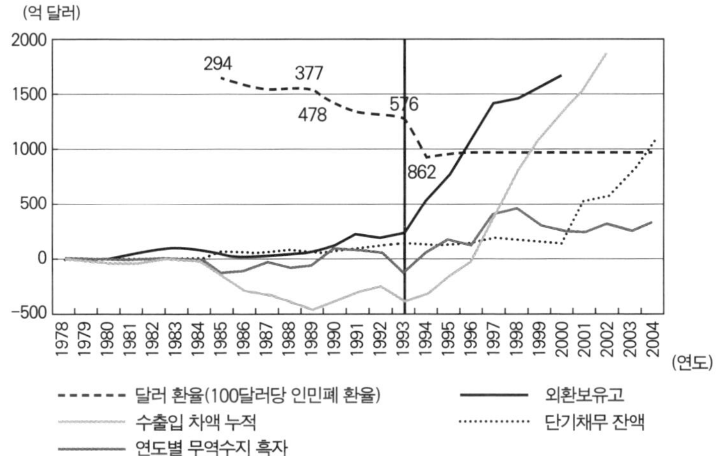

그림 2   1978~2004년 중국의 외환보유고 변동

출처: 연도별 『중국통계연감』.

한 비중이 12.6%까지 떨어졌다.[62] 이러한 상황에서 직접적으로 빈곤 가구에 초

---

62   『중국통계연감 1993』, 『중국통계연감 1994』를 참조

점을 맞춘 빈곤구제 지출을 증가시키기는 어려웠다. 이 시기 중국의 빈곤퇴치 전략은 높은 부채에 압박을 받는 일반 개발도상국 정부와 동일했다는 점을 알 수 있다. 같은 기간 소득 증가속도가 둔화되었어도 농민의 현금 지출은 감소될 수 없었다. 이에 따라 저발전 지역의 농촌 노동력을 중심으로 현금 소득을 얻기 위한 외지노동이 고조되었다.

20세기 말 중국경제는 고전적 이론에서 의미하는 자본과잉을 처음으로 맞이했다. 이러한 배경에서 빈곤구제 정책도 보편적 혜택의 성질을 갖는 '빈곤촌 종합구제 추진[整村推進]'과 국제적으로 통용되는 빈곤인구 표적화[瞄準貧困] 방식으로 조정되었다.[14] 그러나 집행 과정에서는 이전과 다름없이 산업을 통한 빈곤구제와 부자들이 선도하는 빈곤구제의 정책 관행(또는 경로의존)이 여전했다.

3) 신시기 빈곤구제 개발에서 향촌 거버넌스 개선의 필요성

린이푸는 중국에서 이미 이중의 과잉이라는 악순환이 형성되었기 때문에 제때에 신농촌 건설을 개시하고 이를 국가전략으로 삼아야만, 농촌의 인프라 개선, 농민소득의 향상, 내수 확대 등을 통해 과잉 압력을 해소할 수 있다고 지적했었다(린이푸, 1999).

21세기에 들어서자 국가는 전면적으로 신농촌 건설의 국가전략을 개시했다. 또한 2006년 농업세의 완전 폐지와 함께 농촌의 기본건설을 강화하고 사회복지를 증진하기 위한 일련의 농민우대 정책을 내놓았다. 이후 연속 4년 동안 농촌에 대한 투자 총액이 2조 위안을 돌파했으며, 이는 부분적으로 농민의 비농업 취업을 동반했다. 2007년 이후에는 생태환경보호와 사회문화 등 농업의 비경제적 기능이 더욱 강조되었으며, 2008년에는 '자원절약형, 환경우호형 농업'이라는 삼농의 지속가능한 발전 목표가 제시되었다.

농촌의 사회구조 변화에 따라 빈곤구제의 내용이 바뀌고, 21세기에 접어들어 국가전략이 조정되었다. 이런 점에서 1980년대(1978~1985년)는 제도의 변혁과 국가의 경제발전을 통해 대규모로 빈곤이 감소되던 단계였다고 할 수 있다. 1990년대(1986~2000년)는 지역에 초점을 맞춘 개발식 빈곤구제의 단계였다. 21세기 이후에는 빈곤촌을 대상으로 한 단계를 거쳐, 이제 잔류 노인과 부녀를 중심으로 농촌의 취약집단에 초점을 맞춰야 한다. 이에 따라 빈곤퇴치의 내용도 빈곤인구의 소득 증대라는 단일한 목표에서 취약집단의 기본적인 생계 유지와 농업과 농촌의 지속가능한 발전이라는 요구를 만족시킬 수 있도록 전환되어야 한다.

이는 신시기 빈곤구제 개발에 새로운 도전을 제기하고 있다. 먼저 대다수 전통 농업 지역의 지방정부들은 여전히 자본이 극도로 희소하다는 어려움을 겪고 있다. 이러한 상황에서 농촌에 잔류한 노인과 부녀도, 그리고 노동력 가치에 대한 '다층적 착취'를 당하고 향촌으로 돌아온 제1세대 농민공도[63] 모두 인적 자원의 보유량이 상대적으로 낮아 표준화된 외부 산업자본이 요구하는 수익을 만족시키기 어렵고, GDP 성장만을 추구하는 지방정부의 발전에 대한 요구도 충족시키기 어렵다. 더 많은 사회문화적 함의를 갖는 영역이 갖추어져야만, 이들 잔존된 인적 자원에 대한 종합적인 개발을 진행하여 다기능적이고 다원화된 사회자본으로 전환시킬 수 있다.

다른 한편으로 장기적인 탈조직화로 인해 촌 내부에서 효과적인 조직적 연계가 부족해졌다. 이 때문에 정부의 빈곤구제 자원은 농촌으로의 전달 과정에서 보편적으로 과도한 거래비용의 문제와 부딪히게 된다. 따라서 자원 전달의 공평성과 효율성을 보증하기 어렵다.

아울러 잔류 집단은 기본 생계유지에 대한 수요 이외에 양로, 안전, 오락 등에 대한 수요도 매우 강하다. 따라서 빈곤구제 개발의 주안점이 단순한 경제 소득의 향상에서 취약집단의 사회·문화적 수요를 만족시킬 수 있는 종합적이고 지속가능한 발전 목표로 전환되어야 한다.

이 내용들은 모두 현재의 농촌 빈곤구제 개발에 대한 우리의 사고를 향촌

---

63 노동력의 '다층적 착취'에 관한 서술은 원톄쥔 편(2010: 15); 판쩌취안(2008).

거버넌스의 개선 차원으로 전환한 것이다. 우리는 이러한 배경에서 향촌 거버 넌스와 빈곤구제 개발의 상관성이라는 관점으로 현재 농촌의 빈곤구제 개발에 서 나타나는 어려움의 내재적 메커니즘을 탐구한다. 결론에서는 기존의 실천적 경험에 기초하여 새로운 차원의 빈곤구제 개발에 어떻게 대응해야 할지를 초보 적으로 살펴본다.

2. 향촌 거버넌스의 악화가 신시기 빈곤구제 개발에 미치는 영향

향촌 거버넌스의 악화가 빈곤구제 개발에 미치는 영향은 세 가지 측면에서 나 타난다. 먼저 굿 거버넌스가 부재하기 때문에 취약집단의 참여와 수혜를 보장 하기 어렵고 자원 전달의 공평성도 보장하기 어렵다. 다음으로 향촌 조직의 기 반 약화로 프로젝트의 비용이 높고 자원 동원이 어려워 빈곤구제 업무의 효율 이 크게 저하된다. 마지막으로 원자화되고 분산된 상태에서 물질자본과 인적 자본이 이중으로 결핍된 빈곤 취약집단은 사회자본을 형성하기가 어렵고, 자본 축적을 할 수 있는 기반도 없기 때문에 발전으로부터 배제되는 곤경에 처하게 된다.

1) 엘리트 포획과 취약집단 배제

엘리트 포획은 현재 향촌이 외부자원을 수용할 때, 보편적으로 발생하는 현상 으로 빈곤구제 자원의 공평한 전달에 영향을 미치는 가장 중요한 요소이다.[64]

64　엘리트 포획의 메커니즘은 다음과 같다. 정부의 자원과 기업이 향촌에 진입할 때, 거래비용을 절약하려는 목적으로 규모가 큰 주체를 선택하여 거래를 진행한다. 또한 농촌의 탈조직화로 인 해 대농과 엘리트만이 정부와 기업을 향촌과 연결하는 대리인 역할을 수행할 수 있게 되었다. 여기에 대부분의 향촌에서 굿 거버넌스가 부재하기 때문에 대부분의 수익을 대농과 엘리트가 점유하고 '대농이 소농을 먹어치우는' 형태로 합작이 출현한다(과제조, 2009).

촌락이 원자화된 상황에서 정부의 자원과 외부 산업의 자본은 모두 대량의 분산된 농가와의 과도한 거래비용이라는 문제에 직면한다. 이에 따라 향촌사회의 정치·경제 엘리트가 향촌사회를 대표하여 이들과 연계하고, 거래비용을 내부화하여 절약하게 된다.

향토사회는 본래 엘리트 정치였다. 그러나 장기간의 변화를 거치면서 향촌의 굿 거버넌스가 파괴되고, 공동체 엘리트의 행위와 선택이 갈수록 공동체 전체의 이익과 괴리되었다. 이는 장기적인 제도 변천의 결과였다. 1980년대 토지의 농가별 경영 이후, 향과 촌의 행정조직이 스스로 유지할 수 있는 물적 기반을 더 이상 보유하지 못했다. 따라서 각지의 재정부문은 잇달아 권한을 이양하고 짐 보따리를 내팽개쳤다(향진정부가 농민에 대한 '세 가지 촌 부과금과 다섯 가지 향급 부과금[三提五統]'을 징수할 수 있도록 허용하여 지출수요를 만족시켰다). 거시적 환경이 심각해지자 도시 경제위기의 제도 비용이 삼농 영역으로 전가되어 농촌의 경제관계를 악화시켰다. 역사적으로 항상 그랬듯이, 늘어난 악덕 토호들이 선량한 토호를 몰아내어 향촌 거버넌스가 의존하는 사회생태를 파괴했다.

이에 대한 미시적 측면은 개별 사례를 통해서 확인할 수 있다. 저자가 조사한 바에 따르면, 1990년대 중후반 세비 징수 임무가 가중되었을 때, 일부 촌락에서 강제 수단을 통해 상납 의무를 달성한 촌 간부들이 등장하였다. 이들이 '아래에 대한 책임'을 지면서 촌락 거버넌스를 유지했었던 전통적인 향토 엘리트들을 점차 대체하였다. 이에 따라 촌락의 거버넌스가 악화되었다. 국가가 농촌의 세비를 폐지하고 농촌에 대규모로 자원을 투입하자, 농촌 안팎에서 엘리트들이 먼저 보상을 요구하고 수익에 대한 우선권을 주장했다. 향촌에서 이 같은 이익 추구는 외부로부터 주입된 자원을 쟁취하기 위한 갈등과 충돌을 일으켰다. 외부자원이 주입될 때, 엘리트를 대리인으로 삼아 연계를 해야만 한다. 그러나 다른 한편으로 이로 인해 향촌 내부에서 대농가와 엘리트가 대부분의 수익을 점유하는 부자들 중심의 거버넌스와 '대농이 소농을 먹는' 합작이 출현하게 된다. 향촌사회에서 엘리트 포획이 공공의 이익을 침식하는 문제가 보편적으로 나타나게 된 것이다.

또한 향촌 엘리트의 역할이 보호형에서 이익추구형으로 변화하면서[65] 공동체 내부의 취약집단을 배려하던 선량한 토호[良紳]의 거버넌스가 파괴되었다.

향촌사회에서 혈연과 지연을 기초로 취락이 형성된 소농 공동체는 상대적으로 폐쇄적인 이익공동체이다(장징, 1999). 구성원 간에 공동으로 인식되는 문화윤리의 체계가 존재하며, 공동체 엘리트는 공동 이익의 대리인으로서 공동체를 보호하는 과정에서 자신의 이익을 실현한다. 이들의 권위는 개인의 경험과 공동체의 여론이 부여하는 명성으로부터 나온다(페이샤오퉁, 2008: 58-65). 약자에 대한 보호와 배려는 종종 엘리트 개인의 명성을 높이는 효과적 수단이 된다. 이러한 거버넌스에서 약자는 통상 엘리트의 보호를 받는다.

그러나 향토사회에 대한 국가 행정권력의 압력과 시장 소비주의 가치관의 영향으로 향토사회의 문화가치와 사회 네트워크가 점차 퇴화하면서 구성원 간의 연계가 물질화, 이익화되었다. 이 같은 거버넌스 생태에서 이미 '이익추구형' 역할로 탈바꿈한 공동체 엘리트는 점차 공동체의 공공 이익으로부터 이탈하고, 강력한 발언권을 가진 집단의 이익을 만족시키는 데 치중한다. 그로 인해 취약집단의 이익이 중시되기 어려워진다. 동시에 인구의 대다수를 차지하는 보통 농가들조차 취약집단을 배제하고 보호하지 않게 되었다.

따라서 빈곤구제 자원이 행정촌에 도달한 이후, 엘리트의 조종을 통해서든 다수의 표결을 통해서든 간에 구제를 가장 필요로 하면서도 의견을 표출하기 어려운 취약한 빈곤집단은 이러한 조직체계에서 충분한 발언권과 정책결정권을 갖지 못해 자신의 이익을 진정으로 반영할 수 없다. 또한 촌락 내부에 존재하는 자원 전달의 불공평이 향촌 외부의 감독을 통해 해결되리라 기대하기도 어렵다(향촌사회의 감독·관리에서도 과도한 비용이라는 동일한 문제가 존재하기 때문이다).

---

65 '보호형 중개[protective brokerage]'와 '이익추구형 중개[entrepreneurial brokerage]'에 대한 서술은 두아라(1996: 37).

저자의 조사연구를 통해 빈곤촌의 빈곤구제에서 표준과 방식의 결정, 구체적인 대상 선정의 과정, 프로젝트의 시행 조치 등을 살펴보면, 취약집단이 자주적으로 참여할 수 있는 기회가 매우 적었다. 보통의 농가들은 촌급 빈곤구제 계획이 무엇인지, 자금의 출처가 어디인지를 잘 몰랐으며, 심지어 별로 관심도 없었다. 실제 실시 과정에서 대부분의 계획은 여전히 정부의 조치에 따라, 촌 내부의 소수 엘리트의 참여로 결정되었다. 그러나 빈곤인구의 참여가 보장되지 않는 이상, 빈곤구제 자원의 표적 대상을 효과적으로 선정하기 어렵다. 예를 들어 빈곤촌 종합구제 추진 정책을 실시하는 과정에서 도로정비와 같은 프로젝트는 촌락의 인프라를 개선하지만, 빈곤인구는 자신의 발전 능력의 한계 때문에 도로 이용이 제한되고 혜택의 효과도 불분명하다. 또한 일부 프로젝트는 일정한 대응자금을 요구하기 때문에 빈곤 농가는 일반적으로 참여가 어렵다.

빈곤촌 종합구제 추진 이외에 21세기 이후, 3대 빈곤구제 조치 중 나머지 둘은 농촌 노동력의 육성과 전환, 산업화 빈곤구제였다. 이들은 향촌 내부에서 손쉽게 '빈민 혐오와 부자 선호'로 변질되었다. 조사를 통해 농촌 노동력의 육성과 전환 프로젝트가 실시되던 초기, 모집을 하는 조직자(특히 향촌 간부)와 관계가 친밀한 가구가 우선적으로 참가할 가능성이 높다는 점을 발견할 수 있었다(과제조, 2007: 118).

산업화 빈곤구제는 정부가 자본 요소의 주체와 협력하여 자원 자본화의 수익 증가를 추진하는 것이다. 상대적으로 부유하고 본인의 자원개발 능력이 높은 농가만이 프로젝트에 참여하여 수익을 얻을 수 있다.

요컨대 향촌 거버넌스의 악화는 공동체 내부에서 빈곤구제 자원의 공평한 전달에 커다란 영향을 미친다. 심지어 공동체 내부의 빈부 격차가 확대될 수도 있다. 향촌의 굿 거버넌스가 없다면, 기술적 개선만으로 빈곤구제 자원이 촌 내부에 전달되는 과정에서 발생하는 공평성의 문제를 근본적으로 해결하기 어렵다.

2) 과도한 거래비용으로 인한 조직 동원의 어려움

수십 년에 걸친 농촌의 탈조직화 개혁에 따라 농민이 점점 원자화된 상태로 현대적 시장과 사회환경에 놓이면서 빈곤구제 업무의 효율도 큰 영향을 받게 되었다.

우선 기존의 조직 담지체가 부족해졌기 때문에 빈곤구제 프로젝트는 정부와 분산된 다수 빈곤 농가 간의 과도한 거래비용 문제로 거래를 진행하기가 어렵다. 현재 촌의 두 위원회, 즉 공산당위원회와 촌민위원회를 활용하여 프로젝트를 실시하는 것이 농가를 직접 상대하는 것보다 조직비용이 작기는 하다. 그러나 많은 지역에서 오랜 탈조직화로 인해 두 위원회가 이미 농가에 대한 동원 능력을 상실해버렸다. 이들이 조직비용을 감소시키는 기능은 매우 제한적이며, 자원 분배와 관련하여 다른 많은 문제들을 일으킬 수도 있다. 따라서 빈곤구제 프로젝트가 농촌에 도달하고 나면 종종 조직의 재구성이 필요하다. 이로 인해 동원 비용이 크게 높아질 뿐만 아니라, 공동체 내부에서 각종 사회자원의 효율적 배합도 쉽지 않기 때문에 프로젝트의 총비용이 대폭 상승하게 된다.

이에 대한 빈곤구제의 실제 사례를 살펴 보자. 몇몇 민간조직이 구이저우의 산간지대에서 도로건설을 통한 빈곤구제를 시행했었다. 1만 위안이 안되는 돈으로 5미터 넓이의 산길 1킬로미터를 닦을 수 있었다. 그러나 정부의 빈곤구제 프로젝트로는 동일한 공사에 8~10만 위안이 필요했다. 비용의 차이가 이처럼 큰 이유는 앞의 사례가 촌의 노동력을 충분히 동원했기 때문이다. 폭약, 암석파쇄기, 지면롤러와 기술자를 외부로부터 제공받은 것 외에 나머지 공정은 촌민이 스스로 조직하여 비용을 크게 절약한 것이다(리창펑, 2005).

다음으로 취약집단은 인적 자본과 자연자원의 보유량이 상대적으로 낮아 자발적으로 사회자본을 형성하기 어렵고, 조직을 구성할 수 있는 수익 기반도 부족하다. 따라서 조직화 정도가 가장 낮아 빈곤구제 프로젝트에 대한 참여도 제일 적다. 실제 빈곤구제 프로젝트의 대상 선정을 보면, 촌 간부에게 맡기거나 차라리 정부가 전부 지정하곤 한다. 이 같은 빈곤구제 프로젝트는 빈곤집단의 실제 수요에 부응하기 어렵다. 또한 프로젝트의 공평성도 영향을 받을 수 있고, 빈곤 감소의 효과도 크게 깎일 수 있다. 강력한 공동체 조직이 수반되지 않는다면, 효과가 유지되기도 어렵다.

결국 빈곤구제 프로젝트가 빈곤지역에 주입하는 각종 자원을 통해 공동체의 인프라와 생활조건이 크게 개선되었더라도 외부의 원조로만은 충분하지 않다. 외부의 빈곤구제 자원이 공동체의 자원과 결합되어야만, 최고의 효과를 발휘할 수 있다.

3) 거버넌스의 악화와 배제적 발전의 상호강화

더 근본적인 문제는 잔류 집단의 물질 자원과 인적 자원의 보유량이 상대적으로 낮아 향촌 거버넌스가 악화되는 상황에서 이들이 자발적으로 사회자본을 형성하기 어렵고, 자본축적의 기반도 부족하여 발전으로부터 배제된다는 점이다. 이러한 배제는 역으로 빈곤지역의 자원 유출과 촌락 내부의 분화를 가속화하여 향촌 거버넌스의 기반을 약화시킨다. 결론적으로 거버넌스의 악화와 배제적 발전이 상호강화된다.

분산되어 잔류된 개인은 자본축적의 기반이 부족해 발전으로부터 배제된다. 분산 경영되는 소농 농가는 협상 능력과 정보 획득의 능력이 약해서 시장의 낮은 가격과 가격 변동이 초래하는 위험을 피동적으로 받아들일 수밖에 없다. 더구나 자원과 우수한 노동력이 계속 유출되는 상황에서 이처럼 취약하고 빈곤한 개인은 자연의 각종 위험에 대응하는 능력도 점차 약화된다. 시장과 자연의 위험 증대로 인한 직접적 결과로 자금과 우수한 노동력이 지속적으로 빈곤지역으로부터 유출됨으로써 농촌 공동체의 인적 자본과 물질자본은 더욱 결핍되고, 부녀와 노인 등 취약집단이 대다수인 빈곤인구의 기본적인 발전 능력은 갈수록 저하된다.

다른 한편 원자화된 농가는 자발적으로 합작을 형성하기 어렵고 굿 거버넌스를 수립할 기반이 부족하다. 정부, 사회조직 등의 주체가 발전 프로젝트를 추진하거나 다른 시장의 주체가 농가와 합작을 수립하려고 할지라도, 기존의 조직 담지체와의 연계가 부족하기 때문에 분산된 수많은 농가와의 과도한 거래비용에 부딪혀 거래를 진행하기가 어렵다. 이것이 시장과 정부, 어느 쪽의 역량에 의존하든 빈곤구제 프로젝트를 추진하는 데 있어서 지속적인 효과를 얻기 어렵게 만든다. 또한 충분한 동원이 어렵고 참여와 감독이 부족하기 때문에 자원의 사용과 수익의 분배에서 많은 문제가 발생할 수 있다. 이로 인해 농가가 진정한 합작을 실현하기 어렵게 되고 향촌 내부에서 추가적인 분화가 발생할 수도 있다. 이는 다시 향촌 거버넌스의 개선을 더욱 어렵게 만든다.

3. 결론과 건의

노인, 부녀 등의 취약집단이 농촌 빈곤집단의 대다수가 된 새로운 상황에서 빈곤구제 개발의 목표도 이들의 다원화된 요구를 만족시킬 수 있도록 설정되어야만 한다. 아울러 농업의 다기능화, 생태문명의 이념, 자원절약·환경우호형 농업의 발전 목표 등에 따라 향촌 거버넌스와 빈곤구제 개발의 목표가 생태문명이 의미하는 농촌의 다양화, 농업의 다기능성을 어떻게 실현할 것인지를 시의적절하게 고려할 필요가 있다.

　　빈곤구제와 농민우대 관련 정책 자금의 투입이 부단하게 확대되면서 정부가 장악한 공공 재정과 자원이 빈곤지역에 쏠리고 있다는 점은 문제가 아니다. 현재 절박하게 생각해야 할 점은 농민의 합작조직이라는 목표를 명확하게 하고, 이를 기초로 광대한 취약집단을 중심으로 재조직화를 추진함으로써 농민우대 정책에서 보편적 혜택이라는 원칙을 실현하는 것이다.

　　그러나 시장경제와 현재의 행정 체계에서 빈곤한 취약집단의 권익을 공평하게 보장할 수 있는 합작사가 자발적으로 형성되기는 어렵다. 따라서 사회 전체를 대표하고 장기적 이익을 추구할 수 있는 국가전략의 특별한 지원이 필요하다.

　이에 따라 각지의 실천적 탐색을 결합하여 아래와 같은 정책 건의를 제시한다.

1) 잔류 집단의 수요에 맞추어 사회문화 영역에 대한 투입을 증가시킴으로써 참여성을 제고한다.

농촌에 잔류한 노인, 부녀를 비롯한 취약집단은 인적 자본, 물질자본, 사회자본의 보유량이 상대적으로 낮아 단일한 경제 영역에서 자발적으로 합작을 형성하기 어렵다. 또한 향촌의 문화가치 체계와 인적 네트워크가 농가의 원자화 과정에 따라 이미 거의 소실되어, 공동체 내부에서 합작문화의 사회적 분위기가 생성되지 않는다. 이로 인해 이들 빈곤집단의 조직화 정도를 높이려면, 공동체 내부의 문화가치 체계를 재정립하고 합작의 조직비용을 낮춰야 한다. 문화는 본래 공동체의 동질성을 담고 있는 비물질이다. 따라서 향촌문화 재건은 그 자체로 공동체의 합작 의식과 합작 능력을 강화하는 과정이다. 또한 투입이 적게 필요하면서도 효과는 빨라서, 본래 물질적 이익으로 측정할 수 없는 문화생활 영역은 농촌에서 가장 쉽게 합작을 생성할 수 있는 영역이다.

　문화합작의 제도 비용이 상대적으로 낮은 이유는 문화생활은 본래 향촌사회 안에 잠재해 있어서 적당한 역량만 있다면, 촉발시키고 다시 활성화시킬 수 있기 때문이다. 따라서 고비용을 투입하여 재건할 필요가 없다. 하나의 관습으로서 향촌문화는 수백 년의 역사적 관성을 가지고 있으며, 근대 이후에 완전히 새로워진 내용도 있다. 특히 민간의 전통적인 명절과 주요 의례는 촌민들이 중요시하는 생활의 이념과 문화의 내용을 담고 있다.

　문화합작의 효과가 빠른 이유는 다음과 같다. 농촌에서 대량의 우수한 노동력이 도시로 흡수된 이후, 농촌에 잔류한 노인·부녀·아동 등 취약집단이 오락·교류·공동생활과 같은 기본적인 정신문화 영역에 대해 나날이 강렬해지는 요구를 갖게 되었음에도 이는 오래도록 등한시되었다. 따라서 누군가 문화활동을 조직하기만 하면, 이들 사이에서 빠르게 공감을 얻을 수 있을 것이다. 문화 영역의 합작활동은 이들의 정신문화 생활과 주변화된 상황을 개선하는 데에도 도움이 된다. 또한 이들은 본래 향촌 전통문화의 가장 주요한 담지체로서 농촌 문화를 전파하고 고양하는 능력이 오히려 유출된 청장년 노동력보다 높다고 할 것이다.

문화와 사회생활 영역으로부터 시작하여 점차 합작을 형성해 가는 방식은 많은 기층의 실제 사례에서 실천된 바 있다. 일례로 허난성 L현 H촌은 대부분의 청년 노동력이 밖으로 나가 외지노동을 하고 있다. 현지의 임시파견직 간부, 외부 자원활동가 그리고 기타 사회세력의 도움으로 촌의 노인과 부녀들이 문화예술모임과 노인협회부터 시작하여 최종적으로는 자신들만의 특징에 맞추어 당근을 생태적으로 재배하는 경제합작사를 발전시켰다. 이를 통해 양호한 경제적, 사회적 수익을 얻게 되었다. 더욱 주목할 점은 문화조직에서 시작하여 참여성을 제고한 것과 함께, 공동체의 문화가치와 굿 거버넌스의 생태에서도 변화를 가져왔다는 점이다.

잔류한 빈곤집단이 문화와 사회생활에서 합작을 형성하고 나면, 차례로 종합적이고 다기능적인 공동체 합작사로의 이행이 가능해진다. 나아가 다원화된 사회조직의 발전을 기초로, 향촌에서 굿 거버넌스의 구조 형성을 촉진하고 농촌의 지속가능한 발전을 실현할 수 있다.

2) **외부자원 주입을 계기로 향촌 거버넌스를 개선하고 농촌의 사회자원 동원 체제를 재건한다.**

외부자원 주입을 계기로 농가의 자주적 거버넌스 조직을 발전시킴으로써 농촌에서 빈곤구제 프로젝트를 추진할 때, 효율이 저하되는 문제를 해결할 수 있다. 이를 통해 거래비용을 크게 절약할 수 있고, 공동체 내부의 각종 자원을 동원하여 외부의 빈곤구제 자금에 더해 추가적인 보완을 할 수도 있다. 또한 프로젝트의 설계와 자금 사용에서 자체 참여도를 높일 수 있고, 이에 따라 프로젝트의 적절성을 향상시키고 자금 사용에 대한 감독도 개선할 수 있다.

2001~2010년 빈곤구제 개발에서 가장 중요한 조치였던 빈곤촌 종합구제 추진은 참여식 방식으로 빈곤촌의 농가를 동원하여 프로젝트의 선택, 실시, 감독 등의 과정에 광범위하게 참여시키려는 것이었다. 또한 규모가 상대적으로 큰 종합적인 빈곤구제 투자를 통해 빈곤촌의 생산과 생활 조건을 개선하려고 했다. 빈곤촌 종합구제 추진 프로젝트 시범지역 중 비교적 효과가 좋았던 곳의 경험을 보자면, 이들의 주요한 특징은 양호한 촌급 거버넌스가 대규모의 빈곤구제 자원과 결합되어 최대의 빈곤구제 효과를 낼 수 있었다는 점이다. 일단 대규모의 (자금과 감독·관리를 포함한) 외부자원 투입을 지속하여 촌 내부의 자원이 발전을 위해 투입되도록 유도했다. 이 자원은 (주로 노동력의 외부 유출, 저축을 통한 도시로의 자금 유출 등과 같이) 유출될 수도 있고 (농촌에서 성행한 카드, 마작, 도박 등과 같이) 무익한 활동으로 낭비될 수도 있다. 그러나 외부자원의 지원이 없다면, 공동체 엘리트는 단독으로 공동체의 발전을 위해 투자할 수 있는 능력과 의지가 없기 때문에 공동체의 거버넌스가 개선되기 어렵다.

다른 한편 유효한 굿 거버넌스의 구조가 연계되지 않는다면, 외부자원이 합리적으로 사용될 수 없고, 심지어 밖에서 온 자원과 이익을 두고 촌민들 간에 새로운 갈등이 생길 수도 있다. 빈곤촌 종합구제 추진 중 일부에서는 이러한 상황이 발생하여 프로젝트가 순조롭게 진행될 수 없었다. 공동체의 굿 거버넌스와 지속가능한 발전 능력의 관계에 대해서는 더 말할 것도 없을 것이다.

따라서 외부 프로젝트의 실시와 함께 촌급 거버넌스의 개선을 추진해야만, 공동체의 내부 자원을 대량으로 동원하고 이를 빈곤구제 자원과 상호 결합할 수 있으며, 더 나아가 빈곤구제와 거버넌스 개선이 상호촉진되는 양호한 메커니즘을 형성할 수 있다.

3) 정부 주도로 종합적인 합작구조를 수립하고 취약 농가의 자체 발전 능력
   을 제고한다.

모두 알다시피 전통 소농이 생산과 경영을 유지할 수 있는 이유는 차야노프의
'노동–소비' 균형모델이 묘사하는 메커니즘 때문이다(차야노프, 1996: 41–63). 가
정의 소비 수요 만족을 경영 목표로 삼는 농가는 가구 내의 노동력을 배제할 수
없다. 이로 인해 농민은 생존유지와 관련하여 생산비용을 계산하지 않을 수 있
다. 그러나 공업화와 시장화라는 거대한 변화에 따라 농업 노동력 투입의 기회
비용은 외부로 유출된 외지노동의 임금에 의해 지속적으로 또렷해지고 또한 상
승하게 된다. 농업의 상대적 수익이 낮기 때문에 농업 생산에만 의존해서는 안
정적 수익을 얻기 어렵다. 경제합작을 하더라도 단일한 영역의 수익으로는 거
대한 시장변동의 위험과 자연의 위험에 대한 대응이 쉽지 않다. 이로 인해 생산
영역 내의 단순 합작에만 의존해서는 농가가 발전의 곤경을 벗어나기 어렵게
된다. 전 세계적으로도 단순히 생산만 하는 농업합작사는 대부분 실패했다.

　동아시아의 다른 소농 국가 및 지역들의 경험과 중국의 많은 향촌건설 실
험을 살펴 보자. 금융합작, 공급·판매 합작, 전업합작을 결합한 삼위일체의 종
합 합작조직을 발전시키고, 아울러 입법을 통해 이들에게 농업 관련 영역의 배
타적 권리와 정책 특혜를 부여해야만, 자원이 제약된 소농 농가가 지속가능한
발전의 기회를 진정으로 얻을 수 있었다. 중국 농가들의 실제 사례를 봐도 다양
한 영역에서 합작을 전개해야만, 수익과 비용의 종합적인 균형을 실현할 수 있
고 경제의 지속가능한 발전이 가능하다.

　요컨대 현재 농촌 지역에서 빈곤집단의 자원보유량이 낮다는 새로운 문제
에 직면하여, 농가의 조직화 향상을 직접적인 목표로 삼고 공동체의 조직혁신
을 추진해야 한다. 구체적 조치를 보자면, 문화와 사회생활 등 부녀와 노인이 저
비용으로 진입할 수 있는 영역에서 시작해야 한다. 그래야만 거래비용을 낮출
수 있는 사회조직을 형성하고, 굿 거버넌스의 사회적 기초를 수립할 수 있다. 아

울러 조건이 성숙되면, 외부자원의 주입과 결합하여 생산, 공급·판매, 자금 방면에서 취약집단의 상호부조와 합작을 추진한다. 이러한 종합 합작에 기초하여 위험의 분산과 수익의 안정을 실현함으로써 지속가능한 발전의 기반을 획득해야 한다.

제12장 **거시경제 변동과 토지 자본화: 개혁 이후 세 차례 '인클로저 〔圈地〕'에 대한 실증분석**[66]

국가 공업화를 위한 원시적 축적을 기본적으로 완성한 이후, 중국은 국내 자원을 전면적으로 자본화하는 산업자본의 확장 단계에 들어섰다. 뒤이은 30년 동안 세 차례 주기적인 거시경제의 변동이 출현했고, 이에 상응하여 세 차례의 중대한 재정·세수체제의 변화와 세 차례의 대규모 토지 수용이 있었다. 제1차 토지 수용은 생산성을 향상시킨 '토지를 이용한 기업 육성〔以地興企〕'이었다. 제2차 토지 수용은 분세제 개혁으로 몫이 대폭 줄어든 지방정부의 강력한 소비지출 확장을 메워주기 위해 진행된 '토지를 이용한 재정 생성〔以地生財〕'이었다. 제3차 토지 수용은 지방정부의 '토지를 이용한 융자 획득〔以地套現〕'으로 채무가 뚜렷하게 확장되었다. 이처럼 조 단위로 급등한 지방 채무는 단방국가 체제 하에서 중앙정부만이 해당 위험을 최종적으로 책임질 수 있기 때문에, 중앙정부의 거시적 조정을 크게 제약하고 있다.

이에 따라 여기서는 토지자원 자본화의 메커니즘, 주체, 증가된 수익의 분배 상황 등의 변화를 실마리로 삼아 경제변동, 재정·세수체제, 토지 수용 등 세 변수의 상관관계를 분석한다. 이어서 산업자본과 금융자본이 자본화 과정에서 형성되어 급속히 확장하는 추세를 묘사한다. 또한 이 과정에서 증가된 수익의 분배와 비용의 분담을 분석할 것이다.

---

66 본 글의 연구와 서술은 국가사회과학기금의 중대 프로젝트 '사회관리 개선과 사회안정 유지의 메커니즘 연구: 농촌의 적대적 충돌의 원인과 해결 메커니즘 연구'(프로젝트 번호: 07ZD&048)와 중국 런민대학 985공정 3기 프로젝트 '중국 농촌 발전을 위한 철학·사회과학 혁신기지'의 지원을 받았다. 원문은 양솨이·원톄쥔(2010)을 참조

1. 문제와 구조

수십 년의 개혁·개방 과정에서 세 차례의 거대한 거시경제 변동이 있었다. 이 세 차례의 경제주기에 상응하여 재정·세수체제 또한 세 차례 크게 변화했다. 1980년대는 '각자의 부엌에서 밥을 짓는[分灶吃飯]' 재정 분권화였으며, 1990년 대에는 분세제 개혁이 있었고, 밀레니엄 교체기에는 금융이 재정으로부터 진정 으로 독립하여 나가게 되었다.[67] 또한 각각의 경제주기와 여기에서 촉발된 재 정·세수체제의 변혁과 함께 세 차례 대규모 토지 수용이 발생했다(〈그림 1〉 참 조).

우리는 경제변동, 재정·세수체제, 토지 수용 등 세 가지 변수 간의 상관성 과 내재적 메커니즘을 분석할 것이다.

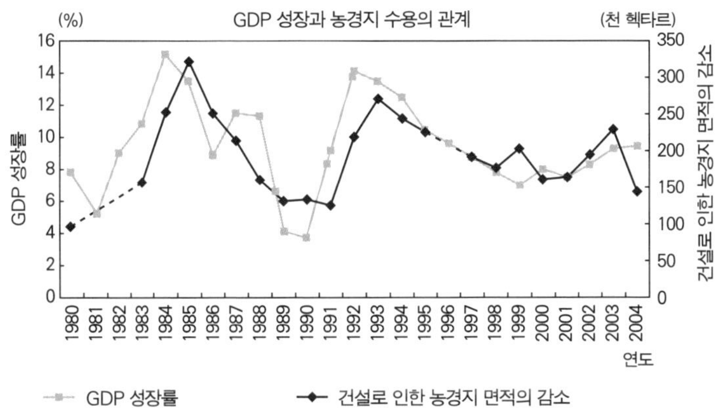

그림 1 GDP 성장률과 건설을 위한 농경지 수용의 대비

출처: 1999~2005년의 수치는 『중국국토자원통계연감 2006[中國國土資源統計年鑑 2006]』, 1978~1995년의 수치는 『중국통계연감 1996』.

---

67 1980년대, 1990년대, 밀레니엄 교체기 등 세 차례 재정·세수체제의 변천은 모두 당시의 경제 위기와 이에 대한 대응조치들과 밀접히 관련된다. 1990년대 분세제가 개시되었을 때, 거시경 제는 이미 불황기를 지나 호황기로 진입했다. 하지만 여전히 1993년 당시 재정과 금융의 이중 적자와 국가 외환보유고의 부족을 겪고 있었다. 분세제는 원금과 이자 상환의 압박에 대한 대 응정책이었다.

대규모 토지 수용의 원인에 대한 기존 연구들은 대부분 지방 재정이 결정적인 영향을 미쳤다고 본다. 장성싼[蔣省三] 등은 10개 성(직할시)에 대한 조사를 통해 토지양도금이 동부 연안의 몇몇 현과 시의 예산외 수입에서 차지하는 비중이 60% 이상임을 발견했다(장성싼 외, 2007). 국무원 발전연구센터의 자료 또한 최근 몇 년 동안 토지 수입이 지방 재정수입의 약 60%를 차지하며, 일부 2·3선 도시에서는 이 비율이 70%에 달한다는 점을 보여준다.[15] 이러한 재정 모델은 경제성장 방식에도 직접적으로 영향을 미친다. 지방의 재정수입을 증가시키려는 동기가 토지개발을 촉진하고 인프라 투자를 증가시키고 지방의 건설 규모를 확대한다. 더 나아가 지방정부가 토지를 이용해 은행의 자금을 빌려 공업화와 도시화를 추진하는 메커니즘이 형성된다. 대다수 기존 연구는 분세제 개혁 이후에 지방 재정, 토지 수용, 경제성장 간의 상호관계를 인식하고 있다. 즉 지방의 재정 제약으로 인하여 대규모의 토지 수용과 토지자원의 자본화 과정이 경제성장을 이끌었다는 것이다.

우리는 이러한 분석을 개혁·개방 초기까지 확장하여 수십 년 동안의 경제의 주기적 변동, 재정·세제체제의 연속적 변천, 그리고 토지 수용 간의 동태적 상호작용을 고찰한다.

이 동태적 변천 과정을 서술하기 위한 분석틀을 수립할 필요가 있다.

노스[Douglas C. North]는 그의 저서를 통해 제도 변천의 경로의존이 발생하고 전달되는 메커니즘을 활용하여 역사 변천의 동태적 과정을 묘사하려고 했다. 그는 제도 변천에서 보상이 체증하고 자기강화 메커니즘이 존재해야만, 경로의존이 발생한다는 점을 지적했다. 여기에서 현존 제도의 제약을 유지하려는 조직 또는 이익집단이 파생된다. 이 조직 또는 이익집단은 자신의 이익에 따라 제도의 변혁에 영향을 미친다(노스, 1994: 123-139). 따라서 제도 변천의 경로의존이 생성되는 심층적 원인은 사실 이익 요소이다.

둥샤오단과 원테쥔은 변화하는 제도 수익과 제도 비용의 분배를 고찰하면서 일정한 제도적 조치에 따라 어떠한 주체는 제도 변화의 수익을 더 많이 점유하고, 다른 주체는 제도 변화의 비용을 더 많이 부담할 수 있다는 점을 지적했다. 또한 하나의 제도의 틀에서 제도의 수익과 비용이 대칭된다면, 상이한 경제주체들의 수익률은 사회의 평균수익률에 수렴하게 된다. 반대로 제도의 수익과 비용의 분포에서 비대칭이 존재하거나 제도 수익이 특정 주체에게 집중된다면, 제도 비용은 이 방향의 반대 방향으로 전가된다(둥샤오단·원톄쥔, 2011). 제도 변천의 과정은 제도의 구조 내에서 이익 주체들의 게임이자 이익 구조를 조정하는 과정이라고 할 수 있는 것이다.

이를 기초로 발전의 본질이 자원의 자본화 과정이었다는 인식을 결합하여 우리는 다음과 같은 분석 구조를 제시한다. 하나의 경제체 내에서 거시적 경제환경이 변화할 때, 주도적 지위를 갖는 한쪽이 자신에게 유리하도록 제도의 변화를 추동한다. 본래의 제도 구조에 속한 다른 주체들도 이에 상응하여 자신의 경제행위 모델을 조정함으로써 새롭게 자원의 자본화 메커니즘이 형성된다. 이에 따라 거시적 경제환경도 영향을 받아 새롭게 변화한다. 거시경제의 변동, 제도 변천, 그리고 자원 자본화 간의 장기적 상호작용이 경제의 발전과 변천에서 주요 내용을 구성하는 것이다.

위와 같은 내용에 기초하여 우리는 개혁·개방 이후, 경제의 발전과 개혁과정에서 관련 문제들을 초보적으로 탐구했다.

2. 개혁·개방 이후의 경제변동, 재정·세수체제의 변화, 그리고 토지 자본화의 과정

1) 재정 분권화 단계의 토지를 이용한 기업 육성

(1) 1970년대 말의 경제위기 이후, 단일 재정[統收統支] 체제의 지속이 어려워졌다

신중국 성립 이후, 국가 공업화를 위한 자본축적의 필요 때문에 고도로 집중된 계획체제가 실행되었다. 재정·세수체제는 '전국 재정의 단일화, 일괄적인 수입과 지출'을 시행하고 재정과 금융을 분리하지 않았다. 이 체제 덕분에 추출 가능한 잉여의 거의 전부가 재정과 예산을 통해 국가가 가장 필요로 하는 부문과 건설 프로젝트에 배치될 수 있었다.

1970년대 중국은 1950년대 이래 두 번째로 대외수입이 고조되었다. 1970년대 후반에는 적자와 채무로 인한 거시경제의 위기를 맞이하게 된다. 먼저 중국경제는 1950년대와 유사한 활황기에 진입했다. 1978년 기본건설 지출과 경제건설 비용이 각각 전년 대비 50.20%, 45.62% 상승했다. 여기에 상응하여 기본건설 지출을 책임지고 이를 주요한 구성요소로 하는 국가의 재정지출이 1,122.09억 위안에 달해 전년 대비 1/3이나 증가했다. 곧 1950년대 말과 유사한 심각한 적자가 출현했다. 1979년 적자는 135.41억 위안이었으며, 1980년 거시적인 긴축 이후에도 여전히 68.90억 위안을 기록했다. 두 해의 적자 누적액이 200억 위안을 넘어섰는데, 이는 1980년 재정수입 1,159.93억 위안의 17.61%에 해당했다.

〈그림 2〉에서 보듯이 재정과 금융이 미분리된 당시의 체제에서 재정이라는 한쪽 주머니는 이미 장기적인 적자였고, 금융이라는 다른 쪽 주머니 또한 재정으로 인해 바닥이 나버렸다. 1970년대 말 은행의 예금-대출 적자액은 700억 위안을 돌파했다.

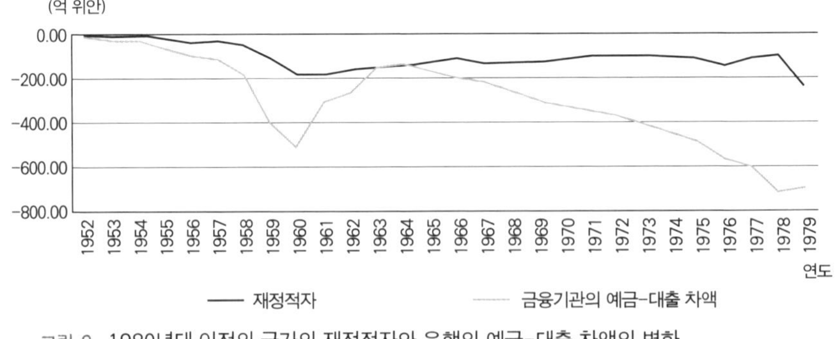

그림 2 1980년대 이전의 국가의 재정적자와 은행의 예금-대출 차액의 변화

과거 발생한 세 차례 경제위기에서 중앙집권화된 정부의 대응방법은 예외 없이 대내적인 전가였다. 재정투자 능력이 하강하고 도시 취업이 부족해지자 정부는 1960년, 1968년, 1974년 세 차례에 걸쳐 지식청년의 '상산하향[上山下鄕]' 방식을 통해 도시 과잉 노동력의 취업 압력과 이들의 생존유지를 위한 사회보장 지출을 대부분 이전시켰다. 동시에 재정의 사회부문 지출을 줄였다. 그러나 자본의 원시적 축적 시기에 거시 변동의 대가를 효과적으로 이전하던 이방식은 1979~1980년의 위기에서는 정치적 변화로 인해 다시 실행하기가 어려워졌다. 여기에 더해 1979년 이후, 2차·3차에 걸쳐 이제 나이를 먹은 지식청년들이 도시로 복귀했다. 전가를 통한 해결방식이 더 이상 어려웠기 때문에 이들의 취업 압력으로 국가 경제와 도시 사회가 맞닥뜨린 도전은 전례없이 심각해졌다(둥샤오단·원톄쥔, 2008). 부득이하게 중앙정부는 인민의 부담을 줄이는 휴양생식[休養生息] 정책을 채택하고, 재정을 짐 보따리 내팽개치기했다. 또한 도시의 각 단위들이 자녀를 고용승계[子女頂替]하고 3차산업을 육성하도록 했다. 이처럼 일련의 중요한 변화를 가져온 긴급조치들을 통해 도시에 집중된 위기에 대응했다.

(2) 재정도급을 통해 지방정부가 새로운 공업화 단계의 투자 주체가 되었다

1980년대 초, 도시의 경제위기에 대응하고 재정적자와 취업 압력을 완화하기 위해 채택된 임시방편들은 모두 개혁으로 불렸다. 이 개혁 조치들을 정리하자면, 핵심은 권한의 이양과 이윤의 허용이었다고 할 수 있다. 그중 가장 중요한 내용은 재정의 등급별 도급, 즉 재정의 수입·지출의 권한을 지방으로 이양하고 동시에 지출을 부담하는 '짐 보따리'를 내팽개친 것이었다.[68]

---

68 두룬성 선생의 자서전에 따르면, 1980년 4월 중앙의 장기 계획 회의 소집을 위한 사전 의견수렴 회의에서 두룬성이 당시 부총리 겸 국가계획위원회 주임 야오이린에게 몇몇 의견을 제시한 이후, 야오이린은 덩샤오핑에게 보고하면서 "공업과 농업에서 짐 보따리를 내팽개쳐야 한다"고 제안했다(두룬성, 2005: 114-115).

1985년 중앙은 '각자의 부엌에서 밥을 짓는' 지방정부의 재정 분권화 체제를 '조세의 구분, 수입과 지출의 승인, 등급별 도급'으로 수정했다. 1988년에는 더 나아가 재정의 등급별 도급제라는 새로운 모델을 추진했다. 각지의 상이한 상황에 따라 여섯 종류의 도급 방식을 각각 실행하는 것이었다.

1980년대의 재정·세수체제의 개혁은 중앙과 지방의 지출 구조를 변화시켰다. 일괄 지출 체제에서 중앙 재정의 적자가 해마다 증가하는 상황을 바꾸어 지출에서 지방정부의 자주권을 확대했다. 이를 통해 지방정부가 지방 공업화라는 새로운 단계의 투자 주체가 될 수 있었다(〈그림 3〉).

개혁·개방 이전 중국은 국가 수준에서 공업 자본의 원시적 축적을 대략적으로 완성했었으나, 지급과 현급 이하[地縣以下]의 공업 기초는 대체로 허약했다. 재정의 등급별 도급을 통해 대다수 지방정부는 자주적인 수입과 지출을 갖는 이익 주체가 되었다. 이에 따라 전국 수천 개의 시, 현, 심지어 수만 개의 향·진 (인민공사) 정부까지 해당 지역에서 자본의 원시적 축적을 완성한다는 이익과 수요를 갖게 되었다(원톄쥔, 1996b).

동시에 1984~1986년 전국적 범위의 '인민공사 철폐와 향정부 재건, 생산

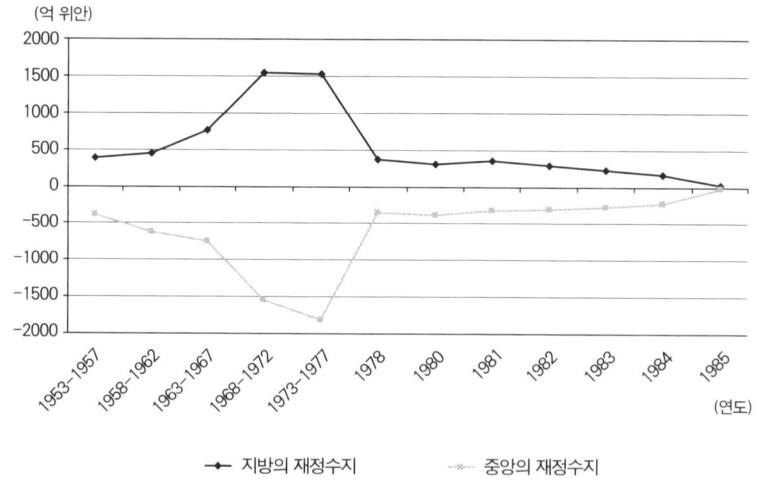

그림 3 1970~1985년 중앙과 지방의 재정적자 변화

대대 철폐와 촌 재건'이라는 농촌 행정체제 개혁에 따라, 향·진 이하에서 중국 역사상 인원수가 가장 방대한 기층정부가 수립되었다. 그러나 국가는 이들을 운영하고 유지하는 데 필요한 재정을 제공하지 않았고, 도리어 향·진 정부가 부과금[統籌]을 활용하여 스스로 운영하도록 했다. 이 또한 지방정부로 하여금 절박하게 수익을 추구하도록 만들었다. 그리하여 1980년대 '토지를 이용한 기업 육성'을 특징으로 하는 제1차 '인클로저' 운동이 발생하게 되었다.

⑶ 지방 주도의 '토지를 이용한 기업 육성'이 공업화를 위한 원시적 축적을 완성했다

지방 공업화를 개시하면서 중국의 지방정부는 자본의 심각한 부족에 직면했다. 이 문제는 신중국 성립 직후, 중앙정부가 국가 공업화를 개시했을 때의 상황과 유사했다.

다른 점이 있다면, 중앙정부는 1950년대 말 소련이 투자를 철수하는 상황에서도 농업 집단화를 통해 인민공사와 인민공사의 조직자원을 이용할 수 있었다는 점이다. 이를 통해 대규모로 노동력을 투입하여 거의 영에 가까운 자본을 대체할 수 있었고, 다른 한편으로 일괄 수매·분배를 통해 공산품과 농산품의 협상가격차를 이용하여 농업의 잉여를 점유할 수 있었다. 결국 어렵사리 국가 공업화를 위한 원시적 축적을 달성하게 되었다. 그러나 1980년대 초, 지방정부가 공업화를 시작할 때에는 왕성한 시장 수요에도 불구하고 중앙정부가 했듯이 대규모의 노동력 투입으로 자본을 대체하거나, 공산품과 농산품의 협상가격차를 통해 직접적으로 농업 잉여를 착취하는 것이 더 이상 가능하지 않았다.

이 때문에 지방정부는 기층의 향촌이 현지의 잉여 노동력과 거의 비용이 들지 않는 토지자원(또는 토지의 기타 자연자원)을 이용하여 기업을 설립하는 것을 방임했다.

이 기간 지방정부는 내친 김에 합리적인 투자 주체의 역할을 맡았다. 이러한 지방정부 조합주의는 중앙정부 주도로 정부 조합주의에 따라 공업화를 했었던 특수한 경로를 그대로 활용한 것이었다.[69] 지방정부가 주도하여 농지의 상공업 용지로의 전환에 따른 부가가치 수익, 노동자의 임금과 복지 등이 모두 향촌 집체기업의 축적이 되었다. 이 과정은 내부화되어 거의 비용이 들지 않았고 손쉽게 진행되었다. 소형의 경공업 위주로 진행된 지방 공업화에서 이처럼 향토 중국의 특색을 가진 제도혁신이 희소한 자본 요소를 대체함으로써 원시적 축적에서 비교우위를 발휘할 수 있었다.

그 결과로 1979~1983년 인민공사와 생산대대의 공업 총생산액이 연평균 14.5%씩 성장했다. 1983년 인민공사와 생산대대 기업[社隊企業]의 총생산액은 1,017억 위안에 다다랐으며, 전국 사회총생산액의 9.1%를 차지했다.[16] 그중 공업생산액은 757억 위안으로 전국 공업생산액의 11.7%에 해당했다. 1984~1988년 전국 향진 공업의 총생산액이 연평균 43%씩 성장하여, 농촌의 공업생산액이 전국 공업생산액의 24.3%를 차지하게 되었다(저우수렌, 2000: 164-167). 연해 지역의 지방 공업화는 향진기업의 고속성장에 따라 원시적 축적을 초보적으로 완성하였다.

또한 지방의 자주적 공업화를 위한 원시적 축적 기간에 중앙과 지방 간 재정수입의 격차가 갈수록 커졌다. 이에 따라 중앙-지방 관계에서 이익 구조의 차이가 갈수록 중요해졌다.

⑷ 거시경제의 호황과 제1차 '인클로저'

지방정부 주도로 소형 경공업이 발전함에 따라 대량의 토지가 거의 비용도 들이지 않고 수용되어 낮은 수준의 제조업 기업을 설립하는 데 활용되었다. 1984~1986년 거시경제의 호황기에 지방정부의 '토지를 이용한 기업 육성'으로

---

69 지방정부 조합주의 개념은 미국 스탠포드 대학의 진 오이[Jean Oi] 교수가 장쑤성 남부 지역 모델의 향진기업을 분석한 저서 『중국 농촌의 도약: 경제개혁의 제도적 기반[Rural China Takes Off: Institutional Foundations of Economic Reform]』에서 제시했다. Oi(1992)를 참조.

토지 수용의 첫 번째 고조 현상이 나타났다(〈그림 1〉 참조). 1985년 토지 수용 면적이 32.4만 핵타르로 최고점에 다다랐다. 동시에 도시의 기본건설 투입이 증가하여 토지 수용을 더욱 가속화했다.

1984년 경제가 호황에 들어서면서 에너지, 원자재, 동력, 외환 공급이 크게 부족해졌고 재정적자도 대폭 증가했다. 이에 따라 중앙은 1985년 긴급하게 기본건설을 축소했다.[70] 1986년부터 토지 수용이 점차 감소했으나 여전히 상당히 큰 규모를 유지했다. 1988년에 이르러 높은 인플레이션으로 경제위기가 발생하자 중앙은 돈의 흐름을 통제하고 전력을 다해 기본건설을 축소했다.[71] 그러고 나서 1989년에야 토지 수용이 최저치로 떨어졌다.

1980년대의 '인클로저' 운동은 각지의 지방정부와 농촌의 기층조직이 모두 토지자원 자본화의 주도자였다. 공동체 내부에서 토지에 대한 무상수용과 노동력에 대한 자기착취를 통해 원시 축적된 기업을 완성했으며, 이는 현지 공동체 자원의 자기자본화와 불가분의 관계를 갖게 되었다. 따라서 '토지를 이용한 기업 육성'이 대량의 토지를 수용하기는 했으나 동시에 기업이 지방의 복지, 행정, 농업 지원 등에 대한 책임을 떠맡았고, 농업의 수많은 잉여 노동력으로 인한 취업문제도 해결되었다. 이로 인해 대규모의 사회적 충돌이나 삼농 문제가

70　1985년 8월 13일부터 22일까지 전국 재정공작회의가 베이징에서 개최되었다. 회의의 결정은 다음과 같다. '금년도 재정적자를 해소하기 위해 지금부터 중앙과 지방 모두 추가로 지출을 증가시키지 않는다. 기본건설에 대한 투자 규모는 국가가 하달한 기준 내에서 반드시 통제해야 한다. 행정경비와 공공소비 지출을 국무원의 요구에 따라 축소해야 한다.' 「중국공산당 80년 연대기[中國共産黨80年大事記]」를 참조. http://www.people.com.cn, 2001년 6월 22일.

71　1988년 9월 24일 국무원은 「진행 중인 고정자산 투자 프로젝트의 청산, 투자 규모의 축소, 투자 구조의 조정에 관한 국무원의 통지[國務院關於淸理固定資産投資在建項目、壓縮投資規模、調整投資結構的通知]」를 발표했다. 내용은 다음과 같다. '인플레이션 억제, 가격·임금 개혁을 위한 조건 조성, 국민경제의 발전을 위한 뒷심 유지를 위해 …… 진행 중인 프로젝트를 전면적으로 청산하고 투자의 규모를 대폭 축소하며 나아가 투자의 구조를 조정한다. 청산 대상에는 사회 고정자산의 투자 프로젝트가 모두 포함된다.' 「중국공산당 80년 연대기」를 참조 http://www.people.com.cn, 2001년 6월 22일.

발생하지 않았다. 오히려 농민소득이 매년 대폭 성장했으며,[72] 내수가 신속히 확대되고, 도농 격차가 현저히 축소되었다. 결과적으로 1980년대 중국경제는 조화사회의 조건을 갖추고 내수가 이끄는 '성장의 황금기'를 맞았다.

2) 1990년대의 경제변동과 분세제 이후의 '토지를 이용한 재정 생성'

(1) 1980년대 말 스태그플레이션형 경제위기와 이로 인한 변화

1980년대 거시경제가 회복되고 호황기에 들어서면서 투자와 소비가 모두 팽창하여 공급과 수요의 불균형이 발생했다.[73][17] 동시에 재정적자가 매년 약 100억 위안씩 증가했다. 이에 따라 적자로부터 발생한 통화의 초과발행과 수요-공급의 불균형이 심각한 인플레이션의 토대가 되었다. 당시 중앙은 강제적 행정수단으로 투자와 소비의 이중 팽창을 축소하려고 했지만 효과가 없었다. 1988년 여름 다시 물가개혁의 벽을 넘어서려고 했지만, 정보가 공개되지 않았을 때는 관료와 결탁한 '관다오[官倒] 기업'이 매점매석을 했고, 정보가 공개되면 즉시 대도시에서 사재기 열풍이 일어났다.[18] 동시에 대중들이 은행 예금을 대규모로 인출하는 현상이 발생하면서 인플레이션 위기가 전면적으로 폭발했다.

예금을 지켜내기 위해 정부가 대출이율을 올리지 않은 채, 갑자기 예금이율을 올렸다. 십여 퍼센트의 심각한 마이너스 금리 때문에 '관다오'는 부족한 물

---

[72] 1978년 중국 농촌의 1인당 주민 순소득은 133.6위안에 불과했다. 1989년 601.5위안으로 3.5배 성장하여 연평균 14.7%씩 늘었다. 1978~2007년 연평균 성장률은 12.6%였다. 연도별 『중국통계연감』과 「중국경제망[中國經齊網]」 통계자료 참조.

[73] '이윤상납에서 세금으로의 전환' 이후, 국유자산을 사실상 단위[單位]가 소유하게 되었다. 국가가 독점한 금융이 저이율 정책을 시행했고 정부의 재정투자는 무상으로 공급된 데다가 상대적으로 물가수준은 높아서 어떤 단위라도 투자를 받기만 하면, 이자 마진을 챙길 수 있었다. 단위 내부의 이익 구조도 동질적이어서 일반적으로 고정자산 투자 총액의 40~50%가 각종 경로를 통해 소비기금[消費基金]으로 전환되었다. 이로 인해 1983년 이후 비생산성 건설투자가 대폭 증가했고, 결국 투자와 소비의 이중 팽창이 발생했다. 구체적 분석은 원톄쥔(1996c).

자의 약탈에서 부족한 자금의 전매로 전환하여 앉은자리에서 돈을 챙겼다. 은행은 1988년 460억여 위안의 손실을 봤다. 재정과 은행이 분리되지 않은 상황에서 손실은 직접적으로 재정적자가 되었다. 정부가 어쩔 수 없이 즉시 대출이율을 올리자, 바로 기업대출이 어려워졌다. 이로 인해 '삼각채무', 즉 상업 기업에서 촉발되어 제조업 기업와 상류부문[上遊, upstream]의 원자재 기업까지 연쇄적으로 부채가 발생하는 현상이 대규모로 발생했으며, 더 나아가 생산 침체로까지 이어졌다. 이것이 1980년대 말, 비전형적인 제도 변천으로 인한 전형적인 스태그플레이션 경제위기를 발생시켰다.

국가는 1988년 4분기부터 3년 동안 다음과 같이 긴축정책인 치리정돈[治理整頓]을 진행했다. 고정자산의 투자 규모를 최대한 줄이고 신용대출을 엄격하게 통제했으며 예금이율을 연이어 올리고 지역 간 대출을 제한했다. 이에 따라 필연적으로 발생한 경기 침체 국면에서 국가는 부득이하게 대·중형 국유기업을 우선 배려했다. 과거 십년 동안 자주적으로 발전했으며 대부분 일반 가공업에 속하는 지방기업에 대해서는 억제와 조정을 진행했다.[74] 지방공업의 대출처였던 현급 은행들에 대해서도 통제와 제한이 강화되었다. 지방공업은 한동안 '은행은 대출을 하지 않고, 원자재는 전매를 시행하고, 전력은 심각하게 부족하며, 석탄은 가격이 폭등하고 구매도 어려운' 힘든 상황에 처하게 되었다.

동시에 국가가 농산품의 수매·분배 보조금을 폐지했다. 게다가 농산품의 수요까지 감소하여 농민소득의 증가속도는 조정 국면을 맞아 3년 연속 하락했다. 이로 인해 기본 생필품 시장에서 60% 이상을 차지했던 농촌의 소비가 갑자기 약화되었고, 일반 제조업 위주인 대다수 지방공업도 영향을 받았다.

---

74 1989년 3월 10일과 14일 국무원의 제38차 상무회의는 토론을 통해 「국무원의 현재 산업정책의 요점에 관한 결정[國務院關於當前産業政策要點的決定]」을 통과시켰다. 내용은 다음과 같다. '농업·에너지·교통·원자재 등 기초산업에 역량을 집중하여 발전시키고, 효과적으로 공급을 증가시킬 수 있는 산업을 강화하며, 경제발전의 뒷심을 증강한다. 동시에 일반 가공업의 발전을 통제하여 기초산업의 발전과 조화될 수 있도록 한다.'.

1988년 향진기업의 생산액 증가속도가 급격히 하락했고, 1989년 다시 2.92% 포인트 하강했다. 경기 침체로 폭발한 기업의 고부채는 뒤이어 지방정부 조합주의 체제에서 재정곤란을 발생시켰다.

(2) 1990년대 초의 개발구 열풍과 부동산 열풍, 그리고 거시경제의 호황

3년의 긴축 이후, 때마침 덩샤오핑의 남방담화가 있었다. 이에 따라 정부는 경제성장을 촉진하는 조치를 취했다. 또한 도농 이원구조 하에서 중국 도시의 거시적 환경도 다음과 같이 크게 변화했다.

첫째, 자금 공급이 상대적으로 풍족해졌다. 또한 시장 수요의 구조에서 근본적인 변화가 발생했다. 1980년대 도시 거주 가구들이 컬러텔레비전, 냉장고, 세탁기로 대표되는 제2세대 가정용 내구소비재를 쓰기 시작했고, 1988년에는 가치 보존의 성격을 갖는 사재기가 발생했다. 그러나 3년의 치리정돈 이후에 시장의 장기 침체로 주택, 자동차 등 더 높은 등급의 제3세대 내구소비재로의 이행은 느리게 진행되었다(왕젠, 1993). 당시 고급 소비재 생산이 일시적으로 부족한 상황이었기 때문에 도시 주민의 저축 성향이 크게 증가했고, 이에 따라 자금 환경이 상대적으로 개선되었다. 다른 한편 위기 기간 동안 처음에는 이율이 높았다가 나중에 낮아졌기 때문에 은행들은 초반에 높은 이자로 흡수한 대량의 예금을 유지하려고 하지 않았다. 아울러 위기가 지나가고 정부가 자본시장을 초보적으로 개방하자,[75] 화폐 보유자들은 당연하게도 수중의 화폐를 수익이 높은 부동산, 주식, 선물 등의 투기시장에 투자했다.

둘째, 노동력이 자유롭게 유동하는 요소가 되었다. 1980년대 말 위기의 폭발로 농산품 판매가 어려워지고 향진기업이 불경기를 맞자, 농민들의 비농업 부문 취업과 현금 소득의 증가속도가 동시에 둔화되었다. 더구나 1992년 정부

---

[75] 1990년 11월 26일, 국무원의 권한 부여와 중국 인민은행의 비준을 거쳐 상하이 증권거래소가 정식으로 설립되었다.

가 농산품 재고에 대한 재정 보조금을 줄이기 위해 식량과 식용유에 대한 배급 제도를 폐지하자, 도시에 일하러 가는 농민이 자신의 식량을 가져갈 필요가 없어졌다. 이로 인해 대규모의 농업 잉여 노동력이 연해의 도시로 이동하게 되었다. 1993년 대략 4,600만 명이 농촌으로부터 유출되었고, 1994년에는 6,000만 명에 다다랐다.

셋째, 토지자원의 자본화 메커니즘에서 근본적인 변화가 발생했다. 농지에 대한 첫 번째의 무분별한 수용과 남용이 국가건설의 총체적 사고를 교란시켰다.[76] 동시에 '농지의 비농지로의 전환'으로 인한 부가가치 수익이 주로 향촌의 집체에 귀속됨으로써 정부는 이를 거의 향유하지 못하면서도 식량안보를 책임져야만 했다. 따라서 1980년대 후반, 중앙은 경지의 비경지로의 전환을 엄격하게 통제하기 시작했고, 경지를 상공업 용지로 전환하는 권력을 국가 소유로 회수한다는 정책 방향을 명확히 하였다.[77] 또한 1988년 국가 토지관리국을 설립하여 토지의 비농업 용도 사용에 대한 통제권을 행사하도록 했다.

토지의 비농업 사용에 대한 농촌 집체의 권력이 시장 이데올로기와 조합주의를 가진 정부의 수중으로 회수되면서 토지의 상품으로서의 속성이 점차 확립되었다.[78] 이는 토지자원 자본화의 메커니즘을 근본적으로 변화시켰다. 과거

---

76   1986년 3월 21일 중공 중앙과 국무원이 하달한 「토지 관리의 강화와 농지의 무분별한 수용 억제에 관한 통지[關於加强土地管理、制止亂占耕地的通知]」는 다음과 같이 명확하게 지적했다. '향진기업과 농촌의 주택건설을 위해 무분별하게 농지를 수용하고 토지를 남용하는 현상이 급격히 많아졌다. …… 이러한 상황이 계속된다면 국가건설과 인민의 생활에 심각한 후과를 초래하고 후대에 해를 끼치게 될 것이다.'

77   1986년 중공 중앙과 국무원이 하달한 「토지 관리의 강화와 농지의 무분별한 수용 억제에 관한 통지」는 불법적으로 수용된 경지에 대한 전면적인 조사를 요구하고, '각급 정부는 함부로 허가 권한을 아래로 이관할 수 없다'고 했다. 1986년 발표된 「토지관리법」으로 토지의 '농지의 비농지로의 전환'에 대한 국가 권력이 더욱 확고해졌다.

78   1988년 「중화인민공화국 헌법 수정안」이 토지의 사용권은 법률의 규정에 따라 재양도될 수 있다고 규정함으로써 중국에서 토지의 유상사용 제도가 정식으로 시작되었다. 1990년 5월 19일 국무원이 「도시 국유토지 사용권의 양도와 재양도 임시조례[城鎭國有土地使用權出讓和轉襄暫

에 토지는 향(진)·촌의 집체에 의해 상공업 기업의 자산으로 변환되거나, 점유
된 차액지대의 수익이 직접적으로 기업의 자본으로 산입되었다. 그러나 이후
에는 지방정부가 토지의 용도를 결정하고 현금화된 수익도 대부분 점유하였다.
이로 인해 토지의 현금화가 지방의 가장 신속한 재정 생성 수단이 되었다. 1992
년 부동산 가격이 차례로 개방되면서 부동산 시장의 번영이 일시적으로 촉진되
었다. 1992년 전국의 부동산 투자는 117.42% 성장했으며, 이윤은 140.39% 증
가했다. 1993년에는 이 지표가 각각 164.98%, 145.47%였다. 지방정부와 부동
산 개발 관련 주체들이 막대한 이익을 나눠가졌다.[79] 1992년, 1993년 두 해 동
안 부동산 개발·경영 수입은 각각 528.6억 위안, 1,135.9억 위안에 달했으며
전년 대비 각각 86.1%, 114.9% 증가했다. 건설용지 제공을 통한 수입은 각각
42.7억 위안, 83.9억 위안으로 전년 대비 177.9%, 96.4%씩 증가했다.

　　1980년대 전매 또는 계획물자의 분배 권한을 통해 첫 번째 목돈을 벌었던
'관다오'는 신흥 부동산 산업에 달려들어 신속하게 두 번째 목돈을 챙겼다. 이로
인해 민간자본의 종속형 원시적 축적 또한 가속화되었다.

　　자본, 노동력, 토지 3요소의 공급 환경이 크게 변화함에 따라 자연스럽게
'개발구 열풍[開發區熱]'이 불었다. 국무원이 1992년 원저우, 잉커우[營口], 웨이
하이[威海], 푸칭시 룽차오[福淸融僑] 등 4개의 국가급 경제개발구를 비준한 이
후,[80] 각지의 지방정부가 추진하는 각종 개발구가 잇달아 설립되었다. 국가 토

行條例]」를 반포·실시하면서 토지사용권의 양도, 재양도, 임대, 저당 등에 대한 명확한 규정이
　　확립되었다. 이에 따라 토지가 실제로 상품의 속성을 갖게 되었다.

79　국가가 독점하는 은행 부문의 막대한 화폐자본이 1992년 이후 부동산 개발—국유토지의 소유
　　권이나 사용권에 대한 유상 재양도—이라는 매개를 통해 자본성 지대와 차액지대를 형성했다.
　　금융업이 과잉자본을 공급하는 상황에서 이러한 지대는 부동산 투자를 통한 고액의 수익으로
　　실현되어 신속하게 개발상의 수중으로 들어갔다. (임대 승인 열풍을 중심으로 하는) 농촌 토지
　　의 비국유화 운동이 '부동산 열풍'을 초래했다. 또한 부동산 개발업이 생성한 (지대를 중심으로
　　하는) 이러한 고이윤이 1993~1995년 동안 중국경제의 번영을 추동했다.

80　1993년 4월에서 5월까지 국무원이 연달아 하얼빈 등 12개 국가급 경제개발구를 비준·창설했

지관리국의 통계에 따르면, 1992년 말 각급 성, 지(시)와 현, 향이 직접 설립한 개발구가 2,000개를 넘어섰고, 1993년에 정부가 다시 조정을 시작하고 나서야 열기가 식었다.[81]

　　모두 알다시피 중국이 1990년대 초 새로운 시장경제 체제를 막 확립했을 때, 제도 변천의 수익이 '주식·선물 열풍'과 '개발구·부동산 열풍'에서 도드라지면서 경제 호황이 나타났다. 1992년, 1993년 GDP 성장률은 각각 14.2%, 13.5%였다. 뒤이어 갑작스런 고성장이 본원통화의 대규모 발행 증가와 이로 인한 대폭의 일회성 평가절하와 함께 작용하면서 1994년 24.1%에 달하는 인플레이션이 발생했다.

(3) 분세제 개혁과 지방의 '토지를 이용한 재정 생성'

1980년대 재정 분권이 지방의 경제발전에 대한 적극성을 촉진하여 경제의 고성장을 가져왔지만, 동시에 재정 체제에서 다음의 두 비중이 하락하였다. 즉 GDP 대비 재정수입의 비중과 전체 재정수입 대비 중앙의 재정수입 비중이 감소한 것이다. 이로 인해 경제조정과 행정관리에서 중앙정부의 능력이 크게 약화되었다.[82] 1980년대 말 경제위기에서 중앙정부의 경제 운용과 조절에 대한 무기력이 드러났다.

　　다른 관점에서 보자면, 중앙정부가 투자를 확대하여 경제를 부양하려고 했기 때문에 대량의 적자가 발생했으며, 지방의 재정수입은 지방 공업의 발전 과정에서 신속하게 중앙의 재정수입과의 격차를 확대했다고 할 수도 있다.

　　다. 1994년에는 베이징, 우루무치 등 2개의 국가급 경제개발구를 또 다시 비준했다.

81　1993년 4월 28일 국무원이 「각종 개발구를 엄격히 심사·비준하고 진지하게 청산할 것에 관한 통지[關於嚴格審批和認真淸理各類開發區的通知]」를 발표했다.

82　중앙 재정은 지방 재정의 수입 상납에 의존해서만 균형을 유지할 수 있었다. 또한 1980년대 두 차례 '기금'(에너지·교통 기금과 예산조절 기금)을 만들어 지방정부로부터 돈을 빌렸다.

1993년 중앙 재정수입과 비교하여 지방 재정수입은 2,433.93억 위안이 많았다 (중앙의 수입은 957.51억 위안). 일련의 경제발전 과정에서 중앙과 지방의 지출·수입이 심각한 불균형 상태가 되었다고 할 수 있다.

중앙집권적 체제에서는 중앙정부가 사실상 각지에서 발생한 채무의 최종 책임자이기 때문에 위와 같은 상하 간 불균형은 당연히 장기간 존속될 수 없다. 이에 따라 1994년 분세제가 등장했다. 분세제는 1980년대 이후로 지방 재정수입의 비중이 높았던 구조를 변화시켰다. 1994년 중앙 재정수입은 2,906.5억 위안으로 지방의 2,311.6억 위안을 넘어섰다. 그러나 이에 상응하여 지방의 업무 권한은 감소되지 않았고, 그대로인 지출 때문에 중앙과 지방 재정의 적자 규모는 급격히 역전되었다(〈그림 4〉).

새로운 제정·세수 체제에서 지방의 가처분수입의 원천은 다음의 두 가지였다. 첫째는 토지의 현금화를 통한 부가가치 수익이었다. 둘째는 투자유치와 도시 확장을 통해 소득세, 건설업·부동산업 영업세 등을 포함한 지방 몫의 세수 규모를 확대하는 것이었다(장성싼 외, 2007). 적자의 압력 속에서 토지가 가장 편리하고 가장 주요한 수입의 원천이었으며, '토지를 이용한 재정 생성'이 분세제 이후에 지방정부의 확고한 수요가 되었다.

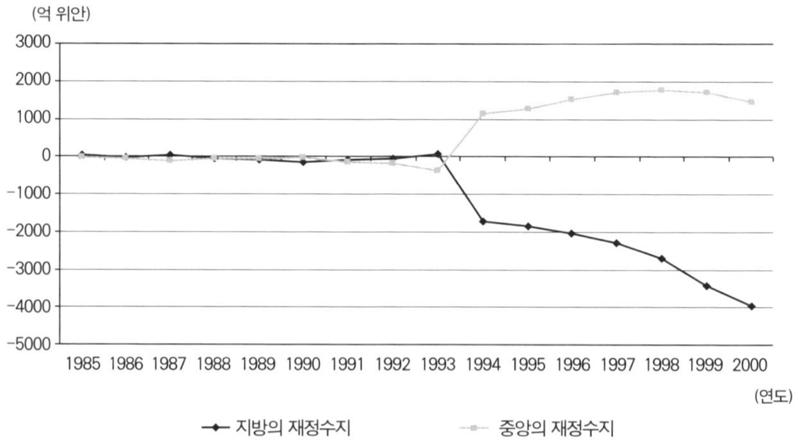

그림 4 1985~2000년 중앙과 지방의 재정적자 변화

⑷ 제2차 '인클로저'와 1990년대의 거시조정

1990년대 초 '개발구 열풍'과 '부동산 열풍'이 토지 수용을 두 번째로 고조시켰다. 1992년 건설용지 수용 면적이 갑자기 증가하여 1993년 최고 27.1만 헥타르에 달했다. 1992년, 1993년 부동산개발 토지면적은 전년 대비 각각 174.96%, 96.61% 증가했다.[83] 제2차 '인클로저'는 주도적인 역량이 바뀌었기 때문에 1차와 크게 달랐으며, 더 오랫동안 지속되었다.

1992년부터 분세제 이전까지는 중앙이 시작하면 지방이 따라서 달려드는 단계였다. 분세제 이후에는 지방이 '토지를 이용한 재정 생성'을 하고 중앙이 이러한 욕심을 말리기 어려운 단계였다.

1992년 개발구를 설립하기 시작한 것은 중앙이었지만, 1992년 말 2,000여 개의 개발구 중에서 국무원이 설립을 비준한 국가급 경제개발구는 4개뿐이었다. 1992년 말에 각급 성, 지(시)와 현, 향이 직접 설립한 개발구의 면적은 19만 헥타르에 이르렀다.

급격한 팽창으로 인한 거품경제를 막기 위해 중앙정부는 1993년 하반기에 거시적인 긴축을 시작했다. 1994년 중앙이 긴급하게 투자 규모를 축소하고 고액의 부동산 부가가치세(세율 30~60%)를 징수하면서(1994년 1~9월 고정자산 투자가 22.5% 포인트 감소), 경지의 건설용도 수용 면적이 줄어들기 시작했다. 이후 1998년까지 거의 매년 경지의 무분별한 수용과 남용을 억제하기 위한 정책, 문건, 법규가 나왔다. 또한 중앙정부는 경제의 연착륙을 위해 투자 규모를 엄격히 통제했다. 그러나 지방정부의 '토지를 이용한 재정 생성' 수요는 완강해서 경지의 수용 면적이 매년 줄어들기는 했어도 여전히 높은 상태를 유지했다. 경제위기가 발생한 1998년에도 17.6만 헥타르의 경지 면적이 감소했다. 분세제 이후 1994~1998년까지 경제성장 속도가 매년 하강하고, 중앙이 전력으로 억제를

---

83 『중국 부동산시장 연감 1996[中國房地産市場年鑒1996]』 참조

했음에도 불구하고 경지 면적은 여전히 연평균 21.5만 헥타르씩 감소했다.[84]

다음과 같이 제2차 '인클로저' 과정에서 토지 자본화의 메커니즘과 토지 자본화를 주도하는 주체가 모두 변화했기 때문에 '농지의 비농지로의 전환'에 따른 부가가치의 수익 분배도 달라졌다.

첫째, 농촌 집체는 더 이상 토지 자본화의 주요 세력이 아니었으며, '농지의 비농지로의 전환' 이후에 토지가 현지 구성원과 관련된 집체 축적에 포함되지 않게 되었다. 따라서 토지 수용에 대한 일회성 보상이 끝나면, 농민은 자신의 토지와의 연계가 끊어졌다.

한편 지방정부가 국가를 대신하여 '농지의 비농지로의 전환'에 대해 독점 권력을 행사하면서 토지의 부가가치에 대한 독점 수익도 획득하게 되었다. 토지 수용 과정에서 재산권의 주체인 집체경제가 유명무실해졌기 때문에 정부는 농촌에서 촌급의 권력 담지체인 당·정 조직을 직접 통제하여 토지 획득의 거래 비용을 크게 낮출 수 있었다. 원톄쥔과 주서우인[朱守銀]의 조사에 따르면, 당시의 원가를 100이라고 했을 때, 농민은 겨우 5~10%를 가져갔고, 촌의 집체 경제조직이 25~30%를 가져갔으며, 60~70%는 정부와 각 부문의 소득이 되었다. 촌의 집체 경제조직의 소득인 25~30%도 종종 촌 간부가 장악해버렸다(원톄쥔·주서우인, 1996a).

다른 한편 1992년 시작된 '정부와 기업의 분리[政企分開]'와 1990년대 중후반 향진기업의 재산권에 대한 개혁 열풍으로, 1980년대 집체의 복지를 떠맡고 공동체의 취업 최대화를 실현했던 농촌 기업은 점차 이윤최대화를 지향하는 산업 주체로 변모하였다. 투자유치를 통해 각종 산업단지가 들어오고 점차 구조화된 산업자본이 도입되면서 농촌 기업은 더 이상 현지의 복지와 직접적 연계를 갖지 않게 되었다.

---

[84] 1996년의 경지 수용 자료는 없어 이 계산은 1994년, 1995년, 1997년, 1998년 등 4년의 평균치이다.

둘째, 토지 수용에 대한 일회성 보상 수익이 단계별로 빠져나갔을 뿐만 아니라, 개발 수익의 분배 또한 매우 불균형적이었다.

비교해 보자면, 1980년대 '토지를 이용한 기업 육성' 시기에는 토지 자본화 수익을 상대적으로 많이 가진 기업들이 농촌 내부에 잔류하였으며, 이는 농민의 비농업 취업 증가를 촉진했다. 그러나 1990년대 '토지를 이용한 재정 생성'의 수익은 주로 지방정부와 구조화된 산업자본이 가져갔다.

결국 장기적으로 인구의 대다수를 차지하는 농민의 소득과 소비가 1980년대와 비교하여 성장세가 크게 꺾였고, 이것이 점차 심각한 내수 부족을 초래하고 외수[外需]에 대한 의존을 높였다. 이는 중국의 산업자본을 확장단계로 진입시키려는 전략적 요구와도 부합하지 않는 것이었다. 그러나 정부의 조합주의적 제도와 현지화된 산업자본이 공생하는 근시안적 시각으로 말미암아 장님 코끼리 만지듯이 경제법칙에 순응하면서, 제도적 위험이 더 많은 그 다음 단계로 진입하게 되었다.

3) 금융자본의 산업자본으로부터의 분리와 '토지를 이용한 융자 획득'

(1) 1990년대 말의 경제불황과 금융과잉

1993년 하반기 조정이 시작되어 1997년 경제가 연착륙되었지만, 다시 아시아 금융위기와 외수 부진이 도래했다. 1999년까지 중국경제는 7년 연속 하강하여 1990년 말에 디플레이션을 특징으로 하는 경제불황이 나타났다.

개혁 이후 두 차례에 걸친 이전의 인플레이션형 위기와 달리 디플레이션형 위기는 도농 소득 격차의 확대, 장기적인 긴축정책, 금융위기 등을 배경으로 소비, 투자, 수출 수요의 부족 등 다양한 요소에 의해 발생했다. 따라서 1998년 하반기 중앙정부는 적극적 재정정책을 시작하고 국채 발행을 늘려 투자를 촉진했다. 이에 따라 같은 기간 재정적자가 급격히 상승했다(《그림 5》).

이전의 두 차례 위기와 상이한 이번 위기의 또 다른 특징은 재정적자가 상

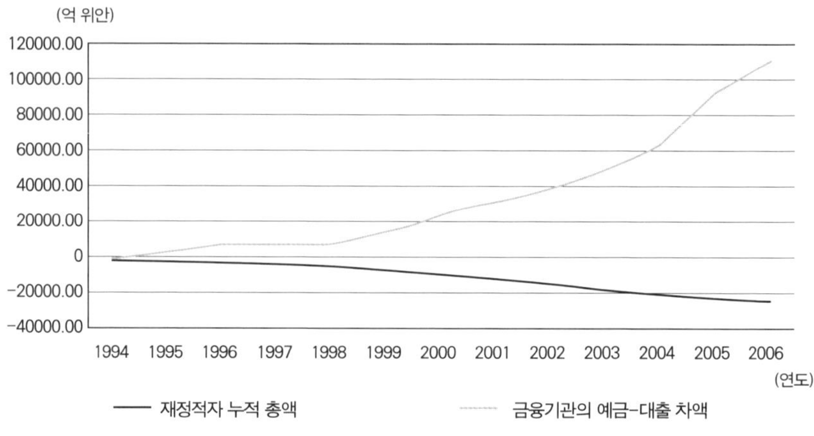

그림 5   1994~2006년 재정적자와 금융기관의 예금-대출 차액의 변화

승하는 것과 동시에 디플레이션에 따른 중장기 소비 수요와 투자 수요의 부족으로 여러 해 동안 금융기관의 예금-대출 차액이 증가했다는 점이었다. 1997년 예금-대출 차액은 7,476억 위안이었고 1998년은 9,173억 위안, 1999년은 1조 5,044억 위안에 달했다. 또한 1997년 말 4대 은행의 자기자본비율은 약 3.5%로 8%의 최저요구치보다 낮았다. 1997년 아시아 금융위기가 도래했을 때, 은행에는 대량의 예금-대출 차액과 불량대출이 함께 존재했다. 이로 인해 중국의 금융시스템은 아시아 금융위기가 폭발했을 때, 커다란 위험과 압력에 직면하게 되었다.

⑵ 금융자본의 독립과 이로 인한 지방 산업자본의 변화

아시아 금융위기에 대응하고 금융 위험을 줄이기 위해 중앙은 금융 영역의 시장화 개혁을 힘껏 촉진했다.

국가 공업화를 위한 원시적 축적 시기에는 재정과 금융이 미분리되어 있었다. 개혁 초기에 재정위기로 인해 양자가 형식적으로는 분리되었지만, 재정과 금융은 여전히 정부의 돈주머니라는 특성을 유지했다. 중앙의 재정적자, 국영기업의 손실, 지방정부의 비탄력적인 지출이 직간접적으로 은행의 당좌대월로 해결되었다. 다른 한편 은행시스템의 예금-대출 차액 또한 중앙 재정을 직접 사용하여 채워졌다.

1980년대 재정체제의 개혁으로 중앙과 지방이 '각자의 부엌에서 밥을 짓는' 분권화가 확립된 이후, 기업화된 지방정부는 재정과 금융의 결합을 통해 지방경제의 발전을 주도했다.[85] 은행과 은행이 보유한 자본은 자원 자본화를 추진하는 도구였을 뿐이었다. 지방정부가 이를 이용하여 지속적으로 투자를 추가함으로써 현지에서 산업자본의 틀이 형성되었다.

이리하여 지방 산업자본의 원시적 축적에 지방 은행을 투입하면서 조성된 악성부채와 대출손실이 독점적 금융시스템 안에 나날이 쌓여갈 수밖에 없었다. 또한 정부 조합주의의 제약으로 인해 이를 지방의 산업자본으로부터 분리할 수도 없었다. 그러나 중국경제의 화폐화 정도가 높아지고 1990년대 중반 이후 금융시스템의 예금-대출 차액이 대폭 증가하면서 은행이 통제할 수 있는 자원이 갈수록 많아졌고, 점차 은행이 중앙정부의 자원 분배를 대표하는 가장 중요한 부문 중 하나가 되었다(류하이잉, 2003). 더 이상 중앙정부가 악성부채와 적자의 늪에서 은행들이 스스로 벗어나도록 조치할 수가 없었기 때문에 금융개혁이 곧

---

85   개혁·개방 이래 중국은 다층적인 은행시스템과 금융기관을 점진적으로 수립하였다. 중앙과 지방이 '각자의 부엌에서 밥을 짓는' 분권화의 재정체제가 확립된 이후, 지방정부가 자금을 통제하려는 충동에 휩쓸리면서 각종 지방성 은행과 금융기관이 왕성하게 생겨났다. 예를 들어 자오상은행[招商銀行], 선전발전은행[深圳發展銀行], 광둥발전은행[廣東發展銀行], 푸젠흥업은행[福建興業銀行], 하이난발전은행[海南發展銀行] 등이 연해 지역의 성[省份]과 특구의 경제발전을 촉진하기 위해 설립되었다. 또한 상하이푸둥발전은행[上海浦東發展銀行]이 푸둥의 경제발전을 위해 설립되었다. 아울러 화샤은행[華夏銀行]은 서우두강철[首鋼] 종합개혁 실험지역의 결과물이었다. 각종 신탁회사도 지방이 자금을 얻는 경로가 되었다. 이들을 통해 지방과 부문은 국유은행의 간섭을 피하고 신용대출에 대한 통제를 우회하려는 목적을 달성할 수 있었다. 경제학자 판강[樊綱]에 따르면, '금융자원, 즉 자금을 통제하려는 지방정부의 충동과 행태로 인해 지방 금융기관이 지방정부에 실질적으로 종속되는 결과가 발생했다.' 정부 권력은 이러한 경로를 통해 시장과 결합되었다. 류하이잉(2003)을 참조

등장해야만 했다.

1995년 「상업은행법」이 공포되면서 국유전업은행[國有專業銀行]의 정식 명칭이 국유독자상업은행[國有獨資商業銀行]으로 변경되고 은행 상업화의 법률적 근거가 마련되었다. 1998년 아시아 금융위기를 계기로 금융개혁이 전면적으로 전개되었다.[86] 도시의 신용사, 농촌의 합작기금회, 신탁투자회사에 대하여 엄격한 청산과 정돈을 시행했고, 이러한 지방 기관과 국유 금융시스템 간의 연결고리를 끊어냈다. 다른 한편 중앙 재정으로 2,700억 위안의 자금을 투입하여 4대 은행의 자본금을 보충하고, 4대 자산관리공사를 설립하여 4대 은행(국가개발은행은 별도)으로부터 1.3조 위안의 불량자산을 분리하였다. 결국 중앙 재정을 사용하여 이들을 악성부채와 손실의 늪에서 건져내 깨끗하게 만든 것이다.[87] 이렇게 하여 중앙 명의의 금융자본은 지방의 산업자본으로부터 분리된 독점 자본으로 변화하였다.

금융자본의 독립은 조합주의적인 지방정부의 행위에 커다란 영향을 미치게 되었다.

⑶ '토지를 이용한 융자 획득'과 '고부채 + 고투자 = 고성장' 모델의 형성

1997년 아시아 금융위기에 대응하여 중국은 1998년, 경제성장을 보장하기 위

86　1997년 아시아 금융위기로 중국정부는 은행의 막대한 불량대출이 갖는 커다란 폐단을 심각하게 인식하게 되었다. 1997년 7월 전국 금융공작회의는 3년 정도의 시간을 들여 사회주의 시장경제의 발전과 상응하는 금융기관 시스템, 금융시장 시스템, 금융의 조정·감독·관리 시스템을 수립할 것을 요구했다.

87　중앙은행과 재정부의 국유은행 주식개혁[股改]에 대한 재무적 지원을 계산하면, 1998년 이후 국가는 국유은행 개혁에 누적 총액 2.9조 위안을 투입했다. 1998~2005년 금융안정을 위해 국가는 대략 총 3.24조 위안의 자금을 투입해 금융기업의 개혁과 금융 위험의 완화를 지원했다. 그러나 2004년 중국의 재정수입은 2.63조 위안에 불과했다. 이후 4대 은행이 상장될 때에는 더 많은 금액을 투입했다. 「중국의 금융안정 비용 3.24조, 중앙은행의 금융안전망 구축[中國金融穩定成本3.24萬億、央行搭建金融安全網]」, http://www.dzwww.com/caijing/jrbx/200511/t20051114_1258075.htm, 2015년 11월 14일.

한 목적으로 국채 발행을 늘리기 시작했다. 이는 인프라에 대한 대규모 투자를 동반했고, 도시화의 확장을 가속화했다. 2002년 지방영업세의 비중이 신속히 상승하여 지방정부의 세수 중 첫 번째가 되었다. 2006년 지방 세수에서 영업세의 비중은 43.3%에 달했다(두 번째인 기업소득세의 비중은 18.1%). 영업세는 주로 건축업과 3차 산업에 대해 징수되는 조세였기 때문에 도시화를 가속화하여 건축업과 부동산 영업세의 규모를 확대하는 것이 지방세수 증가를 위한 급선무였다. 재정수입을 증가시키려는 동기에서 2002년 이후부터 토지개발, 인프라 투자, 지방 건설규모의 확대 등에 대한 지방정부들의 열정이 전례없이 고조되었다.

도시화의 가속은 대량의 자금을 필요로 했으며, 이에 따라 지방정부는 적자에 매이게 되었다. 또한 금융자본이 이미 독립하여 지방정부가 은행의 투자에 의존하기가 어려워졌기 때문에 국가의 이름으로 지배가 가능한 것은 토지 자원의 자본화밖에 없었다. 따라서 정부는 자신의 권력을 이용해 농민들로부터 매우 낮은 가격으로 토지를 수용했다. 그런 다음 토지비축센터[土地儲備中心], 각종 도시건설투자회사[城投公司], 개발구 관리위원회 등의 융자 주체를 통해 토지를 저당물로 삼아 은행의 대출을 받아내어 인프라 건설에 투입했다. 장성싼, 류서우잉 등의 연구에 따르면, 동남부 연해지역의 현·시에서 인프라 투자는 수백억 위안에 달했으며, 그중 재정투입이 약 10%, 토지 양도금이 약 30%였고, 60%는 토지 융자에 의존했다. 특히 서부에서는 도시의 인프라 건설 투자에서 은행 대출이 자치하는 비중이 70~80%에 이르렀다.

지방정부의 '토지를 이용한 융자 획득'이 도시의 확장을 가속화했다. 이로 인한 우선적인 현상은 부동산 산업의 폭리였다. 이는 정부가 도시 인프라에 투자된 거액의 대출금을 상환하고 토지 양도를 통한 수입을 실현하는 경로가 되었으며, 과잉자본이 앞다투어 몰려드는 보금자리가 되었다. 기본건설과 부동산이 선도하면서 관련 산업에 대한 투자도 나날이 늘었다. 게다가 1990년대 이후, 분배 격차의 지속적인 확대로 소비가 심각하게 부족해지면서 경제성장은 주로 투자와 수출에 의존하게 되었다. 2002년 이후, 투자는 신규 수요 증가분에서

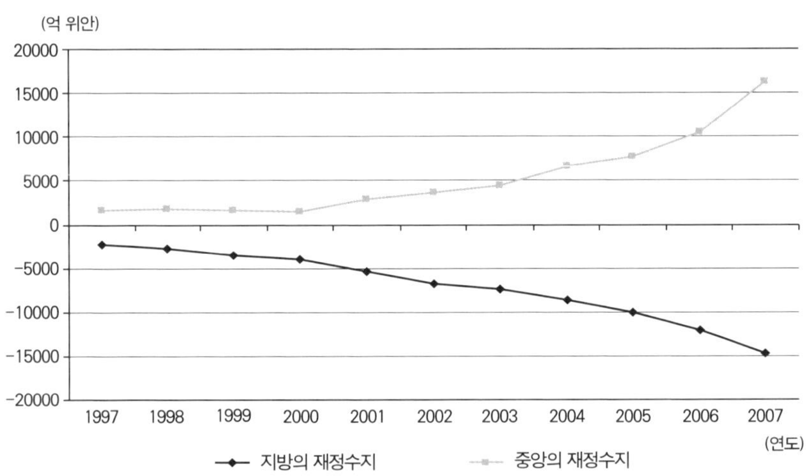

그림 6   1997~2007년 중앙과 지방의 재정적자 변화

한결같이 60%의 비중을 차지했다(왕젠, 2006). 이처럼 지방정부의 '토지를 이용한 융자 획득'을 발단으로 21세기 이후, '고부채 + 고투자 = 고성장'의 발전모델이 점차 형성되었다. 여기에 더해 중앙 차원의 과잉 금융자본이 투기시장의 번영을 촉진함으로써 21세기 중국경제의 활황을 가져왔다. 1997~2007년 중앙과 지방의 재정적자 변화는 〈그림 6〉에서 확인할 수 있다.

⑷ 제3차 '인클로저'와 이로 인한 변화

아시아 금융위기로 인한 악영향을 막기 위해 중앙은 1998년부터 적극적 재정정책을 실시했다. 이에 따라 1999년 건설을 위한 농지 수용이 갑자기 증가했다. 뒤이어 GDP 증가속도가 7년 연속 하락했던 상황이 2000년에 전환되어 해마다 증가하게 되었다. 제3차 '인클로저'가 급작스레 일어난 것이다.

국토자원부의 관련 자료에 따르면, 1998~2003년 전국의 경지는 연평균 110.37만 헥타르씩 순감소했다. 1998~2005년은 중국의 도시화가 가장 빨랐던 시기로 도시 건설지구[城市建成區]의 면적이 2.14만 km²에서 3.25만 km²로 늘어 연평균 6.18%씩 증가했다. 2005년까지 각종 개발구는 6,866개에 달했고 계획용지[規劃用地] 면적은 3.86만 km²였다. 정돈[整頓] 이후에도 1,568개가 남았고 계획용지 면적도 1.02만 km²였다.

이에 따라 토지자원이 저가로 농촌에서 유출되어 낭비가 심각했다. 1998~2002년 전국 660개 도시 건설지구의 면적이 연평균 5%씩 증가했다. 같은 기간 인구의 연평균 증가는 1.3%였다. 2005년 도시 주민의 1인당 용지 면적이 133m²에 달해 국가가 규정한 도시계획 건설용지의 최고한도보다 33m² 많았으며, 선진국들의 1인당 도시용지 면적 82.4m²보다도 훨씬 높았다. 중국 도시의 용적률은 0.33에 불과하나 외국의 일부 도시들은 2.0에 달하는 수준이다(장성쌴 외, 2007).

같은 시기 중국의 식량생산은 총체적으로 하강하여 총생산량이 1998년 5억 1,230만 톤에서 2003년 4억 3,070만 톤으로 감소했다.

이러한 심각한 상황에 따라 중앙은 2003년 긴급조치를 시작하여 경지 수용에 대한 감독·관리를 강화했다. 국토자원부가 잇달아 문건을 내놓았지만,[88] 지방의 투자 열기를 억제하지는 못했다. 2004년 건설을 위한 경지 수용 면적이 29.3만 헥타르로 최고점에 다다랐다.[89] 2004년 여름에 국무원이 거시조정을 시작하고 각급 정부에 경지 보호를 최고로 엄격하게 실행해야 한다고 강조하고 나서야, 2005년 건설을 위한 경지 수용 면적이 줄어들었다.

제3차 '인클로저'는 제2차와 일정한 공통점이 있다. 중앙의 투자 증가를 통한 경제 부양으로 발생했으며, 재정 제약으로 지방의 투자 수요가 비탄력적이

88　국토자원부는 2003년 7월 30일 「각종 개발구의 청산·정돈과 건설용지 관리 강화에 관한 통지」, 8월 21일 「비농업과 건설 부문의 기본 농경지에 대한 위법한 수용을 엄금하는 것에 관한 통지」, 11월 17일 「엄격한 경지 보호제도를 실행하기 위한 진일보한 조치를 채택하는 것에 관한 통지」를 발표했다.

89　2004년 투자 증가의 가속화는 정치적 주기가 일정한 영향을 미쳤다. 2003년 지역마다 모두 GDP를 성장시켜 정치업적을 올리려 했다. 2004년 1분기 전체 사회의 총투자에서 지방 프로젝트의 투자 증가속도가 60%를 넘어섰는데, 이것이 고정자산 투자가 너무 빠른 속도로 증가하고 지나치게 커지게 된 주요한 원동력이었다.

었기 때문에 다시 떨어지기가 어려웠다는 점도 같았다. 또한 과잉자본과 결합하여 투기시장의 거품경제를 촉진했으며, 생산능력의 과잉을 초래했다는 점도 동일했다(제3차 '인클로저' 이후에 생산능력 과잉은 한 단계 더 심해졌다).

    또한 지방정부와 금융자본이 연합하여 촉진한 토지 수용 과정에서 토지 부가가치 수익의 분배가 더욱 불균형해졌으며, 이로 인해 수많은 문제가 발생했다. 토지 부가가치의 수익 분배를 보면, 20~30%만이 향 이하에 잔류되었다. 그중 농민에 대한 보상금이 5~10%였고, 지방정부가 토지 부가가치의 20~30%를 가져갔다. 개발상이 수익의 큰 몫을 챙겨 40~50%를 차지했다(리쿼제, 2007). 아울러 토지 수용의 보상을 분배하는 과정에서 담합으로 인해 자주 혼란이 발생했다. 이와 함께 향·진, 촌, 조[組], 농민 간을 조정할 수 있는 분배 방법이 없어 대량의 상방[上訪]과 저항이 나타났다. 최근 몇 년 동안 전국에서 집단 상방 사건의 1/3 이상이 토지 문제 때문이었으며, 그중 농민 토지에 대한 수용으로 인해 발생한 것이 60% 이상이었다. 국토자원부의 자료를 보면, 군중이 신고한 토지 수용 분규, 불법적 토지 점용 등의 문제가 2002년 상반기 신방[信訪] 접수 부문이 처리한 사건의 73%를 차지했다. 그중 40%의 상방이 토지 분규였고, 다시 이 중에서 87%는 토지 수용 보상과 토지가 수용된 농민의 이주 문제였다(우리핑·양커쓰 2005). 1996~2003년 전국의 경지 면적이 1억 무[畝] 감소하여 3,400만여 명의 농민이 토지를 잃었다(차오즈하이, 2007). 향후 20~30년 내에 중국에서 토지를 잃은 농민은 약 1.1억 명까지 증가할 것이다.

3. 소결

우리는 여기서 개혁·개방 이후의 거시경제 변동, 재정·세수 체제의 변화, 토지 수용 간의 동태적 관계를 고찰했다. 경제의 주기적 변동 과정에서 중앙정부는 재정적자(1980년대), 조정과 통제의 무기력(1990년대), 금융 위험(밀레니엄 교체기) 등의 압박으로 세 차례에 걸쳐 재정·세수 체제의 커다란 변화를 추진했다. 또한 지방정부는 재정 제약 하에서 세 차례에 걸쳐 대규모의 토지 수용을 주도 했으며, 이는 다른 외부 변수와 함께 경제의 성장과 변동에 영향을 미쳤다. 위 세 변수 간 장기간의 상호작용과 토지 수용 제도의 변화가 더해져, 중국경제의 발전모델과 발전 수익의 분배구조에서 중대한 변화가 발생했다. 이는 또한 중 국경제의 운영과 사회발전에 이중의 위험을 가져왔다. 즉 토지 수용 과정에서 채무가 연쇄적으로 장기간 축적되면서 언젠가는 폭발할 고도의 위험이 되었다. 또 다른 위험은 부가가치 수익의 불합리한 분배로 발생한 사회문제들이다.

세 차례 '인클로저'의 원인과 작동 메커니즘, 거시경제의 주기가 초래한 재 정·금융 시스템의 변화, 더 나아가 중앙-지방 관계의 변화 등은 밀접하게 연관 되어 있다. 따라서 '인클로저' 운동에 대한 대책을 지엽적으로 보거나 일반적인 관리감독의 강화만을 가지고 논할 수는 없다.

먼저 고려해야 할 점은 현실적인 정치체제 개혁이다. 이데올로기화된 정 치문제에 대한 토론을 배제하고, 하향식으로 당·정 분리를 추진하며, 공산당의 각급 조직부터 먼저 정부 조합주의 체제로부터 분리되어야 한다. 이렇게 해야 만 효과적으로 집권 능력을 높이고, 정부와 현지화된 산업자본이 직접 결합하 여 벌이는 행위를 감독하고 통제할 수 있다.

다음으로 장기적 안정을 위해 재정·세수 체제의 추가 조정이 필요하다. GDP 대비 재정수지의 비중이 이미 확실히 상승한 상황에서 중앙과 지방의 관 계를 개선함으로써 재정·세수 제도를 공개하고, 이를 집중통일된 정치제도와 상호결합해야 한다.

마지막으로 「토지관리법」의 관련 내용을 수정하여 불합리하게 수익이 분 배되는 토지 수용 제도를 바꾸어야 한다. 도시와 농촌의 다양한 주체가 모두 소 유권과 사용권에서 '동등한 권리, 동등한 이익'을 갖는다는 기본원칙을 명확히 하고, 이를 통해 토지 수용 과정에서 많이 나타나는 충돌, 상방, 집단소요 사건 으로 인한 거대한 사회적 비용을 줄여야 한다.

우리는 중국의 노동력 유동 문제를 공업화의 과정으로 보는 일반적 관점을 수용하면서 1950년대 이후, 중국 노동력의 도농 간 유동 구조와 이것이 거시경제의 주기적 변동과 맺는 상관관계를 분석한다. 개혁·개방 이전 세 차례의 '지식청년의 상산하향' 운동으로 총 4,000만의 인구가 농촌으로 보내졌다. 경제 불경기에 정부가 농촌을 활용하여 도시의 실업 압력을 해소한 것이다. 1980년대 농촌 노동력의 현지 이주부터 1990년대 초 '농민공의 조류[民工潮]'와 삼농 문제의 출현까지, 이는 기존의 이익집단이 주도하여 농촌 관련 정책이 전환되었다는 것을 의미한다. 21세기 초, 새로운 삼농 정책과 신농촌 건설 전략은 대량의 과잉 자금과 노동력을 흡수함으로써 중국이 2008년 월스트리트의 금융 쓰나미로 촉발된 글로벌 경제불황으로부터 벗어나는 데 중요한 예방책이 되었다. 농촌은 중국에서 자본과 노동력의 저수지로서 '위험이 없는 자산'이라는 특징을 가지며, 중국의 경제·사회적 안정과 지속가능한 발전을 유지하는 데 중요한 기능을 갖는다. 미래의 국가전략도 이러한 기능을 계속 강화해야만 한다.

1. 배경과 문제

중국은 역사가 유구한 농업국이자, 십억이나 되는 인구를 가지고 신속하게 공업 문명으로 진입한 후발 공업화 국가이다. 중국에서 노동력 유동의 문제는 신중국 성립 초기부터 고위 정책결정자들의 주목을 받았으며, 이와 관련한 수많

---

90 이 글은 교육부의 긴급 프로젝트 '신농촌 건설을 통한 포스트 금융위기 시대의 중국의 조화롭고 지속가능한 발전 촉진'(프로젝트 번호: 2009JYJR023)의 자금 지원을 받았다. 원문은 둥샤오단 외(2013) 참조.

은 중요한 정책들이 제정되었다. 조금의 과장도 없이 중국 현대화의 성패는 결국 농민 문제에 달려 있다. 20세기 농민 문제는 토지 문제였으며, 21세기에 농민 문제는 취업 문제가 되었다.

어떤 국가의 공업화 과정에서도 전통적인 농민을 기계제 대공업에 적응된 산업 노동자로 전환하려고 하면, 거대한 도전에 직면할 수밖에 없다. 이는 세계의 모든 국가에서 공업화가 직면한 문제였다. 자본의 원시적 축적과 산업자본의 확장 단계에 적응하기 위하여 노동력에 대한 부단한 변화를 요구하고 중대한 제도 변화를 추진하는 것 또한 세계의 주요 공업화 국가들에서 보편적이었다.

그중 선발 국가의 독보적인 우위는 제도 비용을 취약한 국가와 지역에 전가할 수 있다는 데에 있었다.

오늘날 학계는 노동력 요소의 시장화된 유동성을 강조하면서도 과거 유럽에서 노동인구의 구조적 변화가 비시장적이었다는 점을 거의 주목하지 않는다. 유럽 국가들에서 주변화된 사회집단이 대량으로 남미, 북미, 오세아니아로 이동하면서 현지 원주민의 생존권에 대한 착취를 대가로 유럽 본토의 사회모순이 약화되었다. 또한 아시아와 아프리카의 현지 주민을 수탈하여 유럽과 식민지의 노예로 삼아 노동인구를 충당했었다.

1820년대 유럽의 해외 이민은 14.5만 명에 불과했지만, 1850년대에는 대략 260만에 이르렀다. 20세기 초인 1900~1910년, 이민 인구가 900만 명에 달해 100년 전의 약 60배가 되었다. 1688년 대서양 연해의 좁은 산기슭에 집중되었던 영국의 이민자는 30만 명 정도였다. 미국혁명이 발생했을 때, 이 영국 식민지의 인구는 최소 200만 명이 되었다(스타브리아노스, 2005: 436).

이민의 주요한 목적지 중 하나는 미국으로 인구가 1790년 450만 명에서 1920년 1.14억여 명으로 증가하여 연평균 증가율이 2.5%에 달했다. 1840년대와 1850년대 미국 인구성장의 거대한 물결은 외국의 이민 때문이었다. 당시 아일랜드인, 독일인과 기타 서유럽과 북유럽의 사람들이 감자 기근, 1840년대의 기아, 정치적 동란 등을 피하거나 신대륙에서 더 좋은 토지, 더 좋은 일자리를 찾기 위해 미국으로 왔다(엥거만·갤만, 2008: 106).

　　이것이 오늘날 사람들이 호평하는 자본주의 '정치문명'이 형성된 중요한 조건이었다. 경제불황으로 발생한 실업 인구와 범죄자 그리고 몰락한 과거의 봉건귀족 등 신흥 자산계급과 비교하여 상대적으로 취약한 집단이 해외 식민지로 대량 유출되었다. 이로써 자본주의 생산방식이 촉발한 각종 사회모순—예를 들어 자산계급이라는 새로운 귀족과 과거 봉건 귀족 간의 모순, 자산계급과 노동자계급 간의 모순—이 점차 완화되었고 국내에서는 유명한 '원탁회의'가 문명적으로 열릴 수 있었던 것이다.

　　본래 공업화 과정에서 경제변동은 하나의 보편적 법칙으로서 중국의 경제변동 또한 이러한 진행 과정의 일반적인 표출일 뿐이다. 그러나 후발 공업화 국가로서 중국은 선발 국가들이 국가폭력을 통해 외부로 공업화의 제도 비용을 전가했던 조건을 가질 수 없었다. 대신 신중국 수립 이래 60여 년에 걸친 중국의 공업화 과정에서는 농촌이 농가 이성과 촌락 이성을 통해 노동력의 '저수지' 기능을 발휘했다. 중국 농촌은 경제불황의 시기, 도시 실업이 공업화와 도시화에 미치는 거대한 충격을 완화하는 데 중요한 역할을 했다.

2. 개혁 이전, 중국의 거시경제 변동과 세 차례 '상산하향'

오늘날 중국의 노동력 유동 문제를 말할 때면, 먼저 사람들은 농촌에서 도시로, 내지에서 연해로 인구가 이동한 것을 떠올린다. 그러나 신중국의 공업화 건설 시기인 첫 삼십 년 동안, 세 차례에 걸친 대규모의 인구 유동은 도시에서 농촌으로 이동한 세 차례의 '상산하향' 운동이었다.

　　당시 지식청년의 '상산하향'을 발동한 직접적 동기는 도시의 취업 압력을 해결하려는 것이었다. 지도자의 개인적 권위를 통해 지식청년을 정치적으로 동원하여 제도의 실행 비용을 낮추었다.

1953년 12월 3일 『인민일보』의 사설 「고급소학교[高小] 졸업생을 농업 노
동에 참가하도록 조직하자」는 '농촌의 고급소학교 졸업생을 농업 생산에 참가
하도록 하는 것이 바로 이들의 진로 문제를 해결하는 기본적인 방법이다'고 서
술했다.[19] 1957년 4월 8일 류샤오치[劉少奇]는 『인민일보』에 발표된 담화에서
'지금부터 매우 오랜 기간의 전체적인 추세를 보자면, 더 많은 소학교와 중·고
등학교 졸업생들이 진학을 하지 못하고 생산에 참여해야만 하며,' '전국적으로
보면 사람을 가장 잘 수용할 수 있는 곳은 농촌이고, 사람을 가장 많이 수용할
수 있는 것도 농업이다'고 지적했다. 1957년 7월 11일 『인민일보』의 사설 「초중
고교 졸업생의 하향을 적절하게 처리하자」는 지식청년이 '노동자·농민 군중 속
으로 들어가 자기를 단련하고, 스스로 굳센 사회주의의 건설자이자 충실한 사
회주의의 전사가 되도록 해야 한다'고 서술했다(가오광징, 2006).

1950년대부터 1970년대 말까지 중국에서 총 1,800만에 가까운 도시의 지
식청년들이 농촌으로 하방[下放]되었다. 여기에 거의 2,000만 명의 '귀향 청년
[返鄕靑年]'까지 더해 하향한 지식청년은 약 4,000만 명이었다.

농업 집단화 시기, 농촌에서 지식청년을 수용한 기본 조직단위는 농가가
아니라 촌이었다. 당시 국가는 농촌의 토지재산권이 불완전한 상황을 이용하여
농촌의 집체경제에 강제로 개입했다. 이는 반드시 농업 발전에 객관적으로 필
요한 것도 아니었고 농민의 이익을 항상 보호할 수 있었던 것도 아니었지만, 국
가 공업화를 위한 원시적 축적에 대하여 예상치 못한 역할을 하게 되었다. 농가
의 사람 수에 따라 우선 분배했던 '한솥밥을 먹는 공동취사[大鍋飯]'처럼 인센티
브 메커니즘을 생성하지도 못하고, 소농 촌락제라는 전통이 가진 내부화된 특
성으로 외부의 위험을 해소했던 소위 중국 특색의 '농민 사회주의'가 세 차례에
걸쳐 도합 4,000만 명에 달하는 지식청년의 '상산하향'을 수용해낸 것이다. 중
국의 삼농은 이러한 반복되는 사회운동의 과정에서 주기적인 경제변동으로 인
해 도시에 집중되었던 거대한 대가를 적어도 세 차례에 걸쳐 묵묵히 견뎌냈다.

이후 경제불황이 닥치자, 4,000만에 달했던 도시의 실업인구를 세 차례 농

촌으로 보냈었던 당시처럼은 할 수 없었다. 이로 인해 2009년을 제외하고 경제변동은 일반적으로 도시 내부에서 경착륙하게 되었다.

3. 개혁 초기, 농촌 노동력 자원의 현지에서의 자기자본화

1979~1984년 동안, 경제불황으로 인한 도시의 경착륙에 따라 출현한 일련의 개혁에서 농촌은 전체적으로 제도 변천의 수혜자였다. 농촌의 풍부한 노동력 자원이 현지에서 자기자본화됨으로써 1980년대 중국경제는 도농 소득 격차가 줄어들고 내수가 성장을 이끄는 '성장의 황금기'를 맞이했다.

1978~1984년의 농촌개혁에서 정부가 재정지출의 책임으로부터 퇴장했다. 다른 한편으로 정부는 농업의 잉여수익을 농민에게 되돌려주고, 토지와 노동력 등 생산요소에 대한 사용권과 수익권도 반환했다. 당시 인민공사와 생산대대의 공업[社隊工業]이 1970년대 말부터 '공업을 통한 농업 보조[以工補農]'의 중요한 수단으로 기능하고 일정한 정책적 요구를 만족시키면서 농촌 토지와 노동력 자원을 자본화하는 가장 주요한 경로가 되었다.

토지, 노동력과 기타 농촌의 자원이 신속하게 향촌의 상공업에 의해 자발적으로 점용되면서 대량의 농민 노동력이 농업을 떠나 향진기업과 현급 이하 도시로 진입하였다. 이에 따라 향촌경제는 자주적 공업화와 도시화를 활용하여 종합적인 발전을 실현할 수 있었다.

제도적으로 유불리의 차이가 있을지는 몰라도 모든 체제의 정부는 인플레이션 경제위기에 긴축으로 대응할 때, 먼저 중소기업을 억제하곤 한다. 그러나 1980년대 초, 농촌 상공업의 원시적 축적은 주로 농촌 공동체나 농가의 내부화된 메커니즘을 이용했다. 대가를 생각하지도 않고 대규모로 노동을 투입하여 자본을 대체한 것이었다. 이는 농촌 노동력의 자기착취가 고강도로 축적된 것으로서 국유공업 부문처럼 국가의 재정과 대출에 의존하여 투자를 지탱하지 않았다. 따라서 농촌은 아래의 세 가지 전형적인 중국 특색에 의지하여 신속하게 자본의 원시적 축적을 완성하고 공업화를 자주적으로 가속화할 수 있었다.

첫째, 농민 요소이다. 1980년대 농촌 인구가 전국 총인구의 80%를 차지했다. 생산력의 제1요소인 농민의 적극성이 단기간에 방출되면서 수익을 얻을 기회가 생겼다. 과거 정부에 의해 대량으로 무상 점용되었던 노동력과 저가로 추출되었던 농업 잉여가 개혁 초기의 휴양생식[休養生息] 정책으로 농민들에게 되돌아갔다. 농민들은 또한 정부가 가격 인상을 통해 생산 증진을 촉진하면서 현금 소득을 늘릴 수 있었다. 국민경제 전체로 보자면, 화폐소득이 증가하면서 농민들이 소비와 재투자에 대한 수요를 갖게 되었다. 이는 지나친 긴축이 초래한 도시 공업의 수요 부진을 완화했고, 사회에 대량의 저급 소비재를 공급했다. 그로 인해 정부의 재정적자와 화폐 발행 증가로 발생할 수 있었던 인플레이션 위험이 줄었다.

둘째, 농촌 요소이다. 1980년대에는 전국적으로 본래 생산대대에 해당했던 78만 개의 행정촌과 본래 생산대에 해당했던 380만 개의 자연촌이 여전히 공유제로 재산관계를 운영했다. 대략 2/3의 촌락이 집체자산과 수익 분배를 유지했다. 이리하여 농촌의 공업화 과정에서 전통적인 촌락 이성의 메커니즘이 작동되었다. 즉 향촌의 집체는 막 통제에서 벗어난 생산요소(집체의 자금, 뛰어난 노동력, 토지자원)를 활용하고 외부의 위험을 내부화화여 처리함으로써 낮은 비용으로 공업의 원시적 축적에 진입할 수 있었다.

셋째, 시장 요소이다. 개혁에 따른 시장경제 지향과 상품시장의 초보적 개방으로 저급의 일반 소비재에 대한 수요가 폭발적으로 증가했다. 당시 도시에 위치한 국가공업은 여전히 구조적으로 군수공업과 중화학공업에 치중하여 일반 소비재에 대한 수요를 만족시킬 수 있는 민생경제로 제때에 전환하지 못했다. 반면 농촌 공업화는 애초부터 시장에 대응한 소비재를 생산했고 전례없이 폭발적으로 성장하는 소비 수요를 맞이하여 거의 경쟁상대가 없이 커다란 저급 일반 소비재 시장을 차지하게 되었다.

통계자료를 보면, 중앙정부의 문건들이 갑작스럽게 두각을 나타내기 시작했다고 수차례 평가할 만큼, 인민공사와 생산대대의 공업[社隊工業]은 정부의 거시조정이 도시 공업에 편향되어 있는 상황에서도 농촌에서 중국 특색의 자주적 발전이 갖는 체제적 우위를 보여주었다. 농촌 공업화가 시작된 이후 1988년까지 향진기업 생산의 연평균 성장율은 30% 이상이었다. 이는 동기간 국영기업 성장률보다 10% 포인트 이상 높았고, 사회의 총생산액 증가율과 비교해도 10% 포인트 가깝게 차이가 났다. 향진기업이 농촌과 전체 국민경제 성장의 주요 역량이 된 것이다.

1980년대 '성장의 황금기'는 과학발전관에 대해서도 중요한 함의를 갖는다. 2003년 중앙정부가 제시한 과학발전관은 이를 뒷받침할 수 있는 객관적인 경험을 1980년대에 이미 가지고 있었다.

1980년대에 이미 10년간 과학발전이 출현했었던 것이다. 이는 중앙정부의 21세기를 위한 전략 조정과 정책결정에 대해 중요한 역사적 경험을 제공한다. 투입 역량의 증가와 삼농의 자주적 발전 촉진이 중국 특색의 경제위기 해결방식을 위하여 꼭 필요한 기초를 다져줄 수 있을 것이다.

4. 1990년대 이후, 노동력 유동의 전환

1) 1980년대 말, 농촌 관련 정책의 전환과 '농민공 조류'의 첫 분출

1988~1991년, 중국에서 개혁 이후 첫 번째로 스태그플레이션 형태의 주기적 경제 쇠퇴가 폭발했다(둥샤오단·원톄쥔, 2008). 이러한 1차 쇠퇴가 발생한 이후, 도시 공업에 대한 우선적인 고려에서 '원자재의 해외 공급과 제품의 해외 수출[兩頭在外]'이라는 향촌 공업 발전정책이 나왔다.[20] 여기서 이것이 농촌의 노동력 유동 변화에 미친 영향을 다루고자 한다.

과거 거시경제 불황기에 '조정, 정돈, 정리, 제고[調整, 整頓, 治理, 提高]' 등의 정책이 중소기업과 향진기업의 발전을 억눌렀던 것과 동일하게, 사대공업으로부터 이름이 변경된 향진기업도 1980년대 말 중앙정부의 위기대응 정책으로 다시 배척받게 되었다. 경제변동으로 인한 제도 비용을 직접적으로 떠맡게 되면서 향진기업은 자신의 발전에 심각한 피해를 입었으며, 많은 기업이 파산·도산하였다. 여기에서 파생된 결과로 1989년부터 농민 1인당 현금소득의 증가속도가 3년 연속 하락했다. 이로 인해 농촌 노동력이 대량으로 도시로 진입하여 일자리를 찾게 되었고, 결국 1990년대 초 '농민공의 조류' 현상으로 나타났다. 같은 시기 국가는 농민이 도시에 가서 일하는 것을 막았던 각종 제한을 풀기 시작하였다.[91]

요컨대 이 시기 향진기업의 발전이 좌절되면서 향진기업의 노동력 흡수 능력이 현저하게 떨어졌다. 이에 따라 단기간에 농촌의 잉여 노동력이 급증하고, 농민소득이 감소했다. 또한 많은 기업들의 생산 중단과 휴업에 따라 향진기업이 본래 가지고 있던 '공업을 통한 농업 보조' 기능이 뚜렷이 약화되었다. 그로 인해 농업에 대한 투입이 줄고 농촌의 복지도 축소되었다. 1980년대 동안 중앙의 정책결정 층위에서 삼농을 대표하여 부문들의 이익을 조정하고 1호 문건을 발표했었던 중공 중앙 농촌정책연구실[農村政策研究室]과 국무원 농촌발전연구센터[農村發展研究中心](둘의 명칭은 달랐지만 사실상 하나의 조직)가 1990년, 완전히 해체·개편되었다. 정부의 농업 주관부문은 단지 해당 부문의 정책만을 제시할 수 있었고, 재정·금융·세수·무역·수리·전력 등 상이한 이익집단들의 정

91　1988년부터 국가는 농민이 도시로 가서 서비스업에 종사하거나 각종 노동을 제공하는 것을 허가했고, 도시가 용지와 설비 등에서 편리를 제공하도록 했으며, 사정이 생겨 고향으로 돌아온 농민에게 정착을 허가하고 거부할 수 없도록 조치했다. 또한 국가가 허가한 농촌 인원을 기업이 채용할 수 있도록 했다. 아울러 노동력 수출을 빈곤지역에서 노동력 자원을 개발하는 핵심 정책으로 삼고, 경제가 발달한 연해 지역과 대·중 도시의 노동부문이 계획적으로 빈곤지역의 노동력을 흡수하도록 요구했다. 추가로 민간 노무조직 등이 빈곤지역 노무시장으로 진입하는 것도 허가했다.

책을 조정할 수 없게 되었다. 단지 농업에 대한 투입과 구조조정 등 기술적인 내용에 치중할 뿐이었다. '삼농' 정책이 사라졌고 농민의 이익을 보호하는 1호 문건도 없어졌다. 결과적으로 도시의 농산품 수요 감소에 따라 1989~1991년 3년 연속 농민소득의 증가속도도 떨어졌다. 그러나 농민이 현금으로 지급해야 하는 세비 부담은 줄지 않았다. 이에 따라 농촌의 집단소요 사건과 폭력 충돌이 증가했고 삼농 문제가 본격적으로 출현했다.

1992년 봄이 되자 덩샤오핑의 남방담화가 중국의 개혁을 다시 고조시키고, 회복되기 시작한 중국경제의 호황을 촉진했다.

농촌 노동력의 유동에 대한 정부 정책도 추가로 완화되었다. 정책의 기본 내용은 유동을 승인하고, 유동을 수용하며, 유동을 고무한다는 것이었다. 유동의 방식에 있어서는 무질서한 유동에 반대하고 다양한 부문의 협력을 요구하며 다방면의 조치를 취함으로써 지도와 통제를 강화한다는 내용이었다. 유동의 방향에 있어서는 현지, 근방, 소도시 간의 유동을 장려했다.

한편 농업의 주요 생산품이 전국적으로 적체되어 재고에 대한 재정 보조금의 압박이 커지자, 1992년 4월 1일 국가는 식량배급표[糧票]를 중단하기로 결정했다. 이제 농민이 도시로 가서 돈을 벌 수만 있다면 밥을 먹는 걸 걱정할 필요가 없어졌다. 이는 노동력이 자유롭게 도시로 가서 일하는 것을 막았던 제도적 장애를 직접적으로 제거함으로써 노동력 유동을 풀어준 가장 중요한 조치였다. 이에 따라 1993년 농촌의 외부 유출 노동력이 4,000만 명 이상으로 급격히 증가했고, 향진기업의 생산 중단과 도산으로 발생했던 소득 감소의 문제가 직접적으로 해결되었다.

이때부터 농민공이 도시와 농촌을 철새처럼 오가는 것이 중국에서 노동력 유동의 중요한 특징이 되었다.

1997~1998년 동아시아 금융위기로 중국 제조업의 수출 수요가 감소하자 노동력 수요도 감소했지만, 같은 시기 적극적 재정정책에 따른 투자가 부분적으로 이를 대체했다. 더 중요한 요소는 재정위기에 대한 대응으로 추진된 의

료, 교육 등 사회사업에 대한 산업화 개혁이 농가의 현금 지출 압력을 증가시켜 농민의 외지노동을 촉진했다는 점이다. 2011년 중국의 도시 농민공은 2.53억 명에 달해 농촌의 비농업 취업 총량의 50.7%를 차지하였고, 이들을 따라 도시로 온 가족 4천만 명을 더하면 농촌에서 도시로의 총 유동인구는 약 2.9억 명이었다.

2) 새로운 삼농 정책을 통한 농촌의 노동력 저수지 형성

1997~1998년 동아시아 금융위기에 대한 중국의 대응정책은 강한 도시 지향을 가졌었다고 할 수 있다. 당시 적극적 재정정책을 통해 도시에서 '자산 저수지'를 형성함으로써 7~8%의 경제성장을 유지하고 전체적인 안정을 유지할 수 있었다. 이런 점에서 2008년 글로벌 금융위기에 대한 대응정책은 사전에 준비가 더욱 잘 되어 있었던 셈이다. 금융위기가 폭발하기 삼 년 전에 시작된 신농촌 건설을 통해 국가의 전략적 투자가 농촌에서 노동력 저수지를 형성한 것이다.

(1) 새로운 삼농 정책의 배경과 내용

경제불황 시기에도, 도시에서 현대적 경제부문이 빠르게 발전하는 단계에서도 삼농 영역의 자금, 토지 등 희소자원은 항상 대규모로 유출되어 생산요소의 자기자본화가 어려워졌고, 농촌 노동력 요소의 유출도 가속화되었다. 더욱이 2003년 중국 경제가 호황기로 진입하면서 농촌 노동력이 대량으로 도시로 유출되었고, 농업 취업인구가 2003년 3억 6,546만 명에서 2008년 3억 654만 명으로 매년 감소했다. 이는 잠재실업이 총 5,892만 명, 즉 16.12% 감소한 셈이었다. '수입과 수출의 확대[大進大出], 원자재의 해외 공급과 제품의 해외 수출[兩頭在外]'이라는 외향형 경제가 형성되면서 '스마일 커브' 법칙의 작용으로 이들 도시 진입 노동자의 소득은 보편적으로 억제되었다.[21] 인력자원·사회보장부가 중국과 20개 국가의 제조업 임금 비용을 비교한 연구에 따르면, 선진국의 1인당 부가가치에서 1인당 임금 비용의 비중은 일반적으로 35~50%였다. 다른 유형의 국가들은 일반적으로 20~35%이며, 중국은 겨우 9.3%였다. 다른 연구를 보면, 최저임금의 사회 평균임금에 대한 비중은 일반적으로 40~60%이나, 중국 각지에서 이 비중은 현저히 낮았고 주강삼각주 지역은 30% 전후였다(과제조, 2006: 31).

양질의 노동력이 도시에서 '다층적 착취'를 받고 나서도 양로, 사회보장 등은 여전히 농촌이 부담해야 했다. 이는 농촌의 발전과 관련하여 노동력 부족을 초래했고, 또한 농촌의 부담을 가중시켰다(판쩌취안, 2008).

이러한 배경에서 중공 중앙의 16차 당대회는 '전면적인 소강사회 건설'의 대목표를 제시하고, 정치보고를 통해 '전면적인 소강사회 건설'의 '중점과 난점이 모두 농촌에 있다'고 지적했다. 후진타오 총서기는 이제부터 삼농 정책은 실질적 혜택을 주는 것을 중시해야 한다고 발언했다. 이어서 2003년 1월 중앙이 개최한 농촌 공작회의에서 후진타오 총서기는 관련 부문들이 중앙의 전략 조정에 뒤쳐진 상황에 대하여 귀가 번쩍 뜨이게 '삼농 문제는 공산당 전체 업무에서 가장 중요한 것'이라고 지시했다. 이후 5년 동안 당 중앙과 국무원은 공산당 중앙의 전체회의, 인민대표대회와 정치협상회의의 양회[兩會]를 통해 매년 두 차례 '삼농 문제가 가장 중요하다'고 거듭 천명했다. 이 기간 후진타오 총서기는 또한 '두 개의 단계, 두 개의 반포[反哺]'라는 중요한 명제를 내놓았다. 2007년 10월 17차 당대회에서도 '삼농 문제가 가장 중요하다'는 점이 공산당의 지도사상으로 재차 강조되었다.

'삼농 문제가 가장 중요한 것'이라는 점이 부단히 강조되는 와중에 2005년 9월 중앙 정치국은 국가의 11차 5개년 계획의 지도의견에 대한 토론에서, 11차 5개년 계획은 과학발전관의 지도의견과 사회주의 신농촌 건설의 정책사상을 반드시 전면적으로 관철해야 한다고 제시했다. 이어서 2005년 10월 중공 중앙의 16기 5중전회에서 정식으로 사회주의 신농촌 건설이 8항의 전략임무 중 첫 번째가 되었다. 2006년 초, 중앙 1호 문건은 사회주의 신농촌 건설의 정책 요구를 제출하고, 이를 재정이전 지출, 공업의 농업에 대한 반포 등의 구체적 조치로 보충했다.

⑵ 농촌의 '자본 저수지', '노동력 저수지'로서의 조절 기능 복원

중앙정부는 새로운 삼농 정책을 실시하는 것과 동시에 일련의 농민 우대 정책과 농업 지원 정책을 집중적으로 내놓았다. 그에 따라 휴양생식[休養生息]을 얻은 농촌이 '노동력 저수지'로서의 조절 기능을 회복했으며, 도시 밖의 '제2의 자본 저수지'로서 현급 지역경제[縣域經濟]의 기능이 강화되었다.[22] 이는 국민경제의 성장 과정에서 장기간 존재했던 '3대 과잉'과 경제성장의 '트로이카' 간의 불균형이라는 구조적 모순을 완화하고, 중국의 경제와 발전에서 지속가능성을 높이는 데에 의심할 바 없이 긍정적 작용을 했다.[23]

구체적인 작동 메커니즘은 아래와 같다.

첫째, 전례 없이 농업 지원에 대량의 재원이 투입되어 국민경제에서 부분적으로 과잉되어 있던 자본과 생산능력을 삼농 영역이 흡수했다. 해당 연도의 가격으로 계산하면, 2003~2008년 농업 지원을 위한 투입이 1조 4,731억 위안을 넘어섰다.[92] 다른 계산을 보면, 2003~2009년 국가재정에서 삼농에 쓰인 자금의 누적액은 3조 967.52억 위안이었는데, 농가당 평균으로는 약 1.5만 위안, 매년 평균 약 2,500위안에 해당했다. 이를 통해 농촌의 자본 보유량이 크게 증가했다. 또한 기본건설 투자로 현지화된 비농업 취업이 대량으로 제공됨으로써 크게 훼손되었던 '노동력 저수지'로서의 조절 기능이 개선될 수 있었다.

둘째, 대량의 농민 우대 투입이 농촌의 소비 수요를 일정 정도 증가시켰다. 정책 관련자들은 신농촌 건설이 내수를 확대하는 작용을 했다고 보편적으로 동의하며, 또한 농촌이 내수를 견인하고 경제성장을 촉진하는 거대한 동력

92　연도별『중국통계연감』에 따르면, 중앙의 농업에 대한 투입은 농업 지원 지출(농업·임업·수리·기상[氣象] 지출과 농업 종합개발 지출), 농업 기본건설 지출, 농업 과학기술 3항 경비, 농촌 구제비용 등의 항목을 포함한다. 통계자료의 한계로 2003~2006년의 자료는 농업 지원 지출만을 포함하며, 2007년과 2008년의 자료는 농업·임업·수리 지출이다.

이라고 인식한다. 마샤오허[馬曉河] 등의 연구에 따르면, 2000~2004년 농민의 한계소비 성향은 75.3%였으며, 동기간 도시민은 69.5%였다. 농촌의 소비를 표현하자면, '햇빛만 비추면 찬란하게 빛난다'라는 표현이 매우 그럴듯해 보인다. 2000~2003년 중국의 현급 이하 농촌 시장의 소비재 소매 총액은 매년 겨우 약 1,000억 위안씩 증가했다. 그러나 2004년에는 2,312억 위안이 증가했고, 2005년 7월까지 전년도 대비 1,480억여 위안이 증가했다. 어떤 학자의 추정에 따르면, 신농촌 건설을 통해 11차 5개년 계획 기간 동안 농촌에서 매년 평균 4,000억여 위안의 사회 소비재 소매액이 증가했다. 이는 국내총생산액 증가에 2% 포인트 이상을 기여한 셈이다(황후이, 2005).

셋째, 대량의 자원이 농촌으로 환류함으로써 농촌의 악화된 경제관계로 인해 보편화되었던 기층정부와의 갈등과 충돌이 줄었다. 또한 갈등과 충돌이 농촌 내부의 재산과 이익을 둘러싼 일반적인 분규로 바뀌어 전체적으로 농촌의 안정이 개선되었다. 이는 삼농이 전가된 위기의 대가를 다시 한 번 견뎌낼 수 있게 하는 사회적 토대가 되었다.

이러한 것들이 중국경제가 월스트리트의 금융 쓰나미를 만나서도 침착하게 대응할 수 있었던 중요한 기초가 되었다.

3) 농촌의 노동력 '저수지' 기능이 사회안정 유지에 미치는 작용

2008년 중국의 위기 대응의 특징은 그 선도성에 있었다.

원자바오 총리가 2004년 여름, 각 지방과 각 부문에 경제과열을 방지할 것과 경지 점용이 너무 많다는 점을 환기시키면서 동시에 거시적 조정을 명확하게 제시했다. 2005년 중앙정부는 '3대 격차'를 축소하기 위해 중부굴기[中部崛起]와 신농촌 건설 등에서 볼 수 있듯이 국가의 중대 전략을 조정하고 이에 대한 투자를 증가시키기 시작했다.[24] 2008년 미국에서 시작된 서구의 금융위기로 내수가 하락했을 때, 중국의 지도자들은 이미 3년 전에 신농촌 건설을 포함하여 국채 투자를 대규모로 증가시켜 놓았다!

2005년 중앙정부가 제시한 중부 지역과 농촌에 대한 투입 증가는 11차 5 개년 계획에 대한 지도성[指導性] 건의였다. 애초의 의도는 경제 하강에 대한 긴급구제 투자도 아니었고 글로벌 경제위기를 완화하기 위한 조치도 아니었다. 그러나 때마침 현급 지역경제[縣域經濟]를 통해 '제2의 자본 저수지'를 만드는 작용을 했다.

이러한 정부의 조치는 오늘날까지 많은 급진적인 학자들의 비판을 받고 있지만, 수년 간 연속된 수조 위안에 이르는 대규모 투자가 홀로 고군분투하면서 중서부 지역과 농촌의 기본건설에서 수천만 농민 노동력을 비농업 분야에 취업시켰다. 객관적인 효과를 보자면, 글로벌 경제위기가 폭발하면서 연해의 외향형 기업들이 도산하고 2,000만여 명의 농민공이 실업을 겪고 있을 때, 귀향한 노동력을 시기적절하게 흡수함으로써 도시에서 취업과 치안의 압력을 해소하였다. 농촌에 더 이상 경작할 수 있는 토지를 갖고 있지 않은 신세대 농민공을 고려한다면, 이는 매우 중요했다.

국가 인구·계획출산위원회[國家人口和計劃生育委員會]의 조사를 보면, 대다수 귀향 농민공이 일하던 지역과 종사했던 업종은 상대적으로 집중되어 있다. 주로 동남 연해지역의 제조업과 건축업이다. 지역별로 보면, 광둥이 49.2%, 저장이 15.3%, 상하이가 8.6%, 장쑤가 5.8%였다. 귀향 농민공의 도시 취업 구조는 제조업 종사가 55.7%, 건축업이 20.8%로 도소매업과 숙박·요식업의 비중은 높지 않았다. 성라이윈[盛來運] 등의 연구를 통해 국가통계국의 농민공 모니터링 조사 중 2009년 음력설[春節] 이전의 조사 데이터와 2009년 1/4분기 모니터링 조사의 데이터에 대한 분석을 보면, 2009년 1/4분기 말, 더 이상 외지로 나가지 않게 된 귀향 농민공 중에서 64%가 현지 농업에 종사하고 있었다. 또한 2009년 음력설 이후, 금융위기로 인해 귀향한 이후에 더 이상 외지로 나가지 않게 된 귀향 농민공 중에서 67.6%가 농업에 종사했다(성라이윈 외, 2009).

위와 같은 이유로 중국은 2008년 수입형 경제위기에 대응하면서 삼농을 담지체로 연착륙을 실현할 수 있었다. 사전에 대규모로 행해진 삼농에 대한 투입과 연속적으로 추진된 농민 우대 정책 덕분이었다. 당연히 이는 과거 반세기 동안 여러 차례 반복되었으며, 도시 산업자본의 위기를 삼농에 단순히 전가해 버렸던 방법과는 완전히 다른 것이었다.

5. 결론

앞선 분석에 따르면, 향토중국은 오랫동안 중국의 도농 이원체제 구조에서 경제성장이 의존했던 '무위험 자산'이었다. 이는 공업화 과정에서 농촌이 수행한 역할을 재인식하는 데에 일정한 의의를 갖는다.

〈그림 1〉은 거시경제의 위험-수익 측면에서 '무위험 자산'이 국면경제의 성장 경로를 최적화하는 작용을 도식화한 것이다. 경제성장률이 일정 수준에 못 미칠 때, 각종 사회적 위험이 집중적으로 폭발할 가능성이 갑자기 증가하고, 이는 거시경제를 정체시킬 수 있다. '무위험 자산'의 수익 수준을 높여 국민경제가

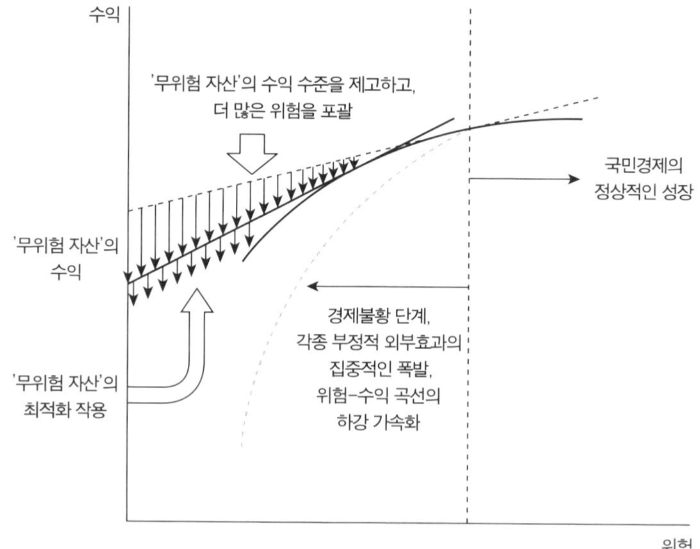

그림 1 국민경제에서 '무위험 자산'의 거시경제의 성장 경로 최적화에 대한 작용

급박한 하강 국면에서 벗어날 수 있다면, '무위험 자산'이 연착륙의 담지체로서 작용했다고 볼 수 있다.[25]

과거의 경험을 보면, 농업 집단화 시기에 인민공사·생산대대·생산소대 등 3급의 조직화 담지체를 통해 농촌은 세 차례에 걸쳐 도시 거시경제의 불황이 만들어 낸 4,000만의 실업인구를 흡수했었다. 도시가 거대한 실업의 위험을 해소할 수 있도록 도와 농촌이 도시의 위험을 연착륙시키는 담지체가 되었던 것이다.

농촌개혁 이후, 중국경제의 성장에서 농촌의 '무위험 자산'으로서의 효과가 가장 뚜렷한 것은 균등하게 분배되어 대략 5년 주기로 재분배되는 토지제도가 농가의 종합적인 경영이 파생시킨 외지노동자들에게 일정한 '무위험 자산'을 마련해주었다는 점이었다. 최근 몇 년 동안 토지제도의 변화, 공업과 농업 간 수익 격차의 확대, 농촌에서 도시 문명의 확산 등으로 신세대 농민공이 땅에서 멀어지고, 고향을 떠나고, 농업에서 이탈하는 경향이 갈수록 심해지고 있다. 경제적 합리성에 따른 개인의 선택을 비난할 수는 없지만, 이로 인해 거시적 측면에서 중국은 갈수록 엄중한 도전에 직면할 수밖에 없다. 삼농이라는 경제성장과 사회발전의 안정장치는 장차 어떻게 될 것인가?

 거시경제의 변동과 집체 산림재산권 제도의 개혁: 1980년대 이후, 집체 삼림지역의 세 차례 산림재산권 개혁에서 '분할과 합병〔分合〕'의 제도 변천[93]

『삼국연의』 서두에 나오듯이 천하의 대세는 나누어진 것이 오래되면 반드시 합해지고 합해진 것이 오래되면 반드시 나누어진다. 1980년대 이후, 중국 남방의 집체 삼림지역의 세 차례 산림재산권 개혁은 '분할-합병-분할'의 순환 과정이었다. 우리는 이것이 삼림지역의 산업적 특성인 업태〔業態〕에 따라 농가와 촌락의 합리적 선택이 표현된 것이라고 본다. 이에 대해서 많은 학자들의 논의가 있었다. 그러나 이 같은 내용들은 삼림지역의 발전, 외부의 재정·금융 등 거시적 제도 환경의 변화와 상관성이 존재함에도 기존의 삼림지역의 체제 개혁에 대한 정책 연구들과 임업 경제이론 연구들은 여기에 관심을 기울이지 않았었다. 2007년 남방의 집체 삼림지역이 전면적으로 추진한 '산림의 호별도급〔山林到戶〕'이라는 산림재산권 개혁은 중국경제가 결핍의 시대를 마감하고 자본의 상대적 과잉 단계로 진입한 이후, 삼림지역의 자원 자본화에서 이 상관성이 발현된 것이었다. 자본이 과잉단계로 진입하던 시기에 정부가 추진했던 삼림지역의 신농촌 건설은 어떻게 단절적 변화에 적응하여 삼림지역의 종합 개혁을 더욱 심화시킬 것인가라는 문제와 밀접하게 관련되었다.

---

93 본 글은 중국 국가사회과학기금의 중대 프로젝트 '사회관리 개선과 사회안정 유지의 메커니즘 연구: 농촌의 적대적 충돌과 해결 메커니즘 연구'(07&ZD048), 교육부 철학·사회과학연구 중대 공공 프로젝트 '중국의 농촌 금융시스템 건설과 메커니즘 혁신 연구'(07JZD0009), 중국 런민대학 985공정 2기 건설 프로젝트 '중국 농촌 발전 연구를 위한 철학·사회과학 혁신 기지', 국가 임업국 집체 산림재산권 제도개혁 영도소조 판공실〔林改辦〕, 임업경제 연구센터 등의 지원을 받았다. 본 글은 중국 런민대학 원톄쥔 교수가 개혁 30주년을 기념하기 위해 지도한 일련의 학술논문에 포함되었다. 원문의 초고는 원톄쥔이 푸젠성 싼밍〔三明〕시 임업 개혁 토론회에서 연설한 것을 기록한 것이다. 이후 박사과정생 리천제〔李晨婕〕가 글을 정리하고 논의를 보충하여 원톄쥔이 수정했다. 원문은 리천제·원톄쥔(2009) 참조

또한 집체 삼림지역 개혁이 글로벌 금융위기를 배경으로 발생했다는 점에서 경제위기일수록 1차 분배의 공평성을 통해 취약집단의 소액 재산을 보호하는 것이 사회안정에 더욱 중요해졌다. 중국정부는 이미 1998년 동아시아 금융위기에 대응하면서 18억 무(畝) 경지의 호별도급을 안정화시키는 '도급 연장[延包]' 정책을 시행했었다. 2008년 글로벌 금융위기에 대응해서는 더 나아가 25억 무의 산지와 임업 자산을 통해 농촌에서 촌락과 농가의 재산관계를 안정시켰고, 이를 정부의 위기에 대한 임시적 대응정책과 결합했다. 이것이 중국이 세계화되는 과정에서 두 차례의 수입형 경제위기를 겪었음에도 불구하고 발전의 딜레마에 빠지지 않은 근본 원인 중 하나였다.

1. 제1차 산림재산권 개혁에서의 '분할': 1979~1991년 임업의 '삼정[三定]' 개혁 시기

1) 정책 회고

1978년 11기 3중전회 이후, 농가생산연계도급책임제가 많은 농촌에서 농민의 생산에 대한 적극성을 확산하고, 이를 광범위하게 동원해 내었다. 1981년 3월 중공 중앙과 국무원이 「삼림 보호와 임업 발전에서 약간의 문제에 대한 결정[關於保護森林發展林業若幹問題的決定]」을 반포하고, '농가별 분배[分田到戶]'를 집체 삼림지역에 복제하여 '산지의 농가별 균등 분배[均山到戶]'라는 임업의 '삼정[三定]'을 시행했다. '삼정'이란 산림재산권의 안정, 개인 경영 산림[自留山]의 획정, 임업 생산책임제의 확정 등이다. 1984년 말, 집체 임업장[林場]의 95%가 산지소유권[山權]과 산림재산권[林權]을 완성하게 되었다.[26]

2) 정책 결과

'산지의 농가별 균등 분배' 이후, 집체 삼림지역 농가들의 삼림자원 남벌이 발생했다. 정부의 주관부문은 '일부 지방에서 심각한 남벌, 절도, 삼림 방화 등이 발생하여 개혁의 본래 취지가 어긋나고 있다'는 점을 지적했다(녹색시보, 2008). 이로 인해 집체 삼림지역의 축적량 300만m³가 기준인 임업 중점시[林業重點市]가 1950년대 158개에서 100개 이하로 줄어들고, 상품 목재를 공급할 수 있는 현이 297개에서 172개로 줄었다(인민일보, 1988). 중국의 제3차 삼림자원 조사(1984~1988년)의 결과를 보면, 남방의 집체 삼림지역의 입목 총축적량은 1억 8,558.68만m³가 감소했으며, 삼림 축적량은 1억 5,942.46만m³가 감소했다.[94]

다른 농촌 지역에서도 유사한 상황이 나타났다. 예를 들어 허베이성 짠황[賛皇]현 일대에서 농업의 호별도급을 시행한 이후, 임업 정책에 대한 선전 부족으로 농민들은 향후 정책이 변화할까 우려했다. 이로 인해 현물을 먼저 챙기기 위해 나무를 베어내었다. "따라서 집체 산림재산권 개혁에 급제동이 걸렸다"(녹색시보, 2008).

3) 제1차 '산지의 균등 분배' 문제에 대한 상이한 반응

집체 삼림지역의 '산지의 균등 분배' 개혁과 농촌 지역의 '농지의 균등 분배[均田制]'가 거의 동시에 진행되었음에도 왜 완전히 다른 결과가 나타났는가? 호별도급이 추진되면서 농촌 노동의 생산에 대한 적극성이 최대로 동원되어 식량생산량이 대폭 증가했다.[95] 불변가격으로 계산하면, 1978~1984년 농업의 총성장률과 연평균 성장률은 각각 42.23%, 6.05%였다(린이푸 외, 1994: 137-173). 그러나

94　'중국의 제2차 삼림자원 조사(1977~1981년)에서 남방의 집체 삼림지역의 입목 총축적량은 18억 7,099.42만m³였고, 삼림 축적량은 14억 7,857.98만m³였다. 제3차 삼림자원 조사 (1984~1988년)에서 남방의 집체 삼림지역의 입목 총축적량은 16억 8,540.74m³였고, 삼림 축적량은 13억 1,915.52m³였다.' 임업부(1990: 26)를 참조

95　1979년에는 전국 농촌에서 1%의 생산대만이 농가생산연계도급책임제를 시행했었다. 그러나 1980년 14%, 1981년 45%, 1982년 80%, 1983년 98%로 상승했다. 같은 시기 식량생산량은 각각 3억 3,212만 톤, 3억 2,056만 톤, 3억 2,502만 톤, 3억 5,450만 톤, 3억 8,728만 톤이었다.

집체 삼림지역에서는 오히려 농민이 산림을 대규모로 벌목했다.[96]

정부 부문은 이를 관리의 문제로 인식했다. 산림재산권 개혁이 진행되는 와중에 1985년 5월 「연간 삼림 벌채량 제한에 관한 임시 규정[關於制定年森林採伐限額暫行規定]」이 발포되고, 개혁이 완성된 이후 1987년 6월 「남방 집체 삼림지역의 삼림자원 관리의 강화와 남벌을 확고하게 제지하는 것에 관한 지시[關於加強南方集體林區森林資源管理堅決制止亂砍濫伐的指示]」가 발포되면서 '집체 산림의 관리 부실과 발전 동력의 부족이 누적되어 전체 산림 발전의 장애가 되어버렸다'는 점이 지적되었다(녹색시보, 2008). 학계의 많은 분석들은 농민이 재산권 제도를 확신하지 못했으며, 재산권 제도가 불명확했다는 점을 주요한 원인으로 꼽았다.

정부 관리를 강화하자는 문건과 일반 경제학의 이론 분석은 당시에도 실질적인 효과를 발휘하지 못했을 뿐만 아니라, 지금까지도 충분한 경험적 근거를 갖고 있지 못하다. 우리는 동일하게 자원성 재산의 균등 분배라고 할 수 있는 제도들이 상이한 농촌 산업에서 대조적인 결과로 나타났던 것은 농업과 임업의 업태에 따라 농가가 합리적인 선택을 했기 때문이며, 또한 당시의 거시경제적 상황과도 밀접한 관련이 있다고 주장한다. 이 논의가 임업경제 이론을 수립하기 위한 내용 중 하나가 되어야 할 것이다.

4) 배경 분석: 거시경제적 변화와의 상관성 분석[97]

한국전쟁이 종결된 이후 1953~1958년, 중국은 지정학적 관계가 근본적으로 변화하면서 1947~1949년에 결정된 신민주주의 발전전략을 버리고 당시의 국제환경과 민족독립이라는 객관적 요구를 따를 수밖에 없었다. 중국의 공업화는

---

96   이러한 상황은 집체 삼림지역뿐만 아니라, 국유 삼림지역과 평원 삼림지역에서도 유사하게 나타났다.

97   원톄쥔(2009: 52-96)을 참조

일반적인 서구 모델에 따라 방직공업이나 일반 소비재 가공업으로부터 시작하여 점차 중화학공업이나 군수공업으로 발전해 나갈 수 없게 되었다. 이에 따라 1950년 한국전쟁 시기부터 시작되었으며, 군수공업 위주이면서 지정학적 전략의 의도를 갖고 있는 소련의 투자를 전면적으로 수용했다. 이때부터 156개의 계획 내 프로젝트[計劃內項目](실제로는 147개 완성)를 기초로 하여 공업화 건설에서 국가안보 수호를 최우선 목표로 삼고, 군수공업이 선도하는 특수한 발전경로가 형성되었다.[27] 이 기간 '사회주의 과도시기 총노선', '반우파 운동', '집단화' 등을 명분으로 삼고, 중앙정부 주도의 공업화를 위한 원시적 축적이라는 제도적 수요를 실제 내용으로 하는 사회개조 운동이 벌어졌다.

이러한 정부 주도의 국가 공업화는 처음부터 노동력을 내재적으로 배척하며 자본집약적이고 기술집약적인 군수공업과 중공업으로부터 시작되었다. 이로 인해 삼농으로부터 더 많은 잉여를 추출해야 했기 때문에 농촌이 쇠락하였다. 또한 국가재정이 심각한 적자였음에도 대량의 투자를 추가해야만 했다. 따라서 '종주국'이 될 의도로 투자를 했었던 소련이 1957년 갑자기 투자를 중단했을 때, 중국 금융기관의 예금-대출 차액과 재정적자가 재정 총액의 절반을 차지하게 되었다. 결국 투자를 계속할 여력이 없던 국가재정은 2차 5개년 계획을 부득이하게 중단하고 수차례 삼농에 위기를 전가했다.[98]

1960년대 말부터 1970년대 초까지 지정학적 관계와 국제전략의 측면에서 다시 중대한 변화가 발생했다. 중국은 미·소 갈등을 이용하면서 1972년 닉슨 미국 대통령의 방중 이후, 서방에 문호를 개방했다. 서구화가 소련화를 대체하여 점차 새로운 발전모델이 되었다. 모델은 쉽게 전환되었고 적자도 상쇄되었다. 소련모델로 인해 발생했던 '중공업은 낙후되고 경공업은 부족한' 불균형한

---

98 농촌에 대한 위기 전가는 도농 대립의 이원 구조의 형성, 1960년대 초와 1960년대 말 두 차례에 걸친 '상산하향' 운동으로 구체화되었다. 이에 따라 도시가 흡수할 수 없던 수천만의 노동연령 인구가 농촌으로 이주하였다.

공업화 구조를 조정하기 위해서 유럽, 미국, 일본으로부터 고가의 설비를 대량 수입했다. 이에 따라 재정적자와 예금-대출 차액이 계속 상승하여 1974년 각각 100억 위안과 400억 위안을 돌파했다. 1970년대 말 재정적자는 거의 200억 위안에 달했고, 예금-대출 차액은 700억 위안을 넘어섰다. 그러나 공업화의 발걸음을 중단할 수 없었던 중앙정부는 부득이하게 전면적인 개혁에 앞서 400억 위안의 화폐를 초과발행하였다. 재정이라는 왼쪽 주머니가 금융이라는 오른쪽 주머니로부터 지속적으로 자금을 수취하여 적자를 상쇄할 수 있도록 보장했던 것이다.

요컨대 신중국 성립 이후, 중대한 지정학적 변화와 이데올로기의 제약 속에서 공업화를 따라잡아야 했기 때문에 중국의 국가경제 발전은 투자 주체인 중앙정부에 주로 의존해야만 했다. 또한 중화학공업과 같은 기술집약형, 자본집약형 산업을 출발점으로 삼아 국가 공업화를 위한 원시적 축적을 진행하였다. 이에 따라 최종적으로 재정과 금융의 이중적자가 거의 1,000억 위안에 달하게 되었다.

〈그림 1〉이 보여주듯이 개혁 이전 30년 동안 국가경제는 계속 높은 부채에 시달렸다. 1970년대 대규모로 서구의 산업자본과 기술자본을 도입하면서 조성된 국가부채는 1950년대의 수준을 훌쩍 넘어섰다.

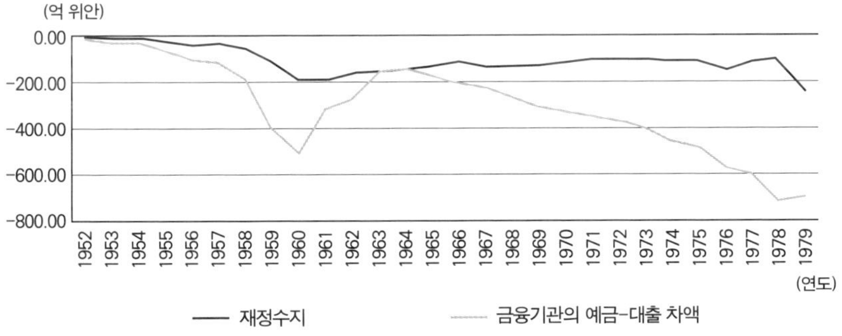

그림 1 재정적자와 금융기관의 예금-대출 차액(1952~1979년)
출처: 연도별 『중국통계연감』의 수치를 정리

5) 국가재정의 투자 방향

토대가 상부구조를 결정한다는 기본원리에 따라 군수공업과 중공업을 우선 발전시키기로 한 중국은 1953년 이후, 소련의 스탈린주의에 따른 고도의 중앙집중화처럼 모든 국가건설과 인민의 생활이 중앙의 계획과 투자에 대부분 의존하게 되었다.

신중국 성립부터 개혁 이전까지 중앙 재정의 주요한 투자 방향은 국가 공업화에 필요한 인프라 건설과 국유기업을 위한 자금 제공이었으며, 이는 오랫동안 재정지출의 30% 이상을 유지했다(〈그림 2〉). 특히 소련이 투자를 중단한 이후 2년 동안은 국가재정의 투자를 통해서만 철수한 외자투입을 대체할 수 있었기 때문에 이 수치가 67%, 73%라는 전무후무한 수준을 기록했다. 이것이 1958년 이후, 적자가 대폭 증가하여 재난구제와 사회보장 등에서 정부의 능력이 현저하게 쇠퇴하고 농촌에 대한 추출이 증가한 기본적인 원인 중 하나였다.

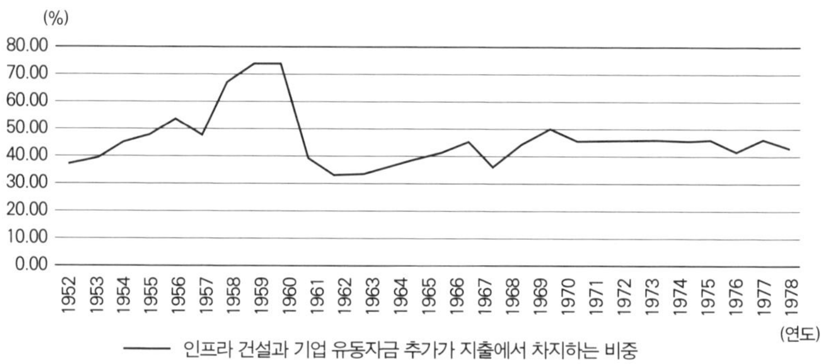

그림 2　중앙의 재정지출(1952~1979년)
출처: 연도별 『중국통계연감』의 수치를 정리

6) 임업과 농업의 행위 분석

광대한 농촌은 전체 국민경제 발전의 '병참기지'이자 국가 공업화를 위한 원시적 축적의 주요 원천으로서, 국가 공업화 과정에서 끊임없이 발생한 위기를 떠안을 수밖에 없었다. 농촌은 1960년, 1968년, 1974년 세 차례에 걸쳐 도시경제의 위기로 인해 대규모로 '상산하향'된 수천만의 지식청년을 수용하고 부양했다. 또한 농업 잉여가 공산품과 농산품의 협상가격차를 통해 추출되었다.[99] 당연하게도 공업화를 위한 원시적 축적 시기에 국유·집체 삼림지역도 광대한 농촌 지역과 동일하게 거대한 대가를 떠맡아야 했다. 소수의 특수한 경우를 제외하고는 자신을 위해 재생산을 확대하고 투자를 진행할 수 없었다.

과도한 이중적자로 인해 중앙 재정이 국민경제에 대한 총투자자로서의 역할을 지속하기 어려운 상황에서 농촌은 토지개혁과 유사한 일괄도급을 시행했다. 토지, 노동력이라는 두 개의 기본 요소를 농민에게 되돌려주자, 농촌에서 전통적인 소농 촌락제의 재산관계가 회복되었다.

그러나 농업 업태에 적용되었던 정책이 남방의 집체 삼림지역에서 복제되자 남벌 현상이 출현했다. 이를 분석하기 위해서는 임업 업태에 대한 이해가 필요하다. 임지[林地]는 단기간에 수익을 얻기 어렵고, 농지가 농민에게 의미하는 것처럼 임업농[林農]의 생존이 걸린 문제도 아니다. 임업의 생산주기가 길어지면 임업의 자본주기도 느려져 투자 회수가 길어지고 경영 위험이 커진다. 임업이 이러한 업태의 특징을 갖추고 있기 때문에 임지 경영은 임업농의 풍요로운 삶의 기반이 아니며, 삼림지역에서는 기층으로부터 정치화된 요구가 출현하지도 않는다. 임업농의 대다수는 산간지역에서 자신의 경작지에 의존하여 생존을 유지할 수 있다. 이로 인해 임업농은 임지에 대해서는 합리적인 경제적 요구를 더 많이 표출하게 된다. 국가 공업화의 원시적 축적을 위해 과도하게 잉여를 추출당한 임업농에게 급작스레 산지소유권과 산림재산권이 부여되자, 필연적으로 단기간의 합리적 행위는 비개인적인 자산을 개인화하고, 정책이 갑자기 부

---

99 옌루이전의 계산에 따르면, 1978년 이전부터 공산품과 농산품의 협상가격차가 확대되어 제일 심각했던 1978년에는 364억 위안에 달했다. 1953년부터 1985년까지 공산품과 농산품의 협상가격차는 총 7,000억여 위안이었다(옌루이전 외, 1990).

여한 수익 취득권을 이용하여 과거에 비개인적인 투자로 형성된 자연자원의 수익을 최대한 빨리 차지하는 것이었다. 따라서 '산지의 균등 분배'의 실행 초기, 임업농이 산림을 대규모로 남벌했던 현상은 거시적 제도 변천에 따른 미시적 경제주체의 합리적 행위였을 뿐이다.

7) 소결

제1차 산림재산권 개혁이 농업의 농가생산연계도급책임제를 적용한 이후, 임업농들이 산에 올라 벌목을 한 것은 '산지의 균등 분배' 탓도 아니었고, '산지의 균등 분배' 이후 재산권이 불명확했던 탓도 아니었다. 자본 요소가 극도로 희소한 상황에서 거시제도의 변천은 임업이라는 미시적 산업의 업태 특성을 고려하지 못한 채, 임업 지역에서 경작지의 가구별 경영을 전면적으로 모방했다. 이로 인해 오래도록 빈곤했던 임업농은 경제주체로서, 단기간의 현금소득 증가라는 필요와 경제인의 합리성에 부합하는 행위를 했던 것이다. 산림자원의 훼손과 임목 축적량의 감소는 이처럼 제도 변혁의 부정적 외부효과로 인한 문제였다.

정치적 고려로 이와 비슷하게 모방된 목축 지역의 초원에서도 과도한 방목, 생태 파괴, 사막화된 면적의 확대 등 중국의 지속가능한 발전에 대해 부정적 외부효과를 미치는 더 심각한 문제들이 동일하게 발생했다. 여기서 이에 대해서는 추가로 언급하지 않겠다.

2. 제2차 산림재산권 개혁에서의 '합병': 1992~1998년 민둥산[荒山] 사용권 경매와 임업 주식합작제 실험

제1차 산림재산권 개혁이 완료된 1988년, 푸젠성 싼밍[三明]시가 국무원에 보고하고 비준을 받은 산림재산권 실험구 설계방안은 재산권의 명료화를 애써 강조하면서 산지소유권, 산림재산권, 입목 등에 대한 시장화된 거래를 적극적으로 추진하려고 했다. 목적은 삼림지역에서 재산권 시장을 수립하여 자원의 자본화를 촉진하는 것이었다. 그러나 산간과 삼림 지역 내부에서 제도 변혁을 통해 자본을 생성하기 위한 이러한 실험은 자본이 여전히 극도로 희소한 시대에 앞으로 나아가기 어려워 보였다. 집체 삼림지역에서 제도경제학의 이론적 이상을 구현한 개혁 실험들 거의 대부분은 결국에는 재정이 궁핍한 상태였던 지방정부의 '투자 기갈'에 밀려나고 말았다. 삼림지역 자원을 저가로 양도하여 외부의 투자를 유치하자, 뒤이어 '네 가지 황무지[四荒]'의 경매로 인해 '부자들의 삼림 소유[大戶林]', '간부들의 삼림 소유[幹部林]' 등과 같이 삼림지역 자원이 상대적으로 집중되었던 것이다.[28] 이처럼 중국이 시장경제에 진입한 1990년대 중후반, 대다수의 삼림지역은 제2차 산림재산권 개혁, 즉 '분할'에서 '합병'으로의 경험과정을 완료하게 되었다.

1) 정책 회고[100]

1984년 푸젠성 쌴밍시에서 집체 삼림지역 개혁 실험이 시작되었다. 산지소유권, 산림재산권, 벌채권, 판매권을 촌 집체의 소유로 유지한다는 전제 하에 집체가 소유한 임지에 대한 구획 확정과 등급 평가가 진행되어 각 구획의 상이한 조건에 따라 가격을 확정하고 도급 계약을 체결했다. 이를 통해 촌급 삼림자원을 농가도급으로 관리하고 상속을 허가했다. 같은 해에 쌴밍시의 실험지역이 93개로 증가했다. '지분 분할과 산의 미분할, 수익의 분할과 삼림의 미분할, 주식발행 경영, 경영의 도급'의 원칙에 따라 집체 산림을 주식을 발행하여 경영하기로 했다. 또한 산림의 면적과 생산량을 연계하여 가격을 계산하는 '두 개의 연계[雙聯]' 방식이라는 도급 관리방법을 통해 임지의 소유권과 사용권을 분리했다. 이에 따라 촌 임업 주주대회, 촌 임업 합작사위원회, 임업 주식회사를 설립했다

100　국무원의 정식 문건으로 비준된 전국의 농촌개혁 실험구의 건설 상황은 매우 복잡했다. 이들의 개혁 방안의 설계와 구체적 운영 상황은 두잉·원톄쥔 편(1997) 참조

(쿵밍·류찬, 2000).

샨밍의 실험은 1988년 국무원이 비준한 국가급 농촌개혁 실험구에 편입
되었다. 그러나 후난성, 산시성[山西], 산시성[陝西] 등의 집체 삼림지역이 1993
년 이후에 모방하면서 변이가 발생했다. 대부분 빈곤하지만 집체 임지를 가진
농촌의 기층에서 이는 사실상 '부자들의 도급'과 '간부들의 도급'이 되어버렸다.
이러한 변이의 원인에 대해서는 현재까지 별로 논의가 없었다. 아래에서 이에
대해 살펴보겠다.

1992년 10월 14차 당대회가 사회주의 시장경제 체제라는 개혁 방향을 확
립했을 때, 중앙과 지방 모두 GDP 대비 세수의 비율이 대폭 감소했었다. 이러
한 일반적인 원인 이외에 더 주요한 것은 1988~1989년 발생한 스태그플레이
션 위기 이후, 각 지방정부의 재정이 대부분 적자가 되어버렸고 은행들의 예금-
대출 차액이 심각해졌다는 점이었다.[101] 이때부터 자금의 절대적 부족이 지방
의 '투자 기갈'보다 더욱 심각해졌다.

1993년 산시성[山西], 산시성[陝西] 등에 위치하며, 지방정부까지 극단적인
빈곤에 빠져 스스로 벗어날 길이 없던 황토고원 지역에서 계산할 필요조차 없
이 낮은 가격으로 '네 가지 황무지'를 경매하는 현상이 나타났다. 이는 재빠르게
확산되어 지도자들도 동의하게 되었다. 이어서 1995년 8월 당시의 국가경제체
제개혁위원회와 임업부가 공동으로 「임업 경제체제 개혁의 총체적 요강[林業經
濟體制改革總體綱要]」을 하달하여 산림재산권의 시장화를 정책화하였다. 「임업 경
제체제 개혁의 총체적 요강」은 다양한 방식을 활용하여 조림이 가능한 '네 가지
황무지'의 사용권을 유상으로 유통하고, '인공림과 입목의 시장을 개척하며, 입
찰·경매·임대·저당·위탁경영 등의 형식을 통해 삼림자원의 현금화를 허가한
다'고 명확히 서술하였다. 산림재산권의 시장화 운영 추세가 명확해지면서 최초

---

101 1993년 인민대표대회에서 정부 지도자들의 보고는 재정이 은행으로부터 장기적인 당좌대월
     을 함으로써 국유 금융의 자기자본금이 마이너스가 되었다고 밝혔다.

의 '네 가지 황무지' 자원의 경매로부터 유령림·중령림·성숙림의 재양도를 거쳐, 임지[林地]의 사용권 유통으로까지 발전하게 되었다.

2) 정책 결과

토지수익권과 임업재산권의 거래와 유통이 허가된 이후, 임업농들은 자신의 투자 능력과 금융 수단이 부족했기 때문에 대부분 '팔기만 하면 그만이다'는 식으로 자신들이 소유한 임지를 투자 능력이 상대적으로 높은 현지의 부자들에게 이전해버렸다.

더구나 경제발전 수준이 상대적으로 낙후된 지역에서는 대다수 농촌이 농가의 실질적인 권리 확정을 하지 못했고, 빈곤한 상태에 처한 향·촌의 현지 정부조직이 나서서 임지를 모아 외부의 회사나 현지 정부가 설립한 회사에 경영을 맡겼다. 이로 인해 '부자들의 삼림 소유'와 '큰손들의 삼림 소유'가 나타났다. 사전에 상대적으로 저렴한 가격으로 비용을 지불하고 대량으로 임지 자원을 집중시키는 것이 제2차 산림재산권 개혁 시기의 보편적인 현상이 되었다.

당시 중국은 산업자본의 확장 시기여서 기타 생산요소에 비해 자본의 통합 능력이 상대적으로 강했다. 이에 따라 제2차 산림재산권 개혁은 산간지역 자원을 부자들에게 집중시켜 규모의 경제를 형성했다. 임지 자원을 집중시켜 외부자금을 유입함으로써 현지 자원의 자본화를 실현하려는 의도였다. 제2차 산림재산권 개혁 이후의 현실을 보자면, 주요한 이익은 자본 보유량이 상대적으로 풍부한 부자들이나 큰손들이 획득했으며, 자원의 소유자는 사회분업에 참여하여 생산요소에 따른 사회의 평균 수익을 얻었을 뿐이었다.

개혁 실험에 대한 정책 연구자들은 이익을 획득한 각각의 집단이 모두 계약을 유지하면서 현행 제도로부터 비롯된 기존 이익을 유지하려는 바람을 갖는다는 점은 알고 있다. 그러나 모든 거시 제도의 변화 과정에서 필연적으로 형성되는 다음과 같은 제도 비용의 문제들은 현재의 연구자들에게 간과되고 있다.

첫째, 사회모순의 증가이다. 당시 여전히 자본이 극도로 희소했던 거시경

제적 배경을 고려해 보면, 이처럼 부자들을 통해 삼림지역의 자원을 통합하여
임업농들의 소득 증가를 실현하고 집체 삼림지역의 발전을 추진하려던 노력은
바람대로 되기 어려웠다. 임지의 재산권 형식이 어떻게 변화하든 여전히 제일
선의 직접 생산자는 갈수록 분산되고 있는 취약한 농민이었다. 1990년대에 시
작된 산업자본의 확장 단계는 자원을 점유한 농민을 탈조직화하고 이들의 협
상력을 저하시켜 자본이 더 자유롭게 제도 수익을 획득하도록 보장했다. 아울
러 삼림지역의 자연자원은 임업농들에게 여전히 생산과 생활이라는 이중의 기
능을 가지고 있었기 때문에 이처럼 자원을 집중하는 개혁은 일부 서민들로부터
산에 의지해서 먹고사는 능력을 박탈했고, 갈등과 집단소요까지 나타났다.

둘째, 임업의 상황이 더욱 악화되었다. 중국은 목재와 기타 임산물을 대량
으로 수입하기 위해 다른 국가에 대가를 지불해야만 했다. 그러면서도 집체 산
림지역에서는 수많은 임지가 방치되고 있었다. 1990년대 중반 분세제 개혁 이
후, 임업의 세비는 더욱 상승했다. 임업의 생산·경영에서 국가의 법정 세수와
부문의 비용 징수가 목재 판매가격의 51% 이상을 차지했으며, 여기에 더해 각
급의 지방정부와 임업부문도 임업의 생산·경영 과정에서 단계별로 비용을 징
수하였다. 따라서 목재 판매로 이익을 볼 여지가 크게 줄어들어 목재의 정상적
인 생산·유통이 저해되었다. 임업의 세비가 높아질수록 매입가는 갈수록 낮아
져 높은 세비는 최종적으로 생산자, 즉 임업농에게 전가되었다. 목재 유통 영역
의 혼란은 역으로 삼림자원의 육성에 해를 끼쳤다.

투자와 동기부여의 부족으로 1994~1998년과 1999~2003년 집체림[集
體林]의 생산력 수준은 각각 국유림의 38.36%와 40.65%에 불과했으며, 개
혁 초기의 44.50%보다도 낮았다. 1993~2004년 중국의 원목 수입량은 1981
년 187.1만m³에서 2004년 2,624.4만m³에 달해 13.03배 증가했다. 원목, 용
재, 합판, 판재의 수입액은 1981년 3.67억 달러에서 2004년 46.86억 달러로 상
승하여 11.76배 증가했다. 1994년 수입 목재의 실제 부피는 686.56만m³였고
2004년은 3,520.68만m³로 4.13배 증가하여 연평균 17.76%씩 늘어난 셈이었

다(류찬·뤼진즈, 2007).

3) 거시경제적 배경에 대한 분석

1979년 이전의 상황을 보면, 거의 30년 동안 전 국가의 힘을 기울인 국가 공업화를 위한 자본의 원시적 축적을 통해 국유기업 생산액이 신중국 성립 초기에 공업 총생산액의 26%만을 차지했던 것에서 소련모델을 버리기 직전에는 최고 90.6%에 다다랐다. 이 비중은 계속 80% 전후를 유지했다. 국가공업을 위주로 중앙정부가 통제하는 분업체계를 완성했었던 이 거대한 생산의 사회화는 이미 대충 모양을 갖추고, 국제 시장에 진입하여 거래에 참여할 수 있는 기본 조건을 구비하게 되었다.

그러나 1979년부터 400억 위안의 통화를 초과발행하여 재정 고갈을 메우면서 금융기구들의 적자가 발생한 것을 시작으로 중국은 1980년대 내내 지속적으로 인플레이션 압력을 받았다. 하지만 중앙정부 혼자서 투자를 떠맡기에는 힘이 부족했다. 1990년대 중후반 GDP 대비 재정수입의 비중이 계속 하강하여 1980년대 초의 25% 전후에서 십 퍼센트대까지 떨어졌다(1995년이 최저치로 10.27%에 불과했다).

(1) 경제체제 개혁의 거시적 배경

중앙 재정을 투자 주체로 하던 방식이 개혁기를 거치면서 투자 주체가 다원화되었다. 이에 따라 1980년대 초부터 지방이 주도하는 새로운 단계의 공업화가 시작되었으며, 중앙과 지방의 분권화 추세가 갈수록 뚜렷해졌다. 투자 주체를 중앙에서 지방으로 전환하는 과정에서 국가자본도 점차 부문별 자본으로 분화했고, 국유경제 내부의 이익 주체도 다원화되었다. 공업 총생산액 대비 국유기업의 비중은 1979년 개혁 시기의 80% 전후에서 1990년대 말 30% 미만으로 떨어졌다.

이 시기 일련의 거시 개혁도 시행되었다. 1982년 국가는 '이윤상납에서 세금으로의 전환[利改稅]'이라는 재정체제 개혁을 시작했다. 1983년 은행이 기업의 유동자금을 일괄적으로 관리하도록 확정했다. 1984년에는 '재정 지원에서 대출로의 전환[撥改貸]'이라는 투자체제 개혁이 시행되었다. 이로써 원래 재정이 떠맡던 기업 유동자금의 제공과 관리 임무를 은행이 전면적으로 담당하게 되었다. 기업과 정부의 이익이 마침내 분리되었다. 1988년 가격 시장화를 시도한 개혁은 '관다오'가 앞장서서 매점매석을 하면서 심각한 인플레이션을 발생시켰다. 소비자물가지수(CPI)가 18.6%까지 상승했으며, 동시에 대규모의 예금인출 사태가 전국적으로 발생했다. 안정적인 자금 순환을 유지하기 위해 은행들이 갑자기 대폭으로 예금이자를 올렸으나 대출이자를 동시에 올리지 않아서 심각한 마이너스 금리가 나타났다. 이에 따라 그해에 은행들이 직접적으로 심각한 손실을 입었고, '삼각채무'의 빈발로 인하여 기업의 자금이 연쇄적으로 끊겼다. 결국 1980년대 말 스태그플레이션 형태의 경제위기가 폭발했다.

회복 단계에 들어선 1992년 덩샤오핑의 남방담화 이후, 시장경제 체제 도입을 핵심으로 삼아 중국경제는 산업자본을 금융자본으로 발전시키는 중대한 구조 전환을 시작했다. 경제도 이에 따라 곧 회복에서 호황으로 바뀌었다. 금융자본이 주도하는 경제발전의 초기 단계에 나타나는 중요한 특징에 따라 중국경제도 자기 화폐화의 단계로 진입하였다. 1978년 중국경제의 화폐화 정도는 매우 낮아서 약 1조 위안의 전국 공·농업 총생산액과 비교하여 사회예금은 겨우 221억 위안에 불과했었다. 그러나 20년 후인 1998년에 이르러서는 GDP가 약 10조 위안, 광의통화는 약 12조 위안으로 증가했다.

과거 국가가 통제했던 독점적 금융자본이 일단 시장화되자, 높은 수익추구 경향 때문에 금융자본은 사회의 평균 수익을 얻는 것만으로는 만족할 수 없게 되었다. 1990년대 초부터 중국의 금융자본은 초과이윤을 얻기 위해 증권, 선물, 부동산 등 3대 투기 영역에 대규모로 진출하였다. 이로 인해 생산영역에 대한 투자가 심각하게 부족해졌다.[102] 자본시장으로 유입된 자본이 과잉되고 투기도 과열되면서 경제 버블 현상이 시작되었다. 1994년 소비자물가지수(CPI)가 24%를 넘어서면서 인플레이션 위기가 재차 발생하자, 중앙정부는 경제에 대한 거시조정을 시작하여 1997년에 '연착륙'을 실현했다. 그러나 1997년 동아시아 금융위기가 폭발하자 중국은 1990년대 말 디플레이션을 특징으로 하는 새로운 경제불황 단계에 들어섰다.

요컨대 1980년대 개혁·개방부터 2003년 전까지 약 20년 동안 중국은 다양한 거시경제적 문제를 겪었다. 1980년대 말에는 스태그플레이션 유형의 경제위기를 겪었고, 1990년대 말에는 디플레이션 유형의 경제위기가 출현했다. 그리고 개혁과 함께 중앙 재정이 장기간 적자 상태였으며, GDP 대비 재정 비중이 지속적으로 감소하면서 중앙 재정이 투자를 더 이상 떠맡을 수 없었다. 이 시기에 권력 하방[下放]에 따른 국가자본의 부문화[部門化]로 투자 주체가 다원화되고 산업자본이 지방화되었다.

이러한 거시적 제도 변천이 임업과 삼림지역의 개혁과 발전에 대한 제약으로 작용했다. 국가경제의 구조조정에 따라 산업자본이 금융자본으로 전환되었는데, 고수익 부문에 집중하는 독점 금융자본은 집체 삼림지역이 집중되든 분산되든 간에 자신의 방향을 바꿀 리가 없었다. 이 시기에 임업은 업태의 특성상 투자 주기가 길고 유동성이 낮았고, 유동성을 추구하는 금융자본이 편애하는 투기 영역과 비교하면 수익 창출 능력이 현격히 떨어졌다. 따라서 다른 산업과 점차 분리되어 가는 금융자본의 투자를 획득할 방법이 없었다.

(2) 지방정부의 행위에 대한 분석

중앙정부의 권한 이양, 이윤 허용[放權讓利]으로 제도 수익을 획득한 지방정부가

102 　중앙 재정의 인프라 건설에 대한 투입 또한 초기의 재정수입 대비 30% 수준에서 대폭 줄어들어 장기적으로는 10~20%를 유지했다.

당연히 상응하는 제도 비용을 책임졌어야 했다. 이 비용은 곧 지방 공업화를 위한 원시적 축적인데, 더 이상은 국가재정으로부터 그에 대한 종합적인 조치를 기대할 수 없었다. 그러나 전면 개혁이라는 이 역사적 단계에서 남방의 집체 삼림지역이 속한 절대다수 시·현·향급의 지방 재정은 심각한 적자 상태였다.

이외에 더 주목해야할 점은 다음과 같다. 1984년 중앙과 지방 재정에 대한 등급별 도급 개혁과 함께 같은 기간에 '인민공사 철폐와 향정부 재건, 생산대 철폐와 촌 재건'이라는 행정체제 개혁이 실행되었다. 그에 따라 중국 역사상 인원수가 가장 많은 농촌 기층정부가 생겼지만, 이에 상응하는 지방 재정의 원천은 확립되지 못했다. 지방정부는 방대한 지출을 유지하기 위해 각종 세금을 강제로 징수해야만 했다. 그러나 소농의 잉여에 대한 추출을 지속적으로 가중시켜도 지방정부의 재정적자를 해결하지 못했고, 소농은 스스로 재생산 확대를 위해 투자할 여력을 잃게 되었다.

1994년 등급별 도급이 분세제로 전환된 이후, 상급 정부는 '재정권한의 상급 수렴, 업무권한의 하급 이전' 방식을 채택하여 지방의 인프라 건설과 공공 서비스 공급의 책임을 지방에 잔류시켰다. 이에 따라 높은 비용의 상부구조가 낮은 잉여의 소농경제와 대립하는 현상이 다시 나타났다. 그 결과는 당연히 농민 부담의 추가적인 증가였다. 그러나 지방정부들은 현지 경제의 발전을 위해 앞다투어 투자유치에 나서면서 GDP의 지속적인 증가를 경쟁적으로 추구했으며, 그나마 있는 자금마저 수익이 높은 부문이나 분야에 투자했다.

남방의 집체 삼림지역에 위치한 지방정부들은 이 기간에 재정지출을 현지의 인프라 건설, 행정기관을 유지하기 위한 경상운영, 지방의 공공사업 등에 주로 사용했다. 1990년대 초에 개방되어 금융자본과의 상관성이 높았던 부동산 시장만이 집체 삼림지역이 있는 각 성에서 활성화되어 대량의 투자를 받아 빠르게 성장했으며, 이윤도 가파르게 올랐다. 집체 삼림지역 건축기업들의 이윤 총액은 이 시기에 100% 이상의 연평균 성장률을 유지했다.

⑶ **임업농의 행위에 대한 분석**

광대한 농촌에서 향진기업은 소농 촌락제에 고유한 사회자원을 이용함으로써 농촌 공업화를 위한 원시적 축적을 실현했었다. 그러나 드넓은 삼림지역에서는 투자의 수익 주기가 길고 투자 규모도 상대적으로 커야 했기 때문에 소량의 잉여조차 지방정부에게 추출 당했던 임업농들은 스스로 임업에 투자할 조건을 갖출 수가 없었다. 또한 자금이 매우 부족해서 임업자원이 상대적으로 집중되어 있더라도 외부자금이 효율적으로 진입할 방법이 없었고, 향진기업처럼 공동체 내부의 자산과 노동력을 집중하여 공업화를 실현할 수도 없었다. 남방 삼림지역에 대한 우리의 현지조사를 통해 살펴보면, 당시 임업농들의 대출 또한 주로 (관혼상제, 보건의료 등) 생활 영역에 사용되었다. 이 시기 임업자원은 자발적으로 자금이 상대적으로 충분한 큰손들과 부자들에게 흘러들었다.

4) **소결**

개혁·개방 이후 30년 동안 중국경제는 산업자본의 점진적인 형성과 성장, 금융자본으로의 업그레이드 과정을 겪었다. 또한 중앙과 지방의 반복게임, 즉 중앙이 지방에 권한을 이양하고 이윤을 허용하면서 각종 부담을 지방이 스스로 떠맡게 하는 과정을 겪었다. 경제발전 과정에서 몇 번의 곡절이 있었지만, 자본이 점차 생산의 제반 요소들을 결합하여 경제발전을 주도하는 요소가 되었다.

자본의 희소성 정도는 시기별로 상이했지만, 높은 이윤 추구라는 내재적 본성에 따라 자본은 항상 농촌에서 순유출되어 이윤획득 능력이 높은 분야나 부문으로 흘러갔다. 제2차 집체 삼림지역 개혁은 시장화 운영방식을 채택하고 임업자원을 상대적으로 집중함으로써 규모화의 효율을 통해 외부자본을 끌어들였다. 그러나 이 시기에도 자본은 여전히 극도로 부족한 요소였기 때문에 유동성과 고수익성을 갖추지 못한 임업은 어떠한 방식으로 자원을 집중시키더라도 외부자본에 대한 흡입력을 가질 수 없었다. 이처럼 외부의 거시적 조건이 갖추어 지지 않아 삼림지역에서 시장화 개혁을 진행하더라도 기대했던 수익을 얻을 수 없었다. 도리어 임업농들이 산에 의지해 먹고 살 수 있는 조건을 상실하면서 충돌이 발생하고 삼림지역의 어려움이 악화되는 부정적 외부효과가 발생했다.

3. '분할': 2003~2006년 '산지의 균등 분배'의 재실행

21세기에 들어서서 도농 이원 구조를 배경으로 중국 도시경제에서 전형적인 금융과잉이 출현했다. 그러나 공업화에 진입할 수 있는 조건이 부재했던 대다수 농촌 지역은 대부분의 전통적 부문들과 같이 여전히 금융으로부터 배제되고 유동성이 부족했다. 자본화의 제도 수익을 얻기 위해 현금화가 가능한 자원을 차지하려는 자본의 충동은 갈수록 강렬해졌다. 이로 인해 제3차 산림재산권 개혁이 죽었다가 다시 살아나게 되었다.

1) 정책의 개요

2003년「중공 중앙과 국무원의 임업 발전의 가속화에 관한 결정[中共中央國務院關於加快林業的發展決定]」의 반포 이후, 재산권 제도를 중심으로 임업에 대한 각종 개혁이 추진되었다. 뒤이은 세 차례의 1호 문건은 집체 산림재산권 제도의 개혁을 농촌개혁 심화의 중요 내용으로 확정했다. 푸젠성 싼밍시가 '재산권의 명료화, 경영권의 활성화, 처분권의 실현, 수익권의 확보'를 주요 내용으로 집체 산림재산권 제도의 개혁을 다시 전개했다. 2004년에는 장시성이 '재산권의 명료화, 세비의 경감, 경영의 활성화, 유통의 규범화'를 중심으로 집체 임업 재산권 제도의 개혁을 시작했다. 2006년「중공 중앙과 국무원의 사회주의 신농촌 건설추진에 관한 약간의 의견[中共中央國務院關於推進社會主義新農村建設的若幹意見]」은 '집체 산림재산권 제도의 개혁을 가속화하고, 임업의 건강한 발전을 촉진한다'고 명확하게 밝혔다.「11차 5개년 계획 강요」는 '집체 산림재산권 개혁을 점진적으로 추진'할 것을 건의했다.

2) 거시적 배경에 대한 분석

제3차 산림재산권 개혁이 이전의 두 차례 개혁과 비교되는 점은 외부의 거시적 조건을 형성한 중대한 역사적 변화로 인해 전형적인 산업과잉과 자본과잉이 국내외에 출현했다는 것이다. 또한 새로운 시기를 맞이하여 중앙의 정책방향에서 중대한 전략의 전환이 발생했다.

(1) 3대 과잉

커디[柯堤]에 따르면, 2000년 중국의 초과재고는 2조 3,000억 위안으로 총재고량의 47.2%를 차지하여 총재고량의 거의 절반을 차지했다. 같은 시기 중국 금융기관의 불량대출은 3조 위안을 넘어서서 초과재고와 비슷한 수준이었다.[103] 달리 말해 중국이 화폐화된 경제를 실현한 이후, 초과재고와 유휴 생산능력이 최종적으로 은행의 불량 금융자산이라는 화폐 형태로 표현된 것이다. 따라서 중국경제가 실현했던 거의 10%에 이르는 성장률은 주로 외수[外需]에 의해 촉진된 것이었다.

금융자본에서도 심각한 과잉이 나타났다. 사회 예금이 46조 위안이었지만, 12조 위안은 대출되지 않았다. 금융자본은 유동성 수익과 초과이윤을 추구하기 때문에 주식시장이 허약하고 부동산시장의 공실률이 상승하는 상황에서 과잉된 금융자본이 투자의 안전성을 유지할 수 있는 대상을 찾고 있었다.

더불어 노동력 과잉 또한 중국의 경제발전과 사회안정에 오랫동안 영향을

103　관련 국가기관이 발표한 데이터도 동일한 결과를 증명한다. 관련 기관이 발표한 1,000종의 상품에 대한 통계자료에 따르면, 75% 이상의 제품이 공급과잉으로 전혀 시장을 확보하지 못했다. 나머지 25%의 상품은 공급과 수요가 균형을 이루었으나, 수요과잉된 상품은 한 종류도 없었다.

미쳤던 중요한 요소이다. 집체 삼림지역의 임업 생산 과정에서 종자 채취, 양묘, 벌채, 운송, 가공, 임하 재배[林下種植] 등은 모두 대량의 노동력을 흡수할 수 있기 때문에 중국의 경제발전과 안정 유지에 적합한 노동집약형 산업이다.[29]

국제적으로 보면, 과잉된 국제자본이 안정된 수익을 보장할 수 있는 투자영역을 사방으로 찾고 있다. 중국은 개혁·개방 이후, 각급 정부가 외자를 유치하기 위해 각종 우대정책을 제공했으며, 안정화된 중국은 이때부터 외국자본이 선호하는 투자지역이 되었다. 1992년 중국이 시장경제를 시행하면서부터 외자가 벌떼처럼 몰려왔다. 세계은행 통계로 보면, 2006년 중국의 외자 보유액은 2,900억여 달러였다. 과잉된 국제자본은 위험이 낮은 투자기회를 찾아야만 했다. 더구나 월스트리트 금융위기로 인한 글로벌 경제위기 이후, 금융자본은 단순히 고수익 투자를 추구하기보다는 안전한 투자대상을 찾으려고 했다.

⑵ 내수촉진: 중국경제의 지속가능한 발전을 위한 새로운 엔진

중국경제가 생산과잉에 빠진 것과 동시에 국내 수요는 도리어 부족해졌고, 외수도 글로벌 경제위기로 둔화되었다. 그에 따라 농촌이 수요의 주체로서 중국경제의 비약적 발전을 실현하는 기본 경로가 되었다.

역사를 살펴보면, 일괄도급 이후의 정책으로 토지, 노동력, 자본 등 생산의 기본 요소가 모두 효과적으로 삼농으로 회귀했었다. 이로 인해 국민경제가 1982년 신속하게 회복되었으며, 이후 5~6년 동안 고성장을 유지했다. 농민 소득의 증가가 4년 연속 도시보다 높았으며, 농촌 소비가 대폭 증가하여 연간 GDP 성장률에 대한 기여도가 37.4%에 달했다.[104] 이 시기는 중국 역사상 내수촉진형 성장의 황금기였다.

1990년대에는 이전과 달리 농촌의 기본 요소가 삼농으로부터 대량 유출

---

104 소비 증가의 GDP 성장률에 대한 기여도는 70%, 투자 증가의 기여도는 34%, 순수출의 기여도는 마이너스였다.

되었다. 이를 통해 1995~2000년 연평균 GDP 성장률은 9.7%에 달했다. 그러나 소비 증가의 기여도는 도리어 57.7%로 떨어졌다. 이 중에서 농촌 소비의 기여도는 17.5%였으며, 투자 증가의 기여도는 38.1%로 증가했다. 주목해야 할 점은 투자 효율이 1980년대 초의 3.69에서 1990년대 초에는 4.55로 하락했다는 사실이다.[105] 투자 효율이 하락하는 상황에서 경제의 고속성장을 유지하려면, 투자 총액의 부단한 상승에 의존할 수밖에 없다. 동시에 도농의 소득 격차가 확대된 결과, 경공업 제품과 내수용 소비재에 대한 도시의 수요가 포화된 상태였음에도 불구하고 농촌의 유효수요를 만들어 낼 수 없었다. 따라서 중앙정부가 내수촉진을 아무리 강조하더라도 중국경제는 강한 외향형 발전 방식을 여전히 유지했다. 그로 인해 경제발전이 수많은 국제적 요소의 제약을 받았으며, 생태환경과 생활 공간이 파괴되는 대가를 겪었다.

임업은 녹색은행이라고 할 수 있다. 거대한 재해만 없다면, 매년 자연적으로 부단히 성장한다. 또한 전지구적인 자본과잉 상태에서 위험을 회피할 수 있는 최고의 투자 영역이다. 이에 따라 제3차 산림재산권 개혁은 거래시장의 형성과 외부자본의 유입을 개혁의 내용으로 삼았다. 아울러 임업 발전은 대량의 노동력을 흡수함으로써 각종 모순이 격화되는 신시기에 안정을 유지시킬 수 있는 긍정적 외부효과를 가지고 있다.

⑶ 중앙 1호 문건의 농업 다기능성에 관한 서술과 삼림지역에 대한 의의

공산당은 '과학발전관'의 지도사상과 '조화사회'의 발전 방향을 명확히 한 이후, 연달아 여섯 개의 중앙 1호 문건을 내놓았다. 2007년 중앙 1호 문건은 농업의 다기능성을 다음과 같이 더욱 명확히 제시했다. 농업은 경제기능뿐만 아니라

---

105 1980년대 초, 투자를 3.69위안 증가시킬 때마다 1위안의 GDP 성장을 실현할 수 있었다. 1990년대 중후반에는 투자를 4.55위안 늘려야만 1위안의 GDP 성장을 실현할 수 있었다. 구체적인 계산방법은 커디(2005)를 참조.

생태환경 보호, 농민에 대한 보장, 사회문화 등 다중적 기능을 갖고 있다. 임지는 육지 생태의 주체이며, 임업 산업은 본질적으로 거대한 긍정적 외부효과를 갖는다. 양호한 삼림과 임업의 발전은 생태환경의 개선, 홍수와 가뭄의 완화, 경제의 지속가능한 발전에 중대한 영향을 미친다는 것이다.

2009년 중앙 1호 문건은 산간지역의 25억 무(畝) 집체 임지의 재산관계 변천을 다루었다. 농가의 산림재산권에 대한 증명서 발행을 모두 완수할 것과 이에 맞추어 산림재산권, 산지소유권의 거래와 관련된 기타 개혁들의 추진을 요구했다. 이는 국가가 25억 무에 달하는 산지와 임지의 경영권을 농민과 촌락에 되돌려준다는 의미였다. 1980년대 초, 국가가 관련 정책을 통해 농지의 재산권과 경영권을 농민에게 반환함으로써 농촌 경제에서 '발전의 황금기'를 가져왔던 것처럼, 이번 중앙 1호 문건이 결정한 농민에 대한 산지소유권 반환도 삼림지역 경제의 거대한 발전을 기필코 가져올 것이다.

3) 정책의 효과

외부의 거시경제 변화를 통해 새로운 산림재산권 개혁이 효과적인 제도적 조치가 될 것인지에 대한 단초를 얻을 수 있다. 먼저 대량의 과잉을 흡수한 국내외 자금이 임업에 유입되었다. 일례로 2007년 푸젠성 싼밍시가 19.3억 위안을 임업에 투자했는데, 이 중에서 대만 자본과 역외 자본이 16억 위안으로 임업 관련 프로젝트의 절반 이상을 차지했다.[106] 또한 규모를 갖춘 새로운 주체가 점차 형성되고 있다. 임업농은 현지 임업의 특징에 따라 농가합작 임업장, 주식합작제 임업장, '기업+농가+기지' 합작형 임업장, 농민 합작경제조직 등 다양한 조직을 설립했다. 농업의 다기능성에 내포된 조직의 다양성이 여러 방향에서 삼림지역의 다양한 발전을 촉진하게 될 것이다.

106　실제 투자액은 13.6억 위안이었다. 황창추(2008)를 참조

4. 결론

이전의 두 차례 산림재산권 개혁을 돌아보면, 중앙부터 지방까지 전체 국가의 재정이 심각한 적자였던 데다가 경제성장과 함께 금융기관의 예금-대출 차액 상황도 어려워졌으며, 더불어 도시와 농촌이 모두 자본이 극도로 부족한 상태였다. '산지의 농가별 균등 분배'를 시행하여 임업농의 적극성을 끌어올리고 노동력을 투입함으로써 부족한 자본 투입을 대체하려던 것도, 주식합작제를 시행하여 자원을 통합함으로써 외부자본을 유입하려던 것도 모두 외부의 거시경제적 조건이 갖추어지지 않아 제도 수익을 창출할 수 없었다. 오히려 삼림지역의 빈약한 수익이 불균등하게 분배되어 갈등과 충돌이 출현하면서 제도 비용이 발생했다. 소위 산림재산권 개혁의 교훈이라면, 삼림지역의 생산관계에 대한 내부 조정은 생산을 증가시킬 가능성이 없었기 때문에 실패했다는 것일 뿐이다. 또한 지방 주관부문의 정책결정상의 실수였던 것도 아니다. 단지 외부의 거시적 조건이 갖추어지지 않은 상태에서 내부의 미시적 조정으로 제도 비용이 증가한 것일 뿐이다. 따라서 이전의 두 차례 산림재산권 개혁의 교훈은 다음과 같이 정리될 수 있다. 외부의 거시적 조건이 갖추어지지 않았다면, 내부의 제도를 최대한 노력하여 개선하더라도 기껏해야 부분적인 효과를 얻을 수 있을 뿐이다.

제3차 산림재산권 개혁은 외부의 거시경제적 조건이 크게 변화한 역사적 상황 속에서 진행되고 있다. 이에 따라 만약 남방의 집체 삼림지역이 제3차 산림재산권 개혁을 통해 '산지의 농가별 균등 분배'를 제대로 다시 실현함으로써 삼림지역의 사람들이 산지소유권과 산림재산권을 평등하게 획득하고, 자본과 산업이 과잉된 거시경제적 조건을 이용하여 국가의 신농촌 건설 전략과 관련된 삼림지역 건설을 완수하고, 또한 환경오염과 맹목적 확장 등의 문제를 방지할 수 있다면, 거시경제적 환경과 중앙의 정책방향이 크게 변화된 작금의 상황에서 이번 집체 산림재산권 제도 개혁은 목적을 달성할 수 있을 것이다.

더구나 이번 집체 삼림지역 개혁이 글로벌 경제위기라는 배경에서 발생했다는 점에서 경제위기일수록 안정이 모든 것에 우선한다는 조건이 더욱 중요해진다. 중국은 정부의 위기발생에 대한 임시적 대응정책을 대신하여 안정적으로 경작지를 농가에 분배하고, 동시에 산지와 임업 자산을 촌락과 농가에 돌려주어 농촌의 재산관계를 안정시켰다. 이것이 중국이 위기를 겪으면서도 다른 개발도상국들처럼 곤경에 빠지지 않았던 근본 원인 중 하나였다.

제3부

분석: 미시 메커니즘과 지역 발전

오랫동안 사회과학 영역의 학술연구를 괴롭혔던 이른바 과학성[科學性], 그리고 이를 통해 지탱되면서 이데올로기화되어 서술되고 장기간 사상가들과 정치가들이 고민했던 소위 보편가치, 이 두 가지의 성립 여부는 개별 분과학문의 학자들이 주관적으로 수립한 이론 논리가 완벽한가에 따라 결정되는 게 아니다. 오히려 이러한 이론 논리가 처음부터 역사적 경험과정과 일치할 수 있는가가 핵심이다.

따라서 각종 미시적 연구가 만들어 낸 결론들은 이것이 사회주류가 수용하는 논리적 해석력을 얼마나 가지고 있든 간에 역사의 도도한 흐름에 뛰어들어 다양한 경험과정을 통해 검증되어야만 한다. 설령 이러한 검증이 때때로 논리적 추론은 뛰어나면서도 자기도 모르게 이데올로기화된 표현에 국한되는 이론을 해체한다고 해도 말이다.

중국의 중앙정부는 2007~2008년 중앙 1호 문건과 17기 3중전회 문건이라는 형식을 통해 점차 현대 농업의 다기능성이라는 정책사상을 명확히 하였다. 이에 따라 농업 본체론 연구는 생태, 환경보호, 인간안보 등의 내용을 포함하면서 농업이 생래적으로 갖고 있으나 과거에 과학적 토론이 거의 안 된 다기능성을 수용할 것을 요구받았다. 그리하여 일반 상식으로 회귀하기 시작한 농업 본체론 연구는 농업경제학을 주도하고 있는 서구 신고전경제학 이론의 모든 전제와 가설에 도전하고 있다. 또한 이는 서구 정치경제학에서 유래한 생산력 3요소에 관한 기본 개념을 재정립하는 것과도 직접 연관된다.

여기에 수록된 글들은 전형적인 동아시아 소농경제 메커니즘과 관련된 아래의 문제들을 초보적으로 논의한다.

첫째, 토지. 농촌 토지가 일반적인 생산요소로부터 농업 다기능성의 담지체라는 기본 속성으로 회귀하였다. 그에 따라 국가권력의 개입 아래, 촌락의 균등한 토지 분배를 통해 형성된 내부 성원권을 기본적인 권리로 삼고 있는 재산관계는 태생적으로 재산권 결여라는 특징을 갖는다고 할 수 있다. 따라서 이 재산관계는 향토사회의 외부에 대해 배타적인 공동체 공유라는 속성을 내재적으로 갖게 된다. 공동체의 공유로부터 파생된 점유, 처치, 수익분배권 또한 당연히 공동체(자연촌)로 회귀할 수밖에 없다(15, 16장).

둘째, 노동력. 생산과 생활이 합일된 농가는 내부화된 '노동력 자본의 포트폴리오 투자'와 종합적인 수익을 추구한다는 특징을 갖는다. 이는 외부환경이 변화하더라도 노동력 자본의 담지체인 농가가 생존을 유지하고 수익의 다양화를 추구하는 데 도움이 된다(17, 18장).

셋째, 토지재산권의 결여가 공동체 공유제를 형성하며 농가 내부 노동력의 포트폴리오 투자가 종합적인 수익을 추구한다는 이 두 개의 전제 위에서, 내생적이고 소농 촌락제의 조건에 기반한 내부화 메커니즘은 낮은 비용으로 위험을 예방할 수 있다. 농가와 농촌 공동체에서 오랫동안 다양화된 경영과 보편적인 겸업화가 존재하면서도 전업화[專業化]와 규모화가 없었던 이유는 이들이 내부화를 통해 외부의 위험을 낮출 수 있었기 때문이다(19, 20장).

향촌사회 밖의 이익집단과 급진적인 주류 연구들이 상술한 세 가지 논의를 배척한다는 점은 크게 비난할 바가 못 된다. 이익의 최대화를 추구하는 개인 이성에 부합하기 때문이다. 그러나 안전과 안정을 책임진 정부는 사회 이성을 견지해야 한다. 이론적으로는 다기능성을 중시하는 농업 본체론의 논의로 돌아가야 하며, 현실적으로는 소농 촌락제에 내생적인 내부화 메커니즘을 유지해야 한다. 또한 이를 기초로 삼아 정부와 외부 시장에 효과적으로 연계되는 종합적인 합작조직을 발전시킬 수 있다. 이를 통해 농촌 경제의 합작 영역(21장), 금융 영역(22장), 인프라 건설 영역(23장) 등에 고유한 문제들을 해결할 수 있을 것이다. 그렇게 해야만, 농촌이라는 이 최대의 '노동력 저수지'가 국가의 종합적인 안보에 대해 갖는 긍정적 기능을 유지할 수 있다.

제15장 세 개 촌의 지난 30년: 농촌개혁 과정에서 재산제도의 변천 사례들[107]

1984년 산둥성 창싱촌, 1994년 광둥성 차오창촌[草場村], 2004년 산시성[山西] 휘자거우촌[霍家溝村]은 시공간의 조건이 다르고 인문적 차이가 뚜렷했지만, 공교롭게도 모두 개혁 과정에서 성원권을 실현한 것이자 내부의 수익 분배가 상대적으로 평등했던 공동체 주식합작제를 연달아 자발적으로 시행하였다. 이들은 촌의 전체 주민이 산업자본의 수익을 공동으로 향유하고, 1차 분배가 공평하고 공정한 농촌의 토대였다. 이 토대를 통해 결정된 촌급의 상부구조는 '조화사회' 건설이라는 목표를 거의 달성했었다.

　　서구 경제학을 배운 중국학자들이 이도 저도 아니라고 비판했던 농촌의 공동체 주식합작제는 이익집단이 추진했던 재산권 명료화라는, 소위 규범적 제도를 따라 소멸되지 않았다. 각종 역사적, 정치적 요소로 형성된 소농 촌락제의 토대에서 가장 중요한 재산관계가 여전히 농촌 토지의 재산권 결여라는 제약성을 가지고 있기 때문이었다. 이로 인해 재산권은 대외적으로 배타적이면서 대내적으로는 배타적일 수 없다. 따라서 이를 기초로 수립된 촌락 조직의 내생적인 제도적 조치 또한 내부화될 수 있다.

　　우리는 30년 동안의 농촌개혁에서 부단히 자발적으로 출현했던 공동체 주식합작제의 사례들을 소개하면서 논의를 진행한다. 소농 촌락경제의 내부에서 재산권이 완전히 배타적일 수 없을 때, 외부의 시장관계가 어떻게 내부화된 주

107　본 글의 연구와 서술은 중국 런민대학의 985공정 '중국 농촌 발전의 실험혁신 기지' 1기 프로젝트, 국가사회과학기금의 중점 프로젝트 '신농촌 건설의 목표, 중점 그리고 정책 건의'(프로젝트 번호: 06AJY003), 중국 국가사회과학기금의 중대 프로젝트 '사회관리 개선과 사회안정 유지의 메커니즘 연구: 농촌의 적대적 충돌과 해결 메커니즘 연구'(07&ZD048)의 재정 지원을 받았다. 원문은 원테쥔·왕핑·스옌(2008)을 참조

식 합작제도로 변화하였으며, 이에 따라 어떻게 제도 변천의 거래비용을 효과적으로 낮출 수 있었는가를 다룬다. 이러한 제도 변천은 필연적으로 이익 구조의 중대한 조정에까지 이르게 된다.

1. 배경: 1980년대 농촌개혁은 재산관계를 변화시킨 '존량개혁[存量改革]'이었다[108][1]

1) 일괄도급 = 균분제 + 정액지대

농촌개혁 초기의 농가생산연계도급책임제, 이후의 일괄도급과 여기에서 파생된 일련의 제도 변화는 신중국의 50여 년에 걸친 농촌 제도 변천의 일부분으로서 고립되거나 돌발적인 것이 아니었다.

먼저 1950년대 초의 토지개혁은 공동체의 혈연·지연 관계로 형성되었으며 외부에 대하여 배타적인, 촌락의 토지재산권이 갖는 경계를 인정하는 것이었다. 또한 여기에 국가권력이 침투하면서 농지 재산권의 '결여'가 발생했다(저우치런, 1994). 이것이 신중국이 농지 제도에 있어서 과거의 중국과 현저하게 다른 두 가지 새로운 특징이었다.

다음으로 1960년대 초, 생산대를 기초로 삼는 인민공사로의 정책조정도

---

108 이 글의 '배경' 중 일부는 저자가 1987년 이후 종사했던 농촌개혁 시범구에 대한 연구, 1995년 이후 책임졌던 각종 프로젝트의 연구보고와 2004년 이후 책임졌던 국가 985공정 중국 농촌 발전의 실험혁신 기지 프로젝트, 국가사회과학기금의 중점 프로젝트와 중대 프로젝트, 국가자연과학기금의 긴급 프로젝트 등의 연구성과를 종합하고 프로젝트 구성원들의 토론과 의견을 결합하여 초고를 썼다. 1980년대 국무원 농촌발전연구센터 농촌개혁실험구 판공실, 1990년대 농업부 농촌경제연구센터, 2000년 이후의 중국경제체제개혁 잡지사, 2004년 이후의 중국 런민대학 농업·농촌발전학원, (소속 단위의 자원활동가를 포함한) 중국 런민대학 향촌건설센터 등 이러한 프로젝트에 참여하고 기여한 인원이 매우 많아 명확하게 열거하기 어렵다. 이 자리를 빌려 모두에게 감사드린다.

사실상 자연촌락의 지연[地緣] 관계를 토지재산권의 경계로 재인정하는 것이었다. 동시에 집단화된 경제체제였음에도 농민에게 부분적으로 퇴장할 권리를 부여했다. 이후, 각지의 농촌 생산대 내부에서 작업과 생산의 도급은 보편적 현상이 되었다.[109]

마지막으로 수많은 문건을 통해 오랫동안 인정된 농가생산연계도급책임제(1998년 농가도급제로 개칭)라는 개념은 농촌에서 1982년 이후 실제로 실행된 '농경지의 농가별 분배[分田到戶]'라는 일괄도급과 근본적으로 다르다. 전자는 '생산대·생산대대·인민공사의 삼급 소유, 생산대를 기초'로 하는 체제로서 생산대 내부의 결산 방식만을 변경했다. '추수 이후의 결산'을 (농가가 집체에 상납하는 정액지대를 명확히 하는 것과 유사한) '봄철 이전의 결산'으로 바꾼 것이다. 반면에 후자는 일종의 '존량 조정'의 재산제도 변경으로 토지개혁을 통해 형성된 토지균분이라는 제도적 유산과 1960년대 '조정' 시기에 형성된 '생산대를 기초'로 한다는 제도적 유산을 결합하였다. 이를 통해 중국 특색을 최대한 구현할 수 있는 소농 촌락제로 변모하게 되었다.

대다수 농가의 토지는 규모가 작고 분산되어 있으며 농업 잉여가 매우 적었기 때문에 역대로 통치자들은 '부역 축소와 조세 경감'의 필요성을 이해하고 그렇게 하려고 했다. 중화민국 이래 근·현대에 와서는 지대와 이자의 경감, 농민부담의 감소가 강조되었다. 일례로 일괄도급 이후 규정된 세비 부담 총액은 직전 연도 농민 1인당 평균 순소득의 5%를 초과할 수 없었다. 사실 이는 지대와 이자를 경감하고 나서 상대적으로 안정화되었던, 신중국 성립 이전의 정액지대와 유사했다. 즉 국가권력이 촌락의 자치제도에 개입하여 토지소유자인 촌락집체의 정액 토지 지대에 대하여 최소비율을 강제적으로 일괄 규정한 것이라고 할 수 있다. 실제로는 일괄도급 이후에도 국가, 집체, 개인 삼자간의 분배관계는

109　1960년대의 조정에 대해서는 원톄쥔(2000: 160~259).

계속 변동되었다.[110]

요컨대 중국의 자원환경의 제약 하에서 거의 백년에 이르는 제도 변천의 과정을 통해 정부와 농민의 반복된 '협상'이 마침내 안정화된 농가도급제로 귀결되었다. 재산의 분배관계에서 이것의 실질적 내용은 '균분제+정액지대'였다.

2) 공동체의 내부화된 성원권

역사적으로 중국 농민의 '평등 이념[均平理念]'이 최초로 구현되었던 농지 재산권에 대한 제도들은 전쟁을 겪기도 하고 정부의 '개량'을 겪기도 했다. 그러나 역대로 중국 농촌에서 제대로 갖추어지고 완전히 배타적인 '사유' 재산은 존재한 적이 없다. 사실 이것이 농업사회를 안정화시킨 내재적 원인이었으며, '하늘 아래 왕의 땅이 아닌 곳이 없고 땅끝까지 왕의 신하가 아닌 자가 없다'는 봉건 시기에 국가소유제 경제와 중앙집권적 정치의 기초였다.

한편 지난 반세기 동안, 국가가 농민에 대한 공공 서비스와 복지보장 제공을 온전히 책임지기 어려웠기 때문에 농민은 토지를 안정적인 생존의 기초로 삼을 수밖에 없었다. 또한 농촌 토지는 혈연과 지연 관계로 유지되는 촌락의 경계를 재산권의 경계로 삼았다. 촌급 집체조직은 이 재산권의 경계 내에서 현존하거나 잠재되어 있는 모든 구성원들의 결합이었다. 촌의 집체는 법률상의 토지소유자로서 농민의 기본 생활을 보장하는 기능을 떠맡게 되었으며, 이러한 보장은 실질적 구속력을 갖는 '비공식적 계약'—집체가 촌락 내부에 대하여 인구 변동에 따라 토지를 분배하는 방식—을 통해 구체적으로 실현되었다.

이를 바탕으로 우리는 1995~1996년 완성된 '중국 농업의 기본 경영제도 연구' 프로젝트의 보고서에서 다음과 같이 제시했었다. 중국의 소농 촌락제 경제에서 토지를 위주로 한 농촌의 재산관계는 특수하고 내부화된 구조로서, 촌

---

110 특히 1990년대 이후, 농촌 정책의 지도사상이 현실과 괴리되면서 농촌 생산관계의 조정이 장기화될 수밖에 없었다.

과 농가가 함께 향유하는 '재산권의 이중 구조'이다(원톄쥔·주서우인, 1996b).

향토중국은 도시중국과 다르다. 대다수의 전통적 농촌 지역에서 비공식 제도와 비규범적 계약이 오늘날까지 농촌의 발전과 향촌의 거버넌스를 유지하는 제도와 문화의 기초이다. 이 같은 농촌의 사회자원은 상당히 풍부해서 학자들의 현지화된 연구를 기다리고 있지만, 다른 한편으로는 어떠한 인위적인 성급함도 필연적으로 거대한 사회비용을 초래한다.

우리의 주장을 요약하자면 다음과 같다. 먼저 현재 중국의 토지제도는 20세기 전반부 세 차례의 토지혁명을 통해 형성되면서 불가피하게 국가권력이 농촌의 토지재산권 형성에 침투하는 과정으로 나타났다. 이로 인해 토지 재산권이 결여되었을 뿐만 아니라, 이러한 선행된 결여가 국가와 집체 권력이 이후에 다시 진입할 수 있는 제도적 조건을 형성했다. 다음으로 공동체의 성원권과 복지 원칙을 실현한 토지균분제와 역사적으로 장기간 존재했던 토지에 대한 '소유권과 사용권의 분리'는 대다수 농촌 지역에서 농민의 자주적 선택이었다. 이로 인해 농촌 공동체는 내부적으로 재산권이 완전히 배타적일 수 없었다.

또한 이에 기초한 촌락 조직의 제도적 조치들 또한 내부화될 수밖에 없었다. 여기서 논의하려는 내부화는 소농 촌락경제의 내부에서 재산권이 완전히 배타적일 수 없을 때, 외부의 시장관계가 어떻게 내부화된 합작사(기업) 제도로 변화되어 효율적으로 거래비용을 낮추는가에 관한 것이다.

3) 중국 농촌의 기본 경제제도의 정의와 함의

현실의 문제들과 연관된 앞의 이론적 해석에 기초하여 우리는 중국의 대부분 지역에서 농촌 경제의 현황과 부합하는 기본 경제제도의 정의를 제시했다. 즉 이는 일정한 거시적 제도의 제약 하에서 소농 촌락에 내부화된 재산과 권리의 관계를 전제로 삼는 재산권 제도, 축적과 분배 제도, 관리와 서비스 제도 등을 의미한다. 그리고 대외적으로 시장에 대응하며 대내적으로 자원과 수익을 통합하는 조직 담지체를 말한다.

위와 같은 정의의 기본 함의는 다음과 같다. 중국은 인구에 비해 토지가 극도로 부족하다는 기본적인 국가상황의 모순과 도농의 대립적 이원구조라는 기본적인 체제 모순을 가지고 있다. 이 이중의 제약 속에서 농촌의 기층은 토지의 소유권과 사용권의 분리를 기초로 삼아 상대적으로 합리적인 재산관계를 형성한 것이다. 이를 통해 소농경제의 내부 규모와 촌락경제의 외부 규모를 확대하는 데 유리한 총체적인 축적·관리·분배제도와 이에 상응하여 합리적 구조를 지닌 조직 담지체를 수립하였다. 이는 과거의 체제 개혁에서도 영향을 미쳤지만, 총체적인 시장경제 체제로의 전환 과정에서 국가로 하여금 현재의 이익 구조에 대하여 중대한 조정을 하도록 요구하는 것이다.

2. 초기 농촌개혁 과정의 주식합작제

1) 개혁과 발전의 기본 개념

경험적 차원에서 개괄하자면, 근대 이래의 발전은 자원의 자본으로의 전환 과정일 뿐이었다. 또한 토대의 측면에서 보자면, 개혁이란 자원 자본화의 발전 과정에서 생성된 거대한 부가가치 수익을 합리적으로 분배하는 것일 뿐이다.

2) 중국 향진기업의 기본 속성

다음과 같은 점을 명심해야 한다. 초기 향진기업의 진정한 역할은 공업생산액의 산출이 아니라, 공동체 내부의 취업 기회를 현지에서 창출하는 것이었다. 이를 통해 약 2억에 달하는 과잉노동력으로 인한 농촌의 취업 문제를 해결하고 농업의 노동생산성을 제고함으로써 농민소득을 증가시키고 농업과 농촌 경제를 안정화시켰다. 따라서 '향진기업의 문제는 여태까지 기업의 미시적 문제인 적이 없었다.' 오히려 농촌의 과잉노동력을 어떻게 취업시킬 것인가, 소농 촌락경제

에서 농업이 어떻게 반포[反哺]를 획득할 것인가의 문제였다.[111]

향진기업은 원시적 축적 단계에서 공동체 내부의 토지를 무상으로 차지하고 노동력을 무한정 공급 받았으며, 노동력에 대하여 어떠한 사회보장 지출도 하지 않을 수 있었던 특수한 조건을 가지고 있었다. 이 때문에 현지의 노동력을 더 많이 점용할수록 공동체로부터 이전되는 수익도 많아졌다. 그에 따라 자연스럽게 과잉노동력을 흡수하여 취업시키는 내재적 메커니즘이 형성되었다. 또한 향진기업이 국영기업과 비교하여 더 강한 경쟁력이 있었던 근본 원인은 공동체의 토지와 노동자의 사회보장으로부터 이전된 수익이 숨겨져 있었기 때문이다. 이는 기업이 점유했으나 계산되지 않은 채로 향진기업 이윤의 70% 이상을 차지했다. 토지 지대와 노동자 복지에서 비롯된 이러한 이전 수익은 공동체화된 향진기업이 공동체 전체의 수익 최대화를 목표로 추구한다는 전제를 통해서만 순조롭게 실현될 수 있었다. 만약 국가상황의 모순을 고려하지 않고 도시기업의 '자본 집약, 노동 배척'의 방법에 따라 시행한다면, 향진기업이 이미 흡수하여 비농업 분야에 취업한 과잉노동력은 다시 실업상태가 될 수도 있다. 최종적으로 농업의 지속가능한 발전이 위협받게 된다. 유감스럽게도 이처럼 이원구조 체제라는 현실의 제약을 고려하지 않고 도시기업의 제도를 모방한 정책이 개혁 과정에서 오랫동안 심각한 후과를 초래했었다.

3) 농촌 주식합작제의 초기 경험

현재 가지고 있는 자료를 보면, 중국의 개혁·개방 이후, 농촌의 주식합작제가 기업의 주식제보다 앞서서 1984년 산둥성 저우춘 실험구에서 시작되었다.[112]

---

111 저자는 1993년 안휘성에 자리를 잡고 현지조사를 하면서 농업 문제의 해결방법은 농업의 밖에 있다고 주장한 바 있는데, 이어서 1990년대 중반에도 유사한 관점을 제시했었다. 원톄쥔(1995)을 참조

112 초기의 공동체 주식합작제 실험구의 자료는 두잉·원톄쥔 편(1997)을 참조

저우춘 실험구의 주식합작제는 '창싱촌[長行村]이 먼저였고, 왕춘진[王村鎭]이 나중'이었다. 창싱촌은 1984년 농가생산연계도급책임제를 실시하면서 당시 집체에 축적되어 있던 수백만 위안의 고정자산을 주식화하여 모든 농민들에게 주었다. 왕춘진은 1992년 각 촌의 촌민대표대회가 주주대표대회를 대행하는 형식으로 진 내부의 모든 촌들이 진이 운영하는 진판기업[鎭辦企業]의 자산을 주식에 따라 점유하도록 했다. 이로써 진판기업의 재산권이 불명확했던 문제를 기본적으로 해결하였다. 이 같은 방법은 농민 공동체에서 집단소유제 경제의 실현 형식을 혁신한 것이었다. 먼저 농민의 집체재산에 대한 재산권을 승인하기 위해 집체재산이라는 가치형태를 주식화하여 모든 농민에게 나눠 주었다. 그러고 나서 재산의 주체가 된 농민이 공동체의 집체에 위임하여 대리하는 방식을 통해 공동체의 집체가 공유하는 재산권을 재구성할 수 있게 되었다. 공동체의 구성원으로서 농민이 주식합작제를 통해 공동체의 재산에 대한 수익권을 실현한 것이다.

3. 개혁 중반기 광둥성 난하이의 주식합작제 실험

1994~1996년 광둥성은 성[省] 전체에서 토지를 중심으로 한 공동체 주식합작제 개혁을 추진했다. 그중에서 하이난 실험구의 농촌 기층은 공업 고정자산을 포함하여 모든 집체자산을 주식화했을 뿐만 아니라, 농민의 주식 지분을 '출생에 따라 증가시키거나 사망에 따라 감소시키지 않고[生不增, 死不減]' 상속과 유통을 허가했다. 이 새로운 재산제도가 가져온 중요한 효과는 실물 형태인 토지가 더 이상 농민의 생존보장 기능을 떠맡지 않게 됨으로써 온전히 시장 메커니즘에 따라 농업의 자원 배치가 최적화되었다는 점이다.

1) 난하이 주식합작제의 경험

난하이 주식합작제는 〈사례 1〉을 통해 확인할 수 있다.

〈사례 1〉

난하이의 주식합작제

난하이는 1987년에 실험구가 되었다. 실험을 주도한 곳은 광둥성 정부 산하의 농업연구센터[農研中心]였다.

1990년대가 되자 난하이는 광둥성이 식량시장을 전면적으로 자율화하는 유리한 기회를 이용하여 구조조정을 가속화했다. 1992년 덩샤오핑의 남방담화에 이은 '개발구 열풍'으로 인해 대규모의 토지 점용이 모순과 충돌을 촉발했다. 이런 이유로 난하이 지방정부는 토지의 부가가치 수익을 보호하기 위해 기층 군중이 창조해 낸 토지 중심의 농촌 주식합작제에 대해 긍정적이었으며, 이를 새로운 개혁실험 프로젝트의 주요한 내용으로 삼았다. 이는 농지의 비농지로의 전환 과정에서 농민의 이익이 침해받지 않도록 하고, 또한 토지의 대규모 경영과 통일적 계획을 보장하려는 것이었다. 구체적인 방법은 아래와 같았다.

토지를 구획하여 상이하게 가격을 매기는 방식으로 토지와 집체기업의 고정자산을 주식으로 환산했다. 이를 통해 정량화하여 무상으로 농민에게 줌으로써 농민의 토지 도급권을 안정화시켰다.

도급권을 획득한 이후에 농민이 다시 토지의 용도를 나누고 수익의 가격을 매겼다. 이후에 토지의 사용권을 집체에 교부하여 주식합작 조직이 통합적으로 사용하도록 하면, 대규모 경영과 통일적 계획의 목적이 달성되는 것이다.

실험촌(수이리진[水裏鎭] 차오창촌)은 농민의 주식 지분을 '출생에 따라 증가시키거나 사망에 따라 감소시키지 않는' 방식을 실행하면서 새로 증가된 인구에 대해 신주를 발행했다. 이를 통해 인구 변동으로 인한 빈번한 지분조정의 문제와 새로 증가된 인구에 대한 생활보장과 이익 분배의 문제를 해결했다.

이처럼 난하이는 토지를 중심으로 농촌 주식합작제를 시행하였으며, 이 제도의 주요한 성과는 다음과 같다.

농촌의 토지와 재산을 대상으로 가치 평가와 주식 발행을 진행했다. 130억여 위안의 자산 총액을 주식의 형식으로 76.6만 명의 농민에게 배당하고 주식 증서를 발행했다. 그리하여 농민이 집체재산에서 점유한 경제적인 몫을 확인함으로써 농민이 집체재산의 진정한 주인이 되었다.

집체 수익의 인원에 따른 균등 분배라는 과거 메커니즘을 타파하고, 주식에 따른 분배라는 새로운 메커니즘을 만들었다. 제도 개선이 완료된 1996년 난하이의 농촌 주식합작 조직이 재분배한 총액은 4.08억 위안에 달했으며, 1인당 평균 배당액은 578위안이었다.

이로써 토지에 대한 구획화된 관리를 실현하여 농업의 대규모 경영을 촉진했다.

2) 분석

난하이의 사례는 거래비용을 통해 제도를 결정하는 것이 경제활동에 직접 참여하는 지방정부가 제도를 수립하는 데 있어서 전제가 되어가고 있음을 보여준다. 난하이가 실행한 토지 중심의 공동체 주식합작제는 지방정부가 직접적으로 간여하면서 정부, 집체, 농민 삼자의 이익을 모두 실현하는 데 결과적으로 성공하였다. 그러나 이 과정의 제도 비용은 외부효과의 문제를 선명하게 드러낸다. 즉 주식합작제가 된 토지 중 농업용지가 1/3 남짓이었고, 다른 토지는 촌락이 스스로 개발하여 증가된 지대 수익을 차지했다(속칭 '소산권[小産權]').[2] 오늘날에 이르러서는 농촌 상공업 용지의 80% 이상이 이러한 속성을 가지고 있다.[113] 이는 사실상 식품안전에 대한 토지의 기본적인 역할과 함께 농업의 생태환경보호 등의 기능을 포기한 것이다.

주강삼각주의 시장경제가 고도로 발달한 지역의 경우, 이러한 제도를 추진하는 과정에서 토지개발권은 있었으나 토지를 갖지 못한 촌 집체(현지 용어로는 관

---

113 「토지관리법」에 따라 성 전체가 이 같은 토지제도 개혁을 확대·보급하는 것은 불법이다. 그러나 사실상 '다수가 법을 어겨 처벌할 수 없는 상황[法不責衆]'이 되었다.

리구[管理區])가 향진기업이 가장 발전하고 공업자산의 가치가 최고였던 당시에 다음의 방식으로 농민에 대한 분배를 진행했다. 두 단계의 주식배정 방법, 즉 관리구(행정촌)가 생산대(자연촌)에 공업자산의 주식 지분(수익권)을 양도하고, 다시 생산대가 주식의 수익을 배당하는 방법으로 농민에게 분배했다. 즉 토지소유권을 가진 생산대가 공업자산의 주식 지분을 활용하여 농민의 토지사용권을 획득하고, 다시 이를 이용하여 관리구로부터 주식을 매입했다. 농민은 토지를 주고 사람 수에 따른 분배를 통해 '농지의 비농지로의 전환'에 따른 부가가치 수익과 사회보장 기능이 구현된 주식 지분을 획득했다. 또한 지방정부는 행정기능과 재산권을 가진 관리구를 상대했기 때문에 토지 수용의 제도 비용을 낮출 수 있었다.

3) 차오창 관리구의 '인구가 증가하면 신주를 판매하고, 인구가 감소해도 주식을 줄이지 않는' 방식[114]

난하이의 공동체 주식합작제는 공동체의 토지가 포함된 집체의 순자산을 주식화하여 공동체 내부의 전체 구성원에게 나눠 주고, 지분에 따른 이익 배당과 노동에 따른 분배를 결합하여 실행한 재산제도였다. 이와 같이 내부화된 재산제도는 재산권의 명료화, 집체자산의 경영관리에 대한 효과적인 동기부여·감독·축적 메커니즘의 수립, 집체경제 자체에 존재하는 제도적 결함의 극복 등에 있어서 긍정적인 작용을 했다.

이 같은 재산권은 내부 교환을 통해 형성된 것으로 행정촌과 자연촌이라는 두 집체가 각자 자신이 통제하는 기업 자산과 농민을 통해 토지의 도급사용

---

114 저자는 2008년 5월 차오창촌에 대한 후속 조사를 조직했다. 장기간 주식 지분에 대한 조정이 없었기 때문에 공동체 내부의 주식 지분에 따른 분배 수익의 차이가 갈수록 뚜렷해져 가구의 사람 수에 따라 기본 지분을 다시 조정해야 한다고 주장하는 농민들이 나날이 많아졌다. 이에 따라 촌민위원회 선거를 두고 두 개의 파벌이 나타났다. 현직 촌장에 반대하는 파벌이 기본 지분의 조정을 경선의 강령으로 삼아 다수표를 획득하면서 촌장으로 당선되었다. 따라서 이후의 주식 지분의 조정은 추가적인 관찰이 필요하다.

권을 교환한 것이다. 그러나 이 교환은 공개적인 시장거래를 거치지 않았기 때문에 촌 내부의 농민이 가진 주식 지분의 대부분은 '가상의 주식[虛股]'이었다. 분배를 통해 할당받았든 (사실상 분배와 유사하지만) 저가로 얻었든 간에 이는 공동체 구성원 또는 기업 구성원을 과거의 노동가치를 통해 승인하는 것이었으며, 또한 복지의 성격을 강하게 가지고 있었다. 할당된 주식 지분은 복지의 성격을 가지고 있어서 각종 제한을 받았다. 예를 들어 재양도, 상속, 저당 등이 불가능했다.

이를 참고하여 우리는 1993~1996년 몇 차례 난하이 실험구에 대한 조사 연구를 진행한 뒤, '가상의 주식'을 실물화하여 실험을 심화해야 한다고 주장했었다. 그중 수이리진 차오창 관리구에서 농민의 주식 지분을 '출생에 따라 증가시키거나 사망에 따라 감소시키지 않는' 방식은 상당한 의의가 있다고 볼 수 있다(〈사례 2〉 참조).

〈사례 2〉

차오창촌의 주식 지분을
'출생에 따라 증가시키거나 사망에 따라 감소시키지 않는' 방식

차오창 관리구는 본래 집단소유였던 토지자원, 현재 소유한 고정자산, 자신이 소유한 자금을 전부 주식화했다. 주식 지분은 세 가지 종류였다. 첫째, 기본 지분이다. 기본 지분은 3주로서 할당 대상은 1995년 12월 31일 이전에 호구[戶口]가 본 지역이었던 농업 인원이다. 둘째, 도급권 지분이다. 도급권 지분 할당도 3주로서 만 16세 이하에게는 2주를 할당했다. 셋째, 연령 및 노동공헌 지분이다. 연령 및 노동공헌 지분은 도급 책임 경지의 도급 기간과 연령에 따라 계산되었으며 9주가 할당되었다. 이러한 주식 지분은 일회성으로 농민에게 할당되고 이후에 다시 조정되지 않았으며, 새로 증가된 인구에게도 주식 지분을 재분배하지 않았다. 주식 지분은 일정한 범위 내에서만 유통되었고 주식합작제 방식으로 조직이 운영되었다.

새롭게 출생한 인구와 결혼으로 유입된 인구에게는 정기적인 증자를 통해 새로운 지분을 판매했다. 출생자에게는 5주까지 판매되었고, 결혼으로 유입된 자에게는 6주까지 판매되었다. 이들에게는 특혜를 주어 당시 주식가치의 30% 가격으로 판매하였다. 이러한 방식은 '가상의 주식'을 완전히 실물화하지 않으면서도 농민이 감당할 수 있는 경제적 능력에 적합했다. 주식 지분은 개인의 사유재산으로서 지역 내에서 유통될 수 있었고 재양도·증여·저당·상속이 허가되었다. 주식 지분의 정상적이고 규범적이며 건강한 유통을 보장하기 위해 주식합작사에 관리기구를 설립하고 통일적으로 주식증서를 발행했다. 1인당 하나의 증서를 발행하고 모든 재양도·증여·저당·상속은 주식합작사와 관리구의 유관 관리기관을 통해 수속을 밟아야 했다. 그렇지 않으면 승인되지 않았다.

1990년대의 다른 농촌개혁 실험구의 제도 혁신과 대비해 볼 때, 차오창 사례의 의의는 크다. 먼저 이는 소농 촌락제를 토대의 기본제도로 유지하면서 시초 재산의 평등한 점유 원칙을 구현하고, 가장 철저하고 상대적으로 공평하게 시행된 재산권 개혁이었다. 현재 많은 농민이 외지에서 일하거나 장사를 하면서도 토지는 포기하지 않으려 한다는 문제에 대하여 어쩌면 실행가능한 하나의 해결책을 제공했다고 할 수 있다. 다른 한편, 향토중국의 공업화된 촌락들이 차야노프의 '생존 소농' 가설이 내포하고 있는 바대로 내부화를 통한 부정적 외부효과의 해결 메커니즘을 구현하고 있는 것에 대하여 차오창의 사례가 해체 작용을 하고 있다는 점도 주목할 필요가 있다. 이로 인해 1990년대 중반 이후, 중국 농촌에서 모든 생산요소의 배치는 갈수록 공동체 밖의 외부 시장에 의해 좌우되고 있다.

4. 21세기의 개혁: 훠자거우 사례의 분석

1990년대 후반 공업화를 시작하고 2003년 주식합작제 개혁을 추진함으로써 전체 공동체 구성원이 집체기업 자산을 전액 점유하도록 했던 산시성[山西] 창즈시[長治] 훠자거우촌은 당대 중국의 개혁에서 모범이 되었다. 이 같은 농민의 자주적 혁신을 통한 공동체 주식합작제 개혁의 중대한 의의는 토지와 기업의 자산을 주식의 형식으로 자본화하여 '공동체 산업자본 집단' 내부에서 새로운 공유제 재산관계를 수립한 데 있지 않다. 이는 저우춘구와 하이난시가 10년 전 또는 20년 전에 거의 동일한 형식으로 했었던 것이다. 의의가 있다면, 중국의 각종 자본이익 집단이 전면적으로 추진했던 개인화된 사유제라는 주류 개혁의 조류에 맞서서 촌락에 모여 사는 농민이 자발적으로 저항을 했다는 점이다. 또한 비규범적 제도들을 가진 농촌이 부정적 외부효과의 최대화를 스스로 방지할 수 있는 합리적 개혁을 여전히 지속적으로 만들어 낼 수 있다는 점을 보여준 데 있다.

1980~1990년대 농촌의 주식합작제 개혁으로 나타난 재산권 제도를 통해 저자가 오래도록 견지한 '상이한 원시적 축적 방식이 상이한 제도를 형성하고, 이후의 제도 변천 과정에서 경로의존을 초래한다'는 이론을 검증할 수 있다. 1990년대 후반의 사유화 개조 이후에도 농촌에서는 여전히 공동체의 성원권을 실현하고, 내부화된 재산권 제도의 혁신이 발생하고 있는 것이다.

1) 산시성 창즈시 훠자거우촌의 주식합작제 개혁[115]

창즈시 훠자거우촌 주식합작제 개혁의 구체적 상황은 〈사례 3〉을 통해 확인할 수 있다.

〈사례 3〉

훠자거우촌의 향촌 공업화 과정에서 재산권 할당

훠자거우촌은 산시성 창즈시 교외의 시바이투[西白兔]향 북부에 위치하며, 루안

---

115 본 사례는 저자의 대학원생인 스옌이 초고를 쓰고 좡샤샤[莊莎莎]가 조사연구에 참여했다. 훠자거우촌의 훠쑹친[霍松勤] 서기, 장우팡[張武芳] 부장과 인터뷰를 수락한 모든 촌민에게 감사드린다.

광업국[潞安礦務局]의 스거제[石圪節] 탄광에 접해 있다. 촌 전체의 면적은 5km^{2}이며, 191가구 776명이 거주한다. 1993년 촌은 경작지의 산림으로의 전환을 실시했는데, 당시 촌의 경지는 1,014.4무[畝]였다. 일찍이 1964년 '사청공작대[四淸工作隊]'가 부업의 실시를 도왔다.[3] 루안광업국에 두부와 당면을 만들어 공급하고 남은 찌꺼기로 500여 마리의 돼지를 사육한 것이다. 이 수입이 1~2만 위안으로 총수입의 20%를 차지했으며, 30여 명의 노동력이 부업에 종사했다. 1976년에 이르러 농산품 시장이 개방되자 훠자거우의 목축업은 점차 사라졌다.

1. 공동체 공업화의 과정

훠자거우촌은 지리적 조건이 좋지 못했으며, 촌민은 옥수수를 위주로 경작했다. 촌이 속한 상당[上黨] 지역은 지하자원이 40여 종에 달하여 '석탄과 철의 고향'으로 알려져 있다.[4] 훠자거우 지역 내에는 몇몇 작은 탄광만이 남아 있었지만, 공동체 공업화를 위한 원시적 축적에서 주요한 자원이 되었다.

(1) 향촌 공업의 개시: 사대공업[社隊工業]

1971년 9월 국무원이 전국농업기계화회의를 개최하여 '다섯 가지 소형[五小]' 공업의 발전을 요구했다.[116] 회의 이후에 전국의 사대기업은 연간 24%의 속도로 '다섯 가지 소형' 공업을 발전시켰다. 1971년 훠자거우촌도 소형 탄갱을 채굴하기 시작했다.

농촌 공업화를 위한 원시적 축적이 시작되었을 때, 식량은 값어치가 없었다.[117] 소형 탄갱의 노동자 임금은 하루에 노동점수 15점으로 반나절의 일에 해

---

116 '오소[五小]' 공업은 소형 강철, 소형 탄갱, 소형 시멘트, 소형 기계, 소형 비료를 말한다.

117 당시 훠자거우촌의 훠[霍] 회계원은 땅을 도급하여 옥수수를 심었다. 당해 연도에 1만 근을 수확하여 이 옥수수를 팔기 위해 양곡수매소에 4톤의 석탄(차량 1대)을 주기까지 했다. 옥수수 한 근이 1마오 2펀[1毛2分]이어서 겨우 총액 1천여 위안에 팔았다.

당했다. 탄갱에 내려가면 2마오[毛]의 현금을 보조했는데, 국유 탄광 광부의 20% 수준이었다.[118] 월별 임금에서 1톤의 석탄을 채굴할 때마다 1마오를 추가했다. 톤당 판매가격은 3위안이었다. 채굴 노동자는 1개월에 100위안을 벌 수 있었는데, 탄갱 밖에서는 최대 60~70위안 수준이었다. 당시 탄갱에서 일하는 사람들은 기본적으로 집에 아이가 많고 상대적으로 가난한 촌민들이었다. 1985년 생산대대[大隊]의 자유자금 4만 위안 정도를 사용하여 새로운 탄갱을 채굴했다. 이와 동시에 원시적 축적이 완성되었다.

1987년 스거제 탄광에 발생한 대화재가 촌의 소규모 탄광에도 영향을 미쳤다. 그에 따라 1987~1990년 휘자거우에서 불황이 시작되어 촌은 극심한 혼란을 겪었으며, 이러한 농촌 공업화의 위험을 촌 전체가 떠맡았다. 당시 촌에 부채는 없었지만, 촌민의 상방이 심해서 1990년까지 향이 중점적으로 관리하는 '삼류[三類]' 촌으로 분류되었다. 1990년 촌민위원회 선거에서 26세의 휘쑹친이 당선되어 유도성[誘致性] 제도로의 변천이 시작되었다.[5]

⑵ 자원의 자본화: 공업의 개시

1992년 덩샤오핑은 남방담화를 통해 향진기업을 긍정적으로 평가했다. 휘자거우는 국가의 금융 지원을 기회로 활용하여 프로젝트를 가속화했다. 이 시기, 현지 자원을 자본화하는 방식의 농촌 공업화로 인해 외부효과가 나타나기 시작했다. 국가가 오염, 에너지 소모, 물 소모가 높은 소형의 '삼고[三高]' 기업에 대한 금지를 명령하기 이전, 휘자거우는 재빨리 움직여 생산된 이윤을 즉각 개조에 투입했다. 국가가 금지령을 내렸을 때에는 이미 산업 개조를 완성하고 선순환에 진입하였다.

1992년 스거제 탄광이 휘자거우촌에 도로 사용에 대한 보상비를 지불해야 했을 때, 휘쑹친 서기는 현금을 요구하지 않고 보상비를 광산의 일부와 교환했다. 석탄을 채굴하여 한 근도 팔지 않고 남겨두었는데, 석탄은 1톤당 50~60위안이었으나 코크스는 1톤당 200위안에 팔 수 있었기 때문이다. 1993년 촌에서

118　휘 회계원의 기억에 따르면, 당시 국유 탄광은 스거제에서 채굴하는 노동자에게 매일 8마오를 보조했다.

제일 크고 평평한 40무의 경지를 이용하여 코크스 공장을 짓기 시작했다. 1기와 2기 투자액은 총 1,400만 위안 정도였다. 제1기 공정의 개시 자금은 약 200만 위안이었다. 자금의 첫 번째 출처는 자유자금 70만 위안이었고, 그중에서 융자가 20~30만 위안이었다.[119] 탄광 하나를 시바이투향의 진신[晉鑫]기업에 대략 40만 위안의 가격으로 재양도했다. 두 번째는 은행 대출 80만여 위안이었다. 세 번째는 1992년 창강코크스[長鋼焦化]가 휘자거우에 10만 위안을 빚진 것이었고, 네 번째는 이웃한 촌의 야오산[瑤山] 탄광이 휘자거우의 석탄을 채굴하고 배상한 40만여 위안이었다. 1994년 코크스공장의 제2기 공정은 융자, 대출이 없이 자신이 굴려서 축적한 돈으로 시작되었다. 이는 3년이 지나 공동체의 산업자본이 형성되어 일정한 규모에 도달했음을 의미했다.

더 중요한 점은 산업 내부의 순환을 형성하기 위한 구조조정을 단기간에 완성했다는 것이다. 1995년 휘자거우는 활성탄 섬유 프로젝트를 개시하여 300만여 위안을 투자했다. 환경보호 상품이었으나 시장이 아직 열리지 않아 결국 공장을 닫을 수밖에 없었다. 1997년 아시아 금융위기의 영향으로 국내의 코크스 판매가 부진해졌다. 휘쑹친은 이 틈을 이용해 세탄 공장을 설립했다. 석탄을 정제해 코크스를 만들고 품질을 높여 시장을 개척했다. 이어서 다시 투자하여 카바이드 공장을 설립하고 자신들의 코크스와 석회로 카바이드를 제련했다. 이후 자가발전소 설립에 투자하여 세탄 이후의 잔여 석탄과 코크스 공장의 가스로 발전을 해서 카바이드 공장에 전기를 공급했다. 1997년 발전소를 지은 이후에 어려움이 닥쳐 기업의 노동자들은 10개월 동안 임금을 받지 못했는데, 총액 90만 위안에 다다랐다. 이에 대한 연이율을 13.6%로 확정했으나, 1999년 생산을 시작하고 2000년에 이르기까지 임금을 청산하지 못했다. 그래도 버틸 수 있었던 이유는 당시 노동자의 95%가 휘자거우 촌민이었으며, 5%만이 외지노동자였기 때문이다.

---

119 이는 사실 촌민에게 연이율 40%, 20%의 주식할당, 5년 상환의 고리대로 빌린 것이다. 100위안으로 계산해 보면, 첫해는 40%의 이자율과 20%의 주식을 할당해서 이자가 40+20=60위안이 된다. 둘째 해에는 원금이 80위안으로 40%×80+20=32+20=52위안이다. 셋째 해는 원금이 60위안으로 60×40%+20=44위안이다. 넷째 해는 원금이 40위안으로 40×40%+20=36위안이다. 다섯째 해는 원금이 20위안으로 20×40%+20=28위안이다.

2. 시초 재산권의 할당: 기업 전환

2004년 12월 휘자거우촌이 집체기업에 대한 개조를 진행했을 때, 자산이 약 5억 위안, 순자산은 약 3억 위안이었다. 기업 순자산의 33%는 촌민위원회에 잔류되었고 나머지 67%는 주식으로 전환되어 촌민에게 분배되었다. 촌의 가구들은 각각 백만 위안이 넘는 자산을 얻어 발전에 따른 배당을 받았다.

67%의 촌민들의 주식은 인원주식, 근속주식, 직무주식 등 세 부분으로 나누어졌다. 주식의 총액은 1억 7,178만 8,640 위안이었다. 인원주식은 1억 5,382만 6,418 위안으로 89.54%였다. 근속주식은 1,588만 3,882 위안으로 9.26%, 직무주식은 207만 8,340 위안으로 1.2%였다.

촌 집체에 잔류된 33%의 주식은 촌의 장기적이고 지속가능한 발전에 도움이 되는 사회자본 투입에 돌려졌다. 공동체화(社區化)되고 오래도록 공업으로 농업을 보조하는 기능을 책임졌던 향진기업을 고려하자면, 어떻게 개조하더라도 일정한 비율의 집체주식은 남겨둬야 한다. 아니면 일정한 비율의 이윤이 향과 촌에서 쓰이는 공공 지출과 농업 지원에 분배되도록 규정해야 한다(원톄쥔, 1998a). 휘쑹친 서기가 말했듯이 "집제경제는 관리인의 수단이다. 집체경제가 없이는 집체의 기능도 없다. 농촌은 일정한 집체경제가 있어야 한다. 집체경제 스스로 자신을 위한 재정을 찾아야만 한다."

2005년 휘자거우촌의 공업생산액은 9억 위안에 달했다. 촌에서 얻는 임금과 주식 배당금을 통해 촌민의 1인당 소득은 1.5만 위안이 되었는데, 이는 1993년 공업화를 다시 시작했을 때의 24배였다. 촌민의 주식도 기업 발전에 따라 계속 가치가 증가했다. 휘자거우촌은 중국 특색의 공동체 산업자본 집단으로 변모한 것이다.

2) 분석

휘자거우촌은 1971년 농촌 공업화를 시작해 1987년, 중도에 멈췄다. 1993년 다시 공동체 자원의 자본화가 실질적 내용이었던 공업화 과정을 거쳐 공동체 산업자본 집단이 형성되었다. 공동체 자원의 자본화에서 시초 투자자가 전체 구성원이었기 때문에 생성된 산업자본 집단은 전통 농가처럼 구성원을 해고할 수 없었다. 따라서 최종적으로 자본화된 자원을 공동체 구성원이 공동으로 점유했으며, 이에 따라 서구의 개인화된 자본주의 경제와 달리 아래처럼 추가적으로 연구할 만한 기본 특징을 갖추게 되었다.

첫째, 향토중국의 산업자본은 주로 현지 자원의 자본화로 형성되었다. 훠자거우촌은 1964년 부업과 목축을 시작했으며, 1971년부터 석탄을 채굴했다. 또한 20여 년 동안 국유 탄광에 장기간 부식품을 제공하며 형성된 공적 관계를 이용하여 사회자본을 자본으로 전환하였다. 국유 탄광기업이 지불해야 할 도로 사용료를 작은 탄광자원의 개발권으로 교환한 것이다. 석탄자원을 부가가치를 가진 코크스로 가공하는 기업을 설립하기 위해 훠자거우촌은 제일 좋고 평평한 토지를 무상으로 활용했다. 이로써 막대한 차액지대가 기업 자본으로 전환되었다. 초기에 훠자거우촌의 노동력이 갱도에 내려가 석탄을 채굴할 때는 국유기업 직원 임금의 20%를 얻었을 뿐이었고, 잉여가치는 기업 자본으로 전환되었다. 또한 훠자거우촌 집체의 축적 자금은 거의 전부 기업에 투입되었다.

둘째, 산업 형성 과정에서 발생한 위험을 전체 공동체 구성원이 공동으로 책임졌고 업종 자체의 다른 부정적 외부효과도 사회가 떠맡았다. 훠자거우촌 탄광은 1987년 화재의 영향으로 생산이 중단되었다. 또한 1997년 발전소를 수립하면서 어려움을 겪게 되어 노동자들이 10개월 동안 임금을 받지 못했다. 2003년에는 약 300만 위안의 활성탄 섬유 프로젝트가 실패하여 도산했다. 이는 공업화 과정의 위험 전부를 공동체의 전체 구성원이 책임졌다는 점을 보여준다. 촌 내부의 질서가 흐트러지고 갈등이 복잡해졌다. 오염이 많고 에너지 소모가 높은 소형기업을 폐쇄한다는 국가 정책으로 부정적 외부효과가 발생했으며, 이를 회피하기 위해서 다른 유형의 기업이 그랬듯이 사회 전체에 부담을 떠넘긴 것이었다.

이처럼 향토중국의 경제주체는 서구 자본주의로부터 탄생했으며, 일반적인 시장경제에서 위험으로 인한 손실을 책임지고 이윤의 최대화를 추구하는 사적 기업주체와는 다르다. 또한 스탈린 모델의 국가자본주의에서 정부의 독점적 지위를 통해 직접적으로 전 인민의 자원 자본화의 수익을 독점했던 기업주체와도 다르다. 따라서 소농 촌락제를 토대로 하며, 내부화된 재산권 제도를 특징으로 가진 주식합작제의 공유제적 성격은 마땅히 별도의 발전모델로 구분되어야 한다.

5. 결론

농촌개혁의 수십 년 동안 산둥 창싱촌, 광둥 차오창촌, 산시 휘자거우촌 등에서 이데올로기화되어 대립하는 논쟁들로 오염되지 않은 생생한 사례들이 나타났었다. 이들은 농민 군중과 기층 간부의 자주적 혁신이라는 위대한 역량을 보여준다. 죽도록 공부만 하는 학자들의 회색 이론들과 비교하면 얼마나 활력이 넘치는가! 저자가 재차 이 사례들로 재산권 제도를 분석한 이유는 대다수 독자들이 충분한 지능을 가지고 있어서 하나를 보면 열을 알 수 있다는 것을 알기 때문이다.

제16장 신농촌 건설의 중점과 토지 사유화의 이론과 논리: 삼농 문제의 완화 방법[120]

정부의 재정투자를 위주로 삼농 투입을 증가시킨 것은 내수 부족으로 인한 경제구조의 오랜 불균형을 해결하는 데 도움이 되었다. 이는 또한 중국 특색의 경험을 통한 발전이론의 혁신이었다. 국가의 중대전략으로서 신농촌 건설이 취약한 소농을 위한 종합적인 합작경제를 재건하고, 이 합작경제를 토대로 삼아 향촌의 자치 구조를 재구성하는 데 치중한다면, 중국의 삼농 문제를 근본적으로 해결할 수 있을 것이다.

동아시아 소농경제인 일본과 한국이 공업화, 도시화와 함께 다기능적 현대 농업과 농촌 합작경제의 3차 산업화를 실현한 경험은 본보기로 삼을 만하다. 또한 1980년대에 중국 농촌이 취업의 최대화를 실현했던 '땅은 떠나지만 고향은 떠나지 않고,' '공장에는 가지만 도시에는 가지 않는' 조화사회 모델도 있다. 많은 개발도상국들처럼 서구의 '사유화+시장화'라는 교리를 무작정 좇아 삼농 문제를 해결하려고 한다면, 경작자가 토지가 없어 사회동란이 촉발되고, 맹목적인 도시화로 공간이 수평적으로만 이동하여 빈곤이 집중됨으로써 대도시의 슬럼화가 필연적으로 나타날 뿐이다.

120　본 글의 연구와 서술은 중국 런민대학 985공정 2기 건설 프로젝트 '중국 농촌 발전 연구를 위한 철학·사회과학 혁신 기지' 프로젝트, 국가 사회과학기금의 중점 프로젝트 '신농촌 건설의 목표, 중점 그리고 정책 건의'(프로젝트 번호: 06AJY003), 국가사회과학기금의 중대 프로젝트 '사회관리 개선과 사회안정 유지의 메커니즘 연구: 농촌의 적대적 충돌과 해결 메커니즘 연구'(프로젝트 번호: 07&ZD048)의 지원을 받았다. 원문은 원톄쥔(2008c)을 참조.

1. 삼농 문제의 보편적 의의[121]

삼농 문제는 중국의 개별적 현상이 아니다. 세계 개발도상국들에서 보편적이고 오래된 문제이다. 이에 대하여 서구의 진지한 학자들은 그들의 중국 동조자들처럼 자신들의 이론이 정확하게 문제를 해결할 수 있다고 생각하는 것 같지는 않다.

저자가 1990년대 중반 삼농 문제를 제기했을 때, 이것이 미시적 산업연구에 장기간 종사해 온 학계와 정책집단에서 수용되기는 어려웠다. 저자가 1990년대 초기에 정책집단으로부터 시작되어 명백히 서구 지향적이었던 농업 문제에 대한 논의를 삼농 문제로 대체해야 한다고 강조했었기 때문이다. 중국뿐 아니라 일본, 한국 등을 포함한 전체 동아시아, 심지어 모든 제3세계는 서구 문명사와 함께 형성되었으며 서구의 주류 이데올로기 안에 고립되어 존재하는 농업경제라는 문제를 본래 가지고 있지 않았다. 아시아 대륙의 문명에서 발전했으며, 세계에서 농민 인구가 가장 많은 개발도상국이자 대국으로서 중국이 고려해야 하는 것은 사실 (현재에는 주로 농민의 권익 문제가 된) 농민의 생계, 농촌의 지속가능성, 그리고 농업 안보라는 삼농 문제이다.

최근 주류 학계는 여전히 삼농 문제를 하찮게 여기면서도, 표면적으로는 어쩔 수 없이 시세에 따라 삼농 문제에 대한 논의에 참여하고 있다. 그러나 서구의 농업 산업화 경험으로부터 나온 이론과 논리를 국가상황이 다른 중국의 문제에 원용하는 문제점은 여전하다. 이렇다 보니 이들을 크게 비난할 수는 없더라도 다음을 환기할 필요가 있다. 자본화가 실제 내용인 공업화와 도시화의 가속화로 인해 필연적으로 농업의 제반 생산요소들이 대량으로 순유출되는 현대화의 과정에서, 각종 복잡한 원인으로 발생한 삼농 문제는 외부로부터 유입된 급진적 이론이나 정책을 통해 단기간에 손쉽게 해결될 수 없다.

121　저자는 최근에 쓴 글에서 삼농 문제를 농민의 권익, 농촌의 거버넌스, 농업의 지속가능이라는 문제로 정리한 바 있다.

2. 자기반성: 과거 우리가 제시했던 토지 사유화의 한계

일부 사람들이 모방된 서구 담론의 주류 이론체계에 갇힌 채로 개발도상국에 대해 보편적 의의를 갖는 삼농 문제에 대하여 겉으로만 동조하는 척하거나 너무 극단적인 태도를 취해도 저자는 오래도록 비판을 제기하거나 논쟁에 참여하지 않았다. 복잡한 문제에 대한 사람들의 인식이란, 본래 점진적으로 형성되며 주관이 객관을 통해 구현되는 과정이기 때문이다.

살펴봐야 할 점은 우리 스스로가 1980년대에는 지금 사람들보다 더욱 열정적으로 주류 서구 이론에서 비롯된 논리를 좇아 문제를 논의했었다는 것이다. 우리는 1988년 중엽, 중국의 농촌 토지 문제에 대한 연구가 따라야 할 논리는 '재산권, 유통, 규모'라고 제시했었다. 당시 우리의 인식수준에서 볼 때, 이는 내재적인 자기완결성을 가지고 있었다. 토지 사유화를 전면적으로 시행해야만 토지의 매매, 자유로운 유통에 유리하다. 이를 통해 농업에서 대규모 경영이 출현하면, 국제경쟁에 참여해 규모의 수익을 얻을 수 있고, 또한 여분의 농업 노동력과 농촌 인구가 자연스럽게 도시화로 흡수될 수 있다. 토지 사유화를 전제로 해야만, 시장의 자유화와 경제의 세계화가 발전하여 신속하고 효과적으로 공업화, 도시화와 함께 농업 현대화를 실현할 수 있을 것이다. 서구 선진국이 제시하는 경험과 이 경험에 따라 수립된 이론이 이렇다면, 그대로 따라 해야만 우리는 선진국 대열에 진입할 수 있다. 따라서 우리가 1980년대 중반에 제시한 이러한 이론은 1990년대 급진적 개혁이 시작된 이래로 학계의 새로운 교리가 되었으며, 심지어 주류사회의 공통된 인식이 되어버렸다.

그러나 저자는 이후의 더 광범위한 국내외 조사와 개발도상국에 대한 비교연구를 통해 차츰 인식의 수준을 높여서 20년 전 스스로 제시했었던 논리, 즉 사유화가 반드시 자유화로 이어진다는 논리가 완전해 보이지만, 실은 그렇지 않다는 점을 깨닫게 되었다.

3. 역사 경험: 토지에 대한 규모의 경제는 서구의 특수한 경험적 근거에 따른 이론과 논리일 뿐이다

사실이 웅변을 이기며, 역사적 경험은 주관이 세운 이론적 논리보다 강하다. 서구 국가의 경험과 주관이 구성해 낸 논리가 비록 해석력은 있을지라도 개발도상국과 동아시아 국가에 대한 경험적 근거는 결여되어 있다. 긴 역사과정에서도, 구체적인 현실의 변화에서도 이들의 논리를 뒷받침하는 객관적인 경험을 찾기 어렵다.

서구 선진국 중에서 구유럽의 일부 종주국들, 그리고 일본(일본의 반세기에 걸친 식민화 전략은 최종적으로 서구 식민주의 국가에 의해 좌절되었다)과 한국처럼 대량의 인구 이전을 통한 식민화가 없이 공업화된 국가들은 농업에서 토지 사유화를 통한 규모의 경제가 없었다. 소수의 식민지 국가를 제외하고 세계 농업의 일반적인 경험은 주관적으로 세워진 이론과 논리를 뒷받침하지 않는 것이다.

전통 농업사회가 근현대적 공업화와 도시화로 전환되는 과정에서 종주국들은 자신들의 잉여인구(공업화 비용)를 대규모로 외부로 이전시키고, 식민지와 반식민지의 자원을 빼앗아 자기 것으로 삼았다. 이 과정을 통해 인구와 토지·자원 간의 모순을 대내적으로 완화하고, 공업화와 도시화가 본래 가지고 있는 사회 전환의 압력을 해소했다. 유럽의 이민으로 새롭게 건설된 식민국가들은 대규모 학살을 통해 현지 원주민을 소멸시켜 광활한 토지와 풍부한 자원을 독점했다. 그로 인해 내부 모순도 주로 원주민이 수립한 (중국과 인도와 같은) 국가들보다 상대적으로 크게 완화되었다. 수백 년의 식민화 동안 서구 공업화의 제도 비용은 내부에서 외부로 이전되었고, 자원은 외부에서 내부로 이전되었다. 이를 통해 구유럽의 국가들은 현재 중국과 제3세계 국가들에서 오랫동안 존재하는 삼농 문제를 회피했다.

전 세계로 시야를 넓히면, 선진국에서조차 식민주의의 확장으로 형성된 소수의 대농장 국가만이 농업에서 규모의 경제를 통해 규모의 수익을 생산할 조건을 갖출 수 있었다. 이외에는 유럽의 기타 선진국들조차 수백 년 동안 시장화를 했어도 교과서에나 나오는 미국식의 대규모 농업경영을 실현하지 못했다. 구유럽의 국가들은 현재까지 소농장 위주이며, 2/3의 농장 경영자는 여전히 겸업화된 시민이다. 농업 규모가 작고 경쟁력이 없다 보니 보조금이 커지면서 유럽연합 재정의 40% 이상을 차지하게 되었다! 일본과 한국 등의 발전된 경제체를 보면, 아직까지 과거와 같은 소농경제이다. 미국조차 농업은 완전히 자유시장의 교조화된 이론에 따라 운영되지 않는다. 사실 미국 농업의 정부 보조금은 어떤 개발도상국보다도 훨씬 많다.

서구의 선진국들이 공업화, 도시화, 그리고 규모화되고 산업화된 농업경영을 순조롭게 실현했었던 전제(여기서 도드라지는 점은 순조로웠다는 것임을 주의하라)는 식민주의와 제국주의였다는 점을 알 수 있다. 서구 중심주의에서 파생된 이러한 두 가지 주류를 빼버린 채 서구 모델의 현대화를 논할 수는 없다. 중국인이 모방해 왔던 재산권의 사유화와 시장의 자유화라는 서구의 이론과 논리는 중국의 삼농 문제에 대해서 사이비일 뿐이다. 이렇게 된 이유는 중국인이 삼농 문제가 형성된 역사적 조건을 제대로 보지 못했기 때문이다.

4. 국제적 시각: 개발도상국의 서구 모방이 주는 교훈[122]

식민 당국의 제도적 유산을 계승하여 '사유화+시장화'의 교리를 실행한 개발도상국 중에서 농업 현대화와 규모의 경제를 성공시켜 현지의 문제를 해결한 사례는 아직까지 찾을 수 없다. 상대적으로 성공한 곳은 오히려 이 교리를 따르지

---

[122] 개발도상국 농업에서 규모의 경제에 대한 사례연구에 따르면, 자본의 이윤을 추구하는 투자자의 입장으로서는 토지의 대규모 경영을 통해 실현된 농업 현대화가 규모의 수익을 획득할 가능성이 있다. 그러나 국가 전략산업으로서 농업이 본질적으로 갖는 식량안보, 생태 및 환경 보호, 농민의 생계, 사회보장 등 다양하고 중요한 의의는 모두 개인의 이익최대화를 목표로 하는 투자자에 의해 방기된다. 이는 개발도상국의 농업정책이 대부분 성공하지 못했다는 점에 대한 주요한 교훈이 된다.

않았다.

인도, 방글라데시, 태국, 필리핀은 물론 멕시코, 브라질 등 개발도상국이면서 인구 대국인 국가들이 직면한 공통된 어려움은 공업화 과정에서 외부의 축적을 획득하고 외부로 비용을 전가할 방법이 없으며, 내부(주로 농업)로부터만 축적을 획득할 수 있고 내부에서만 제도 비용을 해결할 수 있다는 점이다. 이러한 곤경에 처한 상태에서 임의로 토지를 사유화하고 자유롭게 매매한다면, 그 결과는 신속하게 저비용으로 공업화와 농업 현대화가 실현되는 것이 아니다. 도리어 농촌이 쇠퇴하고 소농이 파산하며 토지가 없어 반란이 일어난다. 또한 농민이 도시로 몰려들어도 취업이 어렵기 때문에 도시화가 아니라, 도시의 슬럼화가 나타난다. '사유화+시장화'의 교리를 실행한 결과는 하나같이 도농 이원화, 빈부 양극화, 농촌의 게릴라 출현, 도시의 빈민굴과 도적 횡행, 범죄조직의 범람, 심지어 테러리즘이었다.

인도는 중국처럼 지구에서 가장 큰 개발도상국으로서 경지의 비율이 중국보다 높고, 1인당 평균 토지도 중국보다 많으며, 농업의 자연조건도 중국보다 좋다. 그러나 사유화와 시장화를 통한 토지의 자유 유통이 인도에게 가져다 준 결과는 지주와 대농장주의 토지소유권은 유지되면서 농민의 1/3이 토지가 없다는 문제였다. 이와 함께 농촌의 게릴라와 도시의 빈민굴이 출현했다.

필리핀은 스페인과 미국의 식민지였다. 식민 당국이 남긴 제도적 유산을 맹목적으로 수용한 결과, 농촌에서 게릴라가 출현하고 도시의 유랑민들이 쓰레기산에 모여 살게 되었으며, 여기에 더해 '필리핀 가정부'가 수출되면서 국가의 상징이 되어버렸다.

토지 사유화를 완전히 실행해도 공업화의 제도 비용을 대외적으로 이전하기 어렵다면, 토지자원이 풍부하고 대규모 경영을 실현했더라도 삼농 문제는 이전과 다름없이 존재하게 될 것이다.

경자유전을 실현할 목적으로 일찍이 100년 전에 서구인들이 식민화를 추진함으로써 원주민이 대폭 감소하고 상대적으로 풍부한 토지자원을 갖게 되었던 멕시코에서는 탈식민 혁명이 폭발했다. 뒤이어 급진적인 카르데나스[Lázaro Cárdenas]의 개혁이 진행되었다. 1990년대 이후 자본의 세계화와 1994년 수립된 북미자유무역협정[NAFTA]으로 토지의 사유화와 시장화를 통한 토지 집중이 가속화되었다. 그 결과는 모두 알다시피 사회적 저항이었다. 원주민의 비중이 높은 치아파스[Chiapas]주에서는 복면을 한 게릴라가 출현했다.

브라질의 자연조건은 중국은 물론, 멕시코와 비교해서도 훨씬 좋다. 브라질의 도시화율은 82%이며, 1인당 국민소득은 한때 8,000달러에 근접해 중국보다 두 배 이상 많았다. 그러나 브라질은 전국적인 범위의 기아와 함께 토지가 없는 농민들의 대규모 운동에 시달렸고, 모든 대도시 주변에는 수백만 명이 모인 대형 빈민굴이 생겼다!

한 번의 괭이질로 노다지를 캘 수도 있다! 벼락출세, 단번의 성공, 한 번 고생하고 평생 편하게 살기 …… 이러한 극단적인 낭만은 국제적 시각이 결여된 주관적이고 일방적인 헛된 욕망이었을 뿐, 사실상 아무 것도 아니었다. 이해할 수 없는 점은 '사유화+시장화' 교리를 모방하여 실패한 경험이 도처에 널렸음에도 주류 사회는 한결같이 이를 중시하지 않는다는 점이다.

제2차 세계대전이 끝난 이후, 동아시아에서는 일본, 한국, 대만이 농업 현대화와 도시화를 실현했다. 이는 마침 전후의 황금기가 찾아왔고 냉전의 필요로 미국의 지원을 받았다는 것 이외에도 '사유화+시장화'의 교리를 단순하게 모방하지 않고, 소농경제의 기초 위에서 종합적인 합작사 체계를 추진했기 때문이다. 또한 소농의 합작 역량을 통해 농촌을 안정시킬 목적으로 어떤 형식이든 외부자본이 농업과 농촌 관련 영역에 개입하는 것을 철저히 저지했다. 아울러 농업 관련 영역에서 종합적인 합작사가 획득한 3차 산업의 수익을 활용하여 취약한 소농이 농업 생산에서 부족한 부분을 보충했다.

또 다른 이해하기 어려운 점은 중국과 유사한 이러한 성공 경험조차 여전히 주류로부터 중시되지 못한다는 점이다.

5. 중국 경험: 농민의 두 가지 '자유'와 신농촌 건설의 핵심 임무

중국의 공업화와 도시화는 대규모 슬럼화를 동반하지 않았다. 이는 개발도상국 이자 대국인 국가들 중에서 유일한 사례이다.

중국에서 인구에 비해 토지가 극도로 부족하다는 점을 고려하면, 사람 수에 따라 평등하게 분배되고 농가가 점유하는 농촌 토지제도는 농민에게 생존 유지를 위한 기본적인 보장을 제공했다. 경제규모가 작다 못해 원자화된 수준인 중국 농민의 생존 현실은 도시에 가서 일을 하면서 고향에서는 농사를 지어야만, 겨우 먹고사는 온포[溫飽] 수준을 넘어 정상적인 생활수준을 유지할 수 있는 것이었다. 이는 정상적인 생활을 유지할 수 있는 사람들과 비교하면 부족한 것이겠으나, 이조차 유지를 못하는 사람들과 비교하면 특수한 제도적 우위라고 할 수 있다. 따라서 농민들은 자유롭게 도시로 가서 일하거나 장사를 할 수 있어야만 하며, 또한 자유롭게 고향으로 돌아와 농사를 지어 생계를 꾸릴 수 있어야 한다.

진입과 퇴장, 이 두 가지 자유의 공존이 취약한 농민을 풍요롭게 해 줄 것이다.

그러나 일단 토지의 사유화와 자유로운 매매가 허가되면, 농업경영의 수익이 없는 소농은 스스로 원했던 거래이든 권력집단의 강제이든 간에 자본의 강력한 개입과 침범으로 토지를 잃게 된다. 또한 농촌의 근거지를 잃은 농민은 도시에서도 온전히 발붙일 근거를 찾을 수 없다. 최종적으로 도시의 슬럼화와 농촌사회의 충돌이 격화될 수 있다. 중국은 그 정도가 아마도 다른 개발도상국보다 심해 사회동요를 피할 수 없게 되고, 중화민족이 입게 될 손실은 상상하기 어려울 정도일 것이다. 그러나 이 같은 손실을 초래하여 이익을 얻은 자들은 이미 대부분 해외로 이민을 가버렸을 것이다.

저자가 재차 강조하는 바는 중국 농촌이 형성한 기본제도가 오랜 실천을 통해 검증되었으며, 총체적으로 중국의 국가상황에 부합하는 제도라는 점이다.

중국의 삼농 문제는 비록 세상 사람들의 욕을 심하게 먹었지만, 다른 국가와 비교해 보면 정도가 약했다. 정책결정자가 농업 외부의 거시환경에 대하여 중대한 정책조정을 할 조건을 갖추지 못했거나 그렇게 할 의도가 없다면, 농촌의 기본 경제제도를 계속 견지해야만 하며 가볍게 변화시켜서는 안 된다.

개발도상국들은 모두 삼농 문제를 가지고 있지만, 무슨 단기적이고 급진적인 수단으로 문제를 해결한 선례는 없다. 따라서 중국의 삼농 문제를 해결하려고 한다면, 현행 기본제도에 입각하여 장기적이고 개량적인 신향촌 건설의 길을 가야 할 것이다.

신향촌 건설에서 경제의 핵심 내용은 농민의 합작화를 추동하여 농업의 조직화 정도를 높이는 것이다. 이 점에서 일본과 한국의 경험을 참고할 만하다. 기왕 선진국을 배우고자 한다면, 주변 선진국의 농업 합작경제를 학습하지 못할 것은 뭔가?

합작경제를 기초로 하여 종합적인 농민협회를 수립하고, 이를 통해 향촌 자치를 실현해야 한다. 그렇게 하여 지나치게 높은 국가의 관리 비용을 절약할 수 있을 뿐만 아니라, 농민 군중에 의지하여 현재의 체제에서 해결하기 어려운 많은 문제를 해결하는 데 도움을 받을 수 있다.

신농촌 건설의 실천에서 가장 큰 장애물은 흔히 '흩어진 모래'나 '한 부대의 감자'로 간주되는 농민이 아니라, 비과학적인 발전관에 여전히 구속되어 '친자본'과 GDP를 근본으로 삼는 지방정부이다. 이는 중국이 오래도록 조정하기 어려웠던 중앙과 지방, 중앙과 부문의 관계를 여실히 반영하고 있다.

중국은 세계에서 가장 엄격한 경지 보호 제도를 제정했다. 유감스럽게도 중앙정부의 보호하려는 의지는 매우 강하지만, 보호할 수 있는 능력은 약하다. 중앙정부, 지방정부, 농민 그리고 자본 간의 결론 내리기 어려운 다중적 경쟁으로 경지 보호는 늘 형식에 치우치게 된다. 그러나 종합적인 농민협회를 설립하면, 조직화된 농민이 정부, 자본과의 게임에서 협상할 수 있는 능력과 지위를 갖출 수 있다. 그리하여 자신을 보호할 수 있게 되고 스스로 농촌, 농업 그리고 농민 자신의 운명을 결정할 수 있게 된다.

신향촌 건설의 성공과 농촌의 장기적이고 안정적인 발전은 지방의 공업화와 농촌의 도시화를 강력하게 촉진할 것이다. 대량의 저렴하고 우수한 잉여 노동력의 존재로 중국의 수출지향형 경제는 커다란 성취를 해냈다. 그러나 8억 벌의 바지로 한 대의 비행기를 교환하는 방식은 이제 막바지에 다다랐다. 중국경제는 수출지향에서 내수진작 위주로 전환되어야만 한다. 이는 내부 축적의 추구에서 내부 수요의 확대로 전환할 것을 요구한다. 그렇다면 8억 농민의 수요를 어찌 계속 낮춰 볼 수 있겠는가? 삼농 문제의 해결은 곧 내수 문제의 해결이며, 내수 문제의 해결은 곧 중국의 발전 문제의 해결인 것이다.

사실 중국은 내수 지향의 성공 경험이 없지 않다. 1980년대 향진기업의 성취가 그것이다. '땅은 떠나지만 고향은 떠나지 않고', '공장에는 가지만 도시에는 가지 않았던' 당시의 경험은 우리가 현재 본보기로 삼을 가치가 있다.

6. 당면한 문제: 토지 수용으로 인한 충돌을 해결하는 핵심은 자본 절제이다

경제의 고속발전은 대량의 토지에 대한 '농지의 비농지로의 전환'을 필요로 한다. 고속도로, 개발구, 주택 개발 등과 같이 도시와 농촌의 건설에 사용해야 하기 때문이다. 그러나 '농지의 비농지로의 전환' 과정에서 농민에 대한 보상을 둘러싸고 지방정부와 개발상은 항상 농민과 갈등을 일으키며, 종종 농민의 이익을 심각하게 침해한다.

토지 사유화를 주장하는 사람들은 '인클로저' 운동이 초래한 모순의 충돌을 자기주장의 예증으로 삼곤 한다. 토지의 사유화와 자유로운 매매를 실행해야만, 농민의 권리를 보장하고 토지의 부가가치 수익을 농민에게 남겨줄 수 있다는 것이다. 그러나 1990년대 이후 우리가 참여한 많은 실험이 증명하듯이 토지의 소유권과 사용권에서 '동등한 권리[同權]'와 '동등한 이익[同利]'이 실현되어 야만, 농민과 촌락의 이익이 합리적으로 보호될 수 있다. '동등한 권리'는 소유권과 관련하여 정부와 촌락 집체가 모두 소유권의 주체로 인정되는 것이며, '동등한 이익'은 사용권과 관련하여 개발상과 농가가 모두 사용권의 주체로 인정되는 것이다. 하지만 1990년대 이후, 십년 동안 강조했던 실험의 경험은 이것이 자본을 위한 것이 아니었기 때문에 주류에 의해 무시되었다.

토지의 사유화와 자유로운 매매가 금지된 상황에서 자본은 권력과 협력해야만, '인클로저'의 목적을 달성할 수 있다. 그러나 사유화와 시장화가 실현된다면, 결과는 단순한 '인클로저'가 아니라, 권력이 자본으로 직접 전환됨으로써 어떤 제약도 없이 시장을 명분으로 '인클로저'를 진행하게 될 것이다. 이러한 방식은 농민에게 더 철저하고 심각한 손해를 끼친다.

그러므로 중국인은 권력을 제약해야 할 뿐만 아니라, 쑨원[孫中山]이 제기했던 자본 절제[節制資本](설마 현재 우리의 인식이 100년 전 쑨원의 시대보다도 못하단 말인가?)의 중요성을 온고지신하게 이해해야만 한다.[6] 권력을 제한한다는 명분으로 자본을 방임해서는 안 된다.

농민에 대한 보호가 주로 의지해야 할 것은 농민 자신이다. 농민이 종합적인 합작경제와 농민협회[農會]를 통해 자신의 이익을 보호하도록 해야 하며, 분산되고 취약한 소농 농가가 자본과 직접 거래하도록 해서는 안 된다.

제17장 '피동적 여가〔被動閑暇〕': 노동력의 기회비용과 식량생산에 대한 영향[123]

중국의 도시 주도의 급속한 시장화 과정에서 향토사회의 농민들이 농업 노동력 투입의 주체였다. 비용에 대한 농민들의 인식은 도농 간 소득 격차 확대와 도시의 높은 생활 비용으로 노동력 시장에서 불완전경쟁 균형이 발생하면서 크게 변화하였다. 노동력의 농업 투입에 대한 기회비용은 농업 노동의 투입에 따른 소득과 더 이상 대응하지 않았다. 오히려 도시에서의 외지노동에 대응하게 된 기대소득으로 인해 농촌 주민들은 소득과 여가의 효용 최대화를 추구하면서 '피동적 여가'를 선택하게 되었다.

일반적인 시장 법칙에 부합하는 이러한 현상으로 농민 노동력의 농업에 대한 투입이 감소했다. 이에 따라 많지도 않은 경작지 자원이 묵혀버리고 식량안보 문제가 갈수록 첨예해졌다. 또한 피동적으로 시장경제에 영합하는 이 같은 소위 합리적 소농의 특징이 시장화의 진전에 따라 더욱 빨라지고 뚜렷해졌다. 이로 인해 환경오염, 자원부족 등과 같은 농업 생산의 부정적 외부효과 문제가 더욱 심각해졌다. 그러나 이와 관련된 정책연구들이 오래도록 협소한 농업의 투입과 산출에만 국한되었기 때문에 농민의 '피동적 여가' 선택에 대응하여 정부의 적절한 조치가 나오기 어렵다.

---

[123] 이 글의 연구와 서술은 국가 985 프로젝트 '중국 농촌 발전의 실험혁신 기지'와 국가사회과학기금의 중점 프로젝트 '신농촌 건설의 목표, 중점 그리고 정책 건의'(프로젝트 번호: 06AJY003)의 지원을 받았다. 이 글을 위한 토론은 원톄쥔이 주제를 잡고, 그가 지도하는 대학원생들이 참여했다. 류화이위〔劉懷宇〕, 리천제가 초고를 쓰고 원톄쥔이 수정하여 완성했다. 본문은 류화이위 외(2008)를 참조.

1. 문제 제기

전지구적으로 식량안보 문제가 갈수록 심각해지면서 학계와 정부 인사들이 모두 농민도 경제주체로서 농업 투입에서 노동력의 기회비용을 고려한다는 관점을 인정하게 되었다. 그러나 이와 관련하여 관점이 대립하는 당대 경제학의 두 학파까지 거슬러 올라가는 경우는 별로 없다. 하나는 슐츠[Theodore Schultz]의 합리적 소농 가설로서 농민과 도시의 자본가는 이윤의 최대화를 최종 목표로 추구한다는 점에서 동일하다는 것이다. 다른 하나는 차야노프의 생존 소농(또는 생계 소농) 가설이다. 농촌 노동력이 과잉된 상황에서 농민은 단지 생계를 유지하기 위해 일하고 노동의 비용과 투입을 계산하지 않으며, 이윤의 최대화를 추구할 방법도 없기 때문에 한계산출이 영에 도달해야만 노동을 멈추게 된다는 것이다.

황쭝즈[黃宗智, Philip C.C. Huang]는 농촌의 노동력 과잉이라는 국가상황 하에서 전통적인 중국 농가는 혈연과 지연 관계 때문에 노동력을 해고할 수 없다는 점에 근거하여 소농경제의 '과밀화' 또는 '내권화[內捲化]' 이론을 제시하고, 차야노프의 가설을 발전시켰다(황쭝즈, 2000: 제2부 경제 내권과 사회 분화). 그는 2007년 11월에 발표한 글에서 슐츠의 가설은 순전히 이론이며 실제에 부합하지 않는다고 주장했다.[124] 황쭝즈 등은 최근 합리적 소농 가설과 생존 소농 가설이 중국의 국가상황에서 융합될 가능성에 주목하고 있다(황쭝즈·펑위성, 2007). 그러나 우리는 중국의 도시와 연해의 공업화된 지역에서 노동력 가격이 시장화됨에 따라 농업 투입의 수익이 도시에서의 외지노동 수익보다 크게 낮아져 단기간에 기회비용을 대폭 상승시켰고, 이로 인해 농민이 '여가'를 선택하고 경작

124　2007년 11월, 황쭝즈가 난징대학 인문사회과학 고급연구원, 상하이 사회과학원, 중국 런민대학 농업·농촌발전학원 등에서 잇달아 강의한 내용의 원고『중국 소농경제의 과거와 현재: 슐츠 이론의 잘잘못[中國小農經濟的過去和現在: 舒爾茨理論的對錯]』에서 인용. 황쭝즈(2010: 63-83)도 참조

을 포기하게 되었다고 주장한다. 이에 따라 본래 해석력을 가졌던 차야노프의 생존 소농 가설이 도전을 받게 되었다. 그러나 슐츠의 합리적 소농 가설도 태생적 한계가 있다. 중국의 국가상황에서 비롯된 토지의 다중적 기능—생산요소, 생활보장, 사회안정의 작용—으로 인해 중국 농촌을 단순한 생산요소의 조건만으로 볼 수는 없는 것이다.

농촌의 먹고사는 문제인 온포가 기본적으로 해결된 특수한 역사적 시기, 도시중국의 시장화와 향토중국의 소농경제가 병존하는 국가상황에서 농민은 농업 노동력 투입에 대해 갈수록 양면성을 갖게 되었다. 한편으로는 합리적 소농의 특성에 맞게 여가와 소득의 효용을 이해하기 시작하여 수익의 최대화를 도모한다. 다른 한편으로는 기본생활을 보장하기 위해 과밀화와 내권화라는 기본적인 소농경제의 특수성을 유지한다. 이 양면성 때문에 경작지에서 규모의 경제를 실현하거나 농업의 노동생산성을 높일 수 없다. 동시에 농민이 여가를 향유하면서 소득과 여가의 효용을 최대화하기 시작했다. 즉 기본적인 필요를 만족시키는 생존이 보장되자 농민은 비용, 수익, 효용에 대하여 합리적으로 대응하게 되었다. 한계수익이 체감하더라도 생존의 수요가 만족되지 못한다면 계속 생산할 것이다. 그러나 생존의 수요가 만족된 이후에는 수익의 상황에 따라 계속 생산할지, 아니면 여가를 향유할지를 합리적으로 선택한다. 이러한 양면성 때문에 농민이 자급자족 생산에 만족한 이후에는 더 이상 대외적으로 잉여를 생산하지 않아 결국 식량안보의 문제가 발생할 수 있다.

이 같은 현상은 인구가 많은 개발도상국에서 보편적으로 존재하기 때문에 세계화 시대의 심각한 식량안보 문제와 연관된다. 인도 경제학자 아제이 탄카[Ajay Tankha]도 빈곤한 인도 농가에 대한 연구에서 유사한 상황을 발견했었다(Tankha, 2008). 그에 따르면, 초기의 생존단계에서 농민은 노동에 대해 비용을 계산하지 않는다. 한계이윤을 합리적으로 고려하지 않는다는 것이다. 그러나 농민이 기본생활의 수요에 만족하고 나면, 농민은 이후의 소득이 추가적인 노동으로 증가될 쏨쏨이를 보상할 수 있을지를 고려하게 된다. 아울러 더 이상 빈곤하지 않게 된 농민은 추가적인 농업 노동으로 인한 소득의 효용이 여가의 효용을 보상할 수 있는지를 고려하는데, 만약 보상이 안 된다고 인식하면, 노동을 중지하고 여가를 즐기게 될 것이다.

도농 간 불균형한 노동시장에서 생존단계의 노동이 완료되면, 합리적 소농은 자기 노동의 비용과 소득을 고려하기 시작한다. 또한 자신의 노동 소득과 도시에서의 노동으로 획득가능한 기회 소득 간의 차이를 쉽게 발견하게 될 것이다. 이에 따라 우리는 더 나아가서 중국 소농경제에서 최근의 가장 중요한 변화는 농업 투입에 따른 농민의 기회비용[125]이 주로 농민이 도시에서 외지노동을 할 경우의 기대소득과 연관되며, 농업 경작의 소득과는 상관성이 약해졌다고 본다. 농민처럼 자신이 노동력 투입의 결정권을 갖는 주체인 경우에 이는 도농 소득 격차의 확대, 도시의 높은 생활비용, 도시의 최저소득 상승 등의 요소로 인해 도농의 노동력 시장이 완전한 시장 균형을 실현할 수 없기 때문에 발생하는 결과이다. 따라서 우리는 농민의 소득이 상대적으로 낮을 때, 소득 증가에 대한 강렬한 바람이 있을지라도 여가를 선택할 수밖에 없는 경제 현상을 '피동적 여가'로 지칭한다.

요컨대 우리는 전통 경제학의 노동력 시장에 대한 균형 이론을 활용하여 불균형 상태에서 노동력의 여가 선택에 대한 분석을 진행한다. 동시에 소농의 여가가 노동력 투입에 대해 내생적 영향을 미친다는 점을 전제로 삼아, 계량적 방법으로 노동력 투입이 식량생산에 미치는 영향을 분석한다.

---

125 어떠한 결정도 일정한 선택을 해야만 한다. 포기된 선택 항목 중에서 가장 가치가 높은 것이 이 선택의 기회비용이다. 이러한 정의에 기초하여 우리는 다음과 같이 인식한다. 통상적인 상황에서 모든 농민은 도시에서 노동력을 파는, 일반적인 취업 기회를 획득할 능력을 갖고 있다. 그러므로 농민이 땅을 경작하는 하는 것에 대한 노동력의 기회비용에 대응하는 것은 땅을 경작할 때의 소득보다 높은 도시 저임금 취업의 소득이 된다.

2. 농업 노동력의 기회비용이 농민의 여가 선택과 식량생산율에 미치는 영향

1) 농업에 투입되는 노동력의 기회비용이 빠르게 상승하면, 농민의 '피동적 여가'를 초래한다.

전통적인 노동공급 이론에서 여가와 임금의 가치는 동일하다. 완전경쟁시장의 균형 하에서 여가와 임금의 가치는 동일한 것이다. 즉 노동력의 한계생산량[MPL]과 시간의 한계가치[MRS]의 균형을 기초로 하여 임금의 가치는 여가의 가치, 즉 여가의 기회비용 또는 여가의 구매가격과 동일하다.[7]

그러나 현실을 보면, 농업인구 대국인 개발도상국은 일반적으로 농촌 노동력이 과잉되어 있고 동시에 도농의 소득 격차가 크다. 농촌과 비교하여 도시 생활의 비용이 높고, 많은 농촌의 노동자들은 시장에 진입할 수 없기 때문에 노동력 공급에서 완전경쟁시장을 형성할 수 없다. 해외 연구를 보면, 발달한 자본주의 국가조차도 노동력 공급은 통상 균형상태가 아니라는 점을 발견할 수 있다. 미국의 경우, 멀리건[Mulligan]은 전통적인 노동공급 곡선이 1889~1996년 동안 왜곡되어 있었다고 주장했다. 이는 한계세율, 독점적 노동조합, 노동법 등의 요소가 경쟁시장의 균형을 파괴했기 때문이다. 그는 시장 균형이 없는 상황에서 노동공급 곡선의 합리성에 대해 의문을 제기하고 데이터 분석을 통해 논증을 진행했다. 이를 통해 상술한 요소들로 한계생산율이 낮아졌으며, 이것이 시간의 한계가치가 불변하는 상황에서 균형을 실현할 수 없는 원인이 되었다고 주장했다(Mulligan, 2001).

이상의 연구들의 기본 가설은 모두 완전경쟁시장 균형이라는 조건에서 여가의 가치가 임금과 동일하거나 근사한다는 기초 위에서 수립되었으며, 거의 도시의 노동력 공급에 대해서만 연구를 진행했다. 이는 선진국의 경제 환경과 연관된다. 그러나 우리는 선진국과 개발도상국의 농업 상황에 대한 고찰과 비교를 통해 다음과 같은 점을 발견했다. 선진국의 농업 소득은 이미 도시의 기대소득에 접근한데다 고액의 농업보조금이 더해져, 심지어 때로는 국민의 평균소득을 초과하기도 한다. 따라서 선진국의 농업은 공업부문과 동일하게 자원을 배치하고 요소를 사용할 수 있다. 이로 인해 농업은 더 이상 전통적 의미의 농업부문이 아니며, 농장주[farmer] 또한 전통적 의미의 농민[peasant]이 아니다. 자본수익의 최대화를 추구하는 대농장 경영으로 기계동력이 노동력을 대량으로 대체했다. 특수한 기상 이변이나 재난이 없다면, 농장주의 임금률은 기본적으로 고정불변이다. 그러나 중국의 소농경제에서 농민의 임금률은 직접적으로 한계생산과 연계되고 효용이 체감한다.

왕더원[王德文] 등은 농업의 상대적인 노동생산성이 상승할 때, 도농의 상대적인 소득 격차가 축소되며, 농업의 상대적인 노동생산성이 감소할 때, 도농의 상대적인 소득 격차가 확대된다고 주장했다. 우리는 반대의 경우도 성립한다고 본다.

우리가 논증을 시도하려는 관점은 다음과 같다. 개발도상국에서 불균형 상태인 노동력 공급시장이 생성하는 소득 격차로 인해 여가와 같은 상품의 구매가격에서 불일치가 발생하지만, 대응되는 여가의 잠재가격은 여전히 노동력이 농업에 투입될 때의 기회비용으로 작용한다.[8] 여가의 잠재가격은 농촌 주민과 도시에서 외지노동을 하는 농촌 주민의 경우에 기본적으로 동일하며, 도시의 기대소득과 같거나 이에 근사한다. 그러나 양자의 소득 차이로 인해 농촌 주민과 도시에서 외지노동을 하는 농촌 주민 간의 여가에 대한 구매가격이 달라진다. 이처럼 도시 소득의 상승이 이에 상응하는 도시의 기대소득의 상승을 가져올 때, 농민은 가치가 상승한 상품, 즉 여가를 구매하는 경향을 가지게 될 것이다. 도농의 소득 격차가 커질수록 여가 구매가격의 왜곡도 커진다. 갈수록 도시 노동력의 가격 신호가 농촌에 거침없이 전달되는 상황에서 자신의 기본적인 생활의 수요에 만족하게 되면, 농민은 소득이 감소하더라도 여가에 더욱 치우치게 된다. 여가에 참조되는 기회비용, 즉 도시의 기대소득이 필연적으로 경작 노동의 가치를 넘어서기 때문이다. 또한 농민이 여가의 향유를 더욱 많이 선택하게 되면, 경작 생산량에 영향을 미칠 수밖에 없다.

경제학 저작들에서는 시간을 기초로 계산된 여가의 가치와 노동임금이 일치하거나 근사한다. 균형상태의 노동시장이라는 전제 하에서 작업 능력을 애초에 동일하게 타고난 인간은 기본적으로 동일한 여가의 잠재가격에 대응한다. 여가의 구매가격은 임금이 되며, 도시 주민에게 이는 기회비용이자 여가의 잠재가격이 된다. 그러나 중국 농민에게 여가의 기회비용은 노동력이 농업에 투입될 때의 기회비용이다. 이는 도시의 기대임금이자[126] 여가의 잠재가격이다. 시장경제는 소득의 공평한 분배를 보장할 의무가 없기 때문에 농민의 농업 소득이 극도로 감소하고 동시에 도농의 소득 격차가 커지면, 결과적으로 여가의 구매가격이 여가의 잠재가격보다 훨씬 낮아진다. 이는 농촌 주민이 부여받은 여가에 대한 일종의 '저가 구매의 권리[低價購買權]'처럼 되어버린다. 그러나 농촌 주민, 농촌에서 도시로 간 외지노동 종사자, 도시의 보통 노동자의 작업 능력은 애초에 타고나기로는 거의 동일하다. 여가의 잠재가격이 농촌의 노동소득보다 훨씬 높을 때에도 농촌 노동력은 농촌의 노동소득에 상당하는 가격으로 도시 주민의 소득과 비슷한 상품인 여가를 구매할 수 있다. 이렇게 되면 여가라는 이 상품은 농촌에서 가격이 떨어져 농민이 더 많은 노동시간을 써서 여가를 구매하게 되고, 그리하여 농민의 노동력 투입을 감소시키는 것이다.

이상의 분석에 근거하여 우리는 가설 H1과 H2를 제시한다.

H1: 향촌의 소농경제와 도시의 노동력 시장화가 병존하는 상황에서 도시의 높은 생활비용, 도시의 최저임금 등의 원인으로 인구 유동이 지체

---

126 여기서 우리는 지역에 따라 농민들의 도시에 대한 기대소득은 같지 않고 일정한 차이가 있을 수 있다는 점에 주의해야 한다. 지리적 위치와 여러 요소를 종합적으로 고려하여 농민은 자신의 선호에 따라 이전할 도시를 선택할 것이다. 통상 하나의 촌에서 이주하는 농민들은 사회관계에서 비롯된 선호에 따라 동일한 도시로 이주하곤 한다. 그렇다면 대응되는 도시의 기대소득은 해당 도시의 소득과 소비 수준에 따라 제약을 받을 수밖에 없다.

된다. 이로 인해 도시의 기대소득이 완전경쟁시장의 균형 소득보다 훨씬 높아지고 상대적으로 고정되며, 동시에 농업 소득이 차지하는 비중이 체감한다. 이 경우 '여가의 대응 가격'은 도시의 기대소득이 되며, 전통적인 의미의 농민의 농업 소득으로부터 독립된다.

> H2: 노동력이 시장화된 상황에서 도시 노동력의 시장가격이 단기간에 뚜렷이 상승하면, 농촌 노동력의 농업 투입에 대한 기회비용도 단기간에 상승한다. 이 경우 농민은 소득이 상대적으로 낮더라도 토지에 대해 노동력을 투입하고 싶어하지 않게 된다. 최근 부각되고 있는 이러한 농촌 경제의 현상을 '피동적 여가'라고 부를 수 있다.

2) 노동력의 기회비용 상승으로 인한 노동력 투입의 부족은 식량생산율에 영향을 미친다.

중국의 농촌개혁 초기, 농업이 빠르게 성장했던 원인에 대한 주류의 관점은 재산권 제도를 통한 해석에 치우쳐 있다. 우리는 다른 복잡한 거시적 요소에 더 치중하려고 한다. 한 가지 기본적인 사실은 1956~1961년 중국이 고도로 집단화된 제도를 실험하면서 이를 통해 농업에서 잉여를 추출하여 국가 공업화를 위한 원시적 자본축적에 사용했던 단계를 제외하면, 대부분의 시기 동안 중국 농촌의 토지 재산권은 비교적 안정적으로 자연촌(생산대)을 기초로 삼았었다는 점이다. 더구나 1978년 농가도급제를 시작한 이래 중국은 수차례 대규모 식량 파동을 겪었으며, 이 과정에서 거시경제 주기가 미친 중대한 영향력에 대해서는 이미 많은 분석이 진행되었다. 그중에서 특히 주목할 만한 내용은 1992년 식량재고가 자금을 적체시켜 거시적 통제능력에 영향을 미침으로써 전국적으로 식량배급표가 취소되었고, 이에 따라 농촌 노동력이 도시로 이동할 때의 제도 비용이 크게 낮아졌다는 점이다. 같은 해에 중국은 시장경제 체제로의 진입을 공식 선포했다. 이후부터는 재산권 제도 이외의 요소가 식량 파동에 주요하고 결정적인 작용을 했다. 경제과열, 통화팽창이 도시의 소득과 소비를 증가시켰다.

그러나 농산품의 인상폭이 작거나 농민이 가격 인상의 수익을 얻지 못해서 농민의 상대적 수익은 감소했다. 또한 큰 도농 격차로 인해 노동력의 기회비용이 빠르게 상승하여 농민의 경작에 대한 적극성이 감소함으로써 식량생산에 영향을 미쳤다. 정유구이[鄭有貴]의 연구도 농업 노동력의 기회비용 상승이 노동력 투입의 감소를 초래하고 식량생산의 하락을 야기했다는 점을 보여준다. 이 시기 농민의 대책은 다음과 같았다. 첫째, 경작지 관리를 소홀히 한다. 둘째, 품이 적게 드는 식량작물을 선택한다. 셋째, 품이 적게 드는 경작 제도를 선택한다.

3) 농업의 내부 구조 조정과 차액지대

식량 경작의 수익이 비교적 낮았기 때문에 지방정부들은 GDP로 대표되는 정치업적을 위해 부단히 농업의 내부 구조를 조정했다. 상대적으로 수익이 높은 경제작물이 식량작물에 대하여 차액지대를 형성하는 상황에서 농민 또한 경제작물의 경작을 원했다. 식량작물에 대한 노동 투입을 줄이거나 직접적으로 식량작물의 경작 면적을 감소시켜 농업 이윤을 최대화한 것이다.

이렇게 하여 차액지대가 형성되었다. 농업 노동력의 기회비용 상승이 식량가격의 상승과 동조되지 못하면, 다른 작물의 차액지대가 증가할 것이다. 이때 정부의 식량보조금이 이러한 차액지대를 채울 만큼 충분하지 못하면, 농민의 식량생산에 대한 투입은 줄어들고 이에 따라 식량생산율도 감소한다. 같은 이치로 경제작물 경작에 적합하지 않거나 시장의 문제로 경제작물을 대규모로 경작할 수 없는 지역에서도 경제작물과 식량작물의 차액지대로 인해 시장의 기대소득과 비슷하게 경제작물의 기대소득이 형성될 것이다. 그에 따라 농민의 식량생산에 대한 투입의 기회비용이 왜곡되어 '피동적 여가'가 발생한다. 농업이 기초산업이고 식량이 국가안보와 관련된 전략물자라고 한다면, 정부가 안정적인 식량생산을 위한 근본적인 대책을 내놓아야 할 것이다. 그러나 이는 정부가 식량생산을 보호하기 위해 인상한 식량가격이 최소한 이 차액을 메꿀 수 있어야만 효과적일 수 있다는 것을 의미한다. 위와 같은 내용에 근거하여 가설 H3

이 도출된다.

H3: '피동적 여가'가 존재하는 상황에서 정부가 식량생산량에 따라 식량보조금을 제공하더라도 보조금이 농민소득과 도시의 기대소득을 동일하거나 비슷하게 만들지 못한다면, 또한 채소 등 기타 경제작물의 차액지대를 메꾸는 데 부족하다면, 농민의 '피동적 여가'는 여전히 지속될 것이다.

지면이 한정되어 이에 대해서는 더 이상 재론하지 않겠다.

3. 모델 수립

1) 불완전경쟁시장 균형에서 도시의 기대소득

토다로[Michael P. Todaro] 모델의 핵심은 도시의 기대소득이 농촌의 소득보다 많아야만, 농촌 인구의 도시로의 이동이 발생한다는 것이다. 이에 따라 토다로 균형에서 도시의 기대소득은 다음과 같다.

$$WL_F/(L_F+L_I)+W_IL_I/(L_F+L_I)=W_A$$

W는 도시 공식부문의 평균소득이며, W_I는 도시 비공식부문의 평균소득이다. L_F는 도시 공식부문의 노동력 수량이며, L_I는 도시 비공식부문의 노동력 수량이고, W_A는 균형임금이다.

학자들의 비판처럼, 토다로 모델은 도시의 생활비용을 무시했다. 따라서 비교적 큰 도농 소득 격차가 존재하더라도 실제로는 모델의 균형상태를 실현할 수 없고, 잠재실업이 발생한다. 이러한 조건에서 도시의 기대소득은 균형임금보다 높다. 중국처럼 도농 소득 격차가 큰 곳에서는 도시 기대소득이 균형임금보다 훨씬 높을 수도 있다.

우리는 도시의 기대소득, 즉 여가의 잠재가격을 다음과 같이 추산하였다.

(1) $W_t = P_L = C_L + C_C + I_F + I_C$

W_t는 도시의 기대소득, P_L은 여가의 잠재가격, C_L은 도시의 생활비용, C_C는 농민이 도시로 진입하는 비용, I_F는 농촌 노동력의 순소득이고, I_C는 농민이 기대하는 도시 진입으로 인한 추가적인 이익이다.

(2) 토다로 모델에서 알 수 있듯이 도시 기대소득은 도시에서 공식부문의 소득과 비공식부문 소득의 가중평균이다. 그러나 도시의 생활비용이 포함되면, 우리가 추산하는 도시의 기대소득 또한 도시의 평균임금과 농업소득의 가중평균이되고, 가중치가 조정되어야 한다. 이러한 가설에 따른 공식[127]은 다음과 같다.

$$W_t = \beta W_c + (1-\beta) W_f$$

W_t는 도시의 기대소득, W_c는 도시의 평균임금, W_f는 농업소득, β는 가중치이다. 다중 선형 회귀분석을 통해 모델을 만들고 가중치를 확정할 수 있다.

이상 두 종류의 식은 모두 표본조사를 통해 회귀분석을 진행하여 비교적

---

127 도시의 기대소득은 광둥성의 제조업 평균소득을 임시로 사용했다. 대량의 농촌 노동력이 이 분야에 집중되어 있어 데이터가 일정한 대표성을 가지기 때문이다. 다른 데이터는 모두 광둥성의 상응하는 평균 수치를 차용했다. 1992년 이후 전국적으로 농산품의 판매가 어려워져 농업 금융이 곤란을 겪고 식량부문이 재정적으로 자금을 압박했다. 이로 인해 전면적으로 농산품, 특히 식량의 시장거래가 개방되었다. 전국적으로 소수의 현[縣]을 제외하고는 배급표에 따른 공급제도가 전면 철폐되면서, 제도적으로 농촌 주민의 자유 이동을 가로막던 주요한 장벽이 사라졌다. 그러나 1992년부터 2006년까지 15년 동안의 연도별 데이터로는 상술한 공식의 합리성과 가중치를 확정하기 위한 회귀분석을 정확히 진행하기에 부족했다. 따라서 여기에서는 방정식을 통해 추산을 했으며, 계량분석은 진행하지 못했다.

정확한 추정치를 얻을 수 있다.

2) 왜곡되는 여가-임금 효용곡선

(1) 중국의 불완전경쟁시장 균형 하에서 여가의 기회비용과 농촌의 노동소득 간의 불일치

오코너[O'Connor]는 노동력 공급의 완전경쟁시장 균형을 위해서는 세 가지 조건이 필요하다고 봤다. 첫째, 업무 능력이 동일하고 최초의 천부적인 능력이 동일한 상황에서 모든 분야의 임금이 동등해야 한다(O'Connor, 1961). 완전경쟁시장의 시장 균형에 근거한 분석으로 보면, 도시 주민의 평균소득이 농촌 소득에 근사하면서 노동력 시장은 기본적으로 청산될 수 있다. 통상 경제학자들은 법률과 노동기구들이 보통 노동자들의 소득을 인위적으로 올려 노동시장이 균형일 때의 청산 가격을 왜곡시키고 완전경쟁시장의 균형을 파괴한다고 인식한다.[9] 그러나 우리는 중국과 같은 개발도상국에서는 노동력의 과잉, 도농 간 생활비용의 거대한 차이 등으로 인해 발생하는 도농 간의 소득 격차가 도시의 최저임금 표준과 동일한 작용을 발휘한다고 본다. 이에 따라 완전경쟁시장 균형이 달성될 수 없다.

국가통계국의 데이터를 직접 살펴보면, 토다로 모델의 가정처럼 도농 소득이 수렴하여 균형에 도달하는 것과 같은 상황은 출현하지 않았다. 왕더원·허위펑[何宇鵬] 또한 1980년대 중엽부터 시작하여 도농 간 소득 격차가 중국경제의 급격한 성장에 따라 줄지 않고, 도리어 지속적으로 커졌다고 분석했다(왕더원·허위펑, 2005). 이를 통해 통상적인 여가와 노동의 곡선으로는 중국 농촌에서 여가와 노동의 투입 문제를 해석하기 어렵다는 점을 알 수 있다.

〈그림 1〉에서 보듯이 경쟁시장에서 전통적인 노동의 수요-공급 곡선은 A점에서 균형이 형성되며, 균형임금은 W'이다. 그러나 중국의 도농 소득 격차로 야기된 최저 도시 기대소득 W_t가 균형임금 W'보다 높을 때, 균형이 깨지고 노동

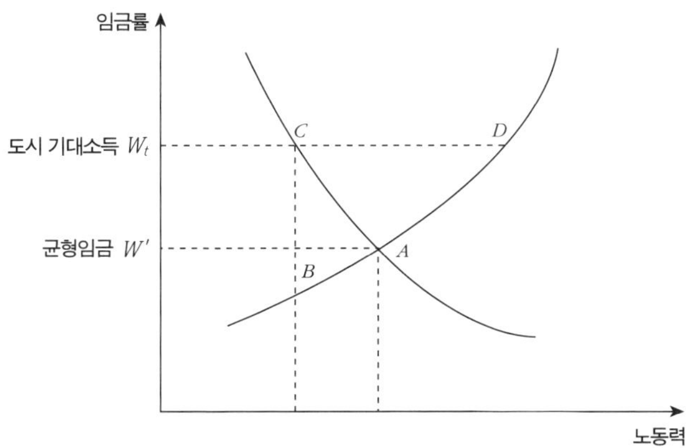

그림 1　노동력 수요-공급 곡선

시장은 청산되지 않는다. 즉 실업상태가 된 노동력이 농촌에 잔류하거나 일부
는 비공식 부문에 유입되어 잠재실업 인구가 발생하며, 동시에 도시 노동시장
에 취업 부족이 출현한다.

(2) 대체효과와 소득효과에 따른 여가-임금 효용곡선의 왜곡

정상적인 상황에서 노동의 공급과 여가의 수요는 반대 방향으로 변화한다. 임
금을 여가의 기회비용이나 여가의 가격으로 볼 수 있다. 〈그림 2〉는 임금가격이
상승할 때의 전통적인 여가-임금 효용곡선이다. 임금 상승이 여가의 기회비용
을 상승시켜 사람들은 일을 하려는 경향을 갖게 된다. 임금이 일정 정도 오른 이
후에는 소득효과가 우세를 차지하여 사람들이 여가 구매를 선택하기 시작한다.
이때 전통적인 미시경제학 이론에 따라 여가-임금 효용곡선은 원점에 대해 볼
록한 형태를 갖는다.[10]

　　여기서 서술하는 여가의 잠재가격은 임금이다. 중국 도시가 고도로 시장
화되면서 도시에서 보통 이상의 체력을 가진 노동자로 구성된 노동력 시장은
임금이 일반적으로 도시의 생활비용보다 높아졌다. 따라서 이 노동력 시장은
기본적으로 균형을 이루며, 이들에게는 여가의 잠재가격과 구매가격이 모두 본

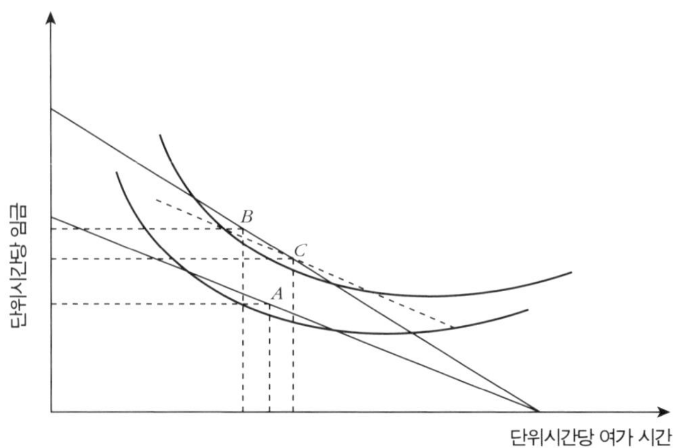

그림 2　여가-임금 효용곡선

인의 임금이 된다. 그러나 보통의 체력을 가진 노동자로 구성된 노동력 시장에서는 농촌의 노동력 인구가 과잉되어 있고 도농 소득 격차가 크기 때문에 균형가격이 도시 생활비용보다 낮다. 따라서 시장이 균형을 잃어 여가의 잠재가격은 시장의 기대소득에 대응하나, 여가의 구매가격은 농촌의 노동소득에 대응하게 된다. 그러므로 중국 농촌에서 도시의 기대소득과 농촌의 노동소득의 격차로 인해 농업 생산에 종사하는 노동자에게는 여가의 기회비용과 농촌 노동력 소득이 부등가가 된다. 여가가 농촌 노동소득과 부등가인 일종의 독립상품이 되어 농촌 노동소득과의 상관성이 낮아지는 것이다.

여가의 잠재가격, 즉 도시의 기대소득과 농업에 투입되는 노동력의 기회비용이 상승하더라도, 농촌 노동력의 소득 상승폭은 도시의 임금 상승폭보다 훨씬 작고 특정한 시기에는 심지어 통화팽창률의 상승폭보다 작을 수 있다. 이에 따라 상대적으로 중국 농민에게는 여가의 상품가격이 높아지는 것이 아니라 낮아지고, 낮은 가격에 동일한 효용을 얻을 수 있게 된다. 즉 무차별곡선이 오른편으로 수평이동하고 농민은 더 많은 여가를 구매하게 된다. 이러한 조건에서 여가-임금 효용곡선은 〈그림 3〉과 같은 변화가 발생한다.

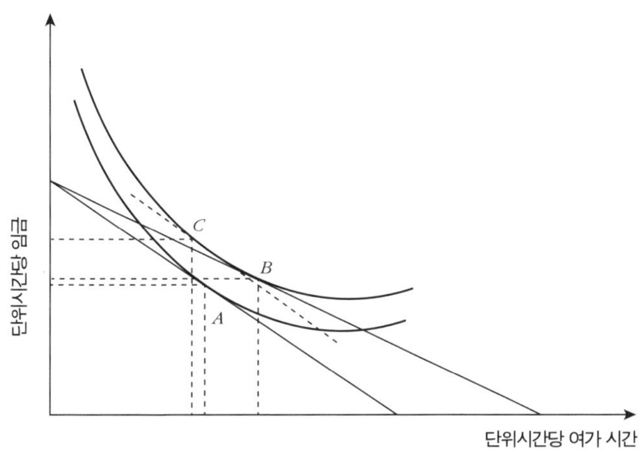

그림 3 수정된 여가-임금 효용곡선

(3) 노동 투입의 한계생산 체감의 조건에서 여가와 농민 임금률의 관계

중국이 이미 기본적으로 농민의 생계 문제를 해결한 상황에서 생존에 필요한 수요의 생산이 달성되어 농민이 합리적 소농의 특성을 드러내기 시작하고, 경제학 이론에 따라 기술, 자본 등에 대한 투입이 고정되어 있다는 전제를 적용하면, 노동 투입의 한계생산은 체감한다. 또한 소농경제에서 여가의 구매가격은 농촌 노동의 임금률이지만, 임금률 또한 한계생산을 따라 체감된다. 이때 여가-임금 곡선은 원점에 대해 볼록한 곡선이 적용되지 않으며, 농민의 농업에서의 소득은 완전히 생산을 통해 결정되고, 임금률은 한계생산의 이윤율이 된다. 노동의 한계생산 체감의 법칙에 따라 농민이 한계생산 이윤율의 최고점까지 생산했을 때, 한계생산 이윤은 체감하기 시작한다. 그러나 여가의 한계 기회비용은 도시로 진입한 농민의 노동에 대한 한계 임금에 대응하기 때문에 기본적으로 불변한다. 농민의 실제 이윤[128]은 다음과 같이 표시될 수 있다.

---

128 여기서 우리는 화학비료를 자본 투입의 비용으로 삼았다. 당연히 다른 비용 투입도 있으나, 대부분 고정비용이어서 미분과정에서 0이 되기 때문에 방정식을 단순화하기 위해 임시로 무

$$I = W - T \times C_L - C_F \times K \tag{1}$$

이 공식에서 I는 농민의 실제 이윤, $W = f(x) \times P$는 식량의 판매소득, $f(x)$는 생산함수, T는 1인당 노동시간, C_L은 단위시간당 여가의 기회비용, C_F는 화학비료의 가격, K는 화학비료의 투입량, P는 식량가격이다.

$$f(x) = \mu \times T^\alpha \times K^\beta \tag{2}$$

그중 K는 화학비료 투입량이고, 1인당 노동시간인 T는 기술계수 μ와 함께 노동의 투입 강도를 표시한다. 이 생산함수에서 우리는 이 글의 후반부에 나올 증명 결과를 이용하여 식량생산이 주로 노동력과 화학비료의 투입과 상관된다는 점을 확인했다. 여기서 우리는 노동시간을 이용해 노동 투입을 나타냈다.

이윤 최대화, 즉 소득 최대화를 위해 공식 (1)과 공식 (2)를 연립한다.

$$\text{Max} \left(P \times \mu \times T^\alpha \times K^\beta - T \times C_L - C_F \times K \right) \tag{3}$$

공식 (1)에 대하여 1차 미분을 한다.

$$P \times \mu \times K^\beta \times (T^\alpha)' - C_L \times T' = 0 \tag{4}$$

이와 같이 농민은 공식 (4)의 조건을 만족시키면서 생산해야 한다.

우리는 〈그림 4〉의 생산곡선을 통해 여가와 농업 생산의 관계를 설명할 수 있다. 여가의 한계 기회비용이 상대적으로 안정되어 있기 때문에 비용선을 X_1이라고 하면, 이윤은 ac, 생산량은 Y_a이다. 여가의 기회비용이 상승하면, 즉 도시 기대소득이 상승하면, 비용선은 X_2로 조정되고 이윤은 $bd < ac$, 생산량은

시하였다.

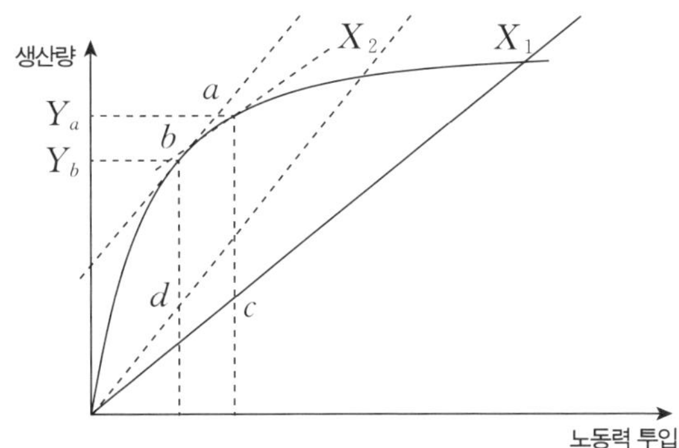

그림 4 합리적 소농의 생산곡선

$Y_b < Y_a$가 된다.

더 직관적으로 우리는 한 명의 농촌 노동력에 A, B, C 세 종류의 생산 공식이 있다고 가정할 수 있다. 여기서 가정된 생산액이 곧 노동력의 소득이다. 이 사람은 매일 8시간, 6시간, 4시간이라는 세 종류의 생산 공식에서 선택할 수 있다. 노동 투입의 한계생산량 체감에 따라 이 사람의 소득 상황은 〈표 1〉과 같이 가정된다.

표 1 상이한 생산방식에 따른 소득 상황

생산방식	노동시간	일일 소득	시간당 임금(임금율)	여가의 구매가격(시간당)	총소득
A	8	100	12.5	0	100
B	6	90	15	5	100
C	4	65	16.25	8.75	100

우리는 〈표 1〉에서 생산방식 B의 한계수익을 0으로 가정했다.[129] 이때 소득이 최대화되며, 이 사람이 이렇게 향유하는 여가의 기회비용은 시간당 5위안

---

129 여기서 한계수익이 0이라는 것은 여가의 기회비용이 현금 형식으로 존재한다고 가정한 것이다. 이 지점을 넘어서 계속 생산하면 생산량은 증가하지만, 여가에는 대가를 지불해야 한다. 이 지점을 넘어선 이후에도 실제 현금소득은 여전히 올라간다.

이다. 즉 이 사람은 시간당 5위안의 가격으로 두 시간의 여가를 구매했다. 생산방식 C에서는 시간당 8.75위안의 가격으로 4시간의 여가를 구매했다. 생산방식 A에서는 여가를 향유하지 않았다. 이때 도시 기대소득이 시간당 20위안이고 매일 8시간 일하며 일일 소득이 160위안이라고 가정하면, 도시 외지노동의 소득은 한계체감이 존재하지 않기 때문에 시간당 여가의 구매가격은 여전히 20위안이 된다. 그렇다면 이 농촌 노동자는 생산방식 B를 선택하여 상대적으로 낮은 가격에 두 시간의 여가를 살 수 있다. 동시에 이 사람의 단위시간당 임금 또한 도시의 기대소득에 근사한다. 이렇게 되면 시간당 5위안의 가격으로, 도시에 진입하여 외지노동을 하는 농촌 주민과 동일한 가치의 여가를 구입하게 된다. 외지노동을 하는 농민은 이를 위해서는 20위안을 지불해야만 한다.[11]

위의 가정에서 농촌 주민이 생산방식 B를 선택하여 생존의 수요를 만족할 수 있다면, B를 선택하여 작은 농업 소득을 희생시키고 더 많은 여가를 얻을 수 있다. 이로써 개인의 소득과 여가의 효용 최대화가 실현되나, 상응하는 총생산량은 감소한다. 극단적으로 여가의 기회비용이 농업 생산의 수준을 초과하면, 농민이 도시로 갈 수밖에 없을 수도 있다. 그러나 도시의 생활비용과 위험 회피라는 제약으로 일부 농민은 도시에 가지 않는 것을 선택할 수 있다. 이 일부 농민들은 한편으로는 생존 소농의 특성을 드러내어 자급자족의 경작 방식으로 생활의 수요를 만족시킬 것이다. 다른 한편로는 합리적 소농의 특성을 통해 최대한 여가를 향유하면서 대외적으로 잉여를 산출하지 않아 식량시장에서 공급의 감소가 발생한다.

⑷ **소결**

앞의 분석을 통해 가설 H1과 H2가 논리적으로 성립한다는 점을 알 수 있다. 즉 도농 이원구조와 도농 소득 격차의 확대가 지속되는 상황에서 높은 도시 생활 비용이 인구유동을 지체시켜 도시 기대소득이 시장의 균형점보다 높아진다. 이로 인해 농촌 노동력의 농업 투입에 대한 기회비용은 농촌 주민의 소득보다 훨씬 더 상승하고, 여가는 농촌의 노동 소득과 독립된 상품이 된다. 잠재가격이 도시 기대소득에 따라 변화하여 농촌의 노동 소득과 무관해지는 것이다.

동시에 농촌 주민의 여가 구매가격은 여가의 잠재가격, 즉 도시의 기대소득보다 훨씬 낮다. 이는 전통적인 완전경쟁시장 균형에서 여가의 잠재가격이 농민의 노동소득과 동일한 것과는 달리 농민에게 여가 구매에서 '저가 구매의 권리'가 부여된 것이다. 이로 인해 정상적인 상품의 소득효과와 대체효과에 따라 농촌 주민은 여가의 소비를 선택 당하게 된다. 즉 우리가 제시하는 '피동적 여가'이다. 농촌 주민은 이러한 '피동적 여가'의 방식을 통해 자신의 단위시간당 임금을 스스로 조정하여 도시의 단위시간당 기대임금에 근사시킴으로써 효용을 최대화하는 것이다.

이러한 결론에 대하여 경험적 검증을 진행할 수 있다.[130] 직접적인 효과에 대한 검증은 앞서 나온 공식에 따라 회귀분석을 진행할 수 있다. 가능한 회귀방정식은 다음과 같다.

$$T_{it} = \alpha_0 + \alpha_1 C_{jt} + \alpha_2 P_{jt} + \alpha_3 X_{it} + \epsilon_{it} \tag{5}$$

T_{it}는 i번째 농민의 t시기의 노동시간이며, C_{jt}와 P_{jt}는 i가 소재하는 촌락 j에서 t시기의 노동력 기회비용과 식량의 판매소득이다. X_{it}는 통제변수이고 ϵ_{it}는 랜덤 오차이다. 이러한 데이터를 얻기 위해 우리는 식량생산량이 많은 지역에서 몇 개의 촌락을 취사선택하여 표본을 뽑아 상술한 회귀분석을 진행할 수 있다.

---

130 이 글의 초고 작성자 중 한 명인 류화이위 박사는 베이징에서 100km 떨어진 허베이성 장자커우[張家口]시 위[蔚]현 융닝자이[永寧寨]촌을 방문한 바 있다. 현지의 농민은 현재 1무[畝] 당 보조금이 90~100위안이며, 이 돈으로는 한 포대의 화학비료도 살 수 없다고 말했다. 대부분의 청장년 농민은 부득이하게 도시로 가서 외지노동을 했다. 외지노동을 하지 않는 사람들은 집에서 쉬면서 날품팔이를 했다. 도급된 토지는 방치되어서, 파종할 때가 오면 경작지에 나가 종자를 한 움큼 뿌리고 화학비료를 조금 치면 그만이었다. 물을 뿌리지도 않았고 수확은 운에 맡겼다.

참조한 도시의 지표가 상이하기 때문에 상이한 촌락에 대응되는 C_{jt}에서 일정한 차이가 있을 수 있다. 마찬가지로 각지에서 식량의 구매가격과 판매가격이 다르고 경지 면적도 달라 P_{jt}에서도 차이가 있을 수 있다.

4. 노동력 투입이 식량생산량에 미치는 영향에 대한 실증연구

우리는 콥-더글러스[Cobb-Douglas] 생산함수 모델을 통해 회귀분석을 진행하여 토지, 노동, 자본 요소가 식량생산량에 미치는 영향과 상관관계를 판단한다. 또한 회귀 결과에 따라 우리는 예측치와 실측치를 맞추어 봄으로써 이 모델의 성공 여부를 판단할 것이다.

1) 변수의 선택

식량생산에 영향을 주는 기본적인 변수는 경지 면적, 농촌 노동인구, 화학비료 사용량, 관개면적, 농기계 동력 투입량, 재해 면적, 농업정책 등이라고 일반적으로 인식된다. 뤼아이칭[呂愛淸] 등은 이상의 변수를 이용한 다중 회귀모델 분석을 통해 전국 식량생산에 영향을 미치는 주요 요소는 화학비료 사용량과 농촌 노동력이라고 결론 내렸었다(뤼아이칭 외, 2005).

리마오쑹[李茂松] 등은 각 요소의 식량생산량에 대한 상관관계 분석 과정에서 농기계 동력 투입량과 식량생산량의 상관관계가 매우 낮고 미약한 역관계가 있음을 발견했다. 이에 따라 이들은 농기계가 대부분의 식량작물에 사용되지 않을 것이라고 추측했다(리마오쑹 외, 2005). 여기서 볼 수 있듯이 자본 요소의 투입으로서 기계동력은 생산량에 영향을 미치는 주요 요소가 아닐 수 있다. 또한 중국의 농업 자원이 갈수록 부족하여 농촌이 장기간 소농경제를 유지하는 상황에서 식량의 절대적인 비중은 소농이 생산한 것이다. 중국의 현대화 경험에서도 볼 수 있듯이 노동력이 과잉되고 무한히 공급되는 전통 소농경제에서 노동력은 기계, 기술, 자본 투입과 같은 외부의 요소에 대해 대체 메커니즘을 형성할 수 있다. 이것이 동아시아 농촌에서 도시화와 공업화의 비중과 상관없이 대규모의 기계화 생산이 주류가 되기 어려웠던 주요 원인 중 하나이다.

이상의 연구와 분석에 근거하여 우리는 콥-더글러스 생산함수를 통해 화학비료 사용량과 농촌 노동력을 각각 자본 투입과 노동력 투입으로 삼아 중국 식량생산량 모델을 수립한다. 이를 통해 예측을 진행하며, 노동과 자본 투입이 식량생산량에 미치는 탄력성을 분석한다.

우리는 다음과 같이 식량생산량의 생산함수를 수립하였다.[131]

$$GP = \alpha LQ^{\beta} FA^{(1-\beta)}$$

GP는 식량생산량, LQ는 농촌의 노동인구, FA는 화학비료 사용량이다. 구체적인 변수의 정의는 〈표 2〉와 같다.

표 2 변수의 정의

변수	단위	경제적 함의	식량생산량과의 관계	부호
화학비료 사용량	만 킬로그램	투자	식량생산량에 대한 확정적인 상관관계	FA
농촌의 노동인구	만 명	노동력 투입	식량생산량에 대한 확정적인 상관관계	LQ
식량생산량	만 톤	생산	N/A	GP
경지 면적	만 헥타르	토지 투입	식량생산량에 대한 확정적인 상관관계	GA
기계동력	만 킬로와트	투자	N/A	MP

출처: 1978~2005년 연도별 『중국통계연감』.

---

131 우리는 노동력의 투입과 경지 면적이 상대적으로 안정된 비율을 유지한다고 본다. 따라서 노동력의 투입은 일정 정도 경지 면적을 대표한다. 이 문제에 대해서는 이후에 본문에서 논의한다.

2) 데이터의 성질, 출처와 프로그램 처리

우리는 자료가 공개된 1978~2005년 28개 시점의 84개 표본 데이터를 취사선택했다. 이는 부호의 정의에 따라서 국가통계국의 『중국통계연감』으로부터 가져왔으며, 가공을 하지 않은 권위 있는 원자료들이다. 우리는 Eviews 3.0을 사용하여 데이터 분석을 진행했다. 본 프로그램은 시계열을 위주로 다양한 데이터를 처리할 수 있다.

3) 계량분석

콥-더글러스 생산함수는 $Y = \alpha L^{\beta} K^{(1-\beta)}$이다. Y는 생산량이며, α는 총생산력에 대한 모종의 척도(기술계수)를 표시한다. K는 자본 투입을 나타내고, L은 고용된 노동력이다. β와 $1-\beta$는 각 요소 투입의 탄력성이다.

회귀결과를 보면, 기술계수 $\alpha = 0.495895$이고, 노동력 탄력성 계수 β는 0.769868, 자본 탄력성 계수는 0.230132였다. 이는 노동력 탄력성이 자본 탄력성보다 훨씬 크다는 점을 보여준다. 위의 계산에서 우리는 노동력 투입의 강도와 노동력 수량이 일정한 비례를 갖는다고 가정한다. 계산 결과 얻어진 모델의 공식은 다음과 같다.

$$GP = 0.495895 \; LQ^{0.769868} FA^{0.230132}$$

상술한 회귀분석에서 표본의 결정계수 R^2은 0.888307이고, 조정된 결정계수 $\overline{R}^2$은 0.884011이다(〈부표 2〉 참조). 통상적으로 표본의 결정계수 R^2이 0.8을 넘으면, 모델의 적합도가 비교적 좋다고 본다.

이 장의 말미에 기재한 〈부표 1〉은 각 변수의 통계수치 및 예측치와 각 변수의 한계 변화로 인한 식량생산량의 변화이다. 한계에 대한 계산으로 볼 때, 노동력 투입의 생산량은 체증의 추세가 나타났다. 그러나 화학비료 투입의 생산

량은 체감의 추세를 보였다. 이는 자오쥔예[趙俊曄] 등의 연구결과와 유사하다
(자오쥔예 외, 2006). 이들의 연구결과는 화학비료와 기계동력의 투입에서 한계수
익 체감이 나타난다는 점을 보여줬다.

4) 모델 검증

(1) 계수 검증

로그화를 통해 콥-더글러스 생산함수 모델에 대한 선형 예측을 진행하여 계수가
제약조건을 만족하는지를 검증한다. 우리는 콥-더글러스 생산함수의 표준모델이
$Y = \mu L^\alpha K^\beta$이고, 방정식 계수의 제약조건은 $\alpha + \beta = 1$임을 안다. 검증결과는 〈부
표 3〉을 보라. 우리는 방정식의 양변에 로그를 취해 방정식 $GP = \mu LQ^\alpha FA^\beta$
를 선형화하여 다음의 식을 얻었다.

$$\log(GP) = \alpha \log(LQ) + \beta \log(FA) + \log \mu$$

계산을 하면, $\alpha + \beta = 0.89$로 1에 근사하여 제약조건이 성립한다.

(2) 누락 변수 검증

기계동력 변수를 추가하여 이 변수의 유의도 검증을 진행했다. 〈부표 4〉에서 보
듯이 0.01의 신뢰도에서 변수 $\log(MP)$가 유의하지 않다는 가설을 기각할 수
없다. 동시에 우리는 $\log(MP)$모델에 대한 최소자승법[OLS] 추정결과에서 계
수(-0.264971)가 마이너스라는 점을 알았다. 또한 〈부표 1〉에서 중국의 기계동력
사용량이 증가했다는 점을 확인할 수 있었다. 그러므로 모순이 존재하여 기계
동력 변수를 포함시킨 생산함수 모델은 적합하지 않다.
　　앞서 봤듯이 식량생산량과 기계동력 간의 약한 마이너스의 상관관계를 보

여주는 리마오쑹 등(2005)의 계량 결과가 우리가 얻은 결과와 기본적으로 일치
했다. 따라서 우리는 소농경제에서 기계화된 투입으로 노동력 투입을 대체하면,
생산량의 약한 감소를 초래하는 것은 아닌지 의심해 볼 이유를 갖게 되었다. 소
농경제에서는 기계를 사용하여 경작하면, 수확이 소농의 세심한 경작보다 못해
기계동력의 투입이 단지 농촌 노동력의 노동 강도만을 낮출 가능성이 있는 것
이다.

5) 계량 결과의 논리적 분석

1무(畝)당 생산량 데이터를 통해 모델을 수립하면 정확도가 더 높아질 수도 있
다. 그러나 1무당 생산량 데이터를 방정식에 대입하면, 경지 면적은 다음과 같
이 등식에서 소거되는 변수가 된다.

$$GP/GA = \alpha(LQ/GA)^{\beta} \times (FA/GA)^{(1-\beta)}$$

GA는 경지 면적 변수이다. 위의 공식을 보면, 등식의 양변에서 동시에
GA가 소거되어 경지 면적 변수가 우리의 예측결과에 영향을 미치지 않는다는

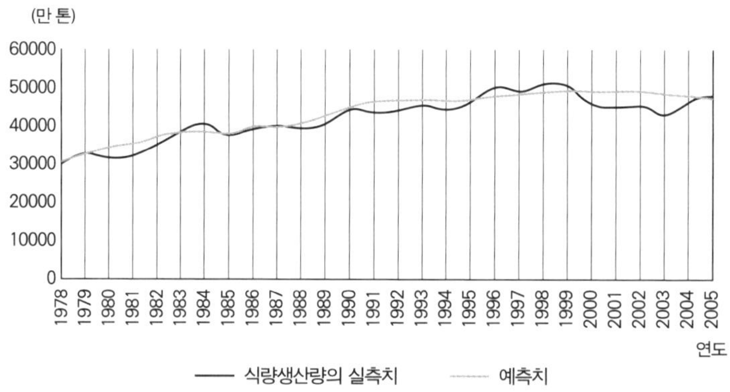

그림 5 식량생산량의 실측치와 예측치 비교

점을 알 수 있다. 우리가 이미 수립한 모델이 성립한다면, 이는 노동력 투입과 경지 면적이 일정한 비례를 형성하여 식량 총생산량은 노동력 투입의 총량과 화학비료의 총량을 통해 결정된다는 의미가 된다.

우리는 예측 모델을 수립하면서 노동 투입이 노동력 인구와 일정한 비례를 갖는다고 가정했다. 그러나 노동시간의 변화로 노동 투입과 노동력 인구 사이의 일정한 비례가 사라진다면, 모델의 예측에 오류가 발생할 수 있다. 〈그림 5〉는 식량생산량의 실측치와 예측치의 그래프이다.

직관적으로 볼 수 있듯이 2000~2003년 기간 동안 예측치와 실측치의 차이가 비교적 컸고, 예측치가 실측치보다 상대적으로 높았다. 이 분석을 통해 우리는 노동력 인구와 노동력 투입의 비례 관계에 대한 예측에서 특히 2000~2003년처럼 일정한 오차가 출현할 수 있다는 점을 알 수 있다. 우리는 국가통계국의 데이터를 통해 〈그림 6〉과 같은 도시 종업원의 연도별 평균임금[132]

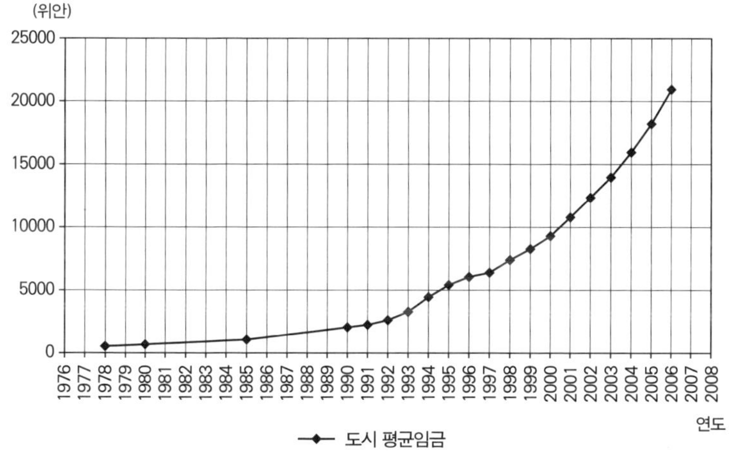

그림 6 도시 종업원의 연도별 평균임금 변화

---

132 현재 도시 기대소득, 즉 노동력의 농업 투입에 대한 기회비용을 정확히 측정할 방법이 없기 때문에 우리는 일단 도시 종업원 평균임금을 통해 하나의 직관적인 값을 얻었다.

변화를 얻었다.

여기에서 2001년부터 시작하여 도시 종업원의 평균임금이 갑자기 상승하는 것을 알 수 있다. 그에 상응하여 농촌 노동력의 농업 투입에 대한 기회비용도 갑자기 상승했을 수 있다. 이는 우리의 가설에 대한 일종의 검증이 될 수 있다. 노동력의 농업 투입에 대한 기회비용 상승이 농민의 '피동적 여가'를 초래했다. 즉 노동의 강도를 낮추고, 최종적으로 실측치와 예측치의 큰 차이를 야기했다는 것이다.

대부분의 계량연구들은 노동력 투입을 계산할 때, 데이터가 부족하여 노동력 인구를 대신 사용한다. 이는 노동력 투입의 내생성을 무시하기 때문에 노동시간을 모델에 포함시키는 것이 노동력 투입에 대한 계산과 모델의 회귀분석 결과를 더 정확하게 만들 것이다. 구체적인 공식은 다음과 같다.

$$GP = \alpha (T \times LQ)^{\beta} \times FA^{(1-\beta)}$$

T는 t시기의 노동시간으로 내생변수이며, 본문의 공식 (5)는 이에 대한 계산방법을 예측한 것이었다. 노동시간은 내생적이지만, 노동력의 농업 투입에 대한 기회비용은 외생적이다. 노동시간에 대해 작용하여 간접적으로 농업 생산량에 영향을 미치므로 노동력의 농업 투입에 대한 기회비용은 도구변수이다. 우리는 다시 관련된 연립방정식을 다음과 같이 도출할 수 있다.

$$GP = \alpha (T \times LQ)^{\beta} \times FA^{(1-\beta)} \tag{6}$$
$$T_{it} = \alpha_0 + \alpha_1 C_{jt} + \alpha_2 P_{jt} + \alpha_3 X_{it} + \epsilon_{it} \tag{7}$$

결론적으로 우리의 콥-더글러스 생산함수를 이용한 식량생산량 예측은 적합한 예측 방법이었다.

이 모델은 생산함수 모델을 이용하여 식량생산량을 예측하는 것이다. 동시에 도구변수를 통해 노동력 투입을 측량하는데, 노동력의 농업 투입에 대한 기회비용이 도구변수가 된다. 또한 농업의 노동시간은 식량생산량과 노동력의 농업 투입에 대한 기회비용에서 관련 변수가 된다.

위의 계량분석을 통해 우리는 소농경제 방식의 농업 생산이 주도적 지위를 차지하고 있는 상황에서 노동력 투입이 여전히 식량생산을 결정하는 주요한 요소라는 점을 확인할 수 있었다. 따라서 농촌 노동력의 기회비용이 부단히 상승하는 상황에서 농민은 피동적으로 여가를 선택하여 노동 투입을 줄이게 되고, 이는 식량생산량의 감소를 초래할 수 있는 것이다.

5. 결론

소농경제를 주체로 하는 생산양식으로서 중국의 농업은 대량의 기계 동력이 노동력 투입을 대체한 북미 대농장의 생산양식과는 다르다. 북미의 대농장에서 농업에 대한 기계 동력의 투입은 안정적이며, 기본적으로 내생성도 존재하지 않는다. 그러나 중국의 소농경제에서는 노동력 투입에 내생성이 존재한다. 따라서 계량을 통한 예측을 진행할 경우에도 내생적인 영향이 생성될 수 있다. 노동력의 농업 투입에 대한 기회비용이 노동시간에 영향을 미쳐서 노동력 투입의 내생성이 형성되며, 최종적으로 식량생산량에 영향을 미치는 것이다.

앞선 분석에서 봤듯이 중국의 국가상황에서 소농경제는 생존 소농과 합리적 소농의 이중적 특성을 보인다. 이에 따라 노동력의 농업 투입에 대한 기회비용이 상승하자, 농민이 '피동적 여가'를 선택하는 경향이 발생하고, 농업에 대한 노동력 투입이 감소했다. 최근 몇 년 동안 중노동을 대체하는 농촌 기계화의 수준이 빠르게 높아졌으나, 이것이 필연적으로 식량생산량을 증가시키는 못했다. 정부가 농기계 구입에 대한 보조금을 크게 늘려 일부 투자자와 부유한 농가에서 농기계를 운용해 이익을 얻은 것을 제외하고는 객관적으로 여가의 잠재적 작용이 여전히 존재한다.

농민들이 최근 농기계와 화학비료 투입을 확대한 실질적인 이유는 한계생산량을 일정 정도 체증시켜 한계체감하는 노동력을 더욱 절약하려는 의도였다. 동시에 여가 시간이 증가했다는 점에서 농업 임금을 도시 기대소득의 수준까지 높이려는 의도를 알 수 있다. 이처럼 농업에 대한 공업 생산품 투입을 증대하여 농업을 현대화하는 것은 일반적으로 긍정적 변화로 간주되지만, 농업의 부정적 외부효과를 증가시킬 수 있다. 예를 들어 노동력 투입의 부족, 제한된 경지자원의 방치가 나타날 수 있다. 또한 대부분의 지방정부와 일부 농민들이 농업 소득과 도시 주민의 평균소득 간의 격차를 줄이기 위해 차액지대가 높은 경제작물을 재배했지만, 경제작물의 경작 증가는 많은 경우에 농·부산품 시장의 악성 저가경쟁과 불량·위조, 오염과 지하수 남용 등의 현상을 초래하였다. 동시에 계량분석을 통해 농기계와 화학비료 투입의 증가가 중국에서 반드시 예측되는 생산량 증가의 효과를 가져오는 것은 아니라는 점을 알 수 있었다.

요컨대 소농경제가 여전히 주도적인 지위를 차지하는 상황에서 여러 요소들이 농민으로 하여금 수천 년 동안 식량자급을 보장하고도 남았던 전통적인 관행을 포기하도록 재촉하고, 중국을 점차 식량생산이 부족하고 식량안보가 불안해지는 추세로 변화시키고 있는 것이다.

이처럼 신시기 농민 노동력의 기회비용에 내포된 가중평균치, 즉 도시의 기대소득은 도시의 노동력 소득을 대상으로 형성되며, 당연히 경작 소득보다 높을 것이다. 따라서 정부의 식량 보조금이 여가의 잠재가격을 메꿀 수 없거나 최소한 차액지대를 맞춰주지 못하면, 예상된 효과를 보기 어렵다. 동시에 어떠한 보조금 방식이든지 농민의 식량 경작에 대한 적극성을 높일 수 있도록 철저하게 살펴야 한다. 보조금이 일종의 생활 보조금이 되어버려 농민의 식량 경작에 오히려 부정적 효과가 나타나지 않도록 해야만 한다.

연도	농촌 노동력인구 (만 명)	화학비료 사용량 (만 kg)	경지 면적 (만 헥타르)	기계 동력 (만 kW)	식량 생산량 (만 톤)	예측치 (만 톤)	한계 생산량 (노동력의 영향, 톤)	한계생산량 (화학비료 의 영향, kg)
1978	28,373	884,000	12,059	11,750	30,477	31,046	0.84	8.08
1979	28,692	1,086,300	11,926	13,379	33,212	32,835	0.88	6.96
1980	29,181	1,269,400	11,723	14,746	32,056	34,479	0.91	6.25
1981	29,836	1,334,900	11,496	15,680	32,502	35,482	0.92	6.12
1982	30,917	1,513,400	11,346	16,614	35,450	37,537	0.93	5.71
1983	31,209	1,659,800	11,405	18,022	38,728	38,621	0.95	5.35
1984	30,927	1,739,800	11,288	19,497	40,731	38,770	0.97	5.13
1985	30,352	1,775,800	10,885	20,913	37,911	38,394	0.97	4.98
1986	31,311	1,930,600	11,093	22,950	39,151	40,089	0.99	4.78
1987	30,870	1,999,700	11,127	24,836	40,298	39,976	1.00	4.60
1988	31,456	2,141,500	11,012	26,575	39,408	41,203	1.01	4.43
1989	32,441	2,357,100	11,220	28,067	40,755	43,135	1.02	4.21
1990	33,337	2,590,300	11,347	28,708	44,624	45,016	1.04	4.00
1991	34,186	2,805,100	11,231	29,389	43,529	46,745	1.05	3.83
1992	34,037	2,930,200	11,056	30,308	44,266	47,058	1.06	3.70
1993	33,258	3,151,900	11,051	31,817	45,649	47,009	1.09	3.43
1994	32,690	3,317,900	10,954	33,803	44,510	46,941	1.11	3.26
1995	32,334	3,593,700	11,006	36,118	46,662	47,410	1.13	3.04
1996	32,260	3,827,900	11,255	38,547	50,454	48,019	1.15	2.89
1997	32,434	3,980,700	11,291	42,016	49,417	48,655	1.15	2.81
1998	32,626	4,083,700	11,379	45,208	51,230	49,165	1.16	2.77
1999	32,912	4,124,320	11,316	48,996	50,839	49,609	1.16	2.77
2000	32,798	4,146,412	10,846	52,574	46,218	49,538	1.16	2.75
2001	32,451	4,253,763	10,608	55,172	45,264	49,423	1.17	2.67
2002	31,991	4,339,390	10,389	57,930	45,706	49,107	1.18	2.60
2003	31,260	4,411,560	9,941	60,387	43,070	48,425	1.19	2.53
2004	30,596	4,636,580	10,161	64,028	46,947	48,180	1.21	2.39
2005	29,976	4,766,200	10,428	68,398	48,402	47,728	1.23	2.30

주: 노동력의 한계생산량은 노동력이 1인 증가할 때마다 식량생산량의 증가량을 의미한다. 화학비료의 한계생산량은 화학비료가 1kg 증가할 때마다 식량생산량의 증가량을 의미한다.

부표 2 변수의 회귀분석 결과

종속변수: *GP*

방법: 최소자승법[Least Squares]

일시: 07/14/08 시간: 05:03

표본: 1978~2005년

관측치: 28개

27차례 반복을 통해 수렴

$$GP = C(1) \times LQ\char`\^C(2) \times FA\char`\^(1-C(2))$$

	계수	표준오차	t값	유의확률
C(1)	0.482744	0.046857	10.30246	0.0000
C(2)	0.769868	0.021409	35.95992	0.0000
R-squared	0.888307	Mean dependent var		42,409.36
Adjusted R-squared	0.884011	S.D. depedent var		5,900.150
S.E. of regression	2009.420	Akaike info criterion		18.11783
Sum squared residue	1.05E+08	Schwarz criterion		18.21299
Log likelihood	−251.6496	F-statistic		206.7815
Durbin−Watson stat	1.052392	Prob(F−statistic)		0.000000

부표 3 계수의 제약조건 검증

종속변수: LOG(GP)

방법: 최소자승법[Least Squares]

일시: 07/16/08 시간: 05:49

표본: 1978~2005년

관측치: 28개

	계수	표준오차	t값	유의확률
C	0.355398	2.288124	0.155323	0.8778
LOG (*LQ*)	0.657115	0.241215	2.724194	0.0116
LOG (*FA*)	0.235807	0.023712	9.944766	0.0000
R-squared	0.906704	Mean dependent var		10.64519
Adjusted R-squared	0.899240	S.D. depedent var		0.145964
S.E. of regression	0.046333	Akaike info criterion		-3.204976
Sum squared residue	0.053668	Schwarz criterion		-3.062239
Log likelihood	47.86966	F-statistic		121.4823
Durbin-Watson stat	1.098282	Prob(F-statistic)		0.000000

부표 4　기계동력의 변수 누락 검증

누락 변수: LOG(*MP*)

F값	5.504533	유의확률	0.027560
로그 우도비[Log likelihood ratio]	5.781722	유의확률	0.016194

검증 방정식:

종속변수: LOG(*GP*)

방법: 최소자승법[Least Squares]

일시: 07/16/08 시간: 05:55

표본: 1978~2005년

관측치: 28개

	계수	표준오차	t값	유의확률
C	4.227583	2.675835	1.579911	0.1272
LOG (*LQ*)	0.116303	0.320055	0.363384	0.7195
LOG (*FA*)	0.538130	0.130693	4.117500	0.0004
LOG (*MP*)	−0.264971	0.112937	−2.346174	0.0276
R-squared	0.924110	Mean dependent var		10.64519
Adjusted R-squared	0.914624	S.D. depedent var		0.145964
S.E. of regression	0.042650	Akaike info criterion		−3.340037
Sum squared residue	0.043656	Schwarz criterion		−3.149722
Log likelihood	50.76052	F-statistic		97.41559
Durbin-Watson stat	1.226382	Prob(F-statistic)		0.000000

 제약조건의 변화와 농가의 경제행위: 중국의 자본화 가속과 소농의 합리적 선택[133]

21세기 중국의 자본화가 가속화되면서 본래 생계 유지와 자원의 지속가능성이라는 긍정적 외부효과를 창출했던 중국의 전통 소농경제는 점차 정부의 강력한 자본 하향[下鄕]에 따라 농업 산업화에 휩쓸려 자본화된 소농으로 전환되었다. 즉 농민이 갈수록 자본수익의 최대화를 경제행위의 지침으로 삼게 된 것이다. 중국 농민의 절대다수는 노동력 자본을 빼고는 시장 수익을 획득할 수 있는 다른 형식의 자본이 여전히 결여된 상태다. 가구를 단위로 경영되는 중국의 소농이 농가 내부의 거래비용을 영으로 만드는 특성을 고려하면서 우리는 중국의 겸업화된 농가가 수익을 최대화하기 위해 내부에서 진행하는 다양한 노동력 자본의 (외지노동이 포함된) 포트폴리오 투자에 대한 분석을 시도한다.

우리는 농민이 단순한 농업 영역의 한계생산량에 대해서는 인식이 불명료하나, 자신의 노동력 자본이 투입된 기회비용에 대해서는 명확한 인식을 가지고 있다고 본다. 1990년대 이후, 농촌 경제가 화폐화되고 도농 소득 격차가 갈수록 확대되면서 농민은 노동력 자본의 투입에서 산출 최대화를 추구했고, 이로 인해 도시로 일하러 가는 인원이 해마다 증가했다. 이것이 농업 비용이 상승하고, 경작 포기와 경지 방치가 발생하는 주요한 내재적 원인 중 하나가 되었다.

우리의 모델 분석을 통해 알 수 있듯이 농지의 사유화 추진이 규모의 경제를 형성하고 농민의 농업 소득을 높일 수 있다는 최근 학계의 관점은 검토해 볼

---

133   이 글은 국가 985 프로젝트 '중국 농촌 발전의 실험혁신 기지'와 국가사회과학기금의 중점 프로젝트 '신농촌 건설의 목표, 중점 그리고 정책 건의'(프로젝트 번호: 06AJY003)의 논문이다. 본 프로젝트와 과제의 수석전문가인 원톄쥔 교수가 연구팀을 조직하여 토론했다. 원 교수가 지도하는 박사 연구생 류화이위가 초고를 쓰고 원톄쥔이 수정하여 완성했다. 본 저서에 수록하면서 이를 다시 수정했다.

국내외의 '중국 경험'에 관한 연구들은 모두 중국 소농경제의 유구한 역사와 당대 농촌의 기본제도인 농가도급제가 혼연일체되어 나타나는 특징을 무시할 수 없다. 농업경제학 학계는 소농경제 문제를 특히 중시하며, 이를 연구대상으로 한 논의들도 매우 많다. 대다수 연구들은 해외 농업경제학 학계에서 계속 대립하는 두 개의 가설에 입각하고 있다. 슐츠(Schultz)의 합리적 소농 가설과 차야노프(A. Chayanov)의 생존 소농 가설이다. 따라서 '중국 경험'에 대한 연구도 두 학파로 나뉘어 소농경제의 조건을 가진 농민의 행위를 해석한다.

이미 고전의 반열에 오른 이러한 이론들이 제시하는 논리가 비록 완벽하기는 해도 상이한 단계별로 특징과 차이가 뚜렷한 역사적 경험 과정에 부합하기는 어렵다. 여기서 비롯된 미시적 연구들이 내재적으로 갖게 되는 공통된 문제는 중국의 거시경제와 제도 변천에 대한 깊은 이해가 부족하기 때문에 이들의 영향력에 대해 필요한 분석을 하기가 어렵다는 점이다. 또한 주로 서구 사회과학의 개념과 계산방법에 기초하여 연구를 진행하기 때문에 중국 농촌의 농가 경영이 내부화한 노동력 소득은 계산 대상으로 삼지 않는다. 사실 농촌의 농가 경영에서는 단위 노동일에 따른 급여 개념이나 이에 상응하는 계산방법이 존재하기 어렵다! 황쭝즈는 중국의 실제 경험을 결합한 자신의 저작에서 위의 두 개의 가설을 융합하여 소농경제의 행위에 대한 새로운 해석 방법을 제시했었다. 그는 중국 농업에서 소농경제의 행위는 생존 소농의 특징과 합리적 소농의 특징이 모두 존재한다고 여겼다. 이 같은 문제 제기를 일부 학자들은 '효용 소농'으로 정의하기도 했다(덩다차이, 2006).

우리의 차이점은 농업 외부환경의 변화와 이러한 이론 가설의 적용가능성에 대해 상관분석을 진행하고, 동시에 자본화된 소농과 농가 노동력의 포트폴리오 투입이라는 개념을 제시함으로써 이에 상응하는 노동력 자본의 가격결정 모델을 수립했다는 것이다.

1. 중국의 국가상황과 공업화 과정에 대한 가설들의 역사적 한계[134]

큰 폭의 인구 증가와 함께 경지 면적의 뚜렷한 감소는 개발도상국의 농촌문제에 대한 연구들이 주목해야 할 기본 제약조건이다. 1949년 신중국 수립 이후, 중국은 인구가 크게 팽창하여 5.4억 명에서 2008년 13.2억 명이 되었다. 농촌 노동력 인구 또한 5억 명으로 증가했으나, 경지 면적은 급감하여 18.3억 무가 되었으며 식량의 파종 면적은 15.8억 무로 줄었다(『중국통계연감 2008』).

신중국 수립부터 개혁·개방까지 30년 동안 중국은 주변의 지정학적 긴장과 군사적 위협 때문에 상대적으로 폐쇄적이었다. 그러나 백년 동안의 굴욕을 설욕하기 위해 중국인은 원시적 자본이 거의 영인 상황에서 삼농으로부터 잉여를 추출하여 국가 공업화를 위해 내향형의 자본의 원시적 축적을 진행했다. 농촌 집단화에 따른 일괄 수매·분배를 통해 공·농산품의 '협상가격차'를 실현했고, 그에 더하여 대규모로 집중된 농민 노동력을 국가의 기본건설에 투입했다. 이를 통해 도시 중공업 우선 발전 전략을 수행했다. 동시에 이 같은 중공업 선도의 국가 공업화에 내재하며, 자본·기술 집약적이고 노동을 배척하는 메커니즘이 작동함으로써 도농 이원구조가 형성되었다.[135] 특히 호적에 따른 배급제도는 농촌 노동력의 도시로의 이동을 제한했다.

인구와 자원의 비율이 크게 어긋나 있는 상황에서 국가 공업화를 위한 원

---

134 본 절의 내용 대부분은 주로 원톄쥔이 2009년 1월 출판한 『삼농 문제와 제도 변천』 제7장 3절의 주요 내용을 요약한 것이다(원톄쥔, 2009: 233-240).

135 기술과 노동은 모두 자본의 표현 형식이 될 수 있으나, 이 문장에서 말하는 자본은 주로 금융 자본과 실물자본을 지칭한다.

시적 축적을 가속화하는 동안, 노동자가 보유한 노동력 자원을 비롯한 중국의 모든 자원은 국가에 점유되어 자원의 자본화에 사용되었다. 또한 도시와 농촌이 모두 노동자를 해고할 수 없었던 '한솥밥에 똑같이 먹는 평등주의[大鍋飯]'라는 제도적 제약 때문에 황쭝즈가 서술했던 과밀화가 여전히 지속될 수 있었다. 도시에서는 각각 정신노동과 육체노동에 종사하는 상이한 노동자들의 노동소득이 상대적으로 안정되었다. 농촌에서도 각종 비농업 생산과 경작 농업에 종사하는 상이한 생산자들의 노동소득이 상대적으로 안정되었다.

이와 같은 국가상황에 제약된 채로 국가 자본의 원시적 축적을 빠르게 추진했던 역사적 환경에서 '생산대·생산대대·인민공사의 삼급 소유, 생산대를 기초'로 했던 인민공사의 재산 점유와 분배 체제는 전통 소농의 내부화를 통해 생존의 문제를 해결한다는 특징을 가졌었다. 이는 가정[家庭]이라는 경계의 외연을 자연촌(생산대)까지 확장한 것이었다. 따라서 슐츠의 합리적 소농 가설과 차야노프의 생존 소농 가설은 모두 중국에서 검증되기 어렵다.

그러나 도시 공업이 원시적 축적을 완성한 이후, 필연적으로 출현한 산업 자본의 구조조정과 확장은 쉽게 관찰할 수 있는 일련의 중요한 변화를 가져왔다. 거시적 시각을 가진 연구자라면, 이에 대해서도 합리적 분석을 해야 할 것이다. 먼저 1970~1980년대에 이미 '농업의 공업으로의 전환' 현상이 출현했다. 이는 도시 공업이 농촌 노동력의 이전을 수용하기 시작했다는 점에서 드러난다. 이어서 중국은 1970년대 말부터 1980년대 초까지 발생한 심각한 경제위기로 도입된 등급별 재정 도급제라는 거시제도의 변화로 인해, '지방 공업화'를 위한 자본의 원시적 축적 시대로 진입하였다. 농업 노동력이 내부화를 통해 향진 기업으로 대량 이전되었다. 농가가 구성원을 해고할 수 없다는 차야노프의 생존 소농 가설의 전제 조건이 이 시기에 집단화를 유지하는 농촌 공동체까지 확대되었다. 공동체의 기업은 공동체의 구성원을 해고할 수 없었다. 이로 인해 공동체화된 향진기업은 수익 최대화가 아니라 취업 최대화를 목표로 했다. 여기서 비롯된 중국 특색의 '공동체형[社區型]' 차야노프 가설이 다음과 같이 검증의 기회를 얻게 되었다. 공동체가 농가처럼 노동력과 자본을 스스로 고용했기 때문에 생계가 해결된 이후에는 공·농업의 종합 수익과 공동체 복지의 최대화를 추구했던 것이다.[136]

별도로 분석할 만한 점은 중국이 1990년대 국유기업 개혁의 가속화라는 이름으로 도시 산업자본의 확장단계에 진입했다는 것이다. 이 기간의 중대한 변화는 다음과 같다. 새로운 스태그플레이션형 위기가 1988~1989년 폭발하여 불경기가 1991년까지 지속되었다. 이후 특히 중요한 내용은 '식량 판매난'으로 인한 장기간의 재고로 정부가 재정 보조금을 떠맡을 여력이 없어지자, 1992년 식량배급표 등 배급제도를 취소했다는 점이다. 이에 따라 농민은 더 자유롭게 도시로 진입하여 취업할 수 있는 생존 조건을 얻게 되었다. 이때부터 외지로 일하러 가는 노동력이 빠르게 늘어나면서 농촌에서 인구 대비 경지가 부족하다는 문제가 완화되었다.

1992년 이후, 이러한 국가상황과 제도 환경의 중대한 변화 과정에서 슐츠의 합리적 소농 가설이 점차 중국 소농의 경제행위에서 실현되기 시작했다. 반면 차야노프의 이론은 1990년대 중반 이후의 급진적 개혁으로 발생한 제도 환경의 거대한 변화 때문에 1990년대 후반부터 현재까지 갈수록 시장화되는 중국 농민의 경제행위를 충분히 해석할 수 없게 되었다.[137]

국가 공업화를 위한 원시적 축적이 완성된 이후, 산업을 구조조정하고 산업자본을 확장하는 단계에서 중국 소농의 경제행위는 외부환경의 변화에 극심한 영향을 받았다. 최초의 농촌개혁, 즉 1980년대 전통적인 농가 경영을 회복

---

136 여기서 시험 삼아 제시하는 소위 '중국 특색의 공동체형 차야노프 가설 이론'의 개념은 2007년 쑤난 조사와 2008년 주강삼각주 조사 과정에서 핵심 내용으로서 내부 토론을 이미 거쳤다. 또한 조사연구에서 풍부한 경험 데이터를 통해 뒷받침되었다. 이 관점에 대해 저자는 별도의 글을 써서 논술한 바 있다(원톄쥔 외, 2011: 20~44).

137 생존 소농과 합리적 소농 간 생산곡선의 차이점은 합리적 소농이 이익 최대화가 되는 지점에서 멈추는데 반하여, 생존 소농은 한계가치가 영이 되는 지점에서 멈춘다는 것이다.

한 농촌개혁은 국가가 공업화를 위한 원시적 축적을 완성한 이후, 농촌에 대한 휴양생식[休養生息] 정책을 전면적으로 실행한 것에서 비롯되었다고 할 수 있다. 이 정책의 핵심 내용은 국가가 인민공사의 명의로 과거에 점유했던 잉여 노동력 자원과 일괄 수매·분배를 통해 점유했던 공·농산품 협상가격차를, 약 20억 무의 토지와 25억 무의 산림 등 기타 농업자원과 함께 점차 '원주인'인 농민 가구에게 대부분 돌려주는 것이었다.

엔루이전이 계산한 협상가격차는 다음과 같다. '1953~1985년 전국의 예산내 고정자산 투자액은 7,678억 위안, 연평균으로는 약 240억 위안이었다. 이는 대체로 연간 협상가격차의 절대 액수와 유사하다. 따라서 30여 년의 국가 공업화에 대한 투자가 주로 협상가격차를 통해 이루어졌으며, 협상가격차가 중국 공업 현대화의 기초를 세웠다고 할 수 있다(엔루이전 외, 1990).' 그러나 국가가 공짜나 보상을 통해 점유했던 농촌 노동력의 기여를 어떻게 계산해야 할지는 여전히 묻는 사람이 없다. 사실 시장화 개혁 이후에도 4~5억 명의 농촌 노동력이 매년 30일 동안 봉사하는 제도가 여전히 유지되었다.[138]

농촌개혁으로 전통 소농경제의 농업이 빠르게 회복되고 기본적인 생계가 해결되었다. 그 이후에 국가가 농민에게 거대한 노동력 잉여를 돌려주면서 1980년대에는 농촌 공업화, 그리고 1990년대 이후에는 외부의 공업화 발전이 가져온 대량의 취업 기회를 통해 많은 사람들이 농촌을 떠나 더 많은 비농업 노동에 참여할 수 있었다. 그리하여 농촌 노동력이 중국 도시화의 가장 중요한 요소가 되었다. 노동자가 합리적으로 사고하는 성향이 강해졌고, 동시에 농업의 경영 규모가 확대되기 시작했으며, 이와 상응하여 한계 생산량도 높아졌다.[139]

---

138 2000년 중앙정부가 8.4%의 농업세율로 전국의 세비를 합병하여 징수하는 정책을 추진하기 이전에 광대한 농촌의 노동력은 매년 의무노동인 '적루공'과 '의무공'으로 각각 15일의 노동일을 봉사해야 했다.

139 이에 대해서는 류화이위 외(2008) 참조. 우리가 이 글에서 모델분석을 통해 얻은 1978~2005년 농촌 노동력의 농업 투입에 대한 한계생산량은 기본적으로 체증했다.

2. 중국의 현실과 자본화된 소농

우리는 21세기 중국의 자본화가 가속화되면서 소농경제가 피동적으로 점차 자본화된 소농으로 전환되었다고 본다. 즉 농민이 갈수록 자본수익의 최대화를 경제행위의 지침으로 삼게 된 것이다.

현 단계에서 중국의 도시경제는 자본화를 기본적으로 완성했다. 그러나 대다수 전통 농업 지역의 향토사회에서 농민들은 여전히 자본의 원시적 축적이 부족한 상태에 있으며, 생존에 커다란 압박을 가하는 환경적 제약을 받고 있다. 또한 시장화 개혁이 오랫동안 농촌 노동력을 비농업 분야로 이전시키면서 농가 대부분은 이미 노동력 자본의 구조적 변화를 겪었다. 부녀, 노인, 심지어 아동까지 자본 보유량이 상대적으로 낮은 이들은 기본적인 생존을 위해 농업 생산을 하고 있다. 반면에 자본 보유량이 상대적으로 높은 청장년 농민들은 경제환경, 취업환경 등 다양한 외부조건에 따라 농업 생산에 종사하거나 외부로 이주하여 취업을 한다. 일반적으로 중국 농민의 대다수는 노동력 자본 이외에 시장화로 인한 수익을 획득할 수 있는 다른 형식의 자본을 갖고 있지 않다. 따라서 이론적으로 말하자면, 중국 농민은 이미 자신의 노동력을 자본화하여 외부의 공업화, 시장화된 환경과 접목시켰다. 여전히 농가를 기본단위로 삼는 농민경제의 이러한 행위는 생존적 특징과 합리적 특징을 모두 갖고 있으며, 자본화된 소농이 자신이 처한 생존환경과 경제조건에 대응하여 선택한 결정이라고 할 수 있다.

요컨대 우리는 중국 소농의 경제행위에 대하여 아래의 두 가지 가설을 제시한다.

첫째, 이주를 통한 생존 조건을 획득한 이후, 여전히 농가를 단위로 삼는 농촌의 노동자들이 현 단계에서 가구가 소유한 노동력 자본을 두고, 농업 종사와 외지노동 사이에서 선택을 하는 것은 일종의 투자자로서의 행위이다. 장기간의 대량 이주로 농촌의 노동력 자본이 크게 축소되면서 농촌에서는 이미 노동력의 탈과밀화 현상이 출현하고 있다.

둘째, 천연의 혈연관계를 기초로 하여 농가들이 형성한 노동력 자본의 자산 포트폴리오는 전형적인 농가 경영의 내부화라는 특징을 가지고 있기 때문에 거래비용을 거의 영으로 만든다. 나아가 상이한 가족 구성원들이 개별적으로 가진 노동력 자본을 모두 가구에 귀속시킨다.

1) 기존 이론에 대한 수정

노동력 자본 개념이 이 글의 혁신은 아니다. 우리의 이론적 기여는 가구를 단위로 하는 노동력 자본의 자산 포트폴리오가 내부화를 통해 거래비용을 영으로 만든다는 내용이다. 이에 따라 기존의 이론은 다음과 같이 수정된다.

아직 공업화에 진입하지 못한 근대 중국에서 농민은 가구를 단위로 하는 자산 포트폴리오를 통해 노동력을 농지 경작, 양잠, 가내 목축활동 등에 투입했다. 그중에서 경작이 아닌 농가 내의 작업은 노동을 투입하는 시간이 길었지만, 상대적으로 노동 강도가 약했기 때문에 자본 보유량이 낮은 노약자·부녀·아동이 일하기에 적당했다. 청장년 남성 노동자는 자본 보유량이 높아서 주로 식량과 기타 다른 경작에 종사했다. 따라서 청나라 말기에 농촌의 과밀화 현상이 지속된 것은 농촌의 외부가 여전히 전 공업화 단계의 제도 환경이었기 때문이라고 할 수 있다.

현대 중국이 공업화에 진입하면서 농촌 경제 외부의 제도 환경 변화가 점차 과밀화의 추세를 바꾸었지만, 농민은 여전히 가구를 단위로 삼아 노동력 자본의 자산 포트폴리오를 통한 투입을 지속했다. 이는 다음과 같은 장점이 있었다. 자본 보유량이 상대적으로 낮은 노약자·부녀·아동이 농업 경작에 종사함으로써 기본적인 생존 수요를 유지할 수 있었다. 반면에 자본 보유량이 상대적으로 높은 남성 위주의 청장년 노동력은 외지노동을 통해 자본 투입에서 이보다 더 큰 산출을 얻을 수 있었다. 이에 대하여 첸중하오[錢忠好]는 우리의 관점과 유사한 분석을 제시한 바 있다. '농가의 결정에 기초가 되는 것은 가구의 수익 최대화였다. 농가의 겸업화가 농가 구성원 개인의 전문화된 지식과 기능을 충분히 이용할 수 있다면, 전체 가구의 분업 경제가 달성되어 가구 수익이 최대화될 것이다. 따라서 농가의 일부 구성원이 비농업 부문에 취업하더라도 반드시 농경지 유통이 발생하는 것은 아니다(첸중하오, 2008).'

다른 관점과 우리의 차이는 첫째, 가구 내부에서 분업이 가능한 근본 원인을 가구 구성원 내부의 거래비용이 영에 수렴하고 노동력 자본의 재산권이 총체적으로 가구에 귀속되기 때문이라고 인식한다는 점이다. 동시에 분업은 노동력 자본의 보유량 변화에 기초하여 결정되며, 이러한 변화는 최종적으로 제도변천이 생성하는 제약조건의 변화 때문이다. 둘째, 노동력 자본화의 개념은 토지 사유화 문제에서 농민의 경제행위를 해석할 수 있을 뿐만 아니라, 현재의 국가상황에서 농민의 경제행위 대부분을 설명할 수 있다. 더 나아가 노동력 자본이라는 개념을 통해 노동력이 소득유량[收入流]이 유래하는 자본 구성의 중요한 한 부분이며, 또한 노동력이 농가·공동체·사회 등을 위해 장기적인 소득유량을 제공하고 나아가 자본축적을 실현시킬 수 있다는 점을 알 수 있다.

2) 노동력 자본에 대한 해석

마르크스주의 경제학과 고전경제학 이론에서 자본 개념에 대한 해석은 대립하면서도 융합될 수 있는 관점이 존재한다.

마르크스의 분석에서 노동력은 노동자가 유일하게 지속적으로 판매할 수 있는 상품의 한 종류로 '구매자가 있어야만, 즉 자본가의 수중에서만 자본이 될 수 있다.' 마르크스는 노동자와 노동력의 차이를 구분하여 잉여가치가 어떻게 자본과 노동자 간의 교환 과정에서 산출되어 나오는지를 해석함으로써 데이비드 리카도가 못했던 일을 해냈다.

프리드먼은 '모든 사회에서 주요한 자원은 인간의 생산능력으로, 최종적으로 인적 자본으로 부를 수 있다'고 주장했다(프리드먼, 2011: 4). 슐츠 또한 자신의 연구에서 인적 자본의 개념을 명확하게 제시했었다. 1961년 미국 경제학회 연차회의에서 슐츠는 '인적 자본 투자'라는 제목의 연설을 통해 인적 자본에 대한 체계적인 논술을 한바 있다. 일반인들은 자본을 형태를 가진 물질적인 것으로 여기지만, 슐츠는 '인적 자본은 노동자의 신체에서 체현되어 노동자의 수량과 질로 표시되는 자본이다. 인적 자본은 사람의 신체에 존재하며 지식, 기능, 체력 (건강 상태)의 가치 총계'라고 주장했다. 그는 체력이 자본이 될 수 있음을 명확하게 보여주었는데, 이것이 여기서 말하는 노동력 자본으로서 농촌의 노동력에도 일정한 지식과 기능이 존재함을 뜻한다. 다만 도시 화이트칼라의 인적 자본과 구분하기 위해서 우리는 체력 측면의 자본을 더욱 강조하는 것이다.

3) 노동력 자본의 특성

상술한 내용에 따라 여기서 제시하는 관점은 다음과 같다. 첫째, 노동력은 노동자의 신체로부터 분리되어 독립적인 속성을 갖는다. 현실의 경제 환경에서 노동자는 노동력의 소유자가 되며, 노동력은 노동자가 독점적으로 재산권을 갖는 자본이 된다. 노동자는 유동성을 갖기 때문에 자본으로서의 노동력도 유동성을 갖는다. 둘째, 취업 수요에 적응하기 위한 노동자의 이동은 노동자가 노동력을 자본으로 삼아, 이동을 통해 자신의 노동력 자본의 수익을 최대화할 수 있는 경제활동을 찾는 것이다.

위의 두 가지 특징을 파악하면, 한 명의 노동자가 어떻게 자신의 노동력을 자본화하는지를 알 수 있다. 노동력 자본화는 자본 보유량을 산출한다. 체력의 관점에서 보면, 노인·부녀·아동은 자본 보유량이 비교적 낮고, 청장년 남성 노동력은 자본 보유량이 비교적 높다.

슐츠의 합리적 소농 가설에 따르면, 합리적 경제인으로서 농민은 인적 자본에 대한 투자를 통해 규모의 경제의 한계수익을 고정시키거나 증가시켜 농업 경영으로부터 수익을 얻을 수 있을 것이다. 황쭝즈의 과밀화 가설은 농업의 한계생산이 체감하지만, 생존을 지속하기 위해 부득이하게 한계 체감의 현실을 수용하고 생산을 지속한다고 인식한다. 우리는 '효용 소농[效用小農]' 개념을 포함하여 이러한 관점들이 모두 한계 개념을 기초로 하여 파생되었다고 본다. 그러나 농가가 가구 내의 노동력을 자본화할 수 있다면, 농민은 더 이상 한계를 우선적으로 고려하지 않게 된다. 그리하여 자신의 노동력을 투자로 간주하고, 가능한 생산범위 내에서 자본수익의 최대화를 고려하게 된다. 이에 따라 투입에 따른 산출을 최대화하는 투자자의 행위 준칙을 만족하게 된다. 이는 농업 생산뿐만 아니라 외지노동 등도 포함하는 것이다.

기존에 조성된 과밀화의 생존 조건과 외부로부터 제공되는 취업 기회가 극도로 부족하다는 외부환경의 제약 속에서 농가는 온힘을 다해 생산량을 증가시켜 산출의 최대화에 도달할 것이다. 그러나 환경과 조건이 크게 변화하여 외부에서 더 많은 직업 선택의 기회가 생기면, 농가는 연령과 성별에 근거한 노동력 자본의 보유량에 따라 생산방식을 분배한다. 청장년 남성 노동력에게는 고된 노동이나 외지노동이 분배될 것이다. 그러나 청장년 남성 노동력의 외지노동에는 실업 위험이 존재하기 때문에 노인, 부녀, 아동은 농촌에 잔류하면서 기본적인 농업 생산을 통해 생존 수요를 유지하도록 선택될 것이다.

3. 제도 변천과 자본화된 소농

제도의 역사적 변천을 통해 보자면, 황쭝즈의 이론이 1990년대 농민공의 조류가 출현하기 이전의 중국에는 잘 들어맞았을 수 있다. 1949년 이전의 중국은 중화민국 시기의 소위 '황금의 10년[黃金十年]'을 제외하면, 대부분의 기간이 전란 상태였다. 따라서 농업 생산에서 농가가 생산요소를 투입할 때, 기본적인 생존 수요를 만족시키는 것이 가장 중요한 선택 조건이었다. 1958~1978년은 중공업 주도의 공업화 시기로서 여기에 내생된 자본·기술 집약적이고 노동을 배척하는 메커니즘으로 인해 취업을 흡수할 수 없었기 때문에 호구제도로 대표되는 도농 이원구조가 발생했다. 농민이 기본적으로 농업의 영역에 묶여 있던 이 시기에 향토중국의 대부분은 촌(생산대)을 단위로 생존을 유지하는 상황이었다. 국가가 나서서 도시로 하여금 협상가격차를 이용하여 농업의 잉여를 획득하도록 보장했고, 저비용으로 직접 노동력 자본을 점유함으로써 국가 공업화를 위한 원시적 축적을 완성할 수 있었다. 이외에 1978~1996년 농촌에서 공업화와 도시화가 가속화되던 상황은 상이한 발전의 경험에 속하는 것으로 별도로 서술되어야 한다(원톄쥔, 2009: 284-310).

1) 소농경제 외부의 거시적 제도 변천

중국의 산업자본이 초보적으로 형성되고 산업자본이 개혁·개방을 명분으로 산업의 구조조정과 자본의 확장을 주도했던 시기, 특히 1988년과 1997년 두 차례의 경제위기 이후에 소농의 자본화를 가져온 거대한 제도 변화들이 발생했다.

　　중국은 1988~1989년 전형적인 스태크플레이션 형태의 위기가 폭발했고, 뒤이어 1990~1991년 불경기에 들어섰다. 이로 인해 농촌에서 1989~1991년, 3년 연속 농산품의 판매가 어려워져 농민소득이 마이너스 성장하게 되었다. 또한 국가가 식량재고로 인한 재정 압박을 더 이상 떠맡을 수 없게 되자, 1992년 식량배급을 폐지하면서 도농 간의 자유로운 이동이 가능해졌다. 이어서 1993년 도시경제는 회복되어 호경기가 되었지만, 자본이 심각하게 부족한 상황에서 지방 공업화를 위한 원시적 축적을 달성하기 위해서는 더 큰 규모로 농촌 노동력을 추출해야 했다. 1993년부터 새로운 고성장 단계가 시작되어 농산품 가격이 상승하면서 1994~1996년, 인플레이션 위기가 찾아왔다. 이어서 1997년 '연착륙'이 성공하면서 농산품 가격이 몇 년간 지속적으로 하락하여 2000년에는 최저점에 이르렀고, 식량생산량도 최저점으로 떨어졌다.

　　이러한 거시경제의 중대한 변화로 1997년 이후 4년 연속 농민소득은 마이너스 성장을 했다. 또한 자본 보유량이 낮고 과도하게 분산된 소농경제는 더욱더 도시의 자본화된 공업 시장과 연계될 방법이 없었다. 이에 따라 도농 소득의 격차가 더욱 커졌으며, 동시에 급격한 도시화가 자원 자본화의 수익을 점유하게 되었다.

2) 농촌의 탈과밀화 추세

1990년대 초 이후, 농민들이 노동력 자본을 통한 산출을 추구하면서 주강삼각주, 장강삼각주 등 동부의 발달한 지역과 도시의 교외로 이동하였다. 중서부 지역의 농촌은 인구성장의 관성 때문에 부분적으로 여전히 과밀화 문제가 존재할 수 있다. 그러나 통계자료와 실제 조사연구에 따르면, 농촌에서 20~35세 사이의 청장년 노동력이 이미 부족해졌고 노동력 자본의 보유량도 대폭 감소했다. 이로 인해 1990년대 초 이후부터 전체적인 노동력의 이동은 곧, 구조적인 탈과밀화의 과정이었다.

2003년 새로운 인플레이션이 시작된 이후에도 농산품 가격과 농민의 농업 소득은 여전히 뚜렷하게 증가하지 않아서 도농 소득 격차가 갈수록 커졌고, 농촌은 도시의 발전으로부터 심각하게 괴리되었다. 이때부터 '농민공의 조류'가 점차 확대되어 세계의 주목을 끌게 되었다. 농민이 자신의 노동력 자본의 수익을 최대화하기 위해서는 고향을 등지고 도시로 가서 외지노동을 할 수밖에 없었다. 동시에 부녀, 아동, 노인은 농촌에 남아 생존을 위한 농업 생산을 했다. 최근의 농촌 조사를 보면, 젊은 부녀자들도 농촌을 떠나기 시작했다.

농민 대부분이 힘들고 임금률이 상대적으로 낮은 가공무역 형태의 제조업에 종사하기 시작하면서 연해의 발달한 지역과 도시들은 인구 보너스 덕분에 더 많은 노동력 요소를 끌어들여 공업화를 가속할 수 있었다. 이에 따라 농촌의 토지와 노동력, 이 두 가지 요소들이 자본화 과정에서 다시 가격이 매겨지게 되었으며, 해외의 금융자본과도 연계되었다.

도시 서비스업과 일반적인 무역형 제조업에서 상대적인 임금률이 높을 때에는 가공무역 위주인 지역에서는 '농민공 부족[民工荒]' 현상이 출현했다. 이에 따라 농민이 노동력을 자본화한 이후에 자신의 자본 보유량과 기대 산출에 대해서 일종의 자각적인 평가를 할 수 있게 되었다.

표 1 농업 노동력의 변화

연도	전국 경지 면적 (천 헥타르)	전국 농촌 노동력 인구(만 명)	전국 농업 노동력 인구(만 명)	농업 노동력 인구와 농촌 노동력 인구의 비율
1983	98,359.6	34,690	31,645	91.2%
2005	121,800	50,387	29,976	59.5%

참조: 중국에서 농촌 노동력 인구에 대한 계산방법은 16~59세의 남성, 16~54세의 여성을 모두 노동력 인구로 간주하는 것이다.

출처: 국가통계국.

동시에 농촌의 탈과밀화 추세가 점차 강해졌다. 농촌에서 노동력 자본의 보유량이 이미 크게 하락했다는 점을 고려하면, 과밀화가 여전히 존재하는지 여부를 농촌 인구의 수량만으로 단순하게 판단할 수 없다. 이는 노동력 자본의 보유량과 결합하여 분석해야 한다. 이를 위해 여기서는 〈표 1〉을 만들어 비교하였다.

〈표 1〉을 보면, 2005년과 1983년 사이에 농업 노동력 인구의 변동은 크지 않으나, 농업 노동력 인구가 농촌 노동력 인구에서 차지하는 비중은 30% 포인트 넘게 감소했다. 즉 2005년 농업 노동력의 자본 보유량이 1983년과 비교해 크게 하락했다는 점을 확인할 수 있다. 동시에 2005년 경지 면적이 20% 넘게 증가하여 농촌에서 노동력 자본 보유량의 과밀화 현상이 이미 일정 정도 해소되었다.

류화이위 등은 식량생산량 모델을 연구하면서 1978~2005년 노동력의 한계 생산량이 계속 체증했으나, 화학비료의 투입 생산량은 계속 한계 체감했다는 점을 발견했다. 농민이 화학비료의 투입량을 계속 증가시키더라도 노동력의 투입은 감소했다(류화이위 외, 2008). 이 점에서 농민이 한계 생산량에 대해서는 명확한 인식이 없어도 자신의 노동력 자본의 투입에 대한 기회비용은 정확히 알고 있다고 할 수 있다. 달리 말하면, 농민은 외지노동과 농업 종사에 따라 달라지는 자신의 노동력 자본의 수익 차이를 뚜렷이 인식한다. 사실 이는 모든 사람이 알고 있는 경험적 사실이다.

4. 노동력 자본의 가격결정 모델

마르크스의 『자본론』의 분석에 따르면, 노동자는 사실 노동력과 분리될 수 있다. 그렇다면 한 발 더 나아가 노동력 자본의 소유자인 사회적 노동자가 자신의 자본에 대하여 어떻게 가격을 결정하는지를 고려해야 한다.

1) 노동력 자본 소득의 계산

우리는 노동자가 보편적인 금융자본 자산의 가격결정 모델을 참조하여 시장의 가격결정에 따라 자신의 경제행위를 결정할 수 있다고 가정한다.[140] 이에 따라 우선 다음과 같이 주식시장에서 자본 자산의 가격결정 모델을 가져왔다.

$$r_a = r_f + \beta_a \ (r_m - r_f)$$

r_f는 무위험 수익률, β_a는 증권의 β계수(베타계수), r_m은 시장의 기대수익률, $r_m - r_f$는 주식시장의 프리미엄이다.[12]

그러나 노동력은 액면가가 있는 금융자본과는 다르다. 수익률을 통해 노동력 자본을 평가하는 것은 일반인의 사유에 부합하지 않는다. 따라서 우리는 소득으로 노동력 자본에 대한 평가를 진행한다.

등식의 양쪽에 자본량 w를 곱하면, rw는 단위시간당 소득유량 I이다. 이에 따라 등식은 다음과 같이 된다.

140 　우리는 연구과정에서 많은 국내외 문헌의 인적 자본에 대한 가격결정 모델을 살펴보고, 다음과 같은 점을 발견했다. 이들 문헌에서 인적 자본(또는 노동력 자본)의 가격결정 모델은 모두 금융자본이 노동력 자본을 고용한 이후에 고용자의 시각에서 가격결정이 진행되었다. 노동력 자본의 진실한 소유자인 노동자 또는 가구의 시각에서 노동력 자본에 대하여 가격결정 모델을 분석한 것은 아직 발견하지 못했다.

$$I_a = I_f + \beta_a (I_m - I_f)$$

동시에 자본으로서 노동력은 사용 과정에서 일정한 비용, 즉 합리적인 조건 하에서의 기본적인 생존비용이 존재하기 때문에 우리는 등식 양변에서 모두 비용 K를 차감했다.[141] 이에 따라 등식은 다음과 같이 변한다.

$$I_a - K = I_f + \beta_a (I_m - I_f) - K$$

여기서 우리는 $I_a - K$를 자본의 순소득 유량 I_t로 정의한다. 최종적으로 등식은 아래와 같다.

$$I_t = I_f + \beta_a (I_m - I_f) - K$$

2) 노동력 자산의 가격결정

우리가 가정하는 대로 가구 내 거래비용이 영에 수렴하고 가구를 단위로 삼아 노동력 자본의 자산 포트폴리오가 짜인다면, 주어진 농가 중에서 일부 자산을 위험 자산, 즉 외지노동에 투입하는 경우가 존재할 것이다. 또한 다른 일부의 자산은 무위험 자산, 즉 현지의 농업 종사에 투입될 것이다.[142] 농민은 위험 자산

---

141 농촌과 도시의 생존환경이 상이하고 동시에 물가의 차이도 크다. 이 때문에 농촌과 도시에서 농민의 생존비용 또한 상이하고 차이가 커서 두 값은 다르다.

142 현실에서 무위험 투자란 존재하지 않는다. 소위 무위험 투자는 일반적으로 위험이 매우 적은 투자를 말한다. 여기서 우리가 농업에 종사하는 것을 무위험 투자로 간주하는 주요한 이유는 고정된 경지 면적, 느린 기술 변화, 현재 농업의 자연적 위험에 대한 강한 방어 능력, 식량가격의 작은 탄력성, 국가의 식량가격에 대한 지원 정책 등 때문이다. 반면에 도시 외지노동의 위험은 매우 크다. 취업 상황이 시장의 변화에 따라 바뀌고 교육수준, 인간관계, 업무상의 실수 등 다른 요소들도 취업에 영향을 미치기 때문에 임금을 못 받거나 심지어 다칠 수도 있다.

에 대한 투입을 증가시킬 수도 있는데, 이는 가구 내 청장년 남성 노동력이 도시로 가서 외지노동을 하는 것 외에도 여성 노동력이나 중년 노동력 또한 일부가 외지노동을 할 수도 있다는 것을 의미한다. 농민이 무위험 자산에 대한 투입 확대를 선택하면, 관찰된 바를 통해 알 수 있듯이 일부 청장년 남성 노동력도 농촌에 남아 농업에 종사하게 된다.

이에 따라 우리는 노동력 자산이라는 자본의 가격결정을 진행할 수 있다.

$$I_t = I_f + \beta_\alpha (I_m - I_f) - K$$

I_f는 농업 산출의 소득을 나타내고 I_m은 도시 외지노동의 기대소득, 즉 농민이 도시로 이동하여 공식적인 공업 부문에 진입해 얻게 되는 기대소득이다. $I_m - I_f$는 전체 시장의 위험 프리미엄이다.

도시에서 외지노동을 하는 농민공이 종사하는 업종은 대부분 가공업, 건축업, 요식 서비스업 등이다. 얻게 되는 소득의 대부분은 성과금, 업무량에 따른 임금, 판매 수수료 등이다. 이는 농민공의 기대소득의 위험과 소속된 기업의 경영 위험이 강한 양의 상관관계를 갖도록 한다. 따라서 본문의 베타계수에 대한 추산은 기업의 베타계수에 근거하여 비슷하게 예측될 수 있다.

기업의 베타계수는 하나의 회귀직선의 기울기이다. 이는 무위험 이자율에 기초하여 자산 포트폴리오가 획득한 초과소득과 무위험 이자율에 기초하여 시장이 획득한 초과소득에 대한 회귀분석을 통해 나오며, 공분산 분석을 통해 베타계수를 얻을 수 있다. 구체적으로는 $r_\alpha = r_f + \beta(r_m - r_f)$이므로 $\beta = \mathrm{cov}((r_\alpha - r_f), (r_m - r_f)) / \sigma_m^2$이다. 우리는 이 공식을 통해 특정 기업의 시간당 수익률과 시장 수익률에 대한 회귀분석을 진행하여 베타계수를 계산할 수 있다.

3) '가구'의 노동력 자본 투자에 따른 총소득 추산

농가의 전체 소득은 농업 종사로 인한 소득과 외지노동 소득의 합계이다.

$$I_h = I_a + I_n \text{[143]}$$

농가 구성원 일부의 농업 종사를 통한 소득은 다음과 같다.

$$I_a = \sum_{i=1}^{12} \left(\frac{I_i - C_i}{(1+r)} \right)$$

r은 할인율이고, 실제 계산에서는 상업은행의 농가에 대한 월간 대출이자율을 사용할 수 있다. I_i는 농산품 판매의 월별 소득으로 해당 시기에 판매가 없으면 영으로 계산한다. C_i는 생산수단과 일상 생활에 대한 월별 현금 지출로 해당 시기에 지출이 없으면 영으로 계산한다.

농가 구성원 일부의 외지노동을 통한 소득은 다음과 같다.

$$I_n = \sum_{n=1}^{n} \sum_{t=1}^{12} \frac{I_t}{(1+r)^t}$$

$I_t = I_f + \beta_a (I_m - I_f) - K$이며, I_n은 농가 내 외지노동을 하는 총인원의 소득 총액이다. n은 외지노동의 인원, I_t는 1인당 월 순소득이다.

---

143 조사연구를 통해 우리는 농민이 지속적으로 '현금' 소득을 요구한다는 점을 발견했다. 이는 화폐의 현재 가치와 기대 가치에 대한 농민의 강한 민감성을 보여준다. 이로 인해 우리는 할인율이 계산된 소득유량의 현재 가치를 사용하여 시차에 따라 소비와 소득이 농민의 경제행위에 미치는 영향을 보여줬다. 계속 확장하는 '공동체형' 수익 최대화와 관련하여, 미래에 지속될 소득유량으로부터 시차가 지난 다음의 소비를 획득하기 위해서 현재의 소비지출을 절약하는 것은 우리가 향후 연구해야 할 중요한 내용이다.

5. 결론: 자본화된 소농에 대한 이론 분석이 갖는 정책적 의의

여기서 현재 소농 노동력의 자본화와 전통 농업사회 간의 차이에 대해 분석한 것이 합당하다면, 아래의 농업정책과 관련된 몇 가지 문제들 또한 탐구할 가치가 있다고 하겠다.

1) 경제위기 시기, 농민공의 도시 체류

농가 내부에서 노동력 자본의 자산 포트폴리오를 짤 때, 구성원 간에 상이하게 외지노동과 농업 종사를 선택함으로써 단순한 방식으로 위험을 관리할 수 있다. 이로 인해 기본적인 생계가 해결되어 온포[溫飽]가 만족된 현재의 국가상황에서 다음과 같은 점을 예견할 수 있다. 경제위기 시기라도 다른 강제적인 제도적 제약이 없다면, 상당한 수의 농민 외지노동자는 도시에 여전히 체류하면서 일할 기회를 찾을 것이다.

노동자가 자신의 노동력 자본에 대한 가치를 평가한 이후에 위험 선호에 따라 경제행위가 유도된다면, 노동자는 증권시장의 투자자와 동일한 지배원리(Dominance rule)를 따라 투자를 선택한다. 즉 동일한 위험 수준에서 수익률이 높은 투자방식을 선택하고, 동일한 수익률에서는 위험이 적은 투자방식을 선택한다. 위험 수준이 같다면, 농민은 가구 내에서 농업 종사와 외지노동을 분배할 것이다. 지역 내 외지노동의 소득이 엇비슷하면, 농민은 위험이 적은 현지의 일자리를 선택한다. 따라서 베타계수가 높고 전체적인 시장의 위험이 높다면, 이때 농민은 위험 선호에 따라 외지노동이나 농업 종사를 선택한다.

예를 들어 2008년 중국의 경제위기시 노동력 시장의 전체적인 취업 수준은 낮았지만, 새로운 「노동계약법」이 등장하고 사회의 임금 수준이 보편적으로 개선되면서 취업을 한 외지노동자들은 더 좋은 보수를 기대할 수 있었다. 이 시기 베타계수가 높다면, 외지노동자들은 음력설을 보내고 다시 도시로 돌아가 일자리를 찾을지, 아니면 농촌에 남아 농업에 종사할지를 고려하게 되었다.[144] 이 대규모의 '농민공의 조류' 시대는 노동력 시장의 전체적인 위험은 작았지만, 상응하는 소득 또한 적어 농민공이 가장 심각하게 착취되는 역사적 시기였다.

2) 경작 포기와 토지 사유화의 문제

농민이 자신의 노동력을 자본화한 이후, 노동력에 대한 자산 가격결정은 주로 도시 외지노동의 소득 상황을 참조하게 되었다. 앞의 모델 분석에 따르면, 현재 중국의 도시경제가 지속적으로 성장하고 도농 소득 격차가 빠르게 확대되는 상황에서는 도시 외지노동의 노동력 자본 소득이 농업에 종사할 경우의 노동력 자본 소득보다 크다. 따라서 청장년 농민들은 도시로 가서 외지노동을 하려고 한다. 도시에서 적합한 직업이 없더라도 노동력 자본의 보유량이 높은 청년 농민들은 농업 경작을 원하지 않는 것이다.

우리는 농촌의 남성 노동력이 경작을 포기하는 원인을 노동력 자본화 가설을 통해 해석할 수 있다고 주장한다.

첫째, 경작 포기의 기본 원인은 외지노동의 소득이 농업 소득보다 크게 상승하면서 대부분의 농민이 가능한 한 도시로 가서 외지노동을 할 수 있는 기회를 찾으려 하고 경작을 원하지 않기 때문이다. 자신의 노동력에 대한 투자 행위

144　2008년 1월 1일부터 중국은 전국적으로 새로운 「노동계약법」을 정식 시행했다. 같은 해 미국 부동산의 서브프라임 모기지론 붕괴가 촉발한 금융위기가 세계를 석권했다. 세계화된 상황에서 중국도 이를 모면할 수 없었다. 같은 시기 금융위기에 따라 경제가 하향하기 시작하여 동부 연해에서 가공기업들의 임금 비용이 커지고 수주량이 감소했다. 주강삼각주와 장강삼각주의 가공 공장들이 도산하거나 감원을 하면서 많은 농민공들이 음력설 이전에 귀향을 했다. 2008년 저자가 수행했던 주강삼각주의 경제발전에 대한 프로젝트 조사의 결과를 분석해 보면, 원료를 수입하고 해외에서 판매[兩頭在外]하는 가공기업들은 노동력과 토지 요소의 가격이 새롭게 매겨지면서 버티기가 어려워졌고, 경제가 하향하자 사업을 접었다. 이에 따라 취업 기회가 크게 줄었고, 많은 농민공들은 음력설이 지나자 외지노동을 할지, 현지에서 농업에 종사할지를 가늠하게 되었다.

로서 말하자면, 농업 경작은 투자 주기가 길다는 문제가 있기 때문에 투자하고 나서 이익을 얻기 이전에 일단 외지노동의 기회가 발생하고(이러한 상황이 발생할 가능성은 매우 높다), 그전에 일정한 기간 동안 경작에 투여한 노동력 투자는 매몰비용이 되어버린다.

둘째, 경작 포기의 문제는 노동력 자본의 보유량이 높은 청장년 외지노동자가 대부분 향촌을 떠났지만, 노동력 보유량이 낮은 나머지 부녀·아동·노인은 노동력을 대규모로 투입하여 큰 면적을 경작할 능력이 없다는 데 있다. 경작이 포기된 면적이 크게 증가하고 나면, 농촌에서 자본의 보유량이 높은 노동력에서 얼마나 많은 잉여가 사라졌는지를 알게 될 것이다.

우리는 경작 포기의 증가가 토지 사유화가 될 조건이라고 보지는 않는다. 청장년 농민의 노동력 자본 보유량이 상대적으로 높더라도 농민은 일반적으로 토지를 포기하려고 하지 않는다. 기술, 지적 능력, 교육 정도, 도시의 사교 네트워크 등 도시나 사회의 전반적인 인적 자본과 비교하면, 청장년 농민의 인적 자본 보유량은 도시 노동자보다 낮다. 일단 도시경제에서 위기가 출현하고 베타계수가 크고 전체적인 시장 위험이 높으면, 많은 청장년 농민은 향촌으로 돌아가 어쩔 수 없이 농업 생산에 종사하면서 기본적인 생존을 추구하게 된다.[145]

청장년 농민공의 외지노동 소득으로는 아직 온 집안을 도시에서 건사할 수 없기 때문에 노동력 자본의 기본 보유량을 구비하지 못한 노인과 아이들은 농촌에 남아 농업에 종사하면서 기본생활을 유지해야 한다. 이로 인해 이미 2억여 명의 노동력이 농업에서 유출되었음에도 농촌 토지의 대규모 유통을 위한 객관적 조건은 여전히 형성되지 못했다. 토지의 대규모 경영으로 농업에서 규모의 경제를 통한 수익이 생성될 가능성도 여전히 작다.

이에 근거하여 우리는 일단 토지가 사유화되고 나서 일부 농민이 자금이

급하거나 위험에 민감하지 않아 토지에 대해 판매, 저당 설정, 주식화를 진행한다면, 시장의 위험과 직접 대면하게 될 것이라고 주장한다. 농민은 토지를 잃고 기본적인 생존 조건도 잃게 되는 것이다. 따라서 토지 사유화를 통해 농민에게 외부의 현금 원천을 제공하기보다는 국가의 각종 사회보장 메커니즘과 농민 우대 정책을 개선함으로써 농민의 긴급한 현금 수요를 최대한 충족시키는 것이 낫다.

토지 사유화의 이론과 논리에서 다음 단계는 대규모 경영이나 농업의 공업화이다. 이는 슐츠의 「전통 농업의 개조」에서도 찬성하지 않은 내용이다. 그는 오히려 소유권과 경영권이 일치된 농가의 농장이 적합한 규모의 농업경영을 진행하면, 더 큰 수익을 생산할 수 있다고 주장했다(슐츠, 2003: 84-97). 또한 시장개혁으로 도시의 공업화와 자본화가 가속화되는 과정에서 전통 농촌의 노동력 저수지가 이미 파괴되어 농민이 종사할 수 있는 분야는 더 이상 단일한 농업경영이 아니게 되었다. 이 같은 외부환경의 변화는 인도 등 공업화 수준이 낮은 남아시아 국가와 다르며, 오히려 동아시아 국가인 일본, 한국과 유사하다. 이들의 경험이 보여주듯이 발전의 여부와 상관없이 동아시아의 소농경제 국가들에서 토지 사유화는 광범위한 토지 유통으로 이어지지 않았다.

3) 농업 투입과 보조금 정책의 문제

농민이 자신의 노동력을 자본화한 이후, 중국의 국가상황 하에서 소농경제는 생존 소농과 합리적 소농의 양면성을 드러내게 되었다. 노동력의 농업 투입에 대한 소득이 외지노동에 대한 소득과 비례하지 않을 때, 농업 생산의 상대적으로 높은 기회비용 때문에 농민은 끊임없이 도시로 가서 취업의 기회를 찾게 된다. 농업은 생산요소를 모두 조기에 투입하고 산출 주기가 상대적으로 길기 때문에 농민이 도시에서 직업을 찾는 것과 동시에 농업에도 종사하면서 수익을 생산하기는 어렵다. 이로 인해 농민은 '피동적 여가'를 선택하는 경향을 갖게 되고, 농업에 대한 노동력 투입을 줄인다. 이는 경작 포기의 원인과 동일하다.

최근 힘든 육체노동을 대체하는 농촌의 기계화가 빠르게 향상되었는데, 이것이 반드시 식량생산량을 증기시키지는 않는다. 정부가 농기계 구입에 대한 보조금을 크게 늘려 일부 투자자와 부유한 농가가 농기계를 운영하여 이익을 본 것을 제외하고는 객관적으로 피동적 여가가 여전히 잠재적으로 작용한다. 농민은 식량생산에 대한 노동력 투입을 기계로 대체함으로써 상대적으로 낮은 농촌 노동력의 자본 보유량을 메꿀 뿐이다.

위와 같은 논증에 기초하여 정부의 각종 농업 보조금이 지속적으로 증가하면서 나타나는 현상을 깊이 분석할 필요가 있다. 보조금 증가는 현대화의 추세에 따라 농업에 대한 공업 생산품의 투입을 증가시킨다. 이는 흔히 긍정적 요소를 갖는 중대한 변화로 인식되지만, 즉각 농업의 부정적 외부효과를 뚜렷이 강화할 수 있다.

농민들이 최근 농기계와 화학비료의 투입을 늘린 진짜 목표는 정부 주도[官方]의 정책토론에서 강조되는 생산량과 소득의 증가가 아니라, 노동력을 더욱 절약하려는 시도였다. 동시에 농촌 노동력의 여가 시간이 증가했다는 점은 농업의 임금률을 도시의 기대소득 수준으로 높이려는 시도를 반영한다. 노동력 투입의 부족, 경작지 방치 등 지금 출현하고 있는 농업 문제는 정부의 투입을 증가시키는 정책으로 완화될 수 없다. 또한 지방정부와 농민은 도농 소득 격차를 축소하기 위해 종종 공업화와 구조조정을 강력히 추진하고 차액지대가 높은 경제작물의 재배를 선택한다. 그러나 경제작물 재배의 증가는 농·부산품 시장의 악성 저가경쟁과 불량·위조품의 범람을 가져왔으며, 환경오염과 지하수 남용 등의 부정적 외부효과를 야기했다.

제19장 공업화를 위한 자본의 원시적 축적이 초래한 부정적 외부효과와 해결 메커니즘[146]

공업화를 위한 자본의 원시적 축적의 부정적 외부효과에 대한 우리의 분석은 '공업화 초기 단계'의 발전 과정에서 필연적으로 농업의 쇠퇴, 공업과 농업의 소득 격차 확대 등 부정적 외부효과의 문제가 발생한다는 점을 보여준다. 그러나 경제발전의 내재적 특성으로 인해 이러한 부정적 외부효과는 저절로 내부화되어 해결되지 않는다. 이로 인해 대다수 개발도상국은 발전의 함정에 빠져 스스로 벗어나지 못하게 된다.

자본의 원시적 축적 과정에서 생성된 부정적 외부효과의 문제는 중국의 공업화 과정에서도 피할 수 없는 것이었다. 그러나 중국 특색의 발전 경험은 신중국 성립부터 1980년대 중반까지 자본의 축적 과정에서 불가피했던 부정적 외부효과의 문제가 명백하게 나타났었지만, 중국이 일련의 제도 조정을 통해 발전의 함정에서 탈출했다는 것이다.

여기서 우리는 이 기간 동안 중국이 농민을 조직화하여 '대규모의 노동력으로 희소한 자본을 대체'하고 사대기업(향진기업)을 이용하여 '공업을 통한 농업 보조[以工補農]'를 진행했으며, 이것이 자본의 원시적 축적의 부정적 외부효과의 문제를 효과적으로 해결하는 중요한 수단이었음을 서술한다.

경제학 이론들은 경제행위의 주체가 경제활동에 종사하면, 불가피하게 외

---

146 이 글은 교육부의 '국제금융위기 대응 연구' 긴급과제(과제비준번호: 2009JYJR023)의 지원을 받았다. 원문은 원톄쥔·양덴창(2010)을 참조 본문의 저술 과정에서 중국 런민대학의 지속가능발전 고등연구원 『쑤난 독해[解讀蘇南]』(쑤저우대학 출판사에서 2011년 출판) 과제팀의 주요 구성원이 토론에 참여했다. 저자의 박사과정생인 양덴창이 초고를 쓰는 임무를 맡았다. 모두에게 감사한다.

부효과의 문제가 발생한다는 점을 지적한다. 공업화의 시초 단계에서 필수적인 자본의 원시적 축적은 이를 추동하는 경제행위의 주체가 어떠한 신분이든지 간에 필연적으로 더욱 심각한 외부효과를 발생시키게 된다. 외부효과 문제에 대한 일반적 시각과 달리 우리의 논의는 단순하게 경제주체가 경제활동을 진행하면서 발생시키는 외부효과에 기반하지 않는다. 우리는 공업화를 위한 자본의 원시적 축적이라는 시각에서 공업과 농업이라는 두 부문 간, 그리고 도시와 농촌 간의 관계에 주목한다.

역사 발전의 경험을 보면, 자본의 원시적 축적 단계에서 부정적 외부효과가 필연적으로 출현한다. 현재의 이론 연구에서도 자본축적의 부정적 외부효과에 대한 분석은 적지 않지만, 자본축적이라는 경제발전의 본질적 문제에서 출발하여 부정적 외부효과의 문제를 탐구하는 연구는 여전히 부족하다. 반대로 학계는 자본축적의 과정에서 지식과 기술의 파급으로 인한 긍정적 외부효과에 대해서는 열성적이다(야오양·정둥야, 2007).

자본축적 과정에서 지식과 기술의 파급이 가져오는 긍정적 외부효과를 중시하고 이것이 경제발전에 미친 영향을 타당하게 논의하는 것도 물론 중요하다. 하지만 경제발전의 일반적 경험에서 보면, 발전하고 있는 경제체가 자본의 원시적 축적 과정에서 부정적 외부효과에 정확하게 대응하고 이를 적절하게 처리할 수 있는지를 이해하는 것이 긍정적 외부효과에 대한 연구보다 훨씬 중요하고 긴박하다.

따라서 우리는 공업화를 위한 자본의 원시적 축적으로 인한 부정적 외부효과를 중심으로 논의를 전개한다. 논의는 구체적으로 세 부분으로 나뉜다. 첫 부분은 자본의 원시적 축적 과정에서 부정적 외부효과의 실태와 내재적 메커니즘을 서술한다. 둘째는 이러한 부정적 외부효과가 중국에서 어떻게 나타났는지 살펴본다. 세 번째로 이에 대한 중국의 해결 방안이 갖는 내재적 메커니즘을 분석한다.

1. 자본의 원시적 축적 과정에서 부정적 외부효과의 실태와 내재적 메커니즘

여기서 공업화를 위한 자본의 원시적 축적의 부정적 외부효과란 공업화의 발전 과정에서 농업과 농촌으로부터 잉여를 더 많이 추출함으로써 보편적으로 발생하게 되는 농업의 쇠퇴, 공·농업의 소득 격차 확대 등과 같이 공업부문이 스스로 떠맡을 수 없게 된 사회현상을 의미한다.

1) 농업의 쇠퇴

현대화의 발전 경험을 보면, 공업화의 발전 과정에서 현대적 공업부문이 기술을 차용하기가 상대적으로 쉽기 때문에 생산율의 향상이 일반적으로 농업보다 빠르다. 농업의 관점에서 보자면, 농업 생산의 자연적 속성으로 선천적인 취약성이 나타난다. 즉 수요 탄력성이 상대적으로 작다는 특징 때문에 농산품은 풍년이 되어도 가격이 떨어져 농민이 손실을 입게 되는 곤경을 벗어나기 어렵다. 이 두 가지 특성으로 농업 생산은 공업 생산처럼 보편적으로 규모의 경제를 통한 수익을 추구할 수 없다. 이로 인해 농민으로 구성되어 있고 주로 전통을 통해 생계를 유지하는 농업경제로 현대적 공업이 진입하게 되면, 공·농업 부문 간에 커다란 생산의 격차가 발생한다.

저자는 1996년, 발전이란 '자원의 자본화' 과정에 지나지 않는다고 주장한 바 있다. 이러한 본질적인 특성에서 보자면, 공·농업 두 부문 간의 차이는 공업화 과정에서 농업 생산의 3요소, 즉 노동·토지·자본이 농촌 외부의 시장에 의해 가격이 다시 결정되는 것으로 나타난다. 다시 말하자면, 공·농업 부문 간의 차이는 상이한 생산방식 하에서 노동·토지·자본의 수익률 차이로 직접 드러나게 된다. 공업의 수익률이 농업보다 훨씬 높은 것이다. 이로 인해 농업 생산의 3요소가 보편적으로 유출된다.

주의할 점은 어떠한 이데올로기 아래에 존재하는 무슨 경제 영역에서든지 간에 기본 생산요소가 장기간 순유출되면 쇠퇴할 수밖에 없다는 것이다.

여기에서 알 수 있듯이 상응하는 조치가 없다면, 공업화의 가속으로 농업이 쇠퇴하는 것은 불가피하다. 이런 점에서 대다수 선진국이 농업 보조금을 포기할 수 없는 논리가 이해된다. 미국처럼 규모화된 대농장을 가진 국가에서조차도 거액의 정부 보조금이 없다면 농업이 지속되기 어려운 것이다. 일반적으로 개발도상국은 농업이 국가 공업화를 위한 자본축적의 임무까지 떠맡고 있기 때문에 농업경제와 농촌 발전은 더 큰 어려움에 직면할 수밖에 없다.

농업 쇠퇴의 가장 직접적인 후과는 갈수록 심각해지는 식량안보 문제이다. 농산품 중에서도 식량작물의 상대적 수익이 가장 낮다. 이 때문에 공업화로 인해 외부 시장이 요소의 가격을 새로 결정하고 농업의 생산구조가 시장가격에 따라 조정되는 상황에서 농민은 자연스럽게 식량생산을 포기하고 다른 경제작물을 생산한다. 또는 농업에 종사하는 것에 대한 기회비용이 높아 경작을 아예 포기하거나 조방적 경작을 하게 된다.[147] 정상적인 상황이라면 국제시장에서 구매하는 것이 식량안보의 문제를 해결할 수 있는 주요한 방법이라고 할 수 있다. 그러나 개발도상국은 일반적으로 외환을 충분히 가지고 있지 않다는 객관적 조건뿐만 아니라, 또한 식량은 일반적인 상품이 아니며 현실에서 하나의 정치적 무기로서 국가나 지역의 주권 문제와 연계된다는 점을 생각해야만 한다(엥달, 2008: 56-58).

2) 공·농업 소득 격차의 확대

생산력, 분업, 상품경제 등의 발전은 도농 분리를 촉진한다. 상품교환을 매개로 하여 발달된 모든 분업의 기초가 바로 도농의 분리이다. 사회의 총체적인 경제사는 이와 같은 대립의 운동으로 요약된다고 할 수 있다(마르크스·엥겔스, 2001:

---

147 규모화를 통해 토지의 이용 효율을 높일 수 있지만, 대규모 경영의 결과는 노동단위당 생산성만 높일 뿐이지 토지의 생산성은 올릴 수 없다. 도리어 토지의 생산성은 종종 하락한다.

390).

사실 도농 이원구조는 예전부터 있었다. 그러나 고대 도시는 전통적인 토지 재산 관계를 기초로 하며, 향촌에 분산되어 있던 농업 잉여의 집산지였을 뿐이다. 마르크스는 이를 '도시의 향촌화'라고 불렀다. 그러나 서구 자본주의가 현대적 공업사회를 개시하면서 전에 없던 사회 생산력이 창조되고 분업의 진일보한 발전이 촉진되었다. 이로 인해 공장제 수공업이 농업에서 벗어나 독립된 산업이 되었으며, 사회화된 기계제 대공업으로 발전했다. 그에 따라 독립된 공업 산업과 현대화된 무산계급이 생성되었다. 이것이 공·농업에 미친 중요하고 직접적인 결과는 지역적 분업이었다. 공업은 주로 도시에 집중되고, 향촌은 농업 생산에 종사하게 된 것이다. 1980~1990년대 중국의 일부 지역(예를 들어 쑤난[蘇南])에서 잠시 농촌 공업화가 갑자기 출현한 적이 있지만, 곧 산업자본이 고도로 집중된 도시의 이익집단과 경쟁하면서 피동적 지위가 되어버렸다.

자본주의의 공업화 경험을 통해 제시된 루이스[W. Arthur Lewis]의 이원 경제이론은 다음과 같다. 농업사회가 공업사회로 전환되는 과정에서 공·농업 부문의 임금 수준의 차이에 따라 도시의 노동력 수요는 계속 증가한다. 임금률이 불변하는 상황에서 도시는 자신의 노동력 수요를 농촌의 잉여 노동력을 통해 지속적으로 만족시키게 된다. 이는 농촌의 잉여 노동력이 전부 이전되고 나서야 끝난다. 농촌 노동력이 부단히 도시의 공업으로 유입됨에 따라 농촌의 인구 압력이 저하되면서 농촌에 잔류하여 농업에 종사하는 노동력의 임금 수준이 계속 상승하고, 최종적으로 공업 노동력의 임금 수준에 도달한다. 이에 따라 공·농업 부문 간의 균형이 실현되어 이때부터 부유한 사회로 진입한다.

그러나 이 이론은 공업화의 부정적 외부효과가 농촌과 농업에 전가된다는 점을 고려하지 않았다.

공업화의 발전 과정에서 단순히 노동력만 농촌에서 유출되는 것이 아니다. 농촌의 토지와 자본을 포함한 농업 생산의 3요소가 모두 장기간 순유출되면서 농업이 쇠퇴한다. 이는 농촌에 남아 계속 농업 생산에 종사하는 농민들이 농업 생산에서 더 많은 수익을 얻기가 어렵다는 것을 의미한다. 그로 인해 오늘날까지도 이론적 의의를 가질 만한 수준의 공·농업 소득 균형의 사례를 전 세계적으로도 찾을 수 없는 것이다. 오히려 공·농업 소득 격차의 확대가 불가피한 보편적 사실이 되어버렸다.[148]

상술한 과정을 통해 공업화 과정에서 공·농업 소득 격차를 지속적으로 확대시키는 경제 메커니즘이 존재한다는 점을 알 수 있다. 농업의 저소득이 3요소의 유출을 초래하고, 다시 농업의 쇠퇴를 야기한다. 농업의 쇠퇴는 농업의 수익을 더욱 낮추고 이에 따라 3요소가 장기적으로 유출되어 농업이 더욱 더 쇠퇴한다……

농업 쇠퇴가 파생하는 결과는 농민의 파산, 나아가 개발도상국에서 '공간의 수평적 이동과 빈곤의 집중'이다. 파산된 대량의 빈곤 농민이 도시로 몰려들어 도시화와 빈민굴이 동시에 확장된다. 결국에는 라틴 아메리카식 발전의 함정에 빠지는 것이다.

노동력 시장의 분할 때문에 도시로 진입한 절대다수의 농민은 정규 부문에 취업할 수 없고, 결과적으로 대량의 인원이 비정규 부문에서 간신히 생계를 유지하게 된다. 이 과정이 도시화로 묘사되지만, 실제로는 빈곤의 공간적 이동으로 귀결될 뿐이고 문제를 해결하지 못한다. 이는 일반적인 시장의 논리일 뿐이지만, 실제 과정은 훨씬 복잡하고 참혹하다.[149]

인센티브라는 관점으로 보자면, 적당한 소득 격차는 경제발전에 유익하다. 그러나 소득 격차가 지나치게 크면, 특히 소득 격차가 주로 비경제적 요소의 불

---

148 선진국은 공·농업 소득 격차가 비교적 작고, 일부 국가는 농업의 소득이 심지어 공업보다 높다. 그러나 이는 농업에 대한 높은 보조금 같은 정부의 대응 정책 때문이다. 따라서 정책의 평준화 효과를 제거하면, 선진국의 농업 생산은 지속되기 어렵다. 또한 소득 구조로 보면, 선진국 농민의 소득 원천은 농업이 아니라, 공업이나 농업의 3차 산업화이다.

149 이 과정에서 이익집단, 제도의 구조 등 현실적 요소들을 같이 고려하면, 문제의 성질은 더욱 심각해질 것이다.

공평으로부터 유래한다면, 문제의 성격이 달라진다. 경제 문제가 사회 또는 정치 문제가 되는 것이다. 그렇게 되면 사회모순의 격화로 인한 적대적 충돌이 불가피하게 된다.

그러나 이러한 고난은 공업화와 도시화의 수익을 점유한 이익집단이 떠맡지 않고 전 사회, 특히 거의 모든 잉여가치를 바친 공·농업 노동자들이 떠맡는다.

아울러 공업화 자체의 내재적 특징으로 환경오염이 발생하는 것도 이 과정에서 필연적으로 생성되는 부정적 외부효과이다. 서구 선진국의 발전 과정을 봐도 따를 만한 성공한 경험이 없고, 거의 하나의 예외도 없이 '우선 오염시키고 나서 나중에 해결'하는 방식으로 나아갔다. 이어지는 부정적 외부효과의 완화 메커니즘에 대한 서술에서 이 문제는 더 이상 다루지 않을 것이다.

2. 중국의 자본축적 과정에서 부정적 외부효과의 실태

상술한 자본의 원시적 축적이 초래하는 부정적 외부효과의 문제를 중국도 피할 수 없었다.

주류 담론이 현대 중국 역사의 시기 구분에 대해 저지른 오류를 다시 정리하기 위해서는 많은 지면이 필요하다.[150] 따라서 여기서는 관습적으로 인정되는 1978년을 경계로 삼아 이전을 계획경제 시기로 칭하고, 이후를 개혁·개방 시기로 칭한다. 두 시기의 부정적 외부효과는 달랐다. 계획경제 시기 최대의 부정적 외부효과는 국가 공업화 과정에서 형성된 도농 이원구조라는 기본적인 체제 모순이었으며, 이는 지금까지 연속된다. 개혁·개방 시기에는 거의 모든 국가가 회피할 수 없는 농업의 쇠퇴, 공·농업의 소득 격차 확대, 생태적 위기가 나타났다.

150　저자는 이미 초보적으로 현대사를 새롭게 정리하고 상이한 단계별로 구분했었다(원톄쥔 외, 2013).

1) 계획경제 시기

2차 세계대전이 끝나고 위태로워진 지정학적 환경과 국가의 부강, 민족 독립 등의 현실 문제로 인해 중국 정부는 한국전쟁이 발발한 이후, 소련의 종합적인 투자와 원조를 받아 자본집약적인 중공업 우선 발전 전략을 시행했다.

중공업 우선 발전 전략에 부합하기 위해 정부는 저이율, 저환율, 저임금, 저가 농산품 등 공업부문이 농업의 잉여를 추출하는 데 유리한 일련의 정책 조치를 채택했다. 또한 농산품의 일괄 수매·분배, 재정과 금융의 일괄 수입·지출 등의 제도를 시행했다(린이푸 외, 1999: 20-54).

결과가 보여주듯이 이러한 제도들은 국가의 자본을 효과적으로 축적했으나, 동시에 커다란 사회적 대가가 발생했다. 그중에서 가장 직접적인 것은 도농 대립의 이원 구조라는 기본적인 체제 모순이었다. 이 모순 때문에 국가가 고도로 공업화되더라도 농촌의 도시화를 이끌 수 없었다. 왜냐하면 중국처럼 2차 세계대전 이후에야 공업화를 개시한 개발도상국은 주로 군사 서비스를 위한 중공업에서 시작했고, 이러한 중공업에 내재한 '자본 집약, 노동 배척'의 메커니즘으로 도시화가 공업화에 비해 지체되는 결과가 발생하면서 대립되고 분할된 도농 이원구조를 형성했기 때문이다.

공업화 가속의 반세기가 지나가고 금융화가 가속되는 21세기가 시작되었다. 그러나 20세기가 남겨놓은 도농 이원구조는 여전히 중국의 개혁과 발전을 제약하는 기본적인 체제 모순이다. 도농 이원구조의 체제 모순은 국가 공업화의 자본축적 단계가 중국에 끼친 최대의 부정적 외부효과라고 할 수 있다.

앞서 말했듯이 서구에서 일찍 공업화된 국가들이 진행했던 자본의 원시적 축적과 달리 중국의 공업화는 2차 세계대전이 끝난 이후에 시작되었다. 서구의 조건을 구비하지 못했으면서도 서구 공업화의 길을 따르는 선택을 부득이하게 해야만 했다. 이는 2차 세계대전 이후, 민족독립이라는 국가적 명분에 따라 공업화와 현대화를 추구하는 불가역적인 과정에서 중국이 서구의 일찍 공업화된 국가들처럼 식민지 확장을 통해 대외적으로 자본을 점유하고 국내의 모순과 충돌을 이전함으로써 제도적 환경을 개선할 수는 없었다는 의미이다.

그러므로 농민 인구가 절대적인 비중을 차지하는 개발도상국이자 인구 대국인 중국은 서구의 공업화 중심의 현대화를 따라잡기 위해서, 부득이하게 내향형 자기착취를 통해 자본의 원시적 축적을 달성해야 했다. 사실 이는 중국이 19세기부터 계속 직면한 문제였다. 따라서 역사적 의의에서 객관적으로 보자면, 도농 이원구조는 국가 공업화를 위한 원시적 축적 과정에서 불가피한 제도 비용이었던 셈이다.

2) 개혁·개방 시기

이 시기에도 국가 공업화를 위한 자본축적 시기에 형성된 도농 이원구조라는 기본적인 체제 모순이 이전과 똑같이 작용했다. 또한 국가 공업화를 위한 원시적 축적 단계에 불가피했던 농업의 쇠퇴, 공·농업 소득 격차의 확대, 생태적 위기 등 모든 부정적 외부효과가 경제체제 개혁의 부단한 심화와 함께, 특히 시장경제 체제가 정식으로 확립된 이후의 지방 공업화 과정에서 점차 뚜렷해졌고 때때로 더욱 악화되었다. 도농 주민의 소득 격차를 보면, 이 시기를 1985년을 분기점으로 삼아 두 개의 단계로 나눌 수 있다. 부정적 외부효과가 앞의 시기에서는 거의 나타나지 않았지만, 그 이후부터는 점차 명확해졌다(〈그림 1〉). 그리고 최종적으로 현재 중앙이 가장 중요하다고 수차례 강조한 삼농 문제가 나타났다.[151]

환경문제는 모든 공업화 과정에서 불가피한 문제이다. 그러나 중국의 공업화 과정을 통시적으로 보면, 개혁·개방 이전에는 환경보호가 상대적으로 양호했다. 외국으로부터 세계에서 환경보호를 가장 잘하는 국가라는 칭송을 받기도 했다(〈참고자료 1〉).

---

151 삼농 문제는 본질적으로 국가 공업화가 태생적으로 갖고 있는 제도 비용의 문제이며, 일반적으로 공업화와 시장화의 가속에 따라 갈수록 심각해진다.

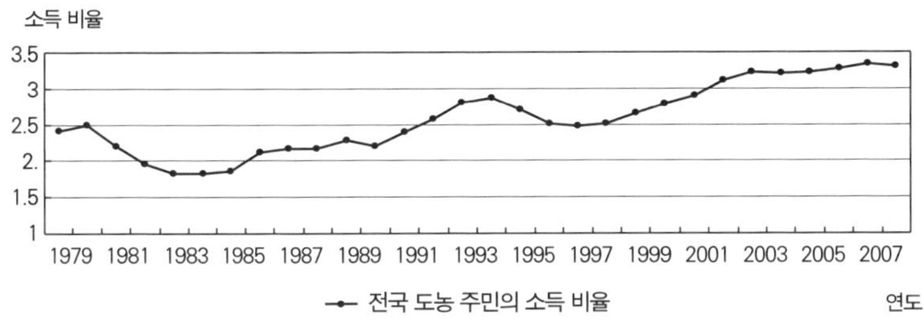

그림 1 1979~2007년 전국 도농 주민의 소득 격차

〈참고자료 1〉

1970년대 해외 매체의 중국의 환경보호 성과에 대한 평가

스웨덴의 『엑스페레센[Expressen]』은 1971년 7월 9일, 본보 기자인 보 군나르손[Bo Gunnarsson]이 도쿄에서 전한 소식을 보도했다. 중국이 세계에서 환경보호를 가장 잘하는 국가라는 것이다. 보도의 내용은 다음과 같다. 1971년 가을, 국제연합 26차 총회는 중국의 대표권 문제를 토론했다. 이는 커다란 정치 문제일 뿐만 아니라, 인류의 생존과 연관된 문제였다. 중국이 국제연합에 진입하면, 자연스럽게 1972년 6월 스톡홀름에서 개최될 국제연합 환경보호회의에 초청받게 된다. 이 회의에서 과학자들이 많은 문제들을 논의하면서 중요한 역할을 하게 될 것이다.

보도에 따르면, 서구 세계는 이 인구가 가장 많은 국가가 어떻게 환경보호를 하고 있는지 거의 알지 못한다. 그러나 의심할 수 없는 사실은 중화인민공화국이 폐기물 이용에 있어서 세계 최고라는 점이다. 만약 중국이 미국 같은 소비사회였다면, 이 인구가 많은 국가는 공장의 연기와 배기가스로 질식해 죽었을 것이다.

보도는 다음과 같은 일본 연구자의 말을 인용했다. "중국은 공업국가가 투쟁하고 있는 많은 환경보호 문제를 해결했다." "중국이 참가하지 않는 환경보호회의는 사실상 아무런 가치도 없다. 우리는 모두 중국으로부터 배워야 한다."

(『참고소식[參考消息]』 1971년 9월 11일자)

환경오염 문제가 광범위하게 발생하고 전면적인 생태 위기가 초래된 것은 확실히 개혁·개방 이후의 일이다. 2006년 6월 5일 국무원 신문판공실[新聞辦公室]이 발표한 『중국의 환경보호(1996~2005)[中國的環境保護(1996-2005)]』 데이터를 보면, 그 일단을 엿볼 수 있다. 이에 따르면, 중국의 환경오염으로 인한 경제 손실은 GDP의 약 10%이다. 3억의 농민이 깨끗한 물을 마시지 못하고, 4억의 도시민은 신선한 공기를 호흡하지 못하며, 국토의 1/3이 산성비를 맞고 있고, 세계에서 오염이 가장 심각한 20개 도시 중 중국이 16개를 차지하고 있다.

모두가 아는 공업으로 인한 점원오염[點源汙染] 이외에 특별히 지적해야 할 내용은 현재 농업이 초래한 면원오염[面源汙染]이 이미 최대의 오염원이 되었다는 점이다. 국무원 발전연구센터의 보고에 따르면, 농업의 오염량이 전국 총 오염량(공업오염, 생활오염, 농업오염의 총합)의 약 1/2을 차지한다. 농업의 오염에 대한 기여도는 농업의 GDP에 대한 기여보다 훨씬 크다.[152]

3. 자본의 원시적 축적으로 인한 부정적 외부효과에 대한 완화 메커니즘

도농 이원구조가 국가 공업화의 자본축적 과정에서 불가피한 제도 비용이라면, 우리는 다음과 같은 사실을 인정해야만 한다. 신중국 성립부터 1980년대 중반까지 자본축적 과정에서 피할 수 없었던 부정적 외부효과의 문제가 중국에서도 있었지만, 일반적인 개발도상국처럼 발전의 함정에 빠져 스스로 벗어날 수 없게 되는 결과를 초래하지는 않았다.

도농 소득 격차가 여전히 객관적인 현실이기는 했지만, 수십 년 동안 작은 범위로 유지되었다. 녹색혁명의 성과가 농업 생산 전반에 활용되지 못했던 계획경제의 시기에도 몇몇 연도를 제외하고는 각종 농산품의 수량은 성장을 지속

152　2007년 중국에서 농업의 GDP 비율은 11.7%였다.

했고, 1인당 농산품 수량도 일정하게 올랐다. 양적 측면에서 증가폭이 크지는 않았지만, 중국과 같이 국가 공업화에 진력했던 일반적인 개발도상국과 비교해서 중국의 농업 발전은 비교적 성공적이었다.

여기에서 비롯되는 의문은 재정과 금융이 장기적으로 이중적자였던 상황에서 현재 선진국조차 대규모의 재정 보조금을 통해 할 수 있는 일을 중국이 어떻게 해냈었는가라는 점이다.

우리는 바로 여기가 중국의 혁신이 존재하는 곳이라고 주장한다. 이 메커니즘은 국가가 농민의 조직화를 통해 '대규모의 노동력으로 희소한 자본을 대체'하고, 사대기업(향진기업)을 이용하여 '공업을 통한 농업 보조'를 진행한 것이었다.

1) '대규모의 노동력을 통한 희소한 자본의 대체'와 '공업을 통한 농업 보조'

농민의 조직화를 통해 '대규모의 노동력으로 희소한 자본을 대체'한 것은 국가적 차원에서 직접적으로 국가 자본의 축적을 촉진했다. 농촌을 보자면, 대규모 농지 수리건설을 통해 농업 발전의 기초를 다졌다. 또한 국가가 농촌으로부터 퇴장한 이후에도 철저한 농가별 경영이 없이 여전히 집체경제를 유지한 지역에서는 농촌 집단화 체제의 인민공사와 생산대대에 내생되었던 조직의 수익을 이용하여, '대규모의 노동력을 통한 희소한 자본의 대체'를 계속 진행하였다. 이로써 거의 불가능했던 상황에서 향촌 공업화를 위한 초보적인 원시적 축적과 추후의 종합적 발전을 완성했다.

초기의 농촌 공업화가 일반적인 공업화와 크게 구별되는 점은 취약한 농업에 대한 지원, 농민소득에 대한 보조, 농촌 지출 등의 공공 기능을 한동안 국가를 대신하여 부담했었다는 것이다. 공식적인 정책 용어로 '공업을 통한 농업 보조'가 처음 등장한 문건은 1984년 중공 중앙이 하달한 농목어업부[農牧漁業部]의 「사대기업의 새로운 국면을 여는 것에 관한 보고[關於開創社隊企業新局面的報

畜」였다. 본 「보고」는 사대기업을 향진기업으로 개명하기로 공식 결정하고, '공업을 통한 농업 보조'라는 표현을 명확히 사용하면서 향진기업의 발전이 '공업을 통한 농업 보조'에 유리하다고 지적했다. 이후 1985년 중앙 1호 문건은 향진기업이 세전 이윤의 10%를 각종 사회지출에 지원하는 것을 허가했다. 국무원의 1990년 59호 문건의 제5장 제32조는 다음과 같이 명확하게 규정했다. '향진기업의 세후 이윤 유보는 60% 이상이어야 한다. …… 이 부분은 주로 농업 기본건설, 기술서비스 발전, 농촌의 공공복지 개선, 현존 기업의 기술개조 지원, 새로운 기업의 건설에 이용한다.' 향진기업이 농업부문을 보조할 의무가 있음을 명확히 규정한 것이다.

'공업을 통한 농업 보조' 정책의 본질이 도시 공업이 아닌 향진기업의 이윤을 이용하여 농업을 보조하는 것이라고 본다면, 이 정책은 사대기업 시기부터 이미 시작되었다고 할 수 있다(《참고자료 2》).

개혁 이후에도 농촌 공업화에는 여전히 공공재 공급의 기능이 존재했다. 1980년대 중반 국무원 발전연구센터가 10개 성[省] 200개의 대형 향진 공업기업에 대해 진행한 표본조사 자료는 사대기업의 '공업을 통한 농업 보조' 효과에 대한 유력한 증명을 제공한다. 조사 자료의 분석에 따르면, 향진 공업의 설립 동기는 농촌 공동체 내부의 이익으로부터 직접적인 영향을 받았다. 표본의 80% 이상은 소재지의 향, 진, 촌이 설립한 것이었다. 이들은 평균적으로 3.14만 명의 인구와 1.56만 명의 노동력을 가진 농촌 공동체가 있었다. 주요한 설립 동기는 본 공동체 범위 내에서의 소득 향상, 취업 확대, 공동체의 공공복지 증가였다. 여기서 벗어난 총괄적인 목표는 매우 간접적으로만 영향을 미쳤다. 이것이 내포하는 의의는 국가 공업화를 급속하게 추진했던 시기의 직접적인 동력, 즉 전국적인 공업화를 수립했던 것과는 명백히 다른 동기였다는 점이다('중국 개혁·발전 보고' 전문가그룹, 2002: 83).

사대기업이 발전했던 대표 지역인 쑤난을 보자면, 관련 연구들은 사대기업이 시작부터 농업 생산의 수요를 중심으로 발전했다고 분석했다. 그러나 이

〈참고자료 2〉

개혁 이전, 국가의 사대기업에 대한 정책

'3년의 자연재해'에 대한 대응이 농업 생산에 미친 중대한 영향은 1961년 「농촌 인민공사 공작 조례(수정 초안)」에서 '인민공사가 경영하는 기업은 주로 농업 생산을 위해 복무해야 하며, 국가계획과 적절하게 결합되어야만 한다'라고 명확히 규정한 것이었다. 1969년 중앙은 '다섯 가지 소형공업[五小工業]'의 확대를 호소하면서 농업 발전을 위한 복무, 특히 농업 기계화를 사대기업 수립의 주요 지침으로 삼았다. 1979년 7월 3일 반포된 「사대기업 발전에서 약간의 문제에 관한 국무원의 규정(시험 실시 초안)[國務院關於發展社隊企業若幹問題的規定(試行草案)]」은 사대기업 발전의 의의를 다음과 같이 서술했다. '사대기업이 발전하면, 무엇보다 농업 생산의 발전을 위한 복무를 더 잘 할 수 있다. 거대한 인민공사와 생산대대의 집체경제가 농업의 기계화를 위해 필요한 자금을 조달할 수 있는 것이다. 동시에 기계화로 절약된 노동력을 위해 다른 생산의 활로를 열어 주고, 현지의 자원을 충분히 이용하여 다양한 경영을 발전시킴으로써 집체의 수입을 증가시켜 인민공사의 구성원, 즉 사원[社員]의 생활 수준을 제고할 수 있다.' 동시에 다음과 같은 점도 지적되었다. '인민공사 공업의 거대한 발전은 사회를 위해 대량의 원재료와 공업품을 공급함으로써 우리나라 공업의 발전 과정을 가속할 수 있을 뿐만 아니라, 공업의 과도한 집중 과정에서 발생한 대·중 도시의 폐단도 피할 수 있다. 이는 공·농업 격차와 도농 격차를 점차 축소하는 중요한 경로가 된다.' 사대기업 이윤의 이용에 대해서는 다음처럼 명확하게 규정했다. '기업의 확대 재생산과 기업의 신설 이외에는 농경지 기본건설, 농업 기계화, 가난한 생산대 지원에 주로 쓰여야 한다.'

는 농업 생산과 농업 기계화의 수요뿐만 아니라, 농업으로부터 대량의 잉여 노동력 전환, 농업 축적의 증가, 사원[社員]의 소득 증가의 요구까지 포함하는 것이었다(구쑹녠·런신바오, 1982).

이를 통해 1984년 사대기업이 향진기업으로 개명한 이후 실시된 정책은 기존 정책의 연속이며, 상응하는 내용과 방식을 조정했을 뿐이라는 점을 알 수 있다.

사대기업의 농업과 농촌에 대한 실제 지원 능력을 1979년 전국 사대기업의 이윤 분배를 사례로 삼아 살펴보자. 1979년 사대기업은 총 80.55억 위안의 이윤을 생산했다. 그중에서 26.95억 위안이 농업 지원에 사용되어 33.46%를 차지했다. 집체의 복지사업에는 4.86억 위안을 사용하여 6.03%였다. 양자를 합하면 거의 40%에 이르렀다(〈그림 2〉)(중국농촌관찰, 1980).

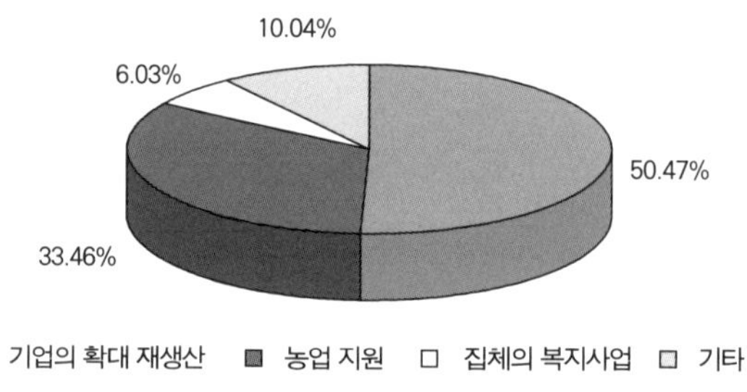

그림 2 1979년 전국 사대기업의 이윤 사용 현황

2) '공업을 통한 농업 보조'의 내재적 논리

국제적 경험을 보면, 공업과 농업의 관계는 일반적으로 두 개의 단계로 나뉜다. 첫 번째 단계는 공업화의 시초 단계로서 일반적으로 1인당 국민총생산이 700달러에 도달하기 이전인데, 농업이 공업을 지원하고 공업을 위해 축적을 제공하는 것이 보편적이다. 두 번째 단계는 공업화가 상당한 정도에 도달한 이후로서 공업이 농업에 반포[反哺]하고 도시의 농촌 지원이 실현된다. 공업화 초기에 오랫동안 재정과 금융의 이중적자를 겪었던 중국 정부의 입장에서는 농업을 착취하는 방법으로만 공업 자본의 원시적 축적을 달성할 수 있었고, 국가 재정을 이용하여 대규모로 직접 농업을 보조하는 것은 언급할 만한 상황이 아니었다.

사실 중국은 공업화 초기부터 '농업을 통한 공업 보조'의 발전 전략을 확고히 채택했었다. 그러나 해당 시기의 일반적인 개발도상국과 달리 중국인은 농업의 공업에 대한 지원이 발생시킬 수 있는 농업 쇠퇴 등의 부정적 외부효과를 처음부터 명확히 인식하고 있었다. 마오쩌둥이 1956년 4월 25일 중앙 정치국 확대회의에서 발표한 「십대관계론[論十大關係]」과 '3대 격차'의 소멸을 장기적인 투쟁 목표로 설정한 것이 증거가 될 수 있다. 이후의 발전 경험이 보여주듯이 공·농업의 관계는 기대한 효과를 달성하지 못했다. 그러나 공업화를 위한 원시적 축적 시기인 1958년 이후 20년 동안, 농민을 조직하여 농경지 수리시설 등의 인프라를 대규모로 건설한 것은 농업의 신속한 발전을 위한 견실한 기초가 되었다.

이처럼 중앙정부는 농업 자체의 발전이 공업, 더 나아가 국민경제의 발전에 중요한 역할을 한다는 점을 일찍이 인식했었지만, 국가 공업화의 절박함 때문에 중앙 재정의 농업에 대한 투입은 매우 적었다. 이러한 상황에서 일종의 대체 방안으로서 중국 정부는 기층 농민의 적극성을 동원한 농업의 자기 투자를 통해 중앙 재정의 부족으로 인한 어려움을 일정 정도 해소하였다. '대규모 노동력으로 희소한 자본을 대체'하는 전형적인 방법으로서 농민을 조직화하여 농경지 수리건설을 대규모로 진행하고, 농업 발전을 위해 사대기업의 발전을 독려한 것은 일정한 자원 부존의 조건에서 파생된 제도적 선택이었다고 이해할 수 있다. 그러나 파생되어 나온 제도적 선택으로서 이들의 주요 목표는 국가 공업화를 위해 복무한다는 것이었으며, 일단 제도가 형성되자 이후의 변천 과정에서 필연적으로 경로의존을 생성했다.

국가 공업화 과정에서 형성된 도시의 이익집단이 정책결정에서 주도적 지위를 항상 차지했다. 그 때문에 이러한 '공업을 통한 농업 보조'라는 제도적 방안은 자원이 매우 제한된 상황에서도 커다란 공헌을 했었던 농민에게 여전히 절대적으로 불공평한 것이었음에도 불구하고 개혁·개방 이후 수십 년간 지속될 수 있었다.[153]

---

153 2006년에 이르러 국가가 농업세를 정식으로 폐지하고, 농민을 보조하기 위해 중앙 재정을 대규모로 투입하고 나서야 전통적인 '공업을 통한 농업 보조' 정책이 일단락되었다고 할 수 있다.

농민의 시각에서 보자면, 사대기업이 신속하게 발전할 수 있었던 이유는 우선적인 목표가 이윤 최대화에 있지 않고, 농촌의 잉여 노동력 해결에 있었기 때문이었다. 공업이 들어온 이후에는 농업 종사의 높은 기회비용이 사대기업이 신속하게 발전하는 또 다른 중요한 동인이 되었다.

사대기업의 시초 자본은 주로 농민의 노동 축적과 더불어 토지자본이 수익, 복지, 사회보장 등으로 전환되면서 나왔다. 이로 인해 사대기업은 향촌의 집체소유제로서 규정되었다. 따라서 자신의 잉여를 사용하여 농업 발전을 지원하는 것이 자연스러운 정당성을 갖게 되었으며, 인민공사의 전체 구성원이 공업의 수익을 적절히 향유하는 것도 당연시되었다. 이것이 '공업을 통한 농업 보조' 정책이 출현하고 나서 빠르게 확산될 수 있었던 내재적 동인이었다.

그러나 가격개혁이 촉발한 인플레이션에 대응하기 위해 1988년 국가가 경제에 대한 전면적인 치리정돈[治理整頓]을 시작하자, 향진기업의 발전 또한 어려움을 겪었다. 결국 1990년대 후반에 이르러 전면적인 개조가 진행되었다. 여전히 지분에 따라 촌 집체의 지배를 받는 극소수의 기업을 제외하고, 사유화되거나 주식화된 대다수의 향진기업은 소유자의 성격이 변화했기 때문에 더 이상 직접적으로 '공업을 통한 농업 보조'의 책임을 떠맡지 않았다. 이것이 도농 주민의 소득 격차가 커진 중요한 원인 중 하나이다.

4. 결론

이제까지 봤듯이 공업화 발전의 과정에서 농업과 농촌으로부터의 잉여 추출로 인해 농업 쇠퇴, 공·농업 소득 격차의 확대 등의 부정적 외부효과가 보편적으로 발생한다. 또한 경제발전의 내재적 특징이 이 같은 부정적 외부효과를 초래한 메커니즘 자체를 불가역적으로 만든다. 즉 부정적 외부효과는 스스로 내부화를 진행하여 해결될 수 없다. 동일하게 중국의 공업화 과정도 자본의 원시적 축적 과정에서 생성된 부정적 외부효과의 문제를 피할 수 없었다. 하지만 중국의 발전 경험은 신중국 성립부터 1980년대 중반까지 자본축적 과정에서 불가피했던 부정적 외부효과의 문제가 다른 개발도상국처럼 발전의 함정에 빠지지는 않았다는 점도 보여준다. 본 연구를 통해 이 시기 중국이 농민의 조직화를 통해 '대규모 노동력으로 희소한 자본을 대체'하고, 사대기업(향진기업)을 이용하여 '공업을 통한 농업 보조'를 진행한 것이 자본의 원시적 축적 과정에서 비롯된 부정적 외부효과를 효과적으로 해결하는 중요한 수단이었다는 점을 알 수 있다.

1990년대 중후반 향진기업의 전면 개조 이후, 이전에 향진기업을 통해 농촌 공동체의 범위 내에서 진행되었던 '공업을 통한 농업 보조'는 더 이상 직접적으로 효과를 발휘하지 못했다. 그러나 '공업을 통한 농업 보조' 정책의 역사적 변화와 그 내재적 논리, 그리고 자본축적의 부정적 외부효과에 대한 분석에 기초하여 보면, 특히 2004년 후진타오가 중국 공업화의 초기와 중기에 대해 '두 개의 단계'라는 의견을 제시한 이래, 중국은 이미 중기 단계에 진입하여 '공업이 농업에 반포하고, 도시가 농촌을 지원'하는 도농 통합의 기본적인 조건을 구비하게 되었다고 할 수 있다. 이러한 시기에 중국 역사에서 이미 폭넓게 실시되었던 '공업을 통한 농업 보조' 정책의 본질적 함의를 다시 깊게 인식해 보는 것은 중요한 의의가 있다. 국가적 차원에서 요점을 짚자면, '공업을 통한 농업 보조' 정책의 본질은 국가 공업화를 위한 자본의 원시적 축적이 초래한 부정적 외부효과를 해결하는 데 있다. 농촌의 측면에서 보자면, 사대기업이 '공업을 통한 농업 보조' 정책을 순조롭게 받아들여 확산할 수 있었던 것은 국가정책의 강제적 요소가 작용했기 때문이었다. 개혁 이후에는 1980년대부터 1990년대 중반까지 지방 공업화가 주도적 역량이었지만, 그 본질은 동일하게 자본의 원시적 축적이 초래한 부정적 외부효과를 해결하는 데 있었다. 그러나 1990년대 중반 이후, 중국이 시장화를 가속화하여 세계화에 융합되어야 한다는 생각이 정책적 사고의 주류가 되었다. 또한 향촌의 공업이 쇠퇴함에 따라 농촌의 집단소유제에 속한 공업이 외부효과를 완화했던 기능도 기본적으로 사라져버렸다. 아울러 국가 현대화를 위한 제도 전환의 비용이 농촌으로 전가됨으로써 도농 격차가 확대되고 삼농 문제가 악화되었다. 이러한 점들이 국가의 지속가능한 발전을 갈수록 어렵게 만들고 있다.

1990년대 농촌 정책 연구와 관련하여 핑두[平度]에 대한 논쟁이 외부인은 알지 못하게 조용히 발생했었다. 핑두시 농촌의 제도 건설 실험구가 1987~1996년 십년 동안 실행한 종합적인 제도혁신이 농업 성장에 미친 기여율은 68.06%에 달했다. 이로써 시장경제에서도 소농 촌락을 토대로 한 제도 개선의 효과가 증명되었음에도 불구하고, 이 효과적인 지방 혁신은 정책집단에 의해 인위적으로

---

154 이 글은 1987년 이후 핑두시의 20년에 걸친 농촌 기층의 실험을 연구한 것으로 국가 985공정 '중국 농촌 발전의 실험혁신 기지', 국가사회과학기금의 중점 프로젝트 '신농촌 건설의 목표, 중점 그리고 정책 건의'(프로젝트 번호: 06AJY003)의 지원을 받았다. 또한 1990년대에 이미 국가사회과학기금, 중국 체제개혁 연구기금, 농업부 소프트 사이언스 기금 등의 지원도 받았었다. 최초로 진행된 양적 연구는 1988년 국무원 농촌발전연구센터의 실험구 프로젝트에 대한 세계은행의 지원에서 비롯되었다. 조사연구에 대한 칭다오시와 핑두시 농업위원회의 협조에 감사를 표한다. 원톄쥔 교수의 석사연구생인 황인잉[黃胤英]이 논문의 조사연구 부문과 초고를 완성했다. 이 논문은 중국 런민대학 우수 석사논문상을 받았다. 원문은 황인잉·원톄쥔 (2008)을 참조

155 중국 농촌의 개혁실험구는 중공 중앙의 1987년 5호 문건에 따라 세계 최초로 정부 정책결정의 과학화를 촉진하기 위하여 창립되었으며, 제도혁신과 조직혁신을 지도사상으로 삼았다. 당시 산둥성 핑두현은 농업 중심의 대규모 현으로서 1988년 국무원의 정식 비준을 받아 실험구가 되었다. 구체적 내용은 농업부 농촌개혁 실험구 판공실의 두잉·원톄쥔 편(1997)을 참조. 1986년 최초의 양전제[兩田制] 시행부터 1996년 3항[三項] 제도의 완성까지 핑두 실험구의 경험을 어떻게 정리할 것인지에 대하여 실험구 판공실이 중간평가를 개최했었는데, 여기에 초대된 학자들은 각자 다른 견해를 가지고 있었다. 핑두의 경험은 단지 양전제에 불과하다고 주장한 학자들은 당시 핑두가 촌락과 농가의 토지 재산권 향유라는 재산관계를 기초로 삼아 전개했던 적립, 경영, 수익 분배 등의 제도가 사실상 중국 특색의 촌락 이성을 실현한 것이라는 점을 이해하지 못했다. 중앙정부가 1997년 문건을 통해 양전제를 불인정하면서 핑두 실험구는 최종 단계에서 몇몇 학자들에 의해 인위적으로 양전제로 국한되어 버렸고, 이로 인해 잘못 이해되었다.

잊혀져버렸다.

우리는 1980년대 후반 핑두 농촌의 제도혁신 실험이 농가도급제에서 발생한, 집체와 농가 간의 주인-대리인 문제를 약화시키는 데에 긍정적 역할을 했다고 주장한다. 참여 조건과 유인양립 조건의 인센티브 제도를 수립함으로써 농가도급제에서 경지 보호의 문제, 토지의 조정과 분배 문제, 토지 수익의 문제를 타당하게 해결할 수 있었다.

이처럼 핑두의 1백만여 농민이 지방에서 자주적으로 제도를 혁신한 것은 정책집단의 인정과 학계의 공정한 평가를 받지 못했다. 그런 까닭에 후학을 위한 본보기로 삼기 위해 글로 써서 남긴다.

1. 연구 배경: 핑두 실험의 종결을 통해 본 '도급제 이후[後包]'의 정책 변화

농업 중심의 대규모 현[農業大縣]인 산둥성 핑두는 1987~1997년 10년 동안, 농지 제도 혁신을 주요 내용으로 삼아 농촌개혁 실험을 전개했다. 이는 중국의 농촌개혁 과정에서 역사로 기록될 만한 중요한 사례이다(핑두시 농촌개혁실험구판공실, 1998). 당시에 어떤 논쟁을 불러일으켰든, 외부의 평론가와 후대의 연구자들이 주관적으로 어떻게 인식했든 간에 그것은 1980년대에 이미 보편성을 획득하고, 광대한 기층 간부와 군중의 자주혁신 정신을 실현했던 제도 실험이었다. 1990년대 중국이 시장경제 체제로 진입하면서 농업이 크게 요동치던 시기에도 무시할 수 없는 공헌을 했으며, 최근 농업의 형세가 다시 심각해지고 있는 상황에서 새롭게 평가될 필요가 있다.[156]

---

156 일찍이 1993년 농업부 농촌개혁실험구판공실이 핑두의 실험에 대하여 1단계 평가를 했을 때, 평가에 참여한 학자들의 의견은 이와 달랐다. 그들은 촌급 조직이 먼저 토지를 조정한 이후, 다시 핑두시가 입찰을 통해 농가에 토지를 도급한 방법이 행정개입에 속한다고 인식했다. 당

그러나 다음과 같은 특수한 역사적 배경과 상층의 개입 때문에 여기서 논증하려는 저자의 관점은 회피하기 어려운 도전적인 내용을 담고 있다.

첫째, 평두 실험구는 10년 동안의 개혁을 통해 토지제도 혁신을 전제조건으로 하는 제도들을 만들어 냈다. 그중에서 양전제[兩田制][157]라는 명칭을 많은 지방의 이익주체들이 선택적으로 확산하면서 변질시켰다. 이 때문에 1997년 중앙 문건이 양전제를 부정했다.[158] 이에 따라 평두 현지에서 실천을 통해 효과가 증명된 이 제도는 이후의 실시 과정에서 부득이하게 조정되었다.[159] 특히 2003년 「농촌 토지 도급법」의 요구에 따라 토지는 해당 촌의 구성원 인원수에 따라

시의 표본조사 데이터가 이러한 종합적인 제도 실험이 거래비용을 확실히 낮출 수 있다는 점을 증명했으나, 평가에 참여한 학자들로부터 온전한 인정을 받을 수 없었다. 평두시의 종합적인 제도혁신에 대하여 전면적이고 객관적인 평가가 진행되지 않았기 때문에 개별적인 연구들은 농촌 기층의 종합적인 제도혁신을 단순하게 양전제로 귀결시켰다. 그에 따라 토지제도 개선을 전제로 하는 이 같은 종합적인 농촌 기본제도가 정책결정 층위에서 중시 받지 못했다. 결국 정책 주관부문에 수용되기 어려웠을 뿐만 아니라, 외부로부터도 오랫동안 오해를 받았다.

157　중공 중앙 농촌정책연구실 주임이었으며 중국 농촌 경제의 권위 있는 전문가인 두룬성 선생은 1988년 평두 실험구 건설의 종합보고를 듣고서 다음과 같이 명확히 지적했었다. '양전제는 토지의 이중적인 기능을 구별하는 좋은 방법이다. 식량생산농지[口糧田]의 인구에 따른 균분은 농민의 복지를 보호하는 것이고, 책임농지[責任田]의 경쟁 입찰을 통한 도급은 효율의 원칙을 실현할 수 있는 것이다.'(원톄쥔이 당시 현장에 있었다.).

158　중공 중앙 판공실, 국무원 판공실의 「농촌 토지의 도급 관계를 더욱 안정시키고 개선하는 것에 관한 통지[關於進一步穩定和完善農村土地承包關系的通知]」(중앙판공실 1997년 16호 문건, 1997년 8월 27일)는 다음과 같이 지시했다. '양전제를 성실하게 정돈해야 한다. …… 중앙은 양전제 실행을 장려하지 않으며, 양전제를 실행하지 않았던 지방은 할 필요가 없고 이미 실행했던 곳은 중앙의 토지 도급 정책에 따라 성실하게 정돈을 진행해야 한다.'

159　1997년 중앙 문건이 명확히 '양전제를 장려하지 않는다'고 한 이후에 평두의 지방정부는 더 이상 공개적으로 양전제를 강조하지 않았다. 그러나 이미 실행하고 있던 다수의 촌급 기층은 단번에 변화하지 않았다. 농촌의 기본 경제제도를 정말로 바꾼 것은 지방정부의 개입이었다. 1998년 농촌 합작기금회가 불법이라고 선언되어 단기간에 전국적 범위에서 철폐되어버린 것이다. 동시에 본래 촌급 자치체 내부에서 사용했던 노동적루공과 의무공이 완전히 폐지되었다.

균등하게 분배하여 농가에 도급해야만 했다. 산둥성 또한 양전제를 시정하여 모두 균전제로 바꾸라고 요구함으로써 핑두의 실험은 종결되었다.

둘째, 1997년 동아시아 금융위기의 발생으로 국가의 거시적 환경과 금융 정책이 변하면서 농촌 합작기금회가 1997년 11월 중앙 금융공작회의에서 불법으로 규정되었다.[160] 뒤이어 1998년 전국적으로 파산과 청산이 시작되었다. 핑두시 또한 1999년, 십년 전에 '농촌 적립 제도'로서 편성했던 향과 촌의 농민 합작기금회를 어쩔 수 없이 철폐하였다.

아울러 객관적으로 언급해야 될 내용은 어떤 개혁이든 기층에서 시작될 때에는 으레 그러하듯이, 당시 다양한 지방의 농촌 실험구에서 형성된 정책과 조치들은 나중에 확산되는 과정에서 불가피하게 지방의 행정적 개입을 받았으며, 실험의 내용과 방법을 부단히 조정해야만 했다는 점이다. 그러나 이것이 무차별적으로 모든 것을 부정해야 할 이유는 안 되며, 농촌개혁 실험구의 제도혁신이 농촌의 발전과 농업의 성장에 커다란 기여를 했다는 점을 무시해서도 안 된다.

1980년대 농업의 이례적 성장은 두 가지 측면에서 비롯되었다. 첫 번째는 1979~1982년 식량의 종합가격 상승이다(산둥성은 1984년 농산품 가격의 총 지수

---

160 국무원은 1998년 7월 13일 제247호 국무원령 「불법 금융기구와 불법 금융업무 활동의 단속 방법[非法金融機構和非法金融業務活動取締辦法]」을 발표했다. '농촌 합작기금회와 같은 불법 금융기구를 단속하고, 규정된 기한을 넘겨 계속되는 불법 금융업무 활동은 본 방법에 따라 단속한다. 엄중한 범죄를 구성할 경우, 법에 따라 형사책임을 추궁한다.' 1999년 1월 국무원은 3호 문건을 발표하여 공식적으로 전국에서 모든 농촌 합작기금회를 금지한다고 선언했다. 농촌개혁 세력과 금융계 사이에 오랫동안 논쟁의 대상이었던 농촌 합작기금회가 문건을 통해 공식적으로 종결된 것이다. 하지만 이후 각지의 폐지 과정은 길고 복잡하여 커다란 대가를 치렀으며, 최종적으로 2001년에야 완료되었다. '소농경제와 고리대는 쌍둥이 자매'였기 때문에 공식적인 금융 시장화가 농촌에서 퇴장하자 사적인 고리대가 들어왔고, 사회불안이 촉발되었다. 이로 인해 중앙정부는 2005년 정책을 조정해야 한다는 저자의 견해를 부득이하게 받아들여서, 2006년 중앙 1호 문건과 중국 은행업감독관리위원회가 연말에 내놓은 문건을 통해 세 종류의 소형 비정규 금융이 농촌에서 발전할 수 있도록 다시 승인하였다.

가 1978년 대비 60.9% 증가했다). 두 번째는 11기 3중전회 이후의 휴양생식[休養生息] 정책과 농가도급제의 실행이다. 이는 현대 중국의 역사를 바꾸었다. 그러나 1993~1996년, 식량의 수매가격이 배로 상승하여 당시 첫 번째 측면의 정책 역량이 역사의 어느 시기보다 컸었음에도 1990년대에는 농업성장의 힘이 떨어졌다. 두 번째 측면에 대해서는 현재까지도 평가하기가 쉽지 않다. 대조할 만한 점은 산둥성 핑두현[161]의 농촌 제도 혁신은 1998년까지 계속되었다는 것이다.

핑두는 1979~1981년 1,200여 개의 생산대에서 농가도급제 실험지역을 발전시켰다. 1982년 농가도급제를 통해 노동력이 해방되면서 향촌 공업이 즉각 발전하기 시작했고, 이에 따라 시장지향적인 농촌개혁이 심화되었다. 1987년 산둥성 당위원회와 정부가 핑두현을 토지의 대규모 경영 실험구로 확정했고, 1988년에는 국무원의 비준으로 전국 실험구에 포함되었다. 이때부터 상부의 결재를 통해 농촌 제도의 혁신이 '합법성'을 갖추게 되었다.[162]

핑두 실험구가 추진한 것은 토지제도 혁신을 중심으로 하는 3항의 종합 정책이었다.

식량생산농지는 인구에 따라 균등 분배하고 도급농지는 구획하여 경쟁입찰로 도급하는 양전제 하에서 다양한 제도가 실행되었다. 지력[地力]의 상승과 감소에 따른 상벌 부여가 주요한 방법이었던 토지 관리·사용 제도, 도급비를 주요 원천으로 삼아 자금을 모집했던 농촌 적립 제도, 촌을 기초로 하여 시·향·촌의 삼급이 체계화된 서비스를 제공했던 농업 서비스 제도 등이다. 이처럼 종합적으로 어우러진 제도혁신의 체계는 1997년까지 '합법'으로 운영되었다.

이 십 년은 공교롭게도 중국의 농업 생산이 요동을 치던 시기였다. 통계 데이터를 보면, 1978~1984년 전국 농업 생산액의 연평균 증가율은 7.7%에 달

161　1989년 말, 국무원이 핑두시로의 개편을 비준했다.

162　1990년대 말 중국이 2천여 개의 법률을 급하게 수립하기 전에는 중공 중앙과 국무원의 문건이 국가 법률과 같은 구속력을 가졌었다.

했다. 1984년 이후, 농가도급제가 전면적으로 시행되면서 전국 농업 생산액의 성장 속도가 점차 느려졌다. 1984~1987년 농업 총생산액의 연평균 증가율은 4.1%로 낮아졌다.

전국과 비교하여 핑두의 1978~1987년 연평균 농업 총생산액 증가율은 16.1%로 매우 높았다(같은 기간 전국은 6.4%). 또한 전국 농업 총생산액 증가율이 감소했던 1990년대 초기와 중기에도 더 빠른 성장속도를 유지하여 1988~1996년 동안 연평균 20.6%를 기록했다(〈표 1〉 참조).

표 1 핑두의 연평균 농업 생산액 증가율 (%)

분류	1978~1987년	1988~1996년	1997~2007년
농작물	7.9	8.5	5.5
식량	6.5	2.3	2.4
면화	18.8	0.6	17.1
목축업	4.7	28.7	6.0
어업	31.6	38.6	4.8
임업	15.3	17.1	3.0
농업(총합)	16.1	20.6	5.2

이를 통해 많은 논의가 가능하지만, 여기서는 아래의 주요 문제에 대해서만 다루겠다.

첫째, 농가도급제가 전국적으로 전파되고 나서 농업 총생산액의 증가속도가 해마다 낮아졌는데, 왜 같은 기간 핑두의 농업 생산액은 더 빠르게 증가할 수 있었는가? 이에 대한 제도의 역할은 무엇인가? 십년에 걸친 핑두 실험구의 토지제도 개혁과 3항의 종합 정책이 당시 농업 성장의 주요한 원인이었는가?

둘째, 토지제도 혁신 중심의 3항 종합정책이라는 핑두의 농촌개혁이 확실히 효과가 있었다면, 이러한 농촌 제도는 이론의 혁신을 의미하는 것인가? 즉 농가도급제라는 조건에서 종합적인 제도 건설이 집체와 농가 사이의 주인-대리인 문제를 해결하고, 농가의 경영 규모를 확대할 수 있는가?

위의 문제들에 대한 본 연구의 주요한 방법은 아래와 같다.

먼저 핑두의 26개 향·진의 패널 데이터를 이용하여 개혁실험 시기 (1988~1996년), 3항 종합정책의 농업 성장에 대한 기여율을 평가한다. 분석의 범위는 농가도급제, 가격통제 등의 개혁이 농업 성장에 미친 기여율을 망라한다.[163]

다음으로 모델을 통해 핑두 농촌 실험구 개혁이 농업 성장에 커다란 기여를 했다는 점을 증명한다. 이어서 핑두 농촌 실험구 개혁의 3항 조치를 분석대상으로 삼고, 메커니즘 디자인 이론[mechanism design theory]을 응용하여 농가도급제 하에서 주인-대리인 문제의 극복과 농업 생산력의 대폭 증가에 대한 3항 조치의 역할을 분석한다.[164]

분석 결과는 십 년 동안의 종합적인 개혁이 농업 성장에 커다란 기여를 했을 뿐만 아니라, 농가도급제에 보편적으로 존재하는 주인-대리인 문제를 많은 부분 해결했다는 점을 보여준다.

우리의 혁신 지점은 다음과 같다.

첫째, 과거에도 많은 학자들이 십 년에 걸친 핑두 개혁의 효과에 대하여 긍정적 평가를 했었으나, 분석의 대다수는 질적 분석이어서 양적 근거가 부족했다. 우리는 연도별 데이터에 전적으로 근거하여 수치를 추산함으로써 이 종합 개혁이 당시의 농업 성장에 기여한 바를 양적으로 분석했다.

둘째, 핑두에서 십 년 동안의 개혁실험 시기에 농업이 성장한 것에 대하여 일부 학자들은 단순하게 이를 개별 정책으로 귀결시켰다. 즉 당시의 종합적인 개혁을 분석하지 않았으며, 1987년 실험이 전개되기 이전의 농가도급제와 국가 농산품 수매가격의 조정 등의 정책에 대해서도 분석을 진행하지 않은 것이다.

---

163   여기서 고려하는 시점 이전의 개혁과 국가의 관련 정책도 이 시기의 농업 성장에 영향을 미쳤을 수 있기 때문에 분석 데이터의 연도는 1978년까지 거슬러 올라간다.

164   중요하지만 쉽게 무시되었던 내용을 우리의 분석대상으로 선택했지만, 그렇다고 실험구가 제도혁신을 통해 주인-대리인 문제를 극복한 것이 농업 성장의 유일한 원인이라는 의미는 아니다.

1987년 이전의 정책은 1987~1996년 농업 성장에 영향을 미쳤는가? 그렇다면 그 영향력은 얼마나 큰가? 우리는 이러한 내용도 분석에 포함시킬 것이다.

2. 농촌 제도의 혁신: 종합적인 제도 건설의 농업 성장에 대한 기여

아래에서는 향·진 패널 데이터를 이용하여 1988~1996년 평두의 실험 기간 동안, 3항 종합정책의 농업 성장에 대한 기여율을 평가한다.

1) 시장경제의 농업 생산과 가격 변동

1980년대 중반부터 1990년대 초까지 전국적으로 농산품 시장이 점차 개방되었다. 평두는 1979년에 농가도급제를 실행하기 시작하여 1983년부터 전면적으로 실시하였다. 식량 총생산량이 크게 증가하고 식량가격이 가치법칙에 따라 오르내리면서 가격 변동이 전국적 상황과 일치하게 되었다. 전국적으로 식량의 공급과 수요 상황이 뒤바뀌면서 다음과 같이 평두의 농산품 가격 또한 빠르게 위아래로 요동쳤다.

⑴ 1978~1984년. 1979년 국무원이 18종의 농산품 수매가격을 대폭 인상하기로 결정하고, 식량의 초과 수매에 대한 가격 추가 비율을 30%에서 50%로 올렸다. 이에 따라 농·부산품의 수매가격 지수가 점차 상승했다. 1978년 산둥성 농·부산품 수매가격의 총지수는 101.0(전년 기준)이었으나, 1979년은 129.1(전년 기준)이었고 1984년의 총지수는 1978년 대비 60.9% 상승했다.

⑵ 1984~1985년. 전국의 식량 상황에서 처음으로 판매난의 문제가 출현했다. 농산품 가격이 일부는 하락하고 일부는 올라가는 현상이 병존했다. 1985년 중앙 1호 문건은 식량과 면화의 일괄 수매를 폐지하고 계약 선매[合同定購]로 변경

했다. 선매하는 식량은 '일괄 수매 가격 3, 초과 수매 가격 7[倒三七]'의 비율로 계산하고, 선매 이외의 것은 시세에 따랐다.[13] 1985년 산둥성의 평균 식량 수매가격은 전년 대비 6.1% 상승했다.[165]

⑶ 1990~1991년. 농업의 전반적인 풍작과 거시적 긴축이 함께 작용하여 농산품 가격이 두 해 연속 하락했다. 1989년부터 국민경제에 대한 3년의 치리정돈이 시작되었다. 1990년 산둥성 핑두의 식량·면화·유료작물[油料]·채소·과일 생산량이 전년 대비 각각 8.22%, 18.91%, 6.53%, 10.03%, 87.51% 증가했다. 농업의 종합적인 생산 능력이 새로운 단계로 도약했으나, 농산품 가격은 전면적으로 하락했다. 1990년 산둥성 농산품 수매가격의 총지수는 99.0(전년 기준)이었다.

⑷ 1997~1999년. 여러 해에 걸쳐 풍작이 들고 공급이 증가한 데다가 아시아 금융위기의 충격까지 더해 국내시장이 위축되고 농산품 가격이 재차 전면적으로 하락했다. 1996~1998년의 3년 동안 산둥성 핑두의 농산품 생산량은 새롭게 성장의 고점을 찍었지만, 농산품 가격은 오히려 계속 하락했다. 1997~1999년 3년 동안 농산품 수매가격은 전년 대비 각각 8.6%, 9.2%, 13.0% 하락했다.

⑸ 1988~1996년. 공업화 발전이 가속화되고 도시화가 확장되면서 토지가 대규모로 수용되고 노동력과 자금이 대량으로 유출되었다. 또한 농업의 생산요소가 급속도로 도시로 이전되고, 전국 농업 총생산액의 성장이 위축되었다. 그러나 같은 기간 핑두의 농업 총생산액은 오히려 14억 7,389만 위안에서 28억 6,372만 위안으로 급증하여 연평균 20.6%씩 성장했다. 핑두는 1987년 앞장서서 양전제를 통해 토지의 대규모 경영 실험을 실행하였고, 1988년에는 더 나

165　핑두의 식량 수매가격을 찾을 수 없어서 산둥성의 식량 수매가격 지수로 대체했다.

아가 토지 관리·사용 제도를 중심으로 하는 3항 종합정책을 통해 이를 완성했다. 1988년 말에 절반 이상의 향·진과 촌락이 3항 종합정책을 실행하게 되었고, 1991년에는 80% 이상에 이르렀다. 이 추세는 1997년까지 지속되었다.

본 연구가 보여주듯이 십년 동안의 농촌 제도 건설은 1988~1996년 농업의 성장에 중요한 역할을 했다.

2) 데이터의 출처와 변수의 해석

여기서 응용하는 데이터 중에서 농업 산출은 협의의 농업 생산액, 즉 농작물 생산액이다.[166] 1980년 시장가격을 근거로 평두의 주요 곡물과 주요 경제작물의 생산량을 계산하여 종합 생산액을 얻었다. 데이터는 1987~1996년 연도별 『평두시 농촌 통계연감[平度市農村統計年鑒]』의 향·진 데이터이다.

농업 투입은 주로 토지, 노동력, 자본, 화학비료 등 네 가지 변수를 포함한다. 토지는 경지 면적을 말한다. 노동력은 구체적으로 농업에 종사하는 노동력이다. 여기서 자본은 트랙터와 같은 농업용 기계를 지칭하며, (땅을 갈 때 쓰는 소처럼) 농업에 종사하는 가축도 포함하여 마력을 계량단위로 사용했다.[167] 화학비료는 질소 비료, 인산 비료, 칼륨 비료의 연간 총사용량을 말한다.

평두시 농촌개혁의 개별 정책이 농업 성장에 미친 기여도를 더 정확하게 반영하기 위하여 네 가지의 전통적인 농업 투입 요소 외에 여섯 개의 요소를 추

---

166 광의의 농업은 농업·임업·축산업·농부산물·어업을 포함하나, 일반적으로 농업 산출에 대한 계산은 농작물의 산출만을 의미한다. 주제에 집중하기 위해 여기서는 임업·축산업·농부산물·어업의 산출은 고려하지 않는다.

167 토지, 노동력의 연도별 데이터의 출처는 1987~1996년 연도별 『평두시 농촌 통계연감』의 향·진 데이터이다. 자본의 연도별 데이터는 연도별 『평두시 농촌 통계연감』을 통해 각 향·진의 농가가 보유한 설비 수량의 총합을 찾아내고, 여기에 설비의 출력을 곱해 총출력을 얻었다. 이를 통해 평두시의 각 향·진이 해당 연도에 보유한 농업 경작 설비에 대해 출력으로 계산된 총합을 얻었다.

가했다. 십 년간의 실험구 개혁(1987~1996년)에서 3항 종합정책의 진척도,[168] 농가도급제의 실시 정도, 농산품의 수매가격 지수, 농산품의 시장가격 지수, 비식량 농작물 경작면적의 총 경작면적에 대한 비율, 다모작 지수[169] 등이다. 우리는 이러한 변수를 사용하여 농업체제의 개혁, 국가 수매가격의 조정, 농업의 시장화 개혁을 반영하려고 했다.

3) 모델 분석과 결론

우리의 모델 분석은 린이푸가 「중국의 농업 개혁과 농업 성장(*Rural Reforms and Agricultural Growth in China*)」이라는 논문에서 사용했던 모델을 활용한다. 본문의 농업 생산 예측 모델은 콥-더글러스 생산함수로서 4개의 전통적인 농업 투입, 즉 토지(*Land*), 노동력(*Labor*), 자본(*Capital*), 화학비료(*Fert*)를 포함한다. 다른 7개의 변수는 십 년간의 실험구 개혁(1987~1996년)에서 3항 종합정책의 진척도(*REFORM*), 농가도급제의 실시 정도(*HRS*), 농산품의 수매가격 지수(*GP*), 농산품의 시장가격 지수(*MP*), 비식량 농작물 경작면적의 총 경작면적에 대한 비율(*NGCA*), 다모작 지수(*MCI*), 시간 변수(*T*) 등이다. 이러한 7개의 비전통 변수는 농업체제 개혁, 농산품 가격의 조정, 농업의 시장화 개혁, 과학기술의 진보를 반영하는 것이다. 일상적으로 투입되는 생산력은 토지의 비옥도, 강우량, 관개, 기온, 평균 교육수준 등과 같은 시간과 지역의 차이에 영향을 받기 때문에 예측의 일관성을 보장하기 위해서 이분산성의 문제를 해결하려면, 농가의 분산(*D*)이 모델에 포함되어야 한다.

168　농촌개혁 실험구(1987~1996년)에서 십 년간의 3항 종합정책의 진척도는 핑두시 농촌실험구 개혁판공실의 역대 주임에 대한 인터뷰를 통해 이들이 제공한 기록과 정보를 정리해서 얻은 것이다.

169　비식량 농작물 경작면적의 총 경작면적에 대한 비율, 다모작 지수 등은 연도별 『핑두시 농촌 통계연감』을 정리하여 얻었다.

농업 생산 예측 모델,[170] 쌍방향 고정효과 모형,[171] 공급반응 예측 모델[172]
은 각각 아래와 같다.

$$\text{모델1}: \ln(Y_{it}) = \alpha_1 + \alpha_2 \ln(Land_{it}) + \alpha_3 \ln(Labor_{it}) +$$
$$\alpha_4 \ln(Capital_{it}) + \alpha_5 \ln(Fert_{it}) + \alpha_6 REFORM_{it} + \alpha_7 HRS_{it} +$$
$$\alpha_8 MP_{it} + \alpha_9 GP_{it} + \alpha_{10} NGCA_{it} + \alpha_{11} MCI_{it} + \alpha_{12} T_{it}^{173} + \sum \alpha_j D_j + \varepsilon_{it}$$

$$\text{모델2}: \ln(Y_{it}) = \alpha'_1 + \alpha'_2 \ln(Land_{it}) + \alpha'_3 \ln(Labor_{it}) +$$
$$\alpha'_4 \ln(Capital_{it}) + \alpha'_5 \ln(Fert_{it}) + \alpha'_6 REFORM_{it} + \alpha'_7 HRS_{it} +$$
$$\alpha'_8 NGCA_{it} + \alpha'_9 MCI_{it} + \alpha'_k T_k + \sum \alpha'_j D_j + \varepsilon'_{it}$$

$$\text{모델3}: \ln(Y_{it}) = \beta_1 + \beta_2 REFORM_{it} + \beta_3 HRS_{it} + \beta_4 MP_t -$$
$$1 + \beta_5 GP_t + \beta_6 T_t + \sum \beta_i D_i + \mu_{it}$$

---

170   α는 예측치이며, ε는 오차항이다. 농업 산출과 4개의 일반적인 투입 변수는 자연로그이다. 모델 1은 단변량 고정효과 모형을 통해 나온 것이다.

171   목표치를 비교하기 위해 본문은 쌍방향 고정효과 모형을 수립하여 시간, 지역의 차이를 포함했다. 이 쌍방향 고정효과 모형은 가격 변수를 제거했다. 여기서 가격이 향·진 지역에 따라 변하는 변수가 아닌 산둥성의 가격 지수이기 때문이다. 시간 변수의 계수를 이용하여 연도별 가격 변화가 생산력에 미치는 영향을 반영했다.

172   모델1을 사용하여 농촌체제 개혁, 가격 조정, 시장화 개혁이 농업 생산력에 미친 영향의 정도를 추산했다. 그러나 그중에서 4개의 전통적인 농업 투입(토지, 자본, 노동력, 화학비료), 비식량 농작물 경작면적의 총 경작면적에 대한 비율, 다모작 지수는 펑두의 농촌 실험구 개혁과 농가도급제 개혁에 대하여 내생적인 영향이 있을 수 있다. 따라서 펑두의 농촌 실험구 개혁과 농가도급제 개혁의 농업 성장에 대한 기여는 과대평가나 과소평가될 수 있어 정확한 추산이 불가능하다. 이로 인해 이들의 농업 생산에 대한 총체적인 영향을 추산하기 위해 본문은 공급반응 예측 모델인 모델3을 응용한다.

173   이 모델에서 T는 과학기술의 진보뿐 아니라, 농업 투입도 반영하는 변화이다.

모델1과 모델3의 예측 일관성을 보장하기 위해 오차항의 구조에 따라 적합한 계산방법을 선택해야 한다. 이들의 오차항이 원형의 면에서 간섭하는 오차라면, 최소제곱법(OLS)이 최적 선형 불편 추정량이다. 만약 잔차에서 연속된 시차별 상관관계(intertemporal correlation)가 존재하고 공분산 행렬을 알지 못한다면, 일반화 최소제곱법(EGLS)으로 예측하는 것이 모델1과 모델3에 가장 적합하다.[14]

우선 최소제곱법(OLS)으로 모델1을 예측해 보자. 예상했듯이 화학비료, 자본, 농산품 수매가격 이외에 추정된 변수의 계수는 모두 양이었다. 또한 농산품 시장가격, 농산품 수매가격, 다모작 지수, 비식량 농작물 경작면적의 총 경작면적에 대한 비율, 시간 변수의 추정도 매우 명확했다. 다음으로 일반화 최소제곱법(EGLS)으로 모델1, 모델2, 모델3을 예측하고 각각의 회귀분석 결과를 살펴보면, 최소제곱법을 사용한 농업 생산 예측모델의 회귀수치와 동일한 범위에서 일관성을 가진다. 따라서 아래의 분석은 모두 일반화 최소제곱법(EGLS)으로 농업 생산을 추정한 예측 모델의 회귀분석 결과를 근거로 삼는다.

이어서 일반화 최소제곱법(EGLS)을 통한 농업 생산 예측 모델의 회귀분석 결과를 사용하여 각 변수의 농업 성장에 대한 기여도를 추정한다. 즉 변수의 변화량에 자신의 예측계수를 곱한다. 결과를 보면, 농가도급제의 1978~1987년 십 년간의 농업 성장에 대한 기여율은 59.59%였고, 국가의 식량 수매가격의 상승도 이 시기에 비교적 중요한 역할을 했다. 그러나 1988~1996년 농가도급제의 농업 성장에 대한 기여율은 하락했으며, 반면 이 시기 펑두의 농촌 실험구에서 1987~1996년 십 년 동안 실행된 종합적인 제도 건설의 농업 성장에 대한 기여율은 68.06%에 달했다.[174] 다른 시장화 개혁 변수들의 생산력 제고와 농업 산출의 증가에 대한 효과는 상대적으로 작았다.

174　지면이 한정되어 있기 때문에 여기에서는 통계량을 표를 사용해 전부 열거하지 않고 중요한 수치만 추려내었다. 황인잉(2008)을 참조

다음으로 일반화 최소제곱법[EGLS]을 통한 공급반응 예측 모델의 회귀 분석 결과를 사용하여 각 변수의 농업 성장에 대한 기여도를 추정했다. 즉 동일하게 변수의 변화량에 자신의 예측계수를 곱한다. 결과를 보면, 농가도급제의 1978~1987년 십 년간의 농업 성장에 대한 기여율은 56.94%였으나, 1988~1996년에는 기여율이 크게 하락했다. 앞의 내용과 동일하게 농촌 실험구의 제도 건설이 1987~1996년 가장 주요하게 작용하여 1988~1996년 농업 성장에 대한 기여율은 65.58%에 달했다. 공급반응 예측 모델을 통한 결과와 농업 생산 예측 모델의 결과가 매우 비슷하다는 점을 알 수 있다.

여기서 지적할 점은 농가도급제(*HRS*)와 펑두의 농촌 실험구 개혁(*RE-FORM*)이라는 두 변수의 상관계수가 0이 아닐 수 있다는 점이다. 계산하면 상관계수는 0.54였다. 모델의 내생성을 방지하기 위해 두 변수 중에 하나를 제거할 것인가? 또는 예측된 결과가 양자의 상관성으로 인해 부정확하게 될 것인가? 전국 각지에서 보편적으로 농가도급제를 추진하던 때에 펑두 지역 하나만이 농촌 실험구의 3항 종합개혁 조치를 실시했다는 점을 고려하면, 양자 간에 필연적인 상관성은 없다고 할 수 있다. 따라서 이를 무시하고 계산하지 않을 수 있기 때문에 두 변수를 전부 모델에 넣었다.

상술한 펑두의 제도혁신에 대한 모델 분석은 두 차례의 십 년 동안 상이한 유형의 제도 변혁이 농업 성장에 긍정적 작용을 했다는 점을 증명한다. 또한 두 번째 십 년 동안 추진한 종합적인 농촌 기본제도 건설이 농업 성장에 더욱 현저하게 작용했다는 점도 증명한다.

3. 농가도급제의 주인-대리인 문제

전국에서 농가도급제를 보편적으로 추진한 이후, 농업 성장의 속도가 저하되는 상황에서도 펑두의 농업은 오히려 농가도급제를 개선하여 더 빨리 발전했다.

이는 농가도급제 자체의 모순을 반영하는 것인가? 실험구는 어떻게 이 모순을 해결했는가? 우리는 먼저 농가도급제의 주인-대리인 관계를 분석하고, 이를 실마리로 삼아 다시 계량분석을 전개한다.

1) 농지의 주인-대리인 관계 분석

농가도급제의 특징은 '집체 소유, 가구별 경영'으로 토지의 소유권과 경영권을 분리하는 것이다. 주인-대리인의 관점으로 보면, 일종의 복합적인 주인-대리인 관계로 볼 수 있다.[175] 우선 소유자로서 집체의 구성원인 농가가 집체조직과 소유권을 두고 주인-대리인 관계를 형성한다. 다른 한편 집체조직이 구체적인 경영활동의 주체인 농가와 경영권에 대한 주인-대리인 관계를 형성한다(자오펑, 2002).

1990년대 이후에 국가가 농업 산업화, 대규모 경영, 산업 구조조정을 추진하면서 농가도급제의 복합적인 주인-대리인 관계에 존재하는 결함이 갈수록 뚜렷해졌다. 주인의 대리인에 대한 효율적인 감독과 제약이 부족했기 때문에 주인-대리인 문제가 계속 출현했을 수 있다. 또한 정보의 비대칭성 등으로 주인-대리인 문제가 발생했을 수도 있다.[176]

2) 농가도급제에서 주인-대리인 문제의 원인

토지는 농업 생산의 기본적인 조건이자 농민 생활의 기본적인 보장이라는 이중의 기능을 가지고 있다. 이 때문에 토지의 경영과 사용의 총체적이고 장기적인 목표에 대하여 농지의 주인-대리인 문제는 다음과 같은 최고의 원칙을 갖는다. 즉 토지의 지속가능한 이용, 토지와 토지 수익의 공평한 분배, 토지의 관리와 이

---

175   주인-대리인은 소유권과 통제권이 분리된 상황에서 재산권을 배치하는 일종의 계약형식이다.

176   자신의 목표 추구가 주인의 이익을 감소시키더라도 대리인이 자신의 목표를 추구할 수 있기 때문에 주인-대리인 문제(Principle-Agent problem)가 발생한다.

용의 종합적인 수익 최대화 등이다.[177] 그러나 주인-대리인 관계 자체에 존재하는 결함 때문에 주인-대리인 문제는 갈수록 뚜렷해지고, 농지의 주인-대리인 관계도 딜레마에 빠진다.

소유권의 주인-대리인 관계에서 대리인인 집체조직은 자신의 이익을 고려하면서 주인(집체의 농가)의 최초 목적을 위배하고, 직권을 남용하여 개인의 이익을 도모한다. 토지의 공평한 분배라는 목적을 위배하여 토지를 조정하면서 임의로 예비토지와 도급토지의 면적을 확대하고, 도급비를 올렸다. 토지를 도급하고 수용하면서 암암리에 임차인, 수용자와 결탁하여 주인(농가)의 이익에 손실을 입혔다. 경지를 보호하려는 주인의 의도를 위배하여 경지 보호를 포기하고 변칙적으로 경지를 매매하기도 했다.

소유권의 주인-대리인 관계에서 집체 구성원인 농가는 주인으로서 총체적이고 장기적인 이익을 추구한다. 그러나 경영권의 주인-대리인 관계에서는 개별 농가가 대리인이 되어 개별적인 단기 이익을 추구하게 된다. 개별 농가가 보유한 토지 경영권은 일정한 시간 제약을 받고 경지 보호는 긍정적 외부효과를 갖는다. 따라서 농가는 눈앞의 이익을 얻기 위해 합리적으로 경지 보호를 포기하거나 농지를 방치하게 된다. 심지어 약탈적 경작을 하거나 대량으로 화학비료를 사용하면서 유기비료 사용이 축소되기도 한다. 유기비료 사용이 지력의 장기적인 유지와 개선에 유리하여 주인의 애초의 이익에 부합하지만, 단기적으로 보면 유기비료 사용의 효과는 불분명하고 투입에 대한 회수도 느리다. 단기적 이익에 자극된 농가는 합리적으로 기회주의를 선택하고 화학비료의 장기적 사용이 초래할 수 있는 토지의 경화, 지력의 감소라는 좋지 않은 결과를 고려하지 않는다.

---

177 편의를 위해 이후부터 각각 토지의 지속가능한 이용은 EP, 토지와 토지 수익의 공평한 분배는 IF, 토지의 관리와 이용의 종합적인 수익 최대화는 IM으로 표기한다.

4. 개혁 실험구의 제도 건설 분석

위에서 논의한 주인-대리인 문제의 복합적인 특징과 이로 인해 나타나는 문제에 대하여, 우리는 이 문제를 해결하기 위해서 주인에 대한 인센티브 제도를 수립해야 한다고 주장한다. 이를 효과적으로 실시하려면, 인센티브 제도의 설계가 참여 조건과 유인양립 조건이라는 두 가지 조건을 만족시켜야 한다. 참여 조건은 대리인이 계약을 집행하는 효용이 집행하지 않는 효용보다 크다는 의미이다. 유인양립 조건은 대리인이 계약을 집행할 때의 수익이 다른 행위를 선택할 때의 수익보다 클 뿐만 아니라, 주인의 수익 또한 유효하게 보장됨으로써 수익 최대화의 기대 목표에 부합한다는 것이다. 이러한 두 가지 조건을 만족해야만, 인센티브 제도가 효과적으로 실행될 수 있다.

이에 따라 우리는 메커니즘 디자인 이론을 통해 핑두의 농촌 실험구 개혁이 어떻게 참여 조건과 유인양립 조건을 동시에 만족시킴으로써 인센티브 제도가 효과적으로 실시될 수 있도록 했는지를 분석한다.

1) 관련 변수의 가설

대리인의 개체적인 합리성과 유인양립 조건이 만족하는 상황에서 주인은 $x(\bullet)$, $t(\bullet)$를 선택하여 자신의 기대효용을 최대화한다.[178]

---

178 관련 변수의 정의는 다음과 같다. 집체 농가는 주인이며, 집체조직은 대리인이다. u'는 대리인이 보류한 효용, 즉 집체조직이 주인의 메커니즘을 거절했을 때의 기대효용이다. 집체 농가의 목표는 다음과 같다. 하나의 메커니즘을 디자인하여 하나의 함수 $y = \{x, t\}$를 확정한다. 즉 하나의 함수는 결정 벡터 x와 화폐로 이전된 수익 t의 두 부분을 포함한다. x는 공집합이 아닌 컴팩트한 볼록집합[compact convex set] X에 속한다. t는 주인으로부터 대리인에게 가는 화폐로 이전되는 수익의 벡터이다. $x(\bullet)$는 결정 함수, $t(\bullet)$는 이전수익 함수이다. θ(세타) 대리인의 효용함수는 $u(y, \theta)$이다. 주인의 효용함수는 $E_\theta u_0(y(\theta), \theta)$, 즉 $E_\theta u_0(x(\theta), t(\theta), \theta)$이다. $\mathrm{Max} E_\theta u_0(x(\theta), t(\theta), \theta)$는 주인의 효용 최대화를 표시한다. IR은 대리인의 개체적인 합리성의 조건, 즉 대리인이 메커니즘을 수용했을 때의 효용이

2) 농지의 소유권에서 주인-대리인 문제의 해결

우리는 먼저 집체의 구성원인 농가가 소유자로서 집체조직과 맺게 되는 소유권에 대한 주인-대리인 관계를 분석한다. 펑두 실험구의 제도 설계가 유효한 인센티브 메커니즘을 실현했기 때문에 상술한 경지 보호의 문제, 토지의 조정과 분배의 분제, 토지 수익의 분배 문제 등이 순리적으로 해결될 수 있었다.

(1) 집체조직의 개체적 합리성의 제약조건과 이에 대한 만족

농지의 복합적인 주인-대리인 관계에서 최종적인 소유자인 집체의 농가는 토지의 경영과 사용의 총체적이고 장기적인 목표에 대하여 다음과 같은 최고의 원칙을 형성한다. 토지의 지속가능한 이용(EP), 토지와 토지 수익의 공평한 분배(IF), 토지의 관리와 이용의 종합적인 수익 최대화(IM) 등이다.

$$\max E_{\theta} u_o(x(\theta), t(\theta), \theta) = \{EP \bigcup IF \bigcup IM\}$$

주인의 효용 최대화가 대리인의 개체적 합리성으로부터 받는 제약은 다음과 같다.

임의의 θ (세타)에 대하여 $u_1(x(\theta), t(\theta), \theta) \geq u' = 0$

즉 집체조직이 주인의 메커니즘을 수용할 때의 효용 $u_1(x(\theta), t(\theta), \theta)$는 이를 거절할 때의 기대수익 u'보다 커야 한다. 여기서 우리는 $u' = 0$으로 설정했다. 즉 거절의 기대수익을 영으로 가정했다. 따라서 대리인의 개체적인 합

거절했을 때의 기대수익보다 커야만 한다는 것을 표시한다. IC는 대리인의 유인양립 조건, 즉 대리인이 자신의 기대수익 $u_1(x(\theta), t(\theta), \theta)$의 최대화를 고려했을 때, 동시에 주인의 최대 수익 획득을 보증한다는 것을 표시한다.

리성의 제약은 대리인이 주인의 메커니즘을 수용했을 때의 기대수익이 영보다 커야 한다는 점, 즉 양의 수익이어야 한다는 점을 나타낸다.

이러한 제약 하에서 집체 구성원인 농가가 농지 소유권을 집체에 넘길 때, 자신의 목표 효용을 추구하고, 또한 집체조직이 이 위임을 수용할 경우에 집체조직의 기대수익이 양이 되어야 한다는 점을 고려해야 한다. 핑두의 실험은 이 같은 요구를 동시에 어떻게 만족시켰는가?

핑두 실험구는 인구에 따라 농지를 균등 분배했던 도급 경영을 개혁하는 것에서부터 시작하여 점차 3항 종합정책을 추진했다. 여기서 중요한 점은 농촌 적립 제도를 통해 집체와 농가 두 차원에서 적립 기능을 강화할 수 있었다는 것이다. 이는 자금 적립, 노동 적립, 촌 부과금[提留] 개혁 등의 세 가지 방식을 포함했다. 자금 적립은 주로 촌 집체의 자금 적립[179]과 농가의 자금 적립으로 구성되었다. 집체의 자금 적립은 일반적으로 도급비나 집체 부과금을 걷을 때, 수시로 수취되었으며, 토지 수용 보상비는 전부 집체 적립으로 산입되었다. 통일적으로 모아진 적립 자금은 향(진)과 촌이 등급을 나누어 관리했다. 사용처를 살펴보면, 비생산적 지출은 엄격히 통제하고 생산적인 투자를 증가시켜 대부분의 자금이 생산 조건의 개선과 농업의 잠재력을 키우는 데 사용되도록 했다.

핑두 실험구가 시행한 3항 종합정책은 토지의 관리·사용 제도에서 농민의 도급 토지를 활용하여 촌 집체가 도급 수입 R1을 얻도록 했다. 또한 농촌 적립 제도에 따라 이 수입을 기층 농민의 합작기금회 R2에 투입했다. 아울러 농업 서비스 제도에 따라 진[鎭]의 가공업과 서비스업에 투자하여 수익 R3을 획득했다(〈그림 1〉).

이러한 자금의 유통 과정에서 집체의 수익이 계속 증가했다. 그러나 농가와의 거래비용은 일회성이어서 기본적으로 불변했다. 이는 촌급 조직이 역내의

179　촌 집체의 자금 적립, 즉 촌 집체가 해당 연도에 소득으로 얻은 각 업종의 도급 수입과 부과금
　　은 농업세(특산물세[特産稅] 포함)를 상납하고 현과 향(진)의 부과금(농촌교육, 계획출산[計
　　劃生育], 민병훈련, 보훈[優撫], 교통사업경비)을 제외한 이후에 약 50%가 집체 적립으로 수
　　취되었다.

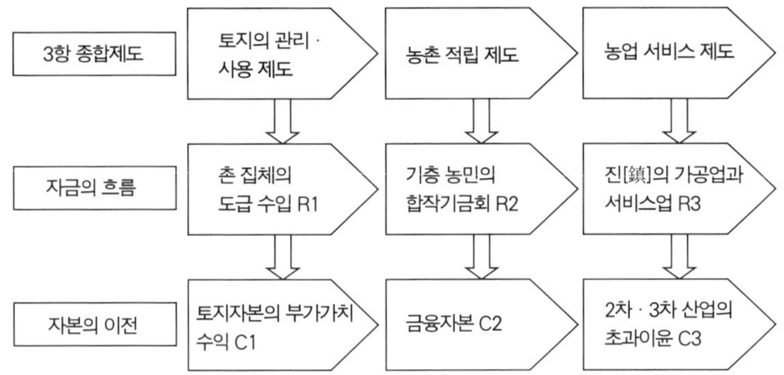

그림 1 3항 종합정책의 내재적인 운영 메커니즘

자원 통합과 공동체의 수익 조절이라는 두 가지 역할을 하는 과정에서 점차 기층의 경영관리 집단으로 변화했으며, 조직 수익이 조직 비용보다 높아야 한다는 점을 보여준다.

⑵ 집체조직의 유인양립 조건과 이에 대한 만족

〈그림 1〉을 통해 알 수 있듯이 자금의 흐름은 촌 집체의 도급 수입 R1으로부터 기층 농민의 합작기금회 R2로, 최종적으로 진의 가공업과 서비스업에 투자되어 R3가 된다. 자본의 이전은 토지자본의 부가가치 수익 C1으로부터 금융자본 C2로, 최종적으로 2차·3차 산업의 초과이윤 C3가 된다.

집체조직은 이윤, 특히 2차·3차 산업의 초과이윤 C3을 지속적으로 획득하기 위해 우선 자신의 자본 출처, 즉 토지자본의 부가가치 수익 C1을 보장해야만 한다. 따라서 다음과 같이 단기적 이익을 포기할 수밖에 없다.

첫째, 집체조직은 경지 보호 문제를 중시할 수밖에 없다. 집체토지의 관리자가 토지 유통의 수익을 획득하기 위해 제멋대로 공동경영, 주식화 등의 방식으로 농지를 건설용지로 전환하고 함부로 '네 가지 황무지'[180]를 경매한다면, 이

---

180 '네 가지 황무지[四荒]'는 황폐한 산[荒山], 황폐한 비탈[荒坡], 황폐한 호수[荒湖], 황폐한 개펄[荒灘]을 포함한다.

는 토지자본의 부가가치 수익 C1을 포기하는 것이 되고 이로 인해 금융자본 C2
와 2차·3차 산업의 초과이윤 C3도 획득할 수 없게 된다.

둘째, 토지의 조정과 분배의 문제이다. 평두 실험구는 개혁을 하기 전에 조
사연구와 추적관찰 등의 수단으로 농민의 수요와 요구를 조사했다. 이에 상응
하여 토지제도와 관련 제도를 제정하고, 도급비는 입찰 경쟁 방식과 함께 집체
의 통일·균형을 고려하여 합리적으로 채택한다고 규정했다. 즉 수입의 대부분
은 농민에게 돌려준다는 원칙을 유지하고 농민부담을 가중시키는 방식으로 변
질되지 않도록 했다. 투자자에 대한 자격심사를 실시하고 경영 규모의 맹목적
인 확대를 방지했다. 또한 개입을 통해 과도한 경쟁을 억제했다. 아울러 도급 토
지를 구획하면서도 소조를 결성해 입찰에 참여하도록 유도함으로써 토지가 너
무 작게 분할되는 것을 막았다. 이렇게 하여 토지의 조정과 분배를 진행할 때,
토지를 공평하게 점유한다는 애초의 취지를 실현하였다. 동시에 집체 간부가
직무 권한을 이용하여 토지 조정을 구실로 개인의 이익을 꾀할 수 없도록 했다.

셋째, 토지 수익의 분배 문제이다. 향촌 간부가 집체 토지에 대한 실질적인
통제권을 이용하여 토지 유통 과정에서 개인의 이익을 챙기는 것을 방지하기
위해 평두 실험구는 공개 입찰, 경쟁 도급을 도입했다. 또한 표본 계약서에 따라
도급 합의서를 작성했다.

평두의 이처럼 개선된 토지제도와 관련 제도의 종합적인 실험은 집체조직
이 농지 소유권의 위임을 수용하도록 했다. 집체조직이 자신의 수익 최대화를
고려할 때, 토지자본의 부가가치 수익 C1, 금융자본 C2, 2차·3차 산업의 초과
이윤 C3을 보장받기 위해 집체 구성원인 농가가 추구하는 최종 목표를 실천하
도록 한 것이다. 즉 집체조직이 자신의 기대수익인 $u_1(x(\theta), t(\theta), \theta)$의 최
대화를 고려할 때, 우선 주인이자 집체 구성원인 농가가 최대 수익을 획득하도
록 보장해야만 했다.

3) 농지의 경영사용권에서 주인-대리인 문제의 해결

일반적인 농가도급제의 경영권에서 주인-대리인 관계를 보면, 대리인인 농가는 개별적인 농가이며, 이들의 이익 추구는 개별적인 눈앞의 이익으로 표출된다. 동일하게 농지의 복합적인 주인-대리인 관계에서 최종적인 소유자로서 집체 구성원인 농가는 토지의 경영과 사용의 총체적이고 장기적인 목표에 대하여 최고의 원칙을 형성한다. 즉 집체 농가의 목표인 효용 최대화이다.

(1) 농가의 개체적 합리성의 제약조건과 이에 대한 만족

경영권의 주인-대리인 관계에서 개체적 이익과 총체적 이익의 충돌로 대리인인 농가는 기회주의적인 행위를 하게 된다. 농업의 경작 생산력은 지력의 유지 및 배양과 크게 연관되기 때문에 농지의 직접적인 이용자인 농가가 응당 이를 책임져야만 한다. 그러나 지력의 배양은 긍정적 외부효과를 가지고 있기 때문에 일반적인 상황에서 농가는 이를 방치하는 쪽을 합리적으로 선택할 것이다. 심지어 단기 이익에 따라 증산을 위해 지력을 약탈하는 쪽을 보편적으로 선택한다.

이러한 문제에 대하여 펑두 실험구는 '토지의 등급심사 관리 방법'을 제정해서 등급의 승강[升降]에 따라 보상과 상벌을 주는 제도를 실행했다. 토지의 사용과 지력의 배양을 결합한 경제 메커니즘을 수립한 것이다. 이것이 펑두의 토지관리제 건설에서 핵심 내용이었다.[181] 농가는 지력을 보호하면서 동시에 촌

---

181 농지의 기본건설에 대해 규정된 지시는 다음과 같다. 집체의 통일된 계획에 따라 도급지 내에 양수 펌프를 설치하면, 촌 집체는 일정한 투자 보조금을 준다. 또한 토지 도급 기한이 만료되거나 중도에 이전될 때, 양수 펌프의 이상 유무에 대한 검사를 거쳐 집체는 농가에게 양수 펌프에 대한 투자를 보상하고 이에 대한 권리를 집체 소유로 귀속하며, 관개를 확대한 면적에 대해서는 한 등급을 올려준다. 경사가 15도 이하인 경사지에서 규정된 기준에 따라 정비하여 3무(畝) 이상의 면적을 계단밭으로 만들고 물과 흙을 잘 유지했다면, 도급 기한이 만료될 때, 한 등급을 올려준다. 모래를 농지로 만들거나 모래를 다져 토양을 개선하면, 개선된 토지 면

집체가 주는 투자 보조금과 승급 포상을 얻을 수 있었다. 반대로 농가가 단기적 이익의 실현을 선택한다면, 지력이 훼손되어 지력의 강급에 따른 처벌을 받게 된다.

(2) 농가의 유인양립 조건과 이에 대한 만족

토지 이용에서 농가의 단기적 행위는 주로 두 가지로 나타난다. 첫째, 경지의 방치이다. 둘째, 화학비료를 대량으로 사용하면서 유기비료의 사용을 줄이는 것이다. 유기비료 사용이 지력의 장기적인 유지와 개선에 유리하므로 주인의 애초의 이익 추구에 부합하지만, 단기적으로는 유기비료 사용의 효과는 분명하지 않고 투입에 대한 회수도 느리다. 화학비료를 장기적으로 사용한 결과는 토지의 경화와 지력의 감소이지만, 단기적 이익에 자극된 농가는 기회주의를 합리적으로 선택한다.

이와 같은 문제에 대응하여 핑두 실험구 개혁은 '토지에 따른 가축 사육의 지정, 경작과 사육의 연계, 생산과 투자를 연계한 도급' 제도를 제정했다. '토지에 따른 가축 사육의 지정'[182]은 토지의 지력 상승과 목축업 발전을 연계하고 토지에 대한 모니터링 비용을 감소시켜 경작과 목축의 선순환을 가져왔다. 이

적에 대해 한 등급을 올려준다.

생산량 지표는 다음과 같다. 작물 수확시 집체는 생산량 측정을 일괄적으로 조직한다. 각 지표에 대하여 측정과 평가를 통해 토지의 승급을 확정한다. 집체는 이에 상응하여 승급한 급수만큼 보상하고 포상한다. 토지가 강급[降級]되면, 도급자는 집체에 강급된 급수만큼 배상금을 납부하고 벌금을 받는다. 구체적인 포상과 벌금의 액수는 토지의 승강된 면적, 토지 등급에 따른 생산량, 식량(또는 면화, 유료 작물)의 해당 연도의 평균 가격에 따라 결정된다. 이는 다음과 같은 공식으로 표시될 수 있다.

보상금(배상금) = 승강된 면적 × 토지 등급에 따른 생산량 × 식량(또는 면화, 유료 작물)의 해당 연도 평균 가격

182 각각의 촌은 토지에 필요한 유기비료의 양에 따라 도급별로 일정량의 토지를 지정했다. 여기에서 정해진 수량의 가축을 사육하여 일정한 수량의 유기비료를 토지에 투여하도록 했다.

제도의 수립으로 개별 농가가 토지를 경영할 때, 개인의 이익 최대화를 추구하면서 동시에 집체의 이익 최대화를 실현하였다. 개인 이익과 집체 이익의 통일이 달성된 것이다.

5. 결론

우리는 펑두의 농촌 제도 실험과 농업 성장에 대한 분석을 통해 다음과 같은 사실을 알게 되었다. 농촌개혁이 유도성[誘致性] 제도 변천을 실현하려면, 제도를 설계할 때, 참여자의 개체적 합리성을 고려하여 개인의 인센티브가 양립될 수 있는 인센티브 메커니즘을 설계해야 한다. 이렇게 하여 개체 합리성과 집단 합리성의 최종 목표를 서로 일치시킴으로써 개혁이 기대된 목표와 효과에 도달하도록 보장해야 한다.

일반적으로 농촌의 토지제도와 관련 제도를 설계할 때, 참여자는 주로 농가와 촌 집체이다. 농가가 얻는 수익은 자신의 개인 이익의 조건과 유인양립의 조건을 만족시켜야 한다. 즉 농가가 양의 수익을 얻을 수 있어야만 한다. 또한 농가가 개인 수익의 최대화를 실현하면서, 동시에 집체 이익의 최대화를 실현할 수 있어야 한다. 다른 한편, 제도의 설계자는 제도의 실행에 참여하는 집체조직을 고려해야만 한다. 촌, 향·진도 참여하면서 양의 기대수익을 얻을 수 있어야 할 뿐만 아니라, 집체조직의 제도 참여에 따른 기대수익이 자신의 이익 최대화라는 목표의 실현과 일치되어야만 하는 것이다. 이렇게 해야만 역선택과 도덕적 해이의 발생을 방지할 수 있다.

그러나 본 연구는 아래와 같은 점에서 아직 부족하다.

첫째, 농업 성장의 원인은 다양하며 복잡하다. 우리는 계량분석에서 모든 변수를 최대한 고려하고 세 가지 모델을 사용하여 예측의 정확도를 높이려고 했지만, 여전히 누락된 부분이 있을 수 있다. 계량 모델의 설정과 분석은 뜻대로

만 될 수 없고 오차를 피하기 어렵다. 또한 계량적으로 예측된 수치로 모든 문제를 해석할 수도 없다.

둘째, 실험구의 제도 혁신이 농업 성장에 발휘한 기여는 여러 변수로 말미암은 것이다. 우리는 비교적 중요하지만 쉽게 무시되는 지점을 골라 메커니즘 디자인 이론으로 분석한 것이지, 실험구의 주인-대리인 문제에 대한 극복이 농업 성장의 유일한 원인이라는 것은 아니다.

셋째, 지면과 능력의 한계로 인해 펑두의 십 년간의 제도 혁신이라는 중요한 하나의 역사적 단편만을 선택하여 이를 심도 있게 중점적으로 분석했다. 그러나 개혁을 전후로 한 역사의 전체를 일일이 살펴볼 수는 없었다.

제21장 부문과 자본의 '하향'과 농민 전업합작 경제조직의 발전[183]

일괄도급이 농가를 기본 경영 단위로 확정한 이후, 농업정책 부문은 취약한 농민 집단이 시장을 대면할 때에 나타나는 '소생산과 대시장'의 모순을 해결하려고 했다. 이를 위해 우대정책을 통해 부문과 자본을 '하향[下鄕]'시켜 시장 위험에 대항하는 농민 전업합작 경제조직을 설립했다. 그러나 우리의 분석 결과를 보면, 부문과 자본이 농촌의 엘리트와 연합하여 주도적으로 설립한 합작조직은 실제로는 '대농이 소농을 먹는' 메커니즘이 되어 지속적으로 취약한 소농의 이익을 침범했고, 정부가 농촌에 부여한 특혜에서 보편적으로 '엘리트 포획'이 출현하는 문제를 초래하였다.

자본 결핍의 시대에 형성된 친자본적인 정부제도 하에서 취약한 소농은 시장을 대면하든, 대농이 주도하는 합작조직에 가입하든 간에 자신이 처한 주변화된 지위를 변화시킬 방법이 없었다. 정말로 중요한 것은 소위 '합작사'라는 도처에 만발한 허위의 번영을 추구하는 것이 아니라, 이미 자본 과잉의 단계에 들어선 정부가 전면적으로 제도와 시스템을 조정하여 적극적으로 친빈곤, 친취약집단으로 전환하는 것이다. 이를 위해서는 부문, 자본, 대농, 소농의 자원 부존과 이익 구조를 통해 생성된 합작 경제조직이 변질시킨 현실의 논리를 바꾸어야 한다.

---

183 이 글은 국가사회과학기금의 중점 과제 '사회주의 신농촌 건설의 목표, 중점 그리고 정책연구'(과제 번호: 06AJY003)의 연구성과 중 하나이다. 과제의 책임자는 중국 런민대학 농업·농촌발전학원 원장 원톄쥔 교수였다. 과제팀의 주요 구성원은 퉁즈후이, 구선, 둥샤오단, 양덴창, 양솨이, 왕핑, 류하이잉, 퉁보[童波], 허샤오[賀瀟], 정펑톈, 캉샤오광, 저우리, 허후이리[何慧麗], 양야루[楊雅茹], 류샹보[劉湘波], 장바이린 등이다. 이 글은 둥샤오단이 과제 보고서에 따라 초고를 쓰고, 원톄쥔이 수정하여 탈고했다. 원문은 과제조(2009)를 참조 추젠성, 위안웨싱, 위안칭화, 청춘왕, 바이야리 등이 자료의 수집과 사례조사에 참여했다. 왕장칭[王張慶]과 함께 루이안 신농촌 건설 실험구의 천린[陳林] 부시장 또한 기여를 했다. 모두에게 감사한다.

제도의 친자본적 경향을 친빈곤으로 변화시켜려고 한다면, 정부는 정책 방향에서 종합적이고 다기능적인 농민 합작조직을 농민 합작을 발전시키는 주체로 삼고, 현재 농민 전업합작 경제조직이 주도하는 국면을 바꿔야 한다. 특히 필요한 제도 환경을 하향식으로 조성하고, 부문의 이익이 종적·횡적으로 분할된 복잡한 구조를 바꾸어야 하며, 아울러 농민의 종합적인 합작에 맞춤된 지원제도와 인센티브 제도를 설계해야 한다.

1. 배경과 문제

1) 일괄도급 이후, 중국 농업정책의 변화

(1) 거래비용의 문제가 농업정책의 변화를 이해하는 중요한 실마리이다

중국은 세계 농민 인구의 30%를 보유하고 있으나, 경지는 9%, 수자원은 5%에 불과하다. 시장자유화에 따라 9억여 명의 농촌 호적 인구와 2억 3천만 호의 농가가 고도로 분산되었으며, 토지도 잘게 분할되었다. 이들은 세계에서 겸업화의 정도가 가장 높고 가장 작은 농업 단위에 속한다. 따라서 규모가 작고 잉여도 작기 때문에 현재, 이처럼 고도로 분산된 농민이 진정한 시장경제의 주체가 되기는 어렵다.

일괄도급이 농가를 기본 경영 단위로 확정한 이후, 시장화 개혁이 심화되면서 농업의 '소생산과 대시장'의 모순이 갈수록 도드라졌다. 농가도급 경영에서 보통의 농가는 식량의 생산과 판매만으로는 사회의 평균 이윤도 얻을 수 없었다. 이로 인해 삼농 문제가 갈수록 심각해졌고 거시적으로는 국가의 식량안보가 위협을 받았다.[184] 이로 인해 집체통일경영과 농가도급경영이 결합된 통

184　많은 농가가 부득이하게 가구 구성원이 도시로 가서 벌어들인 소득에 의존하여 기본 생계를

분결합[統分結合]의 이중경영 체제에서 어떻게 '통일' 측면의 기능을 개선할 것
인가가 갈수록 농촌의 기본 경제제도 건설에서 피할 수 없는 핵심 문제가 되었
다. 이것이 중국의 농업정책 변화를 이해하는 한 축이다.

⑵ '통일' 경영 측면의 개선에 진력한 농업정책의 결과

일괄도급 이후, 농업정책 부문은 집체경제의 실력 강화,[185] 농업의 사회화 서비
스 체계 발전, 농업 산업화의 추진 등 세 가지 정책 중점을 계속 강조했다.

① 집체경제의 실력 강화라는 정책 설계는 비현실적이었다

농가도급 개혁을 추진하던 초기, 사람들이 거의 이해하지 못했지만 최초의 농
촌개혁의 본질은 정부의 '비경제적 영역으로부터의 퇴장'이었다. 따라서 왜 '통
일'의 측면이 존재해야만 하는가에 대한 논증은 주로 두 가지 내용에 집중되었
다. 첫째, 농가 경영은 농업 인프라나 공공복지 같은 농업 공공재를 제공할 수
없었다. 둘째, 당시 농업의 집단화된 고정자산 일부는 완전히 분할하기 어려워
집체의 통일된 경영과 관리가 필요했다(쑹훙위안 편, 2008: 50-51). 농촌 집체조직

유지했다. 도농 이원구조에 따라 노동력 요소에 대해 차별적으로 가격이 결정되었기 때문에
농민의 농업 생산에 대한 기회비용이 높아졌다. 농업 내부에서조차도 식량 경작의 상대적 수
익이 낮았기 때문에 각 지역은 부단히 농업 내부의 구조를 조정하였다. 수익이 높은 경제작
물이 식량작물에 대해 차액지대를 형성하는 상황에서 농민 또한 경제작물을 경작하려고 했
다. 식량작물에 대한 노동력 투입을 줄이거나 직접적으로 경작 면적을 줄여 농업의 이윤을 최
대화하는 것이다. 이는 농업 생산의 내부에서 여가에 대해 상이한 잠재가격을 형성했다. 만약
식량가격의 상승이 농업 내부에서 노동력의 기회비용 상승과 일치하지 않는다면, 작물 간의
차액지대 차이가 더욱 커지게 된다. 이때 정부의 식량 보조금이나 식량생산을 보호하기 위해
인상한 식량가격이 차액지대를 벌충하기에 부족하다면, 농민의 식량생산에 대한 노동력 투입
이 줄고 식량생산율 또한 상대적으로 감소한다. 그리하여 국가의 식량안보에 대한 잠재적 위
협이 형성된다(류화이위 외, 2008).

185 중앙이 1991년 11월 29일 통과시킨 「중공 중앙의 농업·농촌 업무를 한층 강화하는 것에 관
한 결정[中共中央關於進一步加強農業和農村工作的決定]」을 참조.

이 '고효율'로 운영되어야만, 이 두 가지 기능을 확보할 수 있었다. 그러나 정부의 퇴장 이후, 본래 재정적 뒷받침이 부족했던 촌급 집체는 '저효율'을 피하기 어려웠고, 집체 경영은 손쉽게 모두의 비판 대상이 되거나 방치되었다. 분할하기 어려웠던 고정자산은 자연스럽게 소모되거나 가격이 매겨져 매각되었고, 농업 인프라와 공공복지는 파괴되거나 삭감되었다. 전국의 대다수 촌락에서 집체 경영이 신속하게 축소되고 소실되었다. '집체경제의 강화'는 더욱 허사가 되어버려 '집체는 있으나 집체경제는 없는[有集體無經濟]' 상황이었다.

② 부문 '하향'의 형성

농촌개혁 십 주년이었던 1988년, 통분결합의 이중경영 체제를 안정화시키고 완성하기 위해서 농업의 사회화 서비스 체계를 개선하자는 정책이 제기되었다. 정책으로 설계된 서비스 체계는 농촌 집체나 합작조직을 기초로 삼고, 국가의 농업 관련 경제·기술 부문에 의지하며, 기업과 자영업의 서비스로 보충한다는 것이었다. 그러나 여러 원인으로 기초가 되는 농촌의 집체와 합작조직은 계속 약화되었고, 나머지 두 가지만이 발전하였다. 특히 국가의 경제·기술 부문이 부문의 종적·횡적 분할과 함께 기층으로 내려가 크게 발전하였고, 기층 정치권력의 방대한 상부구조를 차지하는 일부가 되었다. 그러나 각급 정부의 경제·기술 부문은 독립적인 이익 주체로 변하여 이들이 제공하는 것은 대부분 영리성 서비스였으며, 소농은 잉여가 적었기 때문에 이처럼 비용이 드는 각종 서비스에 대하여 매우 높은 수요 탄력성을 보였다. 또한 무료 서비스일지라도 상대하는 농민이 많고 경영이 복잡해서 높은 거래비용의 문제를 극복할 수 없었다.[186]

---

186   농민의 농가별 경영 이후, 부문이 의지했던 집단화된 조직이 붕괴했다. 재정적자와 공공 부채가 증가하는 상황에서 중앙과 지방의 각급 정부는 농업 지원 자금을 대폭 삭감했다. 갈수록 심각해지는 농업 관련 부문의 생존 위기를 해결하기 위해서는 부문이 경영을 하도록 하고 농업 관련 영리성 서비스를 확대함으로써 부문의 수입이 증가하도록 할 수밖에 없었다. 이에 따라 농업 관련 부문이 자신을 보존하기 위해 적극적으로 하향하여 농업 관련 영리 서비스를 확대할 수 있었다.

③ 자본 '하향'의 발전

국가의 경제·기술 부문을 중심으로 농업의 사회화 서비스 체계를 구성할 때, 각종 농업 관련 가공·경영 기업들 또한 발전했다. '농업 현대화'가 명분이었으나 실제 내용은 삼농으로부터의 잉여 추출이었던 집단화 제도와 동일하게(원톄쥔, 2000: 3-87, 284-375), 1990년대 초기 초보적으로 형성된 지방의 산업자본도 '농업 산업화'라는 명분을 통해 확장되어야 했다. 이 같은 상황에서 정부는 통일 경영의 기능을 발휘하고 이중경영 체제를 개선하기 위한 정책으로서 선도 기업의 발전을 제기했다.

그러나 조사에 따르면, 대다수 선도 기업은 농·부산품 생산과 초보적인 가공업 위주였으며 규모도 작았다. 이윤도 대부분 세수 감면과 국가의 기타 재정적 지원으로부터 비롯되었으며, 안정된 시장 체계를 뒷받침할 만한 자체 역량이 없었다. 그러나 경영이 안정된 대형 기업은 생산수단과 판매 과정을 장악하고 회사와 소농이 시장에서 대등하게 협상할 수 없는 시장 상황에서 '회사가 농가를 먹는' 현상을 초래했다. 분산된 소농이 '발'로 하는 투표를 하면서 기업과 농민 쌍방은 안정적인 계약을 맺을 수 없었고, 대략 80%의 계약에서 계약 위반이 나타났다.[15]

2) **농민 합작조직의 발전과 변화**

농민의 조직화가 없다면, '통일' 측면의 서비스 기능을 보완하려는 어떠한 농업 정책도 실현하기 어려울 것이다.

먼저 부문과 자본 모두 농가와의 이익 연계가 근본적으로 부족하기 때문이다. 다른 한편 어떠한 외부의 주체가 향토사회에 진입하더라도 분산된 농민과의 높은 거래비용이라는 문제에 직면하기 때문이다. 현실에서 농민 합작의 발전은 소농경제의 잉여가 매우 작다는 한계에 부딪혔고, 농민 합작을 수립하고 운용하는 비용이 합작 수익만으로 채워지기 어려웠다. 국가의 지원 정책이 결여된 상황에서 농민이 자발적으로 조직화하기도 어려웠고, 전통적인 농촌 지역의 농업 관련 부문 또한 농민 조직화를 제고할 수 있는 동력과 자원이 없었다.

현재 농민의 10%를 망라하고 있는 농민 전업합작 경제조직의 대다수는 특산물 생산에 종사하거나 농업 상품화의 정도가 높은 지역에서 나왔다.[187]

산업자본의 '하향', 농촌의 사회분화, 부문의 지원 등의 영향으로 현재 농민 합작사 구성원들 간의 이질성이 증가하고 있다. 이에 따라 겸업 농가, 농촌 엘리트, 경영 부호, 도시 자본, 지방정부의 부문과 중앙정부 등이 갖는 각자의 자원 부존, 이익 구조, 실제 행위의 논리를 상관성을 갖도록 분석틀에 넣고, 여기에 관련 정책까지 분석에 추가한다면, 이들 상이한 주체들의 합작사에 대한 이해관계가 합작사 운영에 어떠한 영향을 미치게 될까? 나아가 농민소득의 증가, 식량안보의 보장, 농촌의 안정 유지 등의 정책 목표를 실현하는 데에 어떠한 영향을 미칠 것인가? 정책의 개선 방향은 무엇인가? 이것이 여기서 분석하려는 문제들이다.

2. 농민 합작조직에서 관련 주체들의 행위 분석

1) 자본 요소: 농촌에서 요소의 조합과 배치에 대한 선도 작용

농촌의 시장화 발전 과정에서 농촌의 자본 요소는 상업화 개조 이후, 은행 부문을 통해 밖으로 대량 유출되었다. 또한 농촌의 금융자본이 소수의 집단에 집중되면서 이러한 금융 소외[188]로 농촌 자원의 배치에 대한 자본의 조직적 영향력이 강화되었다.

농촌 자본이 처음으로 점령했던 영역은 농산품 유통 영역이었다. 이후, 농

---

187 아래에서 논의하는 자본 '하향'도 주로 이러한 지역을 다룬다. 전통적인 식량작물 생산에 종사하는 소농은 여전히 기본적으로 분산된 경영에 속한다. 자유로운 시장에서 식량생산만으로는 관련 주체들이 합작조직을 체결하기에 충분한 수익을 증가시킬 수 없기 때문이다.

188 금융 소외(또는 금융 배제)는 금융시스템에서 사람들이 향유할 수 있는 금융 서비스가 결핍된 상황을 지칭한다. 이는 사회에서 취약집단이 금융기구에 접근할 수 있는 경로나 방법이 결핍되어 있거나, 금융 상품이나 금융 서비스의 이용과 관련하여 많은 곤경과 장애가 존재한다는 의미이다(허더쉬·라오밍, 2007).

산품의 가공과 최종적인 경영 영역까지 확대되었다. 농산품 유통에서는 국영 상업기업과 공급·판매 합작사가 중요한 세력이었다. 농민들 중에 개별적인 운송·판매 농가와 중개인은 수는 많았지만 규모가 작았다. 반면에 농업 산업화의 선도 기업이 부상하고, 농민 합작경제 조직의 수가 빠르게 증가했다. 생산요소 시장에서 자본의 '하향'이 농촌의 자본, 토지, 노동력 등 요소 배치에 대하여 주도적인 역할을 하고 초과 수익을 획득했다. 농업 용지의 유통과 집중, 촌 노동력의 비농업 취업, 농촌 자금의 사용이 모두 자본 또는 자본집단에 의해 주도되었다. 산업 사슬의 분업으로 보면, 대량의 농촌 노동력이 초보적인 농산품 생산에 종사하고, 자본은 농산품의 가공과 경영을 주도했다. 그러면서 농산품의 가공과 경영 단계의 부가가치 수익을 자본이 점유하게 되었다.

자본 '하향'은 많은 부분, 정부 부문이 인도하고 지원한 결과였다. 부문은 불공정한 시장 환경에서 자본이 '하향'을 통해 이익을 얻을 수 있도록 도왔고, 자본은 일부 수익을 부문에 분배했다.

2) 부문: 공권력의 독점과 자본화 운용

앞서 서술했듯이 부문의 '하향'에 따른 농업에 대한 영리 서비스는 사실 소농의 경영 곤란에 도움이 되지 못했다. 그러나 하나의 중요한 변화는 관료자본, 심지어 매판자본이 생겼다는 것이다. 농촌 기층의 정치권력이 대리형에서 이익추구형으로 전환되면서 공익 서비스라는 목표는 떠내려가 버렸다(자오수카이, 2003). 부문의 '하향' 과정에서 많은 농업 관련 영리 서비스가 도급, 임대, 주식합작 등의 형식으로 제공되었다. 이로 인해 공익 서비스에 써야만 하는 재정 투입이 많은 부분 소규모 집단과 개인의 자본이 되어버렸다. 또한 다수의 공익 설비와 인적 자원이 이들 자본이 이익을 얻기 위한 수단으로 변모했다. 사실상 후견-피후견 관계가 형성된 것이다.[189]

189　일부 학자들은 정부가 총체적으로 편파적이라고 본다. 중국에서 국가 농업부, 중국 과학기술

3) 농가: 부문과 자본의 '하향' 과정에서 분화의 심화

농촌의 상품경제 관계가 한층 심화되고 농촌 내부에서 자본이 형성되면서 농가의 소득은 보편적으로 증가하면서도 뚜렷이 분화하였다. 이에 따라 대농과 소농,[190] 또는 농민 엘리트와 보통 소농 간의 계층 분화가 발생했다. 소수의 농민 엘리트가 자본, 정보, 기업가로서의 재능, 생산수단을 소유했다. 이러한 우위는 교육에 대한 투자, 사회자원 등을 통해 지속적으로 강화되었다. 다수의 소농은 단지 소량의 생산수단과 자신의 노동력을 가졌을 뿐이다. 이들은 시장화, 사유화 등 개혁의 추진 과정에서 자신의 처지를 개선할 능력이 더욱 부족해졌다.

농가의 분화는 자본과 부문의 '하향' 과정에서 심화되었다. 대농(엘리트 농

협회, 전국 공급·판매 합작총사, 은행업감독관리위원회, 중국 인민은행 등은 각각 상이한 유형의 농촌 합작 경제조직에 대하여 분야별[歸口] 관리를 실시하고 있다. 또한 이와 같은 업무 계통 이외에도 인사, 노동, 상공업, 과학기술위원회, 정치협상회의, 공산주의 청년단 위원회, 부녀연합회 등과 이들 예하의 복잡한 이익부문이 지방과 농촌 기층에 개입한다. 일반인이 이해하는 '관영[官辦]', '정부 주도'는 사실상 이러한 복잡한 이익 체계가 포함된 '부문 주도'이다 (리중화, 2003).

190 현재 학계는 소농에 대한 규정에서 기본적으로 마르크스의 관점을 활용하고 있다. 즉 소농을 농업 생산 영역의 소생산자로 보고, 소농경제를 일종의 역사적 생산양식으로 보는 것이다. 이 외에 차야노프, 슐츠, 황쫑즈 등이 소농과 소농경제에 대한 이론적 해석을 제시했었다. 그러나 대상의 규정과 연구의 내용 등에서 각자 치중하는 바가 달라 통일된 인식에 다다를 수 없었다. 최근 수십 년 동안의 발전과 변화를 통해 소농과 소농경제 또한 크게 변화했다. 그러므로 연구의 필요에 따라 이 글에서 우리는 소농의 개념을 소규모 토지를 경영의 담지체로 하며 가구 구성원을 주요한 노동력으로 삼고, 시장거래를 통해 농산품의 생산·교환·분배·소비를 실현하는 경제조직으로 규정한다. 그러나 여기서 말하는 대농도 여전히 소농의 범주에 속한다. 대농 개념은 농가의 분화와 이 분화가 부문의 '하향'과 자본의 '하향' 과정에서 발휘하는 영향력을 고려하여 도입한 것이다. 현재 향토중국에서 대농과 소농은 시장을 통해 이미 뚜렷한 빈부 격차를 갖게 되었지만, 이는 토지개혁과 일괄도급으로 공평한 출발점이 실현된 이후에 상이한 인적 자본과 자원 부존이 경제과정을 거쳐 나온 결과이다. 따라서 신중국 성립 이전, 지주가 지대 착취와 계급 억압을 통해 빈농·하농·중농을 통치했던 적대적 계급사회와는 본질적으로 다른 것이다.

가)은 부문 또는 자본과의 '합작'을 통해 자신의 생산수단과 부유함이 갖는 우위를 더욱 강화했다. 아울러 대농은 농촌 공동체의 사회자본을 활용하여 농민의 합작을 추진하고 자본과 부문의 순조로운 '하향'을 돕는 데 있어서 중요한 역할을 했다.

3. 부문과 자본의 '하향'과 농민의 합작조직

1) 부문과 자본의 '하향'과 농가 합작 경제조직의 생성

현재 대다수 농촌 합작사의 발전은 앞서 언급한 농가의 분화, 부문과 자본의 '하향'을 통해 진행되었으며, 이에 따라 특수한 면모를 갖추었다.

농민 합작 경제조직은 조직 내부의 분업을 통해 구성원의 전업화[專業化] 수준을 높이고, 농업용 생산수단과 농업 관련 서비스에 대한 시장 수요를 일정 정도 확대할 수 있었으며, 부문과 자본이 '하향'의 거래비용을 낮추는 데에도 도움이 되었다. 자본 '하향'은 실제 농업의 산업화 과정에서 농가를 조직하기 위해 일정한 비용을 기꺼이 지불함으로써 거래비용을 절약했을 뿐만 아니라, 정부가 매년 증가시켰던 재정 보조금을 획득할 수 있었다. 부문은 공공 재정이 합작 경제조직을 위해 지원하는 자원의 분배 경로를 장악했다. 일부 부문은 부문의 이익을 위해 상·하류 부문[上下遊, upstream/downstream]이 자신의 경영 영역으로 구성된 제품과 서비스를 선택하여 합작사를 조직할 수 있었다. 이는 부문의 경영 기능을 확장하는 데 도움이 되었다.

반면, 농가가 개별 농가의 시장에서의 거래비용을 낮추어 조직지대를 실현하는 것을 합작의 취지로 삼는다고 하자.[191] 이러한 합작의 수익은 조직의 관

191　조직지대[組織租, organizational rent]는 아오키 마사히코[靑木昌彦]의 『기업의 협력게임 이론』에서 나온 개념으로 주요 내용은 다음과 같다. '조직의 특정한 자원이 상이한 조직구성

리비용을 지불하는 데 쓰이고, 또한 이윤 축적을 실현하여 조직이 지속가능하게 운용될 수 있다는 사람들의 기대를 상승시킨다. 이론과 논리에 기반한 단순한 추론에 따라 이렇게만 된다면, 규모가 확대되고 실력이 증가된 농민 합작 경제조직은 자본과 부문의 독점적 경영에 대한 강력한 경쟁자가 될 것이고, 자본과 부문의 이익 공간을 축소할 것이다.

이처럼 자본과 부문의 이익 획득(지대추구)에서 농가 합작 경제조직이 이중적 효과를 갖기 때문에 자본과 부문의 현실적인 선택은 대농(엘리트 농가)을 지원하고 소농(보통의 농가)을 억제하여 대농 주도로 합작사를 수립하고, 이를 통해 거래비용의 절약과 독점 수익의 보장이라는 목표를 실현하는 것이다.

소농은 자원이 제한적이고 경제 수익이 적어 합작의 수요가 있더라도 현실적으로 합작의 수익을 충분히 생산하기가 어렵다. 또한 소농 간의 동질성, 리더의 부재 등의 문제로 합작 과정에서 종종 조직·관리 비용이 지나치게 상승한다. 이로 인해 외부의 지원이 없는 상태에서 소농 간의 연합을 통해 협상의 지위를 높이고 거래비용을 절약하겠다는 희망은 비현실적인 것이 된다. 정부가 성심성의껏 조직비용을 지불하지 않는다면, 취약한 소농에게는 두 가지 선택만이 있을 뿐이다. 단독으로 시장거래를 진행함으로써 높은 거래비용을 감수하거나, 아니면 대농이 주도하는 합작조직에 가입하는 것이다.

대농은 수중에 장악한 경제자원과 사회자원이 일반적으로 소농보다 많고 경영 규모도 크고 수익도 높기 때문에 상호 간에 합작을 원한다면, 합작 과정에서 조직·관리 비용이 상대적으로 적고, 합작 수익을 통해 이를 쉽게 상쇄할 수 있다. 정부가 신농촌 건설에 대한 투입을 증가시키면, 대농에게는 두 가지 선택이 있다. 첫째, 대농 간의 동업이다. 둘째, 소농과 연합하여 합작사를 구성하는

원 간에 분포되어 단독으로 사용될 경우에는 그 가치가 감소할 수 있다. 상호연계된 구성원이 안정적인 상호협력 관계를 형성해야만, 특정한 자원의 생산력이 발휘될 수 있다. 이처럼 집단의 협력으로 생성되는 추가 수익이 조직지대이다(아오키 마사히코, 2004: 34).'

것이다. 후자의 조직·관리 비용이 통상 전자보다 높지만, 더 높은 수익을 얻을 수 있다. 정부의 합작 경제조직에 대한 재정 지원을 얻을 수 있고, 또한 소농과 비교하여 더 많은 조직지대를 향유할 수 있기 때문이다. 이로 인해 대농은 소농과 연합하여 합작사를 조직하는 것을 적극적으로 선택하게 되었다.

그러므로 이익 주체로서 상대적으로 강력한 지위를 가진 부문, 자본, 대농은 각자의 이익에 따라서 소농과 연합하여 합작사를 수립하려는 '이익의 공모'를 형성했다. 농촌 경제가 기본적으로 부문, 자본, 대농에 점령되었기 때문에 농민의 주체적 지위를 진실로 실현하는 농가 합작 경제조직의 발전은 매우 제한적이다. 이에 따라 천성적으로 '엘리트 포획'의 메커니즘을 내재적으로 가지며, '대농이 소농을 먹는' 형태의 합작조직이 점차 농민 합작조직의 주체가 되어버렸다.

2) 부문과 자본의 지원 하에서 농가 합작 경제조직의 운영

강력한 주체들의 '이익 공모'를 통해 형성된 합작사는 당연하게도 합작사 내부의 합작 관계를 진정으로 개선할 수 없었고, 거래비용의 절약 또한 합작사 구성원들[社員]에 대한 구입과 판매를 늘리는 데에만 국한되었다. 합작사는 '대농이 소농을 먹는' 논리로 운영될 뿐이다. 대농이 연합하여 최종 매매자와 농민 간의 중간상을 맡아 농가의 생산품을 저가로 사들여 고가에 판다. 또는 저가에 부문과 자본의 생산수단과 기술을 사서 농가에 고가로 다시 판다.

이러한 유형의 합작사는 부문과 자본이 농민을 조직할 실력이 부족한 상황에서 이들이 소농을 조직하는 것을 돕고, 합명회사와 유사한 중간상을 증가시켰을 뿐이다. 소농의 시장에서의 취약한 지위를 개선할 수 없었고, 소농이 생산 이외의 가공과 경영에 진입하여 더 많은 이윤을 획득하도록 도울 수도 없었다. 이 합작사들은 합작사 발전이라는 허위의 번영을 조성하고, 지원 자금에 대해 공평성을 유지해야 하는 재정의 공익적 성격을 변질시켰을 뿐이다.

또한 이 같은 합작사들의 성장 공간은 부문과 자본의 독점이 형성한 범위에 국한되었기 때문에 보통의 소농이 그중에서 향유할 수 있는 부분이 매우 제한적이었다. 정부의 관련 부문들은 대농이 가짜 합작사를 수립하여 재정 지원을 가로채는 것을 기꺼이 돕고, 대농을 시장 수요를 조직하는 데에만 국한시켰다. 그러면서도 이들은 대농이 지배하는 합작사가 강해져 생산수단 공급과 농산품 판매를 통해 이익을 획득하는 데 있어서 동등한 경쟁자가 되는 것을 원하지 않는다. 이로 인해 부문의 비호를 받는 합작사 실험지역이나 시범지역들은 부문의 경영 범위와 전혀 무관하거나, 아니면 부문의 상·하류부문이 되어버렸다.

이로써 부문이 합작사를 선도하는 것이 왜 빈번한지가 설명된다. 부문은 핵심 단계를 통제하여 농가 조직의 협상 능력이 강화되는 것을 억제할 수 있다. 또한 특정한 영역이 이데올로기화되어 국가전략이라는 '정치적 올바름'을 갖추게 되면, 이 영역에 진입하는 수익이 비용보다 커지게 된다. 즉 중앙의 문건이 합작사를 중시하면서 각 부문이 각자의 정치업적을 추구하고 따로 노는 문제가 더욱 뚜렷해졌다. 아울러 정부 부문이 합작사를 지원한다는 공익적 목표를 살펴보면, 부문이 진정으로 합작사를 고려하고 싶더라도 자금 지원이 제한적이고 대농이 이미 성장한 상황이기 때문에 대농 주도의 합작사를 지원하는 것이 보편적 혜택을 주는 지원 메커니즘이나 더 엄밀한 선발 메커니즘을 수립하는 것보다 행정 비용이 훨씬 낮다. 동시에 대농과 공모하여 리베이트나 장기적 수익을 얻을 수도 있다. 따라서 합작사에 대한 재정 자금의 지원은 '가짜인 줄 알면서도 지원하는[知假扶假]' 것이 되어버렸다.[16]

같은 이치로 자본도 대농을 시장 수요를 조직하는 데 국한시키고 합작사가 협상 능력이나 경영 실력을 발전시키는 것을 지지하지 않으며, 단지 합작사와 매매 계약 관계를 발전시킬 뿐이다. 또한 농가와 일체화된 합작 경제조직을 발전시키려 하지 않고, 굳이 많은 자본·인력·기술을 투입하여 체계화된 합작 경제조직을 발전시키지도 않는다.

4. 게임이론을 통한 '대농이 소농을 먹는' 논리에 대한 분석

합작사의 내부 분배에서 대농과 소농 간에 실질적인 착취와 피착취의 관계가 존재한다는 점을 살펴봤다. 그렇다면 이처럼 이익의 분배에서 시종일관 긴장이 존재함에도 불구하고, 어떻게 '대농이 소농을 먹는' 합작 메커니즘이 계속 운영될 수 있는 것인가? 아래에서 게임 모델을 통해 이를 분석한다.

1) 긴밀형 사원과 보통 사원의 완전 정보 하의 동태적 게임

⑴ 모델의 가설

엘리트 농가 간의 합작은 합명회사와 유사하며, 합작이 비교적 긴밀하다. 그러나 일반 소농 간의 합작은 비교적 느슨하고, 대농에 대해 일정한 의존성을 갖는다. 이에 따라 모델에서 합작사 구성원을 긴밀형 사원[社員]과 보통 사원으로 나눈다. 긴밀형 사원은 합작사의 지분이 상대적으로 많고, 합작사에 대해 일정한 통제 능력을 가지며, 경작을 하거나 매매를 하는 대농이다. 보통 사원은 일반적인 의미에서 단순한 농업 생산에 종사하는 농가를 지칭한다.

가설: ① 참여자(대농과 소농)는 모두 각자의 수익 최대화를 목표로 추구한다. ② 참여자는 상대방의 이번 게임에 대해 완전한 정보를 가지고 있다. 다른 말로 하면, 모든 참여자는 상대방의 이번 게임에서의 행동의 집합, 행동의 순서, 수익 함수를 완전히 알고 있다는 것이다.

긴밀형 사원은 주도적 위치를 가지며, 합작사를 수립하는 목적은 보통 사원의 잉여를 더 많이 점유하는 것이다. 보통 사원은 저항과 침묵, 두 가지 선택을 갖는다. 저항의 수익이 비용보다 크면, 전혀 주저하지 않고 저항할 것이고, 심지어 합작사에서 퇴장할 수 있다. 저항의 비용이 수익보다 크면, 묵묵히 참을 것이다. 긴밀형 사원의 다음 단계의 전략적 대응은 다음과 같다. 보통 사원이 침묵을 선택하면, 긴밀형 사원은 보통 사원의 이익을 더욱 침해한다. 보통 사원이 저항하면, 긴밀형 사원은 비용-수익을 평가하여 침해 여부를 선택한다. 이와 같이 완전 정보 하의 동태적 반복게임의 구조가 형성된다.

⑵ 모델의 수립

모델에서 필요한 가설과 매개변수의 설정은 다음과 같다.

① 참여자의 집합: 긴밀형 사원은 C, 보통 사원은 P이다.

② 참여자의 행동 순서: 긴밀형 사원은 자금, 권력, 사회적 지위에서 우위를 갖는다. 따라서 이들이 먼저 행동한다고 가정한다. 다음으로 보통 사원이 긴밀형 사원의 행위에 대해 전략적 반응을 한다. 긴밀형 사원은 다시 보통 사원의 행동에 대하여 전략적 반응을 한다. 즉 C-P-C …… 로서 긴밀형 사원이 더 이상 행동을 하지 않을 때, 게임이 종료된다.

③ 행동의 집합: 합작사의 긴밀형 사원은 보통 사원의 이익을 침해하여 더 많은 수익을 얻으려는 유인을 갖는다. C1=침해, C2=불침해 등 두 종류의 행동이 가능하다. 보통 사원은 긴밀형 사원의 침해에 대하여 P1=침묵, P2=저항 등 두 종류의 행동이 가능하다.

④ 매개변수의 설정

Tc_i: 침해 행위가 없을 때, 긴밀형 사원이 제i차에서 획득하는 이윤

Tp_i: 침해당하지 않을 때, 보통 사원이 제i차에서 획득하는 이윤

Te_i: 긴밀형 사원이 제i차에서 보통 사원을 침해할 때의 수익

Cc_i: 긴밀형 사원이 제i차에서 보통 사원을 침해할 때에 지불하는 비용

Cp_i: 보통 사원이 제i차에서 긴밀형 사원에게 저항할 때에 지불하는 대가

$\lambda_i\ (0 \leq \lambda \leq 1)$: 보통 사원이 제$i$차에서 저항할 때, 만회할 수 있는 손실의 계수

⑤ 수익 함수

모든 참여자들의 수익 행렬은 〈표 1〉과 같다.

표 1 참여자의 수익 행렬

긴밀형 \ 보통	침해	불침해
저항	$Tp_i - (1-\lambda_i)\, Te_i - Cp_i,$ $Tc_i + (1-\lambda_i)\, Te_i - Cc_i$	$Tp_i - Cp_i,\ \ Tc_i$
침묵	$Tp_i - Te_i,\ \ Tc_i + Te_i$	$Tp_i,\ \ Tc_i$

제1차에서 $(1-\lambda_1) Te_1 > Cc_1$라고 가정하면, 긴밀형 사원의 전략적 행위는 침해이다. 따라서 보통 사원은 만약 $Cp_1 > \lambda_1 Te_1$이라면, 침묵이 우월전략이다. 만약 $Cp_1 < \lambda_1 Te_1$이라면, 저항이 우월전략이다.

제2차에서 보통 사원이 침묵을 유지할 때, 긴밀형 사원에게 침해가 우월전략이다. 보통 사원이 저항할 때, 만약 $(1-\lambda_2) Te_2 > Cc_2$이라면, 긴밀형 사원의 전략적 행위는 침해이다. 그러나 만약 $Cc_2 > Cc_1$이라면, 침해의 수익은 줄어든다. 만약 $(1-\lambda_2) Te_2 < Cc_2$이라면, 긴밀형 사원은 불침해한다.

개괄하자면, 제i차$(2 \leq i < n)$에서 만약 $(1-\lambda_i) Te_i > Cc_i$이고 $Cp_i > \lambda_i Te_i$이라면, 쌍방의 전략균형은 (침해, 침묵)이다. 만약 $(1-\lambda_i) Te_i > Cc_i$이고 $Cp_i < \lambda_i Te_i$이라면, 쌍방의 전략균형은 (침해, 저항)이다. 만약 $(1-\lambda_i) Te_i < Cc_i$이라면, 전략균형은 (불침해, 침묵)이다. 만약 전략균형이 (침해, 침묵)이라면, 게임의 반복 횟수 증가에 따라 $Te_{i+1} > Te_i$가 된다. 만약 전략균형이 (침해, 저항)이라면, 게임의 반복 횟수 증가에 따라 $Cc_{i+1} > Cc_i$가 된다. 제n차에서 $Cc_n > (1-\lambda_n) Te_n$일 때, 긴밀형 사원은 침해를 중지하고 전략균형이 (불침해, 침묵)이 되어 게임이 끝난다.

⑶ **참여자의 행위 분석**

합작사 성립 초기에는 보통 사원이 이탈을 선택할 때의 비용이 상대적으로 적다. 이익이 지나치게 침해당하면(손실이 합작사에 참여하지 않아 지출하는 거래비용보다 크다면), 집단행동에 의존하지 않더라도 저항 행동을 취하는 것이 가능하다. 그러나 긴밀형 사원은 이에 대해 상대적으로 큰 비용을 지불해야 한다. 따라서 보통 사원과 긴밀형 사원의 관계가 상대적으로 평화로우며, 긴밀형 사원은 보통 사원의 이익을 함부로 지나치게 침해하지 못한다.

합작사의 발전이 강화됨에 따라 지역 내의 전체 시장구조에 변화가 발생하면서 합작사의 시장 세력들이 시장구조를 본래의 완전 경쟁 시장에서 과점 시장으로 변화시킬 수 있을 만큼 강대해진다. 호텔링[Harold Hotelling]의 입지 분석 방법에 따르면 '거래비용의 존재 때문에 과점세력[寡頭] 간에 균형이 되는 가격결정 전략이 도출될 수 있다. 입지의 우위에 따라 시장의 몫을 구획하는 것이다(스레이·커우쫑라이, 2003: 59).' 이렇게 되면 보통 사원이 개별적인 행동에 따라 합작사로부터의 이탈을 선택할 때의 비용이 올라간다. 이는 긴밀형 사원이 시장에서 합작사의 강력한 지위를 이용하여 보통 사원의 이익을 더 많이 침해할 수 있게 된다는 것을 의미한다. 임계점은 보통 사원을 침해하는 수익이 보통 사원의 이탈로 규모의 효과가 약화되면서 발생하는 수익의 감소(침해의 비용)와 동일해지는 지점이다.

당연히 보통 사원도 집단행동을 선택하여 협력의 구조를 통해 자신의 이익을 보호할 수 있다. 이는 아래에서 논의할 것이다.

2) 보통 사원 간 협력 행동의 정태적 게임

상술한 게임의 행위를 깊이 분석하려면, 보통 사원들 내부의 집단행동과 무임 승차의 문제에 대해 정태적 게임 모델을 수립해야 한다.

⑴ **모델의 가설**

분석의 편의를 위해 단순하게 두 명의 보통 사원을 가정해 보는 것도 무방하다. 이들은 정보의 소통을 통해 행동의 통일을 달성하지 못한다. 반대로 긴밀형 사원은 수가 적고, 보통 사원을 침해하는 것에 대하여 공동의 이익이 있기 때문에 쉽게 공모할 수 있다. 따라서 이들은 하나의 행위 주체로 가정할 수 있다.

⑵ **모델의 수립**

모델에서 필요한 가설과 매개변수의 설정은 다음과 같다.

① 참여자의 집합: 보통 사원 A와 보통 사원 B가 있다. A와 B는 모두 자신의 이익 최대화를 추구하는 합리적 경제인이며, 상대방의 행위 전략과 행위 함수에 대해 전면적이고 분명한 인식을 가지고 있다. A와 B는 동질적이며, 행위의 특성과 수익 함수가 동일하다.

② 참여자의 행동 순서: A와 B는 완전히 동질적이기 때문에 어느 일방이 먼저 행동하더라도 최종 결과에 차이가 없다.

③ 행동의 집합: 이 게임의 전제조건이 긴밀형 사원이 보통 사원의 이익을 침해한다는 것이기 때문에 보통 사원에게는 두 가지 전략이 존재한다. A의 행동 집합은 (A1=침묵, A2=저항)이고, B의 행동 집합은 (B1=침묵, B2=저항)이다.

④ 매개변수의 설정

보통 사원의 저항의 비용은 Cp이다. 만약 쌍방이 저항에 참여하면, 비용은 쌍방이 부담한다. 만약 일방만이 저항한다면, 저항의 비용은 저항자 혼자 부담한다. 만약 쌍방 중 하나만 저항한다면, 저항의 수익은 $\lambda Te/2$이고, 쌍방은 각각

$\lambda Te/4$를 획득한다. 만약 쌍방이 모두 저항한다면, 저항의 수익은 λTe이고, 쌍방은 각각 $\lambda Te/2$를 획득한다. 만약 쌍방이 모두 침묵한다면, 수익은 $-Te$이다.

⑤ 수익 함수

쌍방의 수익 행렬은 〈표 2〉와 같다.

표 2 보통 사원 간의 수익 행렬

A \ B	저항	침묵
저항	$\lambda Te/2-Cp/2$, $\lambda Te/2-Cp/2$	$\lambda Te/4-Cp$, $\lambda Te/4$
침묵	$\lambda Te/4$, $\lambda Te/4-Cp$	$-Te$, $-Te$

만약 $Cp>(1+\lambda/4)\,Te$라면, 쌍방은 (침묵, 침묵)의 균형을 형성하게 될 것이다. 만약 $\lambda Te/2<Cp<(1+\lambda/4)\,Te$라면, 쌍방의 균형의 해는 (저항, 침묵), (침묵, 저항)이다. 만약 $Cp<\lambda Te/2$라면, 균형의 해는 (저항, 저항)이다.

앞서 서술했듯이 보통 사원이 침묵을 선택하든 저항을 선택하든 침해의 수익이 지출하는 비용보다 크기만 하면, 긴밀형 사원은 다음 단계의 행동에서 침해를 선택할 것이다. 만약 사원 간에 협력하게 되면, 긴밀형 사원이 직면하는 Cc는 현저히 증가한다. $(1-\lambda)Te-Cc<0$일 때, 불침해가 긴밀형 사원의 우월전략이 된다.

⑶ **소결**

$\lambda Te/2<Cp<(1+\lambda/4)\,Te$일 때, 보통 사원 간에 협력을 진행할 유인이 생기고 (저항, 저항)이 쌍방 모두에게 유리해져 이익이 계속 침해되는 것을 회피할 수 있다. 그러나 집단행동이 결여되어 있기 때문에 보통 사원은 일정 정도 착취되어 $Cp<\lambda Te/2$가 되어야만 보편적으로 저항할 것이다. 비협력 게임인 '죄수의 딜레마'를 형성하는 것이다.

　　상술한 게임 모델은 복잡한 현실 과정을 지나치게 단순화한 추상일 뿐이
다. 합작사는 본래 '반시장화[反市場化]'의 산물이었다는 점을 어렵지 않게 발견
할 수 있지만(위안평, 2001), 자본과 부문이 주도하면서 합작사는 사실상 시장의
논리에 따라 운영되고 이익을 분배한다. 독자적으로 시장과 대면하든, 대농이
주도하는 합작조직에 가입하든 간에 소농은 주변화된 지위에 처하게 된다.

5. 중국의 농업 합작사에 관한 실증연구

위의 관점은 다른 학자들의 농민 합작에 대한 실증조사를 통해 충분히 검증된
것이다. 아래에서 일부 연구성과를 간단히 발췌했다.

1) 합작사 수립과 구성원의 구성

농업부의 2003년 소프트 사이언스 과제 「농민 전업합작사법 입법 전문연구 보
고」에 따르면, 농업 관련 부문, 향촌 간부, 촌 집체 경제조직이 앞장서고 이끄는
합작사는 17개 성(시)에서 평균 35.18%의 비율이었다. 그중에서 산시[山西], 상
하이, 안후이, 구이저우는 비율이 50%를 넘었다.

　　황쭈후이[黃祖輝]의 2,667개에 달하는 저장성 전체의 농민 전업합작 조직
에 대한 조사는 다음과 같은 점을 보여준다. 합작 조직의 수립 과정에서 다른 세
력의 개입이 많았고, 농민이 스스로 수립한 경우는 적었다. 외부의 주체에 의존
하여 창설된 조직이 전체 농민 전업합작 조직에서 80% 이상을 차지했다(〈표 3〉)

표 3　저장성에서 농민 전업합작 조직의 수립 현황

	총량	의존					비의존
		농업 부문	공급·판매 부문	과학기술 협회 부문	정부 기타 부문	기타 세력	농민 스스로 수립
수량(개)	2,667	1,204	90	340	362	142	529
비율(%)	100	45.14	3.38	12.75	13.57	5.32	19.84

(황쭈후이, 2000). 이처럼 외부 세력의 개입은 농민 합작의 발전을 적극적으로 추진했지만, 특정한 이익 동기가 있기 때문에 합작조직에서 농민의 주체적 지위가 의문시된다.

2) 합작사의 활동 영역

합작사의 경영 영역은 상품화율이 높은 경작·목축에 집중되어 있으며, 산둥·쓰촨·저장 등 농업이 발달한 지역에서 번창했다. 예를 들어 저장성의 농민 전업합작 조직들은 경작이 35.66%, 목축업이 16.50%를 차지하여 둘을 합산하면 52.16%에 달한다. 경작·목축에 종사하는 전업합작 조직은 주로 채소, 사탕수수, 가금, 양잠 등의 업종에 집중되었다. 식량의 생산·경영 분포는 매우 적었다. 황쭈후이는 생산기술과 시장거래에서 (생산품의 공급과 수요 탄력성, 거래 빈도 등과 같은) 농산품의 특성을 통해 이를 설명한 바 있다(황쭈후이, 2000). 우리는 더 나아가 소농 농가의 식량생산이 충분하게 수익을 늘릴 수 없고, 부문·자본·대농이 식량의 생산과 유통에서 기술·가공·운수를 효과적으로 통제하기 어렵다는 것도 식량생산에서 농민의 합작조직이 결여된 중요한 원인이라고 본다.

현재 전국에서 농민 합작조직의 농가 조직률은 여전히 10%에도 못 미친다. 최근 중국이 농업의 산업구조 조정을 힘껏 추진했지만, 2006년까지 식량 경작 면적이 아직도 총 파종 면적의 2/3를 차지하고 있고, 대다수 전통적인 소농은 여전히 '소생산과 대시장'의 모순에 빠져 있다. 이로 인해 부문과 자본이 주도하는 농민 합작사들은 농민의 주요한 집단인 소규모 식량 생산자의 소득 상황을 개선하는 데에 매우 제한적인 역할을 할 뿐이다. 장기적으로 보면, 이는 국가의 식량안보 보장에 해롭다.

3) 합작사 내부의 정책결정과 분배

농민 전업합작 조직의 대다수는 본래 농촌의 전업호[專業戶], 중점호[重點戶], 생산대호[生産大戶], 과학기술시범호[科技示範戶]의 기초 위에서 발전한 것이다(황쮸후이 외, 2002). 이러한 대농들은 합작사에서 실제로 주도적 위치를 차지하는데, 이사회의 구성이나 합작사의 정책결정과 분배 방식에서 이를 확인할 수 있다.

2005년 9개 성의 140개 농민 합작조직(모두 중앙 재정의 자금 지원을 받는 전업협회[專業協會] 또는 전업합작사)에 대한 국무원 발전연구센터와 재정부 농업사[農業司]의 표본조사에 따르면,[192] 합작사 이사장 중 생산·경영 대농이 49.64%, 기술인원이 36.69%, 기업 책임자가 30.49%, 촌 간부와 정부 인원이 각각 17.27%와 18.71%를 차지했다. 이사회 구성원 중에서는 생산·경영 대농이 55.64%, 기술인원이 40.77%, 보통 농가가 36.45%를 차지했다.

주식의 구성을 보면, 47개의 유효한 표본 중에서 이사회 구성원의 지분이 상대적으로 컸다. 전체 이사회 구성원들이 소유한 지분의 평균 비율은 29.66%, 이사장이 소유한 지분의 평균 비율은 15.62%, 보통 구성원 중 가장 많은 지분을 보유한 사람의 평균 비율은 9.39%였다.

정책결정을 보면, 정책결정의 중심은 이사회였고 전체대회가 통상적으로 개최되지 않았다. 127개의 유효한 표본 중 58개(45.67%) 합작사에서 (대내·외 투자를 포함한) 중대한 투자 활동을 이사회가 결정했다. 51개(40.16%)는 회원(대표)대회가 결정했고, 주주회원대회가 결정하는 곳은 16개(12.6%), 이사장이 결정하는 곳은 2개였다.

이익 분배에 대한 정책결정은 47.9%의 합작조직이 이사회가 결정을 했다. 35.29%의 합작조직은 회원(대표)대회가 결정했고, 14.29%는 주주대회가, 2.52%는 이사장이 결정했다.

---

192 140개 농민 합작사 중에서 정부가 세운 것이 77개(55%)였고, 경작·목축 대농이 세운 것이 75개(53.57%), 경영 대농이 세운 것이 52개(37.14%)였다(한쥔 외, 2006).

4) 합작사와 비사원(非社員) 농가의 관계

합작사가 구성원이 아닌 비사원 농가의 잉여를 점유하는 상황이 매우 보편적이었다. 자료에 따르면, 저장성 타이저우[台州]시는 모두 4만 7천 개의 농가가 합작사에 가입하여 주변 농가의 20만여 명을 선도했다. 2006년 합작사는 매출소득 30억 위안을 달성했다. 그중에서 주변 농가의 매출액 9억 위안, 경영 이윤 2억 8천만 위안이 전부 사원에게 반환되었다. 합작사의 비구성원은 수익 반환에 참여하지 않았다.

일부 연구들은 합작사의 규모 확대가 수익성에 영향을 미친다고 분석한다. 개별 합작사의 미시적인 운영 메커니즘을 보면, 이러한 논리가 일정 정도 성립한다. 연구팀이 한 농민 합작사에 대해 조사한 것을 예로 들면, 사원의 거래액에만 의존하는 이 합작사의 총이윤은 많아봐야 운영비용을 채우기에 충분했다. 이 합작사는 2007년 하반기에 성립되었는데, 당시 총이윤이 약 16만 위안이었다. 운영비용이 8만 위안이어서 최종적으로 분배된 순이윤은 8만 위안이었다. 전체에서 사원의 거래액이 1/3을 차지했고, 생산의 총이윤은 5.3(16×1/3)만 위안으로 사원에 대한 서비스를 위해 지출되는 비용과 대체로 비슷했다(상술한 8만 위안의 비용 중에는 가변비용과 고정비용이 포함되어 있으며, 고정비용은 전체 사원이 공동으로 부담하고 가변비용은 사원과 비사원이 공동으로 부담한다).

우리가 합작사를 취약한 농가를 돕고 이를 통해 삼농 문제를 해결하는 긍정적 외부효과를 가진 조직으로 정의한다면, 합작사 내부의 보통 소농 사원과 비교하여 합작사가 이끌고 가는 비사원 농가가 더 주변적인 지위에 있다는 점을 마땅히 살펴봐야 한다. 따라서 농민의 합작사 가입은 '사법[私法]'이 아닌 '공법[公法]'으로서 집행되어야 하며, 이에 대한 조직 비용도 공공 재정으로 부담되어야 한다.

6. 결론과 정책 건의

농민 자신이 속한 합작사가 직간접적으로 뒷받침해주지 않으면, 농민은 각종 독점적인 세력의 착취 대상으로 전락하기 쉽다. 합작사는 경영 효율이 최고인 조직이 아니라, 농민이 신뢰할 수 있는 조직이어야 한다(쉬샹린, 2001). 농민 합작사는 농민의 권익보호를 돕는 것과 함께 향촌의 무질서를 바로 잡고 농촌 문화를 건설하는 중요한 조직 담지체이다. 따라서 더 넓은 시각으로 농민 합작을 이해해야지, 농민의 전업 경제의 합작으로만 국한하지 않아야 한다.

그러나 시장경제의 조건 아래, 부문의 이익이 종적·횡적으로 분할된 현재의 행정 체제에서는 공평을 촉진하고 취약한 농민 집단의 권익을 보장할 수 있는 합작사가 형성되기 어렵다. 학계의 보편적 논의와 달리, 우리는 중국에서 농민 합작의 주요한 장애가 농민이 합작의식과 합작문화를 갖추지 못한 것이라고 보지 않는다. 보편적인 법률과 제도가 부족하기 때문도 아니다. 심지어 재정 지원의 부족도 신농촌 건설이라는 국가전략을 통해 더 이상 주요한 문제가 아니게 되었다. 진정으로 핵심적인 문제는 농업 관련 부문의 부문 이익과 '하향'된 자본이 소농에 대해 갖는 우월적 지위를 어떻게 타파할 것인가이다.

2007년 7월 1일 「농민 전업합작사법」의 공식 시행도 앞서 언급했던 대농이 '가짜 합작사'를 주도하는 형세를 변화시키지 못했다. 정부 부문들의 제약조건이 그대로여서 자금 지원과 가시성만을 우선하는 정치적 업적에 대한 추구가 변하지 않았기 때문이다. 영리적인 목표도 그대로고 정부 부문과 자본의 강력한 지위도 변하지 않았고, 이들에게 우세한 자원의 종류(인적 관계 자원, 정보 자원)도 불변이다. 대농의 제약조건도 변하지 않았고, 작은 생산 규모와 열악한 자원(기술 수준, 정보 자원 등)과 같은 소농의 제약조건도 그대로다. 정부가 이 법률의 정신에 따라 강제적으로 합작사를 개선해야만, 현재의 '가짜 합작사'에서 대농의 이익을 제한할 수 있을 것이다. 그러나 대농의 경영 능력과 기여도를 과학적으로 환산할 수도 없고, 이렇게 하면 적극성이 떨어질 수도 있다. 이는 표면적으로는 합작사 거버넌스 구조의 규범 문제로 보이지만, 실질적으로는 합작화의 발전 과정에서 각종 이익 주체의 자원 부존과 이익 구조가 어떻게 비교되고 연계되어야 하는가의 문제이다.

이 같은 상황에서 부문과 자본이 자신의 이익에 기초하여 '가짜 합작사'를 발전시킨다는 점을 비판만 하고, 단순히 정부와 선도기업이 지원해 주기만을 주장하며, 농민의 자발적 발전만 강조한다면, 소농의 이익이 보호되고 실현될 수 있는 건강한 합작사의 발전에 큰 도움이 되지 않는다. 정말 중요한 것은 앞서 봤듯이 부문, 자본, 대농, 소농의 자원 부존과 이익 구조를 통해 생성된 합작 경제조직이 변질시켜버린 현실의 논리를 바꾸는 것이다.

따라서 절실하게 농민 합작조직의 목표를 반성하고 명확하게 해야만 한다. 이에 기초하여 광대한 농민을 본위로 하는 농민 합작 운동을 추진해야 한다. 부문·자본·대농이 결합된 농민 전업합작 경제조직은 거의 필연적으로 '엘리트 포획' 메커니즘을 내포하기 때문에 우리는 특히 다음을 강조한다. 삼농 문제를 해결하기 위해서는 농민의 종합적 합작조직을 재정의 '보편적 혜택' 원칙과 겸업 소농의 요구를 연결시키는 교량으로 삼아야만 한다.

제22장 농촌 자금호조사의 '엘리트 포획'과 '대농 의존' :[193]
중앙의 새로운 민생 정책과 '보편적 혜택 금융'[194]의 딜레마

21세기 이후 중앙정부의 새로운 민생 정책과 2006년 신농촌 건설 전략에 호응하여 세 종류의 소형 농촌 금융기구의 수립이 추진되었다. 이를 주요 내용으로 하는 우대 정책은 확실히 정부의 선의에서 비롯된 것이었다. 그러나 정책이 지향하는 '보편적 혜택 금융'이라는 목표를 실현하기는 어려웠다. 각 지역 정부가 '친자본'의 경로의존을 근본적으로 조정하고 외부에서 사회의 공익적 역량이 개입할 수 있도록 촉진해야만, 보통 농민이 주체적으로 참여하는 데 도움이 될 수 있을 것이다.

우리는 외부자원 유입에 의존하거나 공동체 엘리트 주도로 건립된 농촌 자금호조사[資金互助社]를 분석한다. 우리는 이를 완전히 전통적인 민간 금융조직도 아니며, 서구의 전형적인 합작 원칙에 기초한 신용 합작조직도 아니라고 본다. 그러나 그 특성이 어떠하든 간에 농촌의 금융 서비스를 만족시키고, 자금을 흡수하여 삼농 영역으로 환류시키며, '금융 소외'를 감소시키는 데 있어서 일

---

193 이 글의 조사연구와 서술은 교육부 인문·사회과학연구 중대 공공 프로젝트 '중국의 농촌 금융시스템 건설과 메커니즘 혁신 연구'(07JZD0009)의 긴급 프로젝트 '국가적 금융위기 상황에서 신농촌 건설을 통한 중국 경제사회의 조화롭고 지속가능한 발전 촉진'(프로젝트 번호: 2009JYJR023), 중국 런민대학 985공정 2기·3기 프로젝트 '중국 농촌 발전 연구를 위한 철학·사회과학 혁신 기지'의 지원을 받았다. 2저자인 류하이잉이 조사연구와 초고를 담당하고 1저자인 원톄쥔이 상술한 과학연구 프로젝트의 책임자로서 조사연구와 서술을 지도하고 본문을 수정·탈고했다.

194 모든 농민에게 보편적 혜택의 금융 서비스를 제공하는 전형적인 사례는 일본, 한국의 종합농협과 이스라엘의 키부츠, 스페인의 몬드라곤이다. 이들의 공통적인 특징은 대규모로 운영되는 금융기구와 분산된 소농 간의 과도한 거래비용을 고도로 조직화된 종합농협의 내부화 메커니즘을 통해 해소했다는 것이다. 이는 중국에서 삼농 자금의 병목 현상을 해결하기 위한 본보기로 삼을 만한 제도 유형이다.

협의의 개념으로 농촌 자금호조사는 은행업 감독 관리기구의 비준을 통해 향(진)과 행정촌에서 농민과 농촌의 소기업이 자원하여 지분을 투자해 구성하는 것으로, 사원[社員]을 위해 예금·대출·결산 등의 업무를 제공하며, 공동체의 상호부조성을 갖는 은행업 금융기구이다. 여기서도 이러한 조직을 농촌의 공식적인 자금 상호부조 조직으로 본다.

또한 각지의 농촌에는 공식적인 자금호조 조직보다 훨씬 많은 반공식적, 비공식적 자금호조 조직이 명백하게 존재한다. 반공식 조직은 공식적인 농촌 자금호조사와 유사한 구조와 기능을 갖지만, 금융 감독·관리 부문의 비준을 얻지 못한 채 지방정부의 기타 부문(민정[民政]과 공상[工商] 부문)의 허가만을 획득한 자금호조 조직을 칭한다.[195] 비공식 자금호조 조직은 어떠한 정부 부문의 비준도 없으나, 조직의 구조와 규정이 자금호조 조직과 유사한 농촌의 조직이다.

이러한 세 종류의 조직은 형식적으로 유사하나, 법적 지위가 달라 상이한 법적 비용을 지출한다. 따라서 각자의 합작 자원에 대한 획득, 운영비용, 위험 또한 다르다. 그러나 세 가지 조직의 조직구조와 운영 메커니즘은 기본적으로 동질적이며, 조직의 발기인들이 일반적으로 모두 비공식에서 반공식, 반공식에서 공식화로의 기대를 가지고 있다는 점을 고려하면(사실 몇몇 공식적인 자금호조 조직들은 이와 같은 단계에 따라 공식화 과정을 완료했다), 2007년 새로운 금융정책이 정식으로 실시된 이후에 수립된 자금호조사는 최소한 규정과 조직의 형식에 있어서 모두 공식적인 자금호조사와 일치한다. 따라서 여기서는 합법적 지위를 논하지 않고 세 가지 조직을 모두 연구대상의 범위에 넣었다.

요컨대 우리는 광의의 개념에서 개인의 재산소유권에 대한 승인을 기초로

195　공식 금융, 비공식 금융에 대한 개념과 분석은 복잡하고 다양하다. 여기서는 쭤천밍의 구분을 따른다(쭤천밍·마주제, 2005).

하며, 자발적 출자의 형식으로 조직되고, 합작조직 형식으로 경영되는 신용조직을 자금호조 조직으로 정의한다.

1. 유도성[誘致性] 제도 변천과 변화 주체의 소외

2002년 전면적인 소강[小康]과 도농 통합의 새로운 민생정책을 제시하고, 이어서 2003년 '삼농 문제가 가장 중요한 것'이라는 강조를 통해 정부는 자신의 선의를 표출하였다. 이와 관련하여 중앙정부가 삼농 문제를 해결하기 위해 본래 추진하려던 것은 내재적으로 보편적 혜택의 성질을 갖는 농촌 금융개혁이었다. 이 같은 정부의 선의가 주관부문에 의해 '정부의 선행'으로 전환되었을 때, 부문들은 '경로 의존'에 따라 행위하였다. 그로 인해 1980년대와 1990년대 금융자본이 극도로 부족했던 시기에 위험 방지를 중심으로 삼았던 정책적 사고가 여전히 지속되었다. 따라서 이는 농촌 금융의 진입 문턱을 낮추고, 농민이 규범화된 신용 서비스를 획득하도록 개선하는 제한적 변혁에 그쳤다. 이에 대해 학계가 맞장구를 치면서 경제적 합리성에 부합한다고 인식했던 내재적 논리는 다음과 같다. 농민이 자발적으로 열렬히 자금호조 합작조직에 가입한 주요한 이유는 농민이 상호부조 합작조직에 참가하여 얻을 수 있는 순수익이 이를 위해 지불해야 하는 비용보다 높았기 때문이라는 것이다.

이 논리가 성립한다면, 주관부문이 농촌의 민간에 본래 존재하던 자금호조사를 공식화하되도록 인도한 것은 유도성 제도 변천의 과정이었다고 할 수 있다.

역사적으로 보면, 중국이 공식 금융부문의 시장화 개조를 전면적으로 추진한 이후,[196] 첫 번째로 복구된 자금호조사는 2004년에 창립되었다. 이는 지린

196　1998~2001년 중앙정부는 동아시아 금융위기의 압력 때문에 국유은행의 시장화 개조를 실행

성 리수현 옌자[閆家]촌에서 여덟 가구의 농민이 발기한 것으로, 2007년 최초로 은행업감독관리위원회의 금융 허가증을 획득한 바이신[百信] 농촌 자금호조사였다. 이 조직의 창립부터 공식화까지의 과정이 유도성 제도 변천을 증명한다. 그에 따라 농촌의 자금호조 합작이 다시 정부가 인가하는 정식 제도가 되었으며, 중국에서 공식적으로 합작 금융제도가 출현한 셈이었다(허광원, 2007).

그러나 추후의 3년간의 실천을 통해 다음을 확인할 수 있다. 이러한 유도성 변천의 주체들은 정부의 다양한 부문이 주도했던 다른 농촌 투자와 거의 동일하게 '엘리트 포획' 메커니즘으로 인한 소외를 발생시켰다. 정책적 호재를 충분히 이용한 사람들은 옌자촌 바이신 호조사를 최초로 수립한 사람들과 같은 보통 소농이 아니었으며, 농촌 공동체의 엘리트와 외부 세력이 자금호조사를 전국적으로 번성케 한 추동력이었던 것이다.

2006년 말, 은행의 예금-대출 차액을 통해 금융자본의 초보적 과잉이 보편적으로 확인되었다. 이에 대응하여 국가는 신농촌 건설 전략에 부응하고, 삼농 문제를 제약하는 금융 병목을 해소하기 위해 금융이 농촌에 진입하는 것을 완화했다. 자금호조사라는 조직 형태와 명칭이 합법성을 갖게 되었고, 국내에 자금호조사가 신속하게 대량으로 출현하였다.[197]

뒤따르는 질문은 다음과 같다. 왜 대다수 농촌 공동체의 금융조직이 이러한 형식과 명칭을 선택했는가?

금융시스템이라는 사회의 생태 사슬은 위에서 아래까지 상이한 자본을 가진 사람들(이익집단)에 대응된다. 공식 금융업은 배타적이고 높은 진입 장벽과 독점 경영의 특징을 갖고 있어 중소 민간자본의 진입이 어렵다. 새로운 금융정

했으며, 이와 동시에 각지의 향촌 조직 또는 공급·판매 합작사가 주관하고 농민합작기금회라는 명칭을 갖고 있던 2만여 개의 농촌 비공식 금융조직을 철폐했다.

197 2010년 3월 장쑤성 타이저우[泰州]시 농공[農工] 부문이 장쑤의 한 비공식 자금호조사에 질문을 한 적이 있다. "누가 당신들의 운영을 비준했는가?" 호조사의 책임자가 대답했다. "국가의 1호 문건."

책의 실시는 과거 단일했던 농촌의 공식 금융구조를 수정함으로서 금융에서 합법성의 사슬을 연장하고 확대하였다. 이로써 제한적이긴 해도 민간자본과 산업자본이 진입이 가능한 통로를 확보할 수 있었다.

자금호조사는 읍내은행[村鎭銀行], 소액대출회사와 동일하게 본질적으로 공식적인 금융조직의 담지체로서 민간자본을 흡수하는 조직 형식이다. 그러나 읍내은행, 소액대출회사와 다르게 자금호조사는 문턱이 낮다. 또한 정책적 보장과 함께 호조사가 공식화되는 과정에서 발휘하는 전시효과에 따라 작은 민간자본도 수익을 기대할 수 있었다. 이 같은 과정은 산업자본이 금융자본으로 상승할 수 있는 하나의 경로로 인식되었다.

자금호조사라는 이 금융조직의 말단에 진입했던 것은 주로 민간의 중소자본, 농촌의 엘리트와 사회세력이었다. 보통 농민이 주체가 되고자 한다면, 외부자원의 유입과 원조가 반드시 필요했다(소위 외부자원은 지방정부, 연구기관, 공익조직 등을 포함한다).

베버[Max Weber]의 '삼위일체' 계층 구분에 따라, 농촌 공동체의 엘리트는 '특수한 재능을 가지고 있거나 하나의 방면이나 영역에서 걸출한 재능을 구비한 공동체의 구성원이다. 이들은 권력, 명성, 부 등에서 우위를 갖는 개체 또는 집단'이다(리찬, 2004). 여기서는 공동체의 구성원이 점유하는 자원과 자원의 중요성에 따라 엘리트 집단을 규정한다.

리수현 옌자촌 바이신 자금호조사가 수립되자, 찾아와서 배우려는 사람들이 끊이지 않았다. 그러나 정부 부문과 학자를 제외하고는 이들은 전부 수중에 돈이 좀 있어서 이 정책을 통해 금융 영역에 진입하려는 사람들이었으며, 진정한 농민은 거의 없었다. 합작사의 이사장 장즈궈[姜志國]도 합작사가 결국에는 부자들의 놀이터가 될까봐 우려했다.

행위의 주체들 중에서 농촌 공동체의 내부 세력은 주로 제도권에서 유출되어 나온 기층의 금융 인재, 각종 민간 금융 종사자, 농촌의 정치·경제 엘리트였다.

1980년대와 1990년대는 민간 금융의 생존환경이 상대적으로 관대했던 시기였다. 농촌 합작기금회가 도처에서 번성하고 금융서비스사, 저금회[儲金會], 지하 금융기관[錢莊]이 크게 활약했다. 이런 곳에서 민간을 대상으로 한 기층의 금융 인재들이 많이 축적되었다. 더욱이 농촌 합작기금회가 광범위하게 존재하여 민간 금융의 공식화를 위한 경험과 인재가 쌓였다. 이외에 향촌 곳곳에 퍼져 있던 농촌 신용합작사 대리점의 인원들이 가장 초보적인 신용대출 업무를 수행했으며, 상업은행의 기층 부문에서 개별적으로 유출된 인원과 과거 민간의 고리대금업자들도 자금호조사의 발기인으로 변모하여 합법화로 가는 길로 모이게 되었다.

농촌에서 농민의 참여와 자금호조사를 조직하려면, 일반적으로 발기인이 신용과 응집력을 가진 농민이어야 한다. 농촌에서 권위와 경제적 능력이 있는 사람은 앞서 언급한 기층의 금융 종사자 이외에 이러한 정책의 이점을 이용할 수 있는 촌 간부와 현지의 경제 엘리트가 있다. 이들은 스스로 일정한 경제적 실력을 갖추고 있으며, 착수 비용과 조직 비용을 부담할 수 있다. 동시에 자신이 가진 사회자원의 네트워크를 새로운 조직으로 옮겨와 조직이 처음 수립되어 운영되는 데 필요한 비용을 낮출 수 있다.

요컨대 21세기 이후, 중앙정부의 새로운 민생정책과 2006년 이에 부응하는 신농촌 건설의 국가전략에 따라 세 종류의 소형 농촌 금융을 주요 내용으로 하는 우대정책이 추진되었다. 하지만 이는 정책에 내포된 보편적 혜택 금융의 목표를 실현할 수 없었다. 중국 런민대학 향촌건설센터가 운영하는 기층 실험지역들의 상황과 이미 완성된 국가 사회과학기금 중점 프로젝트 보고서 등은 실천과 이론의 두 측면에서 모두, 외부 세력의 개입이 없이는 보통 농민의 참여를 촉진할 수 없다는 점을 보여주었다.[198]

---

198 원톄쥔, 퉁즈후이 등은 국가 사회과학기금 중점 프로젝트의 연구 과정을 통해 부문과 자본의 '하향'에서 '엘리트 포획' 메커니즘의 작용을 분석했다. 이를 통해 외부 사회세력의 합리적 개입이 있어야만 변화가 가능하다는 점을 발견했다(원톄쥔 편, 2010: 41-48).

앞서 서술한 두 가지의 공동체 엘리트는 공동체에 내생적인 세력으로서 초기에 동원 비용과 조직 비용을 지불할 능력을 갖추고 있다. 일부 다른 자금호조 조직은 정부, 사회조직, 개인 등 공동체 외부의 세력이 주로 추진했다. 세력의 원천이 다르기 때문에 이 조직들에서는 이익과 요구도 다르게 나타난다.

외부 세력이 추진한 자금호조사는 외부자원이 유입되었기 때문에 비공동체 엘리트를 양성하고, 동시에 합작의 이념과 가치를 내세워 종종 더 많은 비경제적 기능을 가질 수 있다. 당연하게도 외부 세력은 원래 있던 엘리트에 의존하여 착수 비용과 조직 비용을 줄여 상대적으로 쉽게 공동체에 진입할 수 있고, 이로 인해 자원분배가 더욱 심하게 분화되는 상황이 나타날 수도 있다.

외부 세력은 일반적으로 경제수익의 분배에 참여하지 않으나, 자원이 어떻게 분배되어야 하는지에 대해 발언권을 갖는다. 또한 자원의 유입이 충분히 클 때에는 공동체에 원래 존재하던 모순과 문제가 잠시 가려져 일종의 합작의 허상이 출현할 수도 있다.

농민의 참여 동기에서 보자면, 농민이 자금호조사 결성으로 돈과 자원이 투입될 것이라고 분명하게 예상할 때, 합작사 참여가 연달아 발생할 수 있다.

상술했듯이 자금호조 조직이 새로운 제도로서 정식으로 실시된 이후, 행위의 주체가 최초 풀뿌리에서의 실험으로부터 공동체의 엘리트, 정부, 외부 세력으로 옮겨갔다. 자금호조사라는 조직 형식은 상이한 이익 관련자들의 선호를 만족시켰지만, 불균형 상태가 되었다. 중앙정부가 '삼농에 복무하는 농촌 금융시스템의 수립' 같은 보편적 혜택 금융의 정책 지향을 더 이상 강조하지 않아야만, 자금호조 조직이 전개하는 업무가 현존하는 상업 금융기구와 비교하여 더욱 농촌의 요구에 다가갈 수 있고, 금융 서비스에 대한 만족에서도 긍정적 외부효과를 발휘할 수 있다. 이들 조직이 합작 금융을 위한 조직이든 아니든, 농민이 주체로서 참여하여 민주적으로 관리되든 아니든 상관없이 그렇다. 이 같은 점은 어떠한 정치체제에서든 모든 농촌 제도의 역사에서 유사했다(원톄쥔·펑카이원, 1996).

2. 주식의 비균질성과 대농 의존의 현실

전형적인 서구 합작사의 원칙에 따르면, 구성원의 출자금은 균질성과 유한성을 가지며, 합작사의 구성원은 출자금이나 지위로 인해 차별받지 않는다. 이 원칙이 자본의 집중도를 제한하여 대자본이 합작사를 통제하는 것을 방지할 수 있다. 합작사의 '인간 결합[人合]'은 주식회사의 '자본 결합[資合]'과 구분되는 기본 특징이다.

그러나 세계적으로 봐도 신용합작 운동이 경제발전의 조류에 적응하기 위해 기본원칙을 일정 정도 변형하면서 비영리와 1인 1표의 공평성 원칙이 발전의 강조와 차별의 인정으로 대체되었다. 상호부조 합작제가 주식합작제로 변환되는 추세가 출현한 것이다(장위안훙 외, 2002). 이러한 추세가 중국의 농촌 자금호조사에서도 보편적으로 나타났다. 또한 실천을 통해 증명되었듯이 노동의 연합은 자본의 집중을 배척하기 마련이다. 이는 금전 운용을 주업으로 삼는 농촌 자금호조사들에게는 의심할 바 없이 커다란 장애가 된다.

신용합작은 금전 운용이 중심이기 때문에 농촌 전업합작사와 비교하여 자금에 대한 의존이 더 크다. 신용합작 자금의 주요한 두 가지 출처는 구성원의 출자금과 예금이다. 전형적인 합작사의 경영 실적에 대한 평가 기준은 구성원에게 제공하는 서비스의 질이지 잉여금이 아니다. 이러한 특징은 신용사의 자금 출처가 반영된 것이다. 수익을 목표로 하는 자금은 일반적으로 신용사에 투입되지 않는다(장위안훙 외, 2002).

그러나 합법적 지위를 확보하면서 자금호조사의 발기인 대부분은 공동체 엘리트가 되었고, 대출 서비스의 향유가 아니라 투자 수익의 획득이 주요한 목표가 되었다. 따라서 현재 자금호조사는 제도를 설계할 때, 자금을 흡수하기 위한 현실적인 목적에서 지분율을 통해 대주주의 투자 수익을 보장하고 있다.

합작사 구성원은 발기인과 보통 사원[社員], 두 종류로 구분된다. 발기인이 합작사 지분에서 절대적 우위를 갖는다. 발기인의 수, 즉 여기서 핵심 주주라고 부르는 인원수는 민간의 전통적인 상호부조 금융과 대체로 비슷하다. 보통 사원은 대출을 중시하기 때문에 이들이 얼마나 많은 지분을 투입하는지는 대출 수요의 크기에 달려있다. 합작사의 거버넌스는 일반적으로 발기인이 통제하며, 소농의 영향력은 작다. 거의 모든 호조사가 은행업감독관리위원회의 규정에 따라 지도되지만, 사원대회[社員大會]가 명목상으로는 최고 의사결정 기구이다. 그러나 사원대표는 일반적으로 대농에서 선출되며, 일부 호조사는 대주주가 직접 이사회에 진입한다고 발기할 때부터 명시하고 있다. 이 같은 호조사의 이윤은 지분에 따라 분배된다.

중국 향촌은 혈연과 지연에 기초한 상호부조의 전통을 가지고 있으나, 상응하는 범위에서만 작동한다. 만약 신뢰의 범주를 벗어나서 상호부조 합작조직에 참여하는 구성원이 복잡하고 다양해지면, 전통적인 연고 관계가 물질적 이익 관계로 바뀌게 된다. 이에 따라 상호부조 합작조직 내부에서 등가[等價]의 상호이익 원칙이 갈수록 중요해졌다. 즉 지분과 권력의 대칭이 요구되는 것이다.

일부 합작사의 지분 보유는 대체로 균등한데, 대개 다음과 같은 이유 때문이다. 첫째, 외부자원이 절대적인 우위를 점유하는 경우, 참여 사원들이 배당과 관리의 편의를 위해 지분의 균질성을 보증한다. 예를 들어 안후이성 페이시[肥西]현 샤오징[小井] 자금호조사는 30만여 위안의 지분 중에서 외부의 공익조직이 25만 위안을 투자했으며, 사원의 지분투자는 대개 3,000위안 정도이다. 둘째, 사원의 대부분이 연고 관계인 경우이다. 예를 들어 안후이성 밍광[明光]시 판춘[潘村]진 싱왕[興旺]촌 자금호조사에서 9명의 발기인은 친척 관계였으며, 사원의 규모도 크지 않았다. 후베이의 젠리[監利]현의 양로기금은 구성원이 모두 촌의 중년과 노년으로 사원이 동질적이어서 지분의 차이가 작았다.

자본을 흡수하면서도 자금 상호부조의 기본원칙을 실현하고 사원의 권력을 보장할 수 있도록 자금호조사들은 다양한 종류의 주식을 두기도 한다. 지린성 리수현의 자금호조사 모델을 예로 들자면, 자격주[資格股], 투자주[投資股], 유동주[流動股], 국가사회공공주[國家社會公共股]를 구분했다.

자격주는 사원이 되어 '입문하는 주식'으로 각 지역은 자격주에 대해 100~5,000위안의 최저한도를 가지고 있다. 자격주를 보유한 사원은 투표권을 가지며, 자금 서비스를 향유할 수 있다. 일부 사원의 합작사 가입은 급한 상황에 대처하기 위한 것이어서 주식을 사자마자 대출을 신청한다. 이들이 거래가 끝나면 바로 주식을 빼는 사태를 막기 위해 일반적으로 퇴출 시한을 규정한다. 예를 들어 2년 또는 3년 내에 주식 반환을 허가하지 않으나 재양도는 가능하다는 식이다. 미래에 더 많은 대출을 획득하기 위해 사원들이 계속해서 다양한 수량의 투자주 구매를 신청할 수는 있으나, 투자주와 자격주의 권리는 대등하지 않다. 이 밖에 외부 세력이 추진한 일부 자금호조사는 외부의 출자금을 갖고 있다. 이러한 출자금 중에서 일부는 공공주로서 촌 집체의 자산이 된다. 집체자산은 공동체가 공유하는 특성을 갖기 때문에 공공주의 존재는 비사원이 금융 서비스를 향유하도록 보장한다. 안후이성 타이후[太湖]현 샤오츠[小池]진의 자금호조사가 이렇게 하고 있다. 국가사회공공주는 합작사 사원 이외에 정부, 사회단체의 자금이나 집체 또는 개인이 기부한 자금을 지칭한다. 기부자는 어떠한 권리도 갖지 못하나, 위험방지기금 또는 장려기금 등과 같이 용도를 지정할 권리가 있다.

이제 막 중국의 농촌에서 일어나고 있는 자금호조사는 국제적으로 통용되는 합작사의 기본원칙을 완전히 따를 수 없다. 이는 현 단계의 상황과 관련된다. 보통의 소농은 자신의 토대에 따른 지위로 제약을 받으며, 독립적으로 상품 생산에 종사할 의식과 능력이 부족하기 때문에 대농에 대해서 일종의 천연적인 의존성을 갖게 된다. 현존하는 다수의 소농이 상품화와 생산의 수준이 높은 대농으로 점차 전환될 때에만, 합작사 내부에서 사원의 평등한 민주적 거버넌스 의식이 진정으로 확립될 수 있다. 그때서야 소농장주를 합작의 구성원으로 하여 서구에서 수립되었으며, 국제적으로 통용되고 있는 합작사의 원칙이 중국에서도 완전히 관철될 수 있는 가능성이 생길 것이다.

농촌 인프라 투입은 이중의 긍정적 외부효과를 갖는다. 첫째, 일반적인 미시적 관점으로 보자면, 공공재의 속성을 갖기 때문에 경제에 대한 긍정적 외부효과를 갖는다. 둘째, 국가의 거시적 전략으로 보자면, 경제적 변동을 해소하고 사회적 위험을 안정시키는 긍정적 외부효과를 갖는다.

그러나 농업의 비교수익 저하와 농촌의 탈조직화라는 현실 때문에, 현재 농촌 인프라의 건설과 유지는 '양고양저[兩高兩低]'라는 어려움에 직면했다. 한편에는 노동력 투입의 기회비용이 높고, 정부와 농가 간의 거래비용이 높다는 문제가 있다. 다른 한편에는 지방의 재정투자에 대한 의욕이 낮고, 농민의 참여와 호응이 낮다는 문제가 있다.

우리는 중국 경제의 전체적인 변화와 현재 농업 내부에서 진행되는 미시적 요소의 구조 변화라는 커다란 배경들을 결합했다. 또한 각 지역에서 농촌 인프라가 효과적으로 투입된 사례를 국제적 경험에 대한 비교분석과 결합했다. 이를 통해 농촌 인프라 투자의 장기효과적[長效] 메커니즘 수립에 대한 건의를 제시할 것이다.

---

199 이 글은 국가 발전개혁위원회의 프로젝트 '농촌 투자의 장기효과적 메커니즘 과제 연구'의 성과이다. 과제 책임자는 원톄쥔 교수였다. 이 글의 제1, 제2 저자인 양솨이와 둥샤오단도 연구팀 구성원이었다. 다른 구성원은 가오가오[高杲](국가발전개혁위원회 국민경제종합사 부사장[副司長]), 쉬치위안[徐啟元](국가발전개혁위원회 국민경제종합사), 쑨융성[孫永生](중국 공안대학[公安大學] 강사)이다. 중국 런민대학의 우광한[武黃漢], 란융하이[蘭永海], 왕하이샤[王海俠], 장친[張琴], 쩡톈원 또한 프로젝트의 계획과 보고서 작성에 공동으로 참여하였다. 모두에게 감사한다. 원문은 양솨이 외(2014)를 참조.

1. 문제 제기

이제까지 농촌 인프라 건설에 대한 연구 대부분은 미시적 시각에서 출발하여 농촌 인프라와 농업 생산성의 관계, 농촌 인프라의 농촌 경제발전에 대한 작용 등을 탐구했다. 또한 대다수는 농촌 인프라를 일반적인 인프라로 간주하여 투입-산출 방법을 통해 분석하고 고찰했다. 이는 공공재로서 농촌 인프라가 갖는 긍정적 외부효과라는 특징을 무시한 것이다. 공공재의 시각으로 단순하게 고찰하면, 농촌 인프라는 고전적 이론이 말하는 '공유지의 비극', '집단행동의 딜레마', '공유자원' 등 관리의 문제에 의해 제약된다. 따라서 시장이나 관료제 조직(기업 조직 또는 행정관료 조직)에만 의존해서는 거버넌스를 유지하기 어렵다(오스트롬, 2000: 10).

더 나아가 현재 정부 주도로 신농촌 건설이 국가전략으로서 적극 실시되면서 농촌 인프라 건설의 외부환경과 함께 농촌 인프라가 국가의 거시적 전략에서 차지하는 위상과 역할이 과거와는 크게 달라졌다.

신중국 성립 이후 60여 년의 공업화 과정을 돌이켜 보면, 농촌은 중국의 거시경제 변동에서 '연착륙'을 실행하는 담지체이자 도시 과잉자본의 자산 저수지와 노동력 저수지로서 다중적 기능을 발휘했다. 이를 통해 경제와 사회의 장기적 안정에 중요한 역할을 했다. 2008년 미국의 금융위기가 일으킨 세계경제의 위기가 2009년 중국에 도달하여 연해의 수출 가공기업이 대량으로 도산했다. 중국 정부는 일찍이 2005년에 사회주의 신농촌 건설의 국가전략을 제시하고, 2011년까지 6년 동안 삼농 투자액을 총 4조 3천억 위안 가량 투자했다. 삼농 문제가 가장 중요한 것이라는 지도사상 하에 농촌에 생산 과잉을 처리하는 '제2의 자산 저수지'가 조성되었다. 세계적 위기가 닥쳤을 때, 향토사회는 연해의 2,500만 실업 외지노동자를 흡수하여 사회안정을 유지하고 중국경제의 '연착륙'을 실현했다.

따라서 일반적인 미시적 관점으로 보자면, 농촌 인프라 투입은 공공재의 속성 때문에 경제에 대한 긍정적 외부효과를 갖는다. 국가의 거시적 전략에서 보자면, 경제적 변동을 해소하고 사회적 위험을 안정시키는 긍정적 외부효과를 갖는다. 이러한 이중의 긍정적 외부효과의 존재로 중앙정부만이 식량안보, 농촌 안정, 농업 발전 등 중대한 문제에 대한 최종적 책임을 떠맡을 수 있다. 그러나 조합주의화된 지방정부와 시장 수익을 고려하는 분산된 개별 소농은 스스로 삼농 문제가 가장 중요하다는 호소에 호응할 수 없다. 국가가 투입한 자금이 관료 시스템을 통해 실제로 농촌 기층으로 전달되었을 때, 도처에서 '엘리트 포획'이 나타났고 이익집단이 국가의 보편적 혜택 정책으로부터 나오는 수익을 차지했다. 그리하여 '중앙의 영도는 뜨겁고, 지방의 부문은 차가우며, 농민의 반응은 약하고, 엘리트가 이점을 얻는' 현상이 나타났다.

이 같은 심층의 복잡한 모순에 대한 이해에 기초하여 우리는 중국의 전체적인 경제 국면의 변화와 현재 농촌의 경제사회 구조의 변화라는 배경을 결합하고, 또한 국내외의 실천 경험을 결합한다. 그리하여 어떻게 농촌 인프라 투자의 장기효과적 메커니즘을 수립할지를 생각해 볼 것이다.

2. 농촌 인프라 투입 과정에서 '양고양저'의 딜레마

농촌 인프라 투입이 갖는 이중의 긍정적 외부효과의 존재에 더해 농업의 비교 수익 저하, 농촌의 탈조직화라는 현실 때문에 현재 농촌 인프라의 건설과 유지는 '양고양저'의 어려움에 처해 있다. 즉 노동력 투입의 기회비용이 높고, 농민의 참여와 호응은 낮다. 정부와 농가 간의 거래비용이 높고, 지방의 재정투자에 대한 의욕과 투자의 강도는 낮다.

1) 노동력 투입의 높은 기회비용

농촌의 노동력이 대량으로 유출되어 외지노동에 종사하면서 농업 영역에 대한 노동 투입의 기회비용이 대폭 상승했고, 이것이 농촌 인프라에 대한 효과적 투입에 커다란 영향을 미치고 있다.

개혁·개방 이전, 중국은 주로 고도로 조직화된 농촌 집체를 기초로 국가와 지방의 부문과 농촌 집체가 공동으로 투자 주체를 구성했다. 또한 정부가 대규모로 농촌 노동력을 동원하여 관개, 홍수 예방, 물과 흙의 개량 등 노동집약형 건설 프로젝트를 실시했다. 이처럼 집단화 형식의 강제 동원과 행정 조달을 결합한 제도를 통해 중국은 미시적 측면에서 통상적인 수준을 뛰어넘는 요소 대체를 달성했다. 즉 대규모의 노동력으로 매우 희소한 자본을 대체한 것이다. 이는 자본이 극도로 희소한 후발 공업화 국가인 중국이 외부자금에 대한 의존에서 벗어난 것으로 투자 메커니즘에 대한 중요한 혁신이었다(둥샤오단·양쇄이 외, 2011). 관련 연구에 따르면, 신중국 성립부터 농촌의 농가도급제 개혁 이전까지 30년 동안 수행된 수리건설[水利工程] 중에서 국가의 총투자액은 763억 위안이었고, 인민공사와 생산대대의 자체 조달과 노동적루공의 가치는 580억 위안으로 추산된다(린완룽, 2002).

농촌의 농가도급제 개혁 이후에도 상당한 기간 동안 농촌 기본건설은 노동력 투입이 중요한 부분을 차지하는 투자 메커니즘을 계속 유지했다. 1989~2000년 전국의 연간 평균 노동적루공 투입은 72억 2천만 노동일수였다. 하나의 노동일수를 10위안으로 계산하면, 농민이 매년 수리건설에 투입한 누적액은 722억 위안에 달한다(정펑톈, 2011). 이렇게 추산하면, 1989년에서 2000년까지 농민이 수리에 투입한 총계는 8,664억 위안이다. 만약 농민의 의무공과 적루공이라는 '양공[兩工]' 투입이 없었다면, 정부가 자신의 재정능력을 전부 사용했어도 지출을 감당하기 어려웠다.

농촌 세비개혁 이후, 농업 인프라 건설에 대한 투입 메커니즘이 새롭게 수립되지 않았으나, 전국적으로 농경지 수리건설에 대한 농민의 노동 투입량은 급감했다. 1998년에는 100억 노동일수가 넘던 것이 2003년에는 47억 일, 2004년에는 30억 일 미만으로 줄었다. 국가 수리부[水利部] 부부장 자이하오후이[翟

浩輝]에 따르면, 2004~2005년 전국 농경지 수리 기본건설에서 농민의 노동 투입은 1998~1999년과 비교하여 거의 70% 하락했고, 건설이 완료된 토공량(土工量)은 59% 감소했다. 또한 중·저질 생산 농경지에 대한 개조 면적이 38% 감소했고, 증설·회복·개선된 관개 면적도 35% 감소했다. 이 같은 노동 투입의 빈틈을 메꾸려고 한다면, 하루 노동일수를 10위안으로 계산하더라도 중국의 매년 농경지 수리건설에 대한 투입 부족분만 계산해서 700억 위안이 넘을 것이다(야오룬펑, 2005). 지방정부가 공표한 현지의 최저임금으로 계산한다면, 이보다 최소 10배가 넘는다. 최근 연해 지역의 노동력 시장화에 따른 임금 수준인 일당 300위안으로 계산한다면, 2조 1천억 위안이나 된다.

대량의 노동력이 외지노동을 하는 것은 노동력의 시장화와 농민의 현금 소득의 상승을 촉진하는 긍정적 기능이 확실히 존재한다. 그러나 동시에 농촌의 노동가격을 명시적으로 드러내어 노동력의 농업 투입에 대한 기회비용이 크게 상승했다. 이에 따라 향촌의 청장년 노동력이 노동력을 농업 영역에 투입하려 하지 않고, 차라리 '피동적 여가'를 선택하게 되었다(류화이위 외, 2008). 노동력의 무제한 공급으로 형성되었으며, 대가를 고려치 않고 자본을 대체하여 노동을 투입했었던 내재적 메커니즘이 30년 동안 추진된 시장화 개혁을 통해 근본적으로 변화한 것이다. 이에 따라 비교적 효율적이었고 노동이 자본을 대체했던 개혁 이전의 기본건설 투입 방식은 회복이 어려워졌다.

2) 소농 농가의 낮은 의욕

주체의 특성과 기대가 투자 행위를 결정한다. 현재 농촌의 인프라 건설에서 또 다른 어려움은 최대의 수혜 집단인 농민의 투입과 참여에 대한 적극성이 높지 않다는 점이다. 농경지 수리건설을 예로 들어 보자. 2004년 중국이 2,000여 년을 이어온 농업세를 폐지하면서 농민의 명시적인 부담은 해결되었다. 그러나 농업의 비교수익이 낮다는 모순은 도농 이원구조에 내재되어 여전히 존재한다. 농경지 수리시설의 건설·정비에 대한 투입과 관리는 경제적으로 수지가 맞지 않는 것이다. 또한 농촌에서 20~30년 동안 진행된 외지노동의 조류가 여전히 지속되고 있으며, 신세대 농민공의 도시화가 심화되면서 많은 지역에서 농업 노동력이 고도로 여성화·노령화되었다. 여성과 노인 집단이 보유한 인적 자원과 자연 자원은 외부자본과 결합하기 어렵기 때문에 발전이 쉽지 않다. 그러나 가구가 가진 몇 무[畝]의 토지는 생존에 대한 걱정도 해결하지 못한다. 이들에게 농업은 취업을 제공하고 기본적인 생존보장을 유지시켜 주는 것일 뿐, 1980년대 농가도급제의 실시 초기에 그랬던 것처럼 경영 수익을 얻는 수단이 못 된다. 농촌에서 이같은 사회구조의 변화와 이와 연관된 농업의 기능 변화로 인해, 대다수 농가들은 농촌 인프라 건설에 적극적으로 종사하거나 참여하려는 의욕이 매우 낮다.

또한 농산품 가격이 떨어져 농업의 비교수익이 낮아졌고, 농촌 노동력이 대량으로 유출되었다. 그에 따라 농업의 노동 생산성이 낮아져 농민의 수리 인프라에 대한 투자도 확실한 수익을 얻을 수 없게 되었다. 동시에 수리시설 시공의 기계화 정도가 향상되면서 건설 비용이 높아졌다. 여기에 더해 인건비가 도시 수준을 따라 해마다 증가하면서 농경지 수리시설의 건설 비용도 대폭 올랐다. 결국 수리시설 건설에 대해 중앙정부는 뜨겁고 기층 농민은 냉담하다는 난처한 상황이 나타났다.

비교해 보자면, 고수익의 경제작물을 주로 경작하는 농가들은 투입의 적극성이 비교적 크다. 이 농가들은 이익이 존재한다면, 정부의 동원을 필요로 하지도 않으며, 농경지 수리건설에 대한 능동적인 투자와 관리가 가능하다. 그러나 자금, 기술, 정책 등의 한계로 인해 이들은 재산권이 확실하고 무임승차 현상을 피할 수 있는 중소형 수리시설에 주로 투자한다. 그러나 농경지 수리건설이 완전한 기능을 발휘하려면, 총체성을 갖추어야 한다. 그 때문에 광범위하고 많은 소농 농가들이 투입과 참여에 동원되어야 한다. 이것이 협조적이고 효과적인 농경지 수리 시스템을 건설하는 관건이다.

실제로 수리시설의 시장화 개혁이 비교적 성공한 지역은 대다수가 농업으로부터 충분한 잉여를 획득하여 농경지 수리시설의 유지 비용을 지불할 수 있는 곳이었다. 농업 생산도 과일, 채소 등의 경제작물 위주였다. 이들 지역은 입찰, 경매, 공시 등을 통해 수자원 사용의 시장화 개혁을 진행할 수 있었다. 또한 안정적인 수량[水量]을 확보하기 위해 많은 지방의 농가들이 관수로를 사용하고 개수로를 더 이상 사용하지 않았다. 이에 따라 용수 과정에서 무임승차의 가능성도 크게 줄었다. 그러나 전통 작물의 경작 지역에서는 농촌에 남은 다대수가 60세 이상의 노인이어서 수리시설의 '최후의 1킬로미터'의 문제가 가장 뚜렷하게 드러난다. 이들은 본래부터 양수 펌프가 있더라도 용수 파이프를 사거나 물 사용료를 내려고 하지 않는 것이다.

　이런 문제들 때문에 국지성 가뭄이 오면, 중앙정부가 조급하게 강력한 가뭄 대처를 호소하는 것을 볼 수 있으나, 지방정부와 농민은 적극성이 없이 소극적으로 가뭄에 대처할 뿐이다. 어떤 지방은 저수지에 물이 있어도 땅으로 물을 대지 못할 정도이다.

3) 정부와 농가 사이의 높은 거래비용

현재, 농촌 조직이 부재하고 농가가 대량으로 분산되어 있기 때문에 정부를 포함한 어떠한 외부의 주체도 농가와의 거래비용이 매우 높다. 이는 농촌 인프라의 장기효과적 투입에 영향을 미치는 또 다른 중요한 요소가 되었다.

　1980년대 초기, 분산된 소농경제가 먼저 회복되면서 중국은 경제체제와 거버넌스 구조가 시장화되는 과정에 진입했다. 이는 농촌의 공공재 공급 제도에서 근본적인 변화를 일으켰다. 인민공사 해체와 농가도급제 실시에 따라 겸업화된 농가 위주로 전환된 농업의 생산·경영 주체들은 농촌 공공재에 대해 강렬한 수요를 갖게 되었다. 그러나 농가 조직화의 기초가 크게 약화되어 집단화 시기의 공공재 공급 제도가 효과적으로 운영될 수 없었다. 또한 분산된 소농이 시장 위험을 막아내기 위해 선택한 겸업화 경영이라는 보편적 생산방식과 여기에서 비롯된 소농 촌락제의 토대는 필연적으로 현대의 상부구조와 복잡한 모순을 갖게 되었다. 이에 따라 농민과 조합주의화되고 공업화와 도시화를 힘써 추진하는 현대 정부 간에 거래비용이 크게 높아졌다.

1990년대 이후, 재정 압력에 따라 추진된 개혁으로 갈수록 농촌의 상부구조와 소농의 토대 사이에 반작용이 나타났다. 결국 정부와 소농 간의 모순이 대량으로 폭발하면서 수차례 세비개혁을 추진할 수밖에 없었다. 이는 객관적으로 농촌에서 공공 투입의 어려움을 더욱 가중시켰다.

1990년대 후반, 농업세와 특산물세의 징수 방식이 '농가별 결산'으로 바뀌면서 전통적인 농촌 지역은 공공 재정을 징수하는 비용이 더 커졌다. 이로 인해 조세 미납과 공공 부채가 갈수록 늘어났다. 1990년대 이후, 현 이하 향·촌 기층의 공공 부채는 거의 1조 위안에 이르렀고, 심지어 상급 정부가 교부한 모든 자금이 기층정부의 지출과 부채 상환에 쓰이기도 했다. '삼제오통[三提五統]'(세 가지 촌 부과금과 다섯 가지 향급 부과금)과 '양공'(노동적루공과 의무공)이 완전히 폐지된 이후, 농민의 부담이 크게 줄었다. 그러나 다른 한편으로는 향·촌 재정으로 농업을 지원하던 기반이 거의 사라져버렸고, 향·촌이 농경지 수리건설에 노동력을 직접 사용할 수도 없었다. 또한 향·촌 재정과 인프라 투입의 원천이 새로 수립되지 않아 농촌의 인프라 건설, 특히 농민의 생산·생활과 밀접히 관련된 소형 인프라 건설은 믿을 만한 투입 경로를 찾을 수 없었다.

중앙정부가 한 세기가 바뀔 무렵 삼농에 대한 '반포[反哺]'라는 중대한 전략 조정에 나서면서 대량의 재정 자금이 농촌에 투입되었다. 중앙이 2005년 신농촌 건설 전략을 제시한 이후부터 2013년 말까지 농촌에 대한 총투자 규모는 8조 위안을 넘어섰고, 농촌 공공재에 대한 재정 투입도 늘었다. 그러나 장기적인 탈조직화 개혁이 촌락의 조직적 기초를 약화시켜 정부와 분산된 소농 사이의 거래비용이 크게 올랐다. 그 결과로 정부가 투입하는 프로젝트의 비용이 상승하고 효과의 지속성은 크게 감소했으며, '엘리트 포획' 때문에 자원이 농촌 내부에서 공평하게 향유되기가 어려워졌다.

이로 인해 현재 농촌은 스스로 공공재를 공급할 만한 동기부여가 부족할 뿐만 아니라, 농민에게 혜택을 주려는 의욕을 가진 정부도 농촌의 조직 해체에 따라 분산된 소농과의 거래비용이 갈수록 상승하고 있다는 문제에 직면할 수밖에 없다.

4) 재정 투입에 대한 지방의 낮은 의욕

재정·세수 구조의 비대칭과 중앙과 지방 간 발전 목표의 불일치에서 비롯된 지방의 행위 변화가 현재 농촌 기본건설에 대한 장기효과적 투입에 영향을 주는 또 다른 중요한 요소이다.

심각한 재정위기 속에서 중앙-지방 재정관계를 조정하기 위한 두 차례의 중대한 개혁이 진행되었다. 1984년 시작된 재정의 등급별 도급과 1994년부터 시행된 분세제 개혁이 그것이다. 이는 '지방 각급의 정부와 부문이 스스로 재정을 책임지는[當家理財] 적극성'을 최대한 동원하여 중앙의 재정곤란을 해결하는 데 중요한 역할을 했었다. 그러나 다른 한편으로는 정부 관료 시스템의 '종적·횡적 분할'을 불가피하게 촉진하고 팽창시켰다. 부문을 최고로 앞세우고 지방이 각자 다스리는 시스템의 폐단이 현재에 이르러서는 이익 분배의 구조를 고착화시키는 고질병이 되어버렸다. 이로 인해 조성된 거대한 제도 비용을 지방은 중앙정부의 부담으로 떠넘길 수밖에 없었다. 이처럼 제도의 수익과 비용이 완전히 불일치된 체제에서 투입의 문제와 관련하여 농업·농촌 관련 부문들은 '악화가 양화를 구축한다'는 법칙에 따라, 부문 이익의 최대화를 주요한 지향으로 삼아 사유하고 행동하게 되었다. 이미 조합주의화된 지방정부의 각종 농업 관련 부문들은 상급 정부의 투입을 투자를 유치하여 이익을 분배받는 것처럼 여겼다.

21세기 초, 중국은 마침내 자본 부족에서 벗어나 자본 과잉의 시대에 진입했다. 중앙정부는 잇달아 '삼농 문제가 가장 중요한 것', '사회주의 신농촌 건설' 등의 중대한 방침과 정책을 제시하였고, 거액의 재정 자금을 통해 농촌의 교통·의료·수리 등 공공재의 하드웨어 설비를 크게 변모시켰다. 이와 동시에 지방의 공업화와 도시화가 가속화되어 많은 지역에서 향·진조차 개발구를 대규모로 건설했다. 이를 위해서는 먼저 대량의 자금을 투입하여 인프라 건설을 개시해야 했다. 운영 지출을 제외한 대부분의 지방 재정은 '발전을 도모'하고 '성장을 유지'하는 데 필요한 인프라 건설에 사용되었다. 그로 인해 상급에서 교부된 농업 지원 자금에 대한 대응자금이 투입되지 못했을 뿐만 아니라, 상급 재정의 프로젝트 자금이 다른 용도로 유용되었다. 일부 지방정부는 정치업적을 추구하고 투자유치 임무를 완수하기 위해 투자유치 과정에서 인프라 건설에 대한 대응자금을 우대조건으로 내세웠다. 투자를 받은 지역에만 국한하여 프로젝트 건설을 실시함으로써 국가의 투자가 투자자의 지출을 절약하는 것으로 변질되었다. 총체적인 공업 중시와 농업 경시, 도시 중시와 향촌 경시가 현실에서는 '대자본'(즉 상대적으로 규모가 큰 투자자)을 중시하고 '소농'을 경시하여 공공 자원을 분배하는 경향으로 나타났다. 이에 따라 정말로 일반 농가에 혜택을 줄 수 있고 재정이 보편적 혜택의 기능을 발휘할 수 있는 농촌 인프라 건설에 대한 투자 규모는 매우 제한적이었다.

현재 농촌 인프라 건설이 직면한 '양고양저'의 어려움은 1980년대 이후, 농촌개혁이 농업 발전을 촉진하면서 함께 발생한, 또 다른 객관적 결과라고 해야 할 것이다. 제도 변천은 불가역성을 갖는다. 농촌의 농가도급 경영이라는 기본 경제제도와 하향식으로 수립된 관료제적인 향촌 거버넌스 구조는 쉽게 변하지 않을 것이다. 따라서 우리가 현존하는 제도의 조건에서 어떻게 제도와 조직을 혁신해야만 하는지를 탐색해야만, 현재 농촌의 공공 투입이 직면한 문제를 해결할 가능성이 있다.

3. 농촌 인프라의 장기효과적 투자 방식에 대한 지역별 탐색

최근 많은 농촌 지역에서 자신의 조직 건설과 외부자원의 투입을 결합하여 촌락에 공공재를 효과적으로 제공하는 사례가 나타나고 있다. 우리는 그중에서 세 가지 전형적인 사례를 골라 분석한다.

1) 핑위안향[平原鄉]: 농민의 종합적 합작조직을 정부 투자와 연결

안후이성 핑위안향의 싱농[興農] 합작사는 현지 농민이 자발적으로 수립한 종합적 합작조직이다. 싱농 합작사는 2004년에 창립되었는데, 당시 40가구가 출자를 했다. 2009년에는 사원[社員]이 이미 400여 가구에 달해 15개의 상호부조 소조[互助小組]로 나누었으며, 범위가 주변의 3개 행정촌에 걸쳐 있었다. 오랜 탐색을 거쳐 이 합작사는 공동 매매, 생태 양조장, 자금 상호부조, 향촌 문화활동 등의 합작 프로젝트를 다년간 운영하고 있다. 또한 이 같은 생산과 문화 방면의 합작 활동이 상호작용하면서 자신의 합작 문화를 배양하고 사원의 진정한 참여를 보장했다.

합작사의 양호한 발전이 현지에서 큰 반향을 일으켰고, 안후이성 상부의 관련 부문도 이를 주목하게 되었다. 여러 해 동안 토지 거버넌스와 관련된 프로젝트 경비가 정부의 각 단계마다 심각하게 유용되었기 때문에 정부의 주관부문은 합작사가 프로젝트를 책임지도록 하는 실험을 시작했다. 안후이성이 2008년 4개의 실험지역을 비준했고, 싱농 합작사가 그중 하나였다.

이 프로젝트로 합작사는 정부의 재정자금 92만 5천 위안을 교부받게 되었다. 주요 공정은 촌락의 토지 2,000무[畝]를 대상으로 생산도로와 수로의 교량을 손질하고, 나무를 심고 우물을 파는 것이었다. 실시 과정의 구체적 경험은 아래와 같다.

첫째, 합작사가 농업 지원 재정 자금을 직접 연계함으로써 합작사와 프로젝트 주관부문(구[區] 농업자원개발국[農發局])이 상호 합작하고 상호 제약하는 메커니즘을 만들었으며, 자금의 사용과 공정의 품질에 대한 효과적인 감독 시스템을 수립했다. 실제 집행 과정에서 구의 농업자원개발국이 입찰을 책임졌고, 싱농 합작사는 5인 소조를 파견하여 시공 품질을 감독했다. 공정이 끝난 이후에는 합작사의 감독 소조가 공정 합격이라는 의견을 제출해야만, 시공회사가 관련 부문으로부터 공사비를 결산 받을 수 있었다. 프로젝트 실시 과정에서 나타나는 품질 문제를 사례로 살펴보자. 건설된 교량이 콘크리트 두께가 충분하지 못해 완공 이후 오래지 않아 차량에 의해 붕괴되었다거나 몇몇 노반의 혼합토에서 석회 함량이 요구치에 도달하지 못했다면, 합작사 사원과 감독 소조가 적시에 발견하여 서면 자료를 구의 농업자원개발국에 제출했다. 농업자원개발국은 시공을 잠시 중단시키고 품질 요구에 부합할 때까지 다시 시공하도록 했다.

둘째, 합작사가 프로젝트 선택 과정에서 공동체의 참여를 촉진함으로써 프로젝트의 적합성을 향상시켰다. 구체적으로 보자면, 먼저 2,000무의 토지와 관련된 8개의 호조조[互助組]가 해당 촌락의 토지에 필요한 프로젝트를 합작사에 제출했다. 다리 몇 개, 우물 몇 개, 도로 몇 개와 같은 내용들이 촌락의 지도 위에 구체적인 위치로 표시되었다. 다음으로 합작사가 조직한 프로젝트팀의 구성원들이 현지답사를 통해 확정한 이후, 자료를 만들어 상부에 신청하여 실시했다.

셋째, 실시 과정에서 합작사가 나서서 이해관계가 있는 농가들의 협력을 끌어냄으로써 프로젝트가 순조롭게 추진되고 비용을 절약할 수 있었다. 예를 들어 수로·도로·교량에 대한 노선 계획과 건설 순서에 대하여 합작사는 사원을 소집해 내부적으로 통일된 협력을 도출했다. 길을 닦고 도랑을 파기 위해 농가의 토지를 수용하거나 수목을 벌채해야 한다면, 합작사의 조직 역량으로 토지(수목) 보상과 업무추진에 비용을 쓰지 않고서도 원만한 협력을 얻어 내었다.

이 같은 사례에서 자발적으로 형성된 농촌의 종합적 합작조직은 자신의 장기적인 발전 과정을 통해 초기의 조직 비용을 사실상 이미 지불했다고 할 수 있다. 따라서 정부의 농경지에 대한 종합적인 정비 프로젝트와 연계되었을 때, 공사 과정에서 농가 간의 협력과 관련된 비용을 크게 절약할 수 있었다. 동시에 공정 과정에서 사원의 광범위한 참여를 동원함으로써 시공의 품질을 보증했다.

2) 피촌[皮村]: 외부자원의 유입과 사회자원의 공동 참여를 통한 공공재 공급

피촌은 허베이성에서 '천하 제일의 모피 도시'로 알려진 잉쉐이[營水]진의 읍내로부터 동남쪽으로 4킬로미터 떨어져 위치하며, 인구가 600여 명에 불과한 작은 촌이다. 촌의 젊은이들 대다수는 모피 가공품 판매에 종사하거나 부근의 진[鎭]에서 외지노동을 한다. 촌에서 농업 경작에 종사하는 사람들은 주로 이러한 업종에 진입할 수 없는 부녀와 노인이다. 피촌은 농업세가 있던 시기에 세비 징수로 갈등이 발생하면서 내부에 몇 개의 파벌이 생겼다. 각 파벌의 엘리트 대표들이 번갈아서, 간부가 되면 세비를 걷고 간부를 그만두면 상방[上訪]을 하면서 일대에서 '상방촌'으로 악명이 높았다. 이렇게 되다보니 촌의 공공재 공급은 오랫동안 마비 상태였다.

2007년, 베이징에서 모피 의류업을 경영하던 억만장자 중원[忠文]이라는 사람이 촌민의 요청과 진 정부 지도자들의 초청에 따라 촌에 돌아와 촌 당지부 서기가 되었다. 두 해 남짓 지나 촌은 '상방촌'에서 언론이 다수 보도한 '스타촌[明星村]'이 되었다. 촌에 모피와 채소 합작사를 설립하여 촌민이 힘을 모아 생산을 발전시켰고, 상방도 자취를 감추었다. 거대한 전환은 도로, 물과 같은 촌의 인프라 개선에서부터 시작되었다.

피촌이 촌락의 인프라 건설을 추진한 기본 방법은 다음과 같다. 먼저 촌락의 기층조직을 재건하고, 조직을 통해 촌락의 건설과 발전을 이끌었다. 억만장자가 촌으로 돌아와 촌 당지부 서기를 맡은 이후, 본래 갈등을 일으켰던 향토 엘리트들은 공산당 촌지부 위원회와 촌민위원회라는 촌의 두 위원회 조직으로 흡수되었다. 이뿐만 아니라 두 위원회를 핵심으로 하여 민병중대, 촌민소조 조직, 청년돌격대, 삼림·도로 보호대, 치안순찰대 등의 군중조직이 회복되거나 새로설립되었고 군중대표도 뽑았다. 이 조직들을 핵심으로 하여 촌락의 공공 사무에 대한 촌민의 참여를 촉진하였다. 식수와 도로가 당시 피촌의 서민들이 직면한 제일 힘든 두 가지 문제였다. 운영이 재개된 촌의 두 위원회는 재빨리 촌민대회를 소집하여 수도관 설치, 우물 굴착, 도로 정비에 대한 업무계획을 상의하였다. 며칠 후에 촌 전체의 도로 노선 계획을 제정하고 도로, 수도관, 우물을 시공할 인원을 확정했다.

다음으로 외부자원의 선도로 기존의 각종 사회자원을 동원하여 촌락 건설에 참여시켰다. 이러한 인프라 개선은 의심할 바 없이 대량의 자금을 필요로 한다. 그러나 당시 촌의 재무 잔고는 8,000위안뿐이었다. 서기가 된 중원 혼자서 촌민대회를 통해 10만 위안을 기부했고, 다른 24명의 촌 엘리트와 열성적인 촌민들이 18,000여 위안을 잇달아 기부했다. 이 돈은 전체 공정의 비용으로 보면 어림없는 액수였지만, 전체 촌민의 힘을 동원하는 데에 큰 역할을 했다. 이어진 도로 정비 공정에서 촌민들은 두 위원회의 인솔에 따라 의무노동에 자원하여 노반 다지기 등의 작업에 참여하였다. 전체 촌에서 80% 이상의 사람들이 의무노동에 나서서 매일 적어도 육칠십 명은 되었으며, 가장 많을 때는 200여 명이나 되었다. 3개월이 지나 30만m³의 땅을 파냈고 18,000 그루의 나무를 심는 작업량을 완성했다. 총 작업량을 현지의 임금으로 환산하면 120만 위안 이상이었다.

다른 인프라 건설도 순조롭게 진전되었다. 10일 만에 촌에서 25개의 가로등 설치가 완료되었다. 30일 후에는 340미터 깊이의 새 우물을 팠으며, 자동조절장치도 설치하여 촌 전체에 5,000미터의 수도관을 깔았다. 이로써 가가호호 집밖으로 나가지 않아도 수도를 이용할 수 있었고, 수년 동안 촌민을 괴롭혔던 식수난이 완전히 해결되었다. 100일 후에는 도로가 개통되었다.

피촌의 촌락 기본건설에 대한 투입 과정은 사실상 촌락에 대한 광범위한 동원의 과정이자, 촌민이 상호부조 합작을 초보적으로 훈련하는 과정이었다. 이후, 피촌은 합작 경제조직을 중점적으로 발전시키는 단계로 진입하였다. 중원 서기는 촌의 두 위원회를 이끌고 3~5년, 5~10년의 발전계획을 제정했다. 각종 자원을 충분히 이용하여 농민 합작을 발전시켜 촌민이 공동 부유의 길로 나아가는 것이 목적이었다. 피촌은 3개 합작사의 건설과 발전에 주로 집중했다. 이는 모피 의류업 합작사, 채소 비닐하우스 전업합작사, 양계 합작사로서 현재 촌락 농가의 70%가 소속되어 있다.

본 사례에서 외부로부터 유입된 자원은 고향을 떠났던 부자 상인이 주로 제공한 것이다. 더구나 본인은 증가된 수익의 분배에 참여하지도 않았다. 더 일반적인 상황에서는 증가된 자원을 제공하는 주체가 개인일 수도 있고 외부 조직일 수도 있으나, 많은 경우에 정부 투입이 원천이 되며, 동시에 사회의 다른 자원이 공동의 참여를 촉진하기도 한다.

3) 다쉬촌[大徐村]: 촌급 조직을 통한 농촌 기본건설 투자와 촌락 거버넌스 개선의 상호 촉진[200]

허난성의 닝링[寧陵]현 장궁[張公]진의 다쉬촌이 중앙의 복권 공익금을 이용하여 진행한 빈곤촌 종합구제 추진[整村推進]은 촌급의 두 위원회에 위탁하여 농촌의 인프라 투자와 촌락의 거버넌스 개선을 상호 촉진한 사례이다.

다쉬촌은 2009년 중앙의 복권 공익금을 이용하여 빈곤촌 종합구제 추진을 진행하는 15개 시범촌 중의 하나로 확정되었다. 총 투자액은 155만 위안이었고, 이외에 다른 부문으로부터 약 20만 위안의 자금이 추가되었다. 여기에 촌락 내부의 조직 관리와 자원 동원이 더해져 채 1년이 안되어 수많은 프로젝트를 완성했다. 구체적으로 촌의 호별 도로에 대한 투자액 116만 위안, 가로등 40개 10만 위안, 촌 문화실과 공중화장실 10만 위안, 8개의 관개 우물 4만 위안, 그리고 별도로 촌급 상호부조 자금에 사용된 15만 위안 등이 있었다. 합쳐진 정부 부문의 자금은 주로 문화광장 건설과 헬스 기구 구입, 토지 평탄화, 저수지 보수, 바이오가스 저장소[沼氣池], 촌 사무실 등에 사용되었다.

다쉬촌은 양호한 조직적 기초를 갖춘 두 위원회가 앞장서는 빈곤촌 종합구제 추진을 통해 촌락의 인프라 건설에서 좋은 효과를 거두었다.

먼저 국가의 재정 자금 투입과 함께 두 위원회 간부들의 선도적인 투입을 통해 촌의 각종 자원을 효과적으로 동원했다. 촌의 두 위원회의 주요 구성원들은 프로젝트를 실시하면서 많은 시간과 정력을 쏟았을 뿐만 아니라, 상당한 자금도 내놓았다. 서기 겸 촌장이 10만여 위안을 지출했고, 부촌장은 5만 위안, 회

---

200   이 사례의 자료는 중국 런민대학 농업·농촌발전학원 왕싼구이, 퉁즈후이가 제공한 것으로 서술상의 필요에 따라 정리한 것이다. 이에 대해 감사한다.

계는 6,000위안을 냈다. 프로젝트를 실시하면서 촌 전체에서 500여 명의 의무 노동을 동원하고 2만여 위안을 지출하여 버려진 구덩이와 오래된 강줄기를 메웠다. 이로써 148무의 이용 가능한 토지(그중 경작지는 80무)를 증가시킬 수 있었다. 대다수 촌락에서는 상상할 수 없는 규모였다.

다음으로 기층 간부의 모범과 업무 방법의 개선으로 프로젝트 추진에서 협력의 비용을 크게 낮추었다. 촌의 간선도로를 넓히기 위해 서기 겸 촌장과 그 가족들이 앞장서서 자기 집의 담장과 집 일부를 철거했다. 다음은 한 부녀자의 생생한 발언이다.

"담장과 집(8만~9만 위안의 손실)을 철거해야 한다는 것을 처음 알았을 때, 며칠 울면서 밥도 못 먹었다. 그러나 길을 넓히는 것이 모두에게 좋다는 데 생각이 미치고 게다가 서기와 그의 두 형제들이 먼저 앞장서서 집을 철거하자, 스스로 남편에게 전화를 걸어 상추[商丘]시에서 돌아오라고 해서 집을 철거했다."

마지막으로 모든 프로젝트를 1년 내에 기본적으로 완성하여 다방면에서 촌락에 커다란 변화를 가져왔고, 촌급 거버넌스도 개선되었다. 촌민이 더욱 단결하게 되었으며, 관계도 더 화목해졌다. 촌급 사무가 더 쉽게 농가의 지지를 받을 수 있었다. 또한 촌민이 촌락의 발전 전망에 대해 충만한 믿음을 갖게 되었다. 다쉬촌의 프로젝트 실시에서 가장 주요한 특징은 현존하는 기층 조직이 대규모의 정부 투입과 결합되어 최대의 효과를 산출했다는 점이다. 한편으로 (자금, 감독·관리를 포함한) 대규모 외부자원의 지속적인 투입이 없었다면, 발전을 위해 촌의 자원을 동원하기 어려웠을 것이다. 이러한 자원은 유출(주요하게는 노동력의 외부 유출이고, 자금은 저축을 통해 도시로 유출)되거나, 무익한 활동으로 (예를 들어 농촌에서 성행하는 카드, 마작이나 도박으로) 낭비되었을 것이다. 외부자원의 지원이 없었다면, 공동체 엘리트는 공동체의 발전을 위해 독자적으로 투입할 능력이나 의욕이 없었을 것이고, 공동체의 거버넌스도 개선되기 어려웠을 것이다.

　　그러나 다른 한편으로 효과적인 굿 거버넌스 구조가 결합되지 않았다면, 외부 자금이 합리적으로 사용될 수 없었다. 심지어 촌민들이 외부로부터 들어온 자원과 이익을 두고 서로 싸우면서 새로운 모순이 발생할 수도 있다. 빈곤촌 종합구제를 추진했던 일부 촌에서는 이 같은 상황이 발생하여 프로젝트가 제대로 진행되지 못했으며, 공동체의 굿 거버넌스와 지속가능한 발전도 당연히 피해를 입었다.

4. 국제적인 경험과의 비교

농업은 자연 과정과 경제 과정이 고도로 결합된다는 특징을 갖는다. 각국의 서로 다른 농업 조건으로 생산·경영 조직에서 상이한 방식이 나타나고, 상응하는 농촌 기본건설의 투입 방식과 제도도 다르다. 농업 조건과 농업의 내재적 특징의 차이에 따라, 농업은 객관적으로 이질성이 강한 세 가지 유형으로 구분된다.

　　첫째, 대농장 농업이다. 주로 (미국, 캐나다, 호주로 대표되는) 과거 식민지 국가로서 철저한 식민화와 풍부한 자원으로 인해 농업의 규모화와 자본화를 실현할 수 있는 조건을 갖췄다. 정부의 대응은 조합주의화되고 산업화된 농업 정책이다. 둘째, 소농장 농업이다. 주로 (유럽으로 대표되는) 과거 식민지 종주국이다. 유럽에서 인구 증가의 절대치가 이주로 유출되는 인구의 절대치보다 컸기 때문에 1인당 자원량이 갈수록 제한되어 농업의 자본화와 생태화를 결합시킬 수밖에 없었다. 그중 60%의 농장은 겸업화된 중산층 시민이 경영을 하며, 정부가 철저히 보호하고 강력하게 지원한다. 셋째, 소농 농가 농업이다. 주로 (일본과 한국으로 대표되는) 철저히 식민화되지 않고 원주민이 중심인 곳으로 동아시아의 전통적인 소농경제 국가들이다. 인구에 비해 자원이 극도로 부족했기 때문에 국가의 전략적 목표의 주도로 정부 개입, 심지어 강력한 간섭을 통해서 삼농의 안정을 유지했다. 예를 들어 농촌 인구를 모두 포괄하면서 보편적 혜택을 특징으

로 갖는 종합적 농민협회나 합작사를 통해 사회자원을 자본화함으로써 삼농을
안정시켰다.

중국 또한 원주민 중심의 동아시아 소농 촌락제 경제에 속하며, 농가의 경
영이 심하게 분산되어 있을 뿐 아니라, 토지도 작게 분할되어 있다. 미국으로 대
표되는 대농장 경제와는 근본적으로 비교될 수가 없다. 유럽의 시민 농업도 중
국에서 절대적인 부분을 차지하는 전통 농촌 지역에 대한 보편적인 참고사항이
될 수는 없다. 소농 농가를 중심으로 하는 일본과 한국의 농업 발전만이 참조가
가능하다.

일본, 한국 등 동아시아 국가들에서 농촌의 기본건설에 대한 투자의 핵심
은 다음의 두 가지였다. 첫째, 국가가 계획적으로 농촌 인프라 건설에 대규모로
투자하여 이를 통해 농촌의 발전을 선도했다. 일본의 농촌 기본건설에 대한 투
입 방식은 중국이 집단화 시기에 제기했던 '산·물·농지·숲·도로에 대한 종합
거버넌스'와 유사하다. 일본 정부가 투자를 주도하여 농촌의 기본건설 프로젝
트를 강력하게 추진함으로써 농경지 관개 면적이 80%에 다다랐고, 물·도로·
전기·전화 등이 전부 농가에 도달했으며, 초등교육이 완전 무상화되었다. 이는
일본 농촌의 하드웨어를 철저히 바꾸고 일본의 내수를 크게 진작시킴으로써 도
시와 농촌이 양호한 상호작용을 통해 균형 발전을 할 수 있는 기초를 닦았다(두
잉, 2000). 한국은 중앙정부가 원자재 제공을 주도하여 농촌 기본건설에 대한 투
자를 힘껏 추진했고, 이를 통해 국내 수요를 진작함으로써 공업화 발전과 동시
에 농촌 개조를 추진했다(리수이산, 1995).

둘째, 전국적인 농협 조직이 담지체가 되어 정부와 광대한 농가 사이의 교
량 작용을 했다. 우선 농협이 정부의 프로젝트를 연계하여 거래비용을 크게 절
약했다. 또한 농협은 농촌 사회의 각종 자원, 농민의 노동 투입 등 농촌 자체의
역량을 광범위하게 동원했다.

이외에 동일하게 소규모 경영의 농업 유형에 속하는 인도 케랄라[Kerala]
는 특수한 정치환경에서 농촌 기본건설에 대한 효과적인 투자 및 감독·관리의

방식을 만들어 내었다. 이 지역은 오랫동안 두 개의 상이한 파벌을 가진 공산당이 교대로 집권했는데, 지역의 재정 예산에서 계획기금(총액의 50%)의 40%를 향(인도 용어로는 '판차야트[panchayat]')에 교부했다. 판차야트가 농민 군중을 조직하여 우선순위를 정하도록 하고, 군중의 의견에 따라 어떻게 할당할지를 결정했다. 그 비율이 대략 전체 판차야트 재정 예산의 20%를 차지했다. 예측가능하고 안정적인 수입의 원천이 있었기 때문에 판차야트 정부는 프로젝트 선정과 실시 계획에서 참여식 정책을 채택할 수 있었다. 시행 과정에서 광범위한 영향력을 갖는 인도의 공익조직인 민중과학운동[People's Science Movement]을 독립적인 제3자로 끌어들여 프로젝트에 대한 입안 평가, 시공 감독, 검사·검수를 진행했다.

5. 결론과 건의

상술한 국내외의 경험을 통해 우리는 어렵지 않게 다음과 같은 점을 알 수 있다. 먼저 농촌의 기본건설은 경제와 국가안보에 있어서 현저한 외부효과를 갖기 때문에 농가 또는 기업 혼자서 시장에만 의존하여 자발적으로 공급하기가 어렵다. 국가전략을 조정하고 농촌에 대한 투입을 확대하는 현재 중국의 추세이든, 농촌 기본건설에 대한 강력한 투입을 진행하는 다른 국가나 지방정부의 방법이든 간에 정부 주도로 농촌에 대해 자원을 투입하고 효과적인 제도를 공급하는 것이 특히 중요해 보인다. 다른 한편 소농 농가의 분산된 경영이라는 조건에서는 농가의 조직화 정도를 높여야만, 이들과 외부 주체 간의 집단적인 '협상'의 조건을 만들고 제도 비용이 낮은 '유지가능한 계약'을 형성할 수 있다. 이는 정상적인 시장경제와 정부 거버넌스가 요구하는 신뢰 사회를 점차 만들어 나가는 기초일 뿐만 아니라, 농촌의 기본건설 프로젝트가 계속 효과를 발휘하도록 하는 중요한 조건이다.

　　이상의 경험과 인식에 기초하여 아래와 같은 정책 건의를 제시한다.

첫째, 조직 혁신을 기초로 하고 농민을 주체로 삼아 농업 관련 자금의 상향식 연계 메커니즘을 수립해야 한다. 이전에 정부 보조금을 통한 인프라 건설이 주로 시공기업의 도급 입찰을 일반적인 방법으로 삼았던 것과 달리, 프로젝트와 자금을 '지렛대' 삼아 농민 조직을 만들고 배양함으로써 프로젝트의 내부화된 메커니즘을 만들 수 있다. 이는 일석이조의 효과를 가질 수 있다. 공공 자금으로 농촌 인프라 건설에서 농민의 노동력 투입을 끌어내어 농민 조직과 농촌 기본건설의 동시 발전을 효과적으로 추진할 수 있다. 다른 한편으로 농민 조직의 향상은 농가의 참여를 보장하고, 농민의 프로젝트 건설에 대한 감독 기능을 실현하며, 프로젝트 완성 이후에 지속가능한 관리·보호 메커니즘을 수립하는 데에도 도움이 된다.

둘째, 농촌의 인프라 건설에서 중앙과 지방의 관계를 더욱 잘 조절해야 한다. 중앙 재정의 농촌에 대한 투입을 중앙 재정의 총지출의 증가폭보다 더욱 크게 확대해야 한다. 또한 예산내 고정자산 투자 중에서 농촌 인프라 건설의 비중과 관련하여 총량, 증량, 증가폭, 상대적 비중 등의 4가지 지표로 구성된 지표체계를 활용함으로써 농촌에 대한 인프라 투입의 지속적 성장을 보장해야 한다. 다른 한편 각지의 경제발전 상황에 따라 농업 지원 자금의 대응자금 비율을 제정해야 한다. 특히 빈곤한 지방과 전통 농촌 지역에 대해서는 대응자금을 폐지해서 제도적 결함으로 인해 기층의 부채가 새롭게 유발되지 않도록 해야 한다.

당연하게도 국가의 투입을 더욱 확대하는 것과 함께 상응하는 제약과 제어의 메커니즘을 수립해야 한다. 각급 정부에 대한 문책과 감독의 메커니즘을 강화하는 것 이외에도 농민을 주체로 삼아 정책결정과 감독을 위한 상향식 메커니즘을 탐색할 필요가 있다.

제4부

비교: 국제 조사·연구

세계화는 왜 빈부 양극화의 '80 대 20 법칙'을 따르는가? 만약 진지하면서도 전면적으로 국제 정치경제의 시각에서 '가난의 제도경제학'(일반적으로 '빈곤의 경제학'으로 번역) 이론을 구성하려고 한다면, 국제적으로 경험된 대안적 실천들을 참고할 필요가 있다. 그러나 이러한 대안적 실천들은 비주류적 특성 때문에 교과서와 문헌에서 찾기가 어렵다. 이로 인해 제도적인 빈곤 연구는 부득이하게 '백문이 불여일견'이라는 원칙을 견지할 수밖에 없다.

자본주의 문명의 역사 단계라는 인류의 경험 과정은 대략 세 가지 단계로 정리될 수 있다. 자본주의 초기의 원시적 축적, 중기의 산업자본 확장, 후기의 금융자본 세계화이다. 이 과정에서 선진국은 제도 수익을 점유하고 제도 비용(위기)을 대외로 전가했다. 이것이 제도적 빈곤의 주요한 원인이다. 미국이 2008년 금융위기에 대응할 때, 화폐를 남발하여 인플레이션을 수출함으로써 연달아 38개 국가를 기아 상태로 만든 것이 최근의 예라고 할 수 있다. 그러나 개발도상국은 구미의 현대화를 맹목적으로 뒤따라가면서 과중한 상부구조의 비용을 떠안게 되었고, 농촌의 사회경제적 모순도 해결할 수 없게 되었다.

제도적 빈곤의 논거로서 여기에 수록된 네팔의 '과학적 토지개혁'과 이집트 농촌의 토지권[地權] 충돌이 생생한 사례들이다. 북한은 일찌감치 농업 기계화와 도시화를 실현했지만, 석유와 부품 공급이 중단되자 대기근에 빠져버렸고,

아직까지 곤경에서 벗어나기 어려운 상태이다.

　국제적 경험과 비교해 보면, 중국은 인구에 비해 자원이 극도로 부족하다는 국가상황 때문에 서구 모델을 단순하게 답습할 수 없고, 다른 길을 찾아야만 한다. 현재 진행되는 도시화는 농촌 거버넌스와 유기적으로 결합되어야 한다. 동시에 자원을 절약할 수 있고 생태적이며 환경을 보호하는 농업을 발전시켜야 한다. 또한 도농 간의 공정무역을 추진하고, 빈곤지역에서 대안적 금융을 실험해야 한다.

농촌에서 인구에 비해 자원이 극도로 부족하다는 기본 국가상황의 모순을 고려하면, 중국은 구미의 현대화 과정을 모방하면서 나온 명제인 공업화로 도시화를 이끈다는 조건을 갖추고 있지 않다. 따라서 중국은 국제사회에서 이미 많이 논의된 바 있는 도시화의 함정에 주목할 필요가 있다. 인구가 1억이 넘는 대형 개발도상국들은 도시화에 성공한 모범 사례가 없을 뿐만 아니라, 오히려 맹목적인 확장으로 대량의 빈민굴과 조직범죄 등의 문제가 발생했다.

우리는 개발도상국이 도시화의 함정에 빠져버렸다는 교훈을 간단하게 '공간의 수평적 이동, 빈곤의 집중'으로 정리했다.

현재 중국이 제시하고 있는 '성진화' 발전 전략의 본래 목적은 삼농 문제의 해결에 있다. 중소기업의 발전과 '성진화', 이 두 가지 상호보완적인 조치를 통해 현급 지역경제〔縣域經濟〕의 산업 구조와 취업 구조를 점차 조정하고, 더 나아가 도농 관계를 전면적으로 개선한다는 것이다. 이를 실현하는 관건은 주로 현 지역의 중심진〔中心鎭〕을 우선 발전시키는 데에 있다. 동시에 토대 영역에서 농촌 공동체의 토지와 향진 기업에 대한 재산권 관계를 개혁하고, 상부구조 영역에서는 지방 거버넌스 구조를 개혁하여 건제진〔建制鎭〕과 촌 자치의 관계를 바로 잡아야 한다.[1]

---

201 중국의 농촌과 관련된 많은 정책 개념들은 삼농 문제, 농업 산업화 등과 같이 번역의 어려움에 직면하게 된다. '성진화'에 대응되는 영어 단어를 찾을 수 없어서 저자는 해외의 학술대회에서 'Townshipzations'를 사용해 이해시키곤 한다.

202 이 글은 국가 사회과학기금의 2006 중점 프로젝트(06AJY003), 중국 런민대학 985공정 2기 건설 프로젝트 '중국 농촌 발전 연구를 위한 철학·사회과학 혁신·실험 기지' 프로젝트의 지원을 받았다. 모두에게 감사한다. 원문은 원톄쥔·원리(2007)를 참조

인구 1억이 넘는 대형 개발도상국들에서 대도시들의 맹목적 확장으로 대량의 빈민굴과 조직범죄 등이 조성되었고, 그로 인해 현대화 과정이 중단되었다. 중국은 국제적 경험을 본받아 이와 같은 불안정의 문제를 회피해야만 한다. 현재 '성진화' 발전의 관건은 농촌 공동체의 토지와 향진기업에 대한 재산권 관계를 개혁하면서 중심진을 우선 발전시키고, 동시에 지방 거버넌스 구조를 개혁하여 건제진과 촌 자치의 관계를 바로잡는 데에 있다.

1. 배경: 중국은 왜 '성진화'를 제시했는가?

'성진화'가 제기된 과정 자체가 각종 다양한 의견을 도출하는 토론과 타협의 과정이었으며, 또한 중국학계가 정책 제정과 관련하여 자주혁신을 실현해 가는 장기적이고 복잡한 과정이었다.[203]

---

[203] 중국이 도농 상통[開通城鄕]에 관한 논의를 제기한 것은 수십 년 전의 일이었다. 이는 일찍이 1985년 중앙이 다양한 농산품에 대한 계획통제를 포기하기로 결정한 이후, 중앙 농촌정책연구실이 제기한 것이었다. 저자 원톄쥔은 이 정책 토론의 참여자 중 하나였다. 그러나 대다수 도시 부문의 반대로 1985~1986년 중앙 1호 문건에서는 단지 '농민이 스스로 식량을 부담하여 도시로 가서 일하고 장사하는 것을 승인'하고 '향진기업을 발전시키고 소성진[小城鎭]을 적당히 발전'시키는 정책만을 제시했을 뿐이다. 게다가 1980년대 중국 경제의 주요 쟁점 중에서 '농민이 어떻게 도시로 진출할 것인가', '농촌의 소성진을 어떻게 건설할 것인가' 등의 문제는 주목을 받지 못했다. '성진의 인프라 건설' 또한 정부 재정과 신용대출의 지원을 받지 못했다. 1990년대 새로운 단계의 지방 공업화와 도시화가 고속으로 발전하면서 '개발구 열풍'(1992년 덩샤오핑의 남방담화 이후, 각 지역의 대규모 개발구 설립으로 1993년 이후에 경제의 고속성장이 출현)이 나타났다. 또한 무분별한 경작지 점유로 발생한 모순이 갈수록 심각해졌다. 그에 따라 소성진 건설과 이와 관련된 정책적 문제가 점차 국내외에서 광범위한 토론을 불러일으켰다. 당시 각 부서와 위원회에는 '성진화' 발전과 관련된 관리기구가 없었기 때문에 1995년 4월, 국가 경제체제개혁위원회가 앞장서서 중앙 기구편제위원회, 재정부, 건설부, 농업부, 민정부, 공안부, 통계국, 국토국 등 11개 부서 및 위원회와 연합하여 농촌 소성진 건설에 대한 지도성 문건을 발표했다. 또한 1995년 11월에 세계은행, 아시아개발은행 등 국제

서구 현대화의 경험 과정에서 도출된 '도시화'와 비교하면, 성진화가 도농 인구의 비율이라는 기본 개념이 다른 것은 아니다. 단지 실현 방식에서 중국 특색에 맞는 선택을 한 것이다. 이는 서구와 공업화의 단계가 달랐던 중국이 농촌 '성진화'를 통해 삼농 문제를 해결하고, 인구의 도시화를 추진했던 방식을 통해 알 수 있다. 중국은 이렇게 하여 도시화가 대형 빈민굴을 동반하고 사회의 불균형을 되돌리기 어려웠던 다른 개발도상국들의 문제를 피할 수 있었다.

1992년 중국이 시장경제 진입을 정식으로 선포한 이후, 도시화 방식에 대한 학계의 토론이 계속되었다. 1998년 15기 3중전회가 '소성진, 대전략[小城鎭, 大戰略]'을 명확하게 내세웠던 시기를 전후로 각종 다양한 논의가 더욱 격렬해졌다. 그러나 중국이 '성진화' 발전 전략을 선택한 이유는 학계가 토론한 것처럼 규모의 효과나 다른 경제적 합리성이 분명히 아니었다. 국가가 투자를 하지 않던 상황에서도 현 이하의 성진[城鎭]이 여전히 대량으로 증가하고 있다는 객관적 상황을 인정한 것일 뿐이었다. 2002년 16차 당대회는 '전면적 소강[全面小康]'의 새로운 전략을 제정했고, 동시에 도농 이원구조에 대응하여 도농 통합, 협조 발전의 방침을 강조하였다. 이후 2003년, 16기 3중전회에서 이러한 방침은 '과학발전관'의 중요 내용이 되었다. 다시 2005년, '신농촌 건설'을 통해 현급 이하의 성진을 포함하여 지방경제를 진흥시킴으로써 도농 통합과 협조 발전을 실현한다는 정책이 등장했다. 2007년 청두[成都]와 충칭이 이 같은 내용에 따라 종합개혁 실험구로 비준되었다.

그러나 '새로운 정책들'이 끊임없이 나왔음에도 불구하고 학계의 오랜 논쟁은 수그러들지 않았다.

기구가 베이징에서 '중국 소성진 건설 고위급 국제 토론회'를 열었다. 1996년에 11개 부서 및 위원회는 국제연합 개발계획으로부터 약 180만 달러의 연구 지원금을 받았고, 이를 통해 각 성[省]과 협상하여 처음으로 57개의 국가급 실험 성진을 확정했다. 당시 저자 원톄쥔은 그중에서 농업 부문의 과제를 분담하여 책임졌기 때문에 11개 부서 및 위원회의 합동연구와 이 프로젝트에 대한 협력과 지도에 참여할 수 있었다.

1) 주요 논쟁의 관점들

여러 관점을 간단하게 분류하자면, 주요하게 '대도시'와 '소성진' 두 개의 파벌로 나뉜다. 세분하자면, 최소 다섯 가지의 다른 관점이 있다. 첫째, '대도시권 전략'이다. 이는 일본과 라틴 아메리카 국가의 도시화 경험을 본보기로 한다. 둘째, '대도시 노선'이다. 관련 모델의 분석에 따르면, 인구 규모가 100만에서 400만 사이의 도시가 비용-수익이 가장 합리적이다. 셋째, '인구 30만 이하 중·소 도시의 우선 발전'이다. 일반적으로 인구 30만 이하의 도시는 인프라의 투입-산출 비율이 비합리적이기 때문이다. 넷째, '현급 정부 소재지 진[城關鎮]의 우선 발전'이다. 이곳이 농촌의 경제·정치·문화의 중심이어서 주변 농촌 지역에 발전을 전파하고 선도하는 데 유리하기 때문이다. 다섯째, '소성진, 대전략'이다. 개혁·개방 과정에서 현 이하 건제진이 구체제의 제약을 가장 적게 받았고, 민영경제의 비중이 컸으며, 성진의 수량 증가도 가장 빨랐다. 따라서 이를 규범에 맞게 인도해야 하며, 억제할 수 없다는 것이다. 다른 주요한 것으로는 '집중형의 대·중 도시와 분산형의 소성진', '현 소재지 진과 건제진' 등에 대한 논쟁도 있었다. 이외에 대·중·소 도시의 병행·다원 모델을 옹호하는 주장도 있다.

2) 대도시 발전에 관한 찬반 논의

규모의 경제에 동조하는 대다수 학자들은 중국의 도시화가 대·중 도시를 확장하는 것 위주로 나아가야 하고, 집중형 도시를 발전시켜야 한다고 주장한다. 대·중 도시에 대한 인프라 투자가 규모에 따른 효과가 좋으며, 농촌의 잉여 노동력을 흡수할 수 있는 잠재력이 크고, 경제성장에 대한 선도 작용도 뚜렷하기 때문이다. 또한 도시경제가 번영·발전하고 취업도 충분했던 시기는 '농민공 조류'가 절정이었던 때였다. 따라서 대·중 도시의 확장은 여전히 상당한 잠재력을 가지고 있을 뿐만 아니라, 소성진 발전에 존재하는 제약 요인 또한 적절히 해결할 수 있다는 것이다. 최근 일부 학자들은 중국이 도시화의 가속화에 유리한

'루이스 전환점'을 이미 넘어섰다고 분석하고, 이에 근거하여 도시의 개혁과 발전을 가속화하고, 동시에 농민의 도시 진입에 대한 제한을 완전히 철폐해야 한다고 주장한다.

또한 어떤 학자들은 '성진화'는 특수한 역사적 조건의 산물로서 도농이 분할된 체제에서 생성된 것일 뿐이라고 주장한다. 분산된 향진기업처럼, 소성진 건설 또한 분산된 것이어서 수억의 농민을 이전시키는 중책을 떠맡기 어렵다. 소성진의 발전은 농촌의 개혁과 발전을 근본적으로 해결할 수 없고, 오히려 소성진의 과도한 발전은 '농촌병'을 '도시병'보다 더 심각하게 만들 수도 있다는 것이다.

집중형 도시화의 노선을 반대하는 사람들은 체제 차원에서 도농 이원구조가 근본적으로 타파되기 어렵기 때문에, 도농 간 생산요소가 자유롭게 이동하기에는 단기간에 제거할 수 없는 수많은 장애물이 존재한다고 인식한다. 현재 중국의 도시들은 관리 시스템과 관리 방식, 인프라 건설, 사회보장과 공공사업의 공급 등에서 많은 결함을 가지고 있다. 이런 상태에서 현존하는 도시들을 그대로 확장시키면, 도시의 생존환경이 악화될 것이다. 더욱이 최근 개발도상국을 많이 시찰하면서 공무원과 학자들도 대도시의 맹목적 확장이 대량의 빈민굴과 판자촌을 형성하고, 심지어 조직범죄 등 심각한 사회 불안정을 야기한다는 사실을 알게 되었다. 중국은 여기서 경험 교훈을 얻어 같은 실수를 범하지 않도록 해야 한다. 국가가 신농촌 건설을 전면적으로 추진하고 있는 현 단계에서 현급 시[縣市]와 현 이하의 성진을 발전시키는 것이 중국의 도시화를 위한 더 현실적인 선택이라는 점을 갈수록 많은 사람들이 알게 되었다.

3) '성진화' 발전에 관한 찬반 논의

현 단계에서 대·중 도시와 비교하여 중국의 '성진화' 발전은 다음과 같은 세 가지의 명확한 우위를 가지고 있다.[204]

---

204 국가통계 시스템에 전문적인 소성진 통계지표가 없기 때문에 우리는 국무원 11개 부서 및 위

첫째, 1980년대 개혁·개방 이후, 내수진작형 '성장의 황금기'가 출현했던 내적 요인은 향진기업의 취업 흡수가 건제진의 증가와 동시에 진행되었기 때문이었다. 중국 건국 이후, 대다수 연도의 데이터에서 볼 수 있듯이 중국의 도시화는 경제성장보다 지체되었다. 그러나 농촌으로부터 개혁이 실행되면서 향진기업은 1985~1996년 동안 양호한 발전의 조건을 갖추었다. 농촌 공업화의 발전이 도농 분할 체제를 타파하였다. '성진화' 전략이 확립된 1998년에 이르러 향진기업의 부가가치가 전국 국내총생산의 27.9%를 차지했다. 전체 향진기업이 1억 2천5백만 명의 노동력을 취업으로 흡수하여 전국 도농 비농업 취업자의 35.7%를 차지했다. 그중 50%의 향촌에서 새롭게 증가된 비농업 취업이 현 정부 소재지[縣城], 건제진, 집진 주위에 집중되었고, 이로써 약 1억 7천만 명의 농촌 소성진 인구(이 중에서 표준적인 도시 인구는 약 1억 명)가 초보적으로 형성되었다. 이 성진들은 주로 민간투자에 의존해 발전했다. 매년 소성진 건설과 관련된 민간투자는 700억~1,000억 위안으로 전국 기본건설 투자 자금의 4~6%에 불과했지만, 전국에서 37%에 해당하는 성진 인구를 만들어 냈다. 이를 통해 효과적으로 대·중 도시의 발전 압력을 분산하고 국가 자금의 부족을 보충했으며, 도농 상품시장을 확장하고 도시화에 대한 수요를 이끌었다.

중국에서 1980년대 소성진의 누적 순증가는 8,192개였다. 그러나 단계별로 차이가 분명했다. 1983~1986년 중국의 향진기업은 매년 1,300만 명의 노동력을 취업으로 흡수했고, 같은 기간 매년 평균 1,600개 정도의 진이 생겼다. 1987~1991년 향진기업은 매년 700만 명의 노동력을 취업으로 흡수하여 매년 설치되는 진의 평균 개수는 350개 전후로 급감했다. 1990년대 말에는 향진기업이 대량으로 도산하면서 연간 취업 증가분이 인구 증가에 미치지 못했다. 이 기간에 내수가 약화되고 향촌의 공공 부채가 대폭 증가하였다. 여기서 알 수 있

<hr>

위원회의 1997년 전국 소성진 건설에 대한 표본조사 데이터와 각지에서 보고된 자료를 통해 소성진의 발전과 문제를 살펴볼 수밖에 없었다.

듯이 성진화와 농촌 공업화는 명확한 양의 상관관계였으며, 민간투자가 주체인 민영경제가 중국의 성진화 발전 과정에서 커다란 역할을 했다. 이처럼 상황에 맞게 성진화 발전을 추진하는 것은 제도적 기반을 갖추고 있을 뿐만 아니라, 투자를 확대할 수 있는 장기 수요도 형성할 수 있기 때문에 날로 심각해지는 금융 자본 과잉을 해결하는 데 도움이 될 것이다.

둘째, 농민이 성진에 진입할 때의 기회비용이 대·중 도시로 진입하는 경우보다 낮고, 퇴장의 비용도 더 낮다. 성진과 농촌 간에는 밀접한 지연[地緣] 관계가 존재하고, 성진은 도농 간의 거리도 짧다. 따라서 농민이 성진으로 진입할 때의 기회비용이 대·중 도시보다 훨씬 낮고, 위험에 닥칠 경우에 퇴장하는 비용도 훨씬 낮다. 따라서 대규모로 실업자가 집중 거주하는 빈민굴이나 이와 관련된 사회 불안정이 출현하지 않는다. 이로 인해 중국 특색의 성진화 노선이 초래하는 도시화의 부정적 외부효과는 단순한 대도시 확장이라는 일반적인 도시화 노선이 초래하는 부정적 외부효과보다 작다. 1997년 11개 부서 및 위원회의 표본조사에 따르면, 성진의 취업인구 비율은 도시보다 훨씬 높다. 조사된 진에서 평균 취업인구는 전체 인구의 71.6%로서 도시의 평균적인 취업 수준보다 23% 포인트 높았다. 향촌에서 새롭게 증가된 비농업 취업의 50%가 현 정부 소재지, 건제진, 집진 주위에 집중되었다.

셋째, 성진화 발전은 도농의 시장을 더 잘 연계하여 농촌의 2차·3차 산업과 중소기업의 발전을 촉진할 수 있다. 신농촌 건설이라는 국가전략과 장기적인 투자를 통해 성진화 발전은 도농 시장을 더 잘 연계하고, 농촌의 2차·3차 산업과 중소기업의 발전을 촉진할 수 있다. 이를 통해 농촌의 잉여 노동력이 대량으로 흡수된다. 더 나아가 농민의 소득과 소비가 둘 다 성장하여 내수 진작을 촉진하고, 동시에 역으로 지방 중소기업에 대한 수요를 끌어낼 수 있다. 결과적으로 현급 지역경제 발전의 종합적인 효과와 지방경제가 서로 선순환한다. 이 같은 효과는 대·중 도시에서 인구 팽창의 압력을 해소하는 데에도 도움이 된다. 또한 동북아시아의 경험에 비추어 보면, 세계화의 시대에 국제적인 핫머니 자본의 공격으로 인해 특수한 경제위기가 발생할 경우에도 안정을 유지하는 데 유리하다.

성진화에 대한 경제학의 반대 의견은 주로 개별적인 연구과제를 통해 몇몇 경제학의 가설을 증명하는 학자들로부터 비롯된다. 예를 들어 농촌 성진화 건설에서 인프라 투자는 인구 규모가 충분하지 않고 성진의 배열이 상대적으로 분산되어 있기 때문에 투입-산출 계산에 따르면, 확실히 비경제적이라는 주장이다.[205]

2. 문제: 중국에서 성진화 발전의 어려움

1980년대 논의가 시작된 도농 이원구조라는 기본적인 체제 모순을 근원적으로 분석하자면, 민족의 운명을 탓해야 할 것이다. 인구가 팽창하고 자원이 부족한 소농경제 국가인 중국은 중공업을 '복제'하여 단기간에 국가 공업화를 완성했지만, 이 특수한 역사적 과정은 '중형[重型]'에 편향된 공업화에 필연적으로 따라 붙는 제도 비용을 감당해야만 했다. 그에 따라 후손들이 공업화가 가져온 현대적인 물질생활을 누리면서도, 동시에 약간의 곤란함을 겪게 되었다. 세계의 선두에 자리 잡은 중국의 모든 경제적 성취들은 1인당 평균으로 계산하기만 하면, 개발도상국 수준에 불과해서 '강국'이 되는 것은 영원히 꿈인 것만 같다. 또한 도농 이원구조라는 기본적인 체제 모순이 아직 해결되지 않아 60%의 농촌 인구는 여전히 자급·반자급 사회에 머물러 있으면서 현대적 시장에 진입하지 못하고 있다. 이로 인해 서구의 제도를 따라 아무리 자신을 변화시키더라도 단지 무차별한 모방에 따른 '동시효빈[東施效顰]'의 고통스러운 고질병에 빠져버리게

---

205 정치 영역에서도 다른 견해가 있다. 상이한 수준의 도시 또는 집진으로 진입하려는 사람들의 선택은 본질적으로 자유와 인권의 문제라는 주장이다.

되었다(원테쥔, 1998b).

1998년 도농 이원구조를 타파하기 위해 '성진화'가 중대한 전략으로 명확히 제시된 이후, 학계가 그 합리성에 대해 논쟁을 계속한 것 말고도 더욱 곤란했던 점이 있었다. 정책 영역에서 일찍이 논의되었던 문제들이 도농의 차이를 축소하지 못하고 도리어 차이가 더욱 심해졌고, 각종 이익집단들의 게임의 결과가 반드시 파레토 개선을 가져오지도 않을 것 같다는 것이다.

최근의 논의에서 저자는 다음의 두 가지를 찾을 수 없다는 점을 수차례 강조했다. 첫째, 선진국에서 농업 현대화의 성공적인 모범 사례를 찾을 수 없다. 둘째, 대형 개발도상국에서 도시화의 성공적인 모범 사례를 찾을 수 없다. 따라서 학계가 어떤 방법으로 중국의 도시화 문제를 연구하든 간에 적어도 제약조건으로 작용하는 아래의 몇 가지 문제들은 반드시 고려할 것을 건의한다.

첫째, 중국의 도농 이원구조는 기본적으로 대립할 수밖에 없는 장기적인 체제 모순이다(마야, 2006). 중국의 인구 성장은 2020년 이후에나 멈출 수 있다. 현재 중국의 농민 인구는 세계 농민 총인구의 1/3을 차지하는데, 2020년 이후에도 농촌에 5억 명 이상이 잔류할 것이다. 이뿐 아니라 더 중요하게는 이익 구조가 도시 체계에 고착화되어 농민에 대해 유기체처럼 거부 반응을 보인다는 점이다. 이제까지의 경험 과정이 보여주듯이 사실상 도시화는 삼농을 배척하고, 급진적으로 자원 자본화를 진행하는 발전 모델이었다.

최근 몇 년 동안 시장경제 하에서 농업의 3요소(토지, 노동력, 자금)가 대규모로 농촌으로부터 순유출되었다. 또한 중국에서 경제호황이 나타낼 때마다 거의 매번 동시에 비농업 부문으로 전환되는 인구 변화보다 더 크게 농경지가 감소했다. 따라서 농촌에서 인구에 비해 토지가 극도로 부족하다는 기본 국가상황이 개혁과 발전에도 불구하고 근본적으로 변할 수 없었다.

〈그림 1〉의 두 개의 곡선은 개혁·개방 이후, GDP가 크게 증가할 때마다 필연적으로 더 많은 농경지가 수용되었다는 점을 보여준다.

우리는 조사연구를 통해 20세기 말 이후, 중국의 도시화가 발전하는 과정

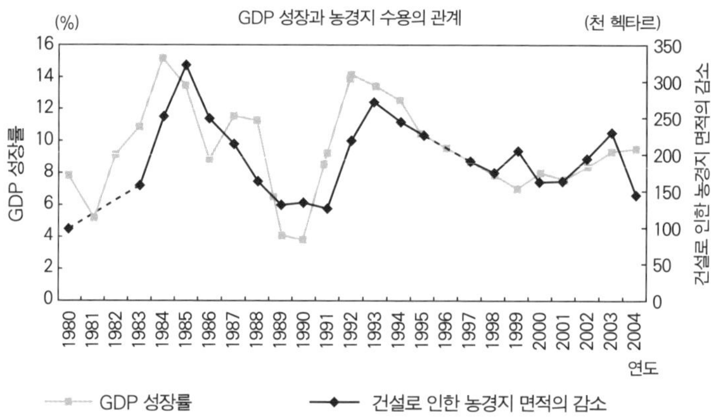

그림 1   개혁·개방 이후, 경제성장과 농경지 수용(1980~2004년)

참조: 중국 런민대학 강사 무셴칭[穆賢淸] 박사가 본 데이터의 최초 수집과 정리를 책임졌다.

출처:『중국통계연감 2005』.

에서 지방정부가 자본의 원시적 축적을 진행함에 따라 공업화로 인한 대규모 토지 수용을 거스를 수 없게 되었다는 것을 알았다. 제도적으로 연성제약의 조건을 가진 현재의 행정적 통제로는 재정 손실을 겪고 있는 각급 정부가 '농지의 비농지로의 전환[農轉非]'을 통해 거액의 부가가치 수익을 갈구하는 것을 효과적으로 억제할 수 없다. 또한 중앙이 금융 권력을 회수한 이후, 지방정부가 독점적 지위를 가진 금융자본과 함께 '토지를 이용한 융자 획득[以地套現]'을 거래하는 것도 통제할 수 없다. 다른 한편, 향진기업에서 자본 집약의 내재적 메커니즘이 작동하고 사유화 위주의 개조가 진행되자, 애초의 예상과 달리 자본이 노동을 배척하고 농촌 노동력의 현지 비농업 취업이 해마다 줄어들었다. 동시에 재산권이 명료해졌다고 해서 원래 향촌에 자리 잡았던 기업이 성진으로 자연스럽게 모이지도 않았다. '토지를 이용한 융자 획득'과 노동을 배척하는 기업 개조라는 지방정부의 두 가지 문제는 도시화 발전에 그림자를 드리웠으나, 학계의 주목을 거의 끌지 못했다(원톄쥔·주서우인, 1996a; 원톄쥔, 2005: 355, 435).

　　이제까지의 분석에 비추어 우리는 다음과 같은 점을 인정할 수밖에 없다. 농촌의 성진화는 농업 인구의 대량 흡수와 향진기업의 결집을 통해 인간과 토지의 모순 해결, 규모의 경제 추진, 산업구조의 조정이라는 기능을 아직까지 수행하지 못하고 있다. 농촌에서 집체 토지 소유자가 평등한 경제적 권익을 향유하는 데 있어서 취약점을 갖는다는 점을 인정하지 않은 채, 지방정부는 현행「토지관리법」을 이용하여 토지를 저가에 수용하고 고가에 양도함으로써 토지자본의 부가가치 수익을 최대한도로 뽑아내고 있다. 또한 지가가 지나치게 높아져 농민과 기업이 적극적으로 성진으로 이전하려고 하지 않기 때문에 성진의 발전은 이중의 어려움에 처했다.

둘째, 중국의 도시화는 사실 낙후하지 않았다. 학계에서 중국의 도시화가 공업화보다 지체되었다는 주장의 주요 근거는 전체 인구에서 도시 인구가 차지하는 비중이 여전히 세계 평균치보다 낮다는 것이다. 그러나 호적등기에서 드러나는 중국의 총체적인 도시화 수준이 세계의 평균 수준보다 낮다고 하더라도 그 원인을 실사구시적으로 분석해봐야 한다(원톄쥔, 2002; 2005: 458).

많은 이론적 연구들이 도시화가 미흡한 원인을 중국이 과거에 계획경제 체제를 실행했기 때문이라고 단순하게 결론 내린다. 이로 인해 시장경제를 실행하고 호적에 대한 통제를 풀어주기만 하면, 문제가 해결될 것이라고 사람들이 인식하게 되었다. 사실 호적제도는 대형 도시의 인구 규모와 대형·특대형 도시 인구의 급격한 팽창을 통제했을 뿐이다. 따라서 호적제도가 도시화의 발전을 막은 주요한 원인은 아니었다. 또한 중국과 같은 초대형 국가는 지역별 차이가 뚜렷하기 때문에 지방마다 도시화 수준도 차이가 매우 크다. 중국 동부의 일부 지역에서는 '대도시병'이 심각하여 선진국처럼 인구가 교외로 이동하는 '역도시화' 추세가 출현했다. 그러나 중·서부의 대다수 미발달 지역은 도시화의 부족이 뚜렷하다.

또한 통계 데이터에 따라 중국의 도농 인구의 비중은 차이가 매우 크다. 도시로 진입하여 외지노동을 하는 농민과 이들의 동반 가족까지 포함한 약 1억 2천만 명의 인구, 그리고 도시 교외의 공업화된 진·촌 인구까지 도시 인구로 계산한다면, 중국의 도시화율은 벌써 세계의 평균치를 넘어섰다. 그렇다면 중국은 이미 구유럽 도시 인구의 두 배를 넘어섰고 환태평양 선진국 도시 인구의 총합도 넘어섰으며, 전 세계 최대 규모의 도시 인구를 가진 셈이 된다. 그러나 국내에서 자원과 환경의 제약이 갈수록 심해져 고소비 도시 인구에 대한 수용력을 끌어올리지는 못하고 있다.

3. 교훈: 개발도상국 도시화의 문제

삼농 문제는 사실 세계의 보편적인 현상이다. 따라서 삼농 문제에 대한 이론 연구는 도처에 존재하는 진짜 문제를 찾아내야만 한다. 아시아의 인도·방글라데시·인도네시아는 물론, 라틴 아메리카의 멕시코·브라질 등 인구가 1억이 넘는 개발도상국들은 모두 삼농 문제를 가지고 있다. 어떤 체제이든 개발도상국은 모두 자국 농업으로부터 축적을 추출하여 공업화를 완성하려고 한다. 따라서 필연적으로 농업 3요소의 순유출, 농촌의 쇠퇴, 소농의 파산이 발생한다. 동시에 공업화에 뒤따른 도시화로 인해 양극화와 도농 격차가 확대되고, 더 심각하게는 국가의 현대화 과정이 중단될 수도 있다.

저자는 많은 개발도상국에 대한 현지조사를 통해 다음과 같은 점을 깨닫게 되었다. 인도와 멕시코처럼 아직까지 농민 봉기가 오래도록 존재하거나 심지어 공산주의 유격지구가 할거하는 국가들은 중국과 비교하면, 서구 이데올로기가 인정하는 토대의 사유화와 시장화, 상부구조의 민주화와 자유화가 훨씬 더 철저하게 이루어졌었다. 그러나 인구가 1억이 넘는 제3세계 개발도상국 대부분은 국가상황의 제약이 그렇게 심각하지 않고 1인당 자원 점유량도 중국보다 훨씬 많았지만, 한 국가도 중국처럼 내향형 축적을 통한 공업화를 달성하지 못했다. 또한 중국처럼 제조업 생산량 세계 1위의 공업화 국가로 올라서면서, 동시에 주요 농업 생산품의 1인당 생산량도 세계의 평균치 이상으로 유지하는 성과를 내지 못했다.

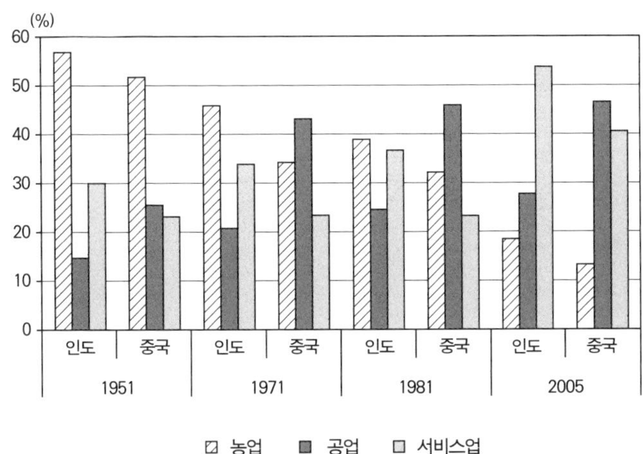

그림 2 **중국과 인도의 경제구조 변화**

출처: 2006년 1월 일본 도쿄에서 열린 중국·일본·인도 삼국 비교연구 회의에서 인도 텔리대학교 참가단 대표 소미트라 초두리(Saumitra Chaudhuri) 교수가 제출한 논문.

중국과 인도의 수십 년에 걸친 산업구조 변화를 나타낸 〈그림 2〉에서 보듯이 인도의 공업 비율은 매우 낮아 현재까지도 공업화의 조건을 갖추지 못했다.

한편 인구 1억이 넘는 개발도상국에서 급격한 도시화는 대부분 농촌 빈곤 인구를 이동시키고 이로 인한 사회문제를 촉발했다. 도시화율이 30%에 불과한 인도도, 70%에 달하는 멕시코도 발생한 문제는 유사했다.

멕시코와 방글라데시의 인구는 둘 다 1억 3천만 명 정도이다. 각종 연구의 추산에 따르면, 2006년 중국 농촌에서 외부로 이동한 비농업 유동 인구는 1억 8천만 명에서 2억 5천만 명이었다. 즉 이 시기에 멕시코, 방글라데시, (인구 1억 8천만 명의) 브라질과 같은 국가들의 규모를 넘어설 정도로 인구가 이동한 것이다. 그러나 아직까지 라틴 아메리카나 남아시아 아대륙[South Asian Subcontinent]처럼 유격지구의 봉기, 조직범죄의 만연, 전국적인 기아 등의 문제가 발생하지 않았다.[206] 이는 불행 중 다행이었는데, 다음과 같은 이유로 가능했다. 첫째, 중앙

---

206 중국에는 농촌 빈민이 도시로 유입되며 생긴 빈민굴이 없다. 그러나 자원이 고갈된 몇몇 폐광

정부가 '도농 통합, 협조 발전'을 강조했기 때문에 단순하게 도시화만 강조되지 않았다. 둘째, 중국이 농촌의 기본 경제제도로 견지한 농가도급제가 장기간 변하지 않고 안정되었다. 이 단순해 보이는 대조를 통해 인구에 비해 토지가 부족한 국가는 농민이 과도하게 토지를 잃도록 해서는 안 되며, 그렇지 않다면 커다란 문제가 발생할 수 있다는 점을 알 수 있다.

세계에서 인구가 가장 많은 개발도상국인 중국이 구미의 현대화 과정에서 비롯된, 공업화가 도시화를 이끄는 방식을 귀감으로 삼기는 확실히 어렵다. 오히려 인구가 1억이 넘는 대형 개발도상국들의 도시화 경험을 더 많이 참고해야만 한다. 실제 중국의 최근 문건들에서 '중국 특색'을 실현하려는 적극적인 변화가 이미 나타나고 있다. '성진화'와 함께 발전 경로의 다원화를 강조하는 것이 이 같은 중국 특색의 주요한 내용이다. 우리는 어떠한 방식으로 중국의 도시화 과정을 촉진할 지를 철저히 연구함으로써 학계에서 논의가 분분한 소위 도시화 노선의 선택 문제를 객관적으로 바라보고, 개발도상국 도시화의 교훈을 더욱 진지하게 본보기로 삼아야 한다.

공업화가 속도를 높였던 시기에 중국의 농촌 노동력은 시계추처럼 도시와 농촌을 오가며 외지노동을 하는 인구가 되었고, 이로 인해 다른 국가들처럼 대형 빈민굴이 나타나지 않았다. 그러나 중국 또한 민간이 부담해야 하는 거대한 제도 비용을 갖게 되었다. 첫째, 중국에서도 외래 인구로 구성된 빈민굴이 전혀 없지는 않다. 베이징에서 차오양구[朝陽區]의 '허난촌[河南村]'과 펑타이구[豐台區]의 '원저우촌[溫州村]'이 강제 철거된 이유는 이들이 다른 개발도상국의 빈민굴과 유사하거나 그렇게 변해가고 있었기 때문이다. 둘째, 농촌의 외지노동 유동 인구와 그들의 가정과 공동체가 큰 대가를 치렀다. 농촌에서 노인, 부녀, 아동이 과중한 육체노동에 종사해야 했다. 또한 노동력이 대량으로 이주해버린 미발달 농촌 지역은 이혼율이 50%를 넘었고, 형사범죄 중에서 유동 인구의 비

도시에서는 면직[下崗]이나 실업 상태인 집단이 모인 빈민굴이 존재한다.

율이 80%를 초과했으며, 미성년자 범죄 중에서 '잔류 아동[留守兒童]'의 비율이 70% 이상을 차지했다. 이는 단순히 법제 강화를 통해 해결할 수 없는 사회적 문제에 속한다.

저자는 신농촌 건설을 통해 도농 이원구조라는 기본적인 체제 모순을 해결하려는 중국의 현재 방침에 찬성하며, 다음과 같이 주장한다. 신농촌 건설의 국가전략과 농촌에 대한 정부 투입의 대규모 증가라는 역사적 기회를 결합하여, 우선 현·시 이하에서 도농을 상통시켜야 한다. 즉 우대정책으로 농촌 인구가 현급 정부 소재지 진을 포함한 중심 성진에 집중되도록 촉진하고, 저비용의 농촌 성진화와 자치적 성격의 농촌 거버넌스 구조를 통해 점차 삼농 문제를 해결해야 한다. 그리하여 과학발전관을 관철하면서 중국 농업이 지속가능한 발전을 위한 필요조건을 갖추도록 해야 한다.[207]

4. 정책 건의

1) 성진화 발전의 목적은 삼농 문제의 해결이다

도시화는 물론 중요하지만, 도시화 자체가 목적은 아니다. 중국 농촌의 지속가능한 발전이 직면한 자원, 제도 등의 환경 제약과 관련하여 성진 건설을 중심으로 한 도시화는 수단일 뿐이다. 다른 개발도상국의 급격한 도시화가 농업과 농촌의 쇠퇴, 농민의 대량 파산과 이로 인한 충돌을 불러왔었다는 교훈을 떠올려 보자. 인구 압력이 크고 자원이 심각하게 부족하다는 기본 국가상황의 모순 하에서 중국이 성진화 전략을 제시한 주요한 목적은 안정 유지를 전제로 산업구조, 취업구조, 도농 관계를 점진적으로 조정하고, 농업·농촌·농민의 삼농 문제를 합리적으로 해결하려는 것이다.

207　성진화 건설 촉진에 관한 구체적인 정책 분석은 원톄쥔·주서우인(1996a)을 참조

이는 당연히 일련의 정책 조치들을 필요로 한다. 성진의 축적 기능과 자체 발전 메커니즘을 육성하여 비농업 분야에 이미 취업한 노동력과 과잉된 농촌 인구를 인근의 성진으로 진입시켜야 한다. 그렇게 하여 수용량을 이미 초과해 버린 유한한 농지가 농업 인구에 대해 지는 부담을 줄이고, 중국 농업의 지속가 능한 발전을 위한 필요조건을 보장해야 한다. 또한 각지의 자원 조건에 따라 지역별로 상이한 발전모델을 갖고 있다는 점을 고려하여 지침을 달리해야만 한다.

2) 성진 발전과 관련된 재산권 문제를 해결해야 한다

성진화 발전의 관건은 개혁을 더욱 심화하여 농촌 공동체에서 토지와 향진기업 의 재산권 관계를 바로잡는 데에 있다.

첫째, 농촌 소성진의 토지제도는 농촌 재산의 소유자인 공동체 구성원의 권익을 구현해야만 한다. 현급 이하 성진 건설에서 농촌 토지자원의 배치는 통일적인 계획을 전제로 하되, 농촌의 집체 토지가 다양한 방식으로 성진 개발에 참여할 수 있도록 허가해야 한다. 또한 '기본건설 용지의 주식화, 상공업 용지의 임대'라는 원칙을 따라야 한다. 아울러 농민이 농경지 기본 수리건설에서 창조 해 낸 '토지를 굴려 이익을 내서 다시 토지를 사고, 토지를 다른 토지로 교환[地滾地, 地換地]'하는 방식 등의 경험을 성진 건설에 사용하도록 독려함으로써 농지 의 비농지로의 전환에서 발생하는 부가가치 수익을 향유하도록 해야 한다.

둘째, 촌급 향진기업의 재산권 개혁과 관련하여 1차 분배에서 공평한 공동 체 공유제를 보장할 수 있는 농민 주식합작제를 적극적으로 확산해야 한다. 또 한 국가가 향진기업에 대해 정책적 우대를 부여함으로써 공동체의 공공 복지, 노동력의 취업 최대화를 목표로 삼는 본연의 속성을 유지할 수 있도록 해야 한 다. 동시에 현 이하 성진 정부가 점유하고 있는 집단소유제 성격의 자산은 자산 과 자본에 대한 정리와 점검을 거쳐 주식합작제를 추진함으로써 소유를 새로 명확하게 해야 한다.

3) 국가의 신농촌 건설 투자의 중점은 중심진을 발전시키는 것이다

대다수 성진의 최근 변화는 기본적으로 '향을 철폐하고 진으로 병합[撤鄉並鎮]' 하는 것에서 비롯되었다. 이는 진의 수량을 늘린 것이지 질적인 상승은 아니었다. 따라서 미발달 지역의 현급 정부 소재지 진을 포함하여 중심진 발전을 분명하게 강조해야 한다. 또한 일반적인 향진 정부는 파출 기관으로 변경함으로써 정치업적이라는 정부의 목표로 인해 무분별하게 발전하는 것을 막아야 한다. 중국 각지에서 이미 대다수 향과 진이 합병되었다. 1984년부터 진행된 '인민공사 철폐와 향정부 재건' 시기에 약 9만 개였던 향·진이 4만 개 이하까지 축소되었다. 전면적 소강이라는 큰 목표를 실현하려고 하는 2020년까지, 1만 개의 중심진을 집중 발전시킨다면, 각 현·시마다 평균 3~5개의 중심진을 가지게 된다. 그리하면 2020년 전에 이주가 필요한 농촌 인구의 절반 이상, 즉 약 6,000만 명이 성진에 흡수될 수 있다. 성진 건설지구의 면적 $1km^2$당 1억 위안을 투자한다고 계산하면, 거의 1조 위안의 투자가 필요하다. 유발 효과를 추가로 계산하면, 매년 2,000억 위안 이상의 투자액이 발생할 것이며, 거의 천만에 달하는 성진 인구의 시장소비를 증가시킬 수 있다. 이를 통해 성진화가 내수형 경제성장을 진작하는 장기적인 요소가 될 수 있을 것이다(셰양, 2000).

4) 지방 거버넌스 구조를 개혁하여 건제진과 촌 자치의 관계를 바로잡아야 한다

성진화 발전은 지역의 실정에 맞추어야 하며[因地制宜], 관리제도를 혁신해야 한다. 현급 이하의 건제진에서 행정 비용을 낮추는 자치 정부의 원칙을 실험해 볼 수 있다. 이는 상급 정부와 함께 재정 분권화를 실행하고, 동시에 독립자주적으로 기구를 축소·합병할 권력을 가진다는 뜻이다. 그러나 어떻게 기구를 설립하든 간에 관할 범위는 도시건설 지구 내로 제한해야 한다. 촌민자치 제도와 능동적으로 연계하고, 촌민자치와 관련된 법률을 위반해서는 안 된다. 또한 자치권을 가진 촌에 간섭하지 않아야 하며, 촌과 촌민을 착취하여 성진 건설을 위한 경비를 모아서도 안 된다.

농업 현대화는 '자본의 심화'에 동반하여 농업의 화학화와 기계화를 주요한 내용으로 삼았다. 농업 현대화는 생산량을 증가시켰지만, 인류 역사상 가장 광범위한 생태 재난과 심각한 식품 불안전을 초래했다. 이에 대응하여 '자원 절약, 생태 환경보호' 농업을 발전시키는 것이 오늘날 중국이 반드시 가야 할 길이다(우리의 이러한 문제 제기는 중앙의 17기 3중전회에서 확립된 '자원절약·환경우호형 농업'보다 먼저 나왔다).

우리는 당면한 어려움이 시장실패(농업 현대화가 농업 오염을 확대하는 외부효과)와 정부실패(정부와 대량의 분산된 농업 생산자 간의 높은 거래비용)라고 주장한다. 이에 상응하여 2007년 중국은 현대 농업의 건설을 제시하면서 단순히 농업의 경제 효율을 추구하지 않고 농업의 다기능성을 더욱 중시할 것임을 천명했다.

중국은 미국의 대규모 농장 방식을 모방할 수 없으며, 일본과 한국의 동아시아 소농경제와 종합적인 농협 서비스 체계를 참고해야 한다. 그 근거로서 생태 농업을 발전시키고 도농이 상호협동했던 현지의 실험 두 가지를 소개한다. 공동체 지원 농업(CSA)과 궈런[國仁] 녹색연맹이 그것이다.

1. 배경: 농업 현대화에서 현대 농업으로

고고학의 발굴에 따르면, 중국은 7,000년 동안 뽕나무를 재배하고 양잠을 했으

---

208 이 글은 국가 985공정 '중국 농촌 발전의 실험혁신 기지', 국가사회과학기금의 중점 프로젝트 '신농촌 건설의 목표, 중점 그리고 정책 건의'(프로젝트 번호: 06AJY003), 국가 환경자문위원회 위탁 프로젝트 '생태 농업의 정부 지원과 정책조정에 대한 건의'와 '농업의 산업화 전략 실행의 환경 영향 연구'의 지원을 연이어 받았다. 이에 감사하며, 원문은 양솨이·원톄쥔(2008)을 참조

며, 6,400년 동안 벼농사를 했던 농업사를 가지고 있다. '화학 농업'과 '석유 농업' 등 공업화의 대량생산을 통한 농업 현대화라는 생산방식은 최근 수십 년 동안 주류로 간주되지만, 이 같은 역사와 비교하면, 농업 문명사의 짧은 한 순간에 불과하다. 그러나 그것이 유사 이래 가장 광범위한 생태 재난을 초래하였다. 중국에서 농업은 이미 입체적인 교차 오염으로 변해 버렸다. 대량의 화학비료, 농약, 비닐하우스 등 공업화의 생산요소들과 이에 상응하는 기술 수단의 투입이 전통적인 생산요소를 대체했다. 대신에 대규모의 경작과 목축, 고수익의 농업 현대화 방식을 추구하게 되었다. 이는 분명히 생태적으로 지속가능하지 않으며, 시급한 변화가 필요하다.

최근 공산당은 실사구시적으로 통치 이념과 경제 방침을 조정하였다. 2003년 단순한 GDP 추구를 포기하고, 과학발전관이 내포한 순환 경제와 효율적인 경제를 강조하였다. 2005년에는 자원절약과 환경우호가 제시되었다. 2007년 17차 당대회는 더 나아가 '생태문명' 이념을 내놓았다. 2007년 중앙 1호 문건은 국가 공업화의 필요에 따라 1956년에 확립되었던 농업 현대화의 지도사상을 '현대 농업의 발전이 신농촌 건설의 최우선 임무'라고 수정하였다. 그 중에서 농업 본체론에 대한 조정은 다음과 같다. '농업은 식품 보장의 기능을 가질 뿐만 아니라, 원료 공급, 취업 증가, 생태 환경보호, 관광 및 레저, 문화 전승 등의 기능을 갖는다. 현대 농업의 건설은 농업의 다기능성 개발을 중시해야만 한다.' 2007년 중앙 1호 문건은 나오자마자, 해외 학자들의 긍정적 평가를 받았다. 중국이 마침내 유럽연합이나 일본과 유사한 농업 보호 정책을 내놓았다는 것이다. 확실히 이 문건은 농업 생산의 환경오염 문제 해결, 생태적 지속가능성을 갖춘 농업으로의 전환 등에 관한 우리의 논의에 소중한 계기를 제공해 주었다. 이어서 국무원은 농업 오염을 전국 오염 총조사에 포함시키는 것을 비준하였다. 2008년 7월 국무원은 첫 번째 전국 농촌 환경보호 회의를 개최하면서 '도농의 경제·사회 발전과 환경보호를 통합하고, 농촌의 환경보호에 더욱 중요한 전략적 지위를 적절히 부여한다'고 강조했다.

2. 생태 환경보호 농업 발전의 어려움: 시장실패 + 정부실패

중국 역사에서 '식량-돼지사육 중심[糧豬型]'의 전통적인 소농 농가들은 농업을 위주로 한 종합생산을 내부화했다. 농가는 경작과 가축·가금 사육을 겸하면서, 동시에 부업으로 가내수공업을 운영했다. 생산과정과 자연이 합일되었기 때문에 '경작과 사육의 결합'을 통해 생태화된 유기적 농업모델이었다. 즉 소형 농가의 경제생산 과정에서는 폐기물이 거의 없었다. 농작물의 곡초, 인간과 동물의 분뇨 등 유기물이 음식물 쓰레기와 벽토까지 포함하여 모두 자원화되어 이용되었다(장전우, 2006). 따라서 인간, 가축, 작물 간에 단순하면서도 외부의 유입에 의존할 필요가 없으며, 에너지의 균형을 유지할 수 있는 하나의 생태순환이 생겼다. 그것은 현재의 규모화된 축산업에서 나타나는 토지, 물, 대기에 대한 오염을 근본적으로 생산하지 않았다. 중국의 농업 문명이 오래도록 유지되었던 이유는 노동력 비용을 계산하지 않는 전통적인 소농 농가 내부의 투입 메커니즘을 통해 거래비용이 매우 낮고 긍정적 외부효과가 최대화된 농업 제도가 형성되었기 때문이다.

1) 전통적 소농의 생태화된 유기 농업이 '현대화된 농업'으로 변경된 원인

최근 수십 년 동안, 중국이 농업 생산에서 공업 생산품을 대량으로 사용하게 된 것은 인구에 비해 토지가 극도로 부족하여 근본적인 해결이 어려웠기 때문이다. 신중국 성립 이후, 인구가 30년만에 갑절이 되었다. 새로 늘어난 인구의 식량 수요를 만족시키기 위해 중국은 1970년대 중반부터 외국에서 화학비료 제조설비를 수입했으며, 화학비료 사용량을 대폭 늘렸다(《그림 1》). 이에 더하여 농경지 수리·관개, 우량종자 보급, 비닐하우스 사용 등이 모두 농업 생산량 증대에 기여했다.

이어서 시장경제의 초기 단계에 진입한 이후, 인구성장에 따라 증가된 농산품 수요를 지속적으로 만족시켜야 했다. 다른 한편으로는 급격한 공업화·도

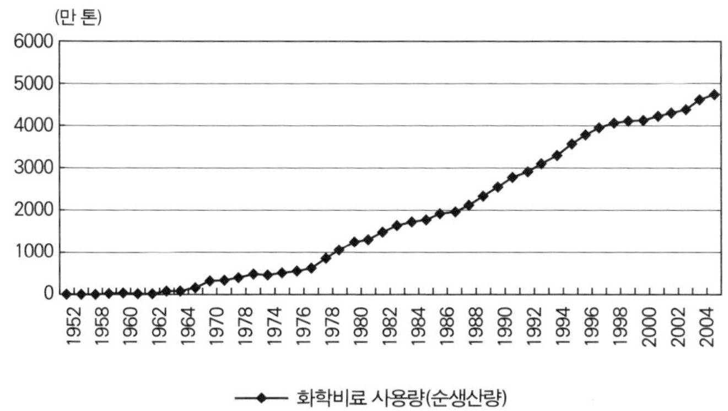

그림 1 1952년 이후, 중국에서 화학비료 사용량의 증가 추세

출처:『중국통계연감 2007』;『신중국 50년 통계자료 총람[新中國五十年統計資料彙編]』.

시화와 맹목적인 자본유치로 인해 농촌 토지자원이 대량으로 수용되었고, 경지 자원은 더 큰 하중에 직면하게 되었다. 따라서 농민은 제한된 자원으로 최대의 산출을 추구해야 했으며, 그 결과로 농업의 화학화가 계속 상승했다. 1990년 이후 중국의 농약 생산량은 줄곧 세계 2위였으며, 2002년부터 화학비료 사용량은 세계 1위였다. 그러나 가장 좋은 화학비료도 작물의 흡수도는 30%를 밑돌았다. 화학화는 농업 오염이 심각해지는 주요한 원인이었다(루신위안 외, 2006).

도시 확장에 따라 토지의 흡수 능력이 갈수록 약해지면서, 오랫동안 정책적으로 장려되었던 목축업의 규모화에서 비롯된 환경오염 문제가 갈수록 심각해졌다. 현지 정부가 조직한 환경검사에서 사례를 찾아보자면,[209] 베이징 근교의 풍수가 좋은 곳에 위치한 세 개의 대규모 젖소 목장의 오염물질 배출 상황을 〈표 1〉에서 확인할 수 있다.

규모화된 목축업은 현지의 지하수원과 대기에 심각한 오염을 초래했다. 현지 환경보호국의 검사에 따르면, 세 개의 젖소 목장에서 배출한 폐수와 오염물질의 함량은 모두 기준을 크게 넘어섰다. 폐수의 화학적 산소요구량은 각각

---

209 「S진 인민정부의 진 내부의 3개 젖소 목장을 전출시키는 것에 관한 품의[S鎮人民政府關於遷出鎮內三個奶牛場的請示]」, 『상부보고[2008]X호』를 참조

표 1 ㅣ 베이징 S진의 3개 젖소 목장의 오염물질 배출 현황

소의 수량(마리)	분뇨 배출량 (톤/일)	분뇨 거름 (톤/일)	물 사용량 (톤/일)	오수 배출량 (톤/일)
3,422	19~22	2.5~3	286	215

참고: 물 사용은 주로 축산용수, 생산용수, 직원의 생활용수 등을 포함한다.

1,200mg/L, 1,780mg/L, 864mg/L로서 국가표준(400mg/L)을 최소한 두 배씩 넘었다. 암모니아 질소 지표는 각각 120mg/L, 353mg/L, 194mg/L이었는데, 국가표준은 80mg/L이다. 다른 연구에 따르면, 목축업으로 사육되는 소·양·돼지 등이 배설하는 가스는 대량의 메탄을 방출하여 온실가스의 주요한 배출원이며, 자동차 배기가스보다 대기 오염에 더 심각한 영향을 준다.[210]

2) 시장실패: 농업 오염을 확대하는 외부효과

최근 수십 년 동안, 공업화의 압력으로 전통적인 소농 생산이 점차 현대화된 농업으로 대체되었다. 같은 시기에 사회적 대가도 있었다. 소농 생산은 태생적으로 환경보호와 식품 안전에 대해 최대화된 긍정적 외부효과를 갖고 있는데, 이것이 현대화된 농업에 의해 오염과 식품 불안전 등의 부정적 외부효과로 대체된 것이다. 세계적으로 봐도 현재까지 단순히 시장 메커니즘에만 의존하여 현대화된 농업이 초래하는 부정적 외부효과의 문제를 효과적으로 해결한 선례를 찾아볼 수 없다. 현재의 시장경제 환경에서는 현대화된 농업의 부정적 외부효과도, 전통적인 유기적 소농의 긍정적 외부효과도 모두 농산품 가격을 통해 반영되기가 어렵다.

외부효과는 시장경제에서 기업이 수익 최대화를 추구하면서 발생하는 제

---

210 예를 들어 영국 『타임즈』의 2007년 7월 10일 보도에 따르면, 과학자들이 연구를 통해 메탄이 지구의 기후변화에서 중요한 역할을 한다는 점을 발견했다. 메탄의 온실효과는 이산화탄소보다 훨씬 커서 지구 온실화를 가속하는 '위력'이 이산화탄소의 20배에 달한다. 현재 영국의 대기층에서 메탄의 약 1/4은 소, 양 등의 가축이 방출한 것이다. 소, 양의 트림과 방귀의 오염이 자동차를 넘어선다는 내용은 다음에서 인용. http://www.chinabreed.com/sheep/develop/2007/07/20070711130225.shtml, 2007년 7월 11일.

도 비용이다. 또한 외부효과는 경제활동 과정에서 기업이 다른 기업 또는 전체 사회에 대해 야기하고, 반드시 대가를 지불해야 하는 손실 또는 비용을 지불하지 않는 수익을 지칭한다. 이때 기업의 개별 한계비용(한계수익)은 사회의 한계비용(한계수익)보다 작다. 외부효과의 문제를 해결하는 시장화된 수단은 주로 피구세[Pigou稅], 재산권 거래, 오염권 경매, 협약을 통한 보완 등이 있다. 고도로 분산되어 있고 소규모라는 중국 농업의 특징으로 인해 기업을 시장 운영의 주체로 가정하는 이러한 이론이 농업의 환경보호 영역에까지 답습되었다.

또한 도농 이원구조 하에서 1992년 새로운 시장경제 체제가 확립된 이후, 농민의 외지노동 소득의 비중이 절대적인 비중 이상으로 상승했다. 이 때문에 이전에 농산품에 은닉되어 있었고 노동력의 대량 잉여로 인해 극도로 억제되었던 농업 노동력의 가격이 외지노동을 하는 사람의 임금과 대조되면서 선명히 드러났다. 그리하여 농업 생산에서 노동력 투입의 기회비용이 상승했고, 노동력을 더 많이 사용하는 유기농일수록 시장경쟁에서 우위가 더욱 부족해졌다!

이를 통해 다음과 같은 사실을 알 수 있다. 인구와 자원의 압력으로 시장이 농업 생산 과정에서 부정적 외부효과의 문제를 내부화하여 처리할 수 없게 되었다. 또한 이 외부효과의 확대로 농업 생산에서 생태 파괴와 환경오염의 문제가 악화될 수 있다.

3) 정부실패: 정부와 대량의 분산된 농업 생산자 간의 높은 거래비용

사람들의 통상적인 이해로는 시장실패를 처리할 때, 정부가 공공재 공급자로서 나서서 개입해야 한다. 그러나 농업의 환경보호 문제가 악화되고 환경보호 제도가 미흡했던 다른 중요한 원인은 바로 정부실패였다. 2억 4천만 호의 소농 농가에 직면하게 되면, 농촌의 모든 외래 주체는 고도로 분산된 소농경제와의 거래비용이 지나치게 높다는 문제를 갖게 된다. 정부도 예외가 아니다. 제도경제학의 창시자인 코즈[Ronald R. Coase] 교수가 말했듯이 대면하는 거래 대상이 일정량 이상으로 많아지면, 거래가 진행되기 어렵다.

3. 생태 농업의 국제적 경험 비교

1) 중국은 미국의 대규모 농장 방식을 모방하거나 답습할 수 없다

미국의 규모화된 대농장으로 대표되는 농업 생산과 서비스 체계가 갖는 주요한
우위는 규모의 경제와 상대적으로 높은 노동 산출률이다. 그러나 대농장 농업
에는 농업의 산업 효율을 얻을 수 있다는 것과 함께 환경오염, 생태 재난 등 심
각한 부정적 외부효과가 존재한다. 또한 대농장 방식을 소농 위주의 개발도상
국이 강제로 추진하게 되면, 거의 빠짐없이 재앙적인 결과를 가져온다.

자본집약형 농업의 노동 산출률이 높다고 하더라도 토지 산출률은 노동집
약형 농업보다 낮다(〈그림 2〉). 중국은 경지 자원이 제한적이고 인구 부담 압력
이 거대한 국가이다. 이런 중국이 국내의 식량안보를 보장하려면, 토지 산출률
을 높은 수준으로 유지해야만 한다. 따라서 대규모 농장 방식을 답습하거나 모

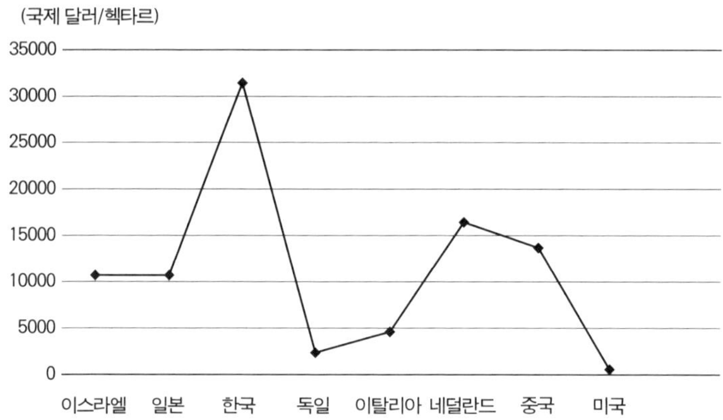

그림 2 국가별 토지 산출률 비교

참고: 계산 공식은 다음과 같다.

$$토지\ 산출률(국제\ 달러/헥타르) = \frac{농업의\ 노동\ 산출률(국제\ 달러/명)}{농업\ 경제활동\ 인구의\ 평균\ 경지\ 면적(헥타르/명)}$$

※ 중국 런민대학 농업·농촌발전학원 석사 연구생 청춘왕이 데이터를 수집하고 그래프를 작
   성했다.

출처: 원화 외(2008: 290).

방할 수 없다.

2) 본보기로 삼을 만한 것은 일본과 한국의 동아시아 소농경제와 종합농협이다

자원 부존의 제약으로 일본은 선진국 중에서 가장 먼저 농업의 규모화와 현대화 지향을 포기했다. 1980년대 다나카 가쿠에이[田中角榮]가 농업의 정책 방향을 조정했는데, 농촌을 포함한 지속가능한 지역 발전, 농업 인프라, 식품안전을 강조했다. 이를 결합하여 '농업 종합정비[農業綜合整治]'라고 명명했다.

일본과 한국의 모델은 농업을 농민소득 증가의 주요 원천으로 더 이상 강조하지 않았다. 소농 국가로서 근본적으로 이를 해낼 수가 없었기 때문이다. 일본 농민의 평균 소득 수준은 도시와 비교하여 더 높았지만, 소득의 60% 이상은 일본 정부의 보조금이었다. 정부와 분산된 소농 간의 거래비용 문제를 해결하기 위해서 정부가 재정 보조금을 농민의 은행통장에 직접 넣었던 것은 아니다. 종합농협의 다기능적 업무를 통해 대량의 정책 혜택을 제공하고, 농협이 진행하는 산업에 대한 감·면세를 통해 간접적으로 보조금을 집행했다. 일본은 1990년부터 종합농협을 설립하여 농민을 보호했고, 어떠한 외부자본도 농업 영역에 진입하지 못하도록 오랫동안 금지했다. 또한 중앙에서 농림금고[農林金庫]를 설립하여 보험 서비스를 제공하고, 농협 경영을 위해 위험을 부담하도록 했다. 일본 농민의 95%가 농협에 참여했는데, 이는 농협의 우대정책 때문이었다. 종합농협 시스템의 보호와 지원 아래, 일본의 쌀 자급률은 아직까지도 100%를 넘는다.

4. 생태 농업 순환 시스템의 수립·확산에 대한 현지 경험과 정책 건의

실제 국가상황에서 착안하여 생태문명의 이념을 통해 중국이 생태적 복원, 식품안전, 식량안보 보장, 취업 등 농업의 다양하고 종합적인 기능을 추구하려고 한다면, 가장 손쉬운 방식은 소농 생산을 생태 환경보호의 방향으로 전환하는 것이다. 이러한 전환의 경제적, 기술적 실행가능성에 대하여 저자가 참여하고 있는 농촌 공동체의 생태 농업 실험이 본보기를 제공할 수 있다.

1) 소형 공동체의 생태 순환 시스템 실험

보편적으로 존재하는 심각한 농업 오염과 식품안전의 문제에 대응하여 허베이성 농촌에 자리잡은 옌양추 향촌건설학원[晏陽初鄕村建設學院](이하 '학원')은 2004년 봄, 교정의 경지 26무에서 유기농을 진행하는 실험을 정식으로 시작했다. 또한 유기적 생산을 핵심으로 삼아 점차 생활의 유기적 순환, 건축의 생태 환경보호 등의 기능을 갖춘 종합적인 소형 생태 순환 시스템을 실천하였다.

이 모델에 따라 농가를 기초로 삼고 생태 농업을 전개한다면, '삼위일체', 즉 '돼지-바이오가스-과일[豬沼果]' 또는 '돼지-바이오가스-채소[豬沼菜]'의 생태순환을 실현할 수 있다. 합작사를 기초로 한다면, '육위일체', 즉 화장실과 바이오가스 저장소를 중심으로 온실 양돈과 온실 채소를 더하고, 여기에 다시 양어장과 과수원을 추가할 수 있다. 이를 통해 인간과 가축의 배설물을 전부 바이오가스로 만들어 100% 순환경제에 도달할 수 있다. 내부 시스템의 순환 원리는 〈그림 3〉과 같다.

공동체의 생태 건축 또한 독자적인 특색을 갖고 있다. 학원이 건립한 첫 번

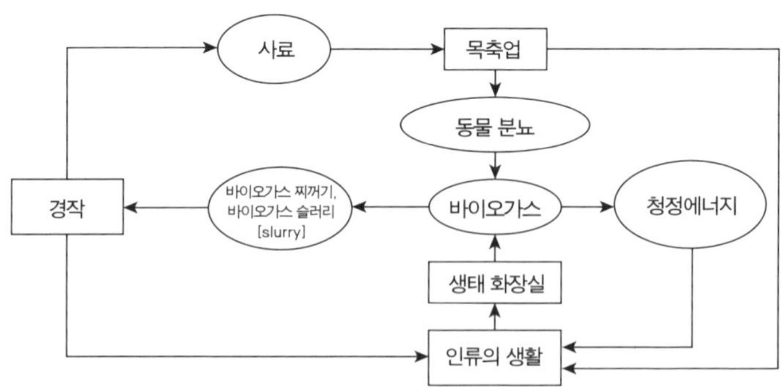

그림 3　생태 농업 실험에서 공동체 시스템의 순환 원리

째 농촌 생태 건축군[建築群]은 철근·시멘트 등 현대의 건축자재를 전혀 사용하지 않았다. 현지의 풀흙담[草土墻]과 목재 골조 등 재활용이 가능한 건축자재를 최대한 활용했다.

아울러 공동체 내에서 생활 쓰레기를 분류하여 재활용 쓰레기와 재활용 불가 쓰레기를 나누어 수집하고, 이를 별도로 처리하여 환경이 오염되지 않도록 했다.

2) 소형 공동체에서 생태 시스템 모델의 확산 가능성 분석

첫째, 유기 재배를 통해 점차 토양의 자연적인 비옥도를 향상시켜 화학적 투입을 줄이고, 토지의 생산량과 환경보호를 높이는 이중의 효과를 얻을 수 있다.

〈표 2〉에서 보듯이 3년 연속 유기 재배를 한 이후, 실험 토지의 토양에서 자연적인 비옥도가 부단히 회복되었으며, 점차 토지의 산출률이 화학비료·농약·제초제를 사용할 때의 수준과 비슷해졌다. 현재의 실험 데이터로는 유기 재배의 생산량이 여전히 조금 낮다. 하지만 화학비료와 농약으로 인한 토지 훼손과 이에 따른 생산의 지속 불가능을 고려한다면, 유기 재배 방식은 의심할 바 없이 토지의 높은 산출을 유지하는 효과적인 생산 방식으로서 토지의 생산량과 환경보호를 높이는 이중의 효과를 갖는다.

표 2 2006년 자이청촌[翟城村] 생태 농업 실험구와 대면적 화학 농업의 작물 생산량 비교

작물 품종	생산량(근/무)		비용(위안/무)	
	실험구의 생태 농업	대면적 화학 농업	실험구의 생태 농업	대면적 화학 농업
밀	650	850	331	281
땅콩	440	550	90	52
옥수수	750	900	85	77

참고: 2006년에 옥수수는 종자의 문제로 1무당 생산량이 낮은 편이었다. 2007년 종자 문제가 나타나지 않도록 관리가 된다면, 1무당 900근이 가능할 것으로 예상되었다. 다른 작물도 몇 년 동안 토양의 비옥도와 지력이 올라간다면, 비료 사용이 줄고 경작 비용이 감소하면서도 생산량이 증가할 수 있었을 것이다. 그러나 실험이 중단되어 모두 추정이 되고 말았다.

둘째, 유기 건축자재로 전통 건축자재를 대체하여 건축 비용을 절약하고 생태를 보호하는 이중의 효과를 얻을 수 있다.

처음에 농민들은 풀흙담이라는 생태 건축을 이해하지 못했다. 전원주택 같은 생태 건축물이 하나씩 완공되고 나서야 농민들은 이것이 실용적이면서도 경제적이라는 점을 알게 되었다. 그중에서 300명을 수용하는 반지하 구조의 강당은 겨울에는 따뜻하고 여름에는 시원했다. 건축 비용도 낮아 재료비가 3만여 위안 정도였고, 인건비를 더해도 5만 위안 이하였다. 생태 민가의 원재료 비용은 2만 위안이었고, 인건비를 포함해도 4만여 위안이 안 되었다. 이러한 모델이 선도하면서 이미 많은 지방의 농민들이 자발적으로 생태 건축을 확산하고 자비로 생태 농가를 짓고 있다.

3) 농산품의 생태적 효과를 내부화한 도농 공동체의 생산·소비 상호협동 실험

(1) 국제 생태 농업 운동의 경험: 공동체 지원 농업(CSA)의 사례

공동체 지원 농업[Community-supported agriculture]이라는 개념은 1960년대 독일, 스위스, 일본에서 시작되었다. 2006년 미국에는 이미 1,210개의 CSA 농장이 있다. 성숙한 시장경제 안에서 시민이 농업을 지원하는 것은 보편적인 사회 행위이다. 선진국에는 시민이 농업을 지원하는 많은 사례가 존재한다. 공정무역의 이념을 따라 소비 합작운동에 참여한 시민들은 미국식의 현대화된 농업 생산방식이 심각한 식품 불안전을 초래하고, 시민의 건강에 커다란 영향을 미친다는 점을 깨달았다. 오염된 식품으로 인한 위험을 충분히 겪고, 생태 식품을 소비하려는 욕구와 능력이 생기면서 일반 시민들도 유기농 농산품의 생태적 가치를 새롭게 알게 되었다. 그에 따라 보통 식품보다 더 높은 가격을 지불하려고 하며, 이로써 생태 가격이 형성된다.

⑵ 궈런 녹색연맹의 도농 공동체 생산·소비 상호협동 실험

중국 런민대학 향촌건설센터와 량수밍 향촌건설센터의 협조를 받아 5개 성의 7개 농민합작사가 2006년 4월 27일, 베이징 궈런 녹색연맹을 설립했다. 녹색연맹에 참가하는 생산합작사는 화학비료, 농약, 유전자 변형 품종의 미사용에 앞장서면서 농업 생산을 진행했다. 농작물 자체의 특성을 이용하거나 이를 개발하여 병충해를 예방했다. 또한 인류의 영양과 보건을 위해 활용될 수 있는 농작물의 잠재력을 개발했다.

궈런 녹색연맹은 농촌 생산자와 도시 소비자를 연계하는 교량이다. ① 자원활동가의 노력을 통해 시민이 소비 합작사를 조직한다. ② 밭떼기 선매[購米包地]: 시민과 농민이 밭떼기 선매 계약을 하여, 수확할 때에 결산한다. ③ 생산자, 소비자, 제3자가 가격 공청회를 개최하여 농산품 가격을 협상한다. 생산-소비 쌍방이 직접 대면하여 농산품 유통 과정에서 산업자본·상업자본·금융자본을 배제하고, 생태 농업의 수익이 최대한도로 생산자와 소비자, 두 집단의 내부에 남도록 한다.

4) 건의

이상의 분석에 따라, 아래와 같은 건의를 제시한다.

⑴ 확산 가능한 제도의 형성: 앞서 열거한 농업의 유기적 생산과 생태 기능을 효과적으로 회복시킬 수 있는 실험을 정부가 충분히 중시하고, 점차 효과적인 제도를 수립하여 확산해야 한다.

⑵ 과거 보조금 방식의 전환: 농업의 산업 효율을 높이기 위한 보조금을 더 이상 지급하지 않아야 한다. 대신 유기농 재배와 관련된 기술 및 실험과 유기농 재배를 선택한 농민에게 보조금을 지급해야 한다. 그리하여 농업의 유기적 생산

을 회복시킬 수 있도록 외부의 인센티브 메커니즘을 만든다.

(3) 농촌의 조직화 제고: 유기적 생산을 할 때, 환경의 부정적 외부효과를 내부화하면서 비용이 발생하는데, 이를 합작의 방식으로 해결해야 한다. 동시에 합작조직을 통해 공동체 내부에 생태적 공공재를 제공하는 문제를 해결한다.

(4) 도시에서 유기농 식품을 위한 소비 합작사를 발전시킨다. 이를 통해 생태문명과 생태 생산품에 대한 소비 인식과 소비 문화를 진작한다. 또한 다른 부문들이 유통 단계에서 지나치게 차지하고 있는 농산품의 이윤을 줄여 생산자와 소비자, 쌍방의 이익을 보호한다.

제26장 일본의 농촌 종합건설의 투입 방식과 농업 파산에 대한 구제[211]

일본 신농촌 건설의 본질은 정부가 국토 자원의 종합정비[綜合整治]에 대해 대규모로 투입을 진행하고, 이에 따라 종합농협을 통해 내부적으로 분배할 수 있는 지대 수익을 증량 생산하는 것이었다. 이 경험은 생산 증량에 대한 정부 투입이 저비용으로 제도 변천을 추진하는 데 유리하다는 점을 보여준다!

또한 지난 백년 동안 일본 정부는 농업과 관련된 모든 영역에서 명확히 농민의 편을 들었다. 규모화의 수익을 얻기 쉬운 영역에서는 종합농협의 독점적 경영으로 농민이 비농업 영역의 소득을 증가시킬 수 있도록 도왔다. 이 종합농협의 체제 하에서 전 사회가 삼농 문제의 심각성에 대해 공통된 인식을 갖게 되었다. 따라서 정부가 크게 증가된 지대의 일부를 농민에게 양도하고, 비농업 영역의 증가된 소득을 계속 농민이 보유하도록 할 수 있었다. 그리하여 국가는 농촌이 안정되고 농업이 기초 산업으로서의 지위를 보존하는 이로움을 얻었으며, 농민은 늘어난 지대와 비농업 소득을 향유하고 자신의 생산·생활 환경을 최적화하는 이로움을 얻었다. 쌍방이 공존공영하는 결과를 창조한 것이다!

최근 몇 년 동안 저자는 홋카이도[北海道]부터 규슈[九州]까지 일본의 농촌 몇 군데를 방문하고, 기존 연구들을 근거로 투입-산출의 일반 법칙에 따라 일본의 농업이 이미 파산했다는 초보적인 판단을 내렸었다.

---

211 이 글은 2007년 봄, 일본에서 조사를 한 이후에 작성한 논문이다. 중국 런민대학 원톄쥔 교수가 조사를 하고 초고를 썼다. 홍콩 링난대학 류젠즈 부교수가 연구와 토론에 참여했으며, 중국 사회과학원 쑨거[孫歌] 연구원이 평가와 지도를 해주었다. 저술은 국가 985 계획과 국가사회과학기금 중점 프로젝트의 지원을 받았다. 회의 이외의 조사연구는 조사연구자 개인의 사비를 사용하였다.

2007년 2월 저자는 와세다[早稲田]대학에서 열린 국제회의[212]에 참석하는 기회를 빌려 일본 농림수산성[213]과 '일촌일품[一村一品]'으로 유명한 규슈의 오이타[大分]현을 다시 방문했다. 일본이 1960년대부터 수십 년 동안 전개한 농촌 종합건설의 경험을 이해하고, 이를 중국의 2003년 이후의 삼농 정책과 결합해 분석하면서 그 내재적인 논리를 정리하려는 목적이었다.

1. 일본 신농촌 건설의 특수한 배경

최근 중국의 간부 대표단들이 일본과 한국의 신농촌 운동을 자주 시찰했기 때문에 손님을 맞이하는 쪽에서는 신농촌 건설을 소개하는 숙성된 자료들이 이미 준비되어 있었다. 따라서 이 글은 다시 사족을 달지 않고, 몇 차례 시찰 과정에서 겪었던 당혹감과 알게 된 관련 상황에 대해서 배경 분석을 하도록 하겠다.

첫째, 조직적 기초: 2차 세계대전 전후를 막론하고 일본이 오랫동안 수립한 '군국주의'의 제도적 유산이 여전히 농촌에 뿌리박혀 있다! 1960년대까지 농민의 조직화와 제도화 정도가 상당히 높았다! 농촌 청장년 남성들 대부분이 입대하여 엄격한 일본군의 기율에 묶여있었던 경험이 있다는 것 이외에도, 전쟁기간 '386199부대'만이 농사를 하고 농촌사회를 운영할 수 있었기 때문에 부녀·아동·노인까지 장기간의 전쟁 동원으로 정부에 복종하는 것이 습관화되었다.[2] 종합농협 조직에 대해서도 마찬가지였다. 일본의 종합농협 시스템은 메

212 와세다대학 아시아·태평양연구소 소장 텐지 사토시[天児慧] 교수가 주관한 이 회의는 아시아의 사회안전망에 대한 토론회였다.

213 2007년 2월 26일 오전에 방문했다. 일본 농림수산성 장관비서기획실[大臣官房] 기획평가과 과장보좌관(기획반 담당) 가쿠노 겐이치[獲野憲一], 사무관 하칸 노부오[羽滘登生], 농촌진흥국 정비부 지역정비과 종합정비사업추진실 과장보좌관 고카 도오루[古賀徹] 등 세 명이 맞이했으며, 히메지도쿄[姫路獨協]대학의 아코 도모코[阿古智子] 교수가 수행과 통역을 해주었다.

이지 유신 시기에 맹아가 싹텄고, 러일 전쟁 시기에 국가의 대외확장 전략의 필요에 따라 위로부터 정식으로 조직되었다. 반세기를 지나 상당히 발전하여 집행력을 갖추고 신농촌 건설 정책을 실행하는 시스템이 되었다.

둘째, 재정적 기초: 일본은 2차 세계대전 이전에 이미 충분히 발달하고 구조적으로 완성된 공업을 갖추고 있었으며, 2차 세계대전 이후에도 20년도 안 되는 기간에 생산능력을 완전히 회복하였다. 동시에 공업화와 도시화의 급격한 발전으로 농촌의 노동력·자금·토지의 3요소가 경제 법칙에 따라 대량으로 유출되었다. 따라서 당연하게도 농촌에 대한 착취가 악화되어 삼농 문제가 갈수록 심각해졌다. 그러나 신농촌 건설이 시작된 1960년대 이후, 정부 재정과 국민소득이 주로 비농업 산업에서 비롯되었기 때문에 국토 종합정비를 중심으로 투입 정책을 실행하였다.

셋째, 정치적 기초: 위와 같은 토대의 중대한 변화가 상부구조에 결정적인 작용을 했다. 본질적으로 대자본을 대표하여 집권한 자민당은 자신의 전통적인 표밭인 농민의 표를 두고 다른 야당들과 경쟁해야만 했다. 그로 인해 거의 반세기 동안 수많은 농민 우대 정책이 지속적으로 나올 수 있었다. 명백하게 농민과 종합농협에 치우친 정책들은 수많은 산업자본과 금융자본의 비판을 받았을 뿐만 아니라, 경제의 세계화에 따른 제도의 변천과도 심각하게 상충되었다. 하지만 일본의 역대 정권은 한결같이 이를 유지하였다.

또한 2차 세계대전 이후에 다시 시작되어 1970년대까지 번성했던 일본의 좌익 지식인 운동이 보완 작용을 했다. 1950년대에 많은 학자와 청년 지식인들이 '상산하향'하여 농민을 선동했다. 이 시기 일본 농민은 당시 중국의 농민과 달리 취약하거나 고립되지 않았다. 오히려 합법적 좌익운동은 당국으로 하여금 농촌에 아직 남아 있으며 이용가치가 있는 조직자원을 누가 장악하느냐의 문제를 정치적으로 고려하지 않을 수 없게 했다.

넷째, 국가의 전략: 일본이 대규모로 신농촌 건설 운동을 추진하던 시기는 공교롭게도 건설업자 출신의 거물 정치인 다나카 가쿠에이가 집권했던 때였다.

임기 동안 여러 문제가 발생했고 찬반이 분분했지만, 그는 열도개조론의 영향을 받아 '국토 정비[國土整治]'의 전략을 제시함으로써 이름을 세계에 떨쳤다. 또한 후대의 국가전략에 심원한 영향을 남겼다는 점도 의문의 여지가 없다.

다섯째, 지리적 환경: 산과 지진이 많다는 일본의 지리적 환경과 산지 농업이라는 특징 때문에 관련 산업자본의 투자가 소형화될 수밖에 없었다. 일본의 정부와 기업은 중국처럼 대규모의 저수지 건설이나 다른 대형 기본건설을 장기적으로 감행할 수가 없었다. 또한 농업을 위해 진행되는 수리[水利] 투자라도 70% 이상이 농민과 직접적인 상관이 없는 중국의 상황과는 달랐다. 일본은 산간 지역에서 농민, 농업이 직접적인 이익관계를 갖는 소형 저수지나 이에 대응하는 수리관개 시스템을 대량으로 건설해야 했다. 최종적으로 대략 400만 헥타르에 달하는 일본 농지의 80%가 관개 지역이 되었다.

2. 동아시아 신농촌 건설이 대답해야 할 몇 가지 문제

상술한 다섯 개의 주요 배경은 중국 국내의 보고서나 논문들이 거의 언급한 적이 없어서 저자는 중·일 향촌 발전 비교연구의 중대한 문제들에 대하여 줄곧 당혹감을 느껴 왔었다. 몇 년 동안 일본과 한국 등에서 조사연구를 하면서 저자는 기본적으로 스스로 의문을 풀게 되었지만, 여전히 쉽게 논쟁을 일으키는 문제 두 가지를 뽑아 각계각층에 가르침을 청하고자 한다.

문제 1: 재산권 결여와 조직자원이 연관되는가?

현대 동아시아의 몇몇 국가와 지역들은 2차 세계대전 이후, 정치적 개입의 방식을 통해 토지를 철저히 균등 분배했다. 어떤 주의, 어떤 제도, 어떤 이데올로기도 이후에 전체 동아시아가 이룬 경제성장의 기적을 이만큼 전면적으로 설명하지 못했다.

한편으로 토지의 균등 분배는 1차 분배에서 자유주의의 출발점인 공평 원칙에 맞는 재산제도의 기초를 실현한 것이었다. 국민들은 부득이하게 동일한 출발선에서 경쟁을 시작해야 했다. 차후의 발전은 '균등한 빈부'를 추진했던 이러한 재산관계가 있어야만, 산업경제의 고속 성장이 거의 필연적으로 출현한다는 점을 증명하는 것처럼 보인다. 당연하게도 사람들은 미국의 점령군이 1차 재산을 철저하게 균등 분배하고 1인당 평균 50마르크부터 시작하여 유럽에서 산업경제의 고속성장이라는 기적을 창출한 독일을 떠올릴 수도 있다.

그러나 다른 한편으로 보면, 정치권력이 개입한 이 같은 농지 제도는 사실상 전통적인 농촌 사회제도의 회복에 유리한 방식으로 소농경제의 기본 생산관계를 재형성한 것이었다고 볼 수도 있다. 또한 재산권의 최초 형성 과정이 고전적 의미의 시장거래가 아니었기 때문에 재산권이 불완전하다는 아쉬움과 함께 정치가 지속적으로 재산권에 개입할 수 있는 가능성을 남겼다.

이에 따라 사람들이 다음과 같은 현상에 대해 깊이 토론하게 되었다. 1960년대 이후, 대규모의 종합적인 농경지 수리 기본건설을 실질적인 내용으로 하는 신촌[新村] 운동이 계속 전개되었다. 이 과정에서 각종 상이한 이념을 신봉하는 정치권력들이 이념에 상관없이 모두 개입과 간섭을 해왔다. 왜냐하면 동아시아 소농경제에서 농촌의 토대는 공통된 것이며, 이 토대를 대상으로 하는 어떠한 기본건설과 정부가 제정한 어떠한 정책도 모두 필연적으로 농가가 분산하여 점유한 토지를 전면적으로 조정하는 것과 관련될 수밖에 없기 때문이다. 요컨대 토지를 철저히 균등 분배한 동아시아 소농경제 국가들은 모두 정부가 나서서 토지를 다시 조정해야만 했다. 그렇지 않고 농가와 상대하게 되면, 정리도 안 되고 어지러워지는 것이다.

중국에서는 알게 모르게 항상 무시되고 있지만, 이 같은 경우에 조직적 기초가 거래비용을 대폭 감소시킬 수 있다는 객관적 사실을 인정해야만 한다. 저자도 최근 몇 년간 각지의 신농촌 건설 실험을 현지에서 수행하면서 비슷한 결론을 내렸다. 더 이상 흩어진 모래가 아닌 조직된 농민만이 신농촌 건설의 주체가 될 수 있는 것이다.

넓게 보자면, 하나를 보고 열을 알 수 있다. 세계에서 왜 동아시아 소농경제 사회만이 신농촌 건설 운동을 해내고, 다른 개발도상국은 그러지 못했는가? 이들 국가들에서는 농촌의 조직자원이 결여되어 높은 거래비용이 발생했지만, 토지제도에서는 오히려 정치 개입을 통해 조성된 재산권 결여가 없었다는 것이 문제가 아니었는가!

문제 2: 국토 정비와 농업 구제가 연관되는가?

현대 동아시아의 일부 소농경제 국가와 지역들은 이데올로기적으로 무슨 주의를 신봉하든, 농업 영역에서 현대화를 거의 신봉하다시피 하면서 큰 피해를 봤다! 진지하게 전 과정에 걸쳐 투입-산출을 계산한다면, 동아시아의 소농경제 농업은 이론적으로 이미 파산했다.

반세기 동안 동아시아 소농경제 국가와 지역들이 얼마나 사력을 다해 서구 대농장식으로 농업의 규모화된 경영을 했든지 간에, 어떻게 비용을 계산하지 않고 농업 산업화를 발전시켰든 간에 결국 모두 성과는 미미했다. 올라가려다가 다 굴러떨어졌고, 다행히 떨어져 죽지 않은 자들은 어색하게 허세를 부릴 수밖에 없었다. 며칠을 버텨내더라도 적과 친구가 모두 농업 무역보호주의라고 비판하면 할 말이 없었다!

1990년대 이후, 중국이 방향을 바꾸어 이론적 근거가 부족한 소위 농업 산업화를 지금까지 강조하면서도 크게 실패하지 않은 이유는 난형난제의 다른 동아시아 국가들보다 선견지명이 있어서가 아니라, 대륙에 위치하고 국가가 너무 커서 단기간에 농업 산업화를 해내지 못했기 때문이다. 농촌이 너무 복잡하고 농민의 인구는 너무 많고 농업은 천차만별이라 해내기가 너무 어려웠던 것이다!

사실 동아시아의 정치가와 학자들이 기어이 소농경제라는 조건을 가진 농업을 서구와 같은 소위 독립 산업으로 만들려고 한다면, 급격한 공업화와 도시화 과정에서 농업은 모두 알고 있고 거의 상식에 속하는 경제 법칙을 필연적으로 따르게 된다. 즉 공·농업의 비교수익과 도농의 격차가 쌍으로 확대되고, 배후에 있는 차액지대와 노동력의 기회비용이 쌍으로 증가한다. 이 두 측면에서 불리한 요소들의 공동 작용으로 농촌 생산력의 모든 요소들이 대규모로 신속하게 농업으로부터 유출된다.

이에 따라 동아시아가 잇달아 전개한 신농촌 운동을 포함하여 우리는 동아시아 개별 경제체들의 공통된 경험을 깊이 논의해야만 한다. 정부가 국토자원의 종합정비에 대규모로 투입을 해야만, 농촌의 생활조건을 제대로 개선하고 농민의 생활환경의 질을 전면적으로 개선할 수 있는 것이다. 동시에 이는 농촌의 차액지대를 지속적으로 상승시킨다. 이때 정부가 의도적으로 증가된 지대를 무상으로 농민에게 양도하여 향유할 수 있도록 해야만, 소농경제의 농촌과 농업이 안정될 수 있다!

일본, 한국과 같은 선진국 정부는 일찍이 1960년대에 단순히 농업을 강화하는 것만으로는 효과를 내기 어렵다고 인식했다. 그들은 1980년대에 식품 안전, 농업과 농촌의 일체화를 지도사상으로 명확히 제시했다. 이는 중국인이 최근 강조하고 있으며, 과거의 농업 문제를 삼농 문제로 변경한 지도사상과 비슷하다. 그동안 중국은 남겨진 농촌을 찬란히 꾸미기 위해 계속 삼농에 대한 투입을 늘렸고, 여기에 더해 천지를 뒤덮을 기세로 생태, 환경보호, 문화의 다양성을 선전했다. 또한 이를 통해 전체 국민이 자기 민족의 농업과 농촌의 일체화를 지켜야 한다는 공통된 인식에 도달하였다.

그리하여 이미 파산한 농업에 대해 '곡선의 농업 구제[曲線救農]'라는 구제 작용을 해낼 수 있었다![3]

우리는 일본 신농촌 건설의 본질이 다음과 같다고 주장한다. 국토자원의 종합정비에 대한 정부의 대규모 투입으로 지대 수익의 생산을 늘리고, 정부는 농업과 관련된 모든 것들에 대하여 농민의 편을 들어준다. 이로써 농민이 규모의 수익을 손쉽게 얻을 수 있는 영역에서 비농업 소득을 증가시킬 수 있도록 도울 수 있다. 요컨대 양이 증가하면, 저비용으로 제도 변천을 추진하기가 유리하다는 것이다! 이때 전 사회가 삼농 문제의 심각성에 대해 공통된 인식을 가지고 있었기 때문에 정부가 크게 증량된 지대의 일부를 농민에게 양도하고, 비농업 영역에서 증량된 소득을 계속 농민이 보유하도록 할 수 있었다. 이렇게 하여 국가는 농촌이 안정되고 농업이 기초 산업으로서의 지위를 보존하는 이로움을 얻었으며, 농민은 증량된 지대와 비농업 소득을 향유하고 자신의 생산·생활 환경을 최적화하는 이로움을 얻었다.

여기에서 중국의 급선무가 무엇인지 알 수 있다. 돈이 부족한 것이 문제가 아니다. 다나카 가쿠에이가 했던 것 같은 거시적인 전략 사고가 부족한 것이 문제다.

제27장 아르헨티나의 대안 화폐와 빈민의 시장경제[214]

선진국이든 개발도상국이든 모두 대안 화폐(Alternative Currency)가 존재한다. 어떤 지역에서는 이를 공동체 신용(Community Credit)이라고 부른다. 양자의 개념과 내용은 다르지만, 그 목적은 모두 '조화사회에 기초한 경제(Solidarity Based Economy)'를 수립하는 것이고, 서비스의 대상 또한 주로 공식 화폐(Official Currency)를 획득할 능력이 부족한 하층민이다.

그러므로 중국의 지도자들은 학계가 '빈민의 경제학'을 열심히 연구해야 한다고 제안하자, 대안 화폐를 알아보지 않을 수 없었다.[215]

1. 개요: 배경과 문제

대안 화폐는 진보 지식인들이 제안한 것으로, 일반적으로 하층민이 시장경제에 진입할 수 있도록 거래의 도구를 제공하는 특수한 중개 수단으로 인식된다. 1980년대 캐나다에서 처음 생겼으며, 1990년대 초 미국으로 전파되어 1990년대 중반에는 라틴 아메리카까지 확산되었다. 이후, 호주와 아시아 개발도상국들도 받아들였다. 현재 세계의 많은 국가들에서 이러한 활동이 전개되고 있으며, 점차 공동체 자치, 부녀의 권익, 민중의 생계, 빈민 구제 등 다양한 영역으로 퍼지고 있다. 이미 국제적으로 많은 저명한 학자들, 특히 유럽의 학자들이 이를 서술하거나 저술하였으며, 빈민의 생계를 위해 서비스되는 대안 금융과 이것이

---

214 이 글의 저자는 중국 런민대학 원톄쥔 교수와 홍콩 링난대학 류젠즈 교수이다.

215 사실 중국은 1929년 '노동권[勞動券]'을 발행하여 소비에트 지역 주민들의 무역을 촉진했는데, 대안 화폐와 비슷했다. 실물은 현재 징강산[井岡山] 혁명박물관에 있다.

조화사회에 대해 갖는 중요한 작용이 전문적으로 논의되었다. 여기에 종사했던 일부 저명한 사회운동가와 학자들이 점차 좌익화하던 라틴 아메리카 각국 정부 지도자들의 주요한 참모가 되기도 했다.

아르헨티나에서 대안 화폐를 조사하는 것은 특별한 연구 가치가 있다. 아르헨티나는 일찍이 각종 사회조직이 발행한 500여 종의 공동체 신용권[信用券] 또는 대안 화폐를 사용한 바 있으며, 전성기에는 대략 600만의 인원이 이 같은 비공식 금융 도구를 사용하여 거래활동에 참가했기 때문이다. 또한 대안 화폐 시스템에서 2001년 초에 심각한 신용위기가 발생하여 민간 거래 중개 시스템이 거의 붕괴했던 적이 있기 때문이다. 더 극적인 점은 아르헨티나의 국가화폐 시스템이 금융위기를 잇달아 겪으면서 대안 화폐를 속죄양으로 삼았다는 것이다. 그러나 최근 경제가 회복되면서 대안 화폐가 다시 살아나고 있어 살펴볼 가치가 있다.[216]

아르헨티나에서 1995년, 첫 공동체 화폐 클럽이 출현했다. 처음에는 빈민 지역의 자원활동가, 사회운동가, NGO가 빈민의 '물물 교환', '노동과 현물의 교환'을 추진했다. 거래 과정에서 가치가 다른 물품과 노동을 교환하면서 발생하는 부등가 가치는 실명 기장의 방식으로 처리했다. 이를 통해 특정한 집단 내에서 유효한, 장부상의 개인 신용을 창출했다. 이어서 이 신용을 교환하려는 수요가 자연스럽게 발생하여 내부에서 유통되는 신용권이 생성되었다.

2001년 초, 이런 종류의 대안 화폐가 아르헨티나 도처에서 발전하여 수도

216　아르헨티나의 총 인구는 4,000만이 안 되며, 그중 유럽계 백인이 95%이다. 아르헨티나는 한 때 라틴 아메리카에서 중산층 인구가 가장 많은 국가였다. 2001년 12월 외자가 대량 유출되면서 금융위기가 폭발하여 화폐가치가 300% 평가절하된 이후, 소득에서 화폐화의 정도가 높았던 도시의 중산층과 중소기업주들 대다수가 빈곤에 빠졌다. 당시 전국 인구 60%의 소득이 빈곤선 이하였으며, 실업률은 현재까지 20% 이상에 달한다. 이로 인해 대략 17%의 중·하층 계층의 인구가 대안 화폐 거래에 참가하게 되었다. 저자는 아르헨티나의 금융위기가 정치적 위기에서 비롯되었다고 보며, 이에 대해서는 따로 글을 쓸 예정이다.

인 부에노스아이레스에서는 수십 개의 상이한 형식의 사회조직과 자원활동가들이 관련 업무에 종사했다. 한 도시의 시장은 개인소득세의 30%를 대안 화폐로 납부하는 것을 허가하는 문서를 발포했다. 시 정부가 식품권을 대신하여 빈민에게 대안 화폐를 발급함으로써 빈민이 공동체의 시장에 가서 기본적인 생활 필수품을 살 수 있도록 했다.

그러나 범위가 확대되자 사회조직에 의존해서는 민중에 대한 효과적인 감독을 실행하기가 어려워졌고, 일부 공동체의 대안 화폐 관리자들이 신용권을 남발하여 사익을 취했다. 이로 인해 대안 화폐들에서 신용이 팽창하고 액면가치가 크게 감소하는 위기가 발생했고, 자원활동가들이 수년 간 빈민 지역에서 고생하며 쌓아올린 신뢰가 무너졌다. 엎친 데 덮쳐 아르헨티나에서 금융위기가 폭발하자, 대안 화폐의 신용위기는 자연스럽게 국내외의 많은 사람들에게 금융위기와 연관이 있는 것으로 오해받게 되었다.

게다가 1980년대 이후, 각 지역들이 지역 내에 유통되는 화폐나 지방 채권을 대량으로 발행했었는데, 금융위기가 폭발하면서 지불에 심각한 어려움을 겪었다. 대안 화폐의 신용 환경이 크게 나빠진 것이다.

이후 2003년, 아르헨티나 경제가 점차 회복되면서 취업을 촉진하고 정부의 구제 지출을 감소시키는 대안 화폐의 기능을 지방정부가 주목하게 되었다. 그때서야 아르헨티나에서 대안 화폐의 신용이 점차 되살아났다.

2. 고찰 1: 빈민의 시장경제?

2005년 8월 16~17일 저자가 방문한 곳은 빈민이 집중적으로 거주하는 교외 지역이었다.[217] 빈민 지역 교차로의 낡은 체육관 같은 곳에 공동체 시장이 설치되

---

217   2005년 8월 16일 오후, 부에노스아이레스에서 서남쪽으로 30km 떨어진 빈민 지역을 방문했다.

어 있었다. 문은 작았지만 들어가면 꽤 컸다. 족히 수백 개의 노점이 있었으며, 대다수 노점상은 부녀와 노인이었다. 거래 물품은 가지각색이었는데, 중고 의류부터 손수 만든 식품과 각종 일용품까지 보통 서민이 생활하는 데 필요한 것이면 무엇이든 살 수 있었다.

이 시장에서 거래할 때에는 정부가 발행한 화폐를 사용할 수 없었으며, 신용권(credit)[218]으로 불리는 지폐를 받았다. 표면에 그 이념을 대표하여 '인간 에너지의 가치(value of human energy)'라고 인쇄되어 있다. 액면의 종류는 1/2, 1, 2, 5, 10, 20이다. 대략 30단위가 아르헨티나 공식 화폐인 페소 1단위와 등가이다. 시장 참여자는 반드시 회원이어야 한다. 이들이 인정하는 자신들의 역할은 두 개의 단어를 조합한 신조어 'Prosumer'로서 생산소비자라고 번역될 수 있다 (생산자 'Producer'와 소비자 'Consumer').

이것이 생성된 객관적 배경은 다음과 같다. 자본주의 시장경제가 전 세계적으로 추진되면서 빈부 격차의 확대는 이미 돌이킬 수 없는 필연적 추세가 되었다. 일반적인 공식 금융기구는 보편적인 서비스를 제공할 수 없으며, 빈곤인구는 공식 화폐를 획득할 수 있는 능력이 갈수록 낮아져 시장경제에서 주변화될 수밖에 없다. 따라서 대량의 노동력이 방치 상태가 된다. 또한 인구의 상당 비중을 차지하는 빈민들은 대량의 저급 일상 소비재에 대한 수요를 갖는다.

더 큰 문제는 이 같은 수요가 감소될 수 없으며, 증가될 뿐이라는 점이다. 대량의 빈곤인구가 온전히 정부의 구제에만 의존한다면, 막대한 재정부담이 발생하고, 더 나아가 과중한 세수로 전가되며, 최종적으로 기업이 해외로 내몰릴 것이다. 그로 인해 취업률이 떨어지고 사회적 모순이 격화된다. 이는 일반인도 쉽게 이해할 수 있다.

이러한 배경은 쉽게 극단적이 되곤 하는 자본주의 경제학 이론가들이 중국에서 사회복지 지출의 증가를 반대하는 기본 원인이 될 수 있다. 정상적인 민

---

218   스페인어로는 'crédito'이다.

주국가에서라면 당연히 사회적으로 반동으로 인식되겠지만, 주류의 사고에만 근거하다 보면 이처럼 극단적인 생각도 지나치지 않게 된다. 그러나 사회에 대해 반동적이지만 경제 법칙으로는 크게 비난할 게 없는 이 같은 이론을 감히 공개적으로 수용할 정치가는 거의 없다.

(뉴욕의 빈민굴 할렘 지역을 포함한) 세계 곳곳의 실험들이 이미 보여줬듯이 특정한 빈곤집단에서 공식 화폐를 대체하는 신용권을 사용하여 소형의 공동체 시장을 재건한다면, 빈민의 취업을 일부 해결할 수 있고, 일반적인 일용품의 소비도 확대할 수 있다. 더 나아가 빈곤 공동체의 재건을 추진할 수 있다.

이와 같은 신용권이 첫 번째로 갖고 있는 본질적인 특징은 '상품 교환의 일반 등가물'이라는 가장 기본적이고 원시적인 화폐의 기능이다. 여기에는 현대 자본주의 금융이 갖고 있는 다른 기능이 없다. 예를 들어 가치 보존의 기능이 없고, 특히 투자 증식이나 투기 수익과 같은 파생 기능이 없다. 그러므로 특정한 범위 내에서만 사용하고 도덕적 해이와 통화 팽창을 막을 수 있는 실행 가능한 관리 메커니즘만 있다면, 현대 시장경제에 진입할 수 없는 대량의 빈곤인구와 주변화된 집단에 대하여 생계 유지의 중요한 기능을 발휘할 수 있다.

둘째, 신용권은 빈민 사이에서 저비용으로 시장경제를 추진하는 방식이다.

신용권은 전적으로 자원활동가와 사회운동가가 나서서 민중의 참여를 촉발하고 조직하는 것이기 때문에 조직 비용이 계산에 포함될 필요가 없고, 예대 마진이나 이자도 전혀 없다. 따라서 자금 운용 비용이 영이라고 할 수 있다.

시찰을 하면서 이 시장이 각 노점들에 대하여 단지 0.2페소와 2단위의 신용권만을 수취한다는 것을 알게 되었다. 수입의 80%는 임대료로 지불되고, 20%는 관리자에 대한 지출이다. 또한 시장에 들어와 거래하는 사람은 반드시 등록을 한 회원이어야 하며, 교육을 받아야 하고 회원의 권리와 의무를 이해해야만 한다. 시장에서는 신용권만 사용할 수 있으며, 공식 화폐는 사용할 수 없다. 여기서 빈민의 시장경제를 재건하는 데 드는 유일한 지출은 시장 임대료와 소수의 관리자에 대한 비용뿐이었다.

마지막으로 빈민의 시장경제가 실현하는 것은 사용가치의 교환이다.

대안 화폐를 사용하여 자신의 물품을 거래하는 빈민에 대해 살펴보자면, 그들이 가정에서 제작한 것들은 즉시 소비될 수 있는 물건이다. 거기에 내포된 사용가치는 도매부터 시작하여 운송과 저장을 거쳐 소매점에 이르는 각종 상업적 단계에서 증가되는 유통 비용, 이윤, 자금 점용의 비용 등이 발생하기 이전에 노동자와 소비자의 신분이 동일한 공동체의 시장에서 교환된다. 그리고 노동력의 단순 재생산 과정에 의해 재빠르게 소비된다. 따라서 노동의 잉여가치가 거의 영이 되고, 노동가치가 기본적으로 사용가치와 같아진다.

3. 고찰 2: 개별 사례에 대한 조사 분석

이 시장에서 거래를 하는 사람들 대부분은 부녀자였다. 저자는 무작위로 세 개의 노점상을 방문하여 간단히 분석해 보았다.

1) 보편적인 저가와 밑지는 거래의 원칙

첫 번째 대상자는 중년 부녀자였는데, 보통 자신이 만든 옷을 팔았으며, 때때로 자기가 그린 베갯잇처럼 직접 만든 수공예품도 팔았다. 그날은 이와 달리 밖의 도매시장에서 구매한 작게 포장된 커피(약 반 근)와 쌀 등의 식품과 함께 작은 일용품을 시장에서 거래했다. 대략 계산하면, 그날의 거래액은 30페소 정도였다. 한 봉의 커피 매입가가 2페소였으며, 판매가는 50~60단위의 신용권이었다. 즉 커피는 거래장부상으로 16.6% 손해를 본 셈인데, 투입된 노동 시간은 계산하지 않은 것이다. 당연하게 바깥 시장의 상식으로 보면, 이 같은 판매가격은 밑지는 장사라는 것을 자신도 안다고 말했다. 그러나 공동체 시장의 거래에 참여하는 목적은 이윤 획득이 아니라, 받은 신용권을 일상 생활에 필요한 식품과 다른 필수품으로 다시 교환하는 것이다.

간단한 분석으로 알 수 있듯이 공동체 시장의 가격은 보통 외부 상점의 가격보다 낮으며, 이것이 공동체 시장이 존재할 수 있는 필요조건이다. 전체 시장이 이렇기 때문에 그녀도 외부의 가격보다 낮은 가격으로 판매할 수밖에 없다. 저자가 이해하기로는 가정에서 제작한 각종 식품과 의류에 내포된 사용가치를 실제로 계량할 방법이 없기 때문에 단지 실제 수요자의 요구와 선호에 따라 결정할 수밖에 없는 것이다.

2) 단순 재생산의 유지

두 번째는 식품을 파는 아주머니로 집에서 구운 22개의 전병을 가지고 와서 18개를 이미 팔았다. 각 전병의 가격은 15단위의 신용권인데, 외부 상점과 비교하여 1/2 가격에 불과했기 때문에 당연히 잘 팔렸다. 이미 팔린 전병을 계산하면, 합계가 260단위의 신용권이었다. 대략 9페소에 해당하여 50%를 밑진 것이었다. 동시에 그녀는 공동체 시장에서 1리터 짜리 큰 병 두 개의 현지 음료를 사서 두 가지 용량의 컵으로 나누어 팔았다. 한 입에 마실 수 있는 작은 컵은 5단위 신용권에 팔고, 두 모금이 되는 큰 컵은 10단위 신용권에 팔았다. 그리하여 600단위를 얻을 수 있었고, 잉여의 총합은 약 10페소로 50%의 이익을 냈다. 벌어 놓은 대안 화폐로 시장에서 산 것은 전부 밀가루였다. 집으로 돌아가 다시 전병을 제작해 팔려는 것이었다.

간단한 분석을 통해 알 수 있듯이 자본주의 시장경제의 일반적인 관념으로는 이 아주머니의 거래 활동을 분석하기 어렵다.

어렴풋이 기억하기로 중화민국 시기에 한 향촌 연구자가 농촌 고리대 연구에서 이미 지적했듯이 소농경제의 대출 목적은 종종 생산이 아니라, 가정에서 단순 재생산의 단절을 방지하는 것이었다. 저자가 이해하기에 이 아주머니는 공동체 시장을 효과적으로 이용하고 있다. 그녀가 시장에서 음료수를 판매한 거래는 약간의 잉여가 남았다. 전병 판매도 자신의 (제작, 운송, 판매를 포함하는) 살아있는 노동[活勞動]의 비용을 계산하지 않는다면, 손실로 계산되지 않는다. 밀가루 매입은 가정에서 이러한 단순 재생산을 지속적으로 유지하려는 것이다.

3) 개별 노동자의 수요

세 번째는 대학에서 철학과 문학을 전공했으며, 과거에 회사 직원이었던 42세의 부녀자였다. 15년 전에 회사의 파산으로 실업자가 되어 현재 중고품을 손으로 수선하고 있다. 그동안 시장의 장소는 바뀌었지만, 공동체 시장에서 일한 지벌써 6년이나 되었다. 공동체 시장에서 그녀의 이번 거래는 질이 좋은 중고 의류를 매입하는 것이다. 그리고 돌아가서 자신의 디자인과 가공을 거쳐 이 옷을 인터넷에서 경매한다. 그녀의 말에 따르면, 10배 이상의 좋은 가격을 받을 때도 있다고 한다.

또한 정부의 빈곤 공동체에 대한 정책적 우대로 이곳에서 그녀의 거래는 납세를 할 필요가 없다. 다른 시장은 세금을 내야만 한다.

간단한 분석을 통해 그녀의 주요한 수익 원천이 외부 시장임을 알 수 있었다. 대안 화폐를 이용하는 공동체 시장은 사실 원재료를 얻는 곳일 뿐이었다. 따라서 그녀는 밖의 현대적인 시장경제에서 상업적 이윤을 얻고 있는 프리랜서 또는 소규모 수공업자에 속한다고 할 것이다.

4. 아르헨티나 NGO의 실험

우리의 시찰을 안내한 부에노스아이레스 국립대학교 경제대학 대안 화폐 연구센터의 소장 엘로이사 박사(Dr. Heloisa)는 한때 대안 화폐 (지도)위원회의 구성원이었다. 그녀는 당시 공동체 시장의 거래 행위가 지나치게 상업화되었다고 여겼었다. 따라서 2001년 대안 화폐의 신용위기가 폭발한 이후, 과거의 교훈을 받아들여 다음과 같은 원칙을 첫 번째로 강조했다. 공동체 시장은 노동자 자신이나 그 가정의 생산품 또는 물품만을 거래할 수 있다. 공식 화폐로 외부 시장에서 구입한 상품은 공동체 시장으로 진입할 수 없다.[219]

총체적인 자본주의 시장경제 하에서 자원활동가가 빈민 공동체 구성원의 내부 시장을 대대적으로 발전시키려고 시도하더라도, 완전히 봉쇄된 채로 구성원 간의 거래를 형성하는 것은 거의 불가능하다. 공동체 구성원이 외부에서 구입한 상품을 공동체 시장으로 가져오거나 공동체 시장에서 얻은 물품을 재가공하여 밖에서 파는 상황을 막을 방법은 거의 없다.

아마도 자신이 견지하는 이념이 실행가능하다는 점을 보여주기 위해서였는지 그녀는 우리를 현재 진행 중인 또 다른 실험으로 안내했다. 그곳은 도시에서 떨어진 빈민 지역에 위치하며, 마약 중독자에 대한 구제 활동을 하는 NGO 기구인 마약 반대 투쟁협회였다. 지도자는 중년 여성이었는데, 과거에 자신이 중독자였던 사람이다. 이후에 공동체 사업에 열성적으로 참여하여 마약 중독자들이 마약을 끊도록 돕는 NGO의 책임자가 되었고, 마약 중독에서 벗어난 빈민들이 정상인의 생활로 돌아갈 수 있도록 인도하고 있다.

이번에 엘로이사와 동행한 사람 중에는 찰리[Charlie]라고 불리는 나이 많은 퇴직 엔지니어와 대학생 자원활동가인 아우구스토[Augusto]도 있었다. 이들은 11명의 중·노년 부녀자를 조직하여 대안 화폐 거래에 대한 교육에 참여했다.

교육 방법은 다음과 같다. 엘로이사가 대안 화폐와 공동체 시장의 거래 규칙을 구체적으로 설명한 이후, 자원활동가들이 '발권 은행'의 역할을 담당하여 공동체 시장의 각 참여자들로부터 오래 저장할 수 있는 물품(밀가루, 설탕, 커피, 수공예품 등)을 20개 신용단위의 대안 화폐를 주고 구입한다. 또한 시장 거래에 진입하는 물품의 가격을 결정한다(이미 성숙한 공동체 시장은 자유 거래와 흥정이 가능

219　아르헨티나에서 최초의 대안 화폐는 파산한 기업가가 시작했으며, 대안 화폐 (지도)위원회는 창설에 참여한 몇몇 학자들로 구성되었다. 그중에는 화학자, 심리학자, 엔지니어 등이 포함되었다.

하다). 참여자는 자기 가정의 물품이나 수공으로 생산한 소상품을 가지고 있어야 하며, 첫 판매로 얻은 20개 신용단위로 서로 거래를 진행한다. 거래가 끝나면, 참여자의 수중에 남은 대안 화폐는 다시 자원활동가의 '발권 은행'으로 되돌아가고 가정의 필수품과 교환된다. 빈곤 공동체 구성원이 현장 교육에 참여하는 것을 독려하기 위해 이들은 추첨 행사도 시행했다.

자원활동가는 사전에 식품과 의류 등 일련의 빈곤구제 물자를 모집한다. 교육을 받지 않아도 물자는 나누어 주어야 한다. 또한 각 참여자는 소액의 신용권만을 얻을 수 있다. 매번의 거래 이후에 공동체 화폐의 회수가 보장된다면, 이러한 빈민의 시장거래를 통해 생계 유지라는 목적을 실현하면서도, 외부 시장을 통해 매점매석과 다른 투기 수익을 도모할 수 있는 조건이 형성되지 않을 수 있다.

최근 세계은행도 수차례 '사회자원의 사회자본으로의 전환'을 발전 이념으로서 강조한 만큼, 중국의 주류 시장경제 이론도 필요한 조정을 해야 할 때가 되었다. 현재의 관건은 비주류의 조직과 제도를 활용하여 빈곤인구의 수요를 해결할 방법을 어떻게 배우느냐이다.

사실 빈곤 공동체는 인재가 부족한 적이 없으며, 참여자 중에서 자연스럽게 NGO 활동에 협조하는 핵심 인원이 나온다. 앞의 조직에서 일본의 닌자처럼 차려입은 한 청년은 한때 마약 중독자에 강도짓을 하던 범죄자였다. 현재는 개과천선하여 공동체의 협력자(community coordinator)가 되었다. 교육에 참여한 한 수공예품 제작자는 고상해 보였는데, 그녀가 전시한 작품도 상당한 수준이었다. 교육이 끝나자 이들 핵심 인물들은 자발적으로 남아 방을 청소하고 계속 엘로이사에게 가르침을 청하여 분위기가 매우 좋다는 걸 알 수 있었다.

이번의 직접 관찰을 통해 공동체 내부 구성원의 거래시장일지라도 공동체 구성원이 선출한 시장위원회[市場委員會]를 구성하여 자율적 메커니즘을 수립해야만, 감독 비용을 줄일 수 있다는 점을 알게 되었다.

엘로이사는 2001년 대안 화폐의 신용 팽창이라는 위기가 폭발한 이후, 공동체의 신용과 대안 화폐 시스템을 복구하는 활동이 매우 어려워졌다고 평가했다. "빈곤 공동체의 사람들이 자원활동가의 활동을 불신하게 되었기 때문이다." 그녀는 꺼리지 않고 솔직히 설명했다. 종종 눈앞의 이익을 추구하는 빈곤 공동체의 참여자들은 이념을 견지하는 것을 온전히 이해하기 어려웠다. 더 난감한 점은 각종 대안 화폐를 발행하는 집단들을 제어할 예방 메커니즘을 아직까지도 수립하지 못했다는 점이다. 각양각색의 NGO들 사이에서 개인의 수익을 실질적인 목표로 삼는 사람들이 대안 화폐를 남발하여 사익 추구의 수단으로 삼는 것을 막지 못하고 있는 것이다. 이것이 아르헨티나의 대안 화폐 시스템이 한때 붕괴된 근본 원인이었다.

전 세계의 NGO가 거의 모두 정부를 심하게 비판하지만, 대다수는 자신의 도덕적 해이를 막기 어렵다는 점을 직접 경험해보고야 알게 된다. 이는 정부와 NGO의 공통된 폐단처럼 보인다.

5. 결론: 조사자의 반성

1968년 하향[下鄕]되어 인민공사에 들어간 바 있었던 늙은 지식청년으로서 저자는 이러한 개발도상국의 대안 화폐 방식이 중국에서 화폐 자본이 심각하게 부족했던 때, 농촌 집체경제에서 장기간 존재했었던 노동점수 장부[工分本], 노동점수 표[工分票]와 비슷하다고 생각한다. 중국에서 집단화 시기의 노동점수 표는 공동체의 신용권과 유사했고, 노동점수 장부는 신용 장부와 비슷했다. 또한 1980년대 중국이 급격하게 시장경제로 전환하면서 심각한 화폐 부족이 출현했을 때, 높은 이자의 압박으로 농촌 기층의 상업 부문에서는 농민이 농산품을 팔고 나면 수령증[白條]을 끊어 주는 현상이 나타났다. 아울러 농민이 수령증을 화폐 대신 사용하여 상품을 사는 것을 허가했었다. 이 또한 대안 화폐에 속했다고 할 수 있다.

수십 년 동안 중국의 농촌 문제를 연구했던 것을 교훈으로 삼아 회고해 보면, 저자가 1980년대 농촌 실험지역 업무에 참여했을 때, 소위 돌파를 추구하고 대규모를 추구했던 주장을 떠올리게 된다. 자기반성 과정에서 얻게 된 시사점은 대안 화폐도 위험 예방을 중시할 필요가 있으며, '공동체의 범위를 넘어서지 않는다'는 내용을 기본원칙으로 삼아야 한다는 것이다.

정말로 '작은 것이야말로 아름답다.'

제28장 네팔의 '과학적 토지개혁'과 발전[220]

2008년 네팔은 240년의 왕정을 끝내고, 역사적인 의회 선거를 치러냈다. 이 때문에 세상에 새로 태어난 '민주주의의 신생아'로 불렸다. 이 거의 순수한 농업국가에서 새로운 정부의 첫 번째 임무는 '과학적 토지개혁'의 추진이었다. 그러나 당국이 수용한 것은 칭찬할 만한 게 없는 남아시아 모델이었다. 왜 개발도상국에서 상대적으로 성공한 동아시아 모델이 아니었을까?

네팔에 대한 조사연구와 아시아 토지개혁에 대한 종합적인 역사적 경험에 기초하여 우리는 다음과 같이 주장한다. 남아시아의 토지개혁은 서구에 의해 과학적이고 합법적이라고 주장되었지만, 지금까지 성공한 경험이 없다. 동아시아의 토지개혁은 어떤 이데올로기, 어떤 당파의 정치제도에 속했던 간에 지금까지 실패한 사례가 없다. 동아시아 토지개혁의 공통점은 전국에서 통일적으로 추진되었고, 촌을 단위로 균등하게 토지권을 분배한 제도였다는 것이다.

이에 따라 다음과 같은 가설이 나온다. 토지개혁은 농업 제도만의 독자적인 문제가 아니다. 자주독립된 국민경제를 형성하는 데 있어서 가장 기초가 되고 가장 핵심이 되는 재산관계의 재구성이다.

우리는 네팔의 지속적이고 안정적인 발전을 위해 두 가지를 건의한다. 첫

---

[220] 국가 985 프로젝트 '중국 농촌 발전의 실험혁신 기지'와 국가사회과학기금의 중대 프로젝트 '사회관리 개선과 사회안정 유지의 메커니즘 연구: 농촌의 적대적 충돌과 해결 메커니즘 연구'(07&ZD048)에서 본 과제팀이 책임진 연구 내용에 따라, 우리는 개발도상국 농촌의 적대적 충돌에 대하여 사례연구를 했다. 이 글은 멕시코의 원주민 농민 봉기, 인도 북부의 농촌 토지혁명, 이집트의 지주의 토지 탈환에 따른 충돌 등 많은 사례 조사를 완료한 이후, 최근 한 차례 현지조사를 한 성과이다. 원문은 중국 런민대학 원톄쥔 교수와 홍콩 링난대학 류젠즈 부교수가 영문으로 초고를 쓴 것으로, 네팔의 두 개의 좌익 정당에 관한 조사연구 보고서였다. 중국 런민대학 리천제 박사가 이를 중문으로 번역하고, 다시 원톄쥔과 류젠즈가 중국어 관행에 따라 충실하게 반복하여 수정·탈고했다.

2008년 4월, 네팔은 역사적인 의회 선거를 치러냈다. 선거 결과는 현 상황을 서둘러 변화시키고자 하는 광대한 하층 군중의 바람에 완전히 부합했다. 네팔 공산당이 제1당으로 승리한 것이다. 같은 해 5월 28일, 입헌의회가 정식으로 수립되고, 국왕이 강제로 권력을 포기하고 왕궁에서 나가면서 240년의 왕조가 종결되었다. 민족주의적 성향을 가진 하나의 민주공화국이 탄생한 것이다.

저자는 이 역사적 시기에 네팔 농촌에 가서 조사연구를 하기로 했다.[221]

1. 네팔의 기본 상황

남부 평원 지역에 위치한 인도계 분리주의 파벌의 몇몇 수장을 제외하면, 일반적으로 네팔의 정치가들은 주권과 독립을 유지하려는 지정학적, 전략적 인식을 명확하게 가지고 있다. 이 같은 인식은 인도의 일부 인사들이 공개적으로 네팔이 제2의 부탄이 되어야 한다고 공언함으로써 확증되기도 하며, 인도가 남부의 풍요한 평원 지역을 장악한 분리주의 운동을 조종하고 있다는 의심을 불러일으키기도 한다.[4]

요컨대 인도는 네팔의 정치·경제에 중대한 영향을 미치고 있다. 예를 들어 라나 가문의 독재 정권은 영국령 인도 정부를 배후로 한 것이었다. 1950년 네팔 의회당이 주도했던 라나 정권에 대한 반대 운동도 이미 독립한 상태였던

---

221   2008년 7월 11~25일, 네팔 동·중·서부 세 개의 상이한 지역의 농촌에서 토지개혁을 조사했다. 조사에 참여한 사람은 중국 런민대학 원톄쥔, 홍콩 링난대학 류젠즈, 베이징대학 다이진화, 베이징의 자원활동가 리사[李颯] 등이다.

인도의 지원을 받았다. 1990년, 2005년, 2006년의 정치 변혁 또한 인도의 주요 정치세력의 영향을 받은 것이었다. 인도의 영향력은 정치에만 국한되지 않았다. 인도가 네팔의 외국인 투자 총액 중 36~40%를 차지하여 금융과 무역 방면에서도 주도적 지위를 차지하고 있다. 역사적으로 보면, 인도가 네팔의 사회·경제·정치 어젠다의 확정에서 결정적인 역할을 발휘했을 뿐만 아니라, 사회 하층에서 일어난 각종 운동의 성패에도 중대한 영향을 미쳤다(류젠즈 외, 2009: 214). 이는 인도와 미국 두 나라의 대사[大使]와 다른 외국의 세력들이 네팔의 국내 정치에 개입하는 원인이 되었다.

외국인이라도 경제지리에 대해 약간의 상식이 있고, 식민주의의 역사 속에서 네팔이 영국의 동인도회사가 지배했던 인도와 여러 차례 영토 분쟁이 발생하여 국토의 1/3이 할양된 적이 있었고, 현재까지도 오랫동안 인도와의 국경에 대해 자유통행을 개방하고 있다는 사실을 알게 된다면, 중국과 인도라는 두 강대국 사이에 끼어 상공업 경제가 기본적으로 인도의 통제를 받고 있는 이 나라의 심정을 이해할 수 있을 것이다.

네팔은 히말라야를 등지고 있으면서 남쪽으로는 갠지스 평원에 접해 있다. 4개의 분지와 6천여 개의 크고 작은 하천이 있다. 지세는 북고남저[北高南低]로서 가파른 세 개의 계단식 분포를 갖는다. 이에 따라 중부 지대는 수력자원을 개발하기 좋은 조건을 갖고 있다. 최근 몇 년 동안 중국 수력공정총공사[中國水電工程總公司]가 개발에 참여하고 있으나, 최적의 자원은 이미 인도가 차지했다.

네팔의 총 인구는 2,700만 명이고, 농민이 90%를 차지한다. 농업이 GDP의 40%를 차지하나, 경지가 전국 토지의 21%로서 300만 헥타르에 불과하며, 주로 인도와 인접한 남부의 좁고 긴 평원 지대에 몰려 있다. 농업 자원이 부족할 뿐만 아니라, 관개 시설도 낙후하다. 우기에 강수와 일조량이 집중되고, 건기는 대부분 농한기이다. 토지, 인력, 농축산, 원시적인 설비에 대한 투자가 전체 투자의 거의 99%를 차지하고, 현대적인 생산수단에 대한 투자는 1%에 불과하다. 따라서 토지의 산출률이 상대적으로 낮다. 벼농사 농업 지역의 1인당 경지 면적이 중국의 2배에 달하나, 단위면적당 생산량은 중국의 약 1/2에 불과하다. 이 때문에 농업국가인 네팔은 식량의 순수입국이다.

더 심각한 점은 농촌의 기본제도가 시대에 뒤떨어졌다는 것이다. 농촌 인구의 10%도 안 되는 지주들이 종자, 비료, 농기구 등 생산 조건을 제공하지 않으면서도 일반적인 소작보다 착취가 훨씬 심한 '소출의 반을 바치는 소작[對半租]'을 보편적으로 실행하고 있다.[5] 낙후된 지역에서는 힌두교 특유의 카스트 제도와 가노제[家奴制](품삯도 없이 식사만 제공 받으면서 소작인 자녀가 어렸을 때부터 지주의 집에서 노동을 하는 것)가 널리 퍼져 있다.[222] 조사에 따르면, 전국적으로 무토지 농가가 120만 호를 넘어 전체 농가의 1/3 이상을 차지한다(조사된 5개 촌에서 무토지 농가의 비중은 최소 10%, 최대 70%에 달했다).[223] 토지를 가진 사람들 중에도 빈곤 농민이 65%이고, 이들이 가진 토지는 전체의 10%에 불과하다. 남부 떠라이(Terai) 평원에서는 대다수 대지주들이 10헥타르 이상의 토지를 소유하며, 이 지역 토지의 절반 이상을 통제하고 있다(류젠즈 외, 2009: 214).

현대 중국인들이 거의 상상하기 어려울 만큼 지주가 농민을 착취하고 억압했던 이러한 기본제도 때문에 급진 학생운동가 출신인 프라찬다[Prachnda]가 1996년 두 자루의 낡은 소총을 들고 농촌으로 내려가 농민혁명을 일으켰을 때, 경작자가 농지를 소유한다는 것을 토지혁명의 동원 구호로 삼아 12년이라는 짧은 기간 동안 3개의 정규 사단과 3만의 지방 민병을 조직할 수 있었다.

222　저자가 중남부 산간 지역 평원의 한 농촌에서 조사를 했을 때, 7세 때부터 지주의 집에서 일을 하던 가노와 인터뷰를 했다. 그는 토지혁명에 참가하여 나중에 촌 농민회의 리더 중 한 명이 되었다. 그는 지주의 토지를 탈취하고 지주의 반격을 격퇴하는 투쟁에서 가장 결연했었다.

223　2001년 인구 총조사에 따르면, 네팔 전국의 423만 5천 가구에서 330만이 농가였고, 그중 120만이 무토지 농가였다.

2. 네팔의 발전 문제에 대한 분석과 건의

우리는 조사와 함께 여러 인사들과의 광범위한 토론을 거쳐 네팔의 경제와 사회 상황에 대해 일정 정도 알게 되었다.[224] 이에 근거해 네팔의 지속적인 안정과 발전에 대한 관찰과 건의를 초보적으로 제시한다.

1) 토지개혁을 핵심으로 삼아 국가 경제에 자주적인 권한을 부여하는 정책 시스템

먼저 언급할 내용은 지금까지 아시아인들 스스로 진지하게 논의한 적이 없는 관점이자, 하나의 이론적 가설이라고 할 수 있다. 남아시아의 토지개혁은 과학적이고 합법적이라고 인식되어 왔음에도 불구하고 지금까지 성공한 모델이 없다. 그러나 동아시아의 토지개혁은 실패한 사례가 없다. 이데올로기적으로 어떤 주의이든, 정치적으로 어떤 제도이든 동아시아의 국가·지역은 모두 그렇다.

한때 농민의 무장혁명을 통해 지주의 토지를 탈취해야 한다는 입장을 고수했던 네팔의 마오쩌둥주의자들이 이미 의회의 각 당파와 협상을 마쳤다. 그러고 나서 이들은 지주의 토지를 점거하고 있던 빈곤 농민들에게 토지를 되돌려 줄 것을 정식으로 요구하고, 신정부가 신헌법을 초안한 이후에는 다시 '과학적 토지개혁'을 하고 있다. 억압 받던 농민들의 혁명을 과거 제도의 합법성에 부합하는 정치적 방안에 따라, 이처럼 되돌리는 것을 기층에서 철저히 실현할 수 있는지는 일단 차치한다고 하자. 그렇더라도 네팔에서 신정부가 진행하는 '과학적 토지개혁'은 도대체 남아시아 모델을 채택해야 하는가, 아니면 동아시아 모델을 참고해야 하는가?

---

224 이번 여행의 접대는 네팔 최대의 농촌 NGO 조직인 '네팔 향촌건설 센터(RRN, Rural Reconstruction Nepal)'가 책임졌다. 책임자인 칼키[Arjun Karki] NGO 연맹 의장은 영국에서 유학한 박사로서 각 당파들과도 연계가 있다.

아시아 지역의 여러 토지개혁 경험을 실사구시적으로 종합하여 연구하면, 차이를 발견할 수 있다.

남아시아의 토지개혁은 상이한 농업 산출의 조건에 따라서 지주가 가질 수 있는 토지의 상한을 '과학적'으로 설정하고, 정부가 초과된 부분만을 '합법적'으로 구입한 이후에 무토지 농가에 재분배하는 방식이다.[225] 그러나 단순하게 토지개혁만을 목표로 삼았을 뿐이었다. 실제 현재까지도 아직 성숙하지 못한 채 부분적으로 식민주의 경제에 종속되어 있다. 그리하여 저열한 근성[劣根性]을 갖는 민족 자산계급이 실패로 끝낸 정책 중 하나가 되어버렸다.[6]

그러나 동아시아 토지개혁은 근본적으로 달랐다. 동아시아 토지개혁은 전국에서 통일적으로 추진되었고, 촌을 단위로 토지권을 평등하게 분배하는 방식이었다. 탈식민 투쟁 과정에서 탄생한 대다수 민족·민주 국가들에게 토지개혁은 독자적인 농업 제도만의 문제가 아니었다. 이는 서구 식민주의 통치로부터 벗어난 동아시아 국가·지역들이 독립자주의 국민경제를 형성하는 데 있어서 가장 기초가 되고 가장 핵심이 되는 재산관계를 재구성하는 것이었다.

따라서 농민에게 토지개혁의 목적은 경자유전일 뿐이었지만, 국가에게는 이를 통해 국민경제의 기본제도 건설을 강화하는 것이 더 중요했다. 토지개혁은 본질적으로 민주주의일 수밖에 없었다. 따라서 동아시아 토지개혁의 성공은 서구에서 옮겨 온 어떤 이데올로기나 제도, 법률의 결과가 아니다.

요컨대 토지개혁은 하나의 독자적인 농업 제도만의 변혁일 수만은 없으며, 국가의 경제 제도를 수립하는 총체적인 계획의 일부분이어야 한다. 이 같은 인식 위에서 우리는 네팔의 토지개혁이 아래와 같은 방식으로 진행될 수 있다고 주장한다.

지주로부터 토지를 수용할 때, 인위적으로 상한을 설정하지 말고, 촌 내부

225　1964년 「토지법」이 지주의 토지 소유 상한을 설정했다. 이에 따라 회수한 지주의 '초과' 토지는 전국 경작지의 1.5%에 불과했다.

의 모든 구성원에게 균등하게 분배해야 한다. 또한 정부가 '평균 시장가격'을 제정하여 이를 통해 지주에게 보상해야 한다. 지주는 국가 보상을 획득하는 방식을 자주적으로 선택할 권리를 갖는다. 첫째, 지주가 1회성 일괄 보상을 선택한다면, 정부는 현금이 아니라 정부 채권이나 국유기업 주식으로 지불한다. 예를 들어 수력 발전소 또는 다른 인프라 건설과 관련된 국유기업 주식이나 장기 채권이 있을 수 있다. 둘째, 지주가 현금 지급을 선택한다면, 보상액의 15%를 공제한다. 이를 현지 정부에 양도하여 토지개혁을 위한 인센티브와 토지개혁 이후의 향촌 기본건설에 사용할 수 있도록 한다.

농민과 관련하여 해야 할 일은 촌 내부에서 인구에 따라 균등하게 토지를 농가에 분배하는 것이다. 그러나 토지를 거저 농민에게 주는 것은 아니고, 현금이 아닌 식량으로 땅값을 받는다. 농민 또한 상이한 납부 방식을 선택할 권리를 갖는다. 첫째는 토지의 연간 생산량의 10%를 15년 연속 납입하는 것이다. 둘째는 토지의 연간 생산량의 15%를 10년 연속 납입하는 것이다. 두 가지 모두 현재 농민이 지주에게 납입하는 50%보다 훨씬 작다. 땅값이 완전히 지불되고 나면, 정부는 10~15년 동안 농민의 일반적인 생산량 기록에 따라 매년 5%를 납입하는 토지세의 기준량을 계산할 수 있다. 식량이라는 현물로 땅값을 지불하는 방식을 통해 정부는 전국적으로 장기적인 식량안보 보장 시스템을 수립할 수 있다. 다른 한편으로 10년 또는 15년 이후, 농민이 식량 총생산량의 5%인 토지세를 계속 현물 형식으로 기층정부에 납입하면, 이를 운용하면서 발생하는 재고를 평소에는 지방 거버넌스(예를 들어 관개수리 시설 개선)에 사용할 수 있고, 식량 위기시에는 중앙정부의 물가 안정화, 과부족 조절 등에 사용할 수 있다.

상술한 토지개혁 방식은 아래와 같은 네 가지 우위를 갖는다.

첫째, 새롭게 탄생한 민주국가에서 가장 절박하게 필요한 것은 정치 안정이다. 이 방법이 적절히 작동한다면, 토지가 지주로부터 농민에게 이전되는 과정에서 출현하는 폭력적인 충돌을 많은 부분 회피할 수 있다.

둘째, 본래 재정이 곤란한 상태인 정부가 토지개혁을 위해서 지나치게 지출을 증가시킬 필요가 없다. 지주에 대한 지급은 주로 채권이지, 현금이 아니다. 그에 따라 지주는 기대수익과 수력 생산을 더욱 중요시하는 자산계급으로 변모할 수 있고, 더 이상 소비나 투기에 집중하지 않게 된다.

셋째, 새롭게 탄생한 정부는 토지개혁을 통해 스스로 권한을 부여함으로써 국가가 자원과 함께 국민경제의 전략 산업에 속하는 주식회사들을 통제할 수 있도록 하는 재무적 기초를 수립할 수 있다. 이로써 정부는 채권 발행의 방식으로 인프라 건설을 추진할 수 있다.

넷째, 농민이 경자유전을 실현하고, 동시에 정부는 분산된 소농과의 거래비용이 가장 낮은 국가 식량안보 시스템을 구축할 수 있다(농민이 일단 균등하게 분배된 토지를 획득하면, 자발적으로 국가에 식량을 납부하게 될 것이다. 이를 통해 국가의 식량안보 시스템을 저비용으로 운영할 수 있다.).

이러한 정책의 관건은 정부가 제도 수익을 획득하면서, 동시에 제도 비용을 전가하는 것에 달려 있다.

2) 수자원과 삼림자원의 합리적 개발

국왕을 전복한 신정부는 이 기회를 빌려 국내의 모든 자연자원을 전민소유[全民所有]로 전환해야 한다. 그중 수력자원은 앞서 서술했듯이 토지개혁 과정에서 국가의 수력 채권과 결합되어야 한다. 임업은 이와 달리 공동체의 임업 발전과 직접적으로 결합될 수 있다. 임업 경영과 임하[林下] 경제가 산간지역과 삼림지역에서 현지 주민의 생계를 유지시켜 줄 수 있다면, 주민들이 해당 공동체의 삼림자원에 대한 보호 의무를 떠맡아야 한다. 이는 책임, 권리, 이익이 통합되어야 한다는 원칙을 구체적으로 실현하는 것이다. 이어서 삼림지역의 자원 개발형 합작사들이 연합하여 투자하는 형태로 국유 합작제 기업을 수립할 수도 있다.

위와 같은 정책 설계는 '과학적 토지개혁'과 밀접히 관련된다. 토지자원이 부족하기 때문에 장기적으로 보면, 전국의 토지개혁을 순조롭게 완성하더라도 빈곤한 농촌 인구가 유한한 토지에 의존해서 소득을 높이기 어렵다는 문제가 여전히 존속할 것이다. 따라서 산이 많은 국가에서 공동체 임업을 중심으로 임하 경제를 전개하는 주요한 목적은 산간지역과 삼림지역의 진흥만이 아니다. 더 중요하게는 그것이 농촌 노동력 10~15%에 대하여 취업 기회를 제공할 수 있기 때문이다.

아울러 이와 같은 공동체 임업의 단위들은 민주 선거를 통해 위원회 제도를 실행하고, 본 위원회가 아래의 임무를 전개해야 한다.

첫째, 삼림 자원의 지속가능한 발전에 필요한 솎아베기[間伐]의 비율, 기한의 간격, 수량을 협상으로 결정한다(국가는 법률로 '동시 벌목[皆伐]'을 금지한다).

둘째, 기층의 공동체 임업 위원회는 자신이 관리·보호하는 임지의 면적, 임목 보유량, 목재 축적량을 지분으로 삼아 국가 임업공사에 가입한다. 또한 소형 농림 복합경영 농장이나 합작사를 지원하는 국가의 우대정책을 통해 수익을 얻도록 한다. 아울러 관리, 기술교육, 기본건설에 대한 국가의 지원에서도 수익을 얻는다.

셋째, 삼림지역 생태경제를 체계적으로 추진하고, (유기농과 목축업을 중심으로 하는) 임하 경제의 복합경영을 실현한다. 이를 통해 생태 보호와 임농 경영의 발전을 결합시킨다. 여기서 나오는 유기농 생산품은 국가 임업공사가 수출할 수 있다.

네팔 정부가 풍부한 자연자원을 장악하여 이를 주식제 국가 수력산업의 발전과 공동체화된 임업 종합경제에 사용하게 된다면, 중국과 베트남의 환경과 사회에서 비롯된 교훈을 얻을 수 있다. 지정학적으로 좋은 조건을 갖추지 못한 상황에서 전통적인 공업화 모델을 답습할 필요는 없는 것이다.

이집트 농민은 21세기 초, 갑자기 지주의 토지 탈취라는 변화에 맞닥뜨렸다! 정말 곤혹스럽지만, 철저하지 못했던 1950년대의 비폭력 토지개혁은 1970년대 정권 교체가 발생하자 통치자들에 의해 불법으로 규정되었다. 토지개혁 당시 대략 20%의 무토지 농민만이 일부 지주가 양도하고 정부가 다시 재분배한 토지를 운 좋게 얻을 수 있었다. 이 행운을 누린 농민들은 수 십년 동안 실제로 토지를 소유하고 경작했다. 그러나 1990년대 이후, 토지자원의 자본화가 분출하자 '부재 지주'의 후손과 부패한 관료가 결탁하여 '법에 따라 토지를 탈취'했고, 농민들은 호소할 곳조차 없었다.

분산되고 취약한 농민들에게 '전체가 망가져서 혼자 살아남을 수 없게 되는' 결말은 필연적이었다!

최근 몇 년 동안 이집트 농촌에서 수많은 토지권 분쟁과 이로 인한 폭력 사태가 발생했다. 관료와 법원이 지주의 뇌물을 받고 농민의 토지권을 빼앗는 상황이 점차 전국에 만연했다.[227] 중국의 대규모 토지 수용이 지방정부의 조합주의가 주도하는 공업화와 도시화에서 비롯되었던 것과 달리, 이곳의 토지 분규

---

226 이 글의 조사연구는 제1 저자 원톄쥔이 책임진 국가사회과학기금 중점 프로젝트와 국가 985 계획 '중국 농촌 발전의 실험혁신 기지 프로젝트'의 지원을 받았다. 홍콩 링난대학 류젠즈 박사가 원고에 대한 토론에 참여하여 수정을 진행했다. 여기에서 이집트의 토지개혁, 「비상사태법」과 관련된 자료는 중국 런민대학 농업·농촌발전학원 석사 연구생 왕장칭이 수집했다. 원문은 원톄쥔(2007b)을 참조

227 우리 일행은 2007년 1월 10일 이집트에 도착했다. 현지인과 교류하면서 나일강 연안에서 발생한 농촌 토지권 분쟁을 알게 되었다. 이에 따라 2007년 1월 12일 아침에 카이로 터미널로 가서 소형버스를 타고 디키르니스[Dikirnis]에 도착하여 농민의 토지권 투쟁을 탐방하기로 했다.

는 뜻밖에도 중국이 오늘날 이미 터무니없다고 여기는 '지주 계급의 반격' 때문이었다.

1. '죽은 자의 도시' 확장으로 인한 대형 빈민굴의 형성

조사 전에 저자는 카이로 구도심의 오래된 교회를 참관했다. 이 부근에 기독교도를 매장한 '죽은 자의 도시'가 있다.[7] 무덤으로 사용되는 일부 '주택'은 상당히 아름다웠는데, 유일하게 일반 주택과 다른 점은 조용하다는 것이었다. 이 '주택' 안에 살아있는 사람이 없기 때문이다. 그러나 대로변에 위치하고 규모가 더 크며, 무슬림을 매장한 '죽은 자의 도시'는 밥 짓는 연기가 피어오르고 생기가 넘쳤다. 돈이 필요 없는 죽은 자의 저택 안에서 수천수만의 빈민들이 살고 있었다.

카이로 인구는 이미 1,600만 명을 넘어서 전국의 7,000만 인구 중 20%를 차지했고, 교외에서는 밀집된 건물들이 계속 무계획적으로 확장되고 있다. 또한 빈곤한 농민들이 이 초대형 도시의 중심부로 계속 밀려들어 카이로의 '죽은 자의 도시'는 날이 갈수록 커져가는 빈민굴이 되어버렸다. 심지어 정부도 '죽은 자의 도시'에 거주하는 빈민들의 기본 권리를 부득이하게 인정할 수밖에 없어서 자금을 들여 전력과 상하수도 설비를 놓았다. 현재 '죽은 자의 도시'는 책자에도 소개될 정도로 외국 여행객이 찾는 명소 중 하나이다.

2. 토지권 분쟁의 발생지 개황

디키르니스는 다칼리야주(Dakahlia province)에 속하며, 카이로에서 동북쪽으로 150km 떨어진 나일강 삼각주 평원에 위치한다. 카이로 터미널에서 소형버스나 7인승 승용차를 타고 두 시간 남짓 걸리며, 요금은 1인당 8이집트파운드

[Egyptian pound]로 약 1.5달러에 해당한다.

이 도로에서는 교통 표지판을 거의 볼 수 없었고, 총을 든 무장경찰을 배치한 초소만 최소 다섯 개를 봤다. 현지인은 이것이 치안 상황이 좋지 않다는 뜻은 아니라고 설명했다. 이집트에서 좀도둑, 소매치기나 다른 형사 사건이 적지 않지만, 무장조직의 범죄는 매우 적다고 했다. 도시와 향촌의 도처에 무장 초소를 세운 이유는 아마도 1981년, 이집트의 전 대통령인 사다트가 암살된 이후에 시행된 「비상사태법」[228]이 수십 년이 지나서도 변하지 않았기 때문일 수 있다.

길을 가며 관찰해보니 도처가 푸르른 들판이고 논밭이 가로질러 전원의 풍경이 아름답기 그지없었다. 수천 년 동안 지속되었으며 고대 이집트가 시작된 나일강 연안의 관개 농업 문명은 로마 점령군도 바꾸지 못했다. 현재에도 자본주의가 지배하는 세계를 따라 변화하지 않았다. 그중에서도 농업 생산력을 유지하는 농경지 수리 기본건설은 왕조와 이데올로기를 불문하고 지속되었다. 1950년대 시작된 토지개혁은 농민의 적극성을 향상시켰고, 1960년대 소련의 원조를 얻어 건설하기 시작한 아스완[Aswan] 댐은 나일강의 간헐적 범람이라는 법칙을 바꾸었다. 대략 80%의 농경지가 홍수예방을 위한 관개로 편의를 얻게 되면서 농민들은 이 비옥한 천혜의 지역에서 더욱 번영할 수 있었다. 현재 인구가 지나치게 밀집될 정도로 발전해서 나일강 삼각주가 이집트 전체 인구의 94%를 차지하고 있다. 농업 생산량이 크게 증가하면서 이집트는 공업화와 도시화를 발전시킬 기회를 갖게 되었다. 그러나 가족계획 정책이 없었기 때문에 인구가 1950년대의 3배까지 증가했다. 물가에 거주지가 있는 읍내에서는 생활 쓰레기가 직접 강으로 쏟아졌다. 같은 강에서 사람과 가축을 위해 식수를 공급

---

228 이집트의 「비상사태법」의 규정에 따르면, 정부는 교통을 통제하고, 정세의 정상화를 방해하는 단체 활동을 금지할 권한을 갖는다. 또한 이와 관련하여 시민이 일정한 노동이나 재산을 제공하도록 유상으로 강제할 권한을 갖는다. 이 법률에 따라, 이집트의 법률 집행 당국은 사법적인 기소 없이 체포가 필요한 사람을 구금할 수 있다. 아울러 민사 범죄 혐의자도 군사법원으로 데려가 재판을 진행할 수 있다.

하고, 옷과 음식을 씻었다. 여기에 도처에서 볼 수 있는 건축 폐기물까지 더해져 오염 상태가 차마 눈 뜨고 볼 수 없는 지경이 되었다.

3. 토지개혁의 배경과 경과

이집트는 아랍권에서 공업화 정도가 비교적 높고 민족 자산계급이 상대적으로 일찍 형성된 국가에 속한다. 일찍이 19세기 초, 군사정권 치하에서 공업화를 시작했다. 19세기 상반기에 터키 오스만 제국이 쇠락한 기회를 빌려 중동으로 진출했고, 아시아와 아프리카에 걸친 아랍의 강국이 되었다. 뒤이어 영국, 프랑스 등 유럽의 주요 식민주의 열강의 간섭으로 신속하게 식민지로 변해갔다.

제1차 중동전쟁에서 패배한 이후, 나세르 대령이 패전한 군대 내부의 민족주의 성향을 이용해 민족독립을 위한 투쟁을 이끌었다. 1954년 이집트는 정식으로 독립했다. 반식민주의 투쟁을 통해 탄생한 대다수 민족국가들이 초기에 그러했듯이, 곧이어 이집트도 토지개혁을 시작했다. 이집트가 독립할 때의 인구는 2,500만에 불과했으나, 농업 자원이 극도로 부족했다. 경지가 국토면적의 4%에 불과했고, 그중 2/3는 나일강 삼각주의 평원에 집중되었다. 이러한 불균형한 경제지리적 조건은 응당 지역 차이와 빈부 격차를 가져오기 마련이다.

토지개혁 이전의 이집트는 다른 식민지 국가와 상황이 비슷했다. 넓은 옥답을 가진 대지주와 무토지 농민이 도처에 있었다. 일설에 따르면, 대지주 200여 가구가 소유한 토지가 이집트 농지의 무려 절반을 차지했었으며, 황실 귀족 중에서 가장 많게는 한 가구가 15,000헥타르의 토지를 소유하기도 했다(중국 중부 지역에서 인구 20만의 현이 가진 경지와 비슷하다).[229]

---

229 이 수치는 저자를 접대한 이집트 민간 연구기관 '아랍·아프리카 문제 연구센터(Arba&African Research Center)'의 책임자인 맘두(Mamdouh Habashi)의 구두 설명에서 나온 것이다.

이집트 독립 이후에 설립된 농업부 산하의 농업개혁서(Agriculture Refor-
mation)가 토지개혁을 추진했으며, 국가가 관련 법령을 공포했다. 주요한 규정
을 보면, 지주의 토지 소유가 200파단[feddan](1,260무)[230]을 넘지 못하도록 했
고, 동시에 100파단 미만의 토지만 자녀에게 상속하도록 허가했으며, 초과된
토지는 (2~5파단씩) 작게 나누어 10파단 미만의 토지를 소유하고 직접 경작을
하는 농민에게 팔도록 했다. 그러나 4촌 이내의 친족에게 팔 수 없도록 했고, 초
과된 부분은 정부가 전부 수용했다. 1961년 2차 「토지개혁법」의 규정은 지주가
100파단을 넘겨 소유하지 못하도록 했으며, 전체 일가의 소유는 200파단을 넘
지 못했다. 1969년 3차 「토지개혁법」의 규정은 지주가 50파단을 넘겨 소유하지
못하도록 했으며, 전체 일가는 100파단을 넘지 못했다(양하오청·장춘, 1997: 121-
125). 동시에 법정 최고 임대료가 원래 있던 토지세의 7배를 넘지 못하도록 했
으며, 소작 기간을 3년 미만으로 할 수 없었다.

정부가 토지를 구매하여 수용하는 방식은 토지의 매매·임대 관례에 따라,
지대는 토지세의 7배로 계산하고, 지가는 지대의 10배로 계산했다. 즉 지가는
토지세의 70배였다. 수용된 토지 위의 건축물, 농기계, 수목도 계산하여 보상했
다. 정부의 규정이 1949년 토지세를 표준으로 계산했기 때문에 1파단당 토지의
가격은 약 200이집트파운드였다. 정부는 이를 연이율 3%, 30년 만기의 국채로
결제했다.

정부는 수용한 토지를 작게 분할하여 수용 가격에 15%의 부가세를 더한
가격으로 팔았다. 각 토지의 면적은 토지의 질과 매입자의 수요에 따라 2~5파
단 사이였다. 매입자는 30년 동안 분기별로 모든 비용을 상환했고, 여기에 3%
의 이자가 추가되었다. 매입자는 판매나 재임대를 할 수 없었다. 동시에 토지개
혁 합작사에 필수적으로 가입해야 했다.

1958년 정부는 매입자가 지불해야 할 이자를 1.5%로 낮추고, 부가세도

---

230   1파단은 약 0.42헥타르이다.

10%로 낮췄으며, 상환 기간은 40년으로 연장했다. 1961년 매입자가 지불해야 할 지가에 대한 세금을 절반으로 감세하고, 1964년에는 1/4로 낮췄으며, 동시에 이자와 부가세를 전부 철폐했다(양하오청·장춘, 1997: 115-116). 그러나 이 기간 동안 식량, 면화 등의 농산품을 정부에 저가로 팔아야 했다. 정부가 농업에서 추출하여 축적을 진행하는 공업화 전략에 부응하기 위해서였다.

1950년대 정부는 면화와 밀의 수매를 시작했다. 1960년대 쌀, 양파, 땅콩, 감자, 참깨, 황마 등의 농작물로 수매가 확대되었다. 수매의 비율은 수확량과 토질에 따라 정해졌다. 과거 면화의 거래는 오래도록 개인이 통제했으나, 1961년 정부는 면화 거래시장을 철폐하고 국가의 전매를 실행했다. 합작 판매제를 확대하고 1965년까지 원면[原棉] 전부를 합작사가 대리 매입하도록 함으로써 주요한 수출 상품을 통제했다. 수매가는 정부가 결정했으며, 정부 가격은 시장 가격과 수출 가격보다 일반적으로 낮았다. 일정 기간 동안 수매와 대리 매입 제도는 수출과 도시를 위한 공급 보장, 투기적인 공매매 척결, 중간상의 과도한 수탈 축소, 자금 축적의 증가(1950년대 5~9%의 농업 소득이 축적에 사용되었다), 공업 발전의 가속화 등에 대하여 긍정적으로 작용했다(양하오청·장춘, 1997: 127-128).

3차 토지개혁에서 정부가 분배한 토지의 총합은 약 82만 파단으로 전국 경지 면적 656만 파단의 12.5%에 해당했다. 수혜자는 34만 가구, 약 170만 명으로 1970년 농촌 인구 1,880만 명의 9%에 달했으며, 1인당 평균 2.4파단의 토지를 획득했다. 지주 가구의 수는 현저히 감소하여 200파단 이상을 소유한 지주는 기본적으로 사라졌고, 소토지 소유자의 수가 뚜렷이 증가했다. 토지개혁 이전에는 전국 토지 소유자의 2%에 불과했던 5,000명의 지주가 151,400파단의 토지를 소유했었다. 이는 전국 경지 면적의 27%에 해당했으며, 1인당 평균 303파단이었다. 토지개혁 이후에는 5파단 이하를 소유한 농가가 증가했다. 이들이 경지의 총 면적에서 차지하는 비중은 35.4%에서 54.8%로 상승했고, 1인당 소유 면적도 0.8파단에서 1.3파단으로 증가했다.

이집트 학자들과의 토론을 통해 이집트의 토지개혁이 15년 동안 진행되면서 진전이 더뎌져 전국 300만여 농가 중 20%만이 토지를 획득했지만, 어쨌든 토지소유의 불평등을 크게 완화했다는 점을 알 수 있었다. 자경농의 수량과 비중의 증가는 사회의 상대적인 안정을 위한 필요조건이 되었다. 빈곤 농민은 작은 토지를 획득하면서 동시에 국가 공업화를 위해 저가로 농산품을 납부하는 책임을 지게 되었다. 이로써 이집트는 공·농산품 협상가격차를 통해 국가 공업화를 위한 원시적 축적을 추진할 기초 조건을 갖추었다.

저자가 촌에서 방문한 농가는 당시 지주가 내놓은 여분의 토지 중에서 1~2헥타르를 얻어 1헥타르당 250이집트파운드를 지불했다.[231] 이 농민이 속한 디키르니스는 토지개혁 당시 총 500여 가구의 빈곤 농가가 토지를 획득했으며, 현재 다시 200여 가구의 농가가 토지를 상실했다.

4. 정권 교체 이후의 토지권 분쟁

1969년 제3차 「토지개혁법」이 지주 일가의 토지 소유 면적을 더욱 낮췄다. 그러나 나세르가 죽자, 그가 집권했을 때 제정되었던 토지개혁 정책이 정권 교체로 인해 근본적으로 변화했다. 또 다른 군인 사다트 준장은 정권을 획득한 이후, 토지개혁과 관련된 법률을 개정했다. 사다트 정권은 동결되었던 지주의 토지 소유자로서의 권리를 승인했다. 1972년 국회가 토지가 압류된 지주에 대한 보상을 승인했고, 1974년 국가 최고법원이 나세르가 토지를 압류한 행위는 불법이라고 선포했다. 이어서 정부는 다음의 두 가지 방법으로 이 문제를 해결했다. ① 국가가 특별히 설립한 금융위원회가 토지가 압류된 지주에게 보상을 진행한다. ② 지주가 자신의 토지에 대해 완전한 재산권을 가지고 있음을 승인한다(Forte, 1978: 273-278).

231　2007년 1월 저자가 카이로에 도착했을 때, 달러와 이집트파운드의 환율은 1:5.7이었다.

1980년대에 들어서자 농민과 지주 간의 토지권 분쟁이 빈발했고, 1990년대 이후에는 더욱 격렬해졌다. 원인은 다음과 같다. 첫째, 나일강 삼각주에서 석유 자원이 발견되었다. 둘째, 이집트의 공업화와 도시화가 뚜렷이 빨라졌다. 셋째, 농촌 경제에서 산업화로 인한 대규모 경작과 대규모 목축업이 출현하면서 토지 집중에 대한 수요가 발생했다(도로변의 도처에서 드넓게 재배되는 오렌지 농장, 채소밭, 그리고 촌락의 삼층 건물에 들어선 양계장 등을 볼 수 있었다. 농촌에서 상품경제가 점차 발달하고 있음을 알 수 있다). 이러한 세 가지 요소가 공동으로 작용하여 디키르니스 일대 토지의 평균 지대는 4,000이집트파운드/헥타르까지 상승했다. 이는 700달러/헥타르에 상당한다. 저자의 조사를 수락했던 사람들 중에서 권익보호 활동을 하는 한 농민은 유정[油井] 회사가 매년 자신에게 1헥타르당 1만 이집트파운드의 지대를 지불한다고 말했다.

토지 가치가 상승하면서 토지를 강제로 양도당한 지주의 후손들이 법원을 통해 '법에 따라' 토지권을 회수하기 시작했다. 법원에 기소할 때, 그들은 아버지 세대가 자신들에게 남겨 주었던 토지개혁 이전의 토지권 증명 문서를 제출할 수 있었다. 반면에 농민 대다수가 소유한 토지는 토지개혁에 참가했던 아버지 세대로부터 계승되어 소송에 대응할 수 있는 법률 문서를 완전히 구비하지 못했다. 더구나 농민 대다수가 문맹이어서 문서가 있어도 이해하질 못했다.

1980년대 이후부터 제3세계 국가의 정부들이 서구의 이념에 따라 사유화를 핵심으로 삼고 체제 전환을 보편적으로 추진했다. 또한 과거 토지개혁을 책임졌던 농업개혁서는 지주의 토지 탈취를 돕는 관료기구가 되어버렸다. 더구나 부패한 관료들은 뇌물을 주지 않으면, 토지개혁 당시 획득했던 토지권 문서를 농민에게 제공하지 않았다. 이로 인해 법원은 '법에 따라' 농민이 토지를 돌려주어야 한다고 판결했다. 심지어는 해당 토지 위에 농민이 '불법적으로' 세운 건축물, 즉 농가 주택도 무상으로 돌려주어야 했다. 이는 엘리트 집단이 수정한 법률에 부합하는 것이었고 대규모 경영이라는 경제 법칙에도 부합했지만, 다수의 농민을 무토지·무주택·무직의 절대 빈곤인구로 만들어 버렸다.

최근 이집트 농촌에서는 농민과 지주 사이에 수많은 분쟁이 출현하고 있다. 심지어 천여 명의 무장 경찰이 지주에게 협조하여 토지 양도를 거절하는 농민들을 진압하는 사건이 발생하기도 했다. 관료들은 뇌물을 받고, 정부는 부패하고 무능하다. 사람들이 다치는 사건들도 셀 수 없이 많다. 이를 통해 농촌 토지권 분규가 확대되고 있으며, 또한 토지권 분규가 중앙집권적 통치에 대해 저항하여 나날이 번성하고 있는 도시 시민들의 투쟁과 결합하면서 더욱 대규모의 군중운동이 되고 있다는 점을 알 수 있다.

5. 분규가 발생했던 촌락과 농가 방문

디키르니스에서 저자와 함께 시골에 갔던 사람의 이름은 나스르(Nasr)였다. 농민의 권익보호를 돕는 자원활동가로서 본래 직업은 현지 중등학교의 영어교사였다. 그는 저자가 도착한 이후, 권익보호 활동을 하는 농민들을 만날 수 있도록 연결해줬을 뿐만 아니라, 마을에서 농민의 권익보호와 관련된 핵심 인물들도 소개해 주었다. 한 명은 농민의 토지권 소송을 돕는 50세의 중년 변호사 데이아(Deia Mahdy)였다. 다른 변호사들은 농민에게 6,000이집트파운드를 받지만, 그는 200이집트파운드만을 상징적으로 받았다. 다른 한 명은 자주 농촌으로 내려가 농민을 조직하여 권익보호와 무장경찰의 진압에 대한 저항을 돕는 68세의 퇴직자 마흐무드(Mahmoud Foda)였다. 이 사람은 한때 주 정부의 통계 부문에서 일했으며, 현재 지방의회 경선에 뛰어든 유명한 정치활동가이다.

첫 번째 인터뷰 대상자는 권익보호 활동을 했던 디키르니스의 45개 농가의 농민 중에서 유일하게 토지권 소송에서 승리한 농민, 하마디(Hamdy Abdel Hamed)였다. 빈농인 그는 집에 아버지 세대의 토지개혁으로 물려받은 2헥타르의 토지가 있었다. 형제들이 분가하지 않아 이 대가족은 25명이나 되었다! 가족을 부양하기 위해서는 이 토지를 상품화된 생산에 사용할 수 없었고, 주로 벼를

심을 수밖에 없었다. 겨울에는 개자리를 경작하여 목축하는 농가에 팔았다. 집에는 10마리의 오리, 5마리의 닭이 있었는데 가끔 별식으로 먹었다. 이외에 집안에서 대략 10명의 남녀가 자주 밖으로 나가 외지노동을 했다.

하마디에 따르면, 이 촌에서 과거의 지주는 이미 죽었고, 현재 토지를 탈취하려는 자는 지주의 아들이었다. 그는 카이로 시내에서 회사를 창업한 자본가였고, 친족 중에 현지 법관이 있었다. 지주의 아들은 토지개혁 이전의 토지권 증명 문서에 근거하여 법원에 기소를 했다. 본래 농민의 토지권을 증명해야 하는 농업개혁서의 관리는 법정 출석을 거부했다. 이에 따라 1990년, 하마디는 지주의 아들이 토지를 회수할 권리를 갖는다는 법원의 통지를 받았다. 전 가족이 이사를 해야 했고 무상으로 40여 년 동안 경작한 토지를 양도해야 했다. 이는 25명의 가족 전원이 살길이 없다는 의미였다. 따라서 그는 이집트 정부의 농업개혁서로 가서 도리를 따졌지만, 전혀 도움을 받지 못했다. 결국 변호사에게 지주에 대한 맞고소를 부탁할 수밖에 없었다.

소송은 16년이 걸렸고, 관련 문서를 쌓으면 1미터에 달했다. 이 늙은 빈농이 총 3만 이집트파운드를 쓰고 나서야, 법원은 본래 그의 소유였던 토지를 재심을 통해 돌려주었다. 그러나 이것도 최종적인 결과는 아니다. 그를 제외하고는 촌의 모든 농가들이 소송에 져서 그 다음 달에 경찰이 집행을 하러 올 것이기 때문이다. 소송에 패배한 농가 중 최소한 열 가구는 곧 법에 따라 이사를 해야 한다! 그가 이겨서 이사를 가지 않게 되자, 촌에서 다른 농민들도 저항에 대해 자신감을 갖게 되었다. 그러자 지주는 그에게 폭력을 사용해 토지를 탈취하겠다고 위협했다.

하마디는 지주와 경찰의 진압을 각오하고 있었다. 이미 3개월 전에 천여 명의 경찰이 와서 토지권을 지키려는 농민들을 내몰아 수십 명이 체포되었고, 현장에서 취재하던 프랑스 기자도 폭행을 당했다.

그의 말에 따르면, 그가 최종적으로 소송을 이기게 된 세 가지 조건은 다음과 같이 정리될 수 있다. 첫째, 토지가 본래 자신의 것이어야 한다. 토지개혁 과정에서 정부가 분배한 것이어야 할 뿐만 아니라, 당시 규정한 지가를 정부 보상을 통해 이미 지주에게 지불했어야 한다. 또한 헥타르당 4.5이집트파운드의 농업세를 매년 납부하고, 농민이 토지와 주택의 소유자 신분으로서 물과 전기 요금을 지불했어야 한다. 둘째, 그는 글을 알고 있었고 식견도 넓었으며, 이라크에 가서 2년 간 외지노동을 한 적도 있었다. 셋째, 능력껏 돈을 써서 변호사비를 지불하고 뇌물을 요구하는 정부 관료에게도 돈을 주어야 한다. 그는 직급이 다른 7명의 관료들에게 뇌물을 주었다고 말했다. 그중 현지의 하급 관료 3명은 각각 수천 이집트파운드를 받고서 합법적으로 토지를 소유했다는 증명 문서를 내주었다. 그는 또한 어떤 직급의 관료도 뇌물을 받을 수 있다며, 액수가 수천에서 수만 이집트파운드까지 다양하다고 말했다. 이번에 직급이 주 정부 이상인 관리들이 뇌물을 거절한 이유는 카이로에 거주하는 부재 지주가 관리들에게 더 많은 뇌물을 지불했기 때문이었다.

나중에 촌에 들어가 조사를 할 때, 나스르가 소송에 진 농민들에게 먼저 알려서 몇몇이 대표로 나왔다. 그중 아브도(Abdo Hamed)라는 농민의 농가를 방문했다.

아브도 가족은 겨우 2헥타르의 땅을 가지고 있었으며, 오래된 집은 부친으로부터 물려받은 것으로 수십 년 전 지주가 방치한 구식 3층 건물의 맞은편에 위치했다. 오래된 건물은 사람은 가고 빈집만 남아 심하게 무너졌지만, 촌의 낡아빠진 농가들을 군계일학처럼 내려다보고 있었다. 아브도의 집은 순수한 농가로서 부부와 네 아이가 있었으며, 생활이 매우 궁핍했다. 집안에는 나귀 한 마리와 닭 몇 마리 이외에는 다른 부업이 없었다.

생산과 경영 상황을 조목조목 물으면서 저자는 아브도의 가정이 전형적인 형태로서 인터뷰한 다른 농민들과 유사하다는 것을 알게 되었다. 이들은 경작과 목축을 겸업하는 거의 반자급자족의 소농으로서 대부분 문맹이거나 반문맹이었다. 지주가 소송을 하자 다들 문서 같은 것을 내놓지 못했으며, 법원과 경찰이 강제로 쫓아내려 한다면 필사적으로 싸울 수밖에 없다고 했다.

　　자원활동을 하는 변호사가 동행했기 때문에 농민들은 찾아낸 '법률 문서'를 앞다투어 손에 들고 나왔다. 변호사는 살펴본 이후에 그중에서 네 종류의 문서는 농민의 증거가 될 수 있다고 봤다. 첫째, 지주가 회수하려는 토지의 면적이 「토지개혁법」이 규정한 200헥타르보다 훨씬 큰 경우이다. 둘째, 관련 정부 부문이 당시 배포한 문서로서 농가가 스스로 지은 주택은 농민의 소유에 속한다는 내용이다. 셋째, 농민이 가구주의 신분으로서 장기간 정부에 물과 전기 요금을 납부했다는 영수증이다. 넷째, 1969년 나세르가 집권할 당시, 지주가 이미 금전적 보상을 받아 토지를 회수할 수 없다고 법원이 판결한 문서이다.

　　변호사는 모든 농가가 이 같은 문서를 제공할 수 있다면, 이미 패배한 소송도 승리할 희망이 있다고 말했다. 그러나 문제는 농민이 비싼 소송 비용을 지불할 수 없고, 정부의 관료주의와 법원·경찰 시스템의 탐욕과 부패에 대응할 힘이 없다는 데 있었다.

　　변호사가 설명한 후에 저자는 옆에 있는 몇몇 농민들에게 어떻게 할지를 물었다. 그들 대부분은 동시에 세상 누구나가 알 수 있는 손짓으로 '죽이겠다'는 표시를 했다. 이들과 가족들이 필사적이라는 점은 의심할 바가 없었다. 이들의 왁자지껄한 대답을 다 듣고 나스르는 요약하여 말했다. 농민이 과거에는 흩어진 모래였으나 지금은 그렇지 않다. 공동의 위협에 맞서 이미 조직화되었으며, 전혀 퇴로가 없기 때문에 모두 끝까지 항쟁하기로 결정했다는 것이다. 아브도의 처가 밖을 가리키며 자신의 팔을 올리면서 분노를 내뱉었는데, 나스르가 통역해 주었다. "토지를 잃게 되면, 나의 네 아이는 어떻게 사느냐!" 지난 번 경찰이 와서 농민을 쫓아내고 강제로 토지를 탈취했을 때, 그녀가 용감하게 경찰차 앞을 가로막자 경찰이 잡아당겨 팔에 상처를 입었다. 농민들은 다음에 경찰이 오면 그들 모두가 그렇게 하겠다고 말했다!

　　떠날 때에 이미 황혼이 붉었다. 촌 옆에 솟은 석유시추정의 불빛이 암담한 농지와 농가를 눈부시게 부각시켰다. 대형 불도저가 스핑크스처럼 새로 깔린 공사장 도로 위에 조용히 누워 있었다. 동행한 사람들은 비좁은 의자 위에 빽빽

이 앉아 말이 없었다. 젊은 운전기사가 음향을 끝까지 올린 포교 소리만이 모색 창연한 나일강 삼각주의 평야에 울려 퍼졌다.

6. 간단한 분석

모든 토지개혁은 국가권력이 개입하여 농촌 토지의 재산권을 형성하는 정치과 정일 뿐이다. 이 정치과정은 폭력적인 혁명일수도 있고 평화로운 개량일 수도 있다. 상이한 자원환경과 제도적 조건에 따른 역사적 선택이며, 역사에는 가정 이 존재하지 않는다. 1인당 소득이 약 400달러에 불과하고, 공업화 발전을 추진 하고 있는 개발도상국인 이집트를 보자. 반드시 완성해야 하는 자본의 원시적 축적이 토지자원의 자본화와 심각하게 충돌하고 있다! 국토 면적의 4%에 불과 한 이 토지자원에 최대의 취약집단인 농민이 생존을 의존하고 있다. 어떤 이념 을 표명하든 자본이 주도적 지위를 차지하는 사회에서는 국가의 안정과 밀접히 관련된 농촌 토지제도를 어떻게 처리할 것인가의 문제가 후발 국가의 공업화가 직면하게 되는 진퇴양난의 영원한 딜레마이다.

카이로의 죽음의 도시에 출현한 대형 빈민굴과 산업자본이 향촌사회에 진 입하면서 촉발된 토지권 분쟁은 개발도상국이라면 반드시 참고해야 할 문제이 다. 특히 중국의 학자들이 진지하게 연구할 가치가 있다.

더욱 연구할 가치가 있는 세 가지 문제를 정리해 보자.

첫째, 이집트에서는 수십 년 전의 '평화로운 토지개혁'이 15년간 지체되고 철저하게 진행되지 못했으며, 1970년대 이후부터 상부구조와 이데올로기 영역 이 민족국가가 글로벌 자본화를 뒤쫓는 데 유리해졌다. 이러한 중대한 변화가 지주 후손들이 합법적으로 토지개혁에 반대하여 승리하게 된 거시적 조건이 되 었다.

둘째, 농촌을 떠나 토지 계약을 보류한 지주 후손들과 그들의 아버지 세대는 다르다. 촌의 지주가 향토문화를 보존해야만 했던 것과 같은, 과거의 내재적 제약이 이들에게는 전혀 없다. 이들의 반격은 전혀 사정을 봐주지 않는다. 또한 부재 지주는 대규모로 토지를 수용해야만, 저비용으로 산업자본과 거래하여 토지자원의 자본화에 따른 수익을 얻을 수 있다. 이러한 합법적인 '계약관계'로 형성된 거래는 시장경제 제도가 농촌에서 추진될 때 나타나는 필연적 결과이다.

셋째, 소농경제는 고도로 분산되어 있고, 농촌의 제도와 조직은 거의 공백 상태이며, 정부의 농민에 대한 공공 서비스는 유명무실하다. 그러한 상황이 부재 지주와 외부의 산업자본 간에 합법적인 계약관계를 재구성할 수 있는 유리한 조건이 되었다. 그러나 이는 필연적으로 분산된 농민이 수용할 수 없는 제도비용의 문제를 발생시켰다. 이번 조사에서 가장 참고할 만한 가치가 있는 내용은 다음과 같다. 농촌에서 미시적인 재산권 제도의 변천으로 산업자본과 지주 소유권이 결합됨으로써 소수의 사람들이 토지자원의 자본화 과정에서 더 많은 수익을 얻을 수 있게 되었다. 그러나 이로 인한 부정적 외부효과는 사회적 충돌을 초래하고, 심지어 무토지 농민들이 이판사판으로 나서도록 만들었다. 이 거대한 부정적 외부효과가 기본적인 민주혁명조차 완성하지 못했었으나, 소련이 아랍 세계에서 사회주의의 등불이라고 여겼었던 오래된 국가에 출현한 것이다.

요컨대 도농 이원구조와 복잡한 체제상의 문제들이 함께 뒤섞이면서 농민에 대한 법적 권익보호가 실패하였고, 이에 따라 부득이하게 육체적으로 국가폭력에 대항할 수밖에 없는 비극이 발생했다.

어떤 개발도상국이라도 여전히 전근대 상태인 도농 이원구조의 사회를 대상으로 단계 구분도 없이 단순하게 포스트모던한 서구의 법률과 사회제도를 따라 규범화를 진행한다면, 이러한 교조주의적인 답습과 무질서하고 혼란한 결과를 통해 연출된 현대화는 맹목적인 모방자가 터무니없이 서투르게 꾸며낸 희극이 될 뿐이다.

중국은 대형 개발도상국 중에서 유일하게 서구 식민주의가 완전히 점령하지 못했던 국가이다. 또한 세 차례의 토지혁명전쟁을 통해 민주혁명의 핵심 임무인 균등한 토지권 분배를 완성한 유일한 국가이다. 그러나 현재 중국 농촌의 적대적 충돌 중에서 농민의 토지에 대한 권익보호와 관련된 사건이 몇 년간 절대적인 비중을 차지하고 있다. 어찌됐든 우리는 농민이 토지에 대한 권익보호에 실패하도록 내버려 둘 수 없다는 점을 모든 중국인들이 알게 되길 바란다.

국가자본이든, 민간자본이든, 중국 국경 내의 외래자본이든 간에 모든 자본은 구민주주의 혁명 초기에 제기된 바 있는 '자본 절제[節制資本]'와 이것의 효과적인 운영에 의해 제약되어야 한다.[8] 그래야만 비로소 중국공산당이 강조하는 인본주의[以人爲本]와 지속가능한 발전 전략이 관철될 수 있는 기본적인 제도 조건이 갖추어질 것이다.

(2007년 1월 15일 나일강 강변에서 초고를 쓰고, 2007년 1월 20일 동아프리카 초원에서 원고를 완성했다.)

추가 설명

읽기 전에, 서론 추가 설명

1 중국에서 '부문(部門)'은 사전적으로 '일부'나 '부분'을 의미하지만, 정치적 의미로는
  정부와 당 조직의 일부를 의미하기도 한다. 이 경우에는 정부의 '부처', '부서'로 번
  역하는 것이 가장 가깝지만, '부문'은 단순히 물리적인 조직의 일부만이 아니라 당·
  정 조직들이 각자의 이해관계를 갖는다는 점을 드러내는 용어이다. 본 저서에서도
  정치적, 행정적 의미로 사용할 경우에는 대부분 이러한 의미를 담고 있기 때문에 이
  를 '부문'이라는 한자를 그대로 사용하여 번역하였다. 이와 관련해서 추가로 본문의
  385~393쪽, 특히 388쪽의 주석 [189]를 참조

2 '생존 소농', '합리적 소농'의 개념과 저자 원톄쥔의 이에 대한 입장은 본문의
  284~286, 316~319, 324~325쪽을 참조.

3 세 차례의 토지혁명전쟁은 20세기 전반기 중국에서 발생한 내전을 의미한다. 1차
  는 1924~1927년 국민당과 공산당이 함께 북방의 군벌에 대항한 것이고, 두 번째는
  1927~1937년까지 국민당과 공산당이 대립한 것이다. 1937년 중일 전쟁으로 2차
  국공합작이 시작되면서 중단된 내전은 1945년 다시 전면화되어 1949년 공산당의
  승리로 종결되었다. 중국공산당은 공식적으로 두 번째만 '토지혁명전쟁'으로 부르지
  만, 원톄쥔은 세 내전을 모두 토지혁명전쟁으로 본다.

4 단순 재생산[simple reproduction]은 마르크스주의 경제학의 개념으로 잉여가치가 모두 소비되어 자본축적이 발생하지 않고 동일 규모의 생산과정이 단순히 반복되는 것을 말한다. 확대 재생산은 이와 반대로 잉여가 추가적인 자본의 구입에 사용되어 자본축적이 발생하는 것이다.

5 '피동적 여가'에 대해서는 본문의 17장, 특히 287~290쪽을 참조.

6 주인-대리인 관계에 대해서는 본문의 371~372쪽을 참조.

7 한국에서 '양식[養殖]'은 어패류를 인공적으로 기르는 것을 의미하지만 중국어에서는 목축까지 포함하며, 본 저서에서는 대부분 목축을 의미한다.

8 논어 공야장편에서 공자가 제자 재여가 낮잠을 자자 한탄했다는 내용에서 인용한 것이다. 전체 문장은 '썩은 나무에 조각할 수가 없고 거름흙으로 만든 벽은 손질할 수가 없다[朽木不可雕也糞土之墻不可杇]'이다.

9 여기서 '남방'은 주로 북쪽에 위치한 선진국과 주로 남쪽에 위치한 저개발국 사이의 발전 및 소득 격차에서 발생하는 글로벌 차원의 '남북문제[North-South problems]'에서 나온 말이다. 이로 인해 문맥에 맞게 '저개발'로 번역하였다.

10 '기본건설[基本建設]'은 현재 중국에서 자주 오용되거나 남용되고 있다. 고정자산과 다를 바 없이 사용되거나 간혹 '기초건설[基礎建設]', 즉 인프라와 혼동되는 경우도 있다. 그러나 기본건설은 소련의 계획경제 용어를 차용한 것으로 고정자산[固定資産]과 유사하나 분명한 차이가 있는 엄격한 개념이었다. 중국은 1952년부터 기본건설을 계획경제의 주요한 용어로 사용하기 시작했는데, 공식적으로는 다음과 같이 정의된다. '사회주의 국민경제의 각 부문 중에서 고정자산의 재생산을 의미한다. 예를 들어 공장·갱도·철로·교량·수리시설·상점·주택·병원·학교 등의 건설과 기계설비·차량·선박 등의 구입을 의미한다.' 주로 국가와 집단이 소유하는 유형자산만을 의미하며, 개인 소유와 각종 권리·면허 등의 무형자산도 포함되는 고정자산보다 좁은 개념임을 알 수 있다. 기본건설은 생산성 투자와 비생산성 투자로 구분되었다. 생산성 투자의 대상은 직접적인 생산과 관련된 것으로 공장·광

산·발전소·저수지·철로·도로·교량·창고 등을 포함한다. 비생산성 투자의 대상은 생산보다는 주민의 생활과 관련된 주택·학교·병원·체육관·극장·사무실 등이다. 개혁·개방 이후에 사회주의식 경제 용어와 통계 방식을 변경하면서 국가통계국이 1980년 '기본건설' 개념 대신 더 보편적인 '고정자산'을 사용한다는 방침을 결정했다. 그러나 기본건설은 여전히 자주 쓰인다.

1964년 결정되어 1965년부터 본격적으로 시행된 '삼선[三線] 건설'은 미국과 함께 소련의 위협이 가중되자, 두 국가의 폭격과 핵무기로부터 안전한 내륙 지역으로 산업 시설을 이전한 것이다. 1선은 경제가 발달했으나 전쟁 발발시에 최전선이 될 수밖에 없는 연해지역이었으며, 3선은 방어에 유리한 내륙으로 중국의 서남·서북 지역이었다. 2선은 1선과 3선의 사이였다.

11 중국의 개혁은 농촌에서 시작되었다. 핵심은 농가의 개별 생산을 금지하던 인민공사의 집단 영농 체제를 농가가 생산하는 체제로 변경하는 것이었다. 그러나 농지의 집단소유는 유지되어야 했다. 따라서 농민이 집체로부터 토지를 빌려 생산하는 '도급[承包]'일 수밖에 없었다. 개혁 과정에서 농가가 생산하고 집체가 분배하는 호별 도급[包産到戶], 농가가 생산과 분배를 책임지는 호별영농[包幹到戶] 등 다양한 방식이 출현했다. 1982년 중국은 「전국 농촌 공작회의 기요[全國農村工作會議紀要]」를 이른바 '중앙 1호' 문건으로 하달하여 이러한 방식을 공식 승인했다. 1993년 헌법 수정에 추가된 '농가생산연계도급'은 집체의 소유를 유지하면서 농가가 생산하는 기초 원리를 나타내며, 1999년 헌법 수정에 포함된 문구인 '통분결합[統分結合]'은 농촌 집체경제의 주체가 집체와 농가임을 의미한다. 집체의 통일된 경영[統]과 농가의 도급 경영[分]이 결합된 이중경영체제[雙層經營體制]라는 것이다. 이는 현재까지 헌법에 명시된 중국 농촌 경제의 기본 원리이다. 추가로 113~114, 253~254쪽을 참조

12 중국에서 '사업부문[事業部門]'은 병원, 학교, 사회단체 등 영리를 추구하지 않는 영역을 의미한다. 이와 대비하여 공산당이나 정부에 속하는 부문은 '기관[機關]'으로 불린다. 여기서는 특정한 영역을 의미한다기보다 간부들이 영리를 추구하지 않아야 한다는 의미로 사용되었다.

13 '조대방소[抓大放小]'는 군수산업, 석유, 항공, 원자력 등과 같이 정치·경제적으로
    크고 중요한 기업은 국유기업으로 유지하고 작고 덜 중요한 기업은 사유로 전환하
    거나 민간자본의 참여를 허가하는 개혁 조치를 말한다.

14 '정치풍파'는 1989년 6월의 톈안먼[天安門] 사건을 말한다. 중국에서 공식적으로
    '톈안먼 사건'은 1989년의 사건이 아니라 1976년 저우언라이[周恩來] 총리의 사망
    직후 발생한, 문화대혁명의 수괴인 사인방에 대한 반대 시위를 지칭한다. 현재 공
    산당 통치의 정당성을 뒷받침하는 역사적 사건이기 때문에 이는 '톈안먼 사건'으로
    지칭할 수 있지만, 1989년 톈안먼 사건에 대해서는 공식적인 언급이 금지된 상황
    이다. 이로 인해 1989년의 톈안먼 사건에 대해서는 '정치풍파'라는 우회적인 표현
    이 사실상 공식화되었다.

15 '저열한 근성[劣根性]'은 루쉰[魯迅] 등 중국 근대의 주요 인물들이 중국인의 잘못된
    특성을 비판하면서 나온 단어이다. 이 표현은 계급에 대한 이념적 표현으로 확장되
    었다. 예를 들어 민족 자산계급은 민족 독립과 계급 해방에서 일정한 역할을 할 수
    있지만, 계급적으로 이중적일 수밖에 없으며 근본적인 한계를 갖는다는 것이다.

16 일본이 2차 대전에서 패배하여 1945년 항일전쟁이 끝나고 본격적으로 공산당과
    국민당의 내전이 시작되었다. 공산당의 연합정부 수립 주장에 여론이 동조하면서
    1946년 국민당 정부가 있는 충칭에서 정치협상회의가 개최되었다. 마오쩌둥도 충
    칭으로 가서 장제스와 만나고 담판에 참여했다. '제3방면(第三方面)'은 이 회의에 참
    여한 인사 중 공산당과 국민당이 아닌 민주동맹, 청년당, 무당파 인사들을 말한다.
    당시 민주동맹 비서장이었던 량수밍도 '제3방면' 인사로서 정치협상회의에 참여했
    다. 원톄쥔이 '제3방면'이 아니라 '제3방'이라는 용어를 사용한 것은 공식적인 용어
    에 대한 오기일 수도 있다. 그러나 다른 글이나 인터뷰에서 원톄쥔은 이데올로기는
    다르지만 동일하게 현대성을 추구했던 자본주의와 사회주의가 아닌, 제3의 대안을
    추구한다는 의미로 '제3방'을 종종 사용했다. 따라서 현대성을 지속적으로 비판했
    던 량수밍에 대해 서술하면서 '제3방'이라는 단어를 이중적인 의미로 사용한 것이
    라고 볼 수 있다.

17 중국은 1949년 중화인민공화국 건국 이후를 '신중국[新中國]'이라고 호칭한다. '신시기[新時期]'는 1978년 12월 중국공산당 제11기 중앙위원회 제3차 전체회의(11기 3중전회)를 거쳐 공식적으로 개혁·개방이 시작된 이후를 말한다. 최근에는 2012년 11월 18차 당대회를 통해 시진핑이 집권한 이후를 '신시대[新時代]'로 부르고 있다. 중국은 공식적으로 신중국을 수립하면서 중국이 일어섰고[站起來], 신시기에 부유해졌으며[富起來], 신시대에는 강해지는[強起來] 도약을 맞이하고 있다는 내용으로 시대적 사명을 구분한다. 본 저서에 자주 등장하는 '신중국', '신시기'는 이처럼 공식화된 의미를 담고 있어서 그대로 번역하였다.

제1부 추가 설명

1 중국의 행정구획을 간단하게 정리하면, 위로부터 아래로 중앙[中央], 성급[省級], 지급[地級], 현급[縣級], 향급[鄕級]으로 구성되어 있다. 촌[村]은 향급 아래의 농촌 행정단위로서 공식적으로는 정부의 행정조직이 아닌 자치조직이지만, 실질적으로는 향급 공산당위원회와 정부의 통제를 받는다. 진[鎭]은 향급에 속하지만 향보다 조금 더 번화한 우리의 '읍내'와 비슷한 개념이다. 주의할 점은 시[市]와 구[區]는 행정구획의 확정된 급을 의미하지 않으며, 따라서 성급부터 현급까지 다양한 서열을 갖는다. '삼치'는 여기서 촌, 향, 현 등 세 가지 하급 행정단위의 거버넌스를 의미한다.

2 '종[條]'은 중앙부터 지방까지 수직적인 체계를 의미하며, '횡[塊]'은 해당 지방의 수평적 체계를 의미한다. 예를 들어 A라는 지역의 농업 부문은 중앙의 농업 부문으로부터 수직적으로 내려오는 명령과 정책은 물론, A라는 지역에서 당서기와 정부 수장 등이 수평적으로 지시하는 명령과 정책도 따라야 한다. 부문별·시기별로 실제 운용은 상이하지만, 종적·횡적 체계는 정책의 결정과 집행에서 상당한 복잡성을 야기하고 때로는 갈등과 충돌을 일으킨다. 이들은 글자를 반복하여 '條條', '塊塊'로도 쓰인다.

3 '대포간[大包幹]'은 일괄적으로 계약한다는 의미이므로 '일괄도급'으로 번역하였다. 1970년대 말, 농촌개혁 당시 대포간은 좁은 의미로는 농가가 아니라 작업조가 생산대와 생산량 납부 계약을 체결한다는 뜻이었다. 농가가 단위인 호별도급, 호별영농과 달리 작업조가 주체였으므로 '조별영농[包幹到組]'의 방식이다. 현재 대포간은 좁은 역사적 의미가 아니라 호별도급, 호별영농까지 포함하여 개혁 이후의 도급제 전체를 의미하기도 한다. 본 저서도 113쪽에서 보듯이 대포간, 즉 일괄도급을 이러한 포괄적 용법으로 사용한다.

4 유물론적 변증법의 '대립물의 통일'을 의미한다.

5 일괄 수매·분배[統購統銷]는 계획경제 시기 정부가 농산품을 비롯한 생산물을 정해진 가격으로 모두 강제수매한 이후에 다시 분배한 것이다. 일괄 수입·지출[統收統支]은 지방정부의 재정을 일단 중앙정부가 모두 수합하여 다시 지방으로 재분배한 단일 재정 체제를 의미한다.

6 '상산하향[上山下鄕]', 줄여서 '하향[下鄕]'은 도시의 학생이나 지식인이 농촌으로 간다는 의미이다. 그 기원은 근대적 계몽운동의 목적에서 시작된 1919년의 5.4운동까지 거슬러 올라갈 수 있다. 신중국 성립 이후에는 도시의 실업 해소, 농촌 개발, 학생과 지식인에 대한 이념 교육 등 다양한 목적에서 실행되었다. 대상은 흔히 '지식청년[知靑]', 즉 학력이 높은 청년층이었다. 본문의 185, 210~211쪽을 참조

7 '휴양생식[休養生息]'은 중국 한나라 시기부터 유래한다. 한나라 건국 이후, 유방[劉邦]은 전란으로 피폐해진 상황을 극복하기 위해 백성의 조세 부담을 줄이고 병사들을 농촌으로 돌려보내 생산과 인구를 증가시켰다. 이후 '휴양생식'은 전쟁과 같은 급격한 변화 뒤에 국민의 부담을 줄이고 안정을 도모하는 정책을 뜻하는 관용구가 되었다. 중국은 1949년 중화인민공화국 수립 직후의 정책 방향에서도 '휴양생식'이라는 용어를 사용한 바 있다.

8 '중앙 1호 문건'은 공산당 중앙위원회와 국무원 공동명의로 매년 첫 번째 하달하는 문건이다. 따라서 중국이 가장 중시하는 정책이 무엇인지를 상징적으로 보여준다.

중국은 개혁·개방 초기, 1982년부터 1986년까지 농촌개혁과 관련하여 이른바 '5개의 중앙 1호 문건'을 하달했다. 다시 2004년 이후부터 매년 삼농 문제와 관련된 1호 문건이 하달되면서 현재 '중앙 1호 문건'은 사실상 삼농 관련 문건만을 의미하게 되었다.

9   향진기업에 관해서는 529쪽의 제2부 추가 설명 [16]과 본문의 349~351쪽을 참조

10   '세비[稅費]'는 간단히 세금이라고 이해해도 되지만, 사실 농업세처럼 공식적인 세무기관에 납부하는 조세와 촌과 지방정부가 징수하는 준조세인 비용[費用]을 합친 단어이다. 촌과 지방정부는 부족한 재정을 메꾸기 위해 출산, 결혼 등에서 발생하는 기본적인 행정절차에도 높은 비용을 요구하고 교육, 수리시설, 도로건설 등을 위해 분담금을 강제하고 각종 명목으로 벌금을 물렸다. 재정이 부족했던 중앙정부는 이러한 지방의 준조세 징수[收費]를 용인할 수밖에 없었으며, 이는 공식적인 조세와 함께 농민들의 부담이 되었다.

11   개혁·개방 이후 재정분권화로 중앙정부가 차지하는 국가재정의 비중이 크게 축소되고 전체 국가재정이 GDP에서 차지하는 비중도 줄었다. 중앙정부의 재정능력이 약화되어 인플레이션 같은 거시경제적 위기에 대응할 수 없었다. 지방정부들은 협소한 지방의 이익과 세수 증대에만 매달렸으며 지나친 상호경쟁으로 오히려 시장질서가 왜곡되고 중복투자가 증가했다. 1994년 분세제[分稅制] 시행은 이를 해결하기 위해 단행된 재정 개혁이었다. 분세제는 글자 그대로 중앙정부와 지방정부 간의 조세 수입을 구분하는 것이다. 중앙세, 지방세, 중앙과 지방이 공유하는 공유세로 조세를 나누고 중앙정부의 몫과 재정 권한을 크게 증가시켰다. 추가로 137~138, 196쪽을 참조

12   '내권화'는 영문 'involution'을 중국어로 번역한 용어이다. 현재 사용되는 'involution'의 개념은 인류학자 클리퍼드 기어츠[Clifford Geertz]로부터 유래한다. 기어츠는 인도네시아 자바섬에서 규모가 작은 수도작 농업이 식민화와 근대화로 인한 엄청난 인구증가 압력에도 불구하고 근본적인 변화가 없이 '노동 중독'이라고 부를 수 있을 만큼 강력한 노동집약화로 단위면적당 생산량을 증가시키면서 생활수준

을 조금씩 향상시키고 있다는 점을 발견했다. 한정된 토지에서 생산량을 늘리기 위해 토지에 대한 기술이 갈수록 복잡화, 정교화되었다. 사회적, 문화적 체계도 마찬가지로 복잡화, 정교화된다. 외부의 변화에 대응하여 기존의 기술, 제도와 관행을 복잡하고 정교하게 만들어 대응하는 것이다. 이에 따라 근본적인 전환인 '혁명[revolution]'과 반대로 체계가 안으로만 밀려들어가 새로운 가능성을 상실한 채 퇴행, 퇴화하면서 빈곤을 공유하는 결과가 되어버렸다. 농촌 사회를 변화시킬 계급 분화도 발생하지 않았다. 'involution'은 이처럼 자본주의 등의 외부 변화에 대하여 고유한 사회적, 문화적 유형을 내적으로 복잡하고 정교하게 만들어 유지시키면서 근본적인 전환과 변화가 일어나지 않는 것을 의미한다. 농업경제학적으로 말하면, 산출량과 토지의 단위면적당 생산량은 증가하지만 노동력의 1인당 생산량은 감소하여 사실상 질적 성장이 없는 상태이다. 대표적으로 황쫑즈[黃宗智, Philip C. Huang]가 이 개념을 중국 농업에 대한 분석에 활용했다. 또한 두아라[Prasenjit Duara]는 이를 공식적·비공식적 권력, 중앙과 지방의 권력을 설명하는 정치적 개념으로 차용했다. 공식적 구조가 기존의 비공식적 구조와 동시에 성장하면서 공식적 제도인 국가는 비공식적 구조에 의존하여 기능하게 된다. 결국에는 비공식적 집단이 통제불가능한 지방 권력이 되면서 전통적으로 유지되던 지방 거버넌스조차 붕괴한다. 이처럼 복잡한 내용을 포함하고 있어 'involution'은 퇴행, 퇴보, 내향적 정교화 등 다양하게 번역되었다. 여기서는 중국어 번역을 살려 '내권', '내권화'로 번역한다. 이에 대해서는 Geertz(1963: 80-82), Duara(1988: 74-75), 황쫑즈(2016: 17)를 참조

13 상방[上訪]은 신방[信訪]의 형태 중 하나이다. 신방은 시민, 법인 등이 서신, 전화, 방문을 통해 각급 정부나 기관에 민원이나 의견을 제출하는 것을 지칭한다. 상방은 신방 중에서 정부나 관련 기관을 직접 방문하는 것을 의미한다.

14 '세비'와 관련하여 설명했듯이 농민부담에는 공식적인 조세 부담과 함께 촌과 지방 정부가 각종 명목으로 걷는 비용이 포함되었다. 중국은 농민부담의 문제를 해결하기 위해 2001년 세비개혁[稅費改革]을 시작해 각종 비용 징수를 없애거나 공식적인 조세로 전환했다. 이러한 개혁 이후를 '후세비시대[後稅費時代]'라고 일컫는다. 따라서 이와 반대되는 '세비시대'는 세비개혁 이전을 의미한다. 또한 2006년 공식적인

조세인 농업세를 완전히 폐지하여 '후농업세시대[後農業稅時代]'라는 용어가 생겼다. 본문의 '후농업세비시대'는 일반적으로 사용되지 않는 용어로 세비개혁과 농업세 폐지라는 두 변화를 모두 포괄하기 위해 사용한 것이다.

15 '반포[反哺]'는 까마귀가 늙은 어미에게 먹이를 물어다준다는 의미로 부모의 은덕에 보답한다는 뜻이다. '두 개의 반포'는 개혁 시기 농업이 공업을 위해 희생하고 농촌 이 도시를 위해 희생하였으니 이제는 공업과 도시가 농업과 농촌에 보답해야 한다 는 의미이다.

16 '農轉非'는 본래 중국의 호구(戶口) 제도와 관련하여 농업호구에서 비농업 호구로 전환하는 것을 의미한다. 그러나 토지와 관련해서는 농지의 비농지로의 전환을 의 미하며, 본 저서에서는 이러한 의미로 사용되고 있다. 중국의 토지는 기본적으로 도시는 국가소유, 농촌은 집단소유이다. 국가와 집체 간 소유 주체의 변동이 있을 수는 있으나 토지의 양도, 매매는 사용권을 대상으로 한다. '출양[出讓]'은 소유자인 국가가 사용권을 이전하고 사용 금액인 출양금을 받는 것이다. '전양[轉讓]'은 출양 을 통해 획득된 사용권을 다시 양도하는 것을 의미한다. 소유권이 아닌 사용권이 지만, 일반적인 토지의 매매라고 생각하면 쉽다. 이런 이유로 '출양'은 '양도'로, '전 양'은 '재양도'로 번역했다. '전양'은 때로는 '출양'까지 포함하여 포괄적으로 사용 되기도 한다. 또한 중국에서 집단소유인 토지는 출양이 불가능하다. 따라서 집체가 소유한 토지는 국유 토지로 전환을 한 이후에 출양해야 한다. 경지를 포함한 농촌 토지는 집체의 소유이므로 비농지로 전환되어 매매되기 위해서는 이러한 복잡한 과정을 거쳐야 한다.

17 부유하지는 않더라도 기본 의식주에 대한 걱정이 없고 평화로운 삶을 누린다는 의 미의 '소강[小康]'은 덩샤오핑이 1980년대에 제기한 3단계 발전[三步走發展] 전략에 서 유래한다. 더 멀리는 중국 고대의 고전 『예기[禮記]』로부터 비롯되었다. 덩샤오 핑은 1990년까지 국민경제를 두 배 증가시켜 인민들의 기본적인 먹고사는 문제인 '온포[溫飽]'를 달성하고, 20세기 말까지 다시 두 배를 증가시켜 인민의 생활수준을 '소강' 수준으로 제고하고, 21세기 중반에는 중등국가 수준으로 발전한다는 목표를

제시했었다.

18 여기서 언급된 문건은 「중공 중앙의 농업·농촌 업무에서 약간의 중대한 문제에 대한 결정(中共中央關於農業和農村工作若幹重大問題的決定)」이다. 이 문건은 집체의 통일된 경영[統]과 농가의 도급 경영[分]이 결합된 통분결합의 이중경영체제를 중국 농촌의 기본 경제제도로 천명했으며, 이는 다음해인 1999년 헌법 수정에 그대로 반영되었다.

19 '살아있는 노동'은 마르크스주의 경제학의 개념으로 상품이나 자본이 되어 '죽은 노동' 또는 '물화된 노동'으로 변화되지 않은 노동을 의미한다. 노동 과정에서 구체적으로 소비되는 체력, 지력, 에너지를 나타낸다. 또한 단순 재생산은 동일 규모의 생산수준이 반복되는 것으로 자본축적이 발생하는 확대 재생산과 대비된다. 간단히 말해 여기서는 살아있는 노동과 단순 재생산 개념을 통해 한 명의 살아있는 인간으로서 농민이 삶을 유지해야 한다는 점을 서술했다.

20 점원 오염[point source pollution]은 오염물질이 배출되는 장소나 단일하게 특정되는 오염의 원천을 의미한다. 이와 반대인 비점원 오염[nonpoint source pollution]은 점원에 의해 오염된 지역 또는 다양하고 분산된 원천으로 오염되어 특정하기 어려운 오염을 지칭한다.

21 '집체로의 토지 집중과 임대[反租倒包]'는 농민에게 도급된 토지를 촌민위원회 등의 집체가 임대를 통해 대규모로 집중시킨 다음에 이를 다시 농업 기업가나 개발업자에게 임대하는 것이다. 또한 '임대 토지의 재도급[承租返包]'은 이렇게 집체로부터 임대되어 대규모 경영이 가능해진 토지가 다시 농민에게 임대되는 것이다. 이를 통해 토지의 규모화와 대규모 경영이 가능하게 된다.

22 절대지대[絕對地代, absolute rent]는 마르크스가 『자본론』에서 리카도[David Ricardo]의 차액지대[差額地代, differential rent] 개념을 비판하면서 제시한 것이다. 리카도는 토지의 비옥한 정도에 따라 생산비의 차이가 발생하며 이로 인한 차액에서 지대가 생성된다고 설명했다. 그러나 마르크스는 자본주의 사회에서 토지가 척박하거나

산출할 수 있는 것이 없다고 하더라도 토지 소유자가 공짜로 토지를 빌려줄 리가 없으며 모든 토지에 대하여 지대를 징수한다고 주장하면서 절대지대의 개념을 제시했다. 따라서 절대지대는 토지를 소유하기만 해도 발생하는 지대이며 절대지대조차 산출하지 못한다는 것은 토지의 생산력이 매우 낮다는 의미이다.

23   중국 농촌에서 '두 위원회[兩委]'는 공산당의 촌지부 위원회와 촌민이 선거로 뽑는 주임(촌장)을 수장으로 하는 촌민위원회를 지칭한다. '두 위원회의 모순'은 선출된 권력인 촌민위원회 주임과 공산당이 위임한 권력인 촌지부의 당서기 사이의 갈등과 충돌을 의미한다. 이런 이유로 최근 중국공산당은 촌지부의 당서기가 촌민위원회 선거에 적극 나서서 두 직위를 겸직하고 당·정을 융합하도록 고무하고 있다. '선거로 인한 충돌'은 촌민위원회 선거로 인한 촌 내부의 갈등을 의미한다. 별다른 이권이 없는 지역에서는 촌민위원회 선거에 나서는 후보가 거의 없는 경우도 있지만, 토지 등을 둘러싼 이권이 존재하는 지역에서는 자원 할당과 관련된 권력을 쟁취하기 위해 선거를 둘러싼 경쟁과 암투가 치열하다.

24   현재 성진화[城鎭化]는 도시화[城市化]와 의미의 차이가 거의 없다. 최근에는 오히려 성진화가 더 자주 공식적인 용어로 사용되고 있다. 일반적인 도시화와 구별한다면, 우리의 읍내와 비슷한 '진[鎭]'이라는 글자에서 알 수 있듯이 대도시뿐만 아니라 중소 도시를 포괄하고 대도시 중심의 도시화보다 소규모 도시화, 농촌에서의 현지 도시화를 강조하는 개념이다. 또한 기존 도시화의 양적 측면과 더불어 삶의 질과 같은 질적 측면을 부각시키려는 의도도 있다. 본 저서에서는 '성진화'가 일반적인 도시화를 의미할 경우에는 '도시화'로 번역하고 두 용어의 차이점이 강조될 경우에만 이를 드러내기 위해 글자 그대로 '성진화'로 번역하였다. 추가로 본문의 24장을 참조

25   '증량'은 질적 변화가 없는 양적 개선을 의미한다. 이에 대한 자세한 설명은 533쪽의 제3부 추가 설명 [1]을 참조

26   여기서 가처분재정능력은 기층 조직이 실제 자신의 뜻대로 운용할 수 있는 재정을 말한다. 과거에는 중앙이나 상급 정부의 재정이전으로 전달되는 공식 예산이 충분하지 못해도 자금 모집, 비용 청구 등 다양한 수단을 통해 농민으로부터 수취가 가

능했다. 그러나 세비개혁으로 지방정부는 재정이전 이외의 재정수입을 기본적으로 상실했다. 따라서 이전의 가처분재정능력만큼 기층 조직을 운영하고 사회안정을 유지하기 위해서는 세비개혁으로 가처분재정능력에서 사라진 700억 위안에 상당하는 중앙과 상급 정부의 재정이전이 추가되어야만 지방의 부족한 재정이 벌충될 수 있다는 의미이다.

27　경제학자 알프레드 마샬[Alfred Marshall]이 처음 제시한 개념인 외부적 규모의 경제[external economies of scale]는 일반적인 규모의 경제[economies of scale]에 포함될 수도 있으나 강조점은 반대이다. 규모의 경제가 생산요소의 투입량을 증가시켜 규모를 키움으로써 비용이 감소하고 수익이 증가한다는 점을 강조하지만, 외부적 규모의 경제는 개별 경제주체들의 규모는 커지지 않고 수량이 늘어나거나 밀집하여 비용이 감소하고 수익이 증가하는 것이다. 일례로 특정 음식을 파는 식당들이 한 장소에 집중되어 관광명소가 됨으로써 경제적 효과가 나타나는 경우가 이에 해당한다.

28　조직지대에 대해서는 99~100쪽과 390쪽의 주석 [191]을 참조

29　'노동력 자본'과 여기에서 파생된 '노동력 자본화[勞動力資本化]'는 원톄쥔이 사용하는 독창적인 개념이다. 이에 대해서는 323~324쪽을 참조

30　'풀 윗동[草尖]'은 '풀뿌리[草根]'와 대비하여 농촌 기층에서 상대적으로 우수한 집단[尖子]을 지칭하기 위해 원톄쥔이 만든 단어이다. 영어에서도 기층을 의미하는 'grassroots'와 대비하여 상층의 엘리트나 정책결정 집단을 지칭하는 용어로 'grasstops'를 사용하는 경우를 찾을 수 있다.

31　'경영자[經營者]'를 '경작자'로 번역한 이유는 농촌 토지의 복잡한 상황을 이해하기 위해서도 설명할 필요가 있다. 현재 중국의 농촌 토지는 도급권[承包權]과 도급경영권[承包經營權]이 분리되어 있다. 농가를 단위로 농지를 도급하기 시작한 개혁·개방 초기에는 두 권리가 다르지 않았다. 도급을 받은 농민은 해당 토지를 점유하고 사용하며 수익에 대한 권리를 가지고 있었다. 그러나 농촌의 인구 유출이 증가하면

서 집체에 소속된 호적을 통해 획득하는 도급권과 토지를 점유하고 사용하면서 수익을 올릴 수 있는 도급경영권이 분리되었다. 도급경영권의 주체는 도급권을 통해 자연스럽게 이를 획득한 사람일 수도 있고 도급권을 가진 주체와의 계약을 통해 일정한 기간 동안 도급된 토지를 빌린 사람일 수도 있게 된 것이다. 실제로는 다양한 변종과 논쟁이 있지만 간단히 말한다면, 도급경영권은 집단소유의 원칙 하에서 농토에 대한 도급권을 의미하는 것이 아니라, 계약을 통해 일정 기간 동안 해당 농토를 빌려 사용하는 민법 상의 권리를 의미한다고 할 수 있다. 따라서 본문에서 말하는 '경영자'도 도급경영권을 가지고 실제 농업에 종사한다는 의미이다. 이 경영자는 집체에 소속되어 도급권을 가진 사람일 수도 있고 도급권을 계약을 통해 잠시 빌려 도급경영권을 통해 경작하는 사람일 수도 있다. 이런 이유로 '경영', '경영자'는 도급권을 포함한 내용일 수도 있고 농업 경작을 강조하는 것일 수도 있어서 본 번역서에서는 문맥에 따라 경영 또는 경작으로 번역하였다.

32 '보갑'은 향촌의 질서를 활용하여 농가를 기본단위로 삼아 군사비를 절약하는 민병제도였다. '보'와 '갑'이라는 단어는 본래 10가구가 1갑, 100가구가 1보 등 가구를 묶는 단위였다. 시작은 군사적 목적이었으나 이후에는 징세, 상호감시, 재해방지 등 필요에 따라 다양한 역할이 부여되었다. '사창'은 기근에 대비하여 향촌에서 식량을 비축하던 관습이며, '사학'은 향촌에 세운 교육시설이다.

33 공량[公糧]은 정해진 기준에 따라 국가에 무상으로 납부하는 양식[糧食]으로 일종의 현물 조세이다. 과거 농업세는 대부분 현물로 납부되었다. 사량[私糧]은 공량을 제외하고 남은 양식으로 농민이 식량으로 먹을 수 있는 몫이다. 공량과 사량에 대한 계산이 농민이 실제 얻게 되는 수익과 밀접하게 관련되어 있었으므로 본문의 표현을 통해 농민이 계산과 자신의 이익에 밝다는 점을 서술한 것이다.

34 미시경제학의 '생산가능곡선(Production Possibilities Frontier)'은 생산요소를 완전히 사용할 경우에 가능한 생산물의 조합을 좌표 위에 곡선으로 표시한 것이다. 촌락의 범위 내에서 생산요소인 노동이 유출되면 생산가능곡선은 축소될 수밖에 없다.

제2부 추가 설명

1   계획경제 시기 중국의 기업과 국가기관 등은 구성원에게 생산, 고용, 복지 등을 총체적으로 공급하는 '단위[單位]' 체제로 운영되었다. '샤강[下崗]'은 단위 구성원으로서의 지위와 고용관계는 유지되지만, 직무가 없는 상태에서 보조금 등을 받으며 복귀나 재취업을 기다리는 것이다. 단위와의 관계가 완전히 절연된 실업과는 다른 상태여서 '면직'으로 번역했다. 노동력 공급의 지속적인 과잉, 개별 기업의 경영 악화 등 다양한 이유로 1990년대 중후반 국유기업들이 대대적으로 면직을 실시하여 사회문제가 되었다.

2   '555 간부'는 50세 남짓, 월급 50위안 남짓, 1950년대에 업무 시작이라는 뜻으로 5자가 세 번 겹치는 점을 활용한 당시의 언어유희이다. 또한 '555'는 지금도 판매되는 오래된 담배 상표이기도 하다. 당시 '555 간부'에 해당하는 연령대의 사람들이 애용하던 담배였다. '555 간부'는 우리로 치면 '요즘 사람들은 본 적도 없는 오래된 상표인 「솔」이나 「청자」 담배를 피우던 옛적 간부'의 의미도 가지고 있는 것이다. 이처럼 '555 간부'는 이중적인 의미의 우스갯소리이다.

3   '지권[地權]'은 손쉽게 '토지소유권'으로 번역할 수도 있으나, 이럴 경우 개인 소유가 없는 중국의 토지제도 때문에 오해의 소지가 있다. 중국에서 토지에 대한 권리는 공식적으로 국가와 집체가 갖는 소유권, 국가와 집체로부터 얻게 되는 도급권, 실제로 사용하는 경영권 등으로 구분된다. '지권'은 이 모든 권리를 의미하거나 그중 일부를 의미할 수 있기 때문에 '토지권'으로 번역하였다.

4   '4개 현대화'는 중국이 건국 이후 국가전략의 목표로 제시한 공업, 농업, 국방, 과학기술 등 4개 영역의 현대화[四個現代化]를 말한다. 4개 현대화는 개혁·개방 이후에도 변함없이 강조되었다.

5   '계단식 분포[梯級分布]'는 서부의 고원, 중부의 분지 지역, 동부의 평원으로 구성된 서고동저의 중국 지형을 나타내는 용어이다.

6   '일사일의[一事一議]'는 촌의 주요한 결정사항을 반드시 촌민회의나 촌민대표회의의
    의결을 통해 결정한다는 뜻이다. 이런 이유로 '사안별 촌민회의'로 번역했다.

7   중국의 의무노동은 '의무공[義務工]'과 '(노동)적루공[(勞動)積累工]'으로 구성되어 '양
    공[兩工]'으로 불리기도 했다. 원칙적으로 의무공은 공익사업을 위해 노동력을 제공
    해야 하는 의무였다. 적루공은 농민이 집체의 경제조직을 위해 노동을 제공하는 것
    으로 형식상으로는 고용관계였으며, 따라서 누적된 연간 노동일을 계산하여 규정된
    일수보다 부족하면 돈으로 대신 내고[以資代勞], 추가로 노동을 했으면 상응하는 보
    수를 주어야 했다. 또한 관련 규정에 따라 의무공은 식목·조림, 홍수 예방, 공공 도
    로 건설, 학교 건물 수리 등에 동원해야 했고, 적루공은 농경지 수리시설과 관련된
    기본건설과 식목·조림에 사용해야 했다. 그러나 실제로는 양자가 혼합되어 구분되
    지 않는 경우가 많았고 규정된 영역 이외에 무차별적으로 동원하거나 대신 돈을 받
    아 지방 재정으로 사용하기도 했다. 중국의 관련 문헌에서도 양자를 구별하지 않는
    경우가 많다.

8   대출 소집단[貸款小組]은 그라민 은행이 창안한 대출방식으로 경제수준이 비슷한 빈
    민 5인을 하나의 집단으로 구성한 것이다. 상환의 책임은 개인에게 있지만, 미상환
    자가 나오면 추가 대출이 불가능하기 때문에 대출 소집단이 공동체의 신뢰에 기반
    하여 상환을 촉진하게 된다.

9   1998년 식량 매매제도 개혁의 내용을 구체적으로 설명하면 다음과 같다. 정부의 비
    준을 받아 식량을 수매하는 국유기업들은 농민이 원하는 만큼 보호가격으로 식량을
    수매한다. 이렇게 수매된 식량은 저장하고 있다가 반드시 수매한 가격보다 더 높은
    가격[順價]으로 판매한다. 또한 국유기업이 식량을 수매하기 위해 농업은행으로부
    터 대출한 자금을 다른 용도로 전용하지 못하도록 했다. 이를 통해 농민을 식량의 가
    격 변동으로 인한 피해로부터 보호하고, 식량 수매를 담당하는 국유기업들이 수익
    을 확보할 수 있었다. 특히 이들 기업들에 대한 대출로 인해 중국 농업은행이 떠맡고
    있던 막대한 악성 채무도 해결할 수 있었다. 그러나 이는 이론일 뿐이었으며, 실제로
    는 식량을 저장할 창고가 충분하지 않았고 오래 저장할수록 식량의 가치도 떨어졌

다. 비준을 받은 국유기업만 식량을 수매할 수 있었으나, 이미 시장화가 진척되어 도
시민이 농촌으로 와서 식량을 사거나 현금이 필요한 농민이 도시로 나가 식량을 파
는 일이 흔했다. 결국 개혁은 실패로 끝나고 말았다.

10　우정저축은 우리의 우체국 예금이라고 보면 된다. 은행이 발전하지 않은 상황에서
　　농촌 곳곳에 분포한 우체국이 가장 보편적인 예금기관이 되었다. 현재까지도 농촌
　　예금에서 우정저축이 상당한 비중을 차지하고 있다. 그러나 본문에 서술되었듯이
　　예금 이외의 대출 업무를 하지 않았다.

11　중공 중앙이 매해 첫 번째로 삼농에 관련한 정책을 발표하는 '1호 문건'에 빗대어
　　'2호 문건'은 중앙이 아닌 그 아래의 부문을 의미하는 풍자적 표현이다. 따라서 이
　　문장은 중앙의 정책이 지방과 부문에서 왜곡되는 것을 표현한 것이다.

12　1994년에 발표된 '8·7 돌파계획'의 전체 명칭은 국가 '8·7 빈곤구제 돌파계획[國
　　家八七扶貧攻堅計劃]'이다. '8·7'은 8천만 명의 빈곤인구의 '온포[溫飽]', 즉 기본 의식
　　주 문제를 2000년까지 7년 내에 해결하겠다는 의미이다.

13　'당좌대월[當座貸越]'은 은행이 거래처의 예금 잔고를 넘겨서 수표나 어음에 대해 지
　　불해주는 것을 의미한다. 예금자의 입장에서는 '당좌차월[當座借越]'이라고 부른다.
　　마이너스 통장과 비슷한 개념이다.

14　'빈곤촌 종합구제 추진[整村推進]'은 빈곤구제의 대상 단위를 행정촌으로 삼아 다양
　　한 영역에서 종합적인 빈곤구제 정책을 시행하는 것을 의미한다. '빈곤인구 표적화
　　[瞄準貧困]'는 빈곤구제의 대상이 되는 빈민을 정확하게 특정(targeting)하는 것이다.
　　1990년대 중반 이전에 중국은 '빈곤현(貧困縣)' 지정처럼 상당히 넓은 범위에서 지
　　역경제를 발전시켜 빈곤을 타파하는 정책을 시행했다. 뒤이은 문장에서 나오듯이
　　산업을 통해 경제를 전반적으로 성장시켜 빈곤을 감소시키는 방식이었다. 따라서
　　행정촌을 대상으로 삼는 '빈곤촌 종합구제 추진'과 '빈곤인구 표적화'는 중국의 빈
　　곤구제 정책이 1990년대 중반 이후부터 근본적으로 변화되었음을 보여준다. 이에
　　대해서는 왕줘(2004: 73, 85)를 참조.

15 중국의 도시를 가장 발전한 1선 도시[一線城市]부터 차례로 나눌 수 있다. 심지어 최
근에는 일부 매체에서 5선 도시까지 발표하기도 했다. 1선 도시는 일반적으로 베
이징, 상하이, 광저우, 선전 등 4개이다. 따라서 2, 3선 도시는 이들을 제외한 각 지
역의 주요 대도시를 의미한다. 그러나 이러한 분류는 공식 기준이 있는 것이 아니
며, 미디어 등이 임의적으로 정한 관습적 표현일 뿐이다.

16 '사대기업[社隊企業]'은 인민공사[社]와 생산대대[隊]가 설립하여 운영하는 기업을
말한다. 인민공사와 생산대대가 철폐되어 각각 향·진과 행정촌으로 변경되면서
이들의 명칭도 '향진기업'이 되었다. 즉 '사대기업(인민공사와 생산대대의 기업)'은 향
진기업의 이전 명칭이다. 이러한 이유로 향진기업은 향과 진뿐만 아니라, 촌에 소
속된 기업[村辦企業]도 포함한다.

17 주석에서 언급한 소비기금[消費基金]은 축적기금[積累基金]에 대응한다. 두 개념은
모두 『자본론』에 등장하는 마르크스주의 경제학의 개념이다. 축적기금(accumula-
tion fund)은 국민소득 중 재생산을 확대하는 데 사용하는 부분을 말한다. 여기에는
직접적 생산활동에 사용하는 것뿐만 아니라 교육, 문화, 보건위생, 행정, 국방 등
비생산적인 기본건설도 포함되며, 재난에 대비한 준비금까지 해당된다. 이와 대비
하여 소비기금(consumption fund)은 직접적으로 소비에 사용하는 부분을 지칭한다.

18 중국은 1980년대 계획경제를 시장경제로 전환하면서 과도기적 조치로 계획가격
과 시장가격이 병존하는 '이중가격제[雙軌制]'를 도입했다. 공급 부족으로 일반적으
로 시장가격이 계획가격보다 훨씬 높았다. 기업들이 국가 계획에 따른 생산량을 달
성하고 나면, 추가 생산물을 시장가격으로 판매하여 이윤을 올릴 수 있었기 때문에
공급을 확대할 수 있었다. 그러나 이러한 가격 차이를 이용하여 권력과 정보를 가
진 당·정 간부들이 막대한 이윤을 얻게 되었다. 이처럼 당·정 기관 등의 권력기관
[官]이 전매[倒賣]를 통해 막대한 부당이익을 가져가는 행위 또는 행위자를 '관다오
[官倒]'라고 칭한다.

19 현재 중국에서 대학 이전의 학제는 우리의 초등학교인 '소학[小學]'과 우리의 중·
고등학교인 '중학[中學]'으로 나눌 수 있다. 그러나 신중국 수립 초기에는 지역별,

시기별로 편차와 변동이 심했다. '가오샤오[高小]'는 '고급소학[高級小學]'이라는 뜻
이다. 당시 소학교가 4년의 초급소학과 2년의 고급소학으로 나뉘어져 있었기 때문
이다. 즉 고급소학교 졸업생은 우리로 치면 초등학교 6년을 마쳤다는 의미이다.

20 1988년 3월 4일 국무원이 주최한 연해지역 대외개방 공작회의에서 '원자재의 해
외 공급과 제품의 해외 수출[兩頭在外], 수입과 수출의 확대[大進大出], 수입을 통한
수출 증진[以進養出], 수입과 수출의 결합[進出結合]'이라는 연해지역에 대한 발전전
략이 제기되었다. 이는 쉽게 말하면 가공무역을 통한 경제발전 전략이었으며, 연해
뿐만 아니라 다른 지역과 영역으로 확대되었다.

21 '스마일 커브[smiling curve]'는 대만의 컴퓨터 제조업체 에이서[Acer]의 창립자인
스탠 시[Stan Shih, 施振榮]가 1992년 제기한 개념이다. 제품의 연구개발, 부품생산,
조립, 판매, 애프터서비스 등 최초 단계부터 소비자에까지 이르는 일련의 과정에서
부가가치를 살펴보면, 양 끝단으로 갈수록 높고 가운데가 가장 낮아 미소를 짓는
모양이 된다는 것이다. 무역량이 적고 국제분업이 힘들었던 과거에는 제조업의 부
가가치가 더 높거나 다른 단계와 유사하여 곡선이 평평하거나 가운데가 높은 '크라
잉 커브[crying curve]'였지만, 무역이 증가하고 국제분업으로 후발 제조업 국가들
이 성장하고 제조업의 해외이전도 활성화되면서 갈수록 제조업의 부가가치가 낮
아져 양쪽이 가파른 형태가 된다. 이 논리에 따르면, 단순 제조업에 종사하는 중국
농민공의 임금 수준은 낮을 수밖에 없다.

22 특정한 지리적 범주 내에서 특징을 살려 종합적인 발전을 추구하는 것을 '구역경제
[區域經濟]', 즉 지역경제라고 부른다. '현급 지역경제[縣域經濟]'는 농촌의 행정단위
인 '현[縣]'의 범주에서 구역경제를 추진하는 것이다. 이를 비롯하여 현을 강화하는
것이 현재 농촌 발전을 위한 주요한 전략 중 하나이다.

23 '3대 과잉'은 노동력, 자본, 제조업 생산능력의 과잉이다. '트로이카[三駕馬車]'는 경
제성장을 이끈 세 가지 요인으로 투자, 소비, 수출이다.

24 '3대 격차'는 공업과 농업, 도시와 농촌, 정신노동과 육체노동 간의 격차이다. '중부

굴기'에서 '중부'는 중국 대륙의 내륙에 위치한 산시[山西], 안후이, 장시, 허난, 후베이, 후난 등 여섯 개 성이다. '굴기'는 '우뚝 솟다'라는 의미로 상대적으로 낙후된 이 지역의 경제를 성장시켜 균형 발전을 도모한다는 의미이다. 중부굴기는 2004년 처음 제기되어 2005년부터 본격적으로 추진되었다.

25 위험-수익 곡선은 포트폴리오 이론에 기반한 것이다. 그림에서 곡선은 위험 자산의 가장 효율적인 위험-수익을 연결한 효율적 투자선[efficient frontier]이다. 무위험 자산이 있다면 위험이 없으므로 맨 왼쪽의 Y축 위의 점으로 표시된다. 무위험 자산이 있다면 이 점에서 효율적 투자선에 접하는 자본시장선[capital market line]을 그릴 수 있다. 효율적 투자선과 자본시장선의 접점을 시장 포트폴리오[market portfolio]라고 부르며, 이 지점에서 투자가 이루어진다. 무위험 자산의 최적화 효과라는 것은 무위험 자산을 통해 시장 포트폴리오에 해당하는 접점을 그려 최적의 투자 조합을 찾을 수 있다는 의미이다.

또한 본문의 그림에서 보듯이 경제불황, 부정적 외부효과는 동일한 위험을 감수하더라도 수익을 떨어뜨리고, 동일한 수익을 얻기 위해서는 더 많은 위험을 감수하도록 만든다. 그림에서 곡선이 더 아래로 이동하여 점선의 곡선이 되는 것이다. 아울러 무위험 자산이 존재하고 무위험 자산의 수익을 올릴 수 있다면 접점, 즉 시장 포트폴리오가 오른쪽 위쪽으로 더 이동하게 된다. Y축 위의 점으로 표현되는 무위험 자산의 수익률이 상향 이동하면서 효율적 투자선에 접하는 자본시장선의 기울기가 완만해지는 것이다. 그림의 우상향하는 점선이 무위험 자산의 수익률 변화에 따른 새로운 자본시장선을 표현하고 있다. 이를 통해 더 많은 위험을 감수하고 더 많은 수익을 올릴 수 있게 된다. 복잡하게 설명했지만, 핵심은 무위험 자산의 수익을 올리면 더 많은 위험을 감수할 수 있다는 것이다.

26 농지처럼 산지와 산림의 재산권도 소유권, 경영권, 사용권으로 나눌 수 있다. 산지의 소유권이 국가나 집체에 있다는 점은 불변이다. 따라서 개혁의 대상은 산지에 대한 경영권과 사용권, 그리고 목재 등과 같은 생산물에 대한 권리 등이다. 이런 이유로 '산권[山權]', '임권[林權]'은 별도로 정의될 수 있다. '산권'은 국가와 집체의 소유권을 의미하므로 '산지소유권'으로 번역하였다. '임권'은 소유권을 제외한 권리

이므로 '산림재산권'으로 번역하였다. 하지만 내용이 아니라 시대에 따라 구분될 수도 있다. '산권'이 모든 권리가 집체에 귀속되었던 개혁 이전의 상태를 의미하고, '임권'이 개혁 이후의 분할된 권리를 의미하기도 한다. 사실 중국의 많은 문헌들에서도 두 개념은 명확하게 구분되지 않고 사용된다.

27 '계획 내 프로젝트'는 소련이 지원하는 프로젝트로서 1차 5개년 계획(1953~1957년)에 포함되었다는 의미이다.

28 '네 가지 황무지', 4황[四荒]은 1999년 국무원 판공실이 공포한 「농촌의 '4황' 자원을 관리·개발하는 업무의 진일보한 개선에 관한 통지[關於進一步做好治理開發農村"四荒"資源工作的通知]」에 따르면 다음과 같다. 이는 황폐한 산[荒山], 황폐한 도랑[荒溝], 황폐한 구릉[荒丘], 황폐한 개펄[荒灘]을 지칭하며 황폐한 땅[荒地], 황폐한 모래땅[荒沙], 황폐한 초원[荒草], 황폐한 하천[荒水]도 포함한다. 사실 '4황'은 정밀하게 특정하여 사용되지 않고, 본 저서의 376쪽에서 보듯이 활용되지 않는 다양한 황폐한 지역들을 지칭한다.

29 '임하 재배'는 '임하 경제[林下經濟]' 중 하나이다. '임하 경제'는 '임하[林下]'라는 글자 그대로 숲속 나무 아래에서 진행되는 경제활동을 의미한다. 국유 또는 집단소유인 숲의 일부가 농가에 도급된 이후, 남벌 등의 문제가 발생하자 벌채를 하지 않고 환경을 보호하면서 농가의 소득을 증가시키기 위한 방안으로 임하 경제가 강조되고 있다. 즉 숲을 훼손하지 않으면서 삼림에서 경작, 목축, 채집, 여행업 등으로 소득을 올리는 것이다. 당연히 다른 국가에서도 이러한 경제활동이 존재하지만, 농가 도급제 등의 특수한 조건으로 인해 중국은 '임하 경제'를 특히 강조하고 있다.

제3부 추가 설명

1 '존량개혁[存量改革]'에서 '존량'은 사전적으로는 기존에 축적된 보유량[stock]이라는
의미로서 여기서는 이미 형성된 체제를 뜻한다. 따라서 '존량개혁'은 이미 형성된 체
제를 대상으로 한 근본적이고 질적인 개혁을 의미한다. 이와 대비되는 '증량개혁[增
量改革]'은 유량[flow]을 늘리는 개혁으로 체제의 질적 내용을 바꾸지 않는 것이다.
존량개혁은 '체제 개혁'이나 '질적 개혁', 증량개혁은 '양적 개혁' 등으로 번역할 수
있겠으나 여기서는 본래의 의미를 살리기 위해 한자를 그대로 차용하였다.

2 '소산권'은 재산권[産權]이 불완전[小]하다는 의미이다. 농촌의 집체 토지의 건축물은
법적으로 해당 집체의 사람들에게 양도되어야 한다. 외부인에게 사용권을 양도하려
면 먼저 국유 토지로 전환하여 양도[出讓]되어야 하지만, 이를 거치지 않고 지방정부
가 수익을 얻기 위해 불법적으로 집체가 소유한 토지나 건축물을 재양도했다는 뜻
이다. 이는 국가가 발행한 재산권 증명서를 갖추지 못해 법적 지위가 불명확하고 가
격도 절반 수준이다. 이와 대비하여 절차를 제대로 거쳐 합법적인 재산권을 갖춘 것
을 '대산권[大産權]'이라고 한다. 농촌 토지가 집단소유이기 때문에 이처럼 독특한 현
상이 발생하는 것이다. 현재 '소산권', '대산권'은 여기에서 파생되어 다른 의미로도
사용되고 있다. 본문의 내용은 '소산권'을 활용하여 농촌 토지가 대규모로 변경되어
경작지가 축소됨으로써 식량 공급이 줄고 환경이 파괴되는 현상을 강조한 것이다.

3 사청[四淸]은 1963~1966년 실행된 반부패 사회주의 교육운동으로 경제, 사상, 조직,
정치 등 네 분야를 깨끗하게 하자는 것이다. 사청운동은 좌편향적 운동이었으나 이
전의 대약진운동의 좌편향적 경향이 더욱 심해 오히려 일부는 완화된 측면이 있었
다. 인민공사화를 진행하던 대약진운동 초기에 부업은 사유화의 잔재로 여겨져 사
실상 전면 금지되었으나, 사청운동은 간부의 부업 금지 등의 규율을 유지하면서도
부업을 일부 회복시켰다.

4 상당[上黨]은 훠자거우촌이 포함된 산시[山西] 동남부 지역의 옛 지명이다.

5   '유도성'은 영문 'induced'에 상응하는 것으로 강제(enforced)나 부과(imposed)가 아
    니라 인센티브 등을 통해 자발적인 제도 변화를 유도한다는 의미이다. 본문의 373,
    380쪽을 참조

6   '자본 절제[節制資本]'는 '토지권의 균등 분배'와 함께 쑨원이 제기한 민생주의의 기본
    강령 중 하나였다. 쑨원은 자본주의가 장점도 있지만 폐단도 많다고 봤다. 따라서 자
    본 통제를 통해 독점 자본의 형성을 막고, 자본이 권력화되어 민생을 어지럽히는 것
    을 방지하려고 했다. 이는 독점 기업의 국유화를 포함하고 있어서 사회주의적 성격
    도 상당히 가지고 있었다. '자본 절제'는 '자본 통제'로 번역될 수도 있으나, 특수한
    역사적 맥락을 가지고 있고 현재 '자본 통제'가 주로 해외자본에 대한 통제를 의미하
    는 경우가 많아 중국어 원문 그대로 기재했다.

7   여기서 시간의 한계가치로 표기한 'MRS'는 사실, 한계대체율을 의미한다. 본문에서
    여가의 가치를 의미하는 시간의 한계가치는 한계대체율로 이해될 수 있다. 우선 노
    동과 여가를 동시에 선택할 수 없는 상황에서 한 단위의 노동을 선택하기 위해서는
    일정한 여가를 포기할 수밖에 없다. 반대도 마찬가지다. 또한 노동과 여가는 둘 다
    한계효용이 체감한다고 가정된다. x축과 y축에 노동과 여가를 표기하면, 296쪽의
    〈그림 2〉에서 보듯이 동일한 만족이나 효용을 얻을 수 있는 노동과 여가의 배합은
    경제학에서 흔하게 볼 수 있는 우하향하며 원점을 향해 볼록하고 서로 만나지 않는
    무차별 곡선으로 표시될 수 있다. 균형은 정해진 예산에서 노동과 여가의 가격에 따
    라 우하향하는 직선으로 표시되는 가격선이 무차별 곡선에 접하는 지점에서 형성된
    다. 한계대체율 'MRS[Marginal Rate of Substitution]'는 한 상품의 한 단위를 상실했을
    때, 상실된 만큼의 효용을 보상하는 다른 상품의 수량을 의미한다. 즉 노동 시간이 2
    시간 줄어서 소득의 감소에 따라 효용이 감소한 경우에 해당되는 효용을 그만큼 보
    충하기 위해서 0.5시간의 여가가 필요하다면 노동의 여가에 대한 한계대체율은 4가
    되는 것이다. 본문의 핵심은 정해진 예산에 따라 두 가지 상품 배합의 최대효용을 구
    하는 일반 경제학의 방식처럼, 노동과 여가의 배합을 한계효용 체감의 법칙과 무차
    별 곡선을 적용하여 분석할 수 있다는 것이다.

8 　잠재가격[影子價格, shadow price]은 글자 그대로 '그림자 가격'으로도 부를 수 있다. 이는 완전경쟁시장에서 형성되는 시장가격, 즉 경쟁가격[competitive price]에 대응되는 개념으로 실재 해당 재화의 기회비용이 반영된 가격을 말한다. 즉 현실이 완전경쟁시장에서의 균형 분석과 일치하지 못할 때, 실제 현실을 반영한 가격이다.

9 　'청산[出清, market clearing]'은 수요량과 공급량이 일치하는 상태를 말한다. 이는 신고전경제학의 일반균형으로 보면, 현재의 자원 배분 상태에서 모든 참여자들의 효용이 더 이상 개선될 수 없는 파레토 최적[Pareto optimal]과 일치한다. 왈라스로 대표되는 일반균형 이론에 따르면, 모든 시장에서 균형이 달성되는 가격이 존재하며, 균형가격이 존재하면 모든 상품 시장에서 수요와 공급이 일치된다. 이 경우에 노동력을 비롯한 모든 자원은 수요와 공급이 일치하여 시장청산되는 것이다. 그러나 이러한 일반균형 이론에서 벗어나면, 시장청산과 파레토 최적은 일치하지 않는다.

10 　대체효과란 노동을 통한 임금 소득과 여가를 두 상품으로 가정하고, 임금이 상승하면 여가를 즐기기보다는 노동을 투입하여 소득을 올리려고 한다는 것이다. 소득효과는 소득이 일정 수준 이상 올라가면, 노동을 더 해 임금을 증가시키기보다는 여가를 추가로 더 즐기려 한다는 것이다. 그림으로 보면, 소득효과는 임금 소득과 여가의 무차별 곡선이 소득이 상승하면서 우상향된 새로운 곡선으로 이동하는 것이다. 미시경제학에 흔히 등장하는 예시로 설명하자면, 마가린의 가격이 올라가면 버터를 더 많이 구입하는 것이 대체효과이고, 소득이 올라가면 가격이 싼 돼지고기 소비는 줄고 비싸고 고급스러운 소고기 소비는 늘게 되는 것이 소득효과이다.

11 　농촌에 남은 이 사람의 노동을 통한 현금소득은 90위안, 여가의 구매가격은 시간당 5위안씩 10위안, 여가의 실제 효용은 도시 외지노동을 기회비용으로 하여 시간당 20위안씩 총 40위안이다. 따라서 총효용에서 여가로 인한 비용을 제외하면, 90-10+40=120위안이 된다. 6시간 노동을 했으므로 총효용 120위안은 도시 외지노동의 시간당 임금 20위안과 동일하게 되는 것이다. 같은 방식으로 생산방식 C를 계산하면, 65-(8.75×4)+80=110위안이 된다. 이 경우 4시간 일했으므로 시간당 27.5위안의 효용을 올린 것이며 도시 외지노동을 기회비용으로 하면 더 노동을 할

유인이 생겨 균형이 되지 않고 생산방식 B로 수렴할 수밖에 없다.

12 무위험 수익률은 위험이 전혀 없을 때의 투자에 대한 기대수익률을 말한다. 뒤이어 나오는 순수이자율로도 불리는 무위험 이자율도 같은 의미이다. 베타계수는 증권 시장 전체의 변동에 대해 개별 자산이 얼마나 민감하게 반응하는지를 나타낸다. 여기서 베타계수는 농민공이 취업한 부문이나 기업이 전체 경제상황의 위험에 대해 얼마나 민감한가를 나타낸다고 보면 된다. 즉 베타계수가 높다는 말은 해당 농민공이 소속된 기업이 경제위기에 취약하다는 것을 의미한다.

13 '계약 선매[合同定購]'는 파종 이전에 농민과 협상하여 계약을 통해 미리 수매의 양과 가격을 정하는 방식이었다. 이런 이유로 '선매[先賣]'로 번역했다. 본문에 서술되었듯이 가격은 일괄 수매 가격을 30% 반영하고 정해진 일괄 수매의 양을 초과한 식량에 추가로 지불했던 가격을 70% 반영하여 계산했다. 본문에서는 일괄 수매·분배[統購統銷]를 폐지하고 새로운 형식을 도입한 것으로 서술했지만, 일반적으로 계약 선매는 일괄 수매·분배에 속하는 일정한 변형일 뿐이지 전면적인 전환으로 인식되지 않는다. 일괄 수매·분배는 공식적으로 1992년에 전면적으로 폐지되었다.

14 '최적 선형 불편 추정량'은 통계학의 가우스-마르코프 정리[Gauss-Markov theorem]를 의미한다. 이 정리는 선형 추정에서 특정한 조건들이 충족되면 최소제곱법이 가장 좋은 방식이라는 것을 증명한 것이다. 본 정리에서 이러한 가장 좋은 방식을 '최적 선형 불편 추정량', 또는 흔히 'BLUE[Best Linear Unbiased Estimator]'라고 칭한다. 해당 조건들 중에 오차의 분산이 동분산[homoscedasticity]이어야 한다는 조건이 포함되며, 동분산이어서 오차의 산포도를 그리면 원형에 가깝게 된다. 오차의 분포가 원형에 수렴하지 않고 다른 모양이면 이분산[heteroscedasticity]이기 때문에 최소제곱법이 'BLUE'가 되지 못해 좋은 추정의 방법이 될 수 없다. 본문의 서술이 매우 복잡하나 핵심을 정리하자면, 회귀분석의 기초가 되는 최소제곱법이 최선의 방식이 되기 위해서는 매우 엄격한 조건이 필요하기 때문에 실제 현실을 제대로 분석하기 위해서는 일반적으로 최소제곱법에서 발전된 더 복잡한 방식이 필요하다는 통계학의 일반 상식을 표현한 것일 뿐이다.

15 '발로 하는 투표[vote by feet]'는 미국의 경제학자 티부[Charles M. Tiebout]의 티부
    가설[Tiebout Hypothesis]에서 나온 개념이다. 티부 가설은 합리적 개인들이 지방정
    부들의 세율과 공공재 공급을 비교하여 자신의 효용을 최대화할 수 있는 지방으로
    이동할 수 있다고 가정하며, 이에 따라 지방정부들은 납세자인 거주자들을 더 많이
    유인하기 위해 세율 인하와 복지 증대를 추구하게 된다는 것이다. 본문의 내용은
    티부 가설에 빗대어 효용을 최대화하기 위해 중국 농민들이 말 그대로 다른 지역으
    로 이동하는 현상, 특히 농민들이 도시로 이동하여 외지노동에 종사하는 현상을 표
    현한 것이다. 사실 도농을 구분하고 이동의 자유를 막는 호구제 때문에 티부 가설
    을 중국에 그대로 적용하기는 쉽지 않다.

16 중국 소비자들이 가격이 싸기 때문에 '가짜인 줄 알면서도 사는' 현상을 뜻하는 신
    조어 '知假買假'를 변용하여 서술한 것이다.

제4부 추가 설명

1   '중심진[中心鎭]'은 글자 그대로 경제가 발전되고 인프라 등의 조건이 양호하여 주변
    의 경제성장을 이끌 수 있는 진을 의미한다. 건제진[建制鎭]은 공식적인 행정구획에
    편성[建制]되어 있는 진[鎭]이라는 의미이다. 이와 비교되는 개념으로 '비건제진[非建
    制鎭]'이라고 할 수 있는 '집진[集鎭]'이 있다. 집진은 공식 행정구획이 아니라, 자연스
    레 형성된 농촌의 중심지로 습관적으로 '진[鎭]'으로 부르는 지역이다. 농촌에 번화
    한 중심지를 만들거나 특색 있는 상가를 만들기 위해 '집진'은 '소진[小鎭]'과 함께 정
    책적 의미로 사용되기도 한다. '상업 집진'을 발전시키고 '문화 소진'을 육성하자는
    식으로 활용된다. 우리에게 익숙한 방식으로 말하자면, 건제진은 군·읍과 같은 공식
    행정구획을 의미하고, 집진은 정확한 경계가 없이 농촌의 번화한 지역을 일컫는 '읍
    내'로 보면 된다. 건제진은 집진과 비교하여 공식적인 정의와 범주를 가지며, 본 저

서에서 언급되는 '진[鎭]'은 특별한 경우가 아니고서는 공식적인 건제진을 의미한다.

2   '386199부대'는 중국의 신조어이다. 38은 3월 8일 부녀자의 날, 61은 6월 1일 어린
    이날, 99는 9월 9일 노인의 날을 의미한다. 즉 도시화로 인해 청장년층이 도시로 이
    탈하면서 농촌에 남게 된 부녀, 아동, 노인을 지칭한다. 이 신조어를 빌려 일본의 상
    황을 표현한 것이다.

3   '곡선구농[曲線救農]'은 '곡선구국[曲線救國]'을 활용하여 만들어낸 단어이다. '곡선구
    국'은 중국의 항일 시기에 능력이 부족하니 직접적으로 일본에 대항하지 말고, 간접
    적이고 우회적으로 조금씩 승리를 쟁취하고 실력을 보존하여 나라를 구하자는 주장
    이었다. 교육과 문화를 강조했던 루쉰[魯迅]과도 상통하지만, 괴뢰 국민정부를 이끈
    왕징웨이[汪精衛], 저우포하이[周佛海] 등도 이 같은 주장을 했다. 본문의 '곡선구농'
    은 농업에 대한 구제가 직접적인 방식으로 농업에만 국한되지 않고, 사회 전 분야를
    포괄한 전면적인 방식이어야 한다는 점을 표현한 것이다.

4   네팔과 인도는 인접국일 뿐만 아니라 같은 힌두교 문화권으로 밀접한 관계를 가질
    수밖에 없다. 그러나 국력의 차이가 크고 역사적으로도 네팔은 인도에 종속되었던
    때가 많았다. 이로 인해 네팔은 자주성을 확보하기 위해 인도와 적대적인 중국과의
    관계를 개선하기도 해서 네팔과 인도 양국의 관계는 항상 긴장을 내포하고 있다. 이
    와 비교하여 네팔보다 훨씬 작은 부탄은 인도에 강력히 종속된 상황이다. '제2의 부
    탄'이라는 표현은 이러한 배경을 가지고 있다.

5   소작의 형태는 시기와 지역에 따라 매우 다양했지만, 재생산을 위해서도 무조건 폭
    압적일 수만은 없었다. 지주가 소작농에게 자금이나 농기구 등을 제공하는 경우가
    많았으며, 소작농이 이를 부담할 경우에는 반대급부로 상당한 자율성이 보장되었다.
    또한 조선시대의 '반작법[半作法]'처럼 소출의 1/2을 떼어가는 소작이 존재한 적도
    있었지만, 동아시아의 소작료는 대체로 이보다 훨씬 적었다. 본문의 서술을 통해 네
    팔에서 소작료의 비중이나 소작의 조건이 동아시아와 비교하여 훨씬 가혹하다는 점
    을 알 수 있다.

6   516쪽의 서론 추가 설명 [15]를 참조. 본문의 '저열한 근성'이란 표현은 이처럼 중국
     근현대사로부터 비롯된 표현을 네팔에 적용한 것이다.

7   이집트 카이로의 카라파[Qarafa] 지역에 있는 공동묘지 구역을 '죽은 자의 도시[City
     of the Dead]'로 부른다. 가족묘가 들어선 이곳의 묘지들은 건물 형태로 지어져 있다.

8   중국의 근현대사 시대 구분에서 1840년 아편전쟁부터 1949년 신중국 성립까지를
     민주혁명 시기라고 일컫는다. 이를 다시 1919년 5.4 운동을 기준점으로 나누어 구
     민주주의 혁명[舊民主主義革命]과 신민주주의 혁명 시기로 구분한다. 이에 따라 구민
     주주의 혁명은 1840년부터 1919년까지의 시기이다. '자본 절제'는 534쪽의 제3부
     추가 설명 [6]을 참조

참고문헌

※ 중문 참고문헌은 저자의 한국어 발음에 따라 가나다 순으로 나열하였으며, 영문은 알파벳 순으로 나열하였다. 또한 번역 과정에서 원저의 참고문헌에서 발견한 일부 오류를 수정하고, 누락된 정보를 추가했다는 점을 밝힌다.

가오광징[高廣景], 2006, 「지식청년의 상산하향의 원인 분석[知識青年上山下鄉原因探析]」, 『黨史文苑』 8.

과제조(국무원 연구실 과제조[國務院研究室課題組]), 2006, 『중국 농민공 조사연구 보고[中國農民工調研報告]』, 中國言實出版社

과제조('중국발전보고 2007' 과제조["中國發展報告2007"課題組]), 2007, 『중국발전보고 2007: 발전 과정에서의 빈곤 제거[中國發展報告2007: 在發展中消除貧困]』, 中國發展出版社

과제조('사회주의 신농촌 건설의 목표, 중점 그리고 정책연구' 과제조["建設社會主義新農村目標、重點與政策研究"課題組]), 2009, 「부문과 자본의 하향과 농민의 전업합작 경제조직의 발전[部門和資本下鄉與農民專業合作經濟組織的發展]」, 『經濟理論與經濟管理』 7.

구쑹녠[顧松年]·런신바오[任新保], 1982, 「사대기업의 소성진, 중심도시와의 관계[社隊企業與小城鎮、中心城市的關系]」, 『農業經濟問題』 7.

국가발전개혁위원회 가격사[國家發展和改革委員會價格司] 편집, 2007, 『전국 농산품 비

용 수익 자료 총람(2007)[全國農産品成本效益資料彙編(2007)]』, 中國統計出
版社

노스[Douglas C. North], 1994, 『제도, 제도 변천과 경제적 효과[制度、制度變遷與經
濟績效]』, 三聯書店.

녹색시보[中國綠色時報], 2008, 「중국 농촌개혁 발전사에서 하나의 이정표: 눈부신 임업
30년의 집체림 개혁[中國農村改革發展史上的一座裏程碑: 輝煌林業30年之集
體林改革篇]」, 『中國綠色時報』, 12월 24일.

딩다차이[鄧大才], 2006, 「사회화된 소농: 동기와 행위[社會化小農: 動機與行爲]」, 『華中
師範大學學報(人文社會科學版)』, 3.

두룬성[杜潤生], 2005, 『두룬성 자서전: 중국 농촌체제 변혁의 중대한 정책결정 실록[杜
潤生自述: 中國農村體制變革重大決策紀實]』, 人民出版社

두아라[杜讚奇; Prasenjit Duara] 저, 왕푸밍[王福明] 역, 1996, 『문화, 권력과 국가[文
化、權力與國家]』, 江蘇人民出版社

두잉[杜鷹], 2000, 「일본의 농업정책 개혁과 시사점[日本的農業政策改革及其啓示]」, 『中
國農村經濟』 12.

두잉[杜鷹]·원톄쥔[溫鐵軍] 편, 1997, 『인식과 실천의 대화: 중국 농촌개혁 실험구 10주
년[認識與實踐的對話: 中國農村改革試驗區10周年]』, 中國農業出版社

두펑[杜鵬]·딩즈홍[丁志宏]·리취안멘[李全棉]·구이장펑[桂江豐], 2004, 「농촌에서 자
녀의 외지노동이 잔류 노인에게 미치는 영향[農村子女外出務工對留守老人的
影響]」, 『人口研究』 6.

둥샤오단[董筱丹]·리싱[李行]·원톄쥔[溫鐵軍], 2013, 「거시경제 변동의 관점에서 노동
력 유동의 문제 연구[宏觀經濟波動視角下的勞動力流動問題研究]」, 『探索』 2.

둥샤오단[董筱丹]·양솨이[楊帥]·쉐추이[薛翠]·원톄쥔[溫鐵軍], 2011, 「중국 특색의
공업화와 중국 경험[中國特色之工業化與中國經驗]」, 『中國人民大學學報』 1.

둥샤오단[董筱丹]·원톄쥔[溫鐵軍], 2008, 「거시경제 변동과 농촌의 거버넌스 위기: 개
혁 이후 삼농과 삼치 문제의 관련성에 대한 실증분석[宏觀經濟波動與農村治
理危機: 關於改革以來三農與三治問題相關性的實證分析]」, 『管理世界』 9.

둥샤오단·원톄쥔, 2010, 「촌락 이성: 삼농과 삼치 딜레마의 해결을 위한 새로운 시각[村社理性: 破解三農與三治困境的一個新視角]」, 『中共中央黨校學報』 4.

둥샤오단·원톄쥔, 2011, 「빈곤 발생에 대한 제도경제학의 연구: 제도 비용과 제도 수익의 비대칭성 분석[致貧的制度經濟學研究: 制度成本與制度收益的不對稱性分析]」, 『經濟理論與經濟管理』 1.

루신위안[陸新元] 외, 2006, 「당면한 농촌 환경보호 문제에 대한 연구[對當前農村環境保護問題的研究]」, 『環境科學研究』 2.

뤼아이칭[呂愛清] 외, 2005, 「중국 식량생산량의 더미변수 모델 연구[中國糧食產量虛擬變量模型研究]」, 『安徽農業科學』 11.

류젠즈[劉健芝] 외, 2009, 『저항의 세계화[抵抗的全球化]』, 人民文學出版社

류찬[劉璨]·뤼진즈[呂金芝], 2007, 「중국의 집체림 재산권 제도의 문제 연구[我國集體林產權制度問題研究]」, 『制度經濟學研究』 1.

류하이잉[劉海英], 2003, 「금융의 옛일을 말하다[話說金融故事]」, 『中國改革(綜合版)』 3.

류화이위[劉懷宇]·리천제[李晨婕]·원톄쥔[溫鐵軍], 2008, 「피동적 여가에서 노동력의 기회비용과 식량생산에 대한 영향[被動閑暇中的勞動力機會成本及其對糧食生產的影響]」, 『中國人民大學學報』 6.

리마오쑹[李茂松] 외, 2005, 「50년 동안 중국의 자연재해 변화가 식량생산량에 미친 영향[50年來我國自然災害變化對糧食產量的影響]」, 『自然災害學報』 2.

리샨웨이[李善偉]·천샤오[陳瀟]·저우징징[周靜靜], 2007, 「신농촌 건설의 현황과 출로[新農村建設現狀與出路]」, 『現代農業』 7.

리수이산[李水山], 1995, 「한국 정부의 농업 지원을 위한 40개의 조치[韓國政府采取40條措施扶持農業]」, 『世界農業』 2.

리위안싱[李遠行], 2004, 「대공동체 본위? 소공동체 본위?: 중국 농촌 기층조직의 성질 분석[大共同體本位?小共同體本位?: 中國農村基層組織性質探析]」, 『安徽大學學報』 1.

리중화[李中華], 2003, 「일본의 농협이 우리에게 주는 본보기와 시사점[日本農協給我們的借鑒與啓示]」, 『農業經濟』 6.

리쥔제[李軍傑], 2007, 「토지 조정은 토지 이익의 재조정에 주력해야 한다: 현재 토지 조정 정책의 효과 검토[土地調控應着力土地利益的再調整: 兼論當前土地調控的政策效應]」, 『中國物價』 10.

리쭈핑[李祖平], 2006, 「경제구조의 전환과정에서 농촌의 신형 사회보장제도 분석[經濟結構轉型進程中農村新型社會保障制度探析]」, 『農村經濟』 4.

리찬[李嬋], 2004, 「농촌 공동체 엘리트 연구 총론[農村社區精英研究綜述]」, 『中共濟南市委黨校學報』 3.

리창핑[李昌平], 2005, 「농민의 빈곤을 초래하는 18가지 불합리한 제도[造成農民貧困的十八大不合理制度]」, 『寧夏新聞網』 6월 17일.

리천제[李晨婕]·원톄쥔[溫鐵軍], 2009, 「거시경제 변동과 중국의 집체 산림재산권 제도 개혁: 1980년대 이후 중국의 집체 삼림지역의 세 차례 산림재산권 개혁에서 '분할과 합병'의 제도 변천 분석[宏觀經濟波動與我國集體林權制度改革: 1980年代以來我國集體林區三次林權改革"分合"之路的制度變遷分析]」, 『中國軟科學』 6.

린완룽[林萬龍], 2002, 「향촌 공동체에서 공공재의 제도외 자금 조달: 역사적 현황과 개혁[鄕村社區公共産品制度外籌資: 曆史現狀及改革]」, 『經濟研究參考』 79.

린이푸[林毅夫], 1999, 「신농촌 운동과 내수 진작[新農村運動與啓動內需]」, 『中國物資流通』 10.

린이푸[林毅夫]·차이팡[蔡昉]·리저우[李周], 1994, 『중국의 기적: 발전 전략과 경제개혁[中國的奇跡: 發展戰略與經濟改革]』, 上海人民出版社

린이푸·차이팡·리저우, 1999, 『중국의 기적: 발전전략과 경제개혁(증보판)[中國的奇跡: 發展戰略與經濟改革(增訂版)]』, 格致出版社·三聯書店·上海人民出版社

마르크스·엥겔스, 2001, 『마르크스·엥겔스 전집[馬克思恩格斯全集]』 제23권, 人民出版社

마야[瑪雅], 2006, 「향토중국과 문화 자각[鄕土中國與文化自覺]」, 『南風窓』 10월 6일.

성라이윈[盛來運]·왕란[王冉]·옌팡[閻芳], 2009, 「국제 국융위기의 농민공 유동과 취업에 대한 영향[國際金融危機對農民工流動就業的影響]」, 『中國農村經濟』 9.

세계은행, 2000, 『세계은행 발전 보고[世界銀行發展報告]』(중국어 번역본), 中國財政經濟出版社

세계은행, 2004, 『빈민을 위한 서비스 구축(2004년 세계 발전 보고)[讓服務惠及窮人(2004年世界發展報告)]』, 中國財經經濟出版社

세계은행, 2005, 『2005년 세계 발전 보고[2005年世界發展報告]』, 淸華大學出版社

세계은행, 2008, 『2008년 세계 발전 보고: 농업을 통한 발전 촉진[2008世界發展報告: 以農業促發展]』, 淸華大學出版社

셰웨[謝嶽], 2005, 「중국 향촌의 보호주의 정치와 그 결과[中國鄕村的保護主義政治及其後果]」, 『當代中國硏究』4.

셰양[謝揚], 2000, 「도시화는 대·중·소도시가 병행되어야 한다[城市化要大中小並擧]」, 『財經界』5.

쉬샹린[徐祥臨], 2001, 「농촌 합작 경제조직의 재건에 관한 고찰[關於重建農村合作經濟組織的思考]」, 『農村合作經濟經營管理』1.

쉬융[徐勇], 2004, 「촌민자치의 성장: 행정권력의 이양과 사회발전—1990년대 이후 중국 촌민자치 발전의 딜레마에 대한 성찰[村民自治的成長: 行政放權與社會發育—1990 年代以來中國村民自治發展困境的反思]」, 『開放導報』6.

슐츠[Theodore W. Schultz], 2003, 「전통 농업의 개조[改造傳統農業]」, 商務印書館.

스레이[石磊]·커우쭝라이[寇宗來], 2003, 『산업 경제학[産業經濟學]』, 三聯書店.

스타브리아노스[Leften Stavros Stavrianos], 2005, 『세계의 역사[全球通史]』, 北京大學出版社

쑨예[孫曄], 2007, 「향촌 엘리트와 규칙 변천[鄕村精英與規則變遷]」, 『甘肅政法學院學報』1.

쑹훙위안[宋洪遠] 편, 2008, 『중국의 농촌개혁 30년[中國農村改革三十年]』, 中國農業出版社

쑹훙위안[宋洪遠]·우중빈[吳仲斌], 2007, 「재산권 제도와 관리체제 개혁의 추진과 소형 농경지 수리 인프라 건설의 강화[推進産權制度與管理體制改革、加强小型農田水利基礎設施建設]」, 『紅旗文稿』23.

아오키 마사히코[靑木昌彦], 2004, 『기업의 협력게임 이론[企業的合作博弈理論]』, 中國

人民大學出版社

야오룬펑[姚潤豊], 2005, 「700억 위안의 투입 부족이 중국의 농경지 수리 기본건설의 총
체적 저하를 초래[700億元投入缺口導致我國農田水利基建總體滑坡]」, 『新華
網』7월 21일.

야오양[姚洋]·정둥야[鄭東雅], 2007, 「외부효과와 중공업 우선 발전[外部性與重工業優
先發展]」, 『南開經齊研究』2.

양솨이[楊帥]·둥샤오단[董筱丹]·원톄쥔[溫鐵軍], 2014, 「농촌 인프라의 장기효과적 투
입의 문제, 경험 그리고 대책[農村基礎設施長效投入的問題、經驗與對策]」,
『中州學刊』6.

양솨이[楊帥]·원톄쥔[溫鐵軍], 2008, 「생태 농업 발전의 국제적 경험과 현지 실험[發展
生態農業的國際經驗及本土試驗]」, 『環境保護』15.

양솨이·원톄쥔, 2010, 「경제변동, 재정·세수체제 변천과 토지자원의 자본화: 개혁·개
방 이후 '세 차례 인클로저' 관련 문제에 대한 분석[經齊波動、財稅體制變遷與
土地資源資本化: 對改革開放以來"三次圈地"相關問題的分析]」, 『管理世界』4.

양솨이·원톄쥔, 2014, 「향촌 거버넌스의 악화가 신시기 빈곤구제 개발에 미치는 영향과
대책 연구[鄕村治理劣化對新時期扶貧開發的影響及對策研究]」, 『探索』5.

양펑[楊鵬], 2005, 「엘리트 동맹의 분열과 정권의 위기: 베이징 자리라이 부동산 회사 사
건에 대한 분석[精英聯盟的破裂與政權的危機: 北京嘉利來房地產有限公司案
的分析]」, 〈전략과 관리 연구회[中國戰略與管理硏究會]〉 저자 게시판, http://
cssm.org.cn/view.php?id=6722.

양하오청[楊灝城]·장춘[江淳], 1997, 『나세르와 사다트 시대의 이집트[納賽爾和薩達特
時代的埃及]』, 商務印書館.

엥거만[Stanley L. Engerman]·갤만[Robert E. Gallman], 2008, 『캠브리지 미국경제
사[劍橋美國經齊史]』, 中國人民大學出版社

엥달[William Engdahl], 2008, 『식량위기[糧食危機]』, 知識產權出版社

예징중[葉敬忠]·허충밍[賀聰明], 2008, 『적막한 석양: 중국 농촌의 잔류 노인[靜寞夕陽:
中國農村留守老人]』, 社會科學文獻出版社

예쯔룽[葉子榮]·류훙위안[劉鴻淵], 2005, 「농촌의 공공재 공급 제도: 역사, 현황 그리고

재구성[農村公共産品供給制度: 歷史、現狀與重構]」, 『學術研究』1.

옌루이전[嚴瑞珍]·궁다오광[龔道廣]·저우즈샹[周志祥]·비위더[畢玉德], 1990, 「중국 공·농산품의 협상가격차의 현황, 발전 추세, 그리고 대책[中國工農業産品價格剪刀差的現狀、發展趨勢及對策]」, 『經濟研究』2.

오스트롬[Elinor Ostrom], 2000, 『공유의 비극을 넘어: 공유자원관리를 위한 제도의 진화[公共事務的治理之道]』, 三聯書店.

왕더원[王德文], 2003, 「중국 농촌의 의무교육: 현황, 문제 그리고 출로[中國農村義務敎育: 現狀、問題和出路]」, 『中國農村經濟』11.

왕더원[王德文]·허위펑[何宇鵬], 2005, 「도농 격차의 본질, 다면성 그리고 정책적 함의[城鄕差距的本質、多面性與政策含義]」, 『中國農村觀察』3.

왕원리[王文禮], 2005, 「서부 빈곤지역에서 농촌 의무교육의 문제와 해결 방법[論西部貧困地區農村義務敎育存在的問題及其解決途徑]」, 『寧夏社會科學』3.

왕젠[王建], 1993, 「중국의 경제성장 방식 전환의 관점에서 살펴본 현재의 경제형식 문제[從我國經濟增長方式的轉換看當前的經濟形式問題]」, 『管理世界』5.

왕젠, 2006, 「생산능력 과잉의 후과와 대응조치[産能過剩的後果與應對措施]」, 『中國金融』2.

우리핑[鄔麗萍]·양커쓰[楊克斯], 2005, 「토지 수용 제도의 개혁 탐색[土地征用制度改革探索]」, 『改革與戰略』10.

원톄쥔[溫鐵軍], 1994, 「국가자본의 재분배와 민간자본의 재축적[國家資本再分配與民間資本再積累]」, 『戰略與管理』4.

원톄쥔, 1995, 「식량이 문제이지만, 그러나 이는 식량의 문제가 아니다[糧食是問題, 但不是糧食的問題]」, 『調硏世界』3.

원톄쥔, 1996a, 「삼농 문제를 제약하는 두 가지 기본 모순[制約三農問題的兩個基本矛盾]」, 『戰略與管理』가을호.

원톄쥔, 1996b. 「개혁·개방 이후 두 차례의 주기적 경제위기에 대한 분석[改革開放以來的兩次周期性經濟危機分析]」, 『科技導報』12.

원톄쥔, 1996c, 「경제주기와 발전[經濟周期與發展]」, 『中國軟科學』9.

원톄쥔, 1998a, 「향진기업 자산의 기원과 그 개조 과정에서의 관련 원칙[鄕鎭企業資産

的來源及其改制中的相關原則]」, 『浙江社會科學』 5.

원톄쥔, 1998b, 「도시화의 함정[城市化的陷阱]」, 『戰略與管理』 4.

원톄쥔, 1999, 「삼농 문제: 세기말의 반성[三農問題: 世紀末的反思]」, 『讀書』 12.

원톄쥔, 2000, 『중국 농촌의 기본 경제제도 연구[中國農村基本經濟制度研究]』, 中國經濟出版社

원톄쥔, 2001a, 「백년의 중국, 네 개의 우여곡절[百年中國, 一波四折]」, 『讀書』 3.

원톄쥔, 2001b, 「시장실패+정부실패: 이중의 딜레마 하의 삼농 문제[市場失靈+政府失靈: 雙重困境下的三農問題爲題]」, 『讀書』 10.

원톄쥔, 2002, 「우리는 어떻게 이동의 자유를 상실했는가[我們是怎樣失去遷徒自由的]」, 『中國改革』 4.

원톄쥔, 2003, 「중국의 식량공급 주기와 가격에 대한 비교분석[中國糧食供給周期與價格比較分析]」, 『中國農村觀察』 3.

원톄쥔, 2004a, 『우리는 도대체 무엇을 원하는가[我們到底要什麼]』, 華夏出版社

원톄쥔, 2004b, 『현대화의 해체[解構現代化]』, 廣東人民出版社

원톄쥔, 2004c, 「중국의 문제는 근본적으로 농민문제이다[中國的問題根本上是農民問題]」, 『理論參考』 4.

원톄쥔, 2005, 『삼농 문제와 세기적 성찰[三農問題與世紀反思]』, 三聯書店.

원톄쥔, 2006, 「개혁에 관한 4개의 문제[關於改革的四個問題]」, 『鳳凰週刊』 4월 10일.

원톄쥔, 2007a, 『시장경제에서 조화사회로[從市場經濟到和諧社會]』 강좌 시리즈(CD), 國家行政學院出版社

원톄쥔, 2007b, 「이집트 농촌의 토지권 분쟁에 대한 조사 분석[埃及農村地權沖突調查分析]」, 『世界農業』 6.

원톄쥔, 2008a, 「중국 경험과 비교우위[中國經驗與比較優勢]」, 『開放時代』 2.

원톄쥔, 2008b, 「개혁·개방 30년의 농촌개혁에 대한 세 개의 사유[對改革開放30年來農村改革的三個思考]」, 『稅務研究』 12.

원톄쥔, 2008c, 「신농촌 건설의 중점과 토지 사유화의 이론과 논리: 삼농 문제의 완화 방법」, 『綠葉』 11.

원톄쥔, 2009,『삼농 문제와 제도 변천[三農問題與制度變遷]』, 中國經濟出版社

원톄쥔[溫鐵軍] 편, 2010,『중국 신농촌 건설 보고[中國新農村建設報告]』, 福建人民出版
社

원톄쥔[溫鐵軍] 외, 2011,『쑤난 독해[解讀蘇南]』, 蘇州大學出版社

원톄쥔 외, 2013,『여덟 번의 위기: 중국의 실제 경험[八次危機: 中國的真實經驗]』, 東方
出版社

원톄쥔[溫鐵軍]·양뎬창[楊殿闖], 2010,「중국의 공업화에서 자본의 원시적 축적으로 인
한 부정적 외부효과와 해결 메커니즘 연구[中國工業化資本原始積累的負外部
性及化解機制研究]」,『毛澤東鄧小平理論研究』8.

원톄쥔[溫鐵軍]·왕핑[王平]·스옌[石嫣], 2008,「농촌개혁 과정에서 재산제도의 변천:
30년간 3개 촌락의 사례 소개[農村改革中的財産制度變遷: 30年3個村莊的案
例介紹]」,『中國農村經濟』10.

원톄쥔[溫鐵軍]·원리[溫厲], 2007,「중국의 성진화와 개발도상국 도시화의 교훈[中國的
城鎮化與發展中國家城市化的教訓]」,『中國軟科學』7.

원톄쥔[溫鐵軍]·주서우인[朱守銀], 1996a,「정부의 자본의 원시적 축적과 농지의 비농
지로의 전환[政府資本原始積累與土地農轉非]」,『管理世界』5.

원톄쥔·주서우인, 1996b,「중국 농업의 기본경영제도 실험 연구[中國農業基本經營制度
試驗研究]」,『中國農村經濟』1.

원톄쥔[溫鐵軍]·펑카이원[馮開文], 1996,「과거 중국에서 상공업 자본과 금융자본의 소
농경제에 대한 착취[舊中國工商業資本與金融資本對小農經濟的剝奪]」,『戰略
與管理』가을호

원화[文華]·왕아이링[王愛玲]·천쥔훙[陳俊紅], 2008,『도시농업: 수도의 경제발전에서
농업의 지위와 작용[聚焦都市農業: 農業在首都經濟發展中的地位與作用]』, 中
國經濟出版社

위안펑[苑鵬], 2001,「중국 농촌의 시장화 과정에서 농민 합작조직 연구[中國農村市場
化進程中的農民合作組織研究]」,『中國社會科學』6.

인민일보[人民日報], 1988,「임업의 경고: 임업 건설의 새로운 형세에 대한 논평(1)[林業
的警報: 林業建設新形勢評述(一)]」,『人民日報』, 1월 18일.

임업부[林業部], 1990, 『전국 삼림자원 통계(1984~1988)[全國森林資源統計(1984~ 1988)]』.

잉샤오리[應小麗], 2005, 「공공 재정 운영에서 촌민 참여: 저장성 이우시 D촌의 낡은 촌락 개조를 사례로[公共財政運作中的村民參與: 以浙江省義烏市D村的舊村改造 爲例]」, 『中國農村觀察』 6.

자오수카이[趙樹凱], 2003, 「향촌 거버넌스: 조직과 충돌[鄕村治理: 組織和沖突]」, 『戰略 與管理』 6.

자오수카이, 2007, 「현·향 개혁의 역사적 고찰[縣鄕改革的歷史審視]」, 『中國發展觀察』 9.

자오쥔예[趙俊曄]·리슈펑[李秀峰]·왕촨[王川], 2006, 「최근 중국 식량생산량 변화의 주요 영향 요소에 대한 분석[近年我國糧食産量變化的主要影響因素分析]」, 『中國食物與營養』 9.

자오펑[趙峰], 2002, 「중국 농지 제도의 주인-대리인 딜레마와 이에 대한 대처[我國農地 制度的委托代理困境及其治理]」, 『經齊縱橫』 12.

장린슈[张林秀], 2007, 「2006년 국가 자연과학기금 긴급 프로젝트 보고서[2006年国家 自然科学基金应急项目报告]」, 프로젝트 번호: 70641013-0.

장성싼[蔣省三]·류서우잉[劉守英]·리칭[李靑], 2007, 「토지제도 개혁과 국민경제 성장 [土地制度改革與國民經齊成長]」, 『管理世界』 9.

장수광[張曙光], 2010, 「토지 유통과 농업 현대화[土地流轉與農業現代化]」, 『中評網』 5 월 30일.

장위안[張原], 2011, 「중국 농촌 잔류 부녀자의 노동공급 모델과 가정에 대한 복지 효과 [中國農村留守婦女的勞動供給模式及其家庭福利效應]」, 『農業經齊問題(月刊)』 5.

장위안훙[張元紅]·리징[李靜]·장쥔[張軍], 2002, 「농촌의 금융개혁과 발전[農村金融改 革與發展]」, 『經齊研究參考』 87.

장전우[張振武], 2006, 「중국 목축업의 전환에 대한 하나의 노선도: 생태화[中國畜牧業 轉型路線圖之一: 生態化]」, 『中國牧業報』 12월 25일.

장징[張靜], 1999, 「역사: 지방 권위에서 권한 위임의 기원[歷史: 地方權威的授權來源]」, 『開放時代』 5.

장징[張靜], 2001, 「국가권력 건설과 향촌 자치 단위: 문제와 회고[國家政權建設與鄕村

自治單位: 問題與回顧]」,『開放時代』9.

저우수롄[周叔蓮], 2000,『중국의 공업 성장과 구조변동 연구[中國工業增長與結構變動研究]』, 經濟管理出版社

저우치런[周其仁], 1994,『중국 농촌개혁: 국가와 소유권 관계의 변화[中國農村改革: 國家和所有權關系的變化]』, 華夏出版社

저우푸린[周福林], 2006,「중국의 잔류 노인 현황 연구[我國留守老人狀況研究]」,『西北人口』1.

정펑톈[鄭風田], 2011,「중국의 농지 수리건설에 대한 고찰: 문제, 곤경 그리고 출로[我國農田水利建設的反思: 問題、困境及出路]」,『湖南農業科學』2.

'중국 개혁·발전 보고' 전문가그룹["中国改革与发展报告"专家组], 2002,『중국의 재부 보고: 전환기 요소 분배와 소득 분배[中國財富報告: 轉型期要素分配與收入分配]』, 上海遠東出版社

중국농촌관찰[中國農村觀察], 1980,「1979년 전국 사대기업 발전 상황[1979年全國社隊企業發展情況]」,『中國農村觀察』5.

쭤천밍[左臣明], 2006,「중국의 비공식 금융 연구[我國非正規金融研究]」,『中國農業銀行武漢培訓學院學報』1.

쭤천밍[左臣明]·마주제[馬九傑], 2005,「공식 금융과 비공식 금융의 관계 연구 총론: 농촌 금융의 공급 증가에 대한 제도적 시각[正規金融與非正規金融關系研究綜述: 增加農村金融供給的一個制度視角]」,『河南金融管理幹部學院學報』6.

차야노프[Alexander V. Chayanov], 1996,『농민의 경제조직[農民經濟組織]』, 中央編譯出版社

차오즈하이[曹志海], 2007,「토지를 잃은 농민의 권익보장 문제 연구[失地農民權益保障問題研究]」,『長白學刊』4.

천둥핑[陳東平]·장샤오량[蔣曉亮], 2007,「장쑤성에서 의무교육 재정이전 지출의 현황 연구[江蘇省義務教育財政轉移支付的現狀研究]」,『南京審計學院學報』3.

천멍멍[陳蒙蒙], 2006,「중국 농촌에서 사회보장제도의 문제와 대책[中國農村社會保障制度存在的問題與對策]」,『南京社會科學』5.

천시원[陳錫文], 2002,「농민의 소득 증대를 위해서 제도의 장애물을 혁파해야만 한다

[農民增收須打破制度障礙]」,『經濟前沿』11.

천시원[陳錫文] · 한쥔[韓俊] · 자오양[趙陽], 2005, 「중국 농촌의 공공 재정 제도 연구[我國農村公共財政制度研究]」,『宏觀經濟研究』5.

체너리[H. 錢納里; H. Chenery] 외, 1995,『공업화와 경제성장의 비교연구[工業化和經濟增長的比較研究]』, 三聯書店 · 上海人民出版社

첸중하오[錢忠好], 2008, 「비농업 취업이 필연적으로 농경지의 유통을 초래하는가: 가구 내부의 분업에 기초한 이론분석과 중국 농가의 겸업화에 대한 해석[非農就業是否必然導致農地流轉: 基於家庭內部分工的理論分析及其對中國農戶兼業化的解釋]」,『中國農村經濟』10.

친후이[秦暉], 2002, 「조세통합식 개혁과 황종희의 법칙[並稅式改革與黃宗羲定律]」,『農村合作經濟經營管理』3).

캉샤오광[康曉光], 2002, 「중국: 개혁시대의 정치발전과 정치안정[中國: 改革時代的政治發展與政治穩定]」,『當代中國研究(미국 프린스턴)』3.

커디[柯堤], 2005, 「중국 거시경제의 개황과 문제[中國宏觀經濟格局概觀及問題]」,『調查研究通訊』7.

쿵밍[孔明] · 류찬[劉璨], 2000, 「푸젠성 싼밍시 임업 주식합작 제도의 발전 연구[福建省三明市林業股份合作制度發展研究]」,『林業經濟』1.

쿵샹즈[孔祥智] · 허안화[何安華], 2009, 「신중국 성립 60년 동안 농민의 국가건설에 대한 공헌 분석[新中國成立60年來農民對國家建設的貢獻分析]」,『教學與研究』9.

퉁즈후이[仝志輝] · 원톄쥔[溫鐵軍], 2009, 「자본과 부문의 하향과 소농 농가 경제의 조직화: 전업합작사 방식에 대한 의문[資本和部門下鄉與小農戶經濟的組織化道路: 兼對專業合作社道路提出質疑]」,『開放時代』4.

판쩌취안[潘澤泉], 2008, 「세계화, 세계의 공장과 중국 농민공 발전의 경험 교훈[全球化、世界工廠與中國農民工發展的經驗教訓]」,『廣州社會科學』1.

페이샤오퉁[費孝通], 2008,『향토중국[鄉土中國]』, 人民出版社

프리드먼[Milton Friedman], 2011,『가격 이론[價格理論]』, 華夏出版社

핑두시 농촌개혁실험구판공실[平度市農村改革試驗區辦公室], 1998,『백만 농민의 위대한 시도[百萬農民的偉大創舉]』, 紅旗出版社

한쥔[韓俊]·뤄단[羅丹], 2005, 「중국 농촌의 보건의료 상황 보고[中國農村醫療衛生狀況報告]」, 『中國發展觀察』 1.

한쥔[韓俊]·친중춘[秦中春]·장윈화[張雲華]·뤄단[羅丹], 2006, 「중국의 농민 합작 경제조직의 발전 현황과 당면 문제[我國農民合作經濟組織的發展現狀與面臨問題]」, 『廣東合作經濟』 4.

허광원[何廣文], 2007, 「농촌의 자금호조 합작 메커니즘과 성과 분석[農村資金互助合作機制及其績效闡釋]」, 『中國合作經濟』 8.

허더쉬[何德旭]·라오밍[饒明], 2007, 「금융 소외와 중국 농촌 금융시장의 수요-공급 불균형[金融排斥性與我國農村金融市場供求失衡]」, 『湖北經濟學院學報』 5.

황인잉[黃胤英], 2008, 「농촌의 실험구 개혁과 농업 성장: 산둥성 핑두시에 대한 실증연구[農村試驗區改革與農業增長: 山東省平度市的實證研究]」, 『중국 런민대학 우수 석사논문집』.

황인잉[黃胤英]·원톄쥔[溫鐵軍], 2008, 「농촌의 기본제도 건설과 농업의 안정적인 성장: 산둥성 핑두시 농촌의 1987~1996년 종합적인 제도 실험에 대한 실증연구[農村基本制度建設與農業穩定增長: 山東省平度市農村1987~1996年綜合性制度試驗的實證研究))]」, 『中國軟科學』 12.

황쭈후이[黃祖輝], 2000, 「농민 합작: 필연성, 변혁의 형세, 그리고 시사점[農民合作: 必然性、變革態勢與啓示]」, 『中國農民經濟』 8.

황쭈후이[黃祖輝]·쉬쉬추[徐旭初]·펑관성[馮冠勝], 2002, 「농민 전업합작 조직의 발전에 영향을 미치는 요소에 대한 분석: 저장성 농민 전업합작 조직의 발전 현황에 대한 탐구[農民專業合作組織發展的影響因素分析: 對浙江省農民專業合作組織發展現狀的探討]」, 『中國農村經濟』 3.

황쭝즈[黃宗智], 2000, 『화북 지역의 소농경제와 사회변천[華北的小農經濟與社會變遷]』, 中華書局.

황쭝즈, 2010, 『중국의 감춰진 농업혁명[中國的隱性農業革命]』, 法律出版社.

황쭝즈[黃宗智]·펑위성[彭玉生], 2007, 「세 가지 역사적 제도 변천의 교차와 중국의 소규모 농업의 전망[三大歷史性制度變遷的交彙與中國小規模農業的前景]」, 『中國社會科學』, 4.

황창추[黃長秋], 2008, 「싼밍시의 대만 자본 유치를 통한 임업 활성화[三明對台招商活林業]」, 『中國縣域經齊報』, 4월 3일.

황후이[黃蕙], 2005, 「사회주의 신농촌 건설: 농촌은 무시되었던 내수 견인의 동력이다 [建設社會主義新農村: 農村是拉動內需被忽視的動力]」, 『瞭望』 11월 23일.

후궈칭[胡國淸]·라오커친[饒克勤]·쑨전추[孫振球], 2005, 「중국 농촌의 위생서비스에서 공급, 수요 양방향에 존재하는 주요 문제[中國農村衛生服務領域中供、需雙方存在的主要問題]」, 『中國醫學科學院學報』 4.

Forte, David F., 1978, "Egyptian Land Law: An Evaluation," *The American Journal of Comparative Law* 26(2).

Mulligan, Casey B., 2001, *A Century of Labor-Leisure Distortions*, NBER working paper, No. W8774.

O'Connor, James, 1961, "Anticipated Employment Instability and Labor Market Equilibrium," *The Quarterly Journal of Economics* 75(1).

Oi, Jean C., 1992, "Fiscal Reform and the Economic Foundations of Local State Corporatism in China," *World Politics* 45.

Tankha, Ajay, 2008, "Aspects of the Decision-making of the Poor Peasant Household," IFMR, Chennai, June 12.

〈추가 설명 참고문헌〉

황쭝즈[黃宗智] 저, 구범진 옮김, 2016, 『중국의 감춰진 농업혁명』, 진인진.

Duara, Prasenjit, 1988, *Culture, Power, and the State: Rural North China, 1900~1942*, Stanford University Press.

Geertz, Clifford, 1963, *Agricultural Involution: The Processes of Ecological Change in Indonesia*, University of California.

왕줘[王卓], 2004, 『중국 빈곤인구 연구[中國貧困人口研究]』, 四川科學技術出版社

역자 후기

원톄쥔 런민대학[人民大學] 교수는 농민·농촌·농업, 즉 삼농[三農] 문제를 처음으로 제기한 학자이자, 현대 중국에 대한 성찰을 통해 대안적인 문명 패러다임을 제시하고 있는 사상가이다. 삼농 문제는 21세기에 들어서 중국 정부가 가장 중요시하는 정책이 되었다. 또한 원톄쥔은 학문의 영역에 머물지 않고, 실제 현장에서 다양한 향촌건설 실험을 전개하는 실천가이다. 지금도 여러 후학 및 자원활동가들과 함께 생태 농업, 소비자 협동조합, 귀농 등 더욱 영역을 넓혀 향촌건설 실험을 지속하면서 생태문명을 위한 대안을 제시하고 있다.

원톄쥔은 끊임없이 '주류'를 비판하지만, 한국에서는 역설적으로 그 어떤 중국의 주류 학자들보다도 널리 알려져 있다고 할 수 있다.[*] 원톄쥔이 런민대학

---

[*] 단행본은 김진공이 옮긴 『백년의 급진: 중국의 현대를 성찰하다』(돌베개, 2013)와 『여덟 번의 위기: 현대 중국의 경험과 도전, 1949~2009』(돌베개, 2016)가 있다. 인터뷰로는 박주연, 「한·중 지식인 '중국을 말하다': 중국 혁명은 사회주의가 아닌 민족자본주의 건설이었다」, 『경향신문』 2013년 10월 20일; 이창휘·박민희 엮음, 「'백년간의 급진'을 뒤로하고」, 『중국을 인터뷰하다: 새로운 중국을 만들어가는 사람들』(창비, 2013); 성균중국연구소, 「파워인터뷰: 원톄쥔 중국인민대학 교수」, 『성균차이나브리프』 제2권 제2호(2014); 안희경, 「신자유주의 시스템을 경계하라」, 『문명, 그 길을 묻다』(이야기가있는집, 2015). 『여덟 번의 위기』에 대한 서평이자 원톄쥔 사상에 대한 날카로운 비평은 이재현, 「세계관으로서의 삼농주의: 원톄쥔의 비판적 수용을 위하여」, 『문화과학』 87호(2016). 원톄쥔의 최근 연구성과와 중국 신향촌건설에 대한 소개는 〈다른백년〉 홈페이지(http://thetomorrow.kr)의 기획칼럼 김유익 '중국 신향촌건설'을 참조할 수 있다.

의 박사 제자이자 현재 베이징이공대학[北京理工大學] 경제학과 교수인 양솨이와
함께 편저한 『삼농과 삼치』는 앞서 소개된 논의들과 연결되고 중첩되지만, 일정
한 차별점을 갖는다. 여기서는 기존의 내용을 재론하기보다는 이러한 차별점을
중심으로 『삼농과 삼치』가 갖는 의의를 설명하고자 한다.

이제까지 한국에서 원톄쥔은 주로 중국 현대사에 대한 비판적 해석과 여
기서 파생된 자본주의에 대한 성찰을 중심으로 수용되었다. 대표적으로 『여덟
번의 위기』는 1949년 중화인민공화국 건국 이후의 주기적인 경제적 위기들을
발견하고 이 위기가 삼농으로 전가되었다는 점을 밝힘으로써 중국 현대사를 전
복한다. 현대 중국의 역사가 국내외의 정치상황이나 사회주의적 가치에 따라
요동친 것이 아니라, 산업화라는 목표를 향해 매진하는 국가 자본주의가 경제
적 위기에 대응하여 급진적인 해결책을 통해 비용을 전가하는 과정에 다름 아
니라는 주장은 이데올로기로 중국을 폄하하는 사람들에게도, 중국에서 어떠한
대안을 모색하려는 사람들에게도 전복적일 수밖에 없었다.

『여덟 번의 위기』가 경제적 위기를 중심으로 경제사의 관점에서 중국의 현
대사를 일목요연하게 분석했다면, 『삼농과 삼치』는 '백년의 급진'의 피해자이자
주기적 위기라는 거대한 배경의 객체였던 삼농을 주체로 삼아 서술한다. 또한
상부구조, 즉 정치와 거버넌스의 영역을 본격적으로 결합시킨다. 원톄쥔은 마
르크스 정치경제학의 개념을 활용하여 '삼농'을 토대로, '삼치'를 상부구조로 규
정하고 둘 사이의 모순을 지적한다. 국가는 산업화를 추진하면서 복지, 취업 등
농촌에서 마땅히 해야 할 임무를 내팽개치고 퇴장했지만, 현대화되고 또 그만
큼이나 값비싼 상부구조의 비용을 다시 삼농에 떠넘겼다. 촌, 향, 현 등 중국의
행정등급을 결합시켜 만든 '삼치[三治]'라는 단어 자체가 비판적 관점을 드러낸
다. 우리로 치면, 군, 읍·면, 리의 정치 또는 거버넌스라고 할 수 있다. 중앙-지
방 관계, 향촌 거버넌스 등 그럴듯한 학술적 용어를 굳이 피하면서 촌스러워 보
일 수도 있는 단어를 사용한 이유는 단순히 삼농과 운율을 맞추려는 게 아니다.
고지식한 개념과 급진적인 이데올로기로 삼농과 삼치를 재단하려는 주류의 이

론을 다시 한 번 경계하는 것이다.

실제 농민들의 자주적 실천과 자신이 주도한 실험들을 분석하면서 원톄쥔이 삼농과 삼치의 모순에 대해 제시하는 해결책은 생활과 문화가 융합된 종합적인 합작사와 농민의 조직화이다. 대표적인 모범사례로 꼽고 있는 한국의 농업협동조합이 갈수록 금융기업으로만 인식되는 상황에서 이 구체적인 대안은 우리에게 오히려 더 낯설 수도 있다. 종합적인 합작사는 대립되는 개념인 전업합작사를 통해 좀 더 명확하게 이해될 수 있다. 전업합작사는 농민이 사원[社員], 즉 조합원으로서 참여하나 시장의 논리에 따르는 경제조직으로서 대부분 특화된 작물이나 업종에 국한하여 운영된다. 원톄쥔이 보기에 중국 정부가 추진하는 전업합작은 비용과 수익만을 따지는 경제 영역에 고립되어 자금과 인적 자본이 부족한 취약집단의 정치 권력과 자본에 대한 종속을 강화하고, 농민 대중의 자주적 혁신과 권익을 약화시키면서 농촌 엘리트의 잇속을 채워줄 수밖에 없다. 또한 시장 논리에 치중하기 때문에 생태 농업의 실현을 방해하며, 식량생산을 감소시켜 식량안보에도 악영향을 미친다. 실제로 전업합작에 치중한 중국 농촌의 합작사들 대부분은 주민들이 일부 지분을 보유하고 농업에 종사할 뿐이지 운영 형태는 일반 기업과 크게 다를 바가 없다. 이런 점에서 종합적인 합작사는 손쉬운 대안이 아니다. 농민의 조직화도 마찬가지다. 중국공산당은 당 조직의 강화를 강조하면서 사회의 독립적인 세력들 간의 수평적 연대나 지역을 넘어서는 조직화를 용인하지 않는다. 최근에는 농민들이 직접 뽑는 촌장조차 촌의 공산당위원회 당서기가 직접 선거에 나서서 겸직하도록 장려하고 있다. 따라서 원톄쥔이 제시하는 해결책은 중국 농촌의 현실에 대한 준엄한 평가이자 쉽지 않은 대안이다. 또한 전업합작을 종합적인 합작사로 전환해야 한다는 주장은 경제를 다른 영역과 구별하여 신성시하면서 수익과 비용을 최우선의 논리로 내세우는 신자유주의에 대한 반대를 중국 향촌의 현실에 일관되게 적용한 것이라고 볼 수 있다.

한 가지 더 주목해야 할 점은 중국 경험에 대한 평가이다. 원톄쥔은 산업화와 개혁·개방 과정의 문제를 통렬히 지적하면서도 중국 경험의 특수성과 긍정성을 선명히 보여준다. 비록 의도한 것은 아닐지라도 뒤쳐진 도시화, 토지권의 결여, 그리고 제대로 달성하지 못한 농업 산업화로 인해 오히려 중국은 1억이 넘는 개발도상국 중에서 유일하게 산업화를 달성하고 일정한 사회안정을 유지할 수 있었다. 더 근본적으로는 소농 전통에서 비롯된 촌락 이성이 작동했기 때문이다. 결국 중국이 개혁·개방을 비교적 안정적으로 추진하고 위기를 넘어설 수 있었던 근저에는 촌락 이성이 있었으며, 다가올 위기에 대비하고 생태문명으로 나아가기 위해서도 촌락 이성이 발휘되어야 한다. 종합적인 합작사는 촌락 이성의 결과이면서 촌락 이성을 배양하는 담지체이기 때문에 그토록 강조된 것이다. 촌락 이성은 자유주의가 강조하는 개인 이성과 대비되며, 중국 정부가 개혁 과정에서 농가의 역할을 강조했던 것과도 일정한 차이가 있다.

이런 점에서 원톄쥔은 다시 한 번 중국 삼농의 역사를 전복한다. 중국의 농업과 농촌은 건국 이후, 1958년 시작된 대약진운동과 이에 따른 인민공사 수립으로 상징되는 집단화가 추진되면서 크게 쇠퇴하였다. 몇 천만에 이른다는 대약진운동 기간의 아사자들이 이를 증명한다. 1970년대 말, 쓰촨과 안후이의 농민들이 스스로 농가를 단위로 도급제를 실시하면서 비로소 농촌개혁으로부터 개혁·개방이 시작되었다. 인민공사가 해체되고 탈집단화되면서 농가들이 합리적인 경제 주체가 되어 시장경제로의 이행을 선도하고 향진기업을 발전시켰다. 현재 중국 헌법도 농촌의 집체 경제조직이 농가의 도급 경영을 기초로 한다는 점을 명시하고 있다. 이 보편적인 설명에 대하여 원톄쥔은 소련의 철수로 사실상 자본이 사라진 상황에서 인민공사를 통해 풍부한 노동력으로 자본을 대체함으로써 중국이 국가 산업화를 달성할 수 있었다는 독창적인 해석을 제시했었다. 여기에 더해 『삼농과 삼치』는 집단화와 시장화의 이분법을 깨부수면서 현대 중국을 지탱한 근간이 개인이성, 또는 개인 이성과 다를 바 없는 농가 이성이 아니라 전통 소농으로부터 연유한 촌락 이성이라는 점을 주장한다. 장구한 역사 속에서 집단문화를 형성하고 현대 중국의 수많은 위기를 극복했던 촌락 이성이

미래의 생태문명과 조화사회를 위한 열쇠라는 것이다.

'주류'와 '급진'을 배격하고 온건한 개량을 계승한다는 점을 끊임없이 밝혀 왔음에도 불구하고 원톄쥔의 주장은 스스로 경고했듯이 이데올로기적 해석에 따라 오해받기 쉽다. 농가 이성에서 촌락 이성으로 전환해야 한다는 주장은 전근대적 향토 사회를 그리워하는 낭만적 전통주의로 해석되거나, 개혁·개방 이전의 집단화로 되돌아가는 퇴행적 급진주의로 평가될 수도 있다. 종합적인 합작사는 표면적으로나마 경제를 정치로부터 분리시켜 왔던 개혁·개방의 논리와 어긋나는 것처럼 보이기도 하며, 경제 영역을 독립시켜야 한다는 자유주의의 논리에 익숙한 사람들은 심지어 정치와 경제를 융합했던 과거의 인민공사를 떠올릴지도 모른다.

그러나 원톄쥔은 이론과 논리의 정합성을 억지로 추구하거나 이분법적 이데올로기에서 비롯될 수 있는 오해를 두려워하기보다는 실천을 통해 현실에서 검증받아야 한다는 '실사구시'의 방법을 묵묵히 전개하고 있다. 수많은 중국 촌락들의 실제 경험을 통해 심지어 자신이 반대하는 전업합작에서도 가능성을 모색하고, 다분히 '주류'적인 신제도경제학의 개념들을 차용하는 것도 주저하지 않는다. 좌와 우, 국내와 국외, 이론과 경험을 가리지 않는다. 정치적 올바름으로 치장된 이데올로기와 주류 이론을 재검토하고 전복한다는 점에서 급진적이면서도, 자신의 주장을 현실에 비추어 끊임없이 조정하고 개입할 수 있는 실천을 찾는다는 점에서 절충적이라고 할 수 있다.

이 글을 쓰는 동안 한국이 세계무역기구(WTO) 농업 부문에서 개발도상국 지위를 포기했다는 소식이 전해졌다. 또한 북한은 금강산의 남측 시설 철거를 요구하면서 연일 미사일을 발사하고 있다. 원톄쥔이 제시하는 해법과 생태문명의 대안은 우리의 '삼농' 문제뿐만 아니라, 저자 스스로 특별한 관심을 보였듯이 북한의 개혁·개방과 한반도의 평화와 번영에도 참조할 부분이 있을 것이다. 『삼농과 삼치』의 중국 경험과 문명 성찰이 우리의 '한국 경험'과 '한반도 경험'에 조금이나마 도움이 될 수 있기를 바랄 뿐이다.

마지막으로 이 책을 비롯해 본격적인 학술서들의 번역·출판을 꾸준히 지원하고 있는 서울대학교 아시아연구소에 감사드린다. 특히 연기를 거듭하면서 핑계와 사과로 점철된 번역 작업을 끈기 있게 참아주신 임안나 박사님께는 감사와 더불어 다시 한 번 죄송함을 표할 수밖에 없다. 복잡하게 구성된 저서를 성실하게 편집해 주신 진인진 출판사 여러분께도 감사드린다. 또한 번역 과정에서 크고 작은 오류를 수정하는 데 도움을 주신 인천대학교 중국학술원의 송승석 선생님, 김남희 선생님, 대학원생 리페이[李沛]와 황옌[黃彦], 그리고 백송이 통역사에게도 감사드린다. 많은 분들의 도움과 함께 중국의 삼농 관련 연구와 원톄쥔의 저작을 앞서 번역한 국내 여러 선학들의 업적을 참고했음에도 불구하고 제대로 번역했는지는 여전히 두렵고 자신이 없다. 미래의 개선과 진보를 다짐하면서 모든 오류와 오역의 책임은 당연하게도 오롯이 역자 혼자의 몫이라는 점을 말씀드린다.

2020년 1월

조형진

삼농과 삼치: 중국 농촌의 토대와 상부구조
三農與三治

초판 1쇄 발행 | 2020년 1월 31일

지은이 | 원톄쥔·양솨이[溫鐵軍·楊帥]
옮긴이 | 조형진
편　집 | 배원일
발행인 | 김태진
발행처 | 진인진
등　록 | 제25100-2005-000003호
주　소 | 경기도 과천시 별양상가 1로 18 614호(별양동 과천오피스텔)
전　화 | 02-507-3077-8
팩　스 | 02-507-3079
홈페이지 | http://www.zininzin.co.kr
이메일 | pub@zininzin.co.kr

ⓒ 진인진 2020
ISBN 978-89-6347-434-2 93300